근본설일체유부비나야(상)
根本說一切有部毘奈耶(上)

근본설일체유부비나야(상)
根本說一切有部毘奈耶(上)

三藏法師 義淨 漢譯 ｜ 釋 普雲 國譯

혜안

추천의 글

중앙승가대학교총장 원행

　승가(僧伽)는 출가한 수행자들의 조직으로 높은 도덕적인 실천과 고도의 사유체계를 지닌 세상에서 수승한 공동체입니다. 이와 같은 실천의 모습을 화합이라고 이름하며, 청정한 승가와 평등한 승가를 추구하고 있습니다. 이 가운데서 청정승이란 계율을 수지하고 실천하는 필추들의 주처를 가리키는 것이고, 이것은 신구의 삼업의 청정을 목적으로 계율의 기초를 연구해야 하는 것은 분명하게 살펴야 하는 사실입니다.

　세존의 열반 이후에 교단에서 각 부파의 실천방법과 방편에서도 여러 변화가 일러났을지라도 지금까지도 계율에 관한 핵심요소는 변화가 일어나지 않고 있는 것은 계율이 지니는 핵심 사상과 수행자들이 목숨처럼 소중하게 지켜오고 있는 모습에 있는 것입니다.

　수행자들이 추구하는 세존의 법의 핵심은 반야를 통한 정각의 성취와 중생계의 회향에 있습니다. 계율의 공덕은 우주에 널리 내재하고 있는 근원적인 에너지이며, 승가의 역동성을 유지시키는 가치관이며, 사부대중을 화합시키는 조화로운 인간세상의 초석입니다. 이러한 관점에서 승가의 청정성은 사회의 법향(法香)을 전달하는 방편이고 계율은 실천의 기반이 되는 것으로서, 계율이 어떻게 실천되는가는 승가의 미래를 좌우할 것입니다.

　수행자들의 화합은 모든 행위보다 우선한다는 것을 의심할 필요가 없으며, 현재의 교단이 크게 발전하게 되면서 여러 변화를 거치더라도 계율의 가치와 중요성이 감소되거나 훼손되지는 않을 것입니다. 이러한 시대적 흐름 속에서 종립학교인 중앙승가대학교는 초기불교를 비롯한

다양한 불교교학의 학문적 연구가 진행되고 있으며, 유부율도 그 가운데에서 하나를 차지하고 있습니다.

지금까지 전해지는 율장 중에서 『근본설일체유부비나야』는 가장 방대한 분량이며 여러 내용을 갖춘 구성적 특징을 지니고 있습니다. 그 동안 적게 연구되었던 본 율장이 이러한 번역을 통하여 더욱 많이 연구되기를 바라면서 변역에 많은 시간을 보낸 보운 스님에게 감사를 전합니다.

불기(佛紀) 2560년(2016년) 9월

추천의 글

대한불교조계종교육원 교육원장 현응

    종단의 교육아사리이자 중앙승가대학교 교수인 보운 스님께서 이번에 근본설일체유부의 전승율장인『근본설일체유부비나야』를 번역, 출간하게 되었습니다. 종단사의 큰 쾌거라고 생각합니다.

    우리나라에는 일찍이 삼국시대부터 오부(五部)의 광율(廣律) 등 여러 율장과 문헌들이 유입되었으나, 신라의 자장율사가 중국 도선율사의 남산율종을 표방한 이후로는 승단이 주로 사분율(四分律)을 의지하여 수계, 포살 등을 시행해 왔습니다. 이러한 전통은 오늘의 한국불교의 계단(戒壇)에도 고스란히 이어지고 있습니다.

    사분율은 인도의 여러 부파불교 중 상좌부 계통의 법장부가 전승해온 율장입니다. 그런데 중국 당나라 때의 도선율사가 이 사분율을 중국의 여건에 맞추어 '삭제하거나 덧붙이고[刪繁補闕]' 대승불교적 해석을 적용하여 본격적으로 유통했고, 이러한 도선율사의 남산율종이 우리나라에 전래되어 오늘에 이르고 있는 것입니다.

    이렇듯이 율장은 과거 중국의 율종에서도 시대에 맞게 수용한 전통이 있었던 것입니다. 오늘날 한국불교가 계율 관련부문에서 수계작법은 물론이고, 율장에 대한 연구나 교육이 사분율에 국한되고 있음은 매우 아쉬운 점입니다.

    한국불교의 승가 위상과 역할은 과거 왕조시대를 거쳐 현대의 민주사회로 이행하는 과정에서 많은 변모를 겪었습니다. 구현하고자 하는 불교정신도 대승불교에서부터 선불교까지 다양합니다.

    오늘날 한국불교의 승단은 현대사회와 한국의 현실에서 불교의 가치를

8

홀륭하게 실현해야하는 시대적 책무를 요구받고 있습니다. 동시에 현대사회의 승단 역시 율장에 의지해 수행과 교화를 펼쳐야 합니다.

한국불교는 현대에 들어와 현대적 교단운영체제인 조계종단을 설립하고 종헌종법을 만들어 시행하고 있습니다. <종헌>과 수많은 <종법>들은 율장과 조화를 이루되, 종단 운영이나 이 시대에 필요한 내용들을 법규로 제정한 것입니다.

근년에 와서는 수좌회에서 <조계종 선원청규>를 만들었고, 종단쇄신위원회에서는 <조계종 청규>를 제정하기도 했습니다.

이 모든 것들은 근본율장을 보완하여 현대의 승단과 종단을 운영하기 위함입니다.

따라서 율장에 대한 연구와 해석은 지속적으로 이루어져야 하는 것입니다. 그리고 『사분율』뿐만 아니라 『십송율』, 『마하승기율』 등의 다양한 율장과 관련 주소(註疏)에 대한 비교연구도 이루어져야 합니다. 율장 연구에 관한한 여타 불교권 나라에 비해 한국불교는 아직 많이 부족합니다.

이러한 즈음 티베트불교가 현재 실제로 사용하고 있는 『근본설일체유부비나야』를 새롭게 우리말로 번역하여 출간한 것은 매우 뜻 깊은 일입니다. 『근본설일체유부비나야』는 설일체유부의 율장이라 일컫는 『십송율』을 기본으로 일부 변형한 것으로 보기 때문에 '유부신율(有部新律)'이라고 일컫는다고 합니다.

보운 스님은 율장 박사로서 『십송율』, 『살바다부비니마득륵가』, 『살바다비니비바사』를 이미 번역한 바 있고, 재작년에 『근본설일체유부필추니비나야』를 번역, 출간한 바 있습니다. 이제 2년 만에 또다시 『근본설일체유부비나야』를 번역하여 상재(上梓)하였으니 그 수고에 대해 치하를 드리지 않을 수 없습니다.

이 책 출간을 계기로 한국불교계의 율장에 대한 연구가 보다 풍부하게 진행되어 율풍(律風)이 진작되기를 기대합니다.

불기(佛紀) 2560년(2016년) 9월

추천의 글

중앙승가대학교 동문회장 범해

　계율의 필요성은 아무리 강조하여도 지나치지 않는 것이며 수행자들의 궁극적인 깨달음에 다가가는 첩경(捷徑)입니다. 이러한 계율에 대한 여러 해석이 존재하고 있으나 『비나야』의 서문에서 "조금의 잘못이라도 제거하고 진실된 것에 나아가는 까닭이고, 이 마음을 항복시키고 쉽게 하며 참아내어 일어나지 않게 하는 까닭으로 진실된 것이다."고 설하고 있습니다.

　세간에서는 스스로가 지은 업력에 따른 장애가 삶에 항상 그림자처럼 따라다니므로 악업이 일어나 수행을 방해하므로 수행자는 계율이라는 거울을 통하여 자신을 성찰하여야 합니다. 깨달음에 있어서 계율은 삼학의 종자로써 항상 햇빛처럼 수행자들의 앞길을 밝히고 있습니다. 이러한 까닭으로 부처님께서는 삼학(三學) 가운데 계율을 앞서 강조하셨던 것입니다.

　4세기 후기에 처음으로 중국에서 율장을 번역한 축불념께서는 "필추는 계율을 지키고 계율로써 해탈하여 스스로를 장엄하며 행(行)을 익혀서 견해를 이루고, 산란한 것을 제거하여 사선정(四禪定)에 이르며, 이러한 고제(苦諦)를 알고 습제(習諦)를 알며 진제(盡諦)를 알고 이 도제(道諦)를 아는 것이니, 계율을 세우고 진실함을 따라서 과거·미래·현재의 무수한 부처님께서는 불장(佛藏)과 불보(佛寶)와 비밀한 도리로써 삼승(三乘)의 성문(聲聞)을 훈계하신 것이다."고 주석하였습니다.

　2500년 전의 율장이 중국에 전래되었고 다시 한국에 전해졌으므로 환경에 따른 변화를 수용하여 현재에도 실천되고 있습니다. 그렇지만 다른 관점에서 중앙승가대학교는 현대교육에 적합한 교육시설을 중심으로 학문적 다양화를 실천하고 있으며 논리적이고 체계적인 현대사회의 인문학적 소양을 갖추고자 노력하고 있습니다. 이러한 실험적인 학문의 연구의 환경에서 고려대장경에 편입되었으나 오랫동안 잊혀져 있던 광율의 하나인『근본설일체유부비나야』등을 살펴볼 수 있는 점에 가치를 부여하고자 합니다.

　이와 같은 새로운 학문적 접근과 연구를 통하여 중앙승가대학교가 삼장(三藏)의 중심교육 도량으로 자리잡아서 대승불교시대의 불교교학의 중심지였던 나란다 대학과 같이 발전되기를 발원하면서 번역에 노력한 보운 스님의 그 동안의 열정에 찬사를 보내는 바입니다.

불기(佛紀) 2560년(2016년) 9월

역자의 말
보운

율장은 수행자들에게 세존의 법을 실천하는 방편으로 어둠을 밝히는 햇빛과 같은 요소이다. 이러한 이유로 율장의 대원칙에서 밝히고 있듯이 오직 세존께서 제정할 수 있는 것이고, 어느 누구도 추가하거나 확대할 수 없는 정확한 사유를 간직하고 있다. 세존께서 열반하신 이후에 시간과 공간의 환경적인 변화를 인연하여 율장의 해석과 실천에 있어서 여러 부파에 의하여 별도의 결집이 이루어졌으나 기본적인 요소의 변화는 일어나지 않고 전달되고 있다.

그럼에도 오랫동안의 여러 광율을 연구하면서 의문점으로 남아 있던 여러 부분들이 본 율장의 번역으로 어둠에서 광명을 발견한 것처럼 밝혀져서 깊은 환희심이 일어났다. 여러 광율에서 발견하기 힘들었던 계율의 전체적인 면모가 확연히 드러났고 초기불교의 사상인 업감연기에 의하여 실천되었던 수행자들의 모습들이 한편의 대서사시처럼 눈앞에 펼쳐지는 느낌이다.

고대 인도사회가 간직하였던 철학적 사유의 기초와 문화적인 특성, 시대적 패러다임 등이 2500년의 시공(時空)을 뛰어 넘어서 전달된 과정과 의정 스님이 현대의 과학적인 사유의 개념으로 합리적인 방법으로 체계화된 율장을 전해주심에 깊은 존경을 올리며, 학문적 연구와 번역에 항상 관심과 격려를 보내주시는 중앙승가대학교 총장 스님과 동문회장 스님 및 동문 스님 및 여러 교수님들께도 깊이 감사드린다.

아울러 항상 상좌의 학문적 연구를 뒷받침하여 주시는 은사이신 세영 스님과 본교의 법상 스님, 능인대학교의 신대현 교수님, 불교계의 발전을

12

위하여 노력하신 행원재단의 주영훈 님과 용주사의 신도님들께도 깊이
감사를 드린다.

차 례

일러두기

―――――――

1. 이 책의 저본(底本)은 고려대장경(高麗大藏經) 22권 『근본설일체유부비나야』다.
2. 원문은 50권으로 구성되어 있으나 이 책에서는 각 권수를 표시하되 한 책으로 번역하였다.
3. 번역의 정밀함을 기하기 위해 여러 시대와 왕조에서 각각 결집된 북전대장경과 남전대장경을 대조 비교하며 번역하였다.
4. 원문 속 의정 스님의 주석은 [ ]으로 표시하였다. 또 원문에는 없으나 독자의 이해를 위해 번역자의 주석이 필요한 경우 본문에서 ( ) 안에 표시했다.
5. 원문에 나오는 '필추', '필추니'는 각각 현재 보편적으로 '비구', '비구니'라고 부르지만, 이 책에서는 원의를 최대한 살리는 뜻에서 원문 그대로 '필추', '필추니'로 썼다.
6. 원문에서의 '속가(俗家)'는 '재가(在家)'로, '속인(俗人)'은 '재가인(在家人)'으로 번역하였다.
7. 원문의 한자 음(音)과 현재 불교용어로 사용되는 음이 다른 경우 현재 용어의 발음으로 번역하였다.
   예) 파일저가법(波逸底迦法) → 바일저가법
8. 원문에서 사용한 용어 중에 현재는 뜻이 통하지 않는 것이 상당수 있다. 원문의 뜻을 최대한 살려 번역하였으나 현저하게 의미가 달라진 용어의 경우 현재 사용하는 단어 및 용어로 바꾸어 번역하였다.

근본설일체유부비나야 해제

1. 개요

『근본설일체유부비나야』의 계본(戒本)은 50권으로 이루어져 있으며, 『근본설일체유부계경』 1권과 함께 8세기 초에 당(唐)의 의정삼장이 번역하였다. 이 율은 비구들이 지켜야 하는 계율을 4바라이법(四波羅夷法), 13승가벌시사법(十三僧伽伐尸沙法), 부정법(不定法), 30니살기바일저가법(三十泥薩祇波逸底迦法), 90바일저가법(九十波逸底迦法), 4바라저제사니법(四波羅底提舍尼法), 중다학법(衆多學法) 및 멸쟁법(滅諍法)의 8부로서 나누었고 249계목으로 분류하여 설명하고 있다.

이러한 계목은 한역율장과 팔리율장과 티베트율장에서 계목의 숫자와 서로가 다른 차이를 보이고 있다. 전체 계목을 비교하여 살펴보면 『사분율』에는 250의 계목이고, 『십송률』에서는 263의 계목이며, 『마하승기율』에서는 281계목이고, 『티베트율』에서는 257의 계목이며, 『팔리율』에서는 227의 계목으로 구성되어 있다. 특히 『팔리율』의 계목에 차이가 많아서 심도있는 연구를 진행할 필요가 있다. 내용적으로 접근하여 살펴본다면 『십송률』과 『유부율』이 서로가 비슷한 형태를 갖추고 있고, 『팔리율』과 『사분율』·『오분율』이 서로가 비슷한 형태를 갖추고 있으나, 『마하승기율』은 여러 광율과는 다른 모습을 보여주고 있다.

2. 내용과 구성

성립시기는『유부율』은 율장결집시대부터 존재한 것으로 보여진다. 유부율의 한 종류인『毘奈耶』가 도안(道安)의 서문에 따르면 부진(符秦) 건원(建元) 18년(382)이고, 중국에서 처음으로 한역되어진 광율이라고 밝히고 있으므로 인도에서는 활발하게 실천되고 연구되었던 율장으로 생각된다. 그렇지만 현재에 전하는『근본설일체유부비나야』는 유부의 율장에서 여러 요소가 첨가되어 확대되었으므로 비교적 늦은 시기에 완성된 것으로 판단된다. 한역으로 번역된 시기는『유부율』이 703년에 번역되어『사분율』의 412년과『십송률』의 474년,『마하승기율』의 524년에 비교하면 이 가운데에서 가장 늦은 시기에 속한다.

이 가운데에서 유부의 율장이 지니는 특색은 첫째로 내용이 매우 많은 분량이라는 것이고, 둘째는 업감연기(業感緣起)에 기초한 본생담(本生談)과 비유담(譬喩談)과 인연담(因緣談) 등 문학적인 요소를 포함하고 있는 것이며, 셋째는 밀교적 요소인 다라니 등을 포함하고 있으므로 상좌불교와 대승불교와 밀교가 혼재하고 있던 시대에도 실천되었던 율장이었으나 후대에 문자로 정착되어 완성된 것으로 보여진다.

율장의 구성은 처음으로 비나야서(毘奈耶序)에서 계율에 대한 설명을 시작하는 글로서 시(詩)형식으로 계율이 경전 가운데 으뜸이며, 필추들에게 죄를 짓지 않게 하여 최상의 복락을 얻게 한다고 설명하고 있다. 이러한 서문을 제1권에 먼저 설하고 이어서 4바라시가법의 부정행(不淨行) 학처를 설명하고 있고, 제2~5권에서는 부정행(不淨行) 학처의 나머지 부분과 불여취(不與取) 학처를 설명하고 있으며, 제6~8권에서는 단인명(斷人命) 학처를 설명하고 있고, 제9~10권에서는 망설자득상인법(妄說自得上人法) 학처를 설명하고 있다.

제11~15권에서는 13승가벌시사법을 설명하고 있고, 제16권에서는 13삼승가벌시사법의 나머지 부분과 이부정법과 30니살기바일저가법을 설명하고 있으며, 제17~24권에서는 30니살기바일저가법의 나머지 부분을 설명하고 있다. 제25~48권에서는 90바일저가법을 설명하고 있고, 제49권에서는 구십바일저가법의 나머지 부분과 사바라저제사니법을 설명하고 있으며, 제50권에서는 사바라저제사니법의 나머지 부분과 중다학법 및 멸쟁법을 설명하는 내용으로 구성되어 있다.

근본설일체유부비나야 제1권

삼장법사 의정 한역

석보운 번역

비나야서(毘奈耶序)

대비하시고 존귀하신 분께 머리숙여 예경하나니
능히 이 세상 모든 중생을 애민하셨으며
얼굴은 처음에 뜨는 해와 같이 원만하시고
눈빛의 깨끗함은 푸르른 연꽃과 같으시다네.

세존께서는 조복(調伏)된 가문에 태어나셨고
제자인 대중들을 조복하셨으며
대중의 모든 허물을 없애 조복시키셨으니
법의 가운데에서 존귀함에 예경(禮敬)하노라.

세존께서 설하신 삼장(三藏)의 가르침에서
비나야가 가르침의 으뜸이 되는 것이니
내가 이 비나야의 가르침 가운데에서
널리 펴고자 간략히 그 뜻을 송(頌)으로서 찬탄하노라.

나무는 뿌리가 최상과 같아
가지와 줄기가 이곳에서 생기는 까닭이니
세존께서 설하신 것은 계율이 근본이 되어

모든 선법(善法)을 능히 생기게 하네.

비유하면 큰 제방(堤防)과 같아서
사나운 물[瀑流]도 능히 넘지 못하며
계율의 이치[戒法]도 역시 이와 같아서
능히 모든 훼방과 금기를 막아내리라.

모든 부처님들의 보리를 증득하거나
독각의 몸과 마음이 고요한 것과
나아가 아라한에 이르는 것은
모두가 계율을 행하는 까닭으로 이루어지네.

삼세(三世)의 모든 보살과 부처님들이
유위(有爲)의 속박에서 멀리 떠날 때는
모두가 계율로써 근본을 삼아서
편안히 쉴 곳을 찾으셨다네.

삼세의 모든 현자와 성인이
유위의 얽매임을 멀리 떠나는 것을
모두가 계율을 근본으로 삼으면
능히 안은(安隱)한 처소에 이르리.

이러한 조복의 가르침으로
세간(世間)에 안주(安住)한다면
곧 모든 부처님들의
바른 법장(法藏)은 영원히 무너지지 않는다네.

이러한 계율을 안정(安定)하게 세우면

여래의 바른 법의 등불이리니
이러한 계율을 떠난다면
곧 안은한 열반의 길도 없다네.

세존께서 세상을 유행(遊行)하실 때
처소를 따라서 경전과 법문을 설하셨으나
계율의 가르침은 이것과 같지 않아서
이러한 까닭으로 만나기 어려운 것임을 알라.

땅은 모든 유정(有情)을 품고 있어서
능히 모든 풀과 나무가 자라나듯이
계율의 가르침도 이와 같아서
모든 복과 지혜를 생기게 하네.

세존께서 설하신 계율의 가르침을 까닭으로
능히 모든 공덕들이 생겨난 것이니
받들고 지키면 해탈을 얻으나
허물고 깨뜨리면 악취(惡趣)[1]에 태어나리라.

코끼리나 말[馬]들이 따르지 않으면
갈고리와 채찍으로 다스리듯이
계율의 가르침도 역시 이와 같아서
조복되지 않는 것을 잘 수순(隨順)시키네.

성(城)에 해자(隍塹)가 둘러 있으면
능히 모든 원수와 적들을 막는 것 같이

---

1) 악업에 따라서 태어나는 고통의 세계인 지옥·아귀·축생·아수라의 4부류를 가리
   킨다.

계율의 가르침도 역시 이와 같아서
능히 파계(破戒)에서 막아주리라.

비유하면 큰 바다 가운데에서
능히 죽은 시체가 떠다니는 것처럼
계율의 가르침도 역시 이와 같아서
능히 모든 파계를 없애주리라.

계율은 이러한 법 가운데에서 왕(王)이고
모든 부처님들께서 제도하는 상수(上首)가 되니
필추를 상인(商人)들의 여행에 비유한다면
이것은 가치를 결정할 수 없는 보배이리라.

파계는 뱀의 독(毒)보다도 더욱 독하나
계율은 아가다(阿伽陀)²⁾와 같은 것이니
번뇌가 치성(熾盛)하면 조복받기 어려우니
계율로써 고삐와 재갈을 삼을지니라.

계율로써 처소를 잘 지킨다면
항상 함께 다리를 짓는 것이니
역시 악취의 바다에 나아갈 때도
능히 배와 뗏목이 되어 건져 주리라.

험난한 길을 고통스럽게 가는 것에
계율은 좋게 이끄는 것이 되나니
만약 두려움이 없는 성을 올라간다면

---

2) 온갖 병(病)을 고친다는 인도(印度)의 영약(靈藥)을 비유한 의미로서 불법(佛法)에
일체(一切)의 번뇌(煩惱)를 없애는 영묘(靈妙)한 힘이 있다고 한다.

계율은 오르는 사다리가 되어 주리라.

세존은 가장 수승(殊勝)하고 존귀하시나
친절하게 계율의 가르침을 설하셨으며
이러한 법과 계율은 차별이 없으니
모두가 예경하고 귀명(歸命)하여라.

세존과 나아가 성스러운 제자들에게
모든 계율의 가르침에 의지하고 머무른다면
계율에 공경하는 마음이 생겨나는
까닭으로 내가 예경하고 귀명하노라.

나는 계율에 의지하고 찬탄(讚歎)하면서
이와 같이 설하신 것을 나는 마땅히 존중하나니
처음으로 머리 숙여 귀의하면서
길상(吉祥)한 일을 성취하리라.

비나야(毘奈耶)의 큰 바다는
끝도 없고 아득하여 알 수 없으나
차별이 있는 모양도 끝이 없으니
어찌 내가 자세히 알 수 있겠는가?

세존께서 가르치신 계율의 바다는
깊고 깊어서 옳게 헤아릴 수 없으니
나는 지금부터 내 능력을 좇을 뿐이고
간단하게도 작은 부분조차 찬탄하지 못하네.

세존께서 열반하실 때에

널리 여러 대중에게 알리시기를
그대들은 내가 멸도한 뒤에
계율에 감응(感應)하고 존경할지니라.

그러므로 나는 널리 게송으로 찬탄하고
비나야를 설하고자 하나니
그대들은 마땅히 정성스런 마음으로
조복받는 가르침을 잘 들을지니라.

별해탈경(別解脫經)[3]은 듣기 어려워
무량(無量)한 구지(俱胝)[4]의 겁을 지내왔으나
독송하고 수지(受持)하는 것도 역시 이와 같아서
설한 것과 같이 행하는 자는 다시 만나기 어렵네.

모든 부처님이 출현하신 것은 세상의 즐거움이고
미묘(微妙)한 정법을 연설(演說)하신 것도 즐거움이며
승가가 한 마음으로 함께 마주하는 것은 즐거움이고
화합하여 함께 용맹하게 수행하는 것도 즐거움이네.

만약 성인들을 보게 된다면 즐거움이고
아울러 함께 머무는 것도 또한 즐거움이며
만약 여러 어리석은 사람들을 보지 않는다면
이것도 곧 항상 즐거운 것이라 이름하리라.

계율을 구족한 자를 보는 것은 즐거움이고

---

3) 산스크리트 Pratimoksya의 음사로써 계본(戒本)이라고도 하며, 계율을 다르게
   부르는 말이다.
4) 산스크리트어 koṭi의 음사로서 수의 단위로, 107을 나타낸다.

많이 들은 자를 보는 것도 또한 즐거움이며
아라한을 보는 것은 진실한 즐거움인데
이것은 다음의 생(生)을 받지 않는 까닭이라네.

물가의 나루터의 묘(妙)한 계단도 즐거움이고
법으로서 원수와 싸워 항복받는 것도 즐거움이며
바른 지혜를 증득하여 과(果)가 생길 때에도
아만(我慢)의 고통을 모두 없애주나니 즐거움이네.

만약 능력이 있어 마음으로 결정을 하고
좋게 욕심의 뿌리를 조복받고 다문(多聞)을 갖추고서
젊음부터 늙음에 이르기까지 숲속에 처소에서
적정(寂靜)하고 한가한 난야(蘭若)5)에 머무는 것도 즐거움이네.

두 손을 모으고 공경하면서
석가모니부처님께 예경하면서
별해탈(別解脫)과 조복(調伏)에 대하여
내가는 설하겠나니 그대들은 잘 들을지니라.

들은 뒤에는 마땅히 바르게 행하여
대선(大仙)6)께서 설하신 것과 같이
여러 가지의 작은 죄를 지을지라도
용맹하고 또한 열심히 지켜야 하리라.

마음의 말[心馬]은 억제하고 멈추는 것이 어렵나니

---

5) 산스크리트어 aranya의 음사로서 아란야(阿蘭若)라고 번역되며, 사찰(寺刹)을 가리킨다.
6) 세존을 다르게 부르는 말이다.

32

용맹스럽게 결심하여 언제나 상속(相續)할지라.
별해탈 계율은 재갈과 같아서
백 가지의 침(針)과 같은 날카로움이 있네.

만약 사람들이 정해진 계율7)을 어기면
가르침 들은 것이 곧 멈추어 지리라.
대사(大士)는 좋은 말(馬)과 같아서
마땅히 번뇌의 장애를 뛰어 넘으리라.

만약 사람에게 이러한 재갈이 없고
또한 앞에서 즐거움[喜樂]을 없었다면
그 사람은 번뇌의 장애에 빠질 것이며
미혹하여 삶과 죽음을 유전(流轉)하리라.

총괄하여 게송으로 거두어 말하겠노라.

만약에 부정행을 짓고서
도둑질을 하고 살생을 하며
망령되게 상인법(上人法)을 설하다면
이러한 모든 것은 함께 머무를 수 없느니라.

---

7) 원문에는 軌則으로 표기되어 있다.

1. 사바라이법(四波羅夷法)

1) 부정행(不淨行) 학처 ①

분별하여 게송으로 거두어 말하겠노라.

소진나(蘇陳那) 필추는
숲속에 있으면서 범하지 않았으나
약요(弱腰)와 장근(長根)과
묘희(妙喜)는 모두 세 번을 범하였네.

하루를 방안에서 잠을 잤으나
한가한 숲속에서 욕심을 떠난 사람은
전생부터 좋은 인연이었으므로
마땅히 게송으로 모두 섭수(攝受)한 것임을 알라.

이때 박가범(薄伽梵)께서 처음으로 깨달음을 증득하신 뒤에 12년은
모든 성문(聲聞)제자들이 과실이 없었고, 종기와 포진이 생기지 않았다.
세존께서는 여러 제자들을 위하여 별해탈계경(別解脫戒經)을 간략하게
설하여 말씀하셨다.

모든 악을 짓지 않을 것이며
모든 선을 마땅히 닦아서
널리 스스로 마음을 조복하는
이것이 곧 모든 세존의 가르침이니라.

신업을 잘 호지(護持)하는 것은 좋은 것이고
구업을 잘 호지하는 것도 좋은 것이며

의업을 잘 호지하는 것도 좋은 것이나
모든 업을 잘 호지하는 것이 가장 좋은 것이네.

필추는 모든 것을 호지하고서
능히 여러 고통에서 해탈하나니
구업에서 잘 호지하면서
또한 의업을 잘 호지할 것이니라.

몸으로는 모든 악을 짓지 않으며
항상 세 가지의 업(業)을 청정하게 하는
이것이 곧 능히 수순함을 따르는 것이며
대선께서 행하신 도(道)라네.

13년에 이르렀을 때에 세존께서는 율씨국(栗氏國)에 머무르셨다.
이때 갈란탁가(羯蘭鐸迦) 마을에 갈란탁가의 아들이 있어 소진나(蘇陳那)라고 이름하였다. 부유하여 재물이 많았고 많은 노비와 사람들이 있었다. 금·은·보물[珍寶]·곡식·보리들이 넘쳐났고, 모아놓은 재화(貨貨)가 비사문천왕(毘沙門天王)과 같았다. 그리고 같은 부류인 종족의 처녀를 아내로 맞아 환락(歡樂)을 누리고 있었다.

다른 때에 불·법·승에 깊은 존경과 신심을 일으켜 삼보에 귀의하였고 오학처(五學處)를 받았으니 이를테면, 살생·투도·사음행(欲邪行)·거짓말(虛誑語) 나아가 모든 음주 등의 모든 것을 멀리 떠나는 것이었다. 이러한 까닭으로 존경과 신심이 날마다 점차로 커져 곧 바른 신심으로서 집을 버리고서 집이 아닌 곳으로 나아가 머리를 자르고 법복(法服)을 입었다. 이미 출가하였으나 여러 친속들과 섞여 머물렀으니, 오히려 옛날에 집에 있었던 것과 다르지 않았다. 이때 구수(具壽) 소진나는 곧 스스로 생각하였다.

'어찌 나는 좋은 설법(說法)과 계율을 얻고자 출가하지 않았겠는가?

마땅히 증득할 것을 증득하지 못하였고 얻을 것을 얻지 못하였으나 이렇게 여러 친속(親屬)들과 함께 섞여 머무르고 있으니 나는 지금 마땅히 친족(親族)들을 버리고 멀리 떠나가서 가사와 발우를 지니고 인간 세상을 유행(遊行)을 해야겠구나.'

이렇게 생각하고서 곧 친속들을 버리고 다른 지방으로 떠나갔으나 세상의 기근(飢饉)을 만나서 걸식하면서 얻는 것이 어려웠다.

'부모와 자식들이 오히려 서로를 구제하지 못하는데 하물며 다른 걸인들은 어떻겠는가?'

이때 소진나는 이렇게 생각하였다.

'지금 나의 친속들은 재물과 음식들이 풍족하니 마땅히 그 갈란탁가의 마을에 가서 승전(僧田)에 공양하는 것을 널리 설하여 권유해야겠다. 보릿가루와 죽(粥), 혹은 상시식(常施食)[8], 혹은 청환식(請喚食)[9], 혹은 팔일(八日)·십사일(十四日)·십오일식(十五日食)이라도 여러 친속들을 가르쳐 조금이라도 복업을 일으키면 요익(饒益)[10]이 되는 일이다.'

이때 소진나는 곧 다른 지방을 떠나 가사와 발우를 지니고 점차로 유행하여 드디어 갈란탁가 마을에 이르러 멀지 않은 곳으로 가서 아란야(阿蘭若)의 작은 방에서 머물렀다. 이때 소진나는 친속들이 있는 곳에 나아가 널리 여러 사람들을 위하여 불·법·승 삼보를 널리 찬양(讚揚)하고 여러 대중들에게 공양을 베풀어 요익을 짓게 하였다. 이때 소진나는 아란야에 있으면서 두타행(杜多行)[11]을 닦았으며, 다만 세 가지의 분소의(奮掃衣)를 걸치고 상걸식(常乞食)과 차제걸식(次第乞食)을 하였다.

이때 친족들은 날마다 항상 묘하고 맛있는 음식으로 여러 승가의 대중들에게 보시하였다. 소진나는 옷과 발우를 지니고 마을에 들어가 차례대로 걸식하다가 그의 본래의 집에 이르렀으나 아무 것도 얻지 못하고서 밖으로

---

8) 평소에 먹는 음식을 가리킨다.
9) 특별히 날짜를 정하고 청하여 대변하는 음식을 말한다.
10) 자비로운 마음으로 중생에게 넉넉하게 이익을 주는 것을 가리킨다.
11) 산스크리트어 dhuta의 음사로 기제(棄除)·수치(修治)·두수(抖擻) 등으로 번역된다.

나왔다. 소진나의 어머니는 일이 있어 밖에 외출하였으나, 그때 늙은 여자 노비가 소진나의 얼굴과 모습을 보고서 기억하였다. 아무 것도 얻지 못하고 급하게 나가는 것을 늙은 노비가 보고서 소진나의 어머니가 있는 곳으로 가서 알려 말하였다.

"마님(大家)께서는 알지 못하셨습니까? 장자 소진나께서 고향 마을을 오래 떠나있었으나, 지금 돌아와서 머무르면서 걸식하였으나 얻지 못하고 급히 돌아갔습니다."

이때 소진나의 어머니는 이렇게 생각하였다.

'나의 아들이 어찌 사랑을 그리워하지 않겠는가? 정(情)이 생겨났으니 재가(在家)의 욕락(欲樂)에 돌아오지 않겠는가? 사문(沙門)을 사랑하지 않으면 사문의 생활에 괴로움을 받을 것이다. 사문의 행이 부끄럽고 싫으면 버리지 않겠는가?'

이와 같이 생각하고서 마침내 곧 마을을 벗어나 소진나가 머무르는 처소에서 알려 말하였다.

"소진나여. 그대는 사랑을 그리워하지 않는가? 정이 생겨났으니 재가의 욕락에 돌아오지 않는가? 사문을 사랑하지 않으면 사문의 생활에 괴로움을 받을 것이네. 사문의 행이 부끄럽고 싫은데 버리지 않는가? 소진나여. 우리 집안의 재물과 처가(婻時)의 재산에 대하여 그대는 또한 나의 말을 잘 들게나. 내가 스스로 소유한 금·은·보화를 쌓아둔 것이 크게 모여서 양쪽에 앉은 사람이 서로를 볼 수 없네.

또한 그대의 아버지 재물에 대해 관청에서 인가(印可)한 것도 금전으로 수량이 백천 만억이네. 하물며 다른 여러 나머지의 잡다한 재화를 합하면 얼마겠는가? 그대가 다시 집으로 돌아오면 정에 따라 즐거움을 얻고 마음에 따라서는 복을 베풀 수도 있을 것이네."

이와 같이 말을 마치자, 이때 소진나가 어머니에게 알려 말하였다.

"나는 사랑을 그리워하지 않습니다. 정이 있어 집에 돌아가더라도 즐겁지 않을 것입니다. 또한 사문을 사랑하지 않는 마음도 없고, 사문의 행을 괴로워하지도 않으며, 부끄럽고 싫어하여 버릴 마음도 없습니다."

이때 소진나의 어머니는 이와 같은 말을 듣고서 곧 자신이 감당할 일이 아니라고 생각하고서 되돌아온 뒤에 마땅히 다른 방법을 깊이 생각하였다. 이때 소진나의 어머니는 집으로 돌아와 며느리[新婦]에게 알려 말하였다.

"그대가 임신[月期]의 때에 이르면 곧 알려서 내가 알 수 있게 하여라."

며느리는 공손히 대답하였고, 뒤의 다른 때에 날짜에 이르자 알려 말하였다.

"어머님. 내가 지금 날짜에 이르렀는데 무슨 일을 하시고자 하세요?"

시어머니가 말하였다.

"날짜가 지나면 목욕을 하고, 머리에는 여러 꽃으로 장식하며, 좋은 향수를 바르고, 여러 가지 영락을 걸쳐라. 모든 장신구를 몸에 꾸미고 소진나가 옛날에 집에 있던 때와 같게 하고, 정으로서 즐기던 일들을 모두 하여라."

며느리가 듣고서 화려하게 꾸미는 일을 마치고 시어머니 있는 곳으로 돌아와서 알려 말하였다.

"어머님. 소진나가 지난 날에 나를 사랑하고 좋아했던 때와 같이 하였습니다. 목욕하고 몸을 꾸몄으며 여러 옷을 입었습니다. 만약 지금 할 일이 있다면 지금이 그때입니다."

이때 소진나의 어머니는 마침내 며느리와 함께 마차를 타고 소진나가 머무르는 처소로 갔으며, 도착하여 마차에서 내려서 몇 걸음을 갔다. 이때 소진나는 작은 방에서 나와 밖으로 경행(經行)하려고 하였다. 어머니는 그를 보고서 알려 말하였다.

"소진나여. 그대가 말한 옛날의 사랑을 기억하지 않는 것은 앞에서 말한 것과 같을 것이네. 지금 그대의 신부는 몸이 깨끗하니 마땅히 자손[種子]을 남겨 재물들을 관청에 빼앗기지 않도록 해야 할 것이네."

이때 소진나는 이전에 세존께서 계율을 제정하지 않았으므로 애욕의 허물을 알지 못하였다. 나이가 어린 신부를 보고서 염착심(染着心)이 일어나 욕망의 불꽃이 마음을 태우니, 그의 어머니에게 알려 말하였다.

"내가 어떻게 하는 것이 합당합니까?"

어머니가 말하였다.

"자손을 잇는 법은 마땅히 이와 같네."

이때 소진나는 고의로 두 손을 끌고서 곧바로 가려진 곳으로 가서 법복을 벗고서 드디어 두세 번의 부정(不淨)을 행하였다.

이때 한 유정이 지극히 승행(勝行)을 구하며 해탈의 성품이 있어 열반에 이르고자 생사(生死)와 삼계(三界)의 오취(五趣)12)를 버려 마음에 즐거움에 집착이 없었다. 마지막의 몸으로 승묘천(勝妙天)으로부터 와서 부인의 태에 의탁하였다. 만약 지혜가 밝은 여인은 다섯 가지의 특별한 지혜가 있어 다른 여인과는 다른 것이다. 첫째는 남자에게 음욕심이 있는 것을 알고, 둘째는 시절(時節)을 알며, 셋째는 누구를 따라서 임신한 것을 알고, 넷째는 아들인 것을 알며, 다섯째는 딸인 것을 아는 것이다. 만약 오른쪽 옆구리에 의지하여 머무르면 아들이고 왼쪽 옆구리에 의지해서 머무르면 딸인 것이다. 그때 며느리는 마음에서 기쁨이 생겨나 시어머니께 알려 말하였다.

"어머님께서는 알고 계십니까? 나는 이미 임신하였습니다. 오른쪽 옆구리에 있으니 틀림없이 아들이며 종가(宗家)를 빛낼 자손입니다."

그 시어머니가 듣고서 크게 기뻐하며 이와 같이 말하였다.

"내가 지난날부터 마음으로 가문을 이을 좋은 아들을 바라왔으니 그 아이가 장성하여 마침내 덕(德)으로서 보답할 것을 생각하고 항상 복과 지혜를 닦으며 우리들에게 이익이 되는 것을 바라도록 하라."

시어머니는 이 일을 알고서 곧 며느리를 높은 집에 머무르게 하였고, 때를 따라서 제공하였으며, 여의사가 음식을 만들어 어긋남이 없게 하였고, 몸에 영락을 갖추어 하늘의 채녀(採女)가 환희원(歡喜圓)에 나아가고 머무르는 위의와 같도록 하였다. 항상 평상(平床)에서 머물러서 발이 땅을 밟지 않도록 하였고, 눈으로는 나쁜 색깔을 보지 않도록 하였으며, 귀로

---

12) 중생이 선악의 업보(業報)에 따라 가게 되는 다섯 곳으로 지옥(地獄)·아귀(餓鬼)·축생(畜生)·아수라(阿修羅)·인간(人間) 등을 뜻한다.

나쁜 소리를 듣지 않도록 하였고, 잠자고 음식을 먹고 다닐 때에는 일찍이
어긋나고 거스르지 않도록 하였다.

아홉 달이 지나서 곧 한 아들을 낳으니 얼굴 모양이 단엄(端嚴)하여
사람들은 좋아하고 즐거워하였다. 이마는 넓고 눈썹은 길었으며 콧대는
높았고 곧았으며 이마는 둥글고 얼굴빛은 모든 아름다운 금빛과 같았으며
손을 내리면 무릎을 닿아서 모두가 공경하고 우러러 보았다. 삼칠일이
지나자 기뻐하며 종친들을 모아놓고서 그 시어머니가 그 아이에 대하여
여러 친척들에게 알려 말하였다.

"이 아이를 지금 무엇이라고 이름을 지을까요?"

여러 사람들이 의논하여 말하였다.

"이 아이는 종자법[因種法]을 인연으로 구하고 얻었으니 종자라고 이름
하면 좋겠습니다."

그 시어머니는 곧 유모 여덟 명에게 맡겨 두 명은 함께 젖을 먹였고,
두 명은 포대기를 돌보았으며, 두 명은 목욕시켰고, 두 명은 같이 놀게
하였으며, 우유·낙소(酪酥)·정제한 석밀(石蜜)과 나아가 다른 묘하고 단
음식을 제공하여 기르니 빠르게 자라는 것이 마치 연꽃이 연못에서 자라는
것과 같았다. 점점 자라 동자가 되자 기예(技藝)·산수(算數)13)·서인(書印)14)
을 배워서 취하는 것·주는 것·저당잡는 것·거두어들이는 것에 모두 묘한
것을 이루었고, 여덟 종류의 점성술(占星術)을 잘하였는데, 이를테면, 상보
(相宝)·상의(相衣)·상택(相宅)·상목(相木)·상상(相象)·상마(相馬)·상남(相
男)·상녀(相女) 등이었다.

그는 다른 때에 깊은 바른 신심이 생겨나서 삼보를 향(向)하여 귀의하였
고, 오학처(五學處)를 받고서 아버지와 같이 신심이 생각에 증장(增長)되어
마침내 집을 버리고 집이 아닌 곳에 나아가 출리행(出離行)을 구하였다.
법과 계율을 잘 설하는 사문을 따라서 머리와 수염을 깎고 법복을 입었다.
혼자서 한정(閑靜)한 처소에서 방일(放逸)한 마음을 없애고, 경책하며 부지

---

13) 원상업(商業)이나 기하학(幾何學) 등에 수학적 계산이 필요한 학문을 가리킨다.
14) 학문적으로 주역(周易)처럼 사물의 이치를 살피는 것을 가리킨다.

런히 용맹하게 전념(專念)하고서 정행(淨行)을 닦아 현법(現法) 가운데에서
원만(圓滿)한 깨달음을 증득하여 무명(無明)의 씨앗을 깨트리고 삼계의
미혹을 끊고서 아라한을 성취하였다.

삼명(三明)15)과 육통(六通)16)과 팔해탈(八解脫)을 갖추어 여실지(如實
知)17)를 얻었다. 스스로 생사를 이미 마쳤고, 범행을 이미 세워 지은
것은 이미 힘써 뒤에 다른 생(生)을 받지 않았다. 마음에 장애가 없는
것은 손으로 허공을 가리키는 것과 같았고, 바르는 향과 같은 사랑과
미움은 칼과 같이 잘라서 일어나지 않았으며, 금을 보아도 흙 등과 다르지
않았고, 모든 명성과 이익을 버리지 않은 것이 없어 석범(釋梵)18)과 모든
천인(天人)이 함께 공경하였다.

이때 구수인 종자가 아라한을 증득하고 해탈의 즐거움을 누리며 곧
게송을 설하여 말하였다.

성스러운 행이 이미 원만하니
아버지의 재물에 떨어지지 않으며
나는 이것이 마지막의 몸으로서
모든 허물과 근심을 없앴다네.

이때 소진나가 부정행을 짓는 것을 마쳤다. 세존께서는 무량한 백천의
성문과 필추 대중 가운데에서 설법하셨는데 이를테면, 탐·진·치의 마음을
버리고 마음과 지혜로 해탈하는 것이었다. 이때 소진나도 역시 대중

---

15) 세존이나 아라한이 갖추고 있는 세 가지 자유 자재한 지혜를 말한다. 첫째는
    숙명지증명(宿命智證明)으로 나와 남의 전생을 환히 아는 지혜를 말하고, 둘째는
    생사지증명(生死智證明)으로 중생의 미래의 생사와 과보를 환히 아는 지혜를
    말하며, 셋째는 누진지증명(漏盡智證明)으로 번뇌를 모두 끊어 내세에 미혹한
    생존을 받지 않음을 아는 지혜를 말한다.
16) 육신통을 다르게 부르는 말이다.
17) 모든 현상을 있는 그대로 주시하는 부처님들의 지혜를 가리킨다.
18) 제석천(帝釋天)과 범천왕(梵天王)을 아울러 이르는 말이다.

가운데에서 세존의 설법을 들었다. 법을 듣고서 마음에 근심과 괴로움을 품었고, 깊은 후회가 생겨나서 얼굴을 붉히고 고개를 숙이고서 말없이 침묵하였으며 곧 방으로 돌아가 근심하며 머무르고 있었다.

뒤의 다른 때에 여러 필추가 방과 처소를 살펴보다가 소진나가 머무르는 방에 와서 함께 법담[談話]을 하면서 소진나가 근심을 품고서 머무르는 것을 보았다. 이때 여러 필추가 소진나에게 알려 말하였다.

"그대는 이전에는 손님이 오면 웃음으로 반갑게 맞이하면서 '잘 왔습니다.' 하고 말하면서 옷과 발우와 여러 자구들을 갖추어 주었는데 무슨 까닭으로 오늘은 우리가 오는 것을 보아도 마음에 근심을 품고 얼굴을 숙이고 머무르면서 말이 없습니까? 소진나여. 그대는 몸에 병이 있습니까? 마음에 고통이 있습니까?"

이때 소진나가 알려 말하였다.

"여러 구수들이여. 나는 몸에 병이 있는 것이 아니고 마음에 큰 고통이 있습니다."

물어 말하였다.

"무슨 까닭으로 마음에 큰 고통이 있습니까?"

이때 소진나는 그 일을 갖추어 말하였고, 여러 필추들은 그 말을 모두 듣고서 기뻐하지도 싫어하지도 않고서 자리에서 일어나 돌아와서 세존의 처소로 나아갔다. 처소에 이르러 세존의 두 발에 예경하고 한쪽에 앉아 이 인연을 갖추어 세존께 아뢰었다. 세존께서는 이때 모든 필추에게 알려 말씀하셨다.

"이 소진나는 유루(有漏)[19] 가운데에서 먼저 비법행(非法行)과 부정행(不淨行)을 지었느니라."

이때 세존께서는 이 인연으로 필추 대중을 모으셨다. 세존께서는 지자(知者)이시고, 견자(見者)이시어 아시면 물으셨고 알지 못하시면 묻지 않으셨으며, 때이면 물으셨고 때가 아니면 묻지 않으셨으며, 이익이 있으면

---

19) 산스크리트 sāsrava의 번역으로서 온갖 번뇌와 망상을 일으키는 마음 작용이나 차별이나 분별을 일으키는 마음 작용을 뜻한다.

물으셨고 이익이 없으면 묻지 않으셨다. 확실히 제방(堤防)을 무너뜨리듯이 의혹을 제거하고자 이익이 있었으므로 소진나에게 알려 말씀하셨다.

"그대는 진실로 이러한 단엄하지 못한 일을 지었는가?"

세존께 아뢰어 말하였다.

"진실로 그렇습니다. 대덕이시여."

세존께서는 소진나에게 알려 말씀하셨다.

"그대는 사문이 아니고 수순하는 행도 아니니라. 청정하지 못하면 위의가 아니므로 출가인이 마땅히 지을 것도 아니니라. 소진나여. 어찌 그대는 탐·진·치를 떠나 마음의 지혜와 해탈하는 미묘한 법의 가운데에서 출가하였으나 이러한 비법과 악한 일을 지었는가? 어리석은 사람이 오히려 남근(男根)을 맹독(猛毒)의 독사의 입속에 넣을지라도 여근(女根) 가운데에는 넣지 않느니라."

세존께서는 여러 가지 방편으로 염오(厭汚)의 일을 설하여 소진나를 꾸중하시고 여러 필추에게 알려 말씀하셨다.

"이와 같은 일을 인연하는 까닭으로 나는 열 가지의 이익을 보았노라. 성문 제자를 위하여 비나야에서 그 학처를 제정하겠노라. 무엇이 열 가지인가? 첫째는 취하면 승가를 섭수하는 까닭이고, 둘째는 승가에게 환희하게 하는 까닭이며, 셋째는 승가에게 즐겁게 머무르게 하는 까닭이고, 넷째는 파계(破戒)를 항복받는 까닭이며, 다섯째는 참회하는 자가 편안을 얻는 까닭이고, 여섯째는 믿지 않는 자를 믿게 하는 까닭이며, 일곱째는 믿는 자를 증장시키는 까닭이고, 여덟째는 현재의 유루(有漏)를 끊는 까닭이며, 아홉째는 미래의 유루를 끊는 까닭이고, 열째는 범행으로써 오래 머무르는 것을 얻게 하는 까닭이니라.

정법을 나타내고 펼치며 널리 인간과 모든 천인(天人)을 이롭게 하므로 내가 지금 성문 제자를 위하여 비나야에서 그 학처를 제정하나니 이와 같이 설하노라. 만약 다시 필추와 모든 필추들이 함께 학처를 얻고서 학처를 버리지 않았으면서 학처를 알고서도 스스로 말하지 아니하고 두 사람이 교회(交會)20)하는 법으로서 부정행을 짓는다면 이 필추는 또한 바라시가(波羅市迦)를 얻었으므로 마땅히 함께 머무를 수 없느니라."

세존께서는 모든 필추들을 위하여 이 학처를 제정하신 뒤에 가란탁가(羯闌鐸迦) 연못의 죽림원(竹林園)에서 머무르셨다.

이때 한 필추가 이곳에서 가까운 아란야의 작은 방에 머물렀으며 그 숲속에 한 마리의 암컷 원숭이가 있었다. 음식을 욕심내는 까닭으로 필추의 처소에 왔으므로 필추가 항상 남은 밥을 주고서 곧 함께 부정행을 행하였다. 이때 필추 대중이 많았으므로 돌아다니며 살피면서 나아가 아란야의 필추의 주처(住處)에 이르러 곧 함께 이야기를 나누며 한 쪽에 앉았다. 그 암컷 원숭이는 이전의 나쁜 일을 기억하고서 그 처소에 와서 눈으로 필추를 보면서 몸으로 비비고자 하였다. 필추가 보고서 다른 사람에게 부끄러워서 곧 막고 쫓아버렸다.

이와 같이 두세 번을 쫓으니 이때 암컷 원숭이는 크게 성을 내서 곧 발톱으로 필추를 할퀴었다. 머리와 얼굴과 옷이 모두 찢어졌으나 다시 한 쪽을 향해서 울부짖으며 펄쩍펄쩍 뛰었다. 이때 여러 필추가 이러한 일을 보고서 곧 물어 말하였다.

"구수여. 이 야생(野生)의 원숭이가 무슨 까닭으로 처음 왔는데 먼저 그대의 얼굴을 보고서 다시 몸을 비비고자 하였고, 그대가 보고 막아 쫓아내는 것을 이와 같이 두세 번을 쫓으니 성내며 발톱으로 할퀴어 몸과 옷을 찢고 울부짖으면서 펄쩍펄쩍 뛰는 것입니까?"

이때 그 필추가 이 일을 갖추어 말하니 여러 필추들이 듣고서 알려 말하였다.

"구수여. 어찌 세존께서 모든 필추의 부정행을 막지 않았겠습니까?"

그가 곧 대답하여 말하였다.

"세존께서 계율을 제정하신 것은 다만 사람을 제한한 것이고, 방생(傍生)을 제한한 것은 아닙니다."

---

20) 남녀가 서로 성행위를 하는 것을 가리킨다.

이때 여러 필추는 이 말을 듣고 싫어하지도 기뻐하지도 아니하고서 일어나 돌아와서 함께 세존의 처소로 나아갔다. 처소에 이르러 세존의 두 발에 예경하고 한쪽에 앉아서 이 인연을 갖추어 세존께 아뢰었다. 세존께서 알려 말씀하셨다.

"사람도 오히려 제한하였거늘 하물며 다시 방생을 말하겠는가! 그 어리석은 사람은 바라시가를 범하였구나."

이때 세존께서 이 인연으로 필추들을 모으셨으며, 아시면서도 일부러 물으셨다.

"필추여. 그대는 진실로 이러한 단엄치 못한 일로서 악법의 죄를 지었는가?"

아뢰어 말하였다.

"진실로 그렇습니다."

세존께서는 여러 가지로 꾸중하셨으며, [자세한 설명은 앞에서와 같다.] 이때 세존께서는 여러 필추들에게 말씀하셨다.

"이전의 것은 새롭게 제정한 것이고, 지금은 따라서 제정한 것이니라. 내가 지금 다시 비나야 가운데에서 모든 필추를 위하여 그 학처를 제정하나니 마땅히 이와 같이 설하노라. 만약 다시 필추와 모든 필추들이 함께 학처를 얻고서 학처를 버리지 않았으면서 학처를 알고서도 스스로 말하지 아니하고서 두 명이 교회하는 법으로 부정행을 지었고, 나아가 방생과 함께 지었다면, 이 필추는 또한 바라시가를 얻으므로 마땅히 함께 머무를 수 없느니라."

'만약 다시 필추'는 소진나 등을 말한다. 필추에는 다섯 부류가 있다. 첫째는 명자(名字)필추이고, 둘째는 자언(自言)필추이며, 셋째는 걸구(乞求)필추이고, 넷째는 파번뇌(破煩惱)필추이며, 다섯째는 백사갈마원구(白四羯磨圓具)필추이다.

무엇을 명자필추라고 말하는가? 사람이 이름을 짓는 것과 같이 스스로 필추라고 하는 것과, 혹은 세상이 함께 허락한 것, 혹은 필추 종족(種族)인 까닭으로 필추라고 부르는 것이니 이것을 명자필추라 이름한다.

무엇을 자언필추라고 말하는가? 만약 사람이 진실로 필추가 아니면서 스스로 '나는 필추다.'고 말하는 것과, 혹은 적주(賊住)[21]하면서 스스로 필추라고 말하는 것이니, 이것을 자언필추라고 이름한다.

무엇을 걸구필추라고 말하는가? 만약 여러 재가인에게 항상 걸식을 구하여 스스로 생활하는 이 사람을 걸구필추라고 이름한다.

무엇을 파번뇌필추라고 말하는가? 만약 사람이 능히 모든 유루·번뇌·근심[焦熱]을 끊어 모든 고통·이숙(異熟)[22]·미래의 태어나고 늙으며 죽음까지도 능히 확실히 알아서 영원히 근본을 제거하는 것이 마치 다라수(多羅樹)[23]의 새싹을 자르는 것과 같이 불생법(不生法)을 증득한다면 이것을 파번뇌필추라고 이름한다.

무엇을 백사갈마원구필추라고 말하는가? 이를테면, 몸에 장애나 어려움이 없고 작법(作法)이 원만하여 이러한 꾸중을 듣지 않으면 이것을 갈마원구필추라고 이름한다. 지금 이렇게 말하는 필추의 뜻은 다섯 번째의 뜻을 취(取)하고 있다. 부(復)라고 말하는 것은 다시 이와 같은 부류가 남아 있다는 말이다

'여제필추(與諸苾芻)'는 여러 다른 필추와 함께 한다는 말이다.

'동득학처(同得學處)'는 만약 이전에 구족계를 받았고 이미 백세(百歲)가 지났으나 마땅히 배워야 할 것이 새로 받은 필추 등과 차이가 없는 것이다. 만약 새롭게 원구(圓具)[24]를 받았으나 마땅히 배워야 할 일이 백세 전에 구족계를 받은 자와 그 일에 있어 역시 다른 것이 없는 것이다. 이를테면, 시라학처(尸羅學處)와 지범의궤(持犯儀軌)가 모두 서로 같은 것을 얻는

---

21) 자신의 이익을 위하거나 가르침을 몰래 엿듣기 위해 출가하여 승단에 들어온 자를 말하고, 또는 구족계(具足戒)를 받지 않은 자가 그 계(戒)를 받은 필추승단의 가운데에 머물러 있는 것을 가리킨다.
22) 산스크리트어 vipāka의 번역으로 원인이 과보로 성숙되는 것을 말한다.
23) 산스크리트어 tāla의 음사로서 인도의 해안 주변에서 자라는 종려과의 교목으로 수액(樹液)은 사탕의 원료로 쓰이며 열매는 식용이다. 길고 넓은 잎으로 부채·모자·우산 등을 만들고, 특히 고대 인도인들은 이 잎에 경문(經文)을 침으로 새기거나 대나무로 만든 붓으로 썼다.
24) 구족계(具足戒)를 다르게 부르는 말이다.

까닭으로 동득학처라고 말한다.

'불사학처(不捨學處)'라고 말하는 것은 어찌하여 불사학처라고 이름하는가? 이를테면, 어리석고 미쳤으며 마음이 어지럽고 고통과 괴로움에 얽매였으며 귀먹고 벙어리이며 어리석은 사람이 학처를 버리는 것을 모두 버렸다고 이름하지 않는다. 만약 혼자서 적정(寂靜)한 처소에서 혼자 적정한 생각을 짓고, 혹은 혼자 적정한 처소에서 혼자 적정한 생각을 짓지 않으며, 혹은 혼자 적정하지 않은 처소에서 혼자 적정한 생각을 짓는 것 등은 학처를 버린 것이 아니다.

만약 중앙[中方] 사람이 변방(邊方)의 사람을 마주하고 중앙의 말을 하면 버리는 것이 성립되지 않으나, 만약 이해한다면 버리는 것이 성립된다. 만약 변방 사람이 중앙 사람을 만나서 변방의 말을 하고, 중앙의 사람이 중앙의 사람을 만나 변방의 말을 하면 버리는 것이 성립되지 않으나, 이해한다면 버리는 것이 성립된다. 만약 변방 사람이 변방의 사람을 만나 중앙의 말을 한다면, 앞에 의거하여 마땅히 알라.

만약 잠을 자고 선정(定)에 들었으며, 사람이 아니고, 천인 등과 변화(變化)하였고 방생이며 나아가 여러 형상이고, 혹은 싸우고 소란스러운 때이며, 혹은 본성(本性)에 머무르는 사람에게 자세히 알리지 아니하면 모두 버리는 것이 성립되지 않는다.

학영불설(學嬴不說)은 마땅히 사구(四句)가 있다. 학처를 버리는 것으로서 학영이설(學嬴而說)이 아닌 것도 있고, 학영이설로 학처를 버리는 것이 아닌 것도 있으며, 학처를 버리는 것으로서 학영이설인 것도 있고, 학처를 버리지 않는 것으로서 학영이설인 것도 있다.

무엇을 학처를 버리는 것으로서 학영이설이 아닌 것이 있다고 말하는가? 어떤 필추가 마음에 사랑을 품고서 환속(還俗)하는 것을 간절하게 바란다면 사문의 길에 사랑하고 즐거운 마음이 없고, 사문의 행이 고통스럽고 부끄러우며 후회하고 싫어져서 필추의 처소에 가서 이와 같이 말을 지었다.

"구수여, 항상 기억하십시오. 나 누구는 지금 학처를 버리겠습니다."

이것을 사학처라고 이름한다.

혹은 "나는 불타(佛陀)·달마(達摩)·승가를 버리겠습니다.", 혹은 "나는 사소달라(捨素呾羅)·비나야(毘奈耶)·마지리가(摩窒里迦)[25]를 버리겠습니다.", 혹은 "나는 오파타야(鄔波馱耶)[26]·아차리야(阿遮利耶)[27]를 버리겠습니다.", 혹은 "나는 재가자인 것을 알았고, 나는 구적(求寂)인 것을 알았으며, 선차(扇侘)[28]이고 반택가(半擇迦)[29]이며, 필추니를 더럽혔고, 아버지를 죽였으며, 어머니를 해쳤고, 아라한을 죽였으며, 화합승가를 깨트렸고, 악심(惡心)으로 세존 몸에서 피를 흘리게 하였으며, 이러한 외도(外道)·외도로 나아가는 자·적주(賊住)·별주(別住)[30]·불공주인(不供住人)[31]이다."고 말하고, 나아가 설명하기를 "나는 그대들과 같은 법과 같은 범행의 사람으로서 도반의 부류가 아니다."라고 말하면 이것을 학처를 버리는 학영이설은 아니라고 이름한다.

무엇을 학영이설로써 학처를 버리는 것이 아니라고 말하는가? 어떤 필추가 마음에 사랑을 품고서 환속(還俗)하는 것을 간절하게 바란다면

---

25) 산스크리트어 mātṛkā의 음사로써 본모(本母) 또는 행모(行母)라고 번역된다. 십이부경(十二部經) 가운데 우파제사(優婆提舍)와 삼장(三藏) 가운데 논장(論藏)을 가리킨다.
26) 산스크리트어 upādhyāya의 음사로서 오파타야(鄔波陀耶)·우파타하(優波陀訶)·욱파제야야(郁波弟耶夜)·우파나하(優波那訶). 근송(近誦)·의학(依學)·친교사(親敎師)라 번역된다. 나이 어린 제자가 모시고 있으면서 경전을 익히고 교법을 배우는 화상(和尙)을 뜻한다.
27) 산스크리트어 Acariya의 음사로서 아사리(阿舍梨)·아차리야(阿遮利耶)라 한역되고, 의역으로는 사장(師長)·궤범(軌範)·궤범사(軌範師) 등으로 번역된다. 제자를 가르치며 모범적인 인물로 규격 규범을 가르치는 모범인물이란 뜻으로 궤범사(軌範師)라 한다.
28) 산스크리트어 ṣaṇdha의 음사로서 선체(扇搋)·선택(扇侘)이라고 번역된다. 남근(男根)을 갖추고 있지 않은 자를 뜻한다.
29) 산스크리트어 paṇdaka의 음사로서 황문(黃門)·불남(不男)이라 번역된다. 남근(男根)이 불완전한 자를 뜻한다.
30) 산스크리트어 parivāsa의 음사로서 승잔(僧殘)을 저지른 필추가 그것을 즉시 승단에 고백하지 않으면 그 죄를 숨긴 기간만큼 다른 필추들과 분리시켜 혼자 따로 살게 하는 것을 가리킨다.
31) 승가에서 쫓겨난 필추나 필추니 등을 가리킨다.

사문의 길에 사랑하고 즐거운 마음이 없고, 사문의 행이 고통스럽고 부끄러우며 후회하고 싫어져서 필추의 처소에 가서 이와 같이 말을 지었다.

"구수께서는 아십니까? 범행은 세우기 어렵고, 적정한 처소에는 거처하는 것이 어려우며, 혼자서 머무르는 것도 어렵고, 임야(林野)에 거처하면서 나쁜 와구(臥具)를 받는 것도 어렵습니다. 나의 부모·형제·자매·가르치신 스승을 생각하여 나는 모든 공교(工巧)[32]를 배우고 나아가 농업(農業)을 경영하고자 합니다. 나의 가족과 정(情)을 이어가는 것을 간절히 바라고 있습니다."

만약 필추가 이러한 여러 가지의 후회하는 말을 하였으나, "나는 학처를 버리겠습니다."라고 말하지 않는다면 이것을 학영이설로써 학처를 버리는 것이라고 말한다.

무엇을 학영이설이고 또한 학처를 버리는 것은 아니라고 말하는가? 만약 필추가 마음에 사랑함을 품고서, [자세한 내용은 앞에서와 같다.] 나아가 후회하는 말을 지어, "나는 학처를 버리겠다."고 말하며,[자세한 내용은 앞에서와 같다.] 나아가 "함께 범행을 하는 사람들은 도반이 아니다."고 하면 이것을 학영이설이고 또한 학처를 버리는 것이라고 이름한다.

무엇을 학처를 버리는 것이 아니면서 학영이설도 아니라고 하는가? 앞에 설한 모든 상을 제외한 것을 학영불설(學贏不說)이라고 한다.

'부정행을 짓는다.'는 이것이 곧 음욕이고, 음욕은 두 사람이 함께 교회(敎會)하는 것을 말한다.

'법'은 이 비법(非法)에 의거하는 것을 법이라고 이름하는 것이다.

'신업(身業)의 행'이 아닌 것을 '짓는다[作].'고 이름한다.

'나아가 방생과 함께 한다.'는 원숭이 등을 말한다.

'이 사람'은 그 사람을 가리키는 것이다.

'필추'는 필추의 성(性)을 얻은 사람을 말한다.

'필추의 성'은 무엇인가? 원구를 받는 것을 말한다.

---

32) 미술·공예·문학·음악 등에 대한 기술을 뜻한다.

'원구(圓具)'는 무엇인가? 백사갈마(白四羯磨)를 짓는 일이 여법(如法)하게 성취되어 구경(究竟)에 만족되고, 그 나아가 받는 사람도 원만한 마음으로 계를 구족하는 것을 간절히 바라며, 간절히 기도하고 서원하며 받아서 마음에 성냄과 한(恨)이 없고, 말로서 깨끗함을 드러내어 어업(語業)을 밝게 나타내므로 원구라고 이름한다.

'바라시가'는 매우 무거운 죄로서 싫어하고 미워해야 하며, 사랑하고 즐거워하면 아니된다. 만약 필추가 또한 조금만 범한 때에도 곧 사문이 아니며 석가자(釋迦子)도 아니다. 필추의 성을 잃으면 열반의 성도 무너지고, 타락하고 붕괴되며 전도(轉倒)되므로, 다른 수승(殊勝)함으로 구제할 수가 없는 것이 마치 다라수의 새싹을 자르면 다시 자라나지 못하여 능히 울창하게 자라지 못하는 까닭으로 바라시가라고 이름한다.

'함께 머무를 수 없다.[不供住]'는 범한 사람은 모든 필추와 함께 머무를 수 없고, 포쇄타(褒灑陀)를 할 수 없으며, 수의사(隨意事)를 할 수 없고, 단백(單白)·백이(白二)·백사갈마(白四羯磨)를 할 수 없으며, 대중에게 일이 있으면서 12종류의 사람을 뽑는 것에도 이 죄는 뽑히는 것에 제한이 되고, 법과 음식도 함께 수용(受用)할 수 없다. 이러한 까닭으로 함께 머물 수 없다고 이름하는 것이다.

이 가운데에서 범한 모양은 무엇인가? 게송으로 섭수하여 말하겠노라.

세 곳[三處]으로 음행을 행하는 것과
삼창(三瘡)[33]의 막힌 것과 막히지 않은 것과
무너진 것과 무너지지 않은 것과 죽은[死] 것과 산[活] 것과
반택가(半擇迦)와 여자와 남자가 있다.

다른 사람이 잠자는 것을 보고 음행을 행하는 것과
혹은 술과 약 등을 주는 것과

---

33) 대소변 보는 곳과 입의 세 곳을 가리킨다.

핍박을 당하면서 즐거운 것과 즐겁지 않은 것에서
범하는 것과 범하지 않는 것을 알라.

　만약 필추가 그 세 곳에서 부정행을 지어 음욕법을 행하게 되면 바라시가를 얻는다. 무엇을 세 곳이라고 말하는가? 생지(生肢)³⁴⁾로서 대변을 보는 곳과 소변을 보는 곳과 나아가 입속에 집어넣은 것을 말한다. 조금만 집어넣더라도 바라시가를 얻는다. 만약 필추가 세 부류의 사람과 함께 부정행을 지어도 바라시가를 얻게 된다. 무엇을 세 부류라고 하는가? 여자와 남자와 반택가를 말한다.
　만약 필추가 음행하려는 마음을 지어 살아있는 여인의 삼창불괴(三瘡不壞)³⁵⁾에 음행하면서 유격(有隔)³⁶⁾으로서 유격에 집어넣거나, 유격으로 무격(無隔)³⁷⁾에 집어넣거나, 무격으로 유격에 집어넣거나, 무격으로 무격에 집어넣는다면, 집어넣을 때에 바라시가를 얻는다. 만약 살아있는 여인의 삼창손괴(三瘡損壞)³⁸⁾에 음행하는 것의 격등(隔等)³⁹⁾도 앞에서와 같다. 집어넣는다면 솔토라저(窣吐羅底)⁴⁰⁾를 얻고, 만약 죽은 여인의 삼창불괴에 음행을 행하는 것의 격등도 앞에서와 같아서 집어넣는다면 바라시가를 얻는다.
　만약 필추가 죽은 여인의 삼창손괴에 있어서도 격등은 앞에서와 같이 집어넣으면 솔토라저를 얻는다. 만약 여인이 살았거나 죽었거나 얻는 죄의 가볍고 무거운 것은 마땅히 이와 같은 것임을 알라. 사람이 아닌 여인과 방생의 암컷에 있어서도 살았거나 죽었거나 삼창문(三瘡門)의 유손(有損)·무손(無損)과 유격(有隔)·무격(無隔)에서 얻는 죄의 가볍고 무거

---

34) '남근(男根)'을 다르게 표현한 말이다.
35) 삼창이 속옷과 다른 물건으로 가려져 있는 것을 말한다.
36) 가리워져 있는 상태를 말한다.
37) 드러나 있는 상태를 말한다.
38) 삼창이 속옷과 다른 물건으로 가려져 있지 않은 상태를 말한다.
39) 삼창을 가리고 있는 속옷 등을 말한다.
40) 투란차를 다르게 표현한 말이다.

움은 앞에서와 같다.

만약 남자와 사람 아닌 남자와 짐승의 수컷에 있어서도 살았거나 죽었거나 두 개의 창문에서 유손·무손과 격등의 얻는 죄는 앞에서와 같다. 만약 남자반택가와 사람 아닌 것과 짐승의 반택가가 죽었거나 살았거나 두 개의 창문에서 유손·무손과 격등에서 얻는 죄는 앞에서와 같다.

만약 필추가 잠자고 있는 필추에게 부정행을 행하였으나, 만약 잠자는 필추가 처음에서 끝까지 깨닫지 못하면 범한 것은 없으나, 그 음행을 행한 자는 근본죄(根本罪)[41]를 얻는다. 만약 처음과 중간에는 알았으나 끝에서 알지 못하면 범한 것이 없으나, 그 음행을 행한 자만 근본죄를 얻는다. 만약 처음부터 중간과 끝까지 모두 알았으나 마음으로 즐겁지 않았으면 범한 것이 없으나, 그 음행을 행한 자만 근본죄를 얻는다. 만약 처음부터 중간과 끝까지 모두 알았고 마음이 즐거웠다면 두 사람 모두 근본죄를 얻는다.

만약 필추가 처음에 잠자는 필추의 처소에서 범한 것과 범하지 않는 것도 이와 같으며, 만약 필추니의 처소나 식차마나(式叉摩拏)·구적(求寂)·구적녀(求寂女)의 처소에서 행하면 얻는 죄의 가볍고 무거운 것도 역시 앞에서와 같음을 마땅히 알라.

만약 필추니·식차마나 나아가 구적녀가 필추와 구적의 처소에서 행하면 각각 범하고 범하지 않는 것은 앞에 의거하여 마땅히 알라. 만약 구적이 필추·필추니·식차마나·구적·구적녀의 처소에서 행하면 범하고 범하지 않은 것은 앞에서 말한 것과 같다.

만약 필추가 미주(米酒)[42]·화주(花酒)[43]·근피등주(根皮等酒)[44]를 필추

41) 산스크리트어 pārājika의 음사로 바라이죄(波羅夷罪)라고 한역되며, 필추나 필추니가 승단을 떠나야 하는 무거운 죄를 말한다. 바라이죄(波羅夷罪) 또는 바라이(波羅夷)는 바라시가(波羅市迦) 또는 바라사이가(波羅闍已迦)라고도 하며, 의역하여 극악(極惡)·단두(斷頭)·무여(無餘)·불공주(不共住) 또는 타승(他勝)이라고도 한다.
42) 현미나 백미를 사용하여 만드는 술을 가리킨다.
43) 여러 가지 꽃을 사용하여 만드는 술을 가리킨다.
44) 여러 가지의 뿌리나 껍질을 사용하여 만드는 술을 가리킨다.

에게 주어서 많이 취하게 한 뒤에 부정행을 저지르면 처음부터 중간과 끝까지 알거나 모르거나, 즐겁거나 즐겁지 않거나, 얻는 죄의 가볍고 무거움과 범한 것과 범하지 않는 것과 나아가 다른 대중에게 술을 주어 취하게 하는 것은 모두 앞의 잠을 자는 것에서 자세히 설한 것과 같고, 취한 것도 같다.

만약 주술(呪術)과 약으로 다른 사람을 미혹하게 하고 혼란하게 하며 다른 사람에게 여러 경계에서 부정행을 행하고, 나아가 다른 대중들과 함께 행하면 얻는 죄의 유무(有無)도 앞에서와 같다.

만약 필추가 강제로 다른 필추를 핍박하여 함께 부정행을 행하여 핍박을 받은 자가 처음 들어갈 때 마음에 즐거움을 느끼면 모두 멸빈(滅擯)[45]시키고, 만약 들어갈 때는 즐겁지 않았으나 들어가고서 즐거워한다면 모두 멸빈시킨다. 만약 들어갈 때도 즐겁지 않았고 들어가서도 즐겁지 않았으나 나올 때에 즐거워한다면 모두 멸빈시킨다.

만약 핍박을 받는 자가 삼시(三時)에 모두 즐겁지 않으면 범한 것이 없고 핍박한 자를 멸빈시킨다. 핍박한 필추와 핍박한 필추니와 다른 대중들도 이 일에 의거하여 마땅히 알라. 만약 필추 등이 서로 핍박하여 범하였다면 앞에서 말한 것과 같다.

어느 때 실라벌성(室羅伐城)에 한 장자가 있었으며 같은 부류인 종족의 처녀를 아내로 삼았다. 서로의 마음을 얻어 친해져서 즐겁게 살았고 오래지 않아 곧 아들을 낳았으나 허리와 등이 연약(軟弱)하여 고양이·토끼와 같았다. 삼칠일이 지나자 기쁘게 종친들을 모아놓고서 그 아버지가 아들을 안고서 여러 친척에게 알려 말하였다.

"이 아이 지금 어떻게 이름을 지어야 합니까?"

여러 사람이 의논하여 말하였다.

"이 아이의 허리가 연약하니 마땅히 자(字)를 세워 약요(弱腰)라고 이름하십시오."

---

45) 무거운 죄를 저지른 수행자를 영원히 승단에서 추방하는 것을 말한다.

곧 이 아이가 나날이 점차 장성하여 곧 선설(善說)하는 법과 율에 출가하는 것을 구하였다. 출가하고서 살았던 마을을 떠나서 걸식하였으며 위의를 거두고 보호하여 모든 근(根)이 어지럽지 않았고, 마음과 뜻을 잘 막았으며, 거처에 돌아와 밥을 먹고서 옷과 발우를 거둔 뒤에 발을 씻고 방안에 들어갔으나, 욕정의 염심(染心)이 일어났으므로 문득 생지를 입안에 넣고서 욕락을 받고자 하였다.

뒤의 다른 때에 여러 필추들이 인연이 있어 방사(房舍)들을 돌아보다가 방에 들어가서 그 약요가 이와 같은 일을 짓는 것을 보고서 마음에 근심과 한탄을 품고서 물어 말하였다.

"구수여. 그대는 무슨 일을 지었는가?"

알려 말하였다.

"나는 욕락을 받고 있습니다."

필추들이 알려 말하였다.

"어찌 세존께서 행음법(行婬法)을 제정하셨으니 잘못이 아니겠는가?"

알려 말하였다.

"구수여. 세존께서는 타인과의 행위는 막으셨어도 스스로에게 하는 일은 막지 않았습니다."

이때 여러 필추는 이 말을 듣고서 싫어하지도 기뻐하지도 아니하고서 일어나 돌아와 함께 세존의 처소로 나아갔다. 평소와 같은 위의를 지니고서 이 일을 세존께 아뢰었다. 세존께서 말씀하셨다.

"다른 사람과도 오히려 제정하였는데 하물며 다시 자신에 대한 일이겠는가! 이 어리석은 사람은 바라시가를 범하였느니라. 만약 필추가 음욕을 행하려는 마음을 짓고서 즐거움을 받으려는 뜻으로 생지를 세워서 입안에 집어넣거나, 혹은 다른 사람의 근을 자신의 입안에 집어넣으면 근본죄를 얻느니라."

어느 때 실라벌성에 장자의 아들이 있었는데 그 남근이 매우 길었다. 이때 사람들은 이 인연으로 장근(長根)이라고 이름하였으나 세존의 법 가운데에 출가하여 원구를 받았다. 자기의 방에 들어가서는 자기의 생지를 가지고 항문에 넣고서 욕락을 취하였다. 이때 다른 필추가 인연이 있어 방사에 갔고 장근이 이와 같은 일을 짓는 것을 보고 물었다.

"무엇을 하는가?"

나아가 알려 말하였다.

"세존께서는 타인과는 제정하셨으나 스스로에게 무슨 허물이 있겠습니까?"

여러 필추가 세존께 아뢰니 세존께서 말씀하셨다.

"다른 사람과 오히려 제정하였는데 하물며 다시 자신에 대한 일이겠는가! 이 어리석은 사람은 바라시가를 범하였느니라."

세존께서는 실라벌성의 급고독원(給孤獨園)에 머무르셨다.

이때 온서니성(嗢逝尼城)에 [서쪽 인도에 있다.] 난타(難陀)라는 대상주(大商主)가 있었다. 크게 부유하여 재물이 많고 수용하는 것이 풍족하여 소유한 재산이 비사문왕과 같았다. 같은 종족의 처녀를 아내로 삼아 기쁘고 즐겁게 살았으나 비록 오랜 세월이 지나도 결국 자식이 없었다. 자식을 구하는 까닭으로 여러 하늘에게 제사를 지내고 또한 여러 신에게 빌었으며 여러 곳에 다니면서 애걸하였어도 소원을 이루지 못하였다. 그리하여 세상에 말하였다.

"애걸하여 구하는 까닭으로 곧 자식을 얻는다는 것은 진실로 허망한 말이다. 이와 같은 말이 사실이라면 모든 사람들이 전륜왕과 같이 천(千)명의 아들을 얻었을 것이다."

그러므로 세 가지 일을 까닭으로 자식을 얻을 수 있다. 첫째는 부모가 교회(交會)하는 것이고, 둘째는 그 어머니의 몸이 청정하여 마땅히 임신에 합당해야 하며, 셋째는 식향(食香)[46]이 현전(現前)하는 일이다.

이때 그 상주는 업연(業緣)을 합당하게 만나고 있었다. 이때 한 천인(天人)이 승묘천에서 내려와서 부인의 태(胎)에 의탁하였다. 만약 총명하고

---

46) gandharva의 음사로서 건달바(乾達婆)로 음역되고 향신(香神)·심향(尋香)·식향(食香) 등으로 의역(意譯)된다.

지혜로운 여인에게는 다섯 가지의 특별한 지혜가 있으며 자세히 앞에서
설한 것과 같다. 나아가 임신하여 아이가 오른쪽 옆구리에 있었으므로
기뻐하며 그 남편에게 말하니 드디어 높은 누각에 안치하고서 때에 따라서
제공하면서 머무르게 하는 것을 하늘의 채녀(婇女)와 같게 하였다. 달이
차서 아들을 낳으니 모든 모습을 구족하였으므로 그 아버지가 아들로서
여러 친척에게 알려 말하였다.

"이 아이를 지금 어떻게 이름을 지어야 합니까?"

그렇지만 인도47) 법에는 태어난 자식이 위의와 모습이 단정하여 사람들
이 보는 것을 즐거워하면 손타라난타(孫陀羅難陀)라고 이름하였다. 이때
그 여러 친척들이 함께 의논하고서 말하였다.

"지금 이 아이의 위의와 모습이 단정하여 사람들이 보는 것을 즐거워하
니, 이 상주(商主) 난타의 아들인 이 아이를 마땅히 손타라난타라고 이름합
시다."

유모 여덟 명에게 맡겨 기르니 빠르게 자라는 것이 마치 연꽃이 연못에서
자라는 것과 같았다. 사명(四明)48)을 종합적으로 배웠고, 기예는 팔술(八術)
을 모두 익혔다. 그의 아버지는 봄·여름·겨울의 때에 따라서 세 개의
정원을 갖춘 세 개의 전각(殿閣)을 짓고 상(上)·중(中)·하(下)의 세 부류의
채녀에게 승묘(勝妙)한 누각을 바라보며 여러 기악(伎樂)49)을 연주하게
하였다. 이때 난타 상주는 항상 금전을 출납(出納)하는 계산을 하였으므로
잠시도 쉬지 못하였다. 그때 손타라난타가 그 아버지에게 알려 말하였다.

"어찌 계산하시면서 잠시도 쉬지 못하고 고생을 하십니까?"

난타가 알려 말하였다.

"그대는 어찌 높은 누각에 있고 하루를 즐기면서 능히 가업을 경영하겠

---

47) 원문에서는 중국(中國)으로 표기되어 있다.
48) 산스크리트어 veda의 음사 벽타(薜陀)라고 한역되며, 네 종류를 가리킨다. 고대
    인도의 브라만교의 기본이 되는 성전(聖典)이며, 최고(最古)의 문헌으로, 대략
    B.C.1200~500년 경에 성립되었다. 『리그베다(Ṛg-Veda)』, 『사마베다(Sāma-Veda)』,
    『야주르베다(Yajur-Veda)』, 『아타르바베다(Atharva-Veda)』 등이 있다.
49) 고대의 종교적 예능으로 행하여지던 춤과 음악을 가리킨다.

는가? 그러나 나는 반드시 그 가업을 알게 해야겠구나.”

손타라난타가 아버지의 이 말을 듣고서 곧 스스로가 생각하였다.

“아버지가 이렇게 말한 것은 나를 경각(警覺)시키는 것이다.”

꿇어앉아 청(請)하여 말하였다.

“만약 이와 같다면 나는 지방을 다니면서 산업(産業)을 경영하고자 합니다. 원하건대 허락하여 주십시오.”

아버지가 말하였다.

“그대는 지금 마땅히 머물러라. 나에게 보배와 재산이 있는데 어찌 수고스럽게 멀리서 찾겠는가?”

손타라난타가 알려 말하였다.

“아버지에게는 비록 재물이 있으나 나는 반드시 떠나고자 합니다.”

아버지는 곧 생각하였다.

‘나는 지금 마땅히 아들의 구하는 마음을 멈추게 해야겠구나.’

곧 열쇠를 가지고 두루 일곱 개의 창고를 열어서 금·은이 가득한 것과 가득하지 않은 것 등의 모든 창고를 보여 주었고, 손타라난타에게 알려 말하였다.

“이미 이와 같이 재물과 보배가 풍족하고 가득하니 그대는 마땅히 단정하게 여러 욕락을 받고 마음을 따라 가지고 베풀어서 복전(福田)을 만들고 닦아라. 다른 지방을 돌아다니면 이러한 일을 마땅히 할 수 없느니라.”

대답하여 말하였다.

“아버지는 이 물건으로 나에게 보이시고 알려주셨으나 내가 만약 자식을 두게 되면 장차 무엇으로 보여줄 수 있겠습니까?”

아버지가 생각하였다.

‘이런 말을 하다니 옳구나. 내가 죽은 뒤에 진실로 가업을 근심하였으나 내가 지금부터는 점차로 그 일을 가르쳐 주어야겠구나. 또한 시험삼아 재화를 가지고 다른 지방에 가게 하리라. 첫째는 경영하는 법을 배우게 하는 것이고, 둘째는 나와 친근한 사람을 알게 될 것이니 두루 지방과

마을을 살펴보아도 마음에 미혹이 없을 것이다.'

이렇게 생각하고서 그 아내에게 명하여 말하였다.

"내가 죽은 뒤에는 이 손타라난타는 마땅히 가업을 걱정할 것이오."

지나간 일을 갖추어 말하여 알게 하였다. 아내가 말하였다.

"이것은 좋은 일입니다. 뜻을 따라서 행하세요."

아버지가 아들에게 알려 말하였다.

"그대가 이런 마음을 일으키니 매우 아름답구나. 내가 죽은 뒤에는 그대가 가업을 알아야 한다. 이전에 말한 것은 모두 권유하려고 한 것이었으나 재화(財貨)를 가지고 다른 지방을 돌아다니거라."

그때 상주 난타는 곧 사람을 보내 방울을 흔들고 소라[貝]를 불어서 널리 성읍에 사는 사람들과 사방(四方)의 상인들에게 널리 알렸다.

"지금 상주 손타라난타가 재물을 가지고 다른 지방에서 이익을 구하고자 합니다. 그대들(仁等) 가운데에서 만약 능히 서로가 따라가려고 한다면 관(關)50)·하(河)51)·진(津)52)·제(濟)53)에 직접적으로 세금을 아니 낼 것이고, 다니는 경비는 아울러 모두 먼저 마련해 주겠습니다."

이때 500명의 상인이 이 소식을 듣고서 각자 재화를 준비하여 떠나는 때를 기다리고 있었다. 이때 아버지인 난타는 널리 손님을 모으고 행인을 불러서 아울러 대접하고서 알려 말하였다.

"여러분들은 마땅히 아십시오. 이 손타라난타는 나의 아들입니다. 나는 여러분의 마음에서 다른 것이 없음을 보았습니다. 여러분 상인들은 다른 지방에 가서 재물과 이익을 구하고자 하는데 세 가지의 근심이 있습니다. 이를테면, 도박(博奕)54)과 술과 여색(女色)을 말합니다. 만약 손타라난타가 이 세 가지의 유혹에 빠지는 것을 보면 마땅히 금지시킬 것이고, 이익이 있는 곳에서 수행하도록 권유하여 주십시오. 만약 여러분들이 악을 차단하

---

50) 육지의 관문(關門)에서 거두는 세금을 가리킨다.
51) 강이나 운하(運河)에서 거두는 세금을 가리킨다.
52) 강의 나루터에서 거두는 세금을 가리킨다.
53) 강의의 경계에서 거두는 세금을 가리킨다.
54) 본래는 장기(將棋)와 바둑을 뜻하였으나, 확대되어 도박을 의미하고 있다.

고 선을 권하여 능히 이 가르침을 따르면 옳다고 말할 것이고, 만약 말을 듣지 않으면 여러분들은 마땅히 가지고 있는 물건을 화폐로 바꾸어서 돌아간다고 말하십시오."

아울러 손타라난타에게 알려 말하였다.

"그대는 나의 아들이지만 다른 상인들과 그대가 차별은 없다. 상인들이 좋은 말을 하면 그대는 마땅히 들어야 한다."

아들이 곧 공손하게 승낙하였다. 좋은 날을 선택하여 수레와 마차에 모든 물건을 싣고 500명과 함께 반려(伴侶)가 되었고 먼 길을 떠나 실라벌성에 이르러 한 가게 안에 재화와 물건을 안치하였다.

이때 실라벌성에 한 음녀(婬女)가 있었으니 현수(賢首)라고 이름하였다. 몸을 파는 것으로 생업을 삼았는데 얼굴과 모습이 매우 빼어나서 사람들은 보는 것을 즐거워하였는데, 만약 500금전을 주는 사람이 있으면 더불어 함께 잠자리를 하였다. 이때 그 음녀는 상인들이 멀리 온서니성에서 왔고, 그 상주는 난타라고 이름하였으며, 그 아들인 손타라난타는 위의와 용모가 단정하여 보는 사람들이 즐거워하였고, 500의 상인과 멀리서 이곳까지 와서 남의 가게 위에 그 재화와 물건을 안치하고 머물고 있다는 말을 들었다. 곧 생각하였다.

'내가 만약 그의 모든 재물을 빼앗지 못하면 다시는 현수라고 스스로 부르지 않겠다.'

곧 하녀[使女]에게 명하여 말하였다.

"어느 가게에 위에 상주가 한 명이 있으니 손타라난타라고 이름하며 재물이 많은 큰 부자이다. 그대는 꽃다발과 몸에 바르는 향과 좋은 옷[上服]을 가지고 그에게 가서 말하여라.

'상주시여. 이것은 마님[大家]이신 현수께서 나를 보내시면서 작은 신표를 곧 보이시는 것입니다.' 다시 알려라. '어찌 상주께서 가게에서 거처하시겠습니까? 마땅히 잠시 다녀가십시오.'라고 말하여라."

하녀는 시키는 것과 같이 곧 여러 꽃과 장식품을 가지고 상주의 거처로 가서 시키는 대로 알렸다. 이때 손타라난타는 듣고서 하녀에게 말하였다.

"그대는 먼저 가시오. 향만(香鬘)55)을 입고 뒤에 따라 가겠소."

이때 그 하녀는 곧 앞서 집으로 돌아와서 음녀에게 알려 말하였다.

"나에게 먼저 가라고 하였으니 그는 꼭 찾아 올 것입니다."

그때 현수는 하녀의 말을 듣고서 마음속으로 기뻐하면서 곧 집안을 청소하고 좋은 꽃들을 펼쳐놓고 묘한 향기로 풍성하게 침실을 꾸미고 휘장(帷幔)을 둘러치고서 상주를 기다렸다. 이때 손타라난타는 곧 씻고 목욕하고서 새로운 깨끗한 옷으로 갈아입고서 꽃과 영락을 갖추어 스스로가 잘 꾸미고 마차와 하인을 앞세우고 현수의 집으로 갔다. 이때 현수는 멀리서 그가 오는 것을 보니 용모와 위의가 보통 사람과 달라서 하인에게 물어 말하였다.

"이 사람이 상주인 손타라난타인가?"

하녀가 대답하여 말하였다.

"그렇습니다."

현수는 기뻐하면서 곧 게송으로 설하여 말하였다.

부자와 가난한 자를 분별하지 않고
양민과 천민도 논하지 않으며
다만 아름다운 용모만 있으면
곧 어지러워지는 여인의 마음이여.

---

55) 향과 장식품을 뜻한다.

근본설일체유부비나야 제2권

삼장법사 **의정** 한역
석보운 번역

1) 부정행(不淨行) 학처 ②

이때 손타라난타는 곧 수레에서 내려서 그 집으로 들어가려고 하였다. 이때 현수는 재빨리 높은 누각에서 내려와 대문으로 나와서 몸을 굽혀 맞이하고 집안으로 이끌어 묘한 평상에 편안히 앉혔다. 머물러 쉬도록 한 뒤에 그 이름을 묻자, 대답하여 말하였다.

"나는 이름은 손타라난타이오."

현수가 대답하여 말하였다.

"좋은 이름입니다. 몸의 모습과 잘 어울립니다. 만약 당신의 부모가 이렇게 지어주지 아니했으면 내가 지금 당신을 손타라난타라고 이름할 것입니다."

그때 손타라난타가 물었다.

"그의 이름은 무엇인가?"

대답하여 말하였다.

"나의 이름은 현수입니다."

알려 말하였다.

"좋은 이름이오. 실제의 모습과 어울리는구려. 지난 날에 그대의 부모가 이렇게 짓지 아니하였다면 내 지금 그대의 이름을 현수라고 하였을 것이오."

이때 손타라난타가 현수에게 물어 말하였다.

"하룻밤을 함께 잠자는 마땅한 값은 얼마인가?"

여인이 말하였다.

"무슨 뜻으로 그런 보통 사람들과 같이 용렬하고 하천한 말을 하십니까?"

시녀(侍女)가 알려 말하였다.

"하룻밤을 주무시는데 반드시 500금전(金錢)입니다."

손타라난타가 하인[從者]에게 알려 말하였다.

"그대는 매일 항상 500금전을 보내도록 하게."

이 인연으로 곧 그녀와 함께 기쁘고 즐겁게 머물렀다. 일반적으로 탐욕스러운 사람은 만족하는 것이 어려웠으므로 비록 여러 날이 지났으나 버릴 마음이 없었으므로 항상 하인을 시켜 날마다 금전을 보내도록 하였다. 여러 사람들이 의논하여 말하였다.

"우리들의 상주가 간 때가 이미 여러 날인데 지금 어디에 있으며 다시 만날 수 없는가? 이미 아버지의 부탁을 받았으니 마땅히 찾아보도록 합시다."

곧 하인에게 물었다.

"상주는 어디 있는가?"

하인[家人]이 대답하여 말하였다.

"당신들은 오늘에야 상주를 생각하였습니까? 처음에 와서 곧 음녀의 집에 머무르고 있습니다."

상인이 말하였다.

"우리들이 어찌 내버려두고 찾지 않겠는가? 돌아가는 날에는 반드시 그 아버지의 노여움을 살 것이네."

사람을 시켜 가서 불러오도록 하였고, 상주가 듣고서 곧 대문을 나가고자 하였다. 이때 현수가 그의 옷자락을 붙잡고 알려 말하였다.

"당신은 지금 아십니까? 세상에는 두 가지가 있어야 욕락을 행할 수가 있으니, 첫째는 얼굴이 아름답고 수려(秀麗)한 것이고, 둘째는 성장(盛壯)한 소년입니다. 당신은 이미 두 가지를 갖추었고 또한 욕락을 받았으니 재산은 나이가 많고 백발이 되어서 찾아도 됩니다."

이미 유련(留連)[1]을 당했으므로 심부름꾼에게 말하였다.

"그대는 먼저 가게. 내가 곧 따라 가겠네."

심부름꾼이 이러한 인연을 갖추어 상객(商客)에게 알리니 여러 상인들이 모여 돌아오는 것을 서서 기다렸으나, 오래되어도 오지 않았으므로 함께 그 집으로 갔다. 대문 앞에 이르러 문지기에게 말하였다.

"그대는 방에 들어가서 상주에게 알려 주십시오. 함께 온 여러 사람이 문 앞에서 기다리고 있고, 마땅히 의논할 일이 있으니 잠깐 나오도록 하시오."

문지기가 알리자 상주는 나가고자 하였다. 이때 그 현수는 다시 옷자락을 잡고 알려 말하였다.

"잠시 기다리세요. 그 모든 상객들의 마음은 나를 구하고자 함께 와서 불러내는 것이니, 오래 머무르는 것을 허락하지 않겠습니다."

일반적으로 탐욕은 날마다 계박(繫縛)[2]을 증가시키는 것이다. 이때 손타라난타는 곧 문지기에게 알려 말하였다.

"그대들은 돌아가십시오. 나는 마음이 만족되기를 기다렸다가 곧 돌아갈 것입니다."

문지기가 이 말을 나와서 전했고 상객들은 듣고 나서는 함께 서로가 말하였다.

"이 마음을 살펴보니 어떻게 할 수가 없습니다."

곧 함께 교역하러 가지고 온 재화를 팔았고 다시 남은 물건을 거두어 정리하였으며 상인들에게 명하여 왔던 길을 따라서 되돌아갔다. 물건을 보내는 사람도 이때부터 끊어졌다. 뒤에 현수가 우연히 하인을 만나서 말하였다.

"무슨 마음으로 다시 물건을 보내지 않는가?"

하인이 대답하여 말하였다.

---

1) 객지(客地)에 머물러 돌아가지 않는 것을 뜻한다.
2) 번뇌(煩惱)·망상(妄想) 또는 외계의 것에 속박(束縛)되어 자유(自由)를 잃는다는 뜻이다.

"상인들이 이미 돌아갔는데 어디서 물건을 구하겠습니까?"

그녀가 다시 물어 말하였다.

"어찌 손타라난타의 물건도 역시 같이 가지고 돌아갔겠는가?"

대답하여 말하였다.

"역시 가지고 갔습니다."

이때 그 현수는 이 말을 듣고서 곧 손타라난타와 두세 밤을 함께 지내고서 알려 말하였다.

"나는 농사짓는 일이나 장사하는 일이 없고 다만 여러 사람에게 몸을 팔아 살아가고 있습니다. 마땅히 날짜를 계산해서 나에게 재화를 주십시오. 만약 그렇게 할 수 없다면 그대는 빨리 돌아가시오. 다른 뒤의 사람을 수용해야 합니다."

손타라난타가 말하였다.

"그대는 일찍이 서로 사랑하는 마음이 없었는가?"

대답하여 말하였다.

"그렇습니다. 세상 사람들에게 있는 말을 듣지 못하였습니까?"

창녀(倡女)는 본래 재물을 구하나
재물 없으면 곧 버린다네.
열매 없는 나무와 같으니
까마귀도 버리고 머물지 않는다네.

이때 손타라난타가 이 말을 듣고서 다시 알려 말하였다.

"만약 그대에게 재물만 주면 곧 남자의 뜻에 따르고 그 재물이 없어지면 곧 버릴 마음이 생기는가?"

여인이 말하였다.

"당신은 어찌 듣지 못했습니까?"

만약 그 하늘에서 비가 내리면

산과 물에 모두 쏟아진다네.
남자가 재물을 준다면
창녀는 뜻을 따라서 따라간다네.

손타라난타가 말하였다.
"창녀라는 여인은 믿을 수가 없구나."
여인은 그것을 알려 말하였다.

창녀는 해가 저무는 것에 이르러
다른 사람을 본다면 자기의 몸과 같다네.
밤이 지나면 마음이 점점 엷어지고
날이 밝으면 풀과 같이 버린다네.

손타라난타가 말했다.
"현수여. 재물이 있는 남자라면 그대는 곧 친해지고 재물이 없는 사람이면 갑자기 능히 버릴 수 있는가?"
여인이 말하였다.

만약 사람에게 재물이 있다면
창녀는 모두 같이 사랑한다네.
소(牛)가 연초(臑草)3)를 먹는 것과 같으니
재물이 없다면 누가 소중하게 바라보겠는가?

이때 손타라난타는 그 마음이 달라진 것을 알고서 곧 나가려고 하였다. 창녀가 생각해 보니 이 손타라난타는 얼굴과 모습은 다시 찾아도 구하기 어려운 것이었고 나아가 다른 남자들도 재물을 가져오지 않았으므로

---

3) 소의 무릎의 높이까지 자라는 풀을 가리킨다.

마땅히 또한 머물게 하고서 곧 떠나지 못하도록 하는 것이 옳은 것과 같았다. 곧 급히 옷을 잡고서 나가지 못하게 하고서 말하였다.

"당신의 집안에서는 농담도 할 수 없소. 내가 농담하였는데 어찌 이상하게 보시오."

그의 성품은 욕심과 음심이 있어 말을 따라서 곧 머무르게 되었다. 이때 한 남자가 500금전을 가지고 집으로 들어오니 여인은 그의 뜻을 알고서 곧 손타라난타 앞에서 함께 비법(非法)을 행했다. 손타라난타가 보고서 생각하였다.

'괴롭구나. 창녀란 어찌 매우 무정(無情)하지 않겠는가? 나를 눈앞에 마주하고서 곧 비천하게 모욕하는구나.'

곧 버리고 떠나갔으나 도로(道路)를 기억하지 못하여 철쭉꽃(躑躅)과 같은 거리에서 가고자 하는 길을 잃어버렸다. 이때 어느 필추가 성에서부터 걸식하여 나왔으므로 그는 보고서 뒤를 따라갔다. 이때 그 필추가 사찰에 이르러 두수(抖擻)⁴⁾의 발우·녹수낭(水羅)⁵⁾·승가지(僧伽胝)를 잘 놓고서 발을 씻고 손을 씻었으며 물을 거르고 벌레를 보고서 만다라(曼茶羅)를 지었다. 낙엽을 취하여 땅에 깔고서 음식을 먹었다. 이때 손타라난타가 앞에 서 있었으므로 필추가 물어 말하였다.

"그대는 어찌 내가 먹고 남은 음식을 먹을 수 있겠는가?"

그는 곧 스스로 생각하였다.

'내가 만약 먹지 않으면 굶주려서 마땅히 죽을 것이다.'

알려 말하였다.

"먹을 수 있습니다."

곧 발우의 남은 밥을 먹게 하였고, 먹는 것을 마치자 물었다.

"현수(賢首)여. 그대는 어디에서 왔는가?"

알려 말하였다.

---

4) 산스크리트 dhūta의 음사로서 두타(杜多)·두수(抖擻) 등으로 번역된다.
5) 산스크리트어 pariśrāvaṇa의 의역으로 녹수낭(漉水囊)으로 번역된다. 물속에 있는 작은 벌레나 티끌을 거르는 주머니를 가리킨다.

"성자시여. 나는 온서니성의 상주 난타의 아들이고 손타라난타라고 이름합니다. 나는 집의 많은 재물을 가지고 멀리 여러 사람들과 함께 이곳에 와서 경영하였습니다. 이와 같이 욕정(欲情)이 있어 음녀의 집에서 가지고 있던 재화를 모두 잃어버렸고 오직 한 몸으로 이렇게 고생을 겪고 있습니다."

필추가 알려 말하였다.

"만약 이와 같다면 어찌 출가하지 않는가?"

이때 손타라난타는 생각하고서 말하였다.

"내가 만약 고향으로 돌아간다면 사람들의 웃음거리가 될 것이다. 지금 이 처소를 따라서 몸을 의탁하는 것보다 못하다."

곧 필추에게 대답하였다.

"나는 출가를 구합니다."

이때 그 필추는 법에 맞고 율에 맞게 곧 출가시키고 아울러 원구를 주었다. 이·삼일에 행법을 가르치고서 알려 말하였다.

"현수여. 그대는 듣지 못하였는가? 사슴은 사슴을 기르지 못한다네. 실라벌성은 매우 크고 넓으니 마땅히 처소를 따라 행하여 걸식하여 스스로 해결하게."

이미 가르침을 받고서 하루의 초분(初分)에 옷과 발우를 지니고 성에 들어가서 걸식하였다. 이때 그 음녀는 마음에 후회가 생겨났다.

'내가 잘못하였구나. 그 손타라난타는 얼굴 모습이 단엄하고 성년(盛年)으로서 젊고 씩씩하므로 쉽게 만날 수 없다. 내가 금전과 재물을 위하여 곧 그를 떠나보냈구나.'

하녀에게 알려 말하였다.

"그대가 만약 다시 손타라난타를 보면 마땅히 청하여 들어오게 하라."

이때 손타라난타는 먼저 걸식할 곳을 알지 못하여 순행(巡行)하다가 그 음녀의 집에 이르렀다. 하녀가 멀리서 보고 급히 달려 들어가서 음녀에게 알려 말하였다.

"손타라난타가 지금 문 밖에 있습니다."

알려 말하였다.

"불러들여라."

하녀가 말하였다.

"지금 이미 출가하였습니다."

알려 말하였다.

"비록 출가했더라도 마땅히 불러들이도록 하라."

곧 이끌어 들어오게 하였다. 현수가 보고서 가슴을 치면서 말하였다.

"성자여. 무슨 까닭으로 나를 버리고 출가했습니까?"

손타라난타가 대답하여 말하였다.

"그대가 박정(薄情)하게 재물을 욕심내고 구하였기 때문이오. 어찌 나에게 예의가 없이 마주하였는가? 이미 가볍게 기만(欺瞞)을 당했으니 어찌 세속을 버리지 않겠는가?"

알려 말하였다.

"성자여. 여인의 몸에는 과실(過失)이 많습니다. 내가 지은 죄를 한 번만 다행히 너그럽게 용서하신다면 내 몸과 재물을 존자께 바치겠습니다. 마땅히 나와 함께 이전과 같이 함께 행복하게 즐기십시오."

손타라난타가 말하였다.

"그대는 무지(無智)한 물건이구나. 먼저 있었던 금전과 재물을 이미 그대에게 모두 낭비하였는데 지금 때에 다시 나를 파계시키고자 하는가?"

여인이 말하였다.

"만약 안에서 문지르고 밖으로 누설(漏泄)하는 것과, 혹은 밖에서 문지르고 안으로 누설하는 것은 파계가 성립되지 않습니다."

손타라난타는 듣고서 생각하였다.

"어찌 필추가 걸식할 때에 이와 같은 행이 아닌 일을 짓겠는가? 만약 그렇지 않을지라도 어찌 이 일을 알겠는가?"

이때 손타라난타는 여자를 좋아하는 사람이어서 곧 옷과 발우를 놓고서 말을 따라서 비법을 행하였다. 이미 욕정을 풀고서 한 쪽에 머물렀다. 이때 그 음녀는 곧 여러 가지의 상묘(上妙)한 음식을 발우에 가득 담아

주면서 알려 말하였다.

"성자여. 필요한 것이 있다면 마땅히 이곳을 자주 찾아주세요."

곧 발우의 음식을 가지고 사찰 안으로 돌아왔다.

이때 세존께서는 대중 가운데에서 이를테면, 탐·진·치의 마음을 벗어나서 심혜(心慧)로 해탈하라고 법요(法要)를 설하고 있으셨다. 손타라난타는 법을 설하는 것을 듣는 때에 마음에 금심과 번뇌를 품어 큰 후회가 생겨났고 악을 지은 것이 마음에 일어나서 묵묵히 말이 없었다. 얼굴을 붉히고 바닥에 엎드려 근심하며 머무르니 모습과 얼굴은 초췌(憔悴)해지고 위광(威光)이 없어 살아있는 갈대를 베어서 햇볕에 말리는 것과 같았다. 여러 필추가 물어 말하였다.

"구수 손타라난타여. 그대는 몸에 병이 있는가? 마음에 병이 있는가?"

그는 부끄러워 묵연(默然)히 있었으며 대답하지 않았다. 이때 한 의사가 와서 그의 처소를 지나갔으므로 여러 필추가 알려 말하였다.

"현수여. 잠시 관찰하여 주십시오. 이 젊은 필추에게 무슨 병이 있습니까?"

의사가 진찰을 마치고서 여러 사람에게 알려 말하였다.

"이 구수의 몸에는 고통이 없으나 마음에 초열(焦熱)6)이 있습니다."

필추가 물어 말하였다.

"어떤 마음의 열입니까?"

알려 말하였다.

"성자여. 우리 의사들은 다만 몸의 병을 치료하는 것이고, 마음은 치료할 수 없습니다. 당신들 필추께서 마음의 병을 치료해 주십시오."

곧 버리고 떠나갔다. 이때 여러 필추가 물어 말하였다.

"구수여. 그대는 부모와 종친(宗親)이 없고 다만 오직 우리들과 같이 범행자들이 그대의 친한 가족이네. 그대는 이전의 진실을 우리에게 말하고 살펴 치료하게."

---

6) 극심(極甚)한 더위를 뜻한다.

곧 이 비천한 일을 알리니 여러 필추들이 말하였다.

"누군가 '봄꽃이 드디어 서리와 우박을 만난다.'라고 말하지 않았던가. 그대는 처음으로 원구를 받았으나 고름과 여드름이 곧 생겨났네."

이때 여러 필추는 이 말을 듣고서 싫어하지도 기뻐하지도 않고서 버리고 서 떠나갔다. 세존의 처소에 이르러 두 발에 예경하고서 한쪽에 앉아 이것을 갖추어 세존께 아뢰니, 세존께서 말씀하셨다.

"이 어리석은 사람도 바라시가를 범하였느니라. 만약 필추가 욕심을 행하려는 마음을 지어 즐거움을 받고자 생지(生支)를 소변(小便)의 길에 두고서 안에서 문지르고 밖으로 누설하거나, 밖에서 문지르고 안으로 누설하면 바라시가를 얻느니라."

어느 때 세존께서는 실라벌성 급고독원에 머무르셨다.

이때 이 성에 한 장자가 있었는데, 첫 번째 혼인한 아내가 곧 죽었고 둘째·셋째 나아가 일곱째까지 모두 죽었다. 이때의 인연으로 모든 사람들이 방부(妨婦)라고 이름하였다. 스스로가 이러하였으나 이후에 다시 아내를 얻고자 하였으므로 모든 사람들이 주지 않으면서 이와 같이 말하였다.

"내가 어찌 딸을 죽게 할 수 있겠는가? 나는 능히 줄 수가 없네."

다시 과부(寡女)를 구하여 아내로 삼고자 하니 그녀가 곧 알려 말하였다.

"내가 목숨을 아끼지 않고 당신 집에 들어가겠습니까?"

이때 그 장자는 아내를 구하였으나 얻지 못하는 것을 알고서 스스로 집안일을 하였다. 뒤의 다른 때에 한 지우(知友)가 있어 그 집을 지나다가 물어 말하였다.

"그대는 무엇을 하는가?"

대답하여 말하였다.

"나는 집안일을 하고 있네."

알려 말하였다.

"무슨 마음으로 그대가 지금 스스로 집안일을 하게 되었는가?"

대답하여 말하였다.

"이미 일곱 명의 아내를 얻었으나 모두 죽었다네."

지우가 말하였다.

"왜 다른 곳에서 구하지 않는가?"

대답하여 말하였다.

"지금까지 비록 구해보았으나 사람들이 주지 않으며 모두 말하였네. '내가 어찌 딸을 아끼지 않겠는가?'"

"만약 이와 같다면 어찌 다시 다른 과부를 구하지 않는가?"

장자는 앞에서와 같이 갖추어 대답하였다. 지우가 말하였다.

"여기서 멀지 않은 곳에 늙은 음녀가 있는데, 그대는 어찌 구하지 않는가?"

대답하여 말하였다.

"지금 내 집에 어떻게 음방(淫坊)을 만들겠는가?"

지우가 말하였다.

"그 여인은 오래전에 이미 악법(惡法)을 버렸으니 시험삼아 가서 구해보게."

곧 그녀의 집에 도착하여 물었다.

"요즘은 편안한가?"

그녀가 알려 말하였다.

"잘 오셨습니다. 무엇을 찾으십니까?"

대답하여 말하였다.

"서로를 구하고자 일부러 왔네. 그대는 어디에 속하고 있는가?"

대답하여 말하였다.

"나에게 옷과 음식을 주시면 내가 곧 시집가겠습니다."

장자가 알려 말하였다.

"지난 날에 그대에게 허물이 있었는데 능히 고쳤는가?"

대답하여 말하였다.

"내가 어찌 여러 다른 장부를 보지 않았겠습니까? 그러나 나의 본마음은 악법을 떠난 지 오래입니다."

알려 말하였다.

"만약 능히 이와 같고 나와 함께 산다면 그대에게 옷과 음식을 주고 소유한 모든 집안일을 나를 대신해서 맡도록 하겠네."

곧 따라서 집에 왔고 소유한 가업을 모두 넘겨주고 부탁하면서 알려 말하였다.

"이곳은 그대의 집이니 그대가 주는 것을 내가 마땅히 수용하겠네."

아내가 집안일을 맡고서 의식이 풍부하니 오래지 않아 몸이 많이 비대하고 풍성하였다. 그녀의 문 앞에서 여러 창녀가 서로를 따라서 서다림(逝多林) 가운데에 가고자 하였으므로 여러 음녀들에게 물어 말하였다.

"그대들은 어디로 가고자 하는가?"

알려 말하였다.

"서다림에 가서 공덕을 살펴보고자 합니다."

알려 말하였다.

"나도 가겠으니 잠시 기다리게. 내가 꾸미고서 그대들과 함께 가겠네."

옷을 정돈하지 못하였으나 여러 여자들이 곧 문을 지나서 나갔으므로 볼 수 없었다. 급한 걸음으로 서로를 찾았으나 여러 여인들은 앞에 가서 모두 사찰에 들어갔다. 그런데 이 사찰 안에서는 한 필추가 방문을 열어놓고 잠자고 있었는데 옷이 요란하여 생지가 일어나 있었다. 이때 여러 음녀가 방을 돌아다니면서 살펴보고 있었는데 이미 이러한 일을 보았으므로 모두 크게 웃고서 떠나갔다. 이때 늙은 음녀는 여러 여인들이 웃으며 나오는 것을 보고서 알려 말하였다.

"그대들은 왜 웃는가? 어찌 듣지 못했는가? 만약 사찰 안에서 웃으면 이(齒)가 아픈 과보를 받는다고 하지 않던가?"

이때 그 여러 여인들은 말없이 버리고 떠나갔다. 늙은 음녀는 생각하면서 말하였다.

"어찌 여러 여인들이 이 사찰 안을 돌아다니면서 살펴보지 않았을까? 혹시 닭싸움을 보았고 혹은 원숭이를 보았으므로 이러한 까닭으로 웃는 것인가?"

이때 그 늙은 음녀가 사찰에 들어가서 돌아다니면서 살펴보았는데 한 방안에 필추가 문을 열어놓고 몸을 드러내놓고 잠자고 있는 것을 보았다. 음욕의 마음이 일어나 마침내 곧 위에 올라가서 비법을 지었으나 필추는 잠에 빠져 스스로 알아차리지 못하였다. 이때 그 여인은 곧 이와 같이 생각하였다.

'우리들 음녀는 64가지를 능히 이해하는데 이 출가자는 65가지를 이해하는구나. 말하지 않고서도 욕락을 받아 얻는구나.'

이때 그 늙은 음녀는 이미 음욕을 채우고서 마침내 곧 손으로 그 필추를 깨운 뒤에 알려 말하였다.

"성자여. 나의 집은 어느 지역에 있습니다. 만약 필요한 것이 있다면 마땅히 와서 보세요."

필추가 알려 말하였다.

"그대같이 어리석은 사람이 승가의 주처(住處)를 더럽혔구나. 지금 내가 무심(無心)하여 이러한 악(惡)한 일을 받았는데 누가 능히 다시 그대의 집으로 향하겠는가?"

여인은 듣고서 말없이 떠나갔다. 이때 그 필추는 마음에 악작(惡作)이 생겨났다.

'어찌 내가 타승죄(他勝罪)[7]를 범한 것이 아니겠는가?'

여러 필추에게 알리니, 필추는 세존께 아뢰었다. 세존께서 필추에게 알리셨다.

"그대는 마음에서 즐거움을 받았는가?"

아뢰어 말하였다.

"저는 그때 깊은 잠이 들어 즐거움을 받지 않았습니다."

세존께서는 여러 필추에게 알리셨다.

"이 사람은 즐거운 마음이 없는 까닭으로 범하지 않았느니라. 그러나 내가 모든 필추와 가까운 촌방(村坊)에 머무르는 자를 위하여 그 행법을

---

7) 바라시가를 다르게 부르는 말이다.

제정하겠노라. 그대들은 잘 들을지니라. 만약 여러 필추들이 사찰의 가까
운 촌방에서 낮잠을 자는 사람은 마땅히 방문을 닫을 것이고, 혹은 필추에
게 지키게 하며, 혹은 아래 군의(裙衣)를 단단하게 서로 묶어 조여야 한다.
만약 이 계율에 의거하지 않고서 옆구리를 평상 위에 드러내었을 때는
악작죄(惡作罪)[8]를 얻느니라."

세존께서는 실라벌성 급고독원에 머무르셨다.
이때 이 성 안에 한 필추가 있었는데, 아란야 가운데에서 머무르면서
사정려(四靜慮)[9]를 얻었다. 이때 그 필추는 자주 와서 세존의 발에 예경하였
고 여러 기로(耆老)와 존숙(尊宿)의 필추에게도 예배하였다. 이때 난야의
필추가 몸에 창개(瘡疥)[10]를 앓고 있었는데, 젊은 필추와는 이전부터 서로
알고 지냈으므로, (젊은 필추가) 알려 말하였다.
"상좌(上座)시여. 몸에 피부병을 앓고 있는데 어찌 의사에게 물어서
치료하지 않으십니까?"
상좌가 알려 말하였다.
"미래의 법은 반드시 이르게 정해져 있으나 세간 사람들은 함께 사랑하
고 즐거워하지 않으면서 함께 싫어하고 천박하게 생각하면서도 사람들은
모두가 벗어나지 못하나니 이를테면, 죽음이라네. 이 피부병과 나의 몸은
서로 따르고 떠나기도 하는데 어찌 마땅히 치료하겠는가?"
젊은 필추가 말하였다.
"세존께서 말씀하신 것과 같이 계율을 지닌 사람은 오래 존재한다면
많은 복업이 증장되는 것을 얻는다고 하였습니다. 복업이 증장되면 오래도
록 천상의 즐거움을 받는 까닭으로 마땅히 의사에게 물어야 합니다."

---

8) 산스크리트어 duṣkṛta의 음사로서 악작(惡作)·악설(惡說)이라 한역된다. 행위와
   말로 저지른 가벼운 죄이다. 좁은 뜻으로는 악작만을 뜻하고, 넓은 뜻으로는
   악작과 악설을 뜻하며 고의로 이 죄를 저질렀을 때는 한 명의 필추 앞에서
   참회하고, 고의가 아닐 때는 마음 속으로 참회하면 죄가 소멸된다.
9) 색계의 사선(四禪)을 다르게 부르는 말이다.
10) 피부병의 하나로 살갗이 몹시 가려운 전염성 피부병인 옴을 말한다.

이때 그 상좌가 곧 의사가 있는 곳에 나아가니 의사가 물어 말하였다.
"성자여. 몸에 피부병이 있습니까?"
대답하여 말하였다.
"그렇습니다."
알려 말하였다.
"어찌 치료하지 않습니까?"
대답하여 말하였다.
"그것 때문에 왔으니 처방약을 가르쳐 주십시오."
알려 말하였다.
"성자여. 좋은 음식을 먹은 뒤에 겨자기름을 가져다가 온 몸에 바르고 햇빛에 앉아 있으면 반드시 줄어들 것입니다."
필추가 말하였다.
"나에게 겨자기름을 주십시오."
의사가 말하였다.
"성자여. 나는 그 처방을 말했을 뿐이고, 약을 드릴 수 없습니다. 만약 와서 묻는 자에게 모두 약을 준다면 나의 의식(衣食)이 함께 가난해질 것입니다. 그러나 어느 장자가 이러한 피부병이 있어서 내가 그를 위해 기름을 짰으니 그에게 가서 구걸하여 구한다면 반드시 얻을 수가 있을 것입니다."
필추가 말하였다.
"그 사람은 즐겁게 주지 않을 것이오."
알려 말하였다.
"성자여. 그 사람은 믿고 공경하니 반드시 나누어 줄 것입니다."
필추가 말하였다.
"현수여. 그대가 병이 없도록 발원하니 이것이 곧 그대에게 하는 보시이오."
곧 버리고 떠나가서 곧 그 장자의 집으로 나아가니 그 사람이 보고서 물어 말하였다.

"성자여, 몸에 피부병이 많으십니까?"

대답하여 말하였다.

"그렇습니다."

"겨자기름을 사용해서 몸에 바르고 햇빛에 앉아 있어야 합니다."

필추가 알려 말하였다.

"이러한 까닭으로 왔습니다. 당신에게 기름이 있다는 얘기를 들었습니다. 다행히 조금 나누어 주시면 마땅히 복을 부를 것입니다."

장자가 말하였다.

"함께 좋은 계책을 세웁시다. 만일 오늘 나의 공양을 받는다면 내 마땅히 보시하겠습니다."

대답하여 말하였다.

"앉아서 먹겠습니다."

곧 좋은 음식을 받들어 공양하였다. 음식을 먹은 뒤에 곧 작은 발우에 겨자기름을 가득 담아서 필추에게 주었다. 필추가 알려 말하였다.

"원하건대 병이 없으십시오."

버리고 떠나가서 아란야에 이르러 낡은 옷을 입고 기름을 온 몸에 바르고 햇빛에 나가 앉았다. 몸에 즐거운 느낌이 있어 의지하여 누웠는데 잠이 들었다. 그 필추의 근(根) 안에서 온지징가충(嗢指徵伽蟲)이 그의 생지를 깨물었으므로 이것을 인연으로 마침내 생지가 일어나 옷이 요란해졌다. 이때 살찌고 건장한 여인이 쇠똥을 찾아서 그의 옆으로 왔다가 그 형체가 드러난 것을 보고서 곧 애욕을 일으켜 곧 그 위에 올라가서 비법을 행하였다. 필추는 잠이 깨었으나 몸이 미약하여 막고 멈추게 하지 못하였다. 여인이 욕정을 풀고 알려 말하였다.

"성자여. 나는 어디에 살고 있으니 당신에게 필요한 것이 있다면 마땅히 나에게 오세요."

필추가 알려 말하였다.

"그대같이 어리석은 사람이 아란야를 더럽혔구나. 지금 내가 무심(無心)하여 이러한 악법(惡法)을 받았는데, 하물며 능히 다시 그대의 집에서

76

허물을 짓겠는가?"

여인은 말없이 버리고 떠나갔다. 필추는 마음에 악작(惡作)이 생겨났다.

'내가 타승죄(他勝罪)[11]를 범한 것이 아니겠는가?'

이 일을 갖추어 여러 필추에게 알리니, 여러 필추는 세존께 아뢰었다. 세존께서 필추에게 알리셨다.

"그대는 마음에서 즐거움을 받았는가?"

세존께 아뢰어 말하였다.

"저는 애욕을 벗어났으므로 즐거움을 받지 않았습니다."

세존께서 여러 필추에게 알리셨다.

"이 사람은 즐거운 마음이 없는 까닭으로 범하지 않았느니라. 그러나 내가 모든 필추와 아란야의 처소에 머무르는 자를 위하여 그 행법을 제정하겠노라. 그대들은 마땅히 들을지니라. 만약 아란야의 처소에 있다면 집의 네 곳에 울타리[柵籬]와 풀을 엮어 막을 것이고, 만약 잠을 자려고 할 때에는 필추에게 지키게 하며, 혹은 아래 군의(裙衣)를 단단하게 서로 묶어 조여야 한다. 만약 이 계율에 의지하지 않는다면 악작죄를 얻느니라."

이때 모든 필추가 함께 의심이 있어서 세존께 청하여 말하였다.

"아란야의 필추는 앉아서 사선(四禪)을 얻어 욕염(欲染)에서 벗어났는데 무슨 까닭으로 생지가 오히려 일어났습니까?"

세존께서 알려 말씀하셨다.

"다섯 가지의 인연이 있느니라. 애욕을 벗어나지 못한 사람의 생지가 일어나는 것은 이를테면, 대·소변의 압박, 바람의 세력을 지니고 있는 것, 온지징가충이 깨문 것, 욕염이 현전(現前)하는 것을 다섯이라고 이름한다. 애욕을 벗어난 사람의 생지가 일어나는 것은 네 가지의 인연이 있으니 이를테면, 대·소변의 압박, 바람의 세력을 지니고 있는 것, 온지징가충이 깨문 것을 넷이라고 이름한다. 이때 그 필추는 온지징가충이 깨물어서 생지가 일어난 것이고, 애욕이 일어난 것은 아니었느니라."

---

11) 바라시가를 다르게 부르는 말이다.

이때 여러 필추가 다시 의심이 있어 세존께 청하여 물었다.

"오직 바라옵건대 대자비로 의혹을 끊어 주십시오. 무슨 뜻에서 소진나와 갈란탁가자(羯蘭鐸迦子) 필추는 허물이 없었으나, 피부병[瘡皰]12)이 없었을 때에 처음으로 부정행을 지어 피부병이 생겼습니까?"

세존께서 알려 말씀하셨다.

"그대들 여러 필추들이여. 다만 오늘 처음으로 피부병이 생긴 것이 아니었고, 지나간 과거에 피부병이 없었을 때에도 역시 처음으로 피부병이 생겼었느니라. 그대들은 마땅히 들을지니라. 그렇지만 이 세계가 장차 파괴될 때에 많은 여러 유정들이 광음천(光音天)13)에 태어날 것이다. 묘색의(妙色意)로서 몸이 원만히 이루어져 모든 근(根)이 결함이 없고 몸에 광명이 있어 허공에 오르는 것이 자유로우며 기쁨과 즐거움을 음식으로 삼고 장수(長壽)하며 머무를 것이며, 이때에 대지(大地)는 하나의 바닷물로 될 것이다.

그대들 여러 필추들이여. 이 큰 바다의 물은 거센 바람을 만나 화합하여 하나로 되는 것이 끓는 우유와 같아질 것이고, 그 차가운 것에 응결이 생기며, 위에 지미(地味)가 생겨날 것이고 색깔과 향기와 좋은 맛을 모두 구족하며 색깔은 생소(生酥)14)와 같고 단맛은 꿀과 같다.

그대들 모든 필추들이여. 이 세계가 이루어질 때 한 부류의 유정이 복과 수명이 끝나서 광음천에서 죽으면 이 인동분(人同分)15)으로 오게 된다. 묘색의(妙色意)로 모든 근을 구족하고 몸에 광채가 있으며 허공에 올라 왕래하며 기쁨과 즐거움으로 음식을 삼아 장수하면서 머무를 것이다.

---

12) 헌데와 여드름을 아울러 이르는 말이다.
13) 색계 십팔천(色界十八天)의 여섯째 하늘이고, 이 하늘 중생은 음성이 없고, 말할 때는 입으로 광명을 내어 말의 작용을 하므로 광음천이라 이름한다.
14) 산스크리트어 nava-nīta로 우유를 가공한 식품으로 젖소로부터 우유를 얻고 우유로부터 낙(酪)을 얻으며 낙으로부터 생소(生酥)를 얻고 생소로부터 숙소를 얻으며 숙소로부터 제호(醍胡)를 얻는데 이 제호야말로 최상의 감미로운 우유로 만들어진 식품이다.
15) 인간의 무리(衆)를 뜻하며, 동분(同分)이란 유정의 공통성을 나타낸다.

78

이때 이 세계 가운데에는 일월(日月)·성신(星辰)·도수(度數)16)·주야(晝夜)·
찰나(利那)·랍바(臘波)17)·수유(須臾)18)·반월(半月)·일월(一月)·반년(半年)·일
년(一年)·남녀(男女) 등의 구별이 없고 다만 서로를 부르기를 '살타살타(薩埵
薩埵)'라고 말할 것이다.

이때 대중 가운데에 한 유정이 있었는데 품성이 탐착(貪着)을 좋아하여
갑자기 손끝으로 그 지미의 맛을 보았다. 맛을 보았을 때를 따라서 마음에
애착(愛着)이 생겼고 애착이 생긴 것을 따르는 까닭으로 단식(段食)으로
자양을 삼았으며, 이때 곧 처음으로 단식이란 이름을 얻었느니라. 모든
다른 유정들도 이것을 먹는 것을 보고서 곧 서로가 지미를 먹는 것을
배웠다. 이때 여러 유정이 이미 지미를 먹으니 몸이 점점 굳어지면서
무거워졌고 광명도 사라졌으므로 이때 세계가 모두 어두워졌느니라.

그대들 모든 필추들이여. 세계가 어두워질 때에는 법(法)인 이것으로써
곧 일월·성신·도수·주야·찰라·랍바·수유·년월 등이 구별된다. 그 모든
유정들도 이 지미를 먹고 장수하면서 살지라도 만약 적게 먹은 자에게는
몸에 광채가 있느니라. 먹은 양의 많고 적음을 까닭으로 모습에도 우열이
생겨났고, 우열이 생기는 까닭으로 서로를 업신여겼으며 나의 광색(光色)
은 뛰어나고 그대의 모습과 얼굴은 열등하다고 한다. 서로가 업신여기는
까닭으로 악법이 문득 생겨났고 악법이 생겨난 까닭으로 지미가 곧 없어지
느니라.

그대들 모든 필추들이여. 지미가 없어진 까닭으로 이때 그 유정들은
한 곳에 모여 근심하고 지내면서 모두가 외친다.

'기이하구나. 아름다운 맛이여! 기이하구나. 아름다운 맛이여!'

지금 사람들이 일찍이 좋은 음식을 먹은 뒤에 그때를 기억하고서 '기이

16) 천지가 한번 크게 바뀌는 성주괴공(成住壞空)으로 선천(先天)과 후천(後天)이 바뀌
는 것을 말한다.
17) 산스크리트어 kalpa의 음사로사 겁파(劫波)라고 번역되고 긴 시간(長時)이라는
뜻이다.
18) 산스크리트어 muhūrta의 음사로서 모호율다(牟呼栗多)라고 음역된다. 찰나(利那)
와 같은 뜻으로 매우 짧은 시간을 뜻한다.

하구나. 아름다운 맛이여! 기이하구나. 아름다운 맛이여!'라고 이와 같이 말하는 것과 같다. 그 모든 유정들은 지미가 없어질 때에도 모두 '기이하구나. 아름다운 맛이여! 기이하구나. 아름다운 맛이여!'라고 이렇게 말을 할 것이나, 이 말이 무엇을 뜻하는가는 완전히 알 수는 없느니라.

그대들 모든 필추들이여. 지미가 없어졌으나 이때는 유정들이 복력이 있는 까닭으로 지병(地餠)이 있어 나오는데, 색깔과 향기와 맛이 갖추었으며, 색깔은 소녀화(少女花)와 같고, 맛은 새롭게 익은 꿀과 같다. 이 지병을 먹으면 장수하며 살고, 만약 적게 먹은 자는 몸에 광명이 있으며, 서로가 인연하여 업신여기게 되는데 자세한 설명은 앞에서와 같다.

나아가 지병이 없어지는 까닭으로 이때 유정들은 다 한 곳에 모여서 근심하면서 지내면서 이와 같이 말한다.

'괴롭구나! 괴롭구나!'

사람들이 이전에 만났던 고통스러운 일을 까닭으로 더욱 그때를 생각하고서 이렇게 말하는 것과 같다.

'괴롭구나! 괴롭구나! 내가 옛날 일찍이 만났던 나쁜 일과 같구나!'

이렇게 모든 유정의 지병이 없어질 때에도 역시 이것과 같으나, 이 말이 무엇을 뜻하는가는 완전히 알 수 없느니라.

그대들 모든 필추들이여. 지병이 없어져도 이때 여러 유정들에게 복력이 있는 까닭으로 임등(林藤)이 나오느니라. 색깔과 향과 맛을 갖추었으며, 색깔은 옹채화(雍菜花)와 같고 맛은 새롭게 익은 꿀과 같다. 이 임등을 먹으면 장수하면서 지내며 만약 적게 먹은 자는 몸에 광명이 있다. 서로가 인연하여 업신여기게 되는데 자세한 설명은 앞에서와 같다. 나아가 임등이 없어지는 까닭으로 이때에 유정들은 함께 한 곳에 모여서 근심스럽게 지내며 이렇게 말한다. '그대는 내 앞에서 떠나라. 그대는 내 앞에서 떠나라.' 사람들이 지극히 서로가 성내며 앞에 있는 것을 허락하지 못하는 까닭이며, 자세한 설명은 앞에서와 같다.

그대들 모든 필추들이여. 임등이 없어져도 이때 유정들의 복력이 있는 까닭으로 묘향도(妙香稻)가 나온다. 씨를 뿌리지 않아도 저절로 나오고 거친 껍질[糠穢]도 없으며 길이는 네 뼘이고 아침과 저녁으로 수확(收穫)하여도 싹은 곧 자라서 저녁을 지나 아침이 되는 때에 쌀은 익어서 비록 다시 수확하여도 이상이 없다. 이것을 음식으로 충당하여 장수하면서 지낸다. 이때 그 유정들은 단식(段食)하는 까닭으로 찌꺼기[滓穢]가 몸에 남아있으므로 제거[蠲除]하고자 곧 두 가지의 길[道]이 생겨난다. 이것을 까닭으로 드디어 남근(男根)과 여근(女根)이 생겨나서 다시 서로를 염착(染着)하고 염착이 생겨난 까닭으로 마침내 서로 친해지고 인연을 만들어 비법을 짓는다.

모든 다른 유정들이 이러한 일을 볼 때에 다투어 오물[糞掃]과 돌조각을 던지면서 이렇게 말한다.

'그대들 이 악한 유정들아. 이런 비법을 짓는가? 쯧쯧. 그대들은 지금 무슨 까닭으로 유정을 오욕(汚辱)을 하는가?'

처음부터 하루를 잠자고 나아가 칠일에 이르면 함께 지내지 않으면서 대중의 밖으로 쫓아낼 것이다. 오히려 오늘날에 처음으로 혼인하면 여러 향기로운 꽃과 잡스러운 물건을 흩어 던지면서 '항상 안락을 얻어라.'고 발원하는 말과 같다.

그대들 여러 필추들이여. 옛날의 비법(非法)이 곧 오늘의 법이 되고, 옛날의 비율(非律)이 오늘의 율이 되며, 옛날에 싫어하고 천시(賤視)하던 것이 오늘의 미묘(微妙)가 되는 것은 그때에 사람들이 쫓아내었기 때문이다. 악법을 즐겨 행하면서 함께 모여 방사(房舍)를 세우고 비법을 짓는 것이다. 이것이 처음으로 가택(家宅)을 힘을 모아 세운 것이고 곧 가실(家室)이라는 이름이 생겼다. 이때 유정으로서 악법을 행하지 아니하고 여러 근을 항복받았으면 승인(勝人)이라고 이름하느니라."

세존께서 여러 필추들에게 말씀하셨다.

"그대들은 다른 생각을 일으키지 말라. 지난 시간의 겁에 처음으로 비법을 만들어 유정을 오염시켜 피부병이 생기게 한 사람이 지금의 소진나이니라. 나의 가르침 가운데 이전에는 피부병이 없었으나, 처음으로 악을 짓고 부정행을 행하여 청정한 대중을 오염시켰느니라. 이러한 까닭으로 모든 필추는 마땅히 성내고 어리석음에 오염된 마음을 항복받고 방일하지 말라.”

2) 불여취(不與取) 학처 ①

세존께서는 왕사성 갈란탁가지(羯蘭鐸迦池)의 죽림원에 머무르셨다.

이때 단니가(但尼迦) 필추가 있었는데 이전의 도공[陶師]의 아들이었으며 아란야에서 풀(草)로서 지은 처소에 머물렀다. 이때 단니가는 왕사성에 들어가 여러 곳을 다니면서 차례로 걸식하였다. 이때 성에서 소와 양을 치는 사람, 나무를 하는 사람, 바르게 살아가는 사람, 삿되게 살아가는 사람들이 필추가 떠난 뒤에 그의 집[室]을 때려 부수고 풀과 나무를 가져갔다. 단니가가 돌아와 집이 부서지고 풀과 나무를 모두 가져간 것을 보았고, 곧 다시 새로운 집을 짓는 것을 이와 같이 두세 번을 반복하였으나 여러 사람들이 앞에서와 같이 때려 부수었다. 단니가는 곧 생각하였다.

‘아! 고통이 심하구나. 아! 고통이 심하구나. 내가 잠깐 걸식하면 곧 여러 사람들에게 나의 집을 때려 부수는 것이 이와 같이 세 번에 이르렀구나. 나는 스스로가 할아버지 때부터 공교(工巧)한 일을 잘하니 어찌 완전한 기와집을 짓지 않겠는가?’

단니가는 곧 스스로 땅을 파고 벌레를 거른 물로 진흙을 반죽하고서 먼저 집의 터를 닦고 다음으로 기둥과 벽을 세우고 가운데 서까래를 놓고 지붕을 덮었으며, 옷걸이[衣笊]19)와 다림판[竿]과 처마[象牙杙]와 침상[床枮]과 좌복[方座]을 만들었고, 창틀[窗牖]와 문틀[門樞]에는 진흙을 발라서 말렸다. 장차 모두 색을 칠하고 그림을 그렸으며, 마른 나무와 쇠똥과 풀로서 태우니 지극히 잘 완성되어 그 빛이 붉은 것은 금전화(金錢花)와 같았다. 이때 단니가 필추는 이렇게 생각을 하였다.

‘나의 집이 잘 완성되어 모양과 빛깔이 사랑스러우니 마땅히 스스로

---

19) 대나무를 줄에 매달아 옷을 거는 간단한 기구를 말한다.

82

즐겁고 경사스럽구나.'

이때 단니가는 가까이 머무는 필추에게 집을 살펴달라고 부탁하고 옷과 발우를 지니고 인간을 교화하러 다녔다. 세존의 상법(常法)에는 나아가 열반에 드시지 않으셨다면 지니신 몸으로 유정을 안은(安隱)하게 교화하시고자 때때로 지옥·방생(傍生)·아귀·천인(天人)·인간·아란야·시림(屍林)20)·산과 바다 및 다른 주처를 왕래하셨다. 이때 세존께서는 다니시면서 주처를 살피시고자 구수 아난타에게 알려 말씀하셨다.

"그대는 가서 여러 필추에게 알리게. '여래께서 지금 주처에 가서 보고자 하십니다. 그대들 필추께서 즐거이 따르고자 하는 사람은 마땅히 옷을 챙기십시오.'"

이때 아난타는 세존의 가르침을 받들어 곧 숲과 사찰의 안과 밖의 처소와 경행처(經行處)에 가서 모든 필추에게 알려 말하였다.

"여래께서는 지금 주처(住處)로 가시어 보고자 하십니다. 당신들께서 즐거이 따르고자 하는 사람은 마땅히 옷을 챙기십시오."

이때 여러 필추가 이 말을 듣고서 각각 옷을 지니고 세존의 처소로 나아갔다. 이때 세존께서는 여러 필추와 함께 차례로 순행(巡行)하시다가 단니가의 주처로 가셨다. 세존께서 이르러 단니가의 방을 보시니 완전히 기와로 이루어졌고, 빛깔이 붉어 금전화와 같은 것을 보시고 여러 필추에게 알려 말씀하셨다.

"이곳은 누구의 방인가?"

여러 필추가 세존께 아뢰어 말하였다.

"이곳은 도공[陶師]의 아들인 단니가 필추가 스스로 이 집을 지었습니다."

세존께서 여러 필추에게 알리셨다.

"이 집을 무너뜨리게. 이것을 인연하는 까닭으로 여러 외도 등은 나를 비방하고 헐뜯어 말할 것이네. '사문 교답마(喬答摩)21)가 현재 세상에

20) 산스크리트어 śīta의 음사로서 한(寒)·냉(冷)이라 번역된다. 마가다국의 왕사성(王舍城) 부근에 있던 숲으로, 시체를 버리던 곳을 가리킨다.

머무르고 있어도 성문 대중의 가운데는 이와 같이 유루법을 짓는 자가
있는데, 하물며 멸도한 뒤에는 어떻겠는가?’”

이때 여러 필추들은 세존의 가르침을 받들어 그 집을 허물었다. 이때
세존께서는 집이 허물어진 것을 보시고 마침내 버리고 떠나가셨다. 이때
단니가 필추는 돌아와서 집이 무너진 것을 보고 곧 가까이 머무는 필추에게
알려 말하였다.

“누가 내 집을 허물었습니까?”

여러 필추가 말하였다.

“이것은 대사(大師)22)의 가르침을 따라서 필추들이 허물었습니다.”

단니가가 말하였다.

“법주(法主)이신 세존의 칙령(勅令)으로 허물었다면 이것은 잘 허물었습
니다.”

이때 왕사성에는 나무를 관리하는 대신(大臣)이 있었는데, 이 단니가
필추가 이전부터 지우(知友)이었고, 담소하며 말하면 뜻이 통하였다. 이때
단니가는 곧 이렇게 생각을 지었다.

‘나무를 관리하는 대신이 나의 친우(親友)이니 내가 가서 나무를 구하여
다시 나무집을 지어야겠다.’

이렇게 생각하고서 대신의 거처에 나아가서 알려 말하였다.

“당신은 지금 아십니까? 마갈타국(摩揭陀國)23) 승신(勝身)의 아들인 미
생원왕(未生怨王)24)이 이전에 나에게 나무를 주셨으므로 내가 취하여
사용하고자 하니 보시고 서로에게 주십시오.”

---

21) 산스크리트어 gotama의 음사로서 喬答摩·瞿曇등으로 범역되며, 세존을 다르게
부르는 말이다.
22) 세존을 중국의 개념으로 형상화하여 부르는 용어이다.
23) 산스크리트어 magadha의 음사로서 마갈국(摩竭國)·마갈제국(摩竭提國)·마가다
국(摩伽陀國)·마게타국(摩揭陀國) 등으로 번역되며, 중인도의 남쪽 지역에 있던
고대 국가로서 도읍지는 왕사성(王舍城)이다.
24) 산스크리트어 ajātaśatru의 음사로서 미생원(未生怨·未生寃)이라 번역되며, 부왕
(父王) 빔비사라(bimbisāra)를 감옥에 가두어 죽이고 즉위한 마가다국(magadha國)
의 왕이며 어머니는 위제희(韋提希)이다.

84

대신이 대답하여 말하였다.

"성자여. 만약 대왕께서 나무를 주셨다면 이것은 큰 선(善)을 성취하는 일이니 뜻에 따라서 가져가십시오. 다만 이 성에서 소유한 모든 나무는 모두 미생원왕이 지키는 것이고 소중하게 창고에 저장하고 보호하여 왕사대성(王舍大城)의 파괴되고 퇴락한 곳을 수리하려는 것입니다. 역시 어려운 일을 위해서 이 나무를 저장한 것이니 다른 사람에게 주는 것은 허락되지 않습니다."

이때 단니가 필추는 마침내 나무 하나를 취(取)하여 자르고 쪼개어 가져갔다. 이때 성을 지키는 대신이 거리를 순행하다가 큰 나무 하나를 잘라서 가져가는 것을 보았다. 이 일을 보고서 크게 놀라고 두려워 곧 이렇게 생각하였다.

'어찌 마갈타국의 미생원왕에게 원적(怨賊)이 있어 성에 들어온 것이 아니겠는가? 이 나무는 왕의 처소에서 소중하게 보호하는 것으로 남에게 주는 것이 허락되지 않는데 무슨 까닭으로 어느 사람이 곧 가져가는가?'

이 일을 보고서 곧 그 나무를 관리하는 대신의 처소에 나아가서 알려 말하였다.

"대신은 아십니까? 내가 거리를 향하여 순행하다가 큰 나무 하나를 잘라서 가지고 가는 것을 보았습니다. 내가 그때 보고서 매우 놀랐고 두려워 몸에 털이 곤두섰습니다. 어찌 미생원왕의 원적이 있어서 성에 들어온 것은 아니겠습니까? 혹시 장목(掌木) 관리께서 장차 이 큰 나무를 다른 사람에게 준 것입니까?"

대신이 알려 말하였다.

"나는 일찍이 이 나무를 다른 사람에게 주지 않았습니다. 그러나 나는 일찍이 단니가 필추가 이와 같이 말하는 것을 보았습니다. '미생원왕께서 나에게 이 나무를 주었으니 당신은 마땅히 살펴보고 주십시오.' 나는 그때 대답하여 말하였습니다. '성자여. 만약 대왕께서 일찍이 나무를 주셨다면 곧 가져가서 뜻에 따라서 사용하십시오.' 어찌 이것이 그가 나무를 가져간 것이 아니겠습니까?"

이때 성을 지키는 대신이 곧 미생원왕에게 가서 말하였다.

"왕께서는 아십니까? 제가 거리를 순행하면서 보니 한 나무가 있었습니다. 이것은 대왕께서 반드시 수리하는 것에 사용하고, 아울러 어려운 일을 위해 필요한 것이나, 마침내 다른 사람이 자르고 쪼개어 가져갔습니다. 나는 이것을 보고서 매우 놀라고 두려워서 온 몸에 털이 곤두섰습니다.

'설마 대왕의 원가(怨家)나 도둑이 성에 들어온 것이 아닐까?'

곧 그 나무를 관리하는 대신에 물어 말하였습니다.

'그대가 나무를 타인에게 준 것이 아닙니까?'

그 대신이 곧 대답하여 말하였습니다.

'나는 일찍이 이 나무를 그 사람에게 주지 않았습니다. 그러나 나는 일찍이 단니가 필추를 보았는데, <왕께서 나무를 주었다.>고 말하였습니다.

이때 나무를 관리하는 대신이 알려 말하였습니다.

'왕께서 만약 주셨다면 뜻에 따라서 장차 가져가십시오.'

그때 그 필추는 곧 큰 나무를 자르고 쪼개어 장차 가져갔다고 합니다. 다시 대왕께서는 일찍이 나무를 다른 사람에게 주신 것을 기억하고 계십니까?"

왕이 말하였다.

"나는 일찍이 기억이 없소."

곧 나무를 관리하는 대신은 명을 받았고, 대신은 명을 받들어 왕의 처소로 나아가고자 하였다. 이때 단니가 필추도 작은 일을 인연하여 왕사성에 들어갔다. 이때 나무를 관리하는 대신은 멀리서 단니가 필추를 보고서 알려 말하였다.

"성자여. 아십니까? 당신께서 나무를 가져가서 왕께서 지금 나를 부르십니다."

필추가 알려 말하였다.

"그대는 먼저 가십시오. 내가 마땅히 따라가겠습니다."

이때 나무를 관리하는 대신은 곧 먼저 갔고 단니가는 뒤에 갔으며 함께 온 사자(使者)와 함께 왕문(王門)에 나아갔고 이르러 머물렀다. 이때 그 사자는 곧 왕의 처소에 나아가서 알려 말하였다.

"대왕이시여. 그 나무를 관리하는 대신이 지금 문밖에 와 있고, 그 필추도 비록 부르지 않았으나 역시 와서 문밖에 있습니다."

왕이 말하였다.

"나무를 관리하는 대신은 들어오지 않게 할 것이고 그 출가한 자를 마땅히 불러오도록 하라."

사자가 나와서 필추를 부르니 들어와서 보고서 손을 펼쳐 대왕에게 병이 없고 장수하기를 발원하고 한쪽에 앉았다. 이때 왕이 단니가 필추에게 알려 말하였다.

"성자여. 다른 사람에게 나무를 주지 않았는데 곧 취한 것이 옳습니까?"

단니가가 말하였다.

"옳지 않습니다."

왕이 말하였다.

"만약 그렇다면 무슨 까닭으로 나의 나무를 가져갔습니까?"

단니가가 말하였다.

"이것은 왕께서 먼저 주었습니다."

왕이 말하였다.

"나는 일찍이 기억이 없습니다. 당신이 만약 기억한다면 나를 위해서 기억나게 하십시오."

단니가가 말하였다.

"대왕께서는 어찌 기억하지 못하십니까? 처음으로 관정(灌頂)[25]의 위(位)를 받을 때에 대중 가운데서 사자후(師子吼)를 울리면서 이와 같이 말하였습니다. '나의 나라인 중국(中國)에서 만일 사문이나 바라문이 계율을 지키며 선(善)을 닦고 훔치지 않는 자라면 나의 나라 안에 있는 초목과 물을 뜻을 따라서 취하여 사용하십시오.'"

---

25) 산스크리트어 abhisecana 음사로서 인도에서는 제왕의 즉위식 및 태자를 책봉할 때의 그 정수리에 물을 뿌리는 의식을 말한다.

왕이 말하였다.

"나는 주인이 없는 물건에 의거하여 이와 같이 말하였습니다. 이 나무는 다른 장소에서 관리하는 물건인데 무슨 까닭으로 곧 취하였습니까?"

단니가가 말하였다.

"대왕께서 주인이 없는 물건에 의거하여 말씀하셨으니, 이것이 어찌 대왕의 일에 중요하겠습니까?"

왕이 이 말을 듣고 크게 진노(瞋怒)하여 이마에는 세 주름을 일으켰고 눈썹을 모아 찌푸리며 눈을 부릅뜨고 손을 떨면서 말하였다.

"사문이여. 그대를 지금 죽이는 것이 합당하나 내가 능히 죽이지 않을 것이오. 그대는 마땅히 곧 빨리 떠나시오. 지금부터 앞으로는 다시는 이러한 일이 없을 것이오."

이때 여러 사람들은 함께 큰 소리로 이와 같이 말하였다.

"희유(希有)하고 기이하구나. 마갈타국의 미생원왕은 타고난 성품(稟性)이 매우 폭력적인 것이 이를테면, 잠깐 동안에 사문을 죽이는 것이 합당하거늘 다만 말로 꾸중하고 풀어주는 것인가?"

이때 단니가는 주처로 돌아와서 여러 필추에게 말하였다.

"나는 거의 미생원왕의 처소에서 죽을 수 있었습니다."

여러 필추가 그 까닭을 물으니 단니가는 인연을 갖추어 여러 필추에게 알렸다. 이때 여러 필추는 이러한 인연으로 세존께 나아가서 아뢰니, 세존께서는 구수 아난타에게 명하여 말씀하셨다.

"그대는 승가지(僧伽胝)[26]의 옷을 입고서 장차 필추 한 명을 데리고 왕사성에 들어가서 거리의 사람들이 많이 모인 곳에서 만약 바라문과 거사, 혹은 촌읍(村邑)과 취락(聚落)의 상주(商主)와 부자(富者), 믿는 사람과 믿지 않는 사람, 이와 같은 것을 마땅히 모두 갖추고서 얼마만큼 물건을 훔치는 것을 범하면 왕국의 법에서 사형에 부합되는지 물어보게."

---

26) 산스크리트어 saṃghāṭi의 음사로서 삼의 가운데 가장 크므로 대의(大衣)라고 말한다. 직사각형의 베 조각들을 세로로 나란히 꿰맨 것을 1조(條)로 기준을 삼으며 9조에서부터 25조가 있다.

　이때 아난타가 세존의 가르침을 받고서 왕사성에 들어가 세존의 가르침을 갖추어 여러 사람에게 물었다.

　"얼마만큼 물건을 훔치면 왕법의 사형에 해당됩니까?"

　여러 사람들이 대답하여 말하였다.

　"5마쇄(五磨灑)와 같거나 오마쇄가 넘으면 이것은 마땅히 사형에 해당됩니다."

　아난타가 듣고서 왕사성을 나와 세존의 처소에 이르러 두 발에 예경하고서 한쪽에 서서 세존께 아뢰어 말하였다.

　"대덕이시여. 세존의 가르침과 같이 널리 여러 사람에게 '얼마가 사형에 해당되는가?'라고 물으니 그 사람들 모두가 저에게 '5마쇄와 같거나 5마쇄가 넘으면 이것은 마땅히 사형에 해당됩니다.'라고 말하였습니다."

　이때 세존께서 이 인연으로 필추승가를 모으셨고 알면서 일부러 물으셨으니, 모르고 물으신 것은 아니셨다. 때이면 물으셨고 때가 아니면 묻지 않으셨고, 이익이 있으면 물으셨고 이익이 없으면 묻지 않으셨다. 제방(隄防)을 완전히 파괴하듯이 의혹을 끊어 없애셨으며, 이익을 위하는 까닭으로 때를 아시고서 물으셨다.

　"그대 도공의 아들인 단니가 필추여. 그대가 진실로 이러한 단언하지 못한 일로서 왕의 나무를 취하였는가?"

　단니가가 말하였다.

　"진실로 그렇습니다. 대덕이시여."

　세존께서 꾸중하시고 말씀하셨다.

　"그대의 행위는 사문이 아니고 정행(淨行)도 아니며 수순행(隨順行)도 아니고 출가한 사람으로 마땅히 지을 일도 아니니라."

　세존께서 여러 가지로 꾸중하셨으며 모든 필추에게 알려 말씀하셨다.

　"내가 열 가지의 이익을 관하고, 나아가 정법이 오래 머무르도록 여러 성문필추들을 위하여 비나야에서 그 학처를 제정하나니, 마땅히 이와 같이 설하노라. 만약 다시 필추가 취락이나 공한처(空閑處)에 머무르면서 다른 사람이 주지 않는 물건을 훔치려는 마음으로 이와 같이 취할 때에,

왕이나 대신이 붙잡고, 죽이며, 몸을 묶고 내쫓으며 꾸중하기를 '쯧쯧! 남자여. 그대는 도둑이다. 어리석고 아는 것이 없어 이렇게 훔쳤으니 너는 도둑이다.'라고 말하면, 이 필추는 역시 바라시가를 얻었으므로, 마땅히 함께 머무를 수 없느니라."

'만약 다시 필추'는 단니가를 말하고 나머지의 뜻은 앞에서와 같다.

'취락'은 장책(牆柵)의 안을 말한다.

'공한처'는 장책의 밖을 말한다.

'다른 사람'은 여자와 남자와 황문(黃門)[27]을 말한다.

'주지 않는'은 주는 사람이 없는 것을 말한다.

'물건'은 금과 같은 것을 말한다.

'물건을 훔치려는 마음으로 취한다.'는 남이 주지 않는 물건을 훔칠 마음으로 취하는 것을 말한다.

'이와 같이 도둑질할 때'는 5마쇄이거나 혹은 5마쇄가 넘는 것을 말한다.

'왕'은 찰제리(利帝利)[28]를 말하고 바라문이거나 벽사(薜舍)이거나 술달라(戌達羅)이더라도, 찰제리왕의 관정위를 받았다면 모두 왕이라고 이름하고, 만약 여인이 관정위를 받았더라도 또한 왕이라고 이름한다.

'대신'은 왕을 서로 보좌하고 왕을 위하여 의정(議政)을 일하고서 이것으로서 스스로 생활하는 사람을 말한다.

'붙잡는다.'는 잡아가는 것을 말한다.

'죽인다.'는 그 목숨을 끊는 것을 말한다.

'묶는다.'는 세 가지의 묶는 것이 있으니 쇠와 나무와 밧줄이다.

'내쫓는다.'는 마침내 출국(出國)시키는 것을 말한다.

'이와 같이 꾸중하기를 '쯧쯧, 남자여! 그대는 도둑이다. 그대는 도둑이다. 어리석고 아는 것이 없다.'는 가볍게 헐뜯은 말이다.

'이와 같은 자'는 도둑질을 하는 사람을 가리키는 말이다.

---

27) 남자로서 남근(男根)을 갖추고 있지 않거나 남근이 불완전한 자이다.
28) 산스크리트어 kṣatriya의 음사로서 인도의 사성(四姓) 가운데 둘째 계급으로 왕족과 귀족으로 정치와 군사를 담당한다.

'필추'는 필추의 성(性)을 얻은 자를 말한다.

'무엇을 필추성이라고 말하는가?'는 원구를 받은 것을 말한다.

'무엇을 원구(圓具)라고 말하는가?'는 백사갈마를 말한다. 짓고자 하는 일이 여법(如法)하게 성취되어 구경(究竟)에 만족하고, 그 나아가 받은 사람은 원만한 마음으로 구족(具足)을 간절히 구하며, 요긴한 기도와 서원을 받아서 마음에 성내고 한스러움이 없고, 말로써 어업(語業)을 표백(表白)[29]하고 세상에 널리 알려 드러내므로 원구라고 한다.

'바라시가'는 이것은 매우 무거운 죄로서 크게 악한 것이고, 이것은 싫어하고 천시할 것이니, 사랑하고 즐거워하지 말라. 만약 사람이 이 죄를 범할 때에는 또한 조금을 범하여도 곧 사문이 아니고 석가의 아들도 아니다.

'필추성을 잃는다.'는 열반성이 무너진다는 것으로 타락하고 붕괴되며 넘어져 다른 수승한 것으로도 구제될 수가 없으며, 다라수의 새싹을 자르면 능히 울창하게 성장하고 크게 자라지 못하는 것과 같다.

'바라시가라고 이름하며 마땅히 함께 머무르지 못한다.'는 이 사람은 모든 필추와 함께 머무르며 포쇄타(褒灑陀)·수의사(隨意事)·단백(單白)·백이(白二)·백사갈마(白四羯磨)를 지을 수 없고, 아울러 십이종인갈마(十二種人羯磨)에도 뽑힐 수 없다. 이러한 까닭으로 마땅히 함께 머무르지 못한다고 이름한다.

여기에서 범한 모양과 그 일은 무엇인가? 총괄하여 게송으로 섭수하여 말하겠노라.

스스로 땅 위에서 취하거나
혹은 공중에 있다가 떨어지거나
전(氈)과 승(乘)과 영전(營田)과
수세(輸稅)와 아울러 무족(無足)과

---

29) 의식을 개최할 때에 그 의식의 취지와 소원 등을 부처님의 앞에 아뢰는 것을 말한다.

전다라(旃茶羅)와 세라(世羅)와
총괄하여 열 가지 일로 섭수된다.

별도로 게송으로 섭수하여 말하겠노라.

자취(自取)와 불여취(不與取)와
도심(盜心)과 타장물(他掌物)과
타물상(他物想)을 짓는 것과
삼오(三五)의 부동(不同)이 있다.

다시 사사(四四)의 다른 것과
아울러 이오(二五)의 차별이 있으나
이것이 모두 중물(重物)에 의거한 것이니
처소에 따르는 일인 것을 마땅히 알라.

세 가지의 종류와 모양이 있다. 만약 필추가 다른 사람이 소중한 물건을 주지 않았으나 취하면 바라시가를 얻는다. 무엇이 세 가지인가? 자취(自取)와 혹은 간취(看取)와 혹은 견사취(遣使取)를 말한다.

무엇을 자취라고 말하는가? 스스로 훔쳐 취하는 것이고, 혹은 스스로 끌어서 취하여 들고서 본래의 장소를 떠나는 것을 말한다. 무엇을 간취라고 말하는가? 스스로 보고서 훔쳐 가지는 것이고, 혹은 스스로 보고 끌어서 취하여 들고서 본래의 장소를 떠나는 것을 말한다. 무엇을 견사취라고 말하는가? 스스로 사람을 보내서 가져오는 것이고, 혹은 사람을 보내 끌어서 취하여 들고서 본래의 장소를 떠나는 것을 말한다. 만약 필추가 이 세 가지의 인연으로 남의 중요한 물건을 주지 않았으나 취하면 바라시가를 얻는다.

다시 세 가지의 인연이 있다. 필추가 다른 사람이 소중한 물건을 주지 않았으나 취하는 것은 바라시가를 얻는다. 무엇이 세 가지인가? 타불여(他

不與)와 체시중물(體是重物)과 이본처(離本處)를 말한다. 무엇을 타불여라
고 말하는가? 일찍이 남자와 여자와 황문이 물건을 주지 않았으나 취하는
것을 불여취라고 말한다. 무엇을 체시중물이라 말하는가? 5마쇄가 되거나
5마쇄가 넘는 것을 말한다. 무엇을 이본처라고 말하는가? 이곳에서 다른
곳으로 옮기는 것을 말한다. 필추가 이 세 가지의 인연으로 다른 사람이
소중한 물건을 주지 않았으나 취하면 바라시가를 얻는다.

다시 세 가지의 인연이 있다. 필추가 다른 사람이 소중한 물건을 주지
않았으나 취하는 것은 바라시가를 얻는다. 무엇이 세 가지인가? 기도심(起
盜心)과 흥방편(興方便)과 이본처를 말한다. 무엇을 기도심이라고 말하는
가? 도둑질할 마음이 있어 다른 사람의 물건을 훔치려는 것을 말한다.
무엇을 흥방편이라고 말하는가? 손과 발을 뻗어 취하는 것을 말한다.
이본처는 앞에서와 같나니 마땅히 알라.

다시 세 가지의 인연이 있다. 필추가 다른 사람이 소중한 물건을 주지
않았으나 취하는 것은 바라시가를 얻는다. 무엇이 세 가지인가? 타소장물
(他所掌物)과 체시중물과 이본처를 말한다. 무엇을 타소장물이라고 말하는
가? 이 소중한 물건(重物)은 여자와 남자와 황문이 섭수하여 소유하는
것을 타소장물이라고 이름한다. 체시중물과 이본처는 앞에서와 같으니
마땅히 알라.

다시 세 가지의 인연이 있다. 필추가 다른 사람이 소중한 물건을 주지
않았으나 취하는 것은 바라시가를 얻는다. 무엇이 세 가지인가? 타장물상
(他掌物想)과 체시중물과 이본처를 말한다. 무엇을 타장물상이라고 말하는
가? 필추가 이와 같은 생각을 지은 것으로 '이 물건은 다른 여자와 남자
등이 관리하는 것이고 다른 사람의 물건이다.'고 생각하는 것이다. 나머지
는 앞에서 설한 것과 같다.

다시 네 가지의 인연이 있다. 필추가 다른 사람이 소중한 물건을 주지
않았으나 취하는 것은 바라시가를 얻는다. 무엇이 네 가지인가? 타소장물
과 작타물상(作他物想)과 시중물(是重物)과 이본처로서 필추가 얻으면 바라
시가라고 말한다.

다시 네 가지 인연이 있다. 필추가 다른 사람이 소중한 물건을 주지
않았으나 취하는 것은 바라시가를 얻는다. 유도심(有盜心)과 기방편(起方
便)과 시중물(是重物)과 이본처를 말하며, 나머지는 앞에서 설한 것과
같다.

다시 네 가지 인연이 있다. 필추가 다른 사람이 소중한 물건을 주지
않았으나 취하는 것은 바라시가를 얻는다. 무엇이 네 가지인가? 이것은
타소호(他所護)과 작속기상(作屬己想)과 시중물과 거리처(擧離處)이다. 무
엇을 타소호라고 말하는가? 사람에게 소중한 물건이 있어 상자 속에
담아 두고서 스스로 수호(守護)하고, 사병(四兵)[30]으로 함께 수호하게 하는
것을 말한다. 무엇을 작속기상이라고 말하는가? 사람에게 소중한 물건이
있어 그릇이나 상자 등에 담아두고서 '이것은 나의 물건이다'는 생각을
마음속으로 짓는 것이고, 나머지는 앞에서 설한 것과 같다.

다시 네 가지 인연이 있다. 필추가 다른 사람이 소중한 물건을 주지
않았으나 취하는 것은 바라시가를 얻는다. 유수호무속기상(有守護無屬己
想)과 무수호유속기상(無守護有屬己想)과 중물과 이처(離處)를 말한다. 무
엇을 유수호무속기상이라 말하는가? 도둑이 있어서 모든 성읍을 파괴하
고 숲으로 도망갈 때 길에서 지키던 사람이 그 물건을 빼앗아 한 곳에
모아두고 수호하면서 자기 것이라고 집착하지 않는 것이다. 무엇을 무수호
유속기상이라고 말하는가? 중요한 물건이 상자 속에 담겨 있는데 인마(人
馬)와 병사가 수호하는 것이 없는 것을 속기상(屬己想)을 가지고 주지
아니하였으나 취하는 것과 같다. 중물과 이처에 얻는 죄는 앞에서와
같다.

다시 다섯 가지 인연이 있다. 필추가 다른 사람이 소중한 물건을 주지
않았으나 취하는 것은 바라시가를 얻는다. 무엇이 다섯 가지인가? 비기물
상(非己物想)과 비친우상(非親友想)과 비잠용상(非暫用想)과 취시불어타(取
時不語他)와 유도심이며 바라시가를 얻는다.

30) 전쟁에 동원되는 네 종류의 병사로서 상병(象兵)·마병(馬兵)·거병(車兵)·보병(步
兵)을 가리킨다.

  다시 다섯 가지의 인연이 있으면 필추는 범한 것이 없다. 무엇이 다섯
가지인가? 기유상(己有想)과 친우상(親友想)과 잠용상(暫用想)과 취시어타
(取時語他)와 무도심(無盜心)은 범한 것이 없다.

근본설일체유부비나야 제3권

삼장법사 의정 한역
석보운 번역

2) 불여취(不與取) 학처 ②

게송으로 섭수하여 말하겠노라.

만약 땅 위에 있고
혹은 어느 때 그릇 안에 있으며
혹은 다시 바닥과 대나무통과
밭에 있는 뿌리 약(藥) 등이 있다.

만약 필추가 다른 사람의 소중한 물건으로써 이를테면, 목걸이·팔찌·진주·영락 등의 여러 장신구 등이 땅 위에 있는 것을 알고서 훔칠 마음을 일으켜서 방편으로 앉았던 곳에서 의복을 매만지고서 갔거나, 나아가 아직 만지지 않았더라도 악작죄(惡作罪)[1]를 얻는다.

만약 손으로 만지고, 아직 그 자리를 옮기지 않았으면 솔토라저야(窣吐羅底也)를 얻는다. 만약 그것을 들어서 본래의 자리에서 옮겼다면 이것을 훔친다고 말하고, 당시의 값을 기준해서 만약 5마쇄에 해당되면 바라시가를 얻고, 5마쇄에 해당되지 않으면 솔토라저야를 얻는다.

---

[1] 산스크리트어 duṣkṛta의 음사로서 악작(惡作)·악설(惡說)이라 한역된다. 행위와 말로 저지른 가벼운 죄이다. 좁은 뜻으로는 악작만을 뜻하고, 넓은 뜻으로는 악작과 악설을 뜻하며 고의로 이 죄를 저질렀을 때는 한 명의 필추 앞에서 참회하고, 고의가 아닐 때는 마음속으로 참회하면 죄가 소멸된다.

96

만약 그 땅이 평탄하여 한결같이 보기가 좋고 매끄럽다면 이것을 한곳(一處)이라고 말한다. 만약 땅이 울퉁불퉁하고 혹은 더욱이 무너지기도 하였고, 혹은 큰 길을 만들었으며, 혹은 때로 글씨가 있거나 여러 가지의 문양이 그려져 있으면 이것을 다른 곳(異處)이라고 말한다. 만약 쟁반 같은 그릇들이 한결같이 보기 좋고 매끄러우면 이것을 한곳이라고 말한다. 만약 깨진 곳이 있고 문양이 그려져 있으면 이것을 다른 곳이라고 말한다.

만약 다른 사람의 소중한 물건으로 이를테면, 목걸이와 영락 같은 것이 마당 가운데 놓여있는데, 필추가 훔칠 마음으로 방편을 일으켜 아직 그것을 손으로 만지지 않았으면 악작죄를 얻는다. 만약 손으로 만지기는 하였으나 아직 그 자리를 옮기지 않았다면 솔토라저야를 얻는다. 만약 그것을 집어서 그 본래의 자리를 옮겼다면 이것을 훔친다고 말하며, 당시의 값을 기준해서 만약 5마쇄에 해당되면 바라시가를 얻고, 만약 5마쇄에 해당되지 않으면 솔토라저야를 얻는다.

만약 마당 위에 있는 곡식 같은 것들이 고르게 모두 한 가지 빛깔이면 이것을 한곳이라고 말한다. 만약 곡식 같은 것들이 높고 낮은 것이 고르지 아니하고 갖가지 색깔로 되어 있다면 이것을 다른 곳이라고 말한다.

만약 다른 사람의 소중한 물건으로 이를테면, 여러 가지 보물과 영락 같은 장신구들이 대그릇이나 광주리 안에 놓여있는데, 필추가 훔칠 마음으로 방편을 일으켰으나, 나아가 아직 만지지 않았으면 악작죄를 얻는다. 만약 만지기는 하였으나, 아직 그 자리를 옮기지는 아니하였다면 솔토라저야를 얻는다. 만약 집어 들어서 그 자리를 옮기면, 그 값이 5마쇄에 해당되면 근본죄2)를 얻고, 만약 5마쇄에 해당되지 않으면 솔토라저야를 얻는다.

만약 다른 사람의 소중한 물건이 대그릇이나 부엌 등에 놓여 있는데, 대그릇이나 부엌 안에 있는 곡식 등이 그릇의 주둥이까지 가득하고 모두 한 가지의 색이라면 이것을 한곳이라고 말한다. 만약 곡식 같은 것들이 그릇의 주둥이까지 가지런하지 않고 높낮이가 고르지 아니하며 여러

---

2) '바라시가'를 한역으로 의역(意譯)한 것이다.

가지의 색깔로 되어 있고, 혹은 그 위에다가 나무나 깔개 같은 것을
놓아서 가로막혀 있으면, 이것을 다른 곳이라고 말한다.

만약 다른 사람의 밭에 있는 것으로 여러 가지 뿌리를 쓰는 약재들로서
이를테면, 향부자(香附子)3)·황강(黃薑)4)·백강(白薑)5) 및 다른 뿌리 약초와
오두(烏頭)6)와 같은 것들을 필추가 방편으로 훔칠 마음을 일으켰으나,
아직 만지지 않았으면 악작죄를 얻는다. 만약 만지기는 하였으나 아직
자리를 옮기지는 않았다면 솔토라저야를 얻는다. 만약 그 본래의 자리를
옮겼는데 그 값이 5마쇄에 해당되면 근본죄를 얻고, 5마쇄가 해당되지
않으면 솔토라저야를 얻는다.

게송으로 섭수하여 말하겠노라.

지붕 같은 곳의 장소에 세 가지가 있고
새의 장신구에도 다시 세 종류가 있으며
주문을 걸어서 감춰진 보물을 취하는 것에도
세 종류가 있으나 서로 같지 않느니라.

만약 다른 사람의 물건으로서 여러 가지 색깔로 된 옷이 지붕 위에
놓여 있는데 필추가 훔칠 마음으로 방편을 사용하여 사다리를 놓고 오르고,
갈고리 같은 물건을 사용하여 지붕 위에 올라갔으면 아직 만지지는 않았을
지라도 악작죄(惡作罪)를 얻는다. 만약 옷을 만지기는 하였으나 아직 그
자리를 옮기지는 않았으면 솔토라저야를 얻는다. 만약 집어 들어서 자리를

---

3) Cyperus rotundus의 뿌리줄기를 말한다. 한습(寒濕)을 제거하고 간 기능의 장애로
   인한 옆구리의 통증과 우울증을 비롯한 일체의 정신 신경성질환을 치료하는
   효능이 있는 약재이다.
4) 산스크리트어 haridrā의 음사로 황강이라 번역된다.
5) 동인도의 힌두스댄 지역이 원산지로 추정되며 중국에서는 2,500여 년 전에
   재배되었다는 기록이 있다. 지금의 사천성이 생강의 원산지로 알려져 있다.
6) Aconitum carmichaeli의 자근(子根)을 가공한 것으로 회양구역(回陽救逆), 보화조양
   (補火助陽), 온경산한(溫經散寒), 제습지통(除濕止痛), 축한통락(逐寒通絡)하는 효능
   을 가진 약재를 뜻한다.

98

옮겼다면 이것을 훔친다고 이름하며, 마땅히 그 값에 따라서 죄를 얻는 것은 앞에서와 같다.

만약 어떤 이가 옷을 빨아서 지붕 위에 옷을 말리고 있는데 옷이 바람에 날아가 필추가 경행하는 곳에 떨어졌고, 혹은 문의 곁에 떨어졌을 때 필추가 훔칠 마음을 일으켜 방편을 사용했으나, 나아가 아직 만지지는 않았으면 악작죄를 얻는다. 만약 만졌다면 솔토라저야를 얻는다. 만약 집어 들어 자리를 옮겼다면 죄를 얻는 것은 앞에서와 같다.

만약 다른 사람의 소중한 물건으로 이를테면, 여러 보물과 영락 같은 장신구가 누각 위에 놓여있는데 필추가 훔칠 마음을 일으켜 방편으로 사다리를 놓고 오르고, 갈고리 같은 물건을 사용하여 누각 위로 올라갔으면 아직 만지지는 않았어도 악작죄를 얻는다. 만약 만지기는 하였으나 아직 본래의 자리에서 옮기지는 않았다면 솔토라저야를 얻는다. 만약 들어 올려서 그 본래의 자리를 옮겼다면 얻는 죄는 앞에서와 같다.

만약 다른 사람이 집안이나 동산이나 연못의 주변에 꽃나무와 과일나무를 심고 명절날에 묘한 물건으로 이를테면, 여러 가지 보물과 영락 같은 장신구와 여러 가지 그림과 비단을 가지고 그것을 꾸며놓았다. 그때 날아다니던 새가 구슬을 고기라고 생각하여 그것을 물고 날아가는데, 필추가 훔칠 마음으로 방편을 사용하여 그 새를 쫓았으나 아직 영락을 만지지 않았으면 악작죄를 얻는다.

만약 손으로 만지기는 하였으나 아직 그 본래의 자리에서 옮기지는 아니하고 구슬이 새의 물건이라고 생각하였으면 악작죄를 얻는다. 만약 이것을 집어서 들고 본래의 자리를 떠난다면 이것을 훔친다고 이름하며, 마땅히 그 값에 따라서 만약 5마쇄에 해당되면 솔토라저야를 얻고 만약 그 값이 5마쇄에 해당되지 않으면 악작죄를 얻는다.

만약 필추가 '이것은 사람의 물건이니 어떻게 나는 새가 영락을 가질 수 있겠는가?'라고 생각하여 비록 만지기는 하였으나 아직 이것을 집어 들고 자리를 벗어나지 않았으면 솔토라저야를 얻는다. 이것을 집어서 들고 그 자리를 떠났으면, 만약 그 값이 5마쇄에 해당되면 근본죄를 얻고, 5마쇄에 해당되지 않으면 솔토라저야를 얻는다.

만약 다른 사람이 여러 가지 보물과 영락 같은 장신구를 상자 안에 넣고서 지붕 위에 두었는데, 날아가던 새가 물고 날아가려고 할 때 필추가 훔칠 마음을 일으켜 방편을 사용하여 그 새를 잡았으면 아직 영락을 만지지 않았어도 악작죄를 얻는다. 만약 그 물건을 만지기는 하였으나 아직 그 자리를 벗어나지는 아니하고, 새의 물건이라고 생각하면 악작죄를 얻는다. 만약 이것을 집어서 들고 그곳에서 떠났다면 이것을 훔친다고 이름하며, 마땅히 그 값이 5마쇄에 해당되면 솔토라저야를 얻고, 5마쇄에 해당되지 않으면 악작죄를 얻는다.

만약 필추가 '이것은 사람의 물건이니, 어떻게 새가 영락을 가질 수 있겠는가?'라고 생각하여 비록 만지기는 하였으나 아직 그곳을 떠나지 않았으면 솔토라저야를 얻는다. 집어서 들고 그곳을 떠나면 그 값이 5마쇄에 해당되면 근본죄를 얻고, 그 값이 5마쇄에 해당되지 않으면 솔토라저야를 얻는다.

만약 어떤 사람이 집안이나 또는 연못 속에 즐기려고 앵무새·사리조(舍利鳥)[7]·구타라조(俱打羅鳥)·명명조(命命鳥)[8]와 같은 여러 새들을 기르면서 여러 가지 영락 등을 갖추어 새들을 치장하였는데 필추가 그것을 보고서 훔칠 마음으로 방편으로 사용하여 새를 잡고서, 나아가 아직 장신구를 만지지 않았어도 악작죄를 얻는다.

만약 그 물건들을 만지고서 아직은 그 본래의 자리에서 벗어나지는 아니하고서 그 새들의 물건이라고 생각하였으면 역시 악작죄를 얻는다. 만약 이것을 집어서 들고 본래의 자리에서 벗어났다면 훔친다고 이름하며, 마땅히 그 값에 따라 만약 그 값이 5마쇄에 해당되면 솔토라저야를 얻고, 5마쇄에 해당되지 않으면 악작죄를 얻는다.

---

7) 히말라야 산에 서식하는 사리조(舍利鳥)이며, 눈이 매우 아름답고 영롱한 새를 가리킨다.
8) 산스크리트어 jīva-jīvaka의 음사로서 인도의 북동 지역에 서식하는 꿩의 한 종류로 새의 소리 때문에 붙여진 이름이다.

만약 이 물건을 다른 사람의 물건이라고 생각하고 새의 물건은 아니라고 생각하면서 비록 만졌으나 아직은 그 본래의 자리에서 벗어나지 않았으면 솔토라저야를 얻는다. 만약 그 본래의 자리에서 벗어나면 그 값이 5마쇄에 해당되면 근본죄를 얻고, 5마쇄가 해당되지 않으면 추죄(麤罪)9)를 얻는다.

만약 어떤 필추가 두 가지의 복장(伏藏)에 대해서 하나는 주인이 있는 것이고 다른 것은 주인이 없는데, 필추가 주인이 있는 복장을 가지려는 마음으로 상(床)으로부터 일어나서 의복을 갖추어 입고서 만다라(曼茶羅)를 만들어 그 복장의 사방에 걸지라(揭地羅) 나무로 말뚝을 박고서 다섯 가지 색깔의 실로 그 둘레를 얽어매었으며, 화로(火鑪) 안에 여러 잡목들을 태우고 입으로 주문을 외우면서 '주인이 없는 복장물은 오고 주인이 있는 복장물은 오지 말라.'고 말한다. 만약 주인이 없는 복장물이 필추가 한 말처럼 오고, 나아가 오는 것이 눈에 보이지 않는다면 솔토라저야를 얻는다. 만약 눈에 보였다면 이것을 훔치는 것이라고 이름하며, 마땅히 그 값에 따라서 만약 5마쇄에 해당되면 근본죄를 얻고, 5마쇄에 해당되지 않으면 추죄를 얻는다.

만약 '주인이 없는 복장물은 오고 주인이 있는 복장물은 오지 말라.'라고 말하였으나 이때 주인 없는 복장물이 말한 것처럼 오고, 나아가 아직 나타나지는 아니하였다면 악작죄를 얻는다. 만약 눈에 보였다면 이것을 훔친다고 이름하며, 마땅히 그 값이 5마쇄에 해당되면 솔토라저야를 얻고, 5마쇄에 해당되지 않으면 악작죄를 얻는다. 만약 주인이 있는 복장이고, 주인이 없는 복장은 별도로 다른 때에 작법(作法)을 지어서 훔쳐 갖는다면 일의 크고 작음에 따라서 앞에서와 같이 죄를 얻는다.

게송으로 섭수하여 말하겠노라.

만약 물건이 모포나 좌복에 있고
돌이나 나무판 같은 것에 놓여 있으며

---

9) 무거운 죄와 추악한 죄를 가리킨다.

꽃과 과일과 기묘한 나무는
처소에 따르는 일인 것을 마땅히 알라.

만약 다른 사람의 소중한 물건으로 이를테면, 여러 가지 보물과 영락 등의 장신구들이 모직물로 만든 좌복과 땅에 깔아놓은 자리 위에 있는데, 필추가 훔칠 마음을 일으켜 방편을 사용하면 아직 만지지 않았어도 악작죄를 얻는다. 만약 그 물건을 만지기는 하였으나 본래의 자리에서 벗어나지 않았다면 솔토라저야를 얻는다. 만약 집어서 들어 본래의 자리에서 벗어났다면 이것을 훔친다고 이름하며, 때와 값에 따라 죄를 얻는 것은 앞에서와 같다.

만약 그 풀로 만든 좌복이 한 가지의 색으로 같으면 이것을 한곳이라고 이름한다. 만약 여러 가지 색으로 같지 않으면 이것을 다른 곳이라고 이름한다. 만약 다른 사람의 소중한 물건이 돌 위에 놓여 있는데 나아가 5마쇄에 해당되지 않으면 솔토라저야를 얻는다.

만약 돌이 매끄럽고 모두 한 조각으로 되어 있으면 이것을 한곳이라고 이름한다. 만약 부서지고 갈라졌으며 벌어진 것을 꿰맸고, 혹은 글자가 있으며, 여러 가지 색으로 칠해져 있으면 이것을 다른 곳이라고 이름한다. 돌 위는 앞에서 설명한 것과 같고, 역시 나무판자(板木)·담장·벽체(牆壁)·천석(薦席)10)·개부(蓋覆)11)·의복(衣襆)12)·의궤(衣櫃)13)·의항(衣笐)14)·상아(象牙)·높은 평상15)·앉는 깔개16) 등과 문지방에 물건을 놓아둔 것의 일은 모두 앞에서와 같다.

만약 세 가지의 나무로서 이를테면, 꽃나무와 과일나무와 기묘한 나무를

---

10) 명석의 다른 이름으로, 짚으로 결어 네모지게 만든 큰 깔개를 말한다.
11) 덮개를 덮는 것을 뜻한다.
12) 오늘날의 보자기(袱)를 뜻한다.
13) 의류·패물 등을 넣어두는 나무상자를 뜻한다.
14) 의류·패물 등을 넣어두는 대나무상자를 뜻한다.
15) 원문에는 '익상(杙床)'이라고 표기되어 있다.
16) 원문에는 '좌처(座處)'라고 표기되어 있다.

필추가 꺾어 꽃나무 등을 훔친다면 그 값이 5마쇄가 되는가? 되지 않는가에 따라서 얻는 죄는 앞에서와 같다.

게송으로 섭수하여 말하겠노라.

만약 물건이 안장(鞍韉)에 있고
나아가 코끼리와 말과 수레까지도
살찌고 마른 것이 마땅히 처소에 따르며
배를 훔치는 일에도 차별이 있다.

사람들의 중요한 물건으로 이를테면, 여러 보물과 영락을 갖추어 안장에 놓아두었는데, 필추가 훔칠 마음으로 방편을 일으켰고 나아가 아직 만지지 않았어도 악작죄를 얻는다. 만약 그 물건을 만지기는 하였으나 본래의 자리에서 벗어나지 않았다면 솔토라저야를 얻는다. 만약 자리에서 옮겼을 때에 값이 5마쇄에 해당되면 따라서 죄를 얻는 것은 앞에서와 같다. 만약 안장 위가 한 색깔의 물건으로 위를 덮었다면 한곳이라고 말하고, 만약 여러 색깔의 물건으로 위를 덮었으면 다른 곳이라고 말한다.

만약 중요한 물건으로 이를테면, 여러 보물과 영락을 갖추어 코끼리 위에 놓아두었는데, 필추가 훔칠 마음으로 방편을 일으켰고 나아가 아직 만지지 않았어도 악작죄를 얻는다. 만약 그 물건을 만지기는 하였으나 본래의 자리에서 벗어나지 않았다면 솔토라저야를 얻는다. 만약 자리에서 옮겼을 때에 값이 5마쇄에 해당되면 따라서 죄를 얻는 것은 앞에서와 같다. 만약 그 코끼리의 피부와 몸과 혈맥이 모두 충만한 것은 한 곳이라고 말하고, 만약 그 몸의 어금니·귀·코와 및 배·옆구리·허리의 하나하나의 곳에 의거한다면 다른 곳이라고 말하며, 자리에서 옮겼을 때에는 모두 본죄를 얻게 된다. 만약 자리를 옮기지 않았더라도 솔토라저야를 얻는다.

만약 코끼리 위에 휘장(幃帳)을 장식하고 이 휘장 위에 여러 보물과 영락을 갖추어 놓아두었는데, 필추가 훔칠 마음으로 방편을 일으켰고 나아가 아직 만지지 않았어도 악작죄를 얻는다. 만약 그 물건을 만지기는 하였으나 본래의 자리에서 벗어나지 않았다면 솔토라저야를 얻는다.
만약 자리에서 옮겼을 때에 값이 5마쇄에 해당되면 따라서 죄를 얻는
것은 앞에서와 같다. 만약 그이 휘장 위가 한 색깔의 물건으로 가려져
있으면 한곳이라고 말하고, 만약 다른 색깔의 물건으로 가려져 있으면
다른 곳이라고 말한다. 코끼리도 이와 같으며 마차(馬車)와 보차(步車)와
우차(牛車) 나아가 다른 수레들도 역시 모두 앞에서 설명한 것과 같다.

　만약 필추가 배가 말뚝에 묶여 있는 것을 보고 훔치려는 마음이 있어서
흔들었을 때에는 악작죄가 얻고, 만약 풀어 떠내려 보내며 나아가 눈으로
떠내려가는 것을 보았다면 솔토라저야를 얻고, 떠내려가는 것을 보지
못하였더라도 값이 5마쇄에 해당되면 근본죄를 얻고 만약 5마쇄에 해당되
지 않으면 솔토라저야를 얻는다. 만약 수면을 거슬러 올라가서 강물의
경계[分齋]와 모양이 비슷한 것에 의거한다면 근본죄를 얻고, 아직 그
곳까지 미치지 않았다면 솔토라저야를 얻는다. 만약 배가 이쪽 언덕으로
내려갔고 도둑은 저쪽 언덕으로 내려가더라도 눈으로 경계를 보았으면
앞에서와 다르지 않다. 만약 배를 끌고 언덕에 올라가서 훔치면 역시
눈으로 경계를 본 것과 같은 것에 의거한다.

　만약 가라앉혀 진흙 속에 묻어 두었다가 뒤의 때에 가져가거나 진흙으로
감추었을 때에도 훔치는 것이 성립되며 얻는 죄는 앞에서 설명한 것과
같다. 만약 필추가 물건을 훔칠 때이거나 혹은 진흙 속에 감추었거나
혹은 태웠거나 혹은 구멍을 뚫었거나 혹은 파손하면서 ‘이 물건이 너에게
귀속되거나 나에게 귀속되지 말라.’고 이와 같이 생각한다면 솔토라저야
를 얻는다.

　게송으로 섭수하여 말하겠노라.

　　밭농사에 세 종류가 있고
　　배에는 세 가지의 다른 것이 있으며
　　거위와 기러기와 연못가의 꽃과
　　사냥꾼과 어부의 그물을 훔치는 일과

베자와 도둑에게 처소를 가르치는 일 등에
세 가지의 서로 다른 일이 있다.

만약 사람이 가을에 밭일을 하면서 이를테면, 벼·사탕수수·쪽(覽)을
밭에 기르는데 필추가 자기 밭에 물이 부족한 것을 보고 걱정하여 마침내
함께 사용하는 물도랑을 다른 사람의 밭으로 가는 물길을 막고서 자기
밭으로 흐르게 하면서 '나의 밭은 곡식이 잘 되고 다른 밭의 곡식은
익지 않게 하라.'라고 생각하여, 만약 스스로 남에게 손해를 끼치면 그
값에 따라 5마쇄에 해당되면 근본죄를 얻고, 5마쇄에 해당되지 않으면
솔토라저야를 얻는다.

만약 물이 많은 것을 보고 함께 쓰는 도랑 안에서 다른 사람의 밭으로
들어가는 물길을 열고 자기 밭으로 들어가는 물길은 막으면서 '나의
밭의 곡식은 잘되고 다른 밭의 것은 익지 않게 하라.'라고 생각하여 만약
스스로 남에게 손해를 끼치면 그 값이 5마쇄에 해당되면 근본죄를 얻고,
5마쇄에 해당되지 않으면 솔토라저야를 얻는다.

물건에는 네 종류가 있어 같지 않다. 첫째는 그 자체도 무겁고 그
가격도 비싼 것이고, 둘째는 그 자체는 가벼우나 그 가격은 비싼 것이며,
셋째는 그 자체는 무거우나 그 가격은 싼 것이고, 넷째는 그 자체도
가볍고 그 가격도 싼 것이다. 무엇이 그 자체도 무겁고 그 가격도 비싼
것인가? 이를테면 말니진주(末尼眞珠)[17]·페유리(吠琉璃)[18]·가패(珂貝)[19]·
벽옥(壁玉)[20]·산호(珊瑚)·금(金)·은(銀)·마노(馬瑙)[21]·차거(車磲)[22]·진주

---

[17] 산스크리트어 maṇi의 음사로 주(珠)·보주(寶珠)라고 한역되며, 보배 구슬을 통틀
어 일컫는다.
[18] 산스크리트어 vaiḍūrya의 음사로 검푸른 빛이 나는 보석을 말한다.
[19] 큰 조개를 뜻한다.
[20] 옥은 희귀한 귀금속으로 금보다도 더 소중하게 여겼는데, 은색을 띠면 벽옥(壁玉)
이라 한다.
[21] 마노라는 이름은 출토되는 원석의 형태가 말의 뇌수 즉, 마노(馬瑙)를 닮은
데서 유래되었다고 한다. 종류는 크게 두 가지로 나누어지는데 색이 비교적
고르게 퍼져있는 칼세도니와 줄무늬를 가진 아게이트가 있다

(眞珠)·우선(右旋) 등이다. 무엇이 그 자체는 가벼우나 그 가격은 비싼 것인가? 이를테면 증채(繒綵)23)·증채실(繒綵絲)·울금향(鬱金香)24)·소읍미라(蘇泣迷羅)25) 등이다.

무엇이 그 자체는 무거우나 그 가격은 싼 것인가? 이를테면 철(鐵)과 주석(錫) 등이다. 무엇이 그 자체도 가볍고 그 가격도 싼 것인가? 이를테면 모(毛)·마(麻)26)·목면(木綿)27)·겁패(劫貝)28)·솜(絮) 등이 그것이다.

만약 위의 여러 가지 물건을 세 종류의 배로 이를테면, 옹기로 만든 배와 나무로 만든 배와 가죽으로 안든 배에 놓아두었는데, 만약 그 자체는 무겁지만 가격은 비싼 것과 그 자체도 가볍고 그 가격도 싼 것을 하나의 배에 모두 실었다. 만약 배가 난파될 때 물건의 주인이 "물 위에 뜨는 것은 누구나 가질 수 있고 물에 가라앉는 것은 나의 것입니다."라고 말하면 필추가 훔칠 마음을 일으켜 방편을 사용하여 곧 물속으로 들어갔을 때 아직은 물건을 만지지는 않았어도 악작죄를 얻는다. 만약 만졌다면 솔토라저야를 얻는다. 만약 집어 들어 본래의 자리에서 옮겼다면 그 값이 5마쇄에 해당되면 근본죄를 얻고, 5마쇄가 해당되지 않으면 솔토라저야를 얻는다.

만약 진흙 속에 빠졌는데 앞에서와 같이 물건을 갖는다면 앞에서와 같이 죄를 얻는다. 만약에 자기의 것도 남의 것도 아니 되도록 생각하여 진흙에 빠뜨려 그 물건이 그에게 귀속되지도 않고 나에게 귀속되지도

---

22) 칠보공예는 금, 은, 유리, 차거, 파리, 마노, 산호 등 일곱 가지 보석을 가리키는 말로 삼국시대부터의 전통공예이다.

23) 빛깔이 화려한 비단을 가리킨다.

24) 울초(鬱草) 즉, 울금향은 붓꽃과의 사프란을 말한다. 사프란의 꽃술에서 딴 향료는 매우 적은 양이지만 값은 그 어느 보석보다 비싸 불경에서는 부피가 작은 것이나 가치 있다는 의미로 자주 인용되곤 한다.

25) 산스크리트어 Suksmaila의 향료인데 적은 양으로도 짙은 향기를 내뿜기 때문에 매우 값진 물건에 속한다.

26) 삼베옷을 일컫는 말이다.

27) 목화나무라고도 하며, 나무껍질은 회백색이고 코르크질의 돌기가 있으며 가지는 거의 수평으로 돌려난다.

28) 산스크리트어 karpāsa의 음사로서 목화(木花)라고 한역된다.

않으면 앞에서와 같이 죄를 얻는다. 이하의 모든 계율은 앞에 의거하니 마땅히 알라.

만약 그 자체는 가볍고 그 가격은 비싼 것과 그 자체는 무거우나 가격은 싼 물건을 같은 배에 실었는데 만약 배가 난파되었는데 그 물건의 주인이 "물속으로 가라앉는 것은 누구나 가질 수 있고 물 위로 뜨는 것은 나의 것입니다."라고 말하였다. 만약 필추가 훔칠 마음을 일으켜 방편으로 물 위에 뜬 물건을 가지려고 나아가 물건에 손을 대지 않았어도 악작죄를 얻는다. 만약 물건을 만졌다면 솔토라저야를 얻는다. 만약 그것을 집어서 본래의 자리로부터 옮기면 마땅히 그 값에 따라서 죄를 얻는 것은 앞에서와 같다. 만약 진흙 속에 빠져서 앞에서와 같이 물건을 가지게 되면 앞에서와 같이 죄를 얻는다.

만약 다른 사람이 집안의 샘물이나 연못이 있는 곳에서 즐기기 위해 거위와 기러기와 원앙 등의 여러 종류의 새들을 모아두고 많은 영락 등으로 치장하여 놓았는데, 필추가 훔칠 마음을 일으켜 방편을 사용하여 물속으로 들어가서 여러 새들을 잡고, 나아가 영락을 만지지 않았어도 악작죄를 얻는다. 만약 만지면서 '내가 새의 물건을 가져야겠다.'라고 생각하면 역시 악작죄를 얻는다. 만약 그 본래의 자리에서 옮겼으면 마땅히 그 값이 5마쇄에 해당되면 솔토라저야를 얻고, 5마쇄가 해당되지 않으면 악작죄를 얻는다.

만약 '나는 다른 사람의 물건을 갖는 것이며, 어떻게 새가 영락을 가질 수 있겠는가?'라고 생각하면서 물건을 만졌다면 솔토라저야를 얻는다. 만약 본래의 자리를 옮겼으면 마땅히 그 값이 5마쇄에 해당되면 근본죄를 얻고, 5마쇄에 해당되지 않으면 솔토라저야를 얻는다.

만약 연못의 물 위로 청련화(靑蓮花)·올바라화(嗢鉢羅花)[29]·백련화(白蓮花)·구모두(拘牟頭)[30]·분다리가(分陀利迦)[31] 등의 향기가 나는 꽃이 마침

29) 우발라(優鉢羅)·울발라(鬱鉢羅)라고 한역되며, 대화(黛華)라고도 번역한다.
30) 산스크리트어 kumuda의 음사로 흰색이나 붉은색의 꽃이 피는 수련(水蓮)을 뜻한다.

꽃을 피워 많은 사람들에게 사랑을 받고 있는데, 필추가 훔칠 마음을 일으켜 방편을 사용하여 연못에 들어가 꽃을 훔치고자 하고, 나아가 만지지는 않았어도 악작죄를 얻는다. 만약 그 꽃을 만졌고 꺾었으며 가지고 가서 한 묶음으로 만들었고 나아가 아직은 그 자리를 옮기지 않았으면 솔토라저야를 얻는다. 만약 집어서 들어 그 자리를 옮겼으면 앞에서와 같이 죄를 얻는다.

연못의 사방 가장자리에 아지목다가(阿地木多迦)[32]·점박가(占博迦)[33]·파타라(波吒羅)[34]·바리사가(婆利師迦)[35]·마리가(摩利迦)[36] 등의 여러 꽃나무를 심어 기르고 있는데, 필추가 방편을 일으켜 훔치려는 마음으로 그 꽃을 훔치고자 하고, 나아가 만지지 않았어도 악작죄를 얻는다. 만약 나무 위에 올라가서 그 꽃을 꺾어 옷의 소매 안에다 넣었고, 나아가 자리를 옮기지 않았거나, 자리를 옮겼으면 앞에서와 같이 죄를 얻는다.

만약 어떤 사냥꾼과 그 무리들이 숲이나 들판에 여러 가지 노끈과 같은 도구들을 설치하여 많은 짐승들을 잡아 죽이는 것을 업으로 삼고 있는데, 필추가 훔치려는 마음으로 사냥 도구들을 갖는다면 그 값에 따라서 죄를 얻는다. 만약 자비스러운 마음을 일으켜 사냥 도구들을 훼손하면서 '이것들 때문에 많은 생명들이 다치고 또한 사냥꾼들이 무량(無量)한 죄를 짓게 한다.'라고 생각하면 악작죄를 얻는다. 이하의 여러 계율은 이와 같으니 마땅히 알라.

---

31) 산스크리트어 puṇḍarīka의 음사로 흰색의 연꽃을 뜻한다.
32) 일체경음의(一切經音義)의 구역에서는 아제목다가(阿提目多加)라고 하였으며, 우리나라에는 이 꽃이 없다.
33) 산스크리트어 campaka의 음사로 첨파수(瞻波樹)·첨박가수(瞻博迦樹)로 번역된다. 금색화수(金色花樹)·황화수(黃花樹)라 한다. 인도 북부에서 자라는 교목으로 잎은 윤택하고, 짙은 노란색의 꽃이 피는데 그 향기가 진하다.
34) 산스크리트어 pāṭala의 음사로 오동나무와 비슷한 나무이다.
35) 산스크리트어 vārṣika의 음사로 재스민의 일종인 덩굴식물로 꽃에서 향료를 채취한다.
36) 산스크리트어 mallikā의 음사로 재스민의 일종인 덩굴식물로 꽃에서 향료를 채취한다.

필추가 훔치려는 마음으로 덫에 걸린 사슴을 보고서 풀어준다면 그 값이 5마쇄에 해당되면 근본죄를 얻고, 5마쇄에 해당되지 않으면 솔토라저 야를 얻는다. 만약 어부의 부류들이 강둑에서 좁은 곳을 막아 통발을 설치하고 여러 종류의 물고기를 잡는데, 필추가 훔치려는 마음으로 그 통발을 건지면 앞에서와 같이 죄를 얻는다. 만약 자비로운 마음으로 지으면 얻는 죄는 앞에서와 같다. 만약 통발 안에서 물고기를 훔치면 마땅히 그 값에 따라서 앞에서와 같이 죄를 얻는다.

만약 여러 상인들의 부류가 많은 재화를 가지고 험한 길을 가면서 물을 얻기가 어려워서 항아리·단지·병·가죽 주머니 등의 여러 그릇에 물을 담아서 길가는 사람과 가축에게 물의 양이 나누어져 있는데 필추가 훔칠 마음으로 방편을 사용하여 사람 몫의 물을 가지고, 나아가 만지지 아니한 것과 만진 것은 앞에서와 같이 죄를 얻는다. 만약 가축의 몫을 가져갔으면 5마쇄에 해당되면 솔토라저야를 얻고, 5마쇄에 해당되지 않으면 악작죄를 얻는다.

만일 섬부주의 사람들이 함께 상단(商旅)을 꾸려서 많은 재화를 가지고 배를 타고서 바다에 들어가 보배를 구하려고 하였으나, 물이 없는 까닭으로 항아리·단지·병·가죽 주머니 등의 여러 그릇에 물을 담아 저장하였다. 그러나 물에는 몫이 있고 사람과 짐승이 청하여 받는 것도 차별이 있는데, 필추가 훔칠 마음으로 방편을 사용하여 사람 몫의 물을 훔치면 앞에서와 같이 죄를 얻는다. 짐승 몫의 물을 훔치면 죄를 얻는 것이 앞에서와 같다.

어느 때 한 제자가 자기의 두 스승과 함께 길을 가면서 스승이 가지고 있던 옷들을 제자에게 부탁하여 가지고 가도록 하였다. 이때 제자가 훔치려는 마음이 있는 까닭으로 천천히 걸어서 앞으로 나아가지 않다가 눈에 보이는 곳에 이른다면 솔토라저야를 얻는다. 눈에 보이지 않는 곳에 이른다면 그 값이 5마쇄에 해당되면 근본죄를 얻고, 5마쇄에 해당되지 않으면 솔토라저야를 얻는다. 만약 제자가 스승을 버리고 앞서 급하게 가면 눈에 보이는 곳에 이른 것과 눈에 보이지 않는 곳에 이른 것도 모두 앞의 경우에 따라서 죄를 얻는다.

만약 제자가 훔칠 마음이 있어 스승의 옷을 가지려고 방안에서 누각 위로 가고, 누각 위에서 방안으로 가며, 혹은 누각 위에서 내려와 문의 처마나 계단 아래에 이르고, 혹은 삼층으로 된 사찰의 누각 위에서 내려와 나가는 것과 나아가 눈에 보이는 곳과 보이지 않는 곳에 이르는 것은 앞에서와 같이 죄를 얻는다.

만약 어떤 필추가 아란야에 머물러 있는데 마을을 파괴하는 도둑들이 필추의 처소에 와서 이와 같이 물었다.

"대덕(大德)이여. 어떤 마을에 집이 있는 집을 모두 아십니까?"

필추가 대답하여 말하였다.

"내가 그 마을을 알고 있습니다."

도둑이 다시 물어 말하였다.

"그 집에 여자는 많고 남자는 적고, 사나운 개는 없으며, 가시나무가 많고, 들어가기도 쉽고 나오기가 쉬우며, 내가 피해가 없이 물건을 가질 수 있겠습니까? 만약 우리의 뜻대로 얻으면 마땅히 성자께 그 물건을 나누어 드리겠습니다."

필추가 도둑에게 대답하여 말하였다.

"인자(仁者)여. 나는 누구의 집을 알고 있습니다. 여자는 많고 남자는 적으며, 사나운 개와 가시나무가 없고, 들어가기도 쉽고 나오기도 쉬우며, 당신들이 다치지 않고 능히 그 물건을 얻을 수 있을 것입니다."

필추가 이와 같이 가르쳐주어 도둑들이 물건을 주었다면 아직 자기 몫을 얻지 않았어도 솔토라저야를 얻는다. 만약 도둑의 몫을 나누어 얻으면, 죄의 가볍고 무거움은 앞에서와 같다.

만약 그 필추가 도둑들과 함께 이렇게 말을 하고서 도둑들이 떠나간 뒤에 마침내 후회하는 마음을 일으켜 그 도둑들의 처소로 가서 "어진이여. 아십니까? 내가 마음을 잠시 살피지 못하고 갑자기 이렇게 말을 하였습니다. 마치 어리석은 바보가 그 일을 잘하지 못한 것과 같이 망령되게 대답하였습니다. 그러나 그의 집 안에는 여자는 적고, 남자는 많으며,

110

사나운 개와 가시덤불이 많고, 들어가기도 어렵고 나오기도 어려우며, 그대들이 다치지 않고 물건을 가져올 수도 없습니다." 이와 같이 말하면, 그 도둑들이 갔거나 가지 않았거나 필추는 솔토라저야를 얻는다.

만약 필추가 그 도둑떼가 마을을 약탈하려는 것을 보고 그 집으로 가서 "인자여. 경계하고 깨어있으며, 스스로 삼가해야 합니다. 오늘 저녁에 반드시 도둑들이 들어올 것이니 재물을 도둑들에게 빼앗기지 않도록 하십시오. 혹시 목숨을 건져도 또한 다칠 수도 있습니다."라고 말하면 그 도둑들이 그의 집에 왔거나 오지 않았어도 필추는 역시 솔토라저야를 얻는다.

만약 필추가 앞에서 지은 것과 같이 훔치는 방편으로 세 가지 일이 있다. 무엇이 세 가지인가? 밭에 관한 일과 집에 관한 일과 가게에 관한 일을 말한다. 밭에 관한 일에는 두 가지로 가지는 것이 있으니, 첫째는 재판을 하여 얻는 일이고, 둘째는 둘러쌓아 얻는 일이다. 무엇을 재판하여 얻는다고 하는가? 만약 필추가 재가인과 함께 땅을 가지고 다투게 되어 재판관이 있는 곳으로 나아갔는데 필추가 재가인에게 이기지 못하면 솔토라저야를 얻는다. 만약 필추가 이겼고, 재가인의 마음이 아직 가라앉지 아니하였으면 필추는 솔토라저야를 얻는다. 만약 그 재가인이 마음을 가라앉혔으면 마땅히 그 값에 따라서 앞에서와 같이 죄를 얻는다. 이것을 재판하여 가지게 되는 일이라고 말한다.

무엇을 둘러쌓아 갖는 일이라고 하는가? 만약 필추가 다른 사람의 밭이 있는 곳에서 나뭇가지를 가지고 둘러쌓고, 밭둑에 축대를 쌓으며, 구덩이를 파고, 담장(牆壁)을 둘러쌓으며, 나아가 아직은 모두 둘러쌓지 않았어도 솔토라저야를 얻는다. 만약 밭을 모두 둘러쌓았으면 얻는 죄는 앞에서와 같다. 이것을 둘러쌓아 훔치는 것이라고 말한다. 밭에 관한 일은 이와 같으며, 집에 관한 일과 가게에 관한 일은 앞에서와 같음을 마땅히 알라.

게송으로 섭수하여 말하겠노라.

세물(稅物)을 가지고 다른 사람에게 부탁하는 것과
다른 사람의 물건을 가지고 앞서 가는 것과
받지 않았으나 곧 강제로 입히는 것과
부모를 위해 가지고 가는 것과
또한 삼보(三寶)인 까닭으로 하는 것과
곧 주었다가 뒤에 똑같이 나누는 것과
옷 주인을 위해서 가지고 가는 것과
다른 사람을 시켜 물들이는 것과 물들이지 않는 것과
세금을 가지고 작은 문으로 들어가는 것과
상인의 물건을 모두 빼앗는 것이 있다.

이때 세존께서 처음으로 무상지(無上知)를 증득하셨으나 가르침을 널리
펴지는 않으셨다. 이때에 모든 필추는 관세(關稅)를 통과하는 것이 어려웠
으나 재가인들은 통과하는 것이 쉬웠다. 이때 여러 필추들이 대상단(大商
旅)과 함께 다른 나라를 유행(遊行)하였으며, 도로의 세관에서 여러 필추들
이 상인(賈人)에게 알려 말하였다.
"현자(賢者)여. 우리들은 현재 적으나 마땅히 세금의 물건이 많이 있으니,
당신들이 우리를 위하여 가지고 관문을 통과한 뒤 우리에게 돌려주십시오.
우리들이 그 세관(稅官)에게 세금을 내는 일이 없게 하여 주십시오."
상인이 말하였다.
"알겠습니다."
드디어 물건을 가지고 세관을 통과한 뒤에 그 필추에게 돌려주었다.
필추는 점차로 유행하여 한 주처에 이르니 먼저 와 있던 필추가 손님이
처음 오는 것을 보고서 곧 멀리서 물어 말하였다.
"잘 오셨습니다. 구수여. 오는 것(行李)은 평안하셨습니까? 산하(山河)의
관세(關稅)로 괴로움은 없었습니까?"
대답하여 말하였다.
"지극히 잘 왔습니다. 대덕이여. 나는 일행을 따라 와서 다른 고통은

112

없었습니다.”

물어 말하였다.

“어떻게 여러 구수들께서는 세금을 내지 않았습니까?”

대답하여 말하였다.

“나는 뜻이 맞는 상인이 있어 물건을 가지고 세관을 통과하고서 나에게 돌려주었습니다.”

여러 필추들이 알려 말하였다.

“이와 같이 관세의 장소에서 물건을 숨기고 통과하는 것이 합당합니까?”

대답하여 말하였다.

“비록 합당하지는 않으나, 나는 이미 통과하였습니다.”

이때에 길을 왔던 필추는 마음으로 후회하는 생각을 품었다.

‘내가 장차 바리시가를 범하지 않았는가?’

이러한 인연으로 여러 필추들에게 알리고, 여러 필추들은 세존께 아뢰었다.

세존께서는 여러 필추에게 말씀하셨다.

“여러 필추들은 범한 것이 없으나, 여러 필추들은 마땅히 물건을 가지고 개인적으로 세관(稅處)을 통과하지 말라. 어기는 자는 월법죄(越法罪)를 얻느니라.”

이때 세존께서는 장림(杖林)에서 마갈타국의 영승왕(影勝王)37)에게 견제(見諦)를 얻게 하고서, 곧 실라벌성으로 가식 교살라국(憍薩羅國)의 승광왕(勝光王)38)을 위하여 소년경(少年經)39)을 설하시어 조복을 얻게 하셨다.

이때 그 두 왕은 각각 교령(敎令)40)으로 알렸다.

---

37) 산스크리트어 bimbisāra의 음사로서 빈바사라왕(頻婆娑羅王)이라고 번역된다. 마가다국(magadha國)의 왕으로 앙가국(aṅga國)을 점령하였고, 왕사성(王舍城) 근처에 죽림정사(竹林精舍)를 지어 세존께 기증하였다. 만년(晩年)에 아들 아사세왕에 의해 감옥에 갇혀 죽었다.
38) 사위성이 있었던 코살라국(kosala國)의 왕인 파사닉왕(波斯匿王)을 가리킨다.
39) 『불설비유경(佛說譬喩經)』을 가리킨다.

"내 나라에 있는 필추는 왕이나 태자와 같이 세금(稅直)을 면제하노라. 역시 모든 필추니도 후궁인(後宮人)과 같이 세금을 면제하노라."

이러한 까닭으로 필추와 필추니가 세관을 넘어 지나가도 세금을 내지 않았다.

어느 때 세존께서 교법(敎法)을 널리 펼치셨고 이때 모든 필추들은 세관을 쉽게 통과했지만 재가인들은 통과하는 것이 어려웠다. 그때에 필추가 다른 상인들을 따라 밖으로 유행하였으며, 세관이 있는 곳에 이르렀다. 이때 모든 상인들이 필추의 발에 예배하고 이와 같이 말하였다.

"성자여. 나는 오랜 시간을 추위와 더위에 핍박을 받고 풍열·독충·모기·등애(虻) 등의 피해를 입으면서 여러 재물을 구하면서 부지런히 노력하여 심하게 고생을 하였으나, 그 얻은 이익은 모두 삼보를 위하여 공양을 베풀겠습니다. 나는 지금 세금을 내야 할 물건이 있으니 그대들이 나를 위하여 가지고 세관을 통과한 뒤에 나에게 돌려주십시오."

이때 여러 필추들은 가지고 통과하여 상인에게 돌려주었다. 필추는 점차로 유행하여 실라벌성에 이르렀다. 이때 여러 필추들이 알려 말하였다.

"잘 오셨습니다. 구수여. 오는 것은 평안하셨습니까?" [자세한 설명한 앞에서와 같다.]

대답하여 말하였다.

"대덕이여 나도 역시 다른 사람을 위하여 은혜와 이익을 베풀었는데 어찌 다시 나의 몸에 노고(勞苦)가 있었겠습니까?"

여러 필추들이 말하였다.

"그 일은 무엇입니까?"

이때 그 필추가 그 일을 갖추어 말하니 여러 필추들이 말하였다.

"이와 같이 지어 관세처에서 물건을 감추어 통과하는 것이 합당합니까?"

---

40) 교명(敎命)·교문(敎文)·교서(敎書) 등으로도 말해지며, 왕의 명령, 또는 국가의 법령을 가리킨다.

대답하여 말하였다.

"비록 합당하지는 않으나, 나는 이미 통과하였습니다."

이때 이 필추는 마음으로 후회하는 생각을 품었다.

'내가 장차 바리시가를 범하지 않았을까?'

이러한 인연으로 여러 필추들에게 알리고, 여러 필추들은 세존께 아뢰었다. 세존께서는 여러 필추에게 말씀하셨다.

"이 필추들은 범한 것이 없으나, 여러 필추들은 마땅히 물건을 가지고 개인적으로 세관을 통과하지 말라. 어기는 자는 월법죄(越法罪)를 얻느니라."

어느 때 필추가 상인들을 따라 유행하다가 세관이 있는 곳에 이르렀다. 이때에 모든 상인들이 필추의 발에 예배하고 이와 같이 말하였다.

"성자여. 나는 오랜 시간을 추위와 더위에 핍박을 받고, [자세한 설명은 앞에서와 같다.] 그 얻은 이익은 모두 삼보를 위하여 공양을 베풀겠습니다. 나는 지금 세금을 내야 할 물건이 있으니 그대들이 나를 위하여 가지고 세관을 통과한 뒤에 나에게 돌려주십시오."

필추가 말하였다.

"세존께서 계율을 제정하시어, '마땅히 필추는 세금을 받는 곳에 가지 않을 것이며, 지니고 곧 통과하지 말라.'고 하셨습니다. 내가 지금 감히 물건을 가지고 세관을 통과할 수 있겠습니까?"

이때 상인이 곧 이렇게 생각하였다.

'필추가 즐겁게 가지고 통과하지 않으니, 우리들이 마땅히 교묘하게 방편을 말해야겠다.'

필추에게 알려 말하였다.

"성자여. 우리들은 오늘 아침에 마음에 걱정이 있으므로 능히 음식을 드릴 수 없습니다. 그대들은 마을에 들어가 인연을 따라 스스로 걸식하십시오."

이때 모든 필추들이 함께 마을에 갔고 필추가 떠난 뒤에 여러 상인들은 각자 필추의 의대(衣袋)[41]·바랑(鉢囊) 및 잡물대(雜物袋)를 취하여 자기들의 세물(稅物)을 넣어 두었다. 필추가 음식을 얻어 돌아오니 상인들도 밥을 이미 먹었으므로 자기의 옷과 발우를 지니고 함께 세관을 지나갔다. 이때 모든 상인들은 함께 와서 필추의 옷과 물건을 열어서 풀고자 하였다.

"무슨 까닭으로 그대들은 곧 나의 물건을 만지는가?"

상인들이 대답하여 말하였다.

"성자여. 우리들이 세물을 그대의 걸망 속에 넣었으므로 내가 지금 가져가고자 합니다."

필추가 알려 말하였다.

"현수여. 그대들은 고의적으로 우리들에게 죄를 범하게 하였구려."

그들이 곧 대답하여 말하였다.

"당신들은 이것에 세 가지의 업을 일으키지 않았으니, 무슨 허물이 있겠습니까?"

이때 여러 필추들은 마음에 악작(惡作)이 생겨났다.

"어찌 우리들이 바라시가를 얻지 않았겠는가?"

이때에 여러 필추들은 점차로 유행하여 실라벌성에 이르렀다. 오래 머무르던 필추가 보고 말하였다.

"잘 오셨습니다. 구수여. 오는 것은 평안하셨습니까?" [자세한 설명은 앞에서와 같다.]

대답하여 말하였다.

"우리들은 심한 고통은 없었으나, 우리들이 오는 길에 마을에 들어가 걸식하는데 함께 오는 상인들이 우리들의 걸망을 열고서 모든 세물을 개인적으로 걸망에 넣었습니다. 우리들은 모르고서 세관을 통과하였고 뒤에 이것을 보고 곧 악작이 생겨났으니 어찌 내가 바라시가를 범한 것이 아니겠습니까?

이때 여러 필추들이 이 인연을 갖추어 세존께 아뢰니 세존께서 알려 말씀하셨다.

---

41) 걸망이라고 부르며, 필추가 여러 물건을 담아서 다니는 가방과 같은 것을 말한다.

116

"이 필추들은 범한 것이 없으나, 여러 필추의 옷과 발우가 있는 곳에 지키는 자가 없을 때는 버리고 가지 않을 것이며, 마땅히 지키는 사람을 남겨두어야 한다. 만약 지키는 사람이 없으면 월법죄를 얻는다."

어느 때 필추들이 상인을 따라 유행하다가 마을에 들어가서 걸식하게 되자 한 사람을 남겨 물건을 지키게 했다. 이때 지키는 사람이 갑자기 용변을 보러 갔고, 혹은 다시 물을 뜨러 갔다. 이때 모든 상인이 각자 세물을 필추의 걸망 속에 넣어두고서 이전과 같이 세관을 통과하여 세물을 가져갔다. [자세한 설명은 앞에서와 같다.] 여러 필추들에게 말하니 여러 필추들은 세존께 아뢰었다. 세존께서 여러 필추들에게 말씀하셨다.

"여러 필추들은 범한 것이 없다. 만약 물건을 지키게 하려면 마땅히 두 명의 필추를 남겨두어야 한다."

이때 필추들이 두 명의 필추를 남겨 그 물건을 지키게 하였으나, 한 필추가 혹은 용변을 보고, 혹은 물을 뜨러 갔다. 이때에 모든 상인이 함께 지키는 한 필추가 있는 곳에 와서 손을 잡는 자도 있고 발을 잡는 자도 있어 움직이지 못하게 하고서 갑자기 세물을 걸망 속에 넣었다. 필추는 생각하였다.

'함께 범행(梵行)을 하는 사람이 오면 내가 마땅히 알게 해야겠구나.'

필추들이 걸식하여 돌아왔다. 이때 상인들이 교묘하게 방편을 사용하여 곧 요란한 모습을 보여 그 필추에게 알리지 못하게 하고 이미 세관을 통과하고서 각자 와서 물건을 가져갔다.

필추가 알려 말하였다.

"무슨 까닭으로 그대들은 갑자기 나의 물건을 만지는가?"

상인이 알려 말하였다.

"우리가 세물을 이 걸망 속에 숨겼습니다."

이때 여러 필추들이 알려 말하였다.

"지금 그대들 두 사람에게 옷과 물건을 지키게 하였는데 어찌 다시 우리들에게 함께 죄를 범하게 하였는가?"

이때 두 필추는 그 일을 갖추어 말하였다. 이때 여러 필추는 악작이 생겨났다.

'내가 장차 바리시가를 범하지 않았는가?'

그 일을 갖추어 여러 필추들에게 알리고, 여러 필추들은 세존께 아뢰었다.

세존께서는 여러 필추에게 말씀하셨다.

"이 필추들은 범한 것이 없으나, 그 물건을 지키는 사람이 다른 사람이 물건을 넣는 것을 보았다면 마땅히 재가인이나 구적(求寂)을 시켜서 그 물건을 꺼내야 한다. 만약 이러한 사람들이 없으면 스스로 꺼내어 각자 그들에게 돌려주어야 한다. 만약 이것과 다르다면 월법죄를 얻느니라."

세존께서는 실라벌성 급고독원에 머무르셨다.

이때 그 성 안의 한 장자가 아들을 출가시켰는데, 그 필추가 다른 곳에 갔다가 인연이 있어 두 장(張)의 모직을 얻고서 마침내 생각하였다.

'세존께서 말씀하신 것과 같이 비록 다시 출가하였어도 부모의 거처에 마땅히 제공하여 구제할 수 있다. 나는 이 두 장의 모직 중에서 한 장은 아버지께 드리고 한 장은 어머니께 드려야겠다.'

이때 필추는 다른 주처를 버리고 이전의 거처로 돌아갔다. 실라벌성의 도로에서 세관을 만났고 세인(稅人)이 물어 말하였다.

"성자여. 혹시 세금 대실 물건이 있습니까?"

대답하여 말하였다.

"현수여. 나는 세금 낼 물건이 없습니다."

알려 말하였다.

"잠깐 멈추십시오. 가지고 있는 물건을 가져와 보십시오. 시험삼아 살펴보겠습니다."

마침내 걸망을 풀어 두 장의 모직을 보고서 알려 말하였다.

"성자여. 당신은 선설(善說)하는 법과 율에 출가하였는데 어찌 이 두 장의 모직을 가지고 있으면서 고의적으로 거짓말을 지었습니까?"

대답하여 말하였다.

"현수여. 이것은 나의 것이 아닙니다."

물어 말하였다.

"누구의 것입니까?"

대답하여 말하였다.

"하나는 아버지의 것이고 다른 것은 어머니의 것입니다."

대답하여 말하였다.

"아버지를 또한 나는 모르고, 어머니도 또한 나를 모릅니다. 그러므로 나에게 세금을 내면 통행을 허가하겠습니다."

오래도록 잡아두고서 세금을 받고는 곧 풀어주었다. 그 필추는 성에 이르니 마음에 악작이 생겨났다. 여러 필추에게 알리고 필추는 세존께 아뢰었다. 세존께서 말씀하셨다.

"계율을 범한 것이 아니니라. 다만 마땅히 '이것은 부모의 것일 뿐이다.' 라고 하는 이러한 말을 짓지 않았어야 했다. 마땅히 세관을 마주하고서 이와 같이 말해야 한다.

'현수여. 세존께서 말씀하신 것과 같이 부모는 자식에게 큰 노고(勞苦)가 있습니다. 보호하고 기르며 키우기 위하여 젖을 먹이며 섬부주(贍部洲)[42] 가운데에서 가르치고 인도하는 사람입니다. 가령 그 아들의 한 어깨에는 아버지를 모시고 다른 어깨에는 어머니를 모시고서 백 년을 지내도록 피곤해 하거나 게으르지 않을 것이고, 혹은 이 대지를 마니(末尼)[43]·진주·유리(琉璃)·가패(珂貝)[44]·산호(珊瑚)·마노(瑪瑙)·금은·벽옥(璧玉)[45]·모살라보(牟薩羅宝)[46]·적주(赤珠)·우선(右旋) 등을 가득 채워서 이와 같은 모든

---

42) 섬부(贍部)는 jambu의 음사이며, 제(提)와 주(洲)는 dvipa의 각각 음사 및 의역이다. 세계의 중심인 '수미산'의 남쪽에 위치한다.
43) 산스크리트어 maṇi의 음사로서 주(珠)·보주(寶珠)라고 번역된다.
44) 큰 조개를 가리키는 말이다.
45) 옥은 희귀한 귀금속으로 금보다도 더 소중하게 여겼는데, 은색을 띠면 벽옥(璧玉) 이라 말한다.
46) 산스크리트어 musāra의 음사로서 차거(車渠)라 번역된다. 백산호(白珊瑚) 또는 대합(大蛤) 등을 가리킨다.

보물을 모두 가지고 봉양하여 부귀의 즐거움을 얻게 하거나, 혹은 높은 지위에 머물게 하여도 비록 이러한 일을 짓고서는 부모의 은혜를 능히 갚을 수 없습니다.

만약 그 부모가 신심이 없는 사람이면 바른 신심에 머무르게 하고, 만약 계율이 없는 사람이면 금계(禁戒)에 머무르게 할 것이며, 만약 성질이 간탐(慳貪)하는 사람이면 은혜로운 보시를 행하게 하고, 지혜가 없는 사람이면 지혜가 생기게 할 것이니, 자식이 능히 이와 같이 부모의 거처에서 좋고 공교하게 권유하여 안주하게 하는 사람을 곧 보은이라고 말할 수 있습니다. 부모에게 이와 같은 깊고 두터운 덕(德)이 있어 지금 이 물건을 가지고 가서 그 은혜를 갚고자 합니다.'

만약 이와 같이 부모의 은혜를 찬탄하여 말할 때 보내주면 가고, 만약 보내주지 않으면 세금을 내고 가라. 만약 내지 않으면 솔토라저야죄를 얻느니라."

근본설일체유부비나야 제4권

삼장법사 의정 한역

석보운 번역

2) 불여취(不與取) 학처 ③

이때 박가범께서는 실라벌성 서다림의 급고독원에 머무르셨다.

여러 필추들을 위하여 공양법문(供養法門)을 설하셨으며 게송으로 설하여 말씀하셨다.

만약 사람이 복을 짓지 아니하면
항상 고통의 과보를 받는다네.
만약 능히 복을 닦는다면
지금과 후세(後世)에 안락하리라.

이때 여러 필추가 이 법문을 듣고서 많이 걸식(乞丐)을 하여 불·법·승에게 널리 공양을 일으켰으며 이때 세존의 교법은 점차 증장되고 넓어졌다. 이 성안에 어떤 한 장자가 있어 아내를 얻었고 오래되지 않아서 한 아들을 낳았는데 점차 장대하여져서 마침내 곧 출가를 하였다. 이 필추는 이와 같이 생각하였다.

'지금 이 성 안에는 필추가 많아서 구걸하는 것이 어려우니 나는 지금 마땅히 다른 지방으로 가서 불·법·승을 위하여 공양을 일으키리라.'

곧 다른 지역에 가서 뜻을 따라서 구걸하여 여러 가지의 증채(繒綵)1)의

---

1) 빛깔이 화려한 오색의 비단을 가리킨다.

물건을 많이 얻어 걸망에 가득 채우고 실라벌성으로 돌아왔다. 도로의
세관에 이르자 세인이 물었다.

"성자여. 세물이 있습니까?"

대답하여 말하였다.

"현수여. 나에게는 세물이 없습니다."

알려 말하였다.

"잠깐 멈추십시오. 가지고 있는 물건을 가져와 보십시오. 시험삼아
살펴보겠습니다."

마침내 걸망을 풀어 여러 색의 물건이 걸망에 가득한 것을 보았다.
세관이 알려 말하였다.

"이 걸망에 가득한 것이 세금에 합당하지 않다면 어찌 낙타의 짐꾼을
기다려서 곧 세금을 내게 하겠습니까?"

필추가 알려 말하였다.

"현수여. 이것은 내 물건이 아닙니다."

물어 말하였다.

"누구의 물건입니까?"

대답하여 말하였다.

"첫째는 부처님의 물건이고, 둘째는 법의 물건이며, 셋째는 승가의
물건입니다."

알려 말하였다.

"내가 다시 어떻게 불·법·승의 일을 알겠습니까? 다만 반드시 세금을
내야만 곧 앞으로 나아갈 수 있습니다."

오래도록 잡아두고서 세금을 받고서 곧 풀어주었다. 마침내 실라벌성에
이르니 마음에 후회가 생겨나 여러 필추들에게 알렸고 필추들은 세존께
아뢰었다. 세존께서 말씀하셨다.

"이 사람은 계율을 범한 것이 아니다. 다만 마땅히 '이것은 삼보의
것이다.'라고 하는 이러한 말을 짓지는 않았어야 했다. 세관을 마주하고서
이와 같이 '불·법·승을 찬탄하시오.'라고 말을 하였어야 한다.

무엇이 부처님을 찬탄하는 것인가? 이를테면, 박가범(薄伽梵)·여래(如
來)·응정등각(應正等覺)·명행족(明行足)·선서(善逝)·세간해(世間解)·무상
사(無上士)·조어장부(調御丈夫)·천인사(天人師)·불세존(佛世尊)이니 이것
을 부처님을 찬탄한다고 이름한다. 무엇이 법을 찬탄하는 것인가? 이를테
면, 세존께서 선설하신 법요로서 현세의 법 가운데에서 번뇌(熱惱)를 없애
고, 근기를 따라 연설(演說)하여 열반에 나가게 하며, 안으로는 삼명(三明)[2]
을 증득하여 지혜가 원만하게 하는 것을 법을 찬탄한다고 이름한다.

무엇이 승가를 찬탄하는 것인가? 세존께서 처소에 있는 성문 제자들은
바른 이치에 안주하여 곧은 마음으로 공경하고 수승한 법을 공경하고
따르게 한다. 승가 가운데에는 예류향(豫流向)·예류과(豫流果)를 얻는 사람
도 있고, 일래향(一來向)·일래과(一來果)를 얻은 사람도 있으며, 불환향(不還
向)·불환과(不還果)를 얻는 사람도 있고, 아라한향(阿羅漢向)·아라한과(阿羅
漢果)를 얻는 사람도 있는데, 이 여덟 대인(大人)은 모두 시라(尸羅)[3]가
원만하고 삼마지(三摩地)[4]가 원만하며 반야(般若)가 원만하고 해탈이 원만
하며 해탈지견이 원만하니 귀의하는 것이 합당하고 이들은 마땅히 공경해
야 하며, 모든 세간의 수승한 복전(福田)이니, 이것이 승가를 찬탄한다고
이름한다.

이와 같이 삼보를 찬탄할 때에 보내 주면 좋은 일이고, 만약 보내주지
않으면 마땅히 세금을 내고 가라. 만일 내지 않으면 솔토라저야 죄를
얻느니라."

어느 때 필추가 삼보를 공양하려는 까닭으로 여러 잡물을 가지고 세관의

---

2) 세존이나 아라한이 갖추고 있는 세 가지 자유 자재한 지혜를 뜻한다. 첫째는
   숙명지증명(宿命智證明)으로 나와 남의 전생을 환히 아는 지혜를 뜻하고, 둘째는
   생사지증명(生死智證明)으로 중생의 미래의 생사와 과보를 환히 아는 지혜를
   뜻하며, 셋째는 누진지증명(漏盡智證明)으로 번뇌를 모두 끊어 내세에 미혹한
   생존을 받지 않음을 아는 지혜를 뜻한다.
3) 산스크리트어 śila의 음사로사 계(戒)라고 번역된다.
4) 산스크리트 Samādh의 음사로서 삼마지(三摩地)·삼마제(三摩提)·삼매(三昧) 등으
   로 한역되고, 등지(等持), 또는 정수(正受)·정심행처(正心行處) 등으로 의역된다.

장소를 지나면서 비록 세관을 마주하고서 삼보를 찬탄하라고 하였으나, 이 세관은 기꺼이 보내주지 아니하고 수색하여 세금을 받았다. 이때 필추가 가지고 있는 일부분을 주었으나 세존께서 말씀하셨다.

"마땅히 골고루 나누어야 하고 마땅히 치우치게 주어서는 아니되느니라."

필추는 물건을 골고루 나누었으나, 시간이 길어지고 늦어져서 마침내 상인(商旅)을 잃고서 곧 도둑을 만났고 호랑이와 표범에게 상해를 당하였다. 세존께서 말씀하셨다.

"길에서 나누어서는 아니된다. 지니고 있는 일부는 그 세관에게 주고 주처에 가서 그 물건을 골고루 나누도록 하라. 만약 이와 다른 자는 월법죄를 얻느니라."

세존께서는 실라벌성의 급고독원에 머무르셨다.

이 성 안에는 한 필추가 있었고 삼장을 밝게 해설하여 대중에게 알려졌으며 능히 설법을 잘하여 변재(辯才)가 막힘이 없었다. 세상을 유행하고서 왕사성에 이르러 3개월의 안거를 마치고 상인들을 구하여 실라벌성으로 가서 세존의 발에 예경하고자 하였다. 이때 어떤 상주(商主)가 재화를 가지고 실라벌성으로 가려고 하는 것을 필추가 듣고서 상주가 있는 곳에 가서 그를 위하여 세 가지의 수승한 복을 짓는 일로서 이를테면, 보시와 지계와 수행(修行)을 말하였다. 이 법을 설하자 그 상주는 마음에 공경과 믿음이 생겨서 드디어 필추를 청하여 집에서 공양을 드리고 아울러 미묘한 모직물을 가져다가 공양하면서 곧 두 발에 예배하고서 이와 같이 말하였다.

"성자시여. 나에게 무슨 일을 시키고자 하십니까?"

필추가 말하였다.

"현수여. 나는 지금 실라벌성으로 가서 세존의 발에 예경하고자 하니, 나에게 자비롭고 애민한 마음을 일으켜 호념(護念)⁵⁾하여 주십시오."

─────────
5) 선행을 닦는 중생이나 간절히 기원하는 사람을 옹호하고 보살피며 깊이 사랑해주는 것을 말한다.

대답하여 말하였다.

"매우 좋습니다."

곧 상주와 함께 길을 따라 가는데 상주가 말하였다.

"당신은 걸식하고 나는 복을 닦고 있으니 왕사성에서 실라벌성으로 올 때까지 이 중간에 의복·음식·와구·의약품 등의 재물을 소유하고 있는 인연이 있으니, 다행히 걱정하시지 않으셔도 됩니다."

필추도 그것을 허락하였고, 도로(道路)의 세관에 이르자 상주가 소유한 재물을 함께 세금으로 내고서 곧 이렇게 생각을 지었다.

'내 물건은 세금을 냈으나 성자의 모직물은 오히려 세금을 내지 않았으니 만약 세금을 찾으면 나에게서 나온 것이니 마땅히 그 옷감을 가져다가 내 물건 속에 넣어 두어야겠다.'

필추에게 말하였다.

"성자여. 흰 모직물을 나에게 보여주실 수 있습니까?"

대답하여 말하였다.

"그대가 보시한 물건인데 마음에 후회가 생겼습니까?"

대답하여 말하였다.

"나에게는 후회하는 마음이 없습니다. 그러나 내 물건은 이미 세금을 냈으나 당신의 모직물은 내지 아니하였으니 만약 세금을 찾으면 물건이 나에게서 나오도록 하려고 합니다."

대답하여 말하였다.

"현수여. 세존께서 이미 학처를 제정하시기를, '필추가 물건을 가지고 세관을 통과할 때 세금을 내지 아니하면 근본죄를 범한다.'고 하셨습니다."

이때 상주는 곧 생각하였다.

"이렇게 마음(意趣)을 살폈으나 모직물을 즐겁게 주지 아니하니 내가 스스로 알아서 해야겠다."

알려 말하였다.

"성자여. 나는 오늘 아침은 정신이 어지러워 음식을 할 수가 없습니다. 당신은 마을에 들어가서 인연에 따라 찾아보십시오."

필추는 말을 듣고서 마을로 갔고, 상주는 모직물을 가져다가 자기의
물건 속에 넣었다. 이미 세관에 이르니 세관인이 물었다.

"성자여. 그대의 걸망 속에 세물이 있습니까?"

필추가 말하였다.

"나에게는 모직물이 하나 있습니다."

대답하여 말하였다.

"장차 가져다가 시험삼아 살피게 하여 주십시오."

필추가 걸망을 풀어 보았으나 그 옷감은 보이지 않으니 곧 얼굴에
근심스러운 빛을 나타내면서 손을 뒤집고 탄식하였다. 이때 세관인이
필추에게 물었다.

"무슨 까닭으로 근심스러운 얼굴로 손을 뒤집으며 한탄합니까?"

필추가 말하였다.

"나에게 모직물이 하나 있었으나 도둑을 맞았습니다."

세관이 말하였다.

"어찌 다만 당신만이 도둑을 맞았겠습니까? 나도 역시 도둑을 맞았습니
다. 이 물건을 잃어버렸으니 나도 세금이 없어졌습니다."

이때 필추가 세관을 통과하자 상주가 말하였다.

"무슨 까닭으로 근심하며 마음이 즐겁지 않습니까?"

대답하여 말하였다.

"그대는 복을 베풀었으나, 복을 수용하지 못하였습니다."

알려 말하였다.

"무슨 뜻으로 이와 같이 말하십니까?"

필추가 말하였다.

"그대가 보시한 모직물을 도둑이 가져갔습니다."

대답하여 말하였다.

"도둑이 가져간 것이 아닙니다. 내가 세금을 내는 것이 두려워 세관에서
찾아낼 방편으로 이 물건을 내 짐 속에 두었을 뿐입니다. 만약 필요하다면
내가 지금 당장 드리겠습니다."

126

대답하여 말하였다.

"현수여. 차라리 도둑을 맞았을지라도 이것을 까닭으로 나는 죄를 범하고 싶지 않습니다."

대답하여 말하였다.

"성자여 당신은 이 물건으로 삼업(三業)을 일으키지 아니했으니, 어찌 죄가 있겠습니까?"

필추가 듣고서 마음에 회한이 생겨났다. 점차로 실라벌성에 이르니 여러 필추가 말하였다.

"잘 오셨습니다. 구수여. 오는 길(行路)은 편안하셨습니까?"

필추는 이 일을 갖추어 여러 필추들에게 알렸고 여러 필추들은 세존께 아뢰었다. 세존께서 말씀하셨다.

"그 필추는 범한 것이 없으나, 길을 가는 것에는 정해진 절차(軌式)가 있으니 내가 지금 그것을 설하겠노라. 길을 가는 필추가 마을에 들어가 걸식할 때는 소유한 물건과 옷을 마땅히 기억하고서 돌아왔을 때에는 마땅히 잘 관찰해야 한다. 만약 이것에 의지하지 않는다면 월법죄를 얻느니라."

세존께서는 급고독원에 머무르셨다.

두 필추가 있었는데 한 사람은 늙고 한 사람은 젊었다. 함께 도반이 되어 세상을 유행하였는데 늙은 필추는 옷과 물건과 생활의 물품을 갖추었으나, 젊은 사람은 생활의 물품이 적었다. 이때 늙은 필추가 세관에 이르니 물품이 모두 세금에 합당하였으므로 이렇게 생각을 하였다.

'나는 세금을 내야 할 물품이 있으니 만약 저 세관이 물을 때에 내가 없다고 말하면 곧 망어(妄語)를 얻게 되고, 만약 내가 있다고 말하면 반드시 세금을 내야 한다. 어떠한 방편을 쓰면 이 두 가지 일을 벗어날 수 있을까? 내가 가진 물건을 그 젊은 필추에게 주고서 세관을 통과한 뒤에 내 스스로 취하는 것이 합당하겠구나.'

그 젊은 필추에게 말하였다.

"잠깐 나를 도와서 물건을 들어주게나."

젊은 필추는 곧 생각하였다.

'늙은 필추께서 몸이 피곤하여 나에게 물건을 가져가게 하는구나.'

드디어 곧 받아 가지고 앞서 갔다. 세관이 물어 말하였다.

"성자여. 세금을 낼 물건이 있습니까?"

대답하여 말하였다.

"나는 세금을 낼 물건이 없습니다."

세관이 통과시켰고, 늙은 필추가 빈손으로 따라오니 세관이 묻지 아니하였다. 세관을 통과하고서 말하였다.

"구수여. 나의 옷과 발우를 돌려주게나."

젊은 필추가 물어 말하였다.

"상좌께서는 지금 피로가 이미 풀렸습니까?"

대답하여 말하였다.

"나는 피로한 것이 아니었네. 그대에게 물건을 지니게 한 것은 다만 나에게 세물이 있어 이렇게 생각하였네. 만약 그 세관이 나에게 '세물이 있습니까?'고 물었으나, 만약 내가 '없습니다.'라고 하면 고의적인 망어를 얻고, 만약 '있습니다.'라고 하면 정해진 세금을 내야 하였으므로 이러한 방편으로서 그대가 물건을 가지고 세관을 통과하게 한 것이네. 지금 이미 통과했으니 마땅히 돌려주어야 하지 않겠는가?"

"만약 이와 같다면 상좌는 스스로 세금을 면제받았으나 나는 죄를 얻었습니다."

대답하여 말하였다.

"그대는 그것을 알지 못하였으니 무슨 인연으로 죄를 얻었겠는가?"

이때 젊은 필추는 마음에 회한이 생겨났다. 실라벌성에 이르러 비하라(毘訶羅)에 도착하니 여러 필추들이 보고서 알려 말하였다.

"잘 오셨습니다. 구수여. 오는 길은 평안하셨습니까?"

대답하여 말하였다.

"어찌 안락했겠습니까?"

128

물어 말하였다.

"무슨 뜻입니까?"

앞의 인연을 갖추어 여러 필추들에게 알리니 여러 필추들은 세존께 아뢰었다. 세존께서 말씀하셨다.

"그 필추는 범한 것이 없느니라. 그러나 필추들이 길을 다닐 때에 만약 물어 알지 못하는 것이면 다른 사람을 위하여 물건을 지니면 아니된 다. 만약 물건을 지닐 때에는 마땅히 반드시 갖추어 물어야 한다. '이 물건 가운데에는 세물이 있습니까?' 이와 같이 물으면 합당한 것이고 만약 묻지 아니하면 월법죄를 얻느니라."

어느 때 60명의 필추가 세상을 유행하면서 한 마을에 이르렀다. 그 마을에는 한 장자가 있었는데 큰 부자이고 재물을 많이 수용하였으며, 깊은 존경과 신심이 있어 여러 필추들을 청하여 집에서 음식을 공양하였다. 음식을 먹고서 각자의 필추에게 한 쌍의 흰 모직물을 주었다. 필추가 알려 말하였다.

"장자여. 세존께서는 우리들에게 재물을 가지고 세관을 통과하는 것을 금지하셨습니다. 어찌 우리들이 지금 이 물건을 가질 수 있겠습니까?"

장자는 묵연히 있었고 다시는 주지 아니하였다. 그때 여러 필추들이 축원(呪願)을 마치고서 길을 따라서 갔고 실라벌성에 이르니 여러 필추들이 알려 말하였다.

"잘 오셨습니다. 구수여. 오는 길은 평안하셨습니까?"

대답하여 말하였다.

"오는 길은 안락하였습니다. 시주가 있어 우리들을 청하여 집에서 음식을 공양하였고, 음식을 먹은 뒤에 각자의 필추에게 한 쌍의 흰 모직물을 주었으나 우리들은 받을 수가 없었습니다. 세존께서 계율을 제정하시어 '필추는 세물을 지니고 세관을 통과해서는 아니된다.'고 하신 까닭이었습니다. 이 인연으로 이익을 잃었습니다."

여러 필추들이 듣고서 세존께 아뢰니, 세존께서 말씀하셨다.

"마땅히 받을 것이고 받으면 마땅히 염색하여야 하느니라."

어느 때 필추가 물건을 얻어 염색하고자 염료(染汁)·나무·그릇·가마솥을 구하는 인연으로 상인들에게 늦어져 호랑이와 늑대의 습격을 받아 상해(傷害)를 당하였다. 이때 여러 필추들이 이 인연으로 세존께 아뢰니, 세존께서 말씀하셨다.

"마땅히 물에 씻고 비틀며 흠집을 내어 뜻에 따라 지니고 가야 하느니라."

이와 같이 하여 세관에 이르렀으나 면제받지 못하였다. 세존께서 말씀하셨다.

"마땅히 물로서 씻고, 혹은 쇠똥으로서 색깔을 무너트려야 하느니라."

그렇지만 세금을 면제받지 못하였다. 세존께서 말씀하셨다.

"나아가 옷감을 잘라야 하느니라. 만약 어려운 인연이 있으면 자신이 열어서 보이고 어려움이 없을 때는 곧 수용하지 말라. 만약 수용한다면 월법죄를 얻느니라."

세존께서 실라벌성 급고독원에 머무르셨다.

이때 어느 필추는 왕사성에서 여름 3개월의 안거를 마쳤으나 아직 나누는 옷을 얻지 못하였다. 실라벌성으로 향하여 세존의 발에 예경하고자 하였다. 이때 여러 필추들이 알려 말하였다.

"무슨 일로서 급하게 옷을 나누는 것을 기다립니까? 이익이 있는 지방으로 유행하고자 합니까?"

이때 필추는 마음으로 머무르고 싶어하지 않았으므로 한 필추가 곧 하나의 모직물을 주어서 가도록 하였다. 그 필추는 모직물을 받고서 곧 이렇게 생각하였다.

'내가 만약 색깔을 무너트리고자 한다면 같은 범행자에게 함께 이별을 알릴 시간이 없겠구나. 마땅히 아는 지식(知識)에게 주어서 색깔을 무너트리도록 해야겠구나.'

곧 이 모직물을 가지고 아는 필추에게 주어 염색하게 하면서 알려 말하였다.

"나를 위하여 염색하여 걸망 안에 넣어주십시오. 나는 잠시 방을 돌면서 필추들에게 작별을 하겠습니다."

이때 그 필추는 마음에 게으름을 품고 있어서 염색을 하지 않고서 오히려 본래의 색깔로서 걸망 안에 넣어두었다. 이때 그 필추는 옷을 가지고 갔고 세관이 있는 곳에 이르자 세관이 필추에게 물었다.

"성자여. 조금이라도 세금을 낼 물건이 있습니까?"

필추가 대답하여 말하였다.

"현수여. 나는 세물이 없습니다."

세관이 말하였다.

"다만 장차 가져다가 시험삼아 살펴보겠습니다."

그가 곧 열어 보이니 하나의 큰 모직물이 나왔으므로 물어 말하였다.

"성자여. 그대는 선설(善說)한 법과 율의 가운데에서 신심으로 출가하였는데 어찌 하나의 큰 모직물을 수용하려는 까닭으로 망어를 지으십니까?"

대답하여 말하였다.

"현수여. 나는 진실로 알지 못하였습니다. 그러나 내가 길을 떠나려고 할 때에 다른 사람이 나에게 모직물을 주었고, 나는 이 옷감을 가지고 아는 필추에게 '나는 여러 필추들에게 이별을 하고자 합니다. 나를 위하여 색을 무너트리고 걸망 안에 넣어 주십시오.'라고 하였습니다. 그 필추는 마음에 게으름을 품고 있어서 색깔을 무너트리지 아니하고 걸망 안에 넣어둔 것입니다."

세관인이 말하였다.

"그 필추는 당신이 아는 필추이지 내가 아는 필추가 아닙니다. 이러한 인연을 까닭으로 나는 물건을 얻었으니 세금을 내고 뜻을 따라서 떠나가십시오."

이때 그 필추는 세금을 내고 갔으나 마음에 회한을 품고서 길을 따라 갔다. 실라벌성의 필추의 처소에 이르자 여러 필추들이 보고서 알려 말하였다.

"잘 오셨습니다. 구수여. 오는 길은 평안하셨습니까?"

대답하여 말하였다.

"어찌 안락했겠습니까?"

물어 말하였다.

"어찌 안락하지 않았습니까?"

앞의 인연을 갖추어 여러 필추들에게 알리니 여러 필추들은 세존께 아뢰었다. 세존께서 말씀하셨다.

"그 필추는 범한 것이 없느니라. 그러나 이 필추도 마땅히 그 필추에게 묻고서 뒤에 가져갔어야 한다. 마땅히 그 필추에게 '내가 준 것을 염색했는가?'라고 물어야 하고, 만약 묻지 아니하고 가져가면 월법죄를 얻느니라."

세존께서는 실라벌성 급고독원에 머무르셨다.

이때 육중필추인 난타(難陀)가 오파난타(鄔波難陀)에게 가서 이와 같이 말하였다.

"그 여러 흑발자(黑鉢者)[6]는 모두 원숭이 기름을 사용하여 그들의 발에 바릅니다. 만약 가는 때에는 많은 이양(利養)을 얻고자 하는 것이고, 돌아올 때도 다시 다른 이익(客利)을 얻고자 하는 것이나, 여러 사람들이 모두 사랑하고 공경하며 소중하게 생각합니다. 우리들의 일은 우물 속에 개구리와 같아 일찍이 출입도 못하니, 우리들이 어떻게 능히 이양을 얻을 수 있으며 여러 사람들에게 모두 함께 흠앙(欽仰)[7]을 얻을 수 있겠습니까? 나는 지금 마땅히 가서 여러 필추와 함께 하겠습니다."

오파난타가 물어 말하였다.

"어디로 가고자 하는가?"

난타가 대답하여 말하였다.

"나는 지금 가서 상인들을 찾고자 합니다."

드디어 북쪽 지방으로 가는 상인[商旅]들을 만났고 알려 말하였다.

"그대들은 어느 곳으로 가고자 합니까?"

---

6) 필추나 필추니를 다르게 부르는 말이다.
7) 공경(恭敬)하여 우러러보고 사모(思慕)하는 것을 말한다.

대답하여 말하였다.

"우리들은 북쪽으로 가고자 합니다."

난타가 알려 말하였다.

"나도 함께 가고자 합니다."

상인이 말하였다.

"북방의 거처(居處)는 그 땅이 울퉁불퉁하고 사나운 개가 많으며 사람의 성품도 거칠어 당신들은 그곳에서 사랑받고 즐겁지 않습니다."

난타가 말하였다.

"비록 토지가 거칠어도 마음으로 즐겁게 그 지방을 보겠습니다."

상인이 말하였다.

"만약 즐거이 가겠다면 함께 여행할 수 있습니다."

난타와 오파난타는 드디어 상인들과 함께 북방에 이르렀으나, 처음 이르렀을 때부터 마음이 곧 즐겁지 않았다. 드디어 밝은 새벽이 되어서 가게에 나가니 이때 그 상인들이 모두 와서 발에 예배하였으며 물어 말하였다.

"성자여. 북방은 무엇 때문에 애락(愛樂)이 일어나지 않습니까?"

대답하여 말하였다.

"현수여. 나는 처음 왔을 때부터 마음이 즐겁지 않았습니다."

상인이 말하였다.

"이미 이전에 '북방의 거처는 그 땅이 울퉁불퉁하고 사나운 개가 많으며 사람의 성품도 거칠다.'고 이러한 일들을 자세히 알렸습니다. 당신들은 그때 애락하지 않은 것을 알았는데 성자께서는 지금 즐겁지 않으므로 중국으로 돌아가고자 하십니까?"

상인들에게 대답하여 말하였다.

"우리는 지금 돌아가고자 합니다."

상인이 말하였다.

"우리들은 근래 이곳에서 교역(交易)을 하지 못하였으니 곧 돌아갈 수가 없습니다. 다른 아는 사람들이 교역을 이미 마치고 중국으로 돌아가고

자 하니 당신들은 따라갈 수 있습니다. 내가 지금 당신들을 데리고 가서
아는 사람들에게 부탁하겠습니다."

난타가 말하였다.

"좋습니다."

곧 상인들을 따라서 길을 갔다. 육중(六衆)들은 마음으로 풍진(風塵)8)을
두려워하여 혹은 앞서고 혹은 뒤따랐다. 상인들은 앞에 가면서 다른
중국에서 오는 상인을 만나면 서로 위로하여 말하였다.

"당신들은 어디서 오십니까?"

대답하여 말하였다.

"우리는 중국에서 옵니다."

다시 물었다.

"중국의 교역에서 얻은 이익이 많습니까? 적습니까? 여러 세관에서
피곤하지 않았습니까?"

대답하여 말하였다.

"중국에서 교역으로 비록 많은 이익을 얻었으나, 세관에게 세금을
많이 거두는 일이 많아 도둑과 같았습니다. 사실을 말하여 알려도 끝까지
허락하지 않고서 소유한 화물(貨物)9)을 모두 빼앗아 갔습니다."

이때에 북방의 상인들이 이러한 말을 듣고서 각자 근심과 번뇌를 품고서
손으로 턱을 받치고 길가에서 걱정하고 있었다. 이때 육중이 얼마 뒤에
찾아와서 상인에게 물어 말하였다.

"그대들은 어찌하여 손으로 턱을 괴고서 근심하고 있습니까?"

상인이 말하였다.

"성자여. 우리들은 항상 추위·더위·목마름으로 고통을 당하고, 모기·등
애·바람·비·독사에게 피해를 입으면서 부지런히 일하고 심하게 고생하며,
잠시도 쉬지 않고 재물을 구하여 안락을 수용하고자 하였습니다. 이러한

---

8) 세상(世上)에 일어나는 어지러운 일을 가리킨다.
9) 히브리어로 '마아라브'인데, '교환하다', '바꾸다'는 뜻의 '아라브'에서 유래한
   말로서 '교역품'이나 '상품'을 가리킨다.

까닭으로 우리들은 멀리 중국까지 가고자 하는데, 지금 상인들이 전하는 소식을 들으니 중국에서 교역으로 얻는 이익은 비록 많았으나 관세를 받는 곳에서 모두 빼앗기는 것이 도둑에게 겁탈당하는 일과 같이 소유한 화물을 모두 빼앗겼다고 합니다. 우리들이 이러한 말을 듣고도 어찌 근심하지 않겠습니까?"

육중이 대답하여 말하였다.

"그대들은 우리와 잘 아는 사람들인데 어찌하여 일을 근심합니까?"

상인이 말하였다.

"성자여. 그것을 능히 우리를 위하여 왕이 알지 못하는 억울한 세금을 말하여 주시겠습니까?"

육중이 말하였다.

"우리들도 역시 능히 그대들을 위하여 왕에게 알릴 수는 없으나, 실라벌성에는 왕이 제정한 '그것은 알지 못하면 따라서 세금을 받지 말라.'는 칙령이 있습니다. 18개의 큰 문(大門)과 36개의 작은 문(小門)이 있으니 그 작은 문으로 우리들과 함께 들어갑시다."

상인들이 듣고서 기뻐하면서 따라갔다. 성에서 멀리 떨어지지 않은 곳에 한 마을이 있었고 그들은 그곳에서 머물렀다. 육중이 알려 말하였다.

"그대들 또한 휴식하고 낙타와 말을 쉬게 하고서 날이 저무는 때를 기다려 곧 성으로 들어갑시다."

이때 실라벌성의 여러 세관들은 북방의 상인들이 성문이 있는 곳에 온다는 말을 듣고서 약차(藥叉)[10]에게 제사(祭祀)하고 문을 지키고 있었다. 육중이 알려 말하였다.

"지금은 이미 날이 저물었으니 작은 문으로 함께 성 안으로 들어갑시다."

이때 상인들이 다투어 말을 달려 함께 성 안으로 들어갔다. 이미 날이 밝았으므로 시장의 가게에 북방의 화물을 벌여 놓았다.

이때에 한 사람이 앞의 무리를 따라가지 못하고서 큰 문으로 들어갔다.

---

10) 산스크리트어 yakṣa의 음사로서 사람을 잡아먹는 포악한 귀신이었으나 8부중의 하나가 되어 나찰 등과 함께 북방다문천왕의 수하로서 표현되고 있다.

세관이 보고서 물어 말하였다.

"그대는 어디서 왔습니까?"

대답하여 말하였다.

"나는 어느 마을에서 왔습니다."

물어 말하였다.

"내가 들으니 북방의 큰 상인들이 그곳에 머무른다는 것이 거짓입니까? 사실입니까?"

대답하여 말하였다.

"그들은 곧 나와 함께 온 상인입니다. 나는 혼자 뒤에 떨어졌고 그들은 이미 성으로 들어갔습니다."

세관이 듣고서 마음에 분노가 일어나 이렇게 말하였다.

"내가 성문에 머무르며 기다리고 있었으나 일찍이 지나가는 것을 보지 못했는데 어느 곳으로 들어갔단 말인가?"

그 사람이 대답하여 말하였다.

"만약 믿을 수 없으면 나와 함께 가게에 가서 눈으로 거짓인지 사실인지를 살펴보십시오."

이때 세관인(稅官人)이 곧 그 사람과 함께 가게에 이르러 여러 상인들이 북방의 화물을 펼쳐놓고서 교역하는 것을 보았다. 세관인이 보고서 물었다.

"누가 장차 그대들과 이 성 안으로 들어왔는가?"

대답하여 말하였다.

"우리 발로 왔습니다."

알려 말하였다.

"나도 그대들이 발로 걸어서 들어온 것을 안다. 내가 지금 묻고자 하는 것은 '누가 장차 그대들을 데리고 어느 문으로 들어왔는가?' 하는 것이다."

대답하여 말하였다.

"우리들은 작은 문[私門]을 따라서 들어왔습니다."

물어 말하였다.

"나는 지금 그대들에게 친구와 같은 뜻이 있으니 반드시 진실을 말해야 한다. 누가 함께 인도하였는가?"

대답하여 말하였다.

"성자인 육중입니다."

세관이 듣고서 곧 헐뜯고 싫어하여 욕하면서 말하였다.

"이 석가자(釋迦子)들은 큰 악한 도둑이고 진실한 사문이 아니다. 이것이 남의 재물인 것을 알고도 방편으로 훔쳤구나."

여러 필추들이 듣고서 세존께 아뢰니, 세존께서 말씀하셨다.

"필추는 마땅히 다른 사람에게 작은 문을 가르쳐 주어서 세금을 받지 못하게 하여서는 아니된다. 만약 다른 사람에게 가르쳐 주면 월법죄를 얻느니라."

이때 세관인이 곧 이렇게 생각하였다.

'이 육중은 모두가 호탕하고 의협심이 있는 사문이니 마땅히 함께 친지(親知)를 맺어 그들의 마음을 기쁘게 해야겠다.'

오파난타는 하루의 초분(初分) 때에 옷과 발우를 지니고 성에 들어가서 걸식하고 있었다. 이때 세관이 보고서 앞에 가서 이렇게 말하였다.

"나는 우러러 보고 있습니다. 성자시여."

오파난타가 대답하여 말하였다.

"현수여. 원하건대 병이 없고 장수하시오."

세관이 물어 말하였다.

"발우 속에 음식이 있습니까? 내가 잠시 보고자 합니다."

알려 말하였다.

"현수여. 그대는 내 발우 가운데에서 세금을 찾고자 하십니까?"

"성자여. 나는 맹세하건대 그러한 마음이 없습니다. 만약 맛있는 음식이 있으면 마땅히 조금만 은혜를 베풀어 주십시오. 내가 먹고자 합니다."

대답하여 말하였다.

"어찌 냇물을 보고서 거슬러 흐르게 할 수 있겠습니까? 당신이 나에게 준 것이 없으니, 나도 당신에게 줄 것이 없습니다."

"성자여. 나는 농담을 하였을 뿐입니다. 원하건대 나의 집에 오십시오."

오파난타는 곧 그 집을 갔다. 그는 묘한 음식을 발에 가득 담아 주면서 머리를 숙여 두 발에 예배하고 이와 같이 말하였다.

"성자여. 나는 대덕(大德)을 모시는 사람이니 일이 있으면 알려주십시오. 내가 모두 봉행(奉行)하겠습니다."

알려 말하였다.

"현수여. 원하건대 병이 없고 장수하시오."

버리고서 떠나갔다. 이때 육중필추(六衆苾芻)는 주처에 있으면 일반적으로 문 앞에서 많이 지내고 있었다. 그 뜻은 오고 가는 여러 사문과 바라문을 위하여 법요(法要)를 설하려는 것이고, 논의하려는 사람이 있으면 마땅히 절복(折伏)[11]시켜 우리들 육중의 명성(名稱)을 널리 듣게 하여 이양(利養)을 증광(增廣)시키고자 하였다. 이때 오파난타가 거처하는 방은 길에서 가까웠으므로 높은 누각 위에서 초야(初夜)부터 후야(後夜)까지 항상 경계하며 사유(思惟)하고 있었다. 이때 세금을 내지 않으려는 사람들이 사찰에서 멀지 않는 곳으로 가서 밤을 지냈다. 이때 오파난타는 소리와 모양을 분명하게 알고 있었는데 이전에 들었던 상인들이 지나가는 소리와 평소와 같지 않았다. 그러므로 멀리서 물어 말하였다.

"지나가는 사람은 누구신가?"

그들은 곧 침묵하였다. 오파난타는 곧 빠르게 높은 누각에서 내려와 행인(行人)들이 있는 곳에 가서 물었다.

"그대들은 누구이고 밤에 이곳을 지나가는가?"

알려 말하였다.

"성자여. 우리들은 세금을 내지 않으려는 상인들입니다."

오파난타가 대답하여 말하였다.

"어리석은 사람들이여. 승광대왕(勝光大王)께서는 항상 이 사찰의 승가

---

11) 불법(佛法)을 교설(敎說)하여 악법(惡法)을 꺾고 정법(正法)을 따르게 하는 것이다.

대중에게 공양하여 항상 충족하게 한다. 상좌(上座)이신 교진여(憍陳如)는 친히 스스로가 왕을 위하여 축원(呪願)하기를, '원하옵건대 대왕께서는 소유한 자구(資具)와 진기한 보물을 없는 사람들은 수용(受用)하게 하시고 이미 있는 사람에게는 항상 증광(增廣)시켜 주소서.'라고 하시네. 그대들에게 화물이 있으면 대로(大路)로 성에 들어가는 것이 합당한데 지금 밤에 다니면서 세금을 내지 않고자 하니 내가 지금 어찌 버려두고서 말하지 않겠는가? 내가 마땅히 그대들에게 이익이 없도록 하겠다."

이때 그 상인들이 두려워하면서 알려 말하였다.

"성자여. 당신은 큰 자비를 품으셨으니 원하건대 용서해 주십시오. 우리는 감히 성자의 은혜를 잊지 않겠습니다."

알려 말하였다.

"그대들은 어떻게 하겠다는 것인가?"

대답하여 말하였다.

"소유한 작은 음식이라도 마땅히 가져다가 봉양(奉養)하겠습니다."

알려 말하였다.

"그대들이 만약 능히 주고자 한다면 그대들 뜻에 따라서 가게나."

그들은 조금 멀리 와서 서로가 의논하였다.

"승광대왕에게 내야 할 세금을 우리들이 아직 주지도 않았는데 하물며 이 오파난타의 대머리에게 우리들이 돌아와서 능히 그 음식을 줄 수 있겠는가?"

곧 밤에 실라벌성으로 들어가서 아침에 시장에서 화물을 교역하고서 떠나갔다. 이때 오파난타는 빠르게 밥을 먹고 문 앞에서 발우를 씻고서 사방을 돌아보며 바라보았다. 이때 젊은 필추가 오파난타가 사방을 돌아보고 있는 것을 보고서 물어 말하였다.

"상좌여. 무슨 까닭으로 사방을 바라보고 있습니까?"

알려 말하였다.

"구수여. 내가 잘 아는 상인이 여러 화물을 가지고 실라벌성에 들어갔으며 나는 지금 그들을 바라보고 있네."

젊은 필추가 알려 말하였다.

"상좌께서 음식을 드실 때에 그들은 이미 지나갔습니다."

이때 오파난타는 마음에 분노가 일어나 이렇게 생각하였다.

"나도 역시 그 무지한 사람들에게 속았구나. 이것은 주먹으로 칼을 막고 바늘로 돌을 찌르는 것이다. 나는 마땅히 그들에게 지은 것에 대하여 당연히 알게 해야겠다."

이때 그 상인들은 오래지 않아서 돌아왔다. 앞에서와 같이 잡아놓고 알려 말하였다.

"나도 역시 그대들에게 조롱과 멸시를 당하였네."

알려 말하였다.

"성자여. 우리가 앞선 때에는 조금 급한 일이 있어서 허둥거리고 예절을 갖추지 못하였으니 원하건대 거듭 용서하여 주십시오. 앞과 뒤의 은혜를 모두 보답하여 사례(謝禮)하겠습니다."

알려 말하였다.

"현수여. 만약 진실로 주겠다면 그대들 뜻대로 가게."

이미 떠나 조금 멀리 와서 서로가 의논하였다.

"승광대왕에게 내야 할 세금을 우리들이 아직 주지 않았는데 어찌 대머리 사문에게 우리들이 능히 줄 수 있겠는가?"

오파난타는 이와 같이 생각하였다.

'앞서 이미 나에게 허락을 하였으나, 은혜를 갚지 아니했으므로 다시 지금 또한 속이지 않을 것이다.'

이렇게 생각하고서 일찍 일어나 발우를 지니고 시장 속으로 갔다. 그 상인들이 재회(財賄)[12]를 교역하는 것을 보고서 그가 얼굴을 나타내자 상인이 알려 말하였다.

"성자여. 물건이 손을 떠나지 않았으니 교역을 마칠 때까지 기다려 주십시오. 감히 명령을 어기지 않을 것이니 원하건대 허락하여 주십시오."

---

12) 금전과 물품을 통틀어 이르는 말이다.

140

상인들이 교역을 마치고서 화물을 가지고 갈 때 사찰의 문앞을 지나가지 않았다. 오파난타는 빠르게 주처로 돌아와서 음식을 먹고 발우를 씻었으며, [자세한 설명은 앞에서와 같다.] 나아가 상인은 이미 가버렸다. 오파난타가 이 말을 듣고서 분노가 치밀어 팔을 걷어붙이고 성을 내면서 말하였다.

"무식한 소인(小人)이 다시 나를 조롱하였구나. 만약 다시 본다면 내가 잡아서 묶고서 그가 죽을 때까지 장사꾼이 되지 못하게 할 것이다."

때가 얼마 지나지 않아서 다시 상인들이 왔다. 오파난타가 앞에서 같이 잡아놓고 알려 말하였다.

"그대들은 여러 번을 나를 속이고 조롱하였다. 지금 내가 짓는 것을 그대들에게 알게 해야겠다."

알려 말하였다.

"대덕이시여. 원하건대 너그럽게 용서하십시오. 우리들 상인은 일이 많고 요란(鬧亂)하여 비록 다시 기회를 잃었으나, 다시는 감히 그렇게 아니하겠습니다. 앞에서의 두 번의 은혜를 아울러 이번에 갚겠습니다. 화물을 교역해서 마칠 때까지 기다려 주시면 한 번에 모두 보내겠습니다."

오파난타는 마침내 이렇게 생각하였다.

'내가 만약 쓴소리(苦言)를 하면 그들도 곧 알아차릴 것이다.'

이렇게 생각하고서 알려 말하였다.

"현수여. 진실로 주겠는가?"

알려 말하였다.

"반드시 드리겠습니다."

"만약 그렇다면 그대들은 잠시 기다리게. 내가 먼저 그대들을 위해 길을 살펴보면 그대들은 죄와 책임을 부르지 않을 것이고, 나는 악명을 얻지 않을 것이네. 사찰에서 멀지 아니한 곳에서 상인들이 도둑을 만났다네."

이에 여러 상인들은 그 말에 따라 머물렀다. 오파난타는 빠르게 달려서 세관이 있는 곳으로 가서 그들의 말을 엿들었다. 그때 세관[稅시은 정신을 바짝 차리고 앉아서 서로가 의논하여 말하였다.

"우리들이 어찌 근심이 없겠습니까? 많은 상인들이 자주 탈세를 하고 작은 문으로 들어가며 그 이익에 대한 세금을 내지 않으니 회계(會計)할 때에 이르면 왕의 성질이 폭력[暴烈]적이니 반드시 용서하지 않을 것입니다. 우리들의 처자(妻子)와 나아가 다른 친속들까지 당연히 옥사(獄死)할 것입니다."

이때 오파난타가 그들이 있는 곳에 가서 말하였다.

"당신들은 무슨 까닭으로 근심하고 있는가?"

알려 말하였다.

"성자여. 우리들이 어찌 근심이 없겠습니까? 많은 상인들이 자주 탈세를 하고 작은 문으로 들어가며 이익에 대한 세금을 내지 않으므로 회계할 때에 이르면 왕의 성품이 폭력적이므로 자세하게 설명하여도 용서하지 않을 것입니다."

[자세한 설명은 앞에서와 같다.] 오파난타가 말하였다.

"어리석은 사람들이여. 누가 그대들에게 세금을 걷는 관리가 되라고 시켰던가? 다만 많은 작대기로 항상 흙짐을 지고, 혹은 다만 땔감을 지는 것이 합당하니, 어떻게 세금을 내지 않는 자들에게서 능히 재물을 빼앗는 일을 할 수 있겠는가?"

그들이 곧 알려 말하였다.

"성자여, 실라벌성에는 왕이 옛날부터 칙명하기를 '아는 것은 세금을 받고 모르는 것은 세금을 받지 않는다.'고 명하여 매우 무거운 세금이 없으니 어떻게 모두 빼앗겠습니까?"

오파난타가 말하였다.

"그대들은 무지한 사람이구려. 실라벌성에는 매우 무거운 세금이 있고, 방법을 알려줄 것이니 세금을 받겠는가?"

그들이 곧 알려 말하였다.

"우리들이 오랫동안 세관이 되어 항상 세금을 받았으나, 오직 세금을 받는 것은 들어서 아는 것이고, 매우 무거운 세금이 있는 것은 듣지 못했습니다. 우리들이 지금 어떻게 하여야 매우 무거운 세금을 걷을 수 있습니까?"

오파난타가 말하였다.

"그대들은 잠시 여기 있으시게. 내가 다시 돌아가서 세금 도둑을 놓아주겠으니 그대들은 마땅히 붙잡아 그 재물을 모두 빼앗으시오. 상인들이 만약 '실라벌성에는 아는 것의 세금을 걷기 때문에 매우 무거운 세금은 없습니다.'고 말하면 그대들은 마땅히 이렇게 알리시오. '매우 무거운 세금이 있으니, 알게 되면 곧 받는 것이오.' 만약 '우리들은 오래 전부터 상객(商客)이 되었으나 일찍이 매우 무거운 세금이 있다는 말을 듣지 못했습니다. 지금 매우 무거운 세금이 생겼다면 그대들과 함께 시장에 가서 평단처(平斷處)13)에 가서 보십시오.'라고 말하면 반드시 그 말에 따르지 않을 것이고, '마땅히 왕의 처소로 갑시다.'라고 하시오.

만약 왕이 '나는 오래 전에 왕이 되었으나 실라벌성에 매우 무거운 세금이 있다는 말을 듣지 못했소. 무슨 까닭으로 지금 매우 무거운 세금이 생겼다고 하는가?'라고 말하면 왕에게 알려 말하시오. '옛날의 대왕이신 범마달다(梵摩達多)께서 모든 상인과 취락 사람들이 함께 지켜야 하는 칙령을 제정하였으니, 만약 누구의 동산[樂園]·누구의 천사처(天祠處),14) 혹은 여러 사람들이 모이는 곳에서 성으로 들어오는 사람에게는 아는 것은 곧 세금을 받고 모르는 것은 세금을 받지 말라. 만약 이 동산과 천사처, 여러 사람들이 모이는 곳을 따르지 않고 성에 들어오는 사람은 매우 무거운 세금으로 그 재물을 모두 몰수하는 것이 합당하다.'고 하였습니다.

만약 '이 제정된 칙령이 지금 어디에 있는가?'고 말하면 왕에게 대답하여 말하시오. '어느 창고 안에 있는 어느 상자 속의 붉은 동판[赤銅鍱]의 위에 분명히 기록되어 있으니 왕께서는 마땅히 사람을 보내어 가져다가 스스로 검사하여 보십시오.'라고 말하시오."

---

13) 면적이 넓은 평평한 시장을 가리킨다.
14) 하늘에 제사하는 곳을 가리킨다.

이때 세관은 오파난타의 말에 의지하여 문득 그 상인들이 소유한 재물을 모두 빼앗았다. 상인이 말하였다.

"그대들은 무슨 까닭으로 우리의 재물을 강제로 빼앗습니까? 실라벌성에는 아는 것은 세금을 받고 매우 무거운 세금은 없습니다. 마땅히 물건을 숫자로 나눈 것에 의거하여 받고서 우리에게 돌려주십시오."

세관이 대답하여 말하였다.

"실라벌성에서 도둑 길을 다니는 상인에게는 매우 무거운 세금이 합당하니, 우리는 그대들을 놓아 줄 수 없소."

상인이 대답하여 말하였다.

"우리들은 오랫동안 상객이었으나, 오직 이 성에는 아는 것은 세금을 받고 매우 무거운 세금은 없다고 들었습니다. 어찌하여 오늘에 매우 무거운 세금이 생겼습니까? 지금 같이 평단처(平斷處)에 가보십시다."

세관이 알려 말하였다.

"우리들은 평단처에는 가지 않을 것이고, 장차 그대들을 데리고 왕이 계신 곳으로 바로 갈 것이오."

이때 여러 상인이 큰 소리를 지르면서 평단처로 가서 여러 사람들에게 알려 말하였다.

"그대들은 아십니까? 우리가 소유한 재화를 모두 빼앗아 갔으니 원하건대 구제(救濟)하여 주십시오."

이때 평단처의 사람들이 함께 왕이 있는 곳으로 가서 왕에게 알려 말하였다.

"지금 상객들이 성 안에 와서 있으며, 소유한 재물을 모두 세관에게 장차 수탈(收奪)을 당했습니다. 원하옵건대 왕께서는 법에 의거하여 구제하여 주십시오."라고 하였다.

이때 대왕이 가까운 신하에게 명하였다.

"세관을 불러오시오."

세관들이 명을 받들어 도착하니, 왕이 말하였다.

"그대들은 무슨 뜻으로 그 상인들이 재화를 빼앗은 것이오."

모두 왕에게 알려 말하였다.

"이 사람들은 모두 세금을 도둑질한 자들입니다. 실라벌성에는 매우 무거운 형벌이 있습니다. 이러한 까닭으로 저희 세관들은 그들의 재물을 모두 빼앗은 것입니다."

왕이 말하였다.

"내가 오랫동안 왕위에 있었으나 이 성에 매우 무거운 형벌이 있다는 것을 알지 못하오. 무슨 뜻으로 지금에 매우 무거운 벌이 있다고 하는 것이오. 마땅히 사실에 의거하여 세금을 받고 상인들을 놓아 주시오."

세관이 알려 말하였다.

"옛날의 대왕이신 범마달다께서는 상인과 취락 사람들을 위하여 함께 여러 법령을 제정하였습니다." [갖추어 설명한 것은 앞에서와 같다.]

왕이 세관에게 알려 말하였다.

"만약 이것이 나의 아버지가 만드신 교령(敎令)이라면 이것은 제석(帝釋)의 교령이요, 범왕(梵王)의 교령이요, 정량(定量)이 되는 것이오."

곧 창고를 맡은 사람에게 말하였다.

"동판[銅鍱]을 가져오시오."

교령을 받들어 가져와 왕을 마주하고 읽으니 왕이 아버지의 교령을 듣고서 슬픔을 이기지 못하고 울면서 말하였다.

"내 선왕(先王)께서 지으신 교령은 제석의 교령이고, 범왕의 교령이오. 모든 재물을 뺏은 것은 잘한 일이오."

이때 모든 상인들이 곧 절망(絶望)하여 울면서 곧 세관에게 물었다.

"누가 그대들에게 알려서 우리에게 왔소?"

세관이 곧 알려 말하였다.

"사람이 보고서 말한 것이 아니고 우리가 스스로 듣고 알았소. 그러나 우리는 옛날부터 그 법을 알지 못한 것은 아니고 불쌍히 생각하는 마음 때문에 모두 빼앗지는 아니하였으나, 그대들이 지금 분수에 지나쳤으므로 우리들이 능히 참을 수가 없었소."

상인이 알려 말하였다.

"그대들은 어디서 자비한 마음이 생겼소? 지금 우리와 그대들은 일에서는 함께 지우와 같으니, 마땅히 누가 보고서 그대들에게 먼저 알려주었소?"

그들이 괴로워하는 말을 듣고서 곧 알려 말하였다.

"성자인 육중이 알려준 것이오."

이때에 그 상인들이 모두 함께 나쁜 말로서 비난하고 욕하면서 여러 나쁜 말을 하였다.

"이 석가자는 매우 악한 도둑이지 진실한 사문이 아니다. 이와 같이 다른 사람을 시켜서 우리 재물을 빼앗게 하였구나."

여러 필추들이 듣고서 세존께 아뢰니, 세존께서 말씀하셨다.

"필추는 마땅히 다른 사람을 시켜서 상인의 재물을 빼앗게 해서는 아니된다. 만약 빼앗게 시키는 자는 월법죄를 얻느니라."

게송으로 섭수하여 말하겠노라.

다리가 없는 것과 다리가 두 개인 것과
다리가 네 개인 것과 다리가 여러 개인 것에 대하여
만약 이러한 부류들을 훔치면
가볍고 무거움에 따르는 것을 마땅히 알지니라.

'발이 없는 것'은 이를테면, 뱀·거머리·드렁허리 같은 것을 말한다. 이 세 종류는 뱀을 다루는 사람과 왕가(王家)의 의원과 산과 들판의 사람에 의해 잡혀서 모아지게 된다. 뱀을 다루는 사람은 뱀을 잡아서 재롱을 부리게 하여 생계를 꾸려가는 사람을 말한다. 왕가의 의원은 여러 의원들로서 거머리로 병을 고쳐주고 생계를 꾸려가는 사람을 말한다.

누구를 산과 들판의 사람이라고 하는가? 산과 같은 곳에 사는 사람이 발 없는 벌레를 잡아 약을 먹이고 그것을 토하게 하여 그릇 속에서 익히거나 삶아서 술과 함께 제공하는 사람을 말한다. 만약 필추가 이와 같은 발이 없는 것들을 훔치는 경우에는 마땅히 그 값에 따라서 5마쇄에 해당되면 근본죄를 얻고, 5마쇄에 해당되지 않으면 방편죄(方便罪)를 얻는다.

'발이 두 개인 것'은 사람과 새를 말한다. 만약 사람을 훔치는 것은 세 가지 방편이 있다. 장소를 기약해주는 것과 시간을 정해주는 것과 어떤 모양을 보여주는 것이다. 무엇을 장소를 기약해주는 것이라고 하는가? 그 사람에게 "그대가 만약 내가 어느 동산 가운데에 있고, 혹은 많은 사람들이 모인 곳에 있으며, 혹은 하늘에 제사지내는 곳에 있는 것 등을 본다면 마땅히 일이 성취되었음을 아십시오."라고 하면 이것을 장소를 기약해주는 것이라고 말한다. 무엇을 시간을 정해주는 것이라고 하는가? "당신이 만약 새벽과 정오와 혹은 해지는 시간에 멀리서 나를 보면 일이 성취되었음을 아십시오."라고 하면 이것을 시간을 정해주는 것이라고 말한다.

무엇을 어떤 모양을 보여주는 것이라고 하는가? "그대가 만약 내가 새롭게 삭발하였고, 내가 붉은 색의 옷을 입었으며, 발우를 가지고 석장을 짚고 소유(蘇油)나 설탕이나 석밀(石蜜)을 가득 담고 있는 것을 보았을 때는 일이 성취되었음을 아십시오."라고 하면 이것을 어떤 모양을 보여주는 것이라고 말한다. 이와 같이 훔치는 것은 마땅히 그 값에 따라서 죄를 얻는 것은 앞에서와 같다.

만약 새를 훔치는 경우에는 두 가지 방편이 있으니 땅에서 잡아들이는 것과 공중에서 떨어트리는 것을 말한다. 무엇이 잡아들이는 것인가? 새가 땅 위에 있는데 잡아서 훔쳐간다면 그 값이 5마쇄에 해당되는 것과 5마쇄가 해당되지 않는 것은 앞에서와 같다. 무엇이 공중에서 떨어트리는 것인가? 이를테면, 새를 잡는 사람이 언덕이나 연못에 불을 질러서 새를 잡으려고 하였을 때 새들이 불에 쫓겨서 필추가 경행하는 곳에 떨어지고, 혹은 문이나 집 앞에 떨어진 것을 만약 필추가 훔치려는 마음으로 그 새를 가지면 값이 5마쇄에 해당되는 것과 5마쇄가 해당되지 않는 것은 앞에서 설명한 것과 같다.

무엇을 다리가 넷인 것이라고 하는가? 코끼리·말·낙타·나귀·소·양·노루·사슴·돼지·토끼 등을 말한다. 만약 훔치려고 하는 때에는 두 가지 방편이 있으니, 무리를 지어 있는 곳과 혹은 매어져 있는 곳을 말한다.

필추가 코끼리 무리 가운데에서 코끼리를 훔쳐가면 눈에 보이는 곳에 이르면 솔토라저야를 얻고, 보이지 않는 곳에 이르면 근본죄를 얻는다.

무엇이 매어져 있는 곳인가? 만약 코끼리가 기둥과 나무와 울타리 안에 매여 있는 것을 필추가 풀어준다면 앞에서와 같은 죄를 얻는다. 코끼리를 훔치는 것은 이와 같으며 나머지의 말 등에 대하여 필추가 그것을 훔치면 앞에서와 같은 죄를 얻는 것을 마땅히 알라.

무엇이 다리가 많은 것인가? 이를테면, 굼벵이·메뚜기·나방·여러 가지 벌·개미·전갈 등을 말한다. 이 가운데에서 필요한 것은 세 곳에서 사용하는데, 사건을 판결하는 관리와 성을 지키는 사람과 바다에서 장사하는 상인들을 말한다.

무엇을 사건을 판결하는 관리가 사용한다고 말하는가? 사건을 판결하는 사람은 다리가 많은 벌레들을 기르면서 벌이나 전갈 등을 항아리 안에 모아두었다가 죄인이나 신하로서 복종하지 않는 자들을 보면 그들의 손과 다리를 그 항아리 안에 넣도록 한다. 그들이 벌레들에게 쏘여 고통스러워 할 때, 죄를 빨리 고백하게 하고 많은 돈이나 물건을 내놓도록 하는 것을 말한다.

무엇을 성을 지키는 사람이 사용하는 것이라고 하는가? 성을 맡아서 책임진 사람이 단지나 항아리 안에 여러 종류의 많은 벌들을 모아두었다가 적들이 왔을 때, 병사들에게 주어 함께 싸우게 하거나 적들이 물러나지 않으면 성 위에서 그 벌의 항아리를 풀어 놓아 적들이 벌에 쏘여서 사방으로 달아나게 하는 것을 말한다.

무엇을 바다에서 장사하는 상인들이 사용하는 것이라고 하는가? 사람들이 바다로 나아가서 보배를 구하려고 할 때 단지와 그릇 안에 많은 벌들을 길러서 이것으로 급하고 어려운 일을 막으며, 해적들이 와서 함께 싸울 때에 만약 이기면 좋으나, 만약 그렇지 못할 때에는 곧 벌의 항아리를 가지고 적들의 배 위에 던져서 다시는 싸우지 못하고 사방으로 흩어지게 하는 것을 말한다.

게송으로 섭수하여 말하겠노라.

전다라(旃茶羅)와 소다이(蘇陀夷)의
옷을 취(取)하여 몸에 닿았어도 훔칠 생각이 없고
사모(師牟)는 바소다(婆蘇多)를 말하지 아니하며
스스로 자기 분수를 짓고서 작은 발우(小鉢)를 가지네.

월호(月護)는 남이 옷을 뺏는 것을 알았고
난승(難僧)을 지니게 되어 장차 추죄(麤罪)를 얻었으며
남국(南國) 중방(中方)이 서로 통하지 않으면
남의 물건을 주었으면 마땅히 빨리 돌려주어라.

세존께서는 실라벌성의 서다림 급고독원에 머무르셨다.

두 필추가 있어 함께 지우(知友)가 되었고 서로의 마음을 얻고서 친해져 같이 한 처소에 머물렀으니 한 필추는 전다라라고 이름하였고, 다른 필추는 소다이라고 이름하였다. 전다라는 대중들에게 알려지고 큰 복덕(福德)이 있어서 비록 몸이 작았으나 옷·발우·걸망(網絡)·허리띠(腰條) 등이 많았고, 소다이는 아는 사람이 적었으며 그 몸이 장대했는데도 다만 삼의(三衣)가 있었으나, 역시 낡고 찢어져서 몸이 드러날 때가 많았다. 여러 필추가 물어 말하였다.

"구수여. 지금 그대는 옷에 욕심이 적으나 찢어지고 몸이 드러나니, 이양이 있는가? 이양이 없는가?"

대답하여 말하였다.

"이양이 없습니다."

그가 곧 알려 말하였다.

"어찌 구걸하지 않는가?"

대답하여 말하였다.

"누가 마땅히 그 불·법·승의 복전을 버리고 나에게 보시하겠습니까?"

그가 곧 알려 말하였다.

"그 전다라 필추는 그대의 친우가 아닌가? 아는 사람도 많고 옷·발우·걸

망·허리띠 등도 많은데 어찌 따라서 구하지 않는가?"

대답하여 말하였다.

"그가 즐겁게 주지 않습니다."

다시 물어 말하였다.

"그대는 그를 따라서 구걸하였는가?"

대답하여 말하였다.

"구걸하지 않았습니다."

알려 말하였다.

"어찌 물소리를 듣고서 곧 신벌을 벗으려고 하는가? 그대가 마땅히 구걸하면 그는 마땅히 은혜를 베풀 것이네."

이렇게 권유를 받고서 곧 전다라의 처소로 갔다. 그는 떠나고 없었으며, 소다이는 곧 이렇게 생각하였다.

"그 전다라는 그 몸이 작으니 그의 승가지(僧伽胝)를 취하여 내가 시험삼아 헤아려 봐야겠구나. 만약 나의 몸 크기와 비슷하면 내 마땅히 구할 것이고, 만약 마땅하지 아니하면 마땅히 무슨 일을 거스르겠는가? 곧 그의 방으로 들어가 그의 옷을 살펴보았다. 횃대 위에는 승가지가 걸려 있는 것을 보고서 곧 취하여 길고 짧은 것을 살폈다. 이때 전다라가 밖에서 갑자기 들어와서 보고 말하였다.

"그대는 훔칠 마음으로 내 옷을 취하였으니 바라시가를 얻었다."

대답하여 말하였다.

"구수여. 나는 훔칠 마음으로 이 옷을 취한 것이 아니고 다만 이렇게 생각하였다. '전다라는 그 몸이 작으니 저 승가지를 취하여 헤아려 봐야겠구나.' 만약 나의 몸 크기와 비슷하면 내 마땅히 구할 것이고, 만약 마땅하지 아니하면 어찌 이러한 번뇌를 만들겠는가?"

그가 곧 알려 말하였다.

"구수여. 억지로 숨기면서 변명하지 마라. 그대가 훔칠 마음으로 취하여 내 옷을 입었으니 바라시가를 얻은 것이다."

이 말을 듣고서 곧 후회하는 마음이 일어났다.

"어찌 내가 중죄를 범하지 아니하였겠는가?"

여러 필추들에게 알리니 여러 필추가 세존께 아뢰었다. 세존께서 말씀하셨다.

"필추여. 그대는 무슨 마음이었는가?"

그가 곧 사실을 갖추어 세존께 아뢰었다. 세존께서 말씀하셨다.

"이 필추가 만약 헤아리는 마음으로 지었다면 범한 것은 없느니라. 그러나 모든 필추들은 마땅히 친우가 아닌 처소에서 친우라고 생각하지 말라. 세 가지 부류의 친우가 있으니 하(下)·중(中)·상(上)을 말한다. 하의 친우에게는 하심(下心)하며 의지하는 것을 지을 것이고, 중의 친우에게는 중하심(中下心)의 의지하는 것을 지을 것이며, 상의 친우에게는 상중하심(上中下心)의 의지하는 것을 지을 것이다. 만약 필추가 친우가 아닌데 친우이라는 마음을 지어서 서로 의지한다면 월법죄를 얻느니라."

근본설일체유부비나야 제5권

삼장법사 의정 한역
석보운 번역

2) 불여취(不與取) 학처 ④

이때 박가범(薄伽梵)[1]께서는 실라벌성 서다림의 급고독원에 머무르셨다.

두 필추가 있었으니 한 필추는 소사모(蘇師牟)라 이름하였고, 다른 필추는 파소달다(婆蘇達多)라고 이름하였다. 함께 지우가 되었고 마음이 뜻이 서로 잘 통하였다. 이때 소사모는 크고 좋은 발우를 가지고 있었고 파소달다는 좋으면서 작은 발우를 가지고 있었다. 그들은 다른 날에 함께 음식을 먹고서 같은 장소에서 발우를 씻었다. 이때 소사모가 파소달다의 작은 발우를 취하여 큰 발우 속에 넣고 이렇게 말하였다.

"구수 파소달다여. 만약 한 사람에게 이 두 발우가 있으면 인연을 살펴 여러 선품(善品)을 수행하여 만족함을 얻을 것이네."

파소달다가 말하였다.

"그대가 만약 얻고자 하면 어찌 그것을 취하지 않는가?"

이때 파소달다는 한 취락에 작은 일이 있어서 소사모에게 말하였다.

"구수여. 내가 어느 처소에 작은 일이 있는데 능히 나를 대신하여 이 일을 해결해 주면 내가 가진 작은 발우를 주겠네."

물어 말하였다.

"그대의 말이 진실인가?"

---

1) 산스크리트어 bhagavat의 음사로서 바가바(婆伽婆)·박가범으로 한역되며, 유덕(有德)·중우(衆祐)·세존(世尊)이라 번역된다.

대답하여 말하였다.

"진실로 주겠네."

이때 소사모는 이 말을 듣고서 곧 가고자 하였으나, 다시 후회하는 마음을 일으켜 생각하였다.

"이러한 인연을 까닭으로 같은 범행자들이 '소사모는 사례를 받고 남의 일을 대신 해주었다.'라는 이와 같은 말을 짓지 않도록 해야겠다."

마침내 다시 가지 않았다.

그런데 이때 소사모는 그 취락에 반드시 가야하는 인연이 있어 마침내 이렇게 생각을 하였다.

'나는 나의 일을 해야 하고 아울러 그 인연을 해결하는 것도 이 또한 아름다운 것이다.'

곧 그 마을에 가서 두 가지의 일을 마치고 돌아와 파소달다에게 알려 말하였다.

"그대가 그 마을에서 해야 할 일을 내가 이미 해결하였으니 마땅히 작은 발우를 나에게 주어야 한다."

파소달다가 말하였다.

"그대가 스스로 인연으로 간 것이고, 나의 일을 위한 것은 아니네. 나의 작은 발우를 어떻게 그대에게 주겠는가?"

소사모가 말하였다.

"그대가 주지 않는다면 내가 스스로 취하겠네."

파소달다가 말하였다.

"그대가 만약 합당하게 얻는 것이라면 어찌 그것을 취하지 않는가?"

이때 파소달다는 일이 있어 밖에 나갔고 소사모는 곧 작은 발우를 취하여 자기의 큰 발우 안에 넣었다. 파소달다가 돌아와 보니 발우가 보이지 않았으므로 물어 말하였다.

"구수여. 누가 나의 작은 발우를 가져갔는가?"

소사모가 말하였다.

"이 물건은 주인이 장차 가지고 갔네."

파소달다가 말하였다.

"이것이 누구의 물건인가?"

소사모가 말하였다.

"이것은 나의 물건이네."

파소달다가 분노하여 말하였다.

"그는 훔치려는 마음으로 취하여 얻었으니 바라시가를 얻었다."

소사모가 이것을 듣고서 후회하고 곧 이러한 인연을 여러 필추에게 알리니, 여러 필추들은 세존께 아뢰었다. 세존께서 소사모에게 물으셨다.

"그대는 어떠한 마음으로 남의 작은 발우를 취하였는가?"

인연을 갖추어 세존께 아뢰니 세존께서 말씀하셨다.

"이 필추는 이미 자기 물건이라는 마음으로 발우를 취하였으니 범한 것이 없느니라. 그러나 모든 필추는 마땅히 사례를 받고 남을 위하여 일을 해결하면 아니된다. 만약 널리 서로 바꾸어서 일하는 것과 복을 구하여 짓는 것은 범하는 것이 없느니라. 필추가 사례를 받고 일하는 해결하는 것은 월법죄(越法罪)를 얻느니라."

세존께서는 실라벌성 서다림의 급고독원에 머무르셨다.

이때 이 성 안에는 두 필추가 있었으니 한 필추는 난승(難勝)이라 이름하였고, 다른 필추는 월호(月護)라고 이름하였다. 함께 친우를 맺어 말과 덕담을 하였고 뜻이 맞았다. 월호는 대중들에게 알려지고 큰 복덕(福德)이 있어서 비록 몸이 작았으나 옷·발우·발랑(缽絡)·허리띠[腰條] 등이 많았고, 난승은 아는 사람이 적었으며 다만 삼의(三衣)가 있었으나, 역시 낡고 찢어져서 몸이 드러날 때가 많았다. 여러 필추가 물어 말하였다.

"구수여. 지금 그대는 옷에 욕심이 적으나 찢어지고 몸이 드러나니, 몸도 덮지 못하는 떨어진 옷을 입었는가? 옷이 있으나 입지 않았는가? 옷을 얻을 수가 없어 입지 못했는가?"

난승이 대답하여 말하였다.

"나는 얻을 곳이 없습니다."

알려 말하였다.

"어찌 구걸하지 않는가?"

대답하여 말하였다.

"누가 마땅히 삼보의 성중(聖衆)을 버리고 나와 같은 범인(凡人)에게 보시하겠습니까?"

그가 곧 알려 말하였다.

"그 월호 필추는 그대의 친우로 말과 덕담을 하였고 뜻이 맞지 않는가? 아는 사람도 많고 옷·발우·걸망·허리띠 등도 많은데 어찌 따라서 구하지 않는가?"

난승이 말하였다.

"그가 즐겁게 주지 않습니다."

알려 말하였다.

"그대는 그를 따라서 구걸하였는가?"

난승이 말하였다.

"그가 인색하다는 말을 들었으므로 나는 따라서 구걸하지 않았습니다."

알려 말하였다.

"어찌 물을 건너고자 하는 사람이 멀리서 물소리를 듣고서 곧 신발을 벗으려고 하는가? 그대가 다만 가서 구걸한다면 마땅히 줄 것이네."

필추가 권하는 것을 듣고서 난승이 월호의 처소에 가서 알려 말하였다.

"구수여. 마땅히 나에게 발우를 보시하게."

월호가 알려 말하였다.

"나는 그대에게 줄 수 없네."

난승이 말하였다.

"나에게 발우를 줄 수 없다면 승가지(僧伽胝)는 줄 수 있겠는가?"

월호가 말하였다.

"내가 어찌 그대의 창고를 지키는 사람이겠는가? 발우를 찾다가 얻지 못하니 또한 대의(大衣)²)를 찾는가? 나아가 작은 실도 주지 못하겠는데 하물며 옷을 주겠는가?"

이때 난승이 듣고 마음에 분노가 생겨서 말하였다.

"그대의 일이 있으면 내가 항상 먼저 해주었는데 무슨 까닭으로 내가 지금 이렇게 구걸하는데 실조차도 주지 못하겠다고 말하는가? 만약 내가 능히 그대의 물건을 모두 빼앗지 못하면 나는 곧 난승이라고 이름하지 않을 것이다."

이때부터 그 물건을 취하고자 하는 뜻이 있었으며, 드디어 월호가 스스로 옷을 염색하는 것을 보고서 난승이 그곳에 가서 알려 말하였다.

"구수여. 나는 지금 역시 그대가 옷에 물들이는 것을 돕고 싶네."

월호가 말하였다.

"매우 고마운 말이네. 마땅히 나를 도와주게."

난승은 그의 옷에 물들이기 위하여 만지고 닦고 뒤집고 엎으며 그 옷을 관찰하였다. 월호가 보고 곧 이렇게 생각하였다.

'그가 나의 옷을 엎고 뒤집으며 자세히 관찰하는 뜻을 보니 반드시 나의 옷을 훔쳐갈 마음이 있구나.'

이미 의심이 일어나 물들인 옷을 말려서 걸망에 넣고 머리로 베고 누웠다. 이때 여러 필추들은 초야(初夜)부터 후야(後夜)까지 경각(警覺)하고 사유하는 뜻을 짓고서 머물렀다. 이때 난승이 월호에게 알려 말하였다.

"우리들도 함께 가서 선품(善品)을 닦으세."

월호가 알려 말하였다.

"그대는 또한 먼저 가게. 나는 몸이 피곤하여 뒤에 마땅히 따라가겠네."

그는 듣고서 곧 갔다. 이때 월호는 곧 이렇게 생각하였다.

'내가 만약 간다면 반드시 옷을 잃을 것이고, 내가 만약 가지 않으면 선품을 닦을 수 있겠는가? 무슨 방편을 짓는다면 옷도 잃지 아니하고 또한 선품도 닦을 수 있을까?'

곧 자기 옷 보따리를 가지고 자기의 머리맡에 두고 보따리를 베고 누웠다. 이때 난승은 이미 수행을 마치고 다시 돌아가 기대어 쉬었다.

---

2) '승가지'를 다르게 부르는 말이다.

이때 월호가 난승에게 알려 말하였다.

"구수여 일어나 함께 선품을 닦으세."

대답하여 말하였다.

"나는 이미 닦아 마쳤고 피로하여 잠시 쉬고자 하니 그대는 마땅히 일어나서 닦게나."

월호는 곧 갔으며 난승이 생각하여 말하였다.

"나도 또한 시간을 보니 다시 수행을 못하겠는가?"

이때 이미 날이 밝아서 난승은 월호의 머리 곁에 있는 걸망을 취하여 문을 나서며 문득 이렇게 생각하였다.

'나는 시험삼아 이 옷이 어떠한 색깔인가를 관찰하겠으니 나에게 바라시가를 범하게 하겠는가?'

걸망을 열어서 보았으나 곧 자기의 찢어지고 낡은 옷인 까닭으로 드디어 걱정이 생겨나 이와 같이 생각하였다.

'나는 나의 옷을 위하여 타승죄(他勝罪)[3]를 범하였구나. 출가자의 행이 아니므로 마땅히 철환(鐵丸)을 먹을 것이다.'

다시 이렇게 생각하였다.

'나는 지금 역시 세존께 가서 여쭈어 보겠다. 만약 머무를 것을 허락하시면 세존의 처소에서 범행(梵行)을 닦고 만약 허락하시지 아니하시면 마땅히 백의(白衣)가 되리라.'

이렇게 생각하고서 세존의 처소로 갔다. 이때 세존께서는 무량한 백천의 필추의 대중 가운데에서 설법하고 계셨다. 이때 세존께서는 멀리서 난승이 오는 것을 보시고 모든 필추에게 알려 말씀하셨다.

"그대들은 저 필추가 밖에서 오는 것이 보이는가?"

아뢰어 말하였다.

"이미 보았습니다."

세존께서 말씀하셨다.

---

3) 바라시가를 다르게 부르는 말이다.

"이 어리석은 사람인 난승은 자기 옷을 취하여 솔토라저야를 얻었느니라."

모든 필추들에게 알려 말씀하셨다.

"그대들은 마땅히 알라. 만약 훔치려는 마음으로 취하면 이러한 과실(過失)이 있느니라. 이러한 까닭으로 필추들이여. 비록 자기의 옷과 발우이라도 마땅히 훔치려는 마음으로 취하지 말라. 만약 훔치려는 마음으로 취하면 솔도라저야죄를 얻느니라."

세존께서는 실라벌성 서다림의 급고독원에 머무르셨다.

이때 두 필추니가 있었으며 한 필추니는 동방(東方)에 머물렀고 다른 필추니는 남방(南方)에 머물렀다. 동방에 머물던 필추니가 앞서 가고 남방의 필추니가 뒤를 따라갔다. 이 두 필추니는 함께 세존의 처소에 나아가서 세존의 발에 예경하고서 한 쪽에 앉았다. 세존께서는 법을 설하였고, 법을 듣고서 세존께 예를 올리고 물러났다. 이때 동방 필추니는 앞서 가면서 승가지를 어깨 위에 올려놓았는데 그 옷이 떨어지려고 하였다. 남방의 필추니가 보고서 알려 말하였다.

"성자여. 옷이 떨어지려고 합니다."

이때 동방 필추니는 앞서 가면서 법을 생각하였고, 남방 필추니와 사용하는 지역 말이 틀려서 알아듣지 못하였으며, 옷이 떨어지는 것도 알지 못하였다. 남방 필추니는 곧 그 옷을 취하고서 이렇게 생각하였다.

'내가 지금 만약 옷을 준다면 그가 전념하여 생각하는 것을 방해할 것이니 주처에 도착하여 내가 마땅히 주어야겠다.'

이미 주처에 이르렀으나 이때 동방 필추니는 마침내 방 밖으로 급히 나가서 발을 씻고서 곧 방안으로 들어가서 반가부좌를 하고 앉았다. 이때 남방 필추니는 다시 이렇게 생각하였다.

'만약 내가 지금 옷을 준다면 도리어 다시 이전과 같이 선품을 닦는 것을 방해할 것이니 선정에서 나오기를 기다려 마땅히 그 옷을 주어야겠다.'

마침내 이렇게 생각하고 자기 방의 선반 위에 옷을 올려놓았다. 이때 동방 필추니가 다음 날 아침에 제자에게 알려 말하였다.

"나의 승가지를 가져오너라. 장차 나는 승가지를 지니고 걸식하고자 한다."

제자가 방에 들어와 두루 살펴보았으나 선반 위에서 스승의 옷을 볼 수가 없어 돌아와서 알려 말하였다.

"성자여. 승가지가 보이지 않습니다."

스승이 말하였다.

"남방 필추니 처소에 가서 찾아보아라."

제자가 그의 방에 이르러 승가지가 선반 위에 있는 것을 보고 물어 말하였다.

"누가 장차 이 옷을 가지고 와서 선반 위에 놓았습니까?"

남방 필추니가 말하였다.

"이것은 내가 가지고 왔네."

제자가 말하였다.

"무슨 까닭으로 장차 가져왔습니까?"

이 일을 갖추어 대답하였다.

그때 그 제자는 남방 필추니를 이전부터 싫어하고 사이가 좋지 않았으므로 성을 내면서 알려 말하였다.

"당신은 훔치려는 마음으로 이 옷을 탐내어 가지고 와서 방안에 두었으니 그대는 바라이죄를 범하였네요."

이때 남방 필추니는 곧 이렇게 생각하였다.

'어찌 내가 실로 바라이죄를 범한 것이 아니겠는가?'

이 인연을 갖추어 여러 필추니에게 알리고 필추니는 필추대중에게 알리고 필추는 세존께 아뢰었다. 세존께서는 남방 필추니에게 물으셨다.

"그대가 옷을 취할 때 그녀에게 말하지 않았는가?"

남방 필추니가 세존께 아뢰었다.

"저는 비록 그녀에게 알려 말하였으나 그녀가 이해하지 못하였습니다."

세존께서 말씀하셨다.

"지역의 말이 달라서 서로 이해하지 못하였으니 범하지 않았느니라. 그러나 이러한 과실은 모두 남의 물건을 습득(拾得)하여 오랫동안 돌려주지 아니하고 스스로 저축한 까닭이니라. 이러한 인연으로 만약 필추·필추니가 잊었거나 떨어뜨린 옷과 물건을 습득하였으면 마땅히 오래 지니지 말라. 만약 오래 지니고 있으면 월법죄를 얻느니라."

이때 한 필추가 있었는데 다른 사람이 잃어버린 물건을 보고서 이것이 어느 필추의 것인가를 알고서 곧 그 방에 가서 문을 두드리고 부르니 그 필추가 곧 선정으로부터 나와서 알려 말하였다.

"누구십니까?"

대답하여 말하였다.

"구수여. 내가 어느 곳에서 그대의 옷을 습득하였으니 그대가 받으십시오."

이때 그가 말하였다.

"구수여. 오히려 나의 옷을 도둑이 가져갈지라도 어찌 이러한 인연으로 그대는 문을 두드려서 나의 수승한 선정을 방해하였는가?"

이때 그 필추는 곧 후회하여 이렇게 생각하였다.

'내가 지금 그의 정려(靜慮)를 방해하였으니 죄를 얻은 것이 아닌가?'

이 인연을 갖추어 여러 필추에게 알리고 여러 필추는 세존께 아뢰었다. 세존께서 말씀하셨다.

"그 필추는 죄를 범한 것이 없느니라. 그러나 모든 필추는 작은 인연으로 남의 수승한 선정을 방해해서는 아니된다. 만약 잃어버린 물건을 주웠으면 주인의 주변에 노끈으로 매달아 두었다가 뒤에 찾아가도록 하고 놀라게 하여 적정(寂定)을 방해하지 말라. 만약 이것과 다르다면 월법죄를 얻느니라."

이때 다시 한 필추가 있어 남이 잃어버린 물건을 보고 이것이 어느 필추의 것인가를 알고서 곧 이 물건을 가지고 그 필추에게 가서 알려 말하였다.

160

"구수여. 이것은 그대의 물건이 아닌가? 내가 습득하였으니 그대는 마땅히 받으십시오."

이때 그 물건의 주인은 이 필추와 이전부터 싫어하고 사이가 나빴으므로 알려 말하였다.

"그대는 습득한 것이 아니고 고의적으로 훔치려는 마음을 지어 나의 물건을 훔친 것이다. 그대는 법에 의지하여 그 죄를 말하시오."

이때 그 필추는 마음에서 후회가 생겨났다.

'나는 이것을 인연하여 죄를 얻는 것이 아닌가?'

이 인연을 갖추어 여러 필추에게 알리고 여러 필추는 세존께 아뢰었다. 세존께서 말씀하셨다.

"이 필추는 범한 것이 없느니라. 그러나 모든 필추가 남이 잃어버린 물건을 얻으면 마땅히 가지고 승가의 지사인(知事人)⁴⁾에게 부탁하여 그 지사인이 물건을 받게 하라. 몇 일간 마땅히 두 번·세 번에 물건을 대중에게 알리어 주인이 찾으면 곧 장차 돌려주고, 만약 아는 필추가 없으면 사방승가(四方僧伽)⁵⁾의 대중이 수용(受用)하라. 만약 이것을 어기면 월법죄를 얻느니라."

게송으로 섭수하여 말하겠노라.

세라니(世羅尼)의 제자는
시험삼아 남에게 기름을 걸식하였고,
목련(目連)은 신통을 지어서
장자의 아들을 찾아주었고(收還)
필린타파차(畢隣陀婆蹉)는
아이와 아울러 물건을 보호하였네.
널리 그 훔친 일을 설명하겠으니
설하는 것에 따라 마땅히 알라.

---

4) 사찰의 주요 소임을 맡고 있는 필추를 가리킨다.
5) 모든 수행자의 교단을 통칭하여 부르는 말이다.

세존께서는 실라벌성 서다림의 급고독원에 머무르셨다.

이때 아라한 필추니가 있었으니 세라라고 이름하였으며, 모든 번뇌를 끊었다. 어느 때에 어느 향을 파는 동자가 세라 필추니를 보고 마음에 깊이 공경하는 마음을 일으켜 필추니의 처소로 가서 은근(慇懃)하게 예배하고 말하였다.

"성자여. 만약 필요한 물건이 있으시면 나의 집에서 모든 것을 뜻에 따라서 취하십시오. 말씀하시는 가르침은 내가 모두 진심으로 받들겠습니다."

이때 필추니가 알려 말하였다.

"현수여. 옳습니다. 바라건대 병이 없으시오."

뒤에 다른 때에 세라 필추니가 몸에 큰 병을 얻어 걸식할 수 없었으므로 다른 필추니가 차례로 다니며 걸식하였다. 이때 향을 파는 동자가 보고 예배하고 물어 말하였다.

"성자여. 세라 필추니께서는 무슨 인연으로 보이지 않습니까?"

알려 말하였다.

"현수여. 그 분은 몸에 병이 났습니다."

동자가 알려 말하였다.

"성자여. 내가 이전에 '만약 필요하신 것이 있으시면 뜻에 따라서 취하여 수용하시라고 알려 말씀드렸으나 일찍이 저에게 와서 구하는 것을 보지 못하였습니다. 그 분께서 필요한 것이 있으시면 원하건대, 존자께서 가져가십시오."

필추니가 곧 알려 말하였다.

"알겠습니다. 현수여. 바라건대 병이 없으십시오."

이렇게 말하고서 버리고서 떠나갔다. 이렇게 나아가 세 번을 은근하게 청하자 이때 젊은 필추니는 곧 이와 같이 생각하였다.

'내가 동자가 여러 번 이렇게 말하는 것을 들었으니, 내가 마땅히 거짓인가 사실인가를 시험하여야겠다.'

곧 작은 발우를 동자에게 주고서 알려 말하였다.

"현수여. 성자이신 세라께서는 지금 약간의 기름이 필요합니다."

이때 그 동자에게는 새로 짠 기름이 있었으므로 작은 발우에 가득 담아서 그 필추니에게 주고서 알려 말하였다.

"성자여. 다시 필요하면 오시어 뜻에 따라서 취하십시오."

이때 필추니는 그것을 받아가지고 떠나가서 곧 이 기름으로 세라 필추니의 몸에 발랐고, 온몸과 손발에 고르게 바르면서 기름을 모두 사용하였다. 세라 필추니는 병이 나아서 곧 걸식하였으므로, 이때 그 향을 파는 동자가 보고서 곧 발에 예배하고 알려 말하였다.

"성자여. 오랫동안 뵙지 못하였습니다."

필추니가 곧 알려 말하였다.

"나는 요즘 몸이 아팠습니다."

알려 말하였다.

"성자시여. 이전에 이미 말씀드리기를 '만약 필요하신 것이 있으시면 나의 집에서 모두 뜻에 따라서 취하십시오.'라고 청하였습니다. 일찍이 나에게 필요하신 것을 구하지 않으셨으나 한 필추니를 보았는데 '성자께서 병이 있어 나에게서 기름을 가져오라.'고 말씀하시어 내가 새로 짠 기름을 작은 발우에 가득 담아서 그 필추니에게 부탁하여 보냈습니다."

필추니가 알려 말하였다.

"옳습니다. 동자여. 바라건대 병이 없으시오."

말을 마치고 떠나가서 차례로 걸식하였고 본래의 처소로 되돌아와서 여러 젊은 필추니들에게 알려 말하였다.

"누가 저 향을 파는 동자에게 나아가서 기름을 발우에 가지고 왔는가?"

어느 필추니가 알려 말하였다.

"성자여. 내가 걸식하면서 그 동자를 보았는데 두세 번 거듭하여 세라 성자께 내가 이미 '만약 필요한 것이 있으시면 모두 뜻에 따라서 취하십시오.'라고 청하였으나 일찍이 와서 나에게 구하는 것을 보지 못하였습니다. 만약 세라 필추니께서 필요하신 것이 있으시면 원하건대 가지고 가십시오.'라고 말하였습니다. 내가 곧 '마땅히 그를 시험하여 진실을 알아봐야겠다.'고 생각하여 곧 작은 발우를 가지고 가서 그 동자에게 주고서 '성자이신 세라 필추니께서 지금 병을 앓아서 기름을 필요로 하십니다.'라고 알려 말하였더니 이때 그 동자가 새로 짠 기름을 가득 담아서 나에게 주었습니다. 나는 기름을 얻어서 그것을 가지고 방안으로 와서 곧 성자를 위하여 몸과 손발에 고르게 발라서 모두 사용하였습니다."

이때 세라 필추니는 젊은 필추니에게 알려 말하였다.

"내가 일찍이 그대에게 동자에게 가서 기름을 가져오라고 시켰는가?"

젊은 필추니가 대답하여 말하였다.

"일찍이 나에게 시키지 않으셨습니다."

이때 다른 필추니가 그 젊은 필추니와 이전에 사이가 좋지 않은 일이 있었으므로 이 말을 듣고서 세라 필추니에게 알려 말하였다.

"성자여. 지금 이 젊은 필추니가 당신께서 병으로 고통을 받는 것을 인연으로 어찌 다만 한 곳에서만 제멋대로 기름을 취하였겠습니까? 실라 벌성을 두루 다니면서 모두에게 구걸(求乞)하였으니 다른 더 많은 죄의 숫자를 알 수 없습니다."

이때 젊은 필추니는 이 말을 듣고서 후회하는 마음이 생겨났다.

"어찌 내가 진실로 타승죄(他勝罪)[6]를 지은 것이 아니겠습니까?"

이 인연으로 여러 필추니들에게 알리고 나아가 세존께 아뢰니, 세존께서는 그 젊은 필추니에게 물어 말씀하셨다.

"그대는 무슨 마음으로 동자에게서 기름을 구걸하였는가?"

세존께 아뢰었다.

"내가 그 동자에게 시험할 생각을 일으켰습니다."

세존께서 필추에게 말씀하셨다.

"만약 시험하는 마음으로 지었다면 이 필추니는 범한 것이 없느니라. 그러나 여러 필추·필추니들이 병자(病者)에게 묻지 않고 걸식해서는 아니 된다. 만약 걸식할 때에는 병자에게 물어야 한다. '대중 승가의 병자를

---

6) 바라시가를 다르게 부르는 말이다.

돌보는 곳으로 가서 약을 구해야 합니까? 신심이 있는 사람과 친족이 있는 곳으로 가서 약을 구해야 합니까? 만약 친족들이 많다면 누구에게 가서 약을 구해야 합니까?' 그가 가르쳐주는 것을 따라서 마땅히 약을 구하도록 하라. 만약 필추·필추니들이 병자에게 묻지 않고서 그를 위하여 약을 구걸하면 월법죄를 얻느니라."

세존께서는 실라벌성 서다림의 급고독원에 머무르셨다.
이때 구수 대목건련(大目乾連)은 초분에 옷과 발우를 가지고 실라벌성에 들어가서 차례로 걸식하여 급고독장자의 집에 이르렀다. 이때 장자는 그의 아이에게 외전(外典)·성명(聲明)·잡론(雜論)을 읽고 독송하는 것을 가르치고 있었다. 이때 대목건련이 알려 말하였다.
"장자여. 이 아이에게 무슨 책을 독송하도록 가르치고 있습니까?"
장자가 알려 말하였다.
"아리야(阿離耶)[7]여. 이것은 외전입니다."
알려 말하였다.
"장자여. 일반적으로 외전이라는 것은 철·돌·석류(石榴)[8]와 같아서 고생하여 지어도 마침내 먹을 수 없습니다. 외서(外書)를 배우고 익히는 것도 역시 이와 같이 많은 공로(功勞)를 소비하여도 마침내 얻을 것이 없습니다. 이것을 까닭으로 능히 번뇌를 벗어나고, 정정취(正定聚)[9]에 들어가며, 모든 번뇌를 끊을 수 없는 까닭입니다. 그러나 세존께서 설하신 것은 처음도 좋고 중간도 좋으며, 끝도 좋으므로 만약 명료하게 이해하면 능히 열반에 나아가는데 어찌하여 마음에서 세존의 법(佛法)을 익히도록 가르치지 않습니까?"

---

7) 산스크리트어 ārya의 음사로서 출가 수행자를 가리킨다.
8) 마그네슘·철(鐵)·망간·칼슘·알루미늄 따위를 포함한 규산염광물(硅酸鹽鑛物)로서 변성암(變成巖)에 많으며, 빛깔은 황(黃)·갈(褐)·적(赤)·흑색 등이다. 고운 것은 장식(裝飾)에 쓰이나 주(主)로 연마제로 쓰인다.
9) 삼취(三聚)의 하나로서 견혹(見惑)을 끊어 반드시 열반에 이르는 유정을 가리키는 말이다.

장자가 알려 말하였다.

"성자여. 능히 가르칠 사람이 없습니다."

존자가 알려 말하였다.

"내가 마땅히 독송하도록 가르치겠습니다."

장자가 알려 말하였다.

"좋습니다. 성자여. 잘 가르쳐 주십시오."

곧 아들에게 알려 말하였다.

"그대는 지금부터 마땅히 서다림의 존자의 처소에 나아가 세존의 법을 배워야 한다."

동자는 대답하고 가르침을 받았다.

이때 그 장자는 날마다 그 동자를 위하여 몸에 영락(瓔珞)을 장엄하였고, 모든 시종(侍從)과 함께 급고독원의 성자 목련의 처소에 가서 세존의 법을 배우게 하였다. 그러나 그 나라에는 초가을에는 항상 가율저가(迦栗底迦)라는 도둑이 있었는데 마땅히 그때는 모든 필추가 하안거를 마치는 때였다. 이때 여러 가을 도둑들이 함께 의논하며 말하였다.

"나는 그대들과 무슨 업을 지으면 지금의 일년을 힘들이지 않고 옷과 음식이 풍족하고 안락하게 수용할 수 있겠는가? 내가 들으니 급고독장자는 날마다 항상 아들에게 몸에 영락을 갖추고 급고독원의 안에 나아가서 성자 목련의 처소에서 불법을 배우도록 한다. 길의 중간에서 함께 겁탈하여 취하면 성자는 아들이 장자의 집에 있다고 말하고 장자는 아이가 성자의 처소에 있다고 말하여 각자 서로가 알지 못하여 곧 바로 찾지 않을 것이다. 우리들이 만약 능히 이 아이를 납치하면 마땅히 목숨이 끝날 때까지 내가 노비로 삼고, 만약 납치하지 못하면 몸을 장식한 그 영락을 모두 빼앗고자 하니, 나는 이러한 인연을 까닭으로 힘들이지 않고 안락하게 수용하리라."

함께 계획을 세우고서 곧 길의 중간에서 동자를 기다려 영락을 장엄하고 동산으로 가려는 것을 보고서 드디어 곧 함께 동자를 겁탈하였다. 이때 그 시종들은 도둑들이 장차 가는 것을 보고서 빠르게 달려 집에 돌아가

166

장자에게 알려 말하였다.

"배우러 가던 동자가 가을 도둑에게 장차 납치를 당하였습니다."

이때 장자는 곧 급히 승광왕(勝光王)의 처소에 가서 알려 말하였다.

"대왕이시여. 나의 아들이 가을 도둑에게 납치를 당하였습니다. 지금 대왕을 따라서 아들을 구하고자 합니다."

이때 왕이 듣고서 비로택가(毘盧宅加)에게 칙명으로 말하였다.

"그대는 마땅히 빨리 가서 가을 도둑을 엄습(掩捕)하여 잡고서 장자의 아들을 찾으시오."

이때 비로택가는 급고독장자를 이전부터 싫어하였으므로 비록 왕의 명령을 받들었으나 서둘러 이행하지 않았다. 이때 한 명의 천인이 있어 성자 대목련의 처소에서 깊이 공경하고 존중하였으므로 알려 말하였다.

"성자여 아십니까? 당신의 제자가 가을 도둑에게 납치되었습니다. 급히 계획하십시오."

이때 대목련은 곧 이렇게 생각하였다.

'이 아이를 내가 만약 구하지 아니하면 아이는 부모와 함께 세상을 떠나서 괴로울 것이고, 공경하지 않고 믿지 않는 사람들은 듣고서 마음으로 기뻐할 것이며, 공경하고 믿던 사람은 혹은 퇴전(退轉)이 생기고, 이곳에 왕래하는 사람들은 도둑에게 납치될 것이라고 생각할 것이니, 누가 다시 즐겁게 서다림에 들어오겠는가? 나는 지금 마땅히 빠르게 신통력을 드러내어 그 아이를 구해야겠다.'

이렇게 생각하고서 성자 목련은 큰 신통력을 드러내어 비로택가의 군사들로 변화하여 그 사방에서 전투를 시작하는 북을 울렸다. 이때 가을 도둑은 갑자기 군사들이 포위하는 것을 보고서 놀라고 두려워하여 이와 같이 말하였다.

"그대들은 마땅히 알라. 비로택가의 많은 군사들이 함께 사방에서 포위하였으니 마땅히 어린 아이를 버리지 않으면 잡혀서 갇힐 것이다."

곧 동자를 버리고서 달려서 도망하여 떠나갔다. 이때 성자 대목건련은 마침내 신통을 거두고 길가의 나무 아래에서 편안히 앉아 있었다. 이때 그 동자가 길을 따라서 왔으므로 물어 말하였다.

"동자여. 그대는 어느 곳에서 오는가?"

알려 말하였다.

"성자여. 나는 가을 도둑에게 장차 납치를 당했습니다."

"누가 그대를 구하였는가?"

"비로택가입니다."

알려 말하였다.

"동자여. 빨리 집에 돌아가거라. 그대의 부모가 크게 걱정하고 있다. 내일 오면 이전과 같이 수업(受業)할 수 있느니라."

이때 동자는 가르침을 받고 돌아갔다. 이때 비로택가는 사군(四軍)인 상병(象兵)·마병(馬兵)·거병(車兵)·보병(步兵)을 엄숙히 정렬하여 실라벌성을 나오면서 그 동자를 보고 물어 말하였다.

"그대는 어느 곳에서 오는가?"

대답하여 말하였다.

"나는 서다림을 향하여 가는 길의 중간에서 가을 도둑을 만나 납치당했습니다."

"누가 그대를 구해주었는가?"

대답하여 말하였다.

"비로택가 장군입니다."

비로택가는 곧 이렇게 생각하였다.

'나는 지금에 가고자 하는데 어떻게 내가 구했다고 말하는가? 어찌 특별한 대덕의 성자가 있어 모든 위력을 갖추고서 이 아이를 구한 것이 아니겠는가?'

동자에게 물어 말하였다.

"그대는 그곳에서 어느 사람이 있는 것을 보았는가?"

동자가 대답하여 말하였다.

"나는 길가에서 성자 대목건련을 보았습니다."

비로택가는 생각하고서 말하였다.

168

"이것은 그 대덕이 신통력으로 구한 것이다. 다른 사람은 능히 할수 없다."

이와 같이 알고서 마음에 환희심이 생겨 큰 소리로 외쳐 말하였다.

"우리들은 지금 흔쾌하고 좋은 이익을 얻었다. 우리나라 안에는 이와 같은 큰 지혜의 성자가 모든 위력을 갖추니 현재의 법 가운에서나 미래세에서도 모든 번뇌가 영원히 소멸될 것이다."

이렇게 찬탄하고서 실라벌성으로 돌아갔다. 이때 육중필추는 일을 인연하여 성을 나왔으며 비로택가를 길에서 만났으므로 물어 말하였다.

"당신은 누구를 찬탄합니까?"

대답하여 말하였다.

"당신들의 성스러운 대중을 찬탄합니다."

"우리들의 어떠한 일을 당신은 찬탄합니까?"

대답하여 말하였다.

"급고독장자의 아들이 가을 도둑에게 잡혀 갔었는데 성자 대목건련은 신통력으로 그의 아들을 구하였습니다."

육중이 알려 말하였다.

"그대는 어리석은 사람이구려. 우리들의 부류는 비록 이와 같은 신통력이 있는 사람들을 믿고 존경하지 않소. 그러나 머리를 기른 어리석은 사람과 노형외도(露形外道)[10]는 마음으로 공경하고 사랑함을 일으키는 것이오. 만약 그 노형외도가 그 일을 보았으면 그 가을 도둑을 위하여 나아갈 길을 가르쳐 주었을 것이오."

비로택가는 듣고서 묵연히 있었다. 이때 육중필추의 난타와 오파난타는 함께 서로 말하였다.

"우리들도 역시 착한 그 일에 대답하여야 한다. 그러므로 욕심이 적은 사람에게는 지금 현재 죄를 범한 것이다. 우리들이 그에게 가서 허물을 참회하게 하여야 한다."

---

10) 몸에 옷을 걸치지 않고서 고행하는 자이나교의 수행자를 일컫는 말이다.

곧 주처로 돌아와 밥을 먹고서 성자 목련의 처소에 나아가 먼저 공경함을 나타내고서 알려 말하였다.

"상좌(上坐)여. 원하건대 너그럽게 허락하시겠습니까? 힐난하여 묻고자 합니다."

알려 말하였다.

"뜻에 따르도록 하시오."

알려 말하였다.

"상좌여. 급고독장자의 아들이 장차 가을 도둑에게 납치되었는데 당신이 빼앗아 데리고 왔다는 그 일이 진실입니까?"

알려 말하였다.

"그렇소. 내가 데리고 왔소."

알려 말하였다.

"우리는 이전부터 상좌가 이미 정려(靜慮)에 머무르며 해탈의 즐거움을 받은 것을 알았습니다. 우리들은 진실로 비록 자비가 있어도 그것을 널리 펴신 것을 알지 못하고 있습니다. 제자가 근심하는 것을 생각하고 장차 데리고 온 것은 그 가을 도둑들에게 공포심을 일으켰고 또한 다른 사람이 가진 물건을 강제로 빼앗고 돌아가게 하였으니, 당신은 지금 죄를 범하였으므로 여법하게 참회하여야 합니다."

대답하여 말하였다.

"구수여. 나는 죄를 보지 않았소."

이때 육중필추는 서로 의논하여 말하였다.

"그대들은 마땅히 알 것이네. 세존께서 설하신 것과 같이 '죄를 아니 보았다.'고 하면 마땅히 이 사람에게 사치갈마를 지어야 하여야 하네."

곧 떠나갔고 수사인의 처소에 이르러 알려 말하였다.

"구수여. 마땅히 건치를 울리시오. 지금 사치갈마를 짓고자 합니다."

수사인이 물어 말하였다.

"누구에게 짓고자 합니까?"

알려 말하였다.

170

"욕심을 적은 사람이 진실로 스스로 죄를 범하고, 죄를 참회하지 아니하
므로 우리들이 지금 그를 위하여 사치갈마를 짓고자 합니다."

이때 신자(身子)는 대중의 상수로써 수사인에게 알려 말하였다.

"사람들에게 가장 수승한 법 가운데에서 쇠퇴하고 손해되는 것을 짓지
않도록 하시오."

또한 물어 말하였다.

"구수여. 누구에게 편주법(遍住法)[11]을 짓고, 혹은 복본변주(覆本遍住)[12]
를 지어 마음으로 즐거이 죄에서 벗어나게 하려는 것이오?"

대답하여 말하였다.

"다른 특별한 일은 없습니다. 다만 성자 대목련을 위하여 죄를 아니
보았다는 것에 사치갈마를 짓고자 합니다."

신자가 알려 말하였다.

"구수여. 작은 인연으로 기덕(耆德)[13]을 괴롭히지 마시오. 그러나 박가범
(薄伽梵)께서는 일체의 지견(知見)이시며 무상지경계(無上智境界)에서 대자
재(大自在)를 얻어 능히 다른 사람의 의심을 끊어주시니 그대가 자세히
여쭈어 보시오. 세존의 가르침에 따라 나는 마땅히 받들어 지닐 것이오."

이때 여러 필추는 이 인연으로 세존께 아뢰었다. 세존께서는 때를
아시고 물으셨으며, [자세한 설명은 앞에서와 같다.] 이때 세존께서 대목련
에게 알려 말씀하셨다.

"그대는 무슨 마음으로 신통력을 나타내어 그 동자를 데려 왔는가?"

이때 목련은 그 일을 세존께 아뢰었고 세존께서는 모든 필추에게 알리셨
다.

"목련필추가 이와 같이 마음을 지어 신력(神力)을 나타내었으니 죄를
범하지 않았느니라."

---

11) 별주법(別住法)이라고도 하며, 승단 내부에서 일반 대중과 격리하여 따로 혼자
　　머무르게 하는 법이다.
12) 편주법을 다시 짓는 것을 가리킨다.
13) 법랍이 많고 덕이 높은 수행자를 가리키는 말이다.

세존께서는 왕사성 죽림원에 머무르셨다.

이때 구수 필린타파차(畢隣陀婆蹉)의 외조카는 집에서 외전(外電)들을 익히며 읽었다. 필린타파차는 초분에 옷과 발우를 지니고 왕사성에 들어가서 차례로 걸식하여 매부(妹夫)의 집에 이르렀고, 아이가 공부하는 것을 보고 매부에게 물었다.

"이 아이는 무슨 책[書論]을 읽고 있는가?"

대답하여 말하였다.

"외전입니다. 존자여. 다른 학문[外學]을 그만두고 불경을 부지런히 익히게 하여 주십시오."

필린타파차는 곧 매부를 위하여 친히 동자에게 가르쳤고, [자세한 설명은 앞에서와 같다.] 동자는 나아가 모든 영락을 갖추어 죽림의 가운데에 갈 때에 가을 도둑에게 납치되어 배에 태워져 물을 따라 흘러가고 있었다. 이때 그 시종들은 도둑이 납치하는 것을 보고 빠르게 달려 집에 돌아와 대가(大家)에게 알려 말하였다.

"수업을 받는 동자가 가을 도둑에게 겁탈을 당하였습니다."

이때 그 매부는 곧 급하게 영승왕(影勝王)의 처소에 나아가 알려 말하였다.

"나의 아들이 가을 도둑에게 겁탈을 당하였습니다. 지금 대왕께서 아들을 구해주시기를 애원합니다."

이때 왕은 미생원(未生怨)[14]에게 칙명으로 말하였다.

"그대는 마땅히 빨리 가서 가을 도둑을 엄습하여 잡아서 바라문의 아들을 찾아오게."

이때 미생원이 이전부터 바라문을 싫어하였으므로 비록 왕의 명령을 받들었으나 서둘러 이행하지 않았다. 이때 천녀(天女)가 성자 필린타파차

---

14) 산스크리트어 ajātaśatru의 음사로 미생원(未生怨·未生寃)이라 번역된다. 부왕(父王)인 빔비사라(bimbisāra)를 감옥에 가두어 죽이고 즉위한 마가다국(magadha國)의 왕이다. 재위기간은 기원전 550년경~520년경이고, 어머니는 위제희(韋提希)이며, 코살라국(kosala國)과 카시국(kāśi國)과 브리지국(vrji國)을 정복하였다.

172

의 처소에서 깊이 공경하고 존중하였으므로 알려 말하였다.

"성자여. 아십니까? 당신의 조카가 가을 도둑에게 납치되었습니다."

이때 필린타파차는 곧 이렇게 생각하였다.

'이 조카를 내가 만약 구하지 않으면 아이는 부모와 함께 세상을 떠나서 괴로울 것이고, 공경하지 않고 믿지 않는 사람들은 듣고서 마음으로 기뻐할 것이며, 공경하고 믿던 사람은 혹은 퇴전이 생기고, 이곳에 왕래하는 사람들은 도둑에게 납치될 것이라고 생각할 것이니, 누가 다시 즐겁게 죽림에 들어오겠는가? 나는 지금 마땅히 빠르게 신통을 드러내야겠다.'

이렇게 생각하고서 성자는 신통력으로써 그 배에 이르러 도둑의 배를 능히 떠나지 못하게 하였다. 이때 그 가을 도둑은 이와 같이 생각하였다.

'무슨 뜻으로 나의 배가 앞으로 나가지 않는가?'

그리고 언덕의 끝에서 성자 필린타파차가 멈추어 서서 바라보고 있는 것을 보았다. 이때 도둑은 알려 말하였다.

"성자여. 어떤 인연으로써 나를 괴롭게 하십니까?"

대답하여 말하였다.

"그대가 악법을 가지고 나를 괴롭게 하는 것이지, 내가 그대를 괴롭히는 것이 아니네. 만약 내가 이와 같은 성스러운 법을 증명하지 않으면 바라문의 아들은 영원히 납치될 것이네."

도둑이 말하였다.

"성자여. 내가 이 아이를 풀어드리겠으니 뜻을 따라서 하십시오."

곧 언덕으로 올려 보냈으므로 이때 성자는 드디어 신통력을 거두고서 외조카에게 알려 말하였다.

"그대는 빨리 돌아가서 그대의 부모를 보아라. 내일 마땅히 수업할 수 있을 것이다."

동자는 돌아가는 길에 미생원이 사군(四軍)을 엄숙하게 정비하여 왕사성을 출정하고 있었는데 길에서 동자를 보고 물어 말하였다.

"그대는 어디서 오는가?"

대답하여 말하였다.

"나는 죽림을 향하여 가는 중간에 도둑에게 납치되었습니다."

"누가 그대를 데리고 왔는가?"

대답하여 말하였다.

"나의 외삼촌이신 필린타파차입니다."

이때 미생원은 마음에 환희심이 일어나 큰 소리로 말하였다.

"우리들은 지금 흔쾌한 좋은 이익을 얻었다. 우리나라 안에는 이와 같은 큰 지혜의 성자가 모든 위력을 갖추니 현재의 법 가운데서나 미래세에서도 모든 번뇌가 영원히 소멸될 것이다."

이렇게 찬탄하고서 왕사성으로 돌아갔다. 이때 육중필추는 일을 인연하여 성을 나오면서, 길에서 만났으므로 물어 말하였다.

"당신은 누구를 찬탄합니까?"

대답하여 말하였다.

"당신들의 성스러운 대중을 찬탄합니다."

"우리들의 어떠한 일을 당신은 찬탄합니까?"

대답하여 말하였다.

"바라문의 아들이 가을 도둑에게 잡혀 갔었는데 성자 필린타파차가 신통력으로 그의 아들을 구하였습니다."

육중이 대답하여 말하였다.

"그대는 어리석은 사람이구려. 우리들은 비록 이와 같은 신통력이 있는 사람들에게 믿고 존경하지 않소. 그러나 머리를 기른 어리석은 사람과 노형외도는 마음으로 공경하고 사랑함을 일으키는 것이오. 만약 그 노형외도가 그 일을 보았으면 그 가을 도둑을 위하여 나아갈 길을 가르쳐 주었을 것이오."

이때 미생원은 듣고 묵연하면서 대답이 없었다. 이때 육중필추의 난타와 오파난타는 함께 서로 말하였다.

"우리들도 역시 착한 그 일에 답하여야 한다. 그러므로 욕심이 적은 사람에게는 지금 현재에 죄를 범한 것이네. 우리들이 그에게 가서 허물을 참회하게 하여야 하네."

곧 주처로 돌아와 음식을 먹고서 성자 필린타파차의 처소에 나아가 먼저 공경함을 나타내고서 알려 말하였다.

"상좌여. 원하건대 너그럽게 허락하겠습니까? 힐난하여 묻고자 합니다."

대답하여 말하였다.

"뜻에 따르도록 하시오."

알려 말하였다.

"상좌여. 급고독장자의 아들이 장차 가을 도둑에게 납치되었는데 당신이 빼앗아 데리고 왔다는 그 일이 진실입니까?"

대답하여 말하였다.

"그렇소. 내가 데리고 왔소."

알려 말하였다.

"우리는 이전부터 상좌가 이미 정려에 머무르며 해탈의 즐거움을 받은 것을 알았습니다. 우리들은 진실로 비록 자비가 있어도 그것을 널리 펴신 것을 알지 못하고 있습니다. 제자가 근심하는 것을 생각하고 장차 데리고 온 것은 그 가을 도둑들에게 공포심을 일으켰고 또한 다른 사람이 가진 물건을 강제로 빼앗고 돌아가게 하였으니, 당신은 지금 죄를 범하였으므로 여법하게 참회하여야 합니다."

대답하여 말하였다.

"구수여. 나는 죄를 보지 않았소."

이때 육중필추는 서로 의논하여 말하였다.

"그대들은 마땅히 알 것이네. 세존께서 설하신 것과 같이 '죄를 아니 보았다.'고 하면 마땅히 이 사람에게 사치갈마를 지어야 하여야 하네."

곧 가서 수사인의 처소에 이르러 알려 말하였다.

"구수여. 마땅히 건치를 울리시오. 지금 사치갈마를 짓고자 합니다."

수사인이 물어 말하였다.

"누구에게 짓고자 합니까?"

알려 말하였다.

"욕심이 적은 사람이 진실로 스스로 죄를 범하고, 죄를 참회하지 아니하므로 우리들이 지금 그를 위하여 사치갈마를 짓고자 합니다."

이때 신자(身子)는 대중의 상수로써 수사인에게 알려 말하였다.

"사람들에게 가장 수승한 법 가운데에서 쇠퇴하고 손해되는 것을 짓지 않도록 하시오."

또한 물어 말하였다.

"구수여. 누구에게 편주법을 짓고, 혹은 복본변주를 지어 마음으로 즐거이 죄에서 벗어나게 하려는 것이오?"

대답하여 말하였다.

"다른 특별한 일은 없습니다. 다만 성자 필린타파차을 위하여 죄를 아니 보았다는 것에 사치갈마를 짓고자 합니다."

신자가 알려 말하였다.

"구수여. 작은 인연으로 기덕을 괴롭히지 마시오. 그러나 박가범께서는 일체의 지견이시며 무상지경계에서 대자재를 얻어 능히 다른 사람의 의심을 끊어주시니 그대가 자세히 여쭈어 보시오. 세존의 가르침에 따라 나는 마땅히 받들어 지닐 것이오."

이때 여러 필추는 이 인연으로 세존께 아뢰었다. 세존께서는 때를 아시고 물으셨으며, [자세히 설명한 것은 앞에서와 같다.] 이때 세존께서 필린타파차에게 알려 말씀하셨다.

"그대는 어떠한 마음으로 신통력을 나타내어 그 바라문의 아들을 데려 왔는가?"

이때 필린타파차는 그 일을 세존께 아뢰었고 세존께서는 모든 필추에게 알리셨다.

"필린타파차가 이와 같이 마음을 지어서 신력을 나타내었으니 죄를 범하지 않았느니라."

세존께서는 왕사성 갈란탁가지(羯蘭鐸伽池)의 죽림원 가운데에 머무르셨다.

　이때 빈비사라왕(頻毘娑羅王)15)의 상법(常法)에는 날마다 항상 세존께 가서 발에 예경하고 아울러 모든 대덕 상좌필추에게 예배하였다. 일찍이 어느 때 세존의 발에 예경하고서 한쪽에 앉아 세존의 설법을 들었다. 이때 세존께서는 빈비사라왕을 위하여 여러 법요(法要)를 설하시어 보여주시고 가르치셨으며 이익되고 즐겁게 하시니 왕은 가르침을 듣고서 세존께 예경하고서 물러나 곧 구수 필린타파차의 주처로 나아갔다. 이때 필린타파차는 주처가 허물어진 곳이 있어 스스로 수리하고 있었으나 멀리서 왕이 오는 것을 보고 곧 손발을 씻고 항상 앉는 곳에 용모를 단정히 하고 앉았다. 왕이 먼저 발에 예배하고 한쪽에 앉아서 알려 말하였다.

　“성자여. 어찌 스스로 노동을 하십니까?”

　대답하여 말하였다.

　“대왕이여. 일반적으로 출가한 사람은 모두 스스로 집무(執務)를 하는 것이고 나는 이미 출가하였으니 누구에게 시키겠습니까?”

　왕이 말하였다.

　“만약 이와 같다면 내가 성자를 위하여 일하는 사람을 보내드리겠습니다.”

　알려 말하였다.

　“대왕이시여. 원하건대 병이 없으시고 장수하십시오.”

　이렇게 다섯 번이나 반복하면서 앞에서와 같이 말하였다.

　“나는 성자를 위하여 일할 사람을 보내드리겠습니다.”

　이때 구수 필린타파차에게 한 제자가 있었는데 성품이 곧았으므로 알려 말하였다.

　“대왕께서 스스로 친교사(親教師)께 일하는 사람을 보내주시겠다고 하시어 나의 스승은 대왕의 말씀에 의지하여 수리하지 않아서 소유한 방사(房舍)가 모두 이미 파괴되었습니다.”

---

15) 산스크리트어 bimbisāra의 음사로서 영승(影勝)이라 번역된다. 마가다국(magadha 國)의 왕으로서 앙가국(aṅga國)을 점령하였고, 왕사성(王舍城) 근처에 죽림정사(竹林精舍)를 세존께 공양하였다.

왕이 곧 알려 말하였다.

"성자여. 내가 어느 때에 일하는 사람을 보내주겠다고 하였습니까?"

알려 말하였다.

"대왕이여. 오직 한 번만이 아니고 이와 같이 다섯 번을 말하셨습니다. 왕은 국사(國事)가 번거로워 잊으시고 능히 기억하지 못하는 것입니다."

왕의 상법(常法)은 다만 명령을 내리면 신하가 반드시 글로서 기록하였으므로 기록하는 사람에게 물어 말하였다.

"내가 진실로 일찍이 일하는 사람을 보내주기로 하였던가?"

대답하여 말하였다.

"진실로 그렇습니다. 이미 다섯 번이나 말하였습니다."

"만약 이와 같다면 마땅히 나를 책망해야 합당할 것이오. 나는 지금 마땅히 500의 정인(淨人)을 보내어 일을 마무리 하겠습니다."

곧 대신에게 말하였다.

"마땅히 성자에게 500의 일꾼을 제공하시오."

이때 필린타파차는 곧 왕에게 알려 말하였다.

"대왕이여, 나는 출가를 인연하여 일꾼(給事)을 모두 버렸는데 지금 일하는 사람을 얻어 무엇을 하겠습니까?"

알려 말하였다.

"성자여. 승가 대중의 일을 위하여 마땅히 그것을 받아야 합니다."

"만약 왕의 말씀과 같다면 내가 마땅히 세존께 아뢰어야 합니다."

왕이 말하였다.

"성자여. 가시어 세존께 여쭈어 보십시오."

이때 필린타파차는 이 일로써 세존께 아뢰니, 세존께서 말씀하셨다.

"만약 승가를 위한 것이라면 마땅히 그것을 받아야 할 것이니라."

이때에 필린타파차는 가르침을 받들어 받았다. 이때 보내진 사람들은 비록 승가에 들어왔으나 아직 왕의 노역을 면제받지 못하여 모든 사람들은 성자에게 알려 말하였다.

"우리들은 처음 승가에 보내져 모시게 된다고 하여 마음이 진실로 기뻤습니다. 그러나 어찌 한 몸으로 두 가지의 일을 하겠습니까?”
알려 말하였다.

“현수여. 그대들은 염려하지 마시오. 내가 마땅히 그대들을 위하여
대왕께 알려서 알게 하겠소.”

뒤에 다른 때에 영승왕(影勝王)은 성자의 처소에 나아가 발에 머리
숙여 예배하고서 한쪽에 앉았다. 이때 존자는 알려 말하였다.

“대왕이시여. 이전에 승가에게 보내주신 일꾼들에게 어찌 다시 대왕께
서는 후회하는 마음이 생기셨습니까?”

왕이 말하였다.

“성자여. 나는 진실로 일찍부터 후회하는 생각은 없었습니다.”

또 왕에게 알려 말하였다.

“무슨 뜻으로 모든 사람들에게 아직 왕의 노역을 면제하지 않습니까?”

왕은 이때 대신에게 칙명으로 말하였다.

“내가 성자에게 보내준 일꾼은 이미 승가에게 소속되었으니 왕의 노역
을 면제시키시오.”

대신은 칙명을 받들어 곧 모두 방면하였다. 다른 때에 국가에서 일으킨
일이 있어 반드시 일꾼들을 부르고자 하였다. 대신들이 찾아 불렀으나
오는 자가 없었고, 승가에게 보내지 않은 사람까지도 역시 모두 거짓으로
승가에 보내졌다고 말하였다. 이때 대신은 이 일을 왕에게 알렸다.

“왕이시여. 부역(役使)의 인연이 있어 불러도 오지 않고, 모두가 ‘나는
승가의 급사(給使)이다.’고 말합니다.”

왕이 말하였다.

“만약 이와 같다면 모두 옛날과 같이 왕의 노역에 충당해야 할 것이오.”

이것을 좇아 이후부터 먼저 보내준 사람을 아울러 왕의 일에 충당하였다.
그 보내진 사람이 존자의 처소에 나아가 알려 말하였다.

“우리들은 다시 나라의 노역에 동원되었습니다. 우리들을 위하여 다시
왕께 말씀하여 주십시오.”

성자가 그들을 위하여 왕에게 말하였다.

"일꾼을 보내신 것을 지금 다시 후회하십니까?"

왕이 말하였다.

"무슨 뜻입니까?"

알려 말하였다.

"승가에게 보내신 사람을 다시 왕의 노역에 충당하십니까?"

왕이 말하였다.

"성자여. 다만 궁궐에 노역이 있으면 모두가 '나는 이 승가의 일꾼입니다.'고 말하고 궁궐의 일을 회피합니다. 오직 원하건대 성자여. 별도로 정인(淨人)16)의 방을 짓고, 그 사람을 구별되게 하여 다른 사람들과 섞이지 않도록 하여 주십시오."

성자가 왕에게 대답하였다.

"나는 마땅히 세존께 아뢰어야 합니다."

왕이 말하였다,

"알겠습니다."

이때 필린타파차는 이 일을 세존께 아뢰니 세존께서 말씀하셨다.

"나는 지금 정인의 방을 짓는 것을 허락하노라."

이때 모든 필추가 어느 곳에 짓는가를 알지 못하니, 세존께서 말씀하셨다. "왕의 성(王城)과 정사(精舍)17)의 이 중간으로 부르는 소리가 들리는 곳에 마땅히 지을 것이니라."

이때 모든 필추는 세존의 가르침을 받고서 대신들에게 가서 알렸다.

"지금 이곳에 세존의 가르침을 받들어 정인의 방을 짓고자 합니다."

이때 대신이 곧 왕께 말하여 알리니 왕이 말하였다.

"세존의 가르침을 따르시오."

대신이 널리 모든 정인에게 알려 말하였다.

---

16) 사찰에 머무르면서 사찰의 일을 맡아보는 사람을 가리킨다.
17) 산스크리트어 vihāra의 의역으로 승원(僧院)이라 번역된다. 필추들이 모여 안거를 위한 목적에 의해 생겨났으나 시대가 흐르면서 종교의례를 집행하는 성소(聖所)로서 성격이 변화되었다.

"승가는 지금 그대들을 위하여 별도로 머물 곳을 지으니 그대들을 지금 모두 그곳에 가서 머무르도록 하시오."

정인이 듣고서 곧 그곳으로 가서 함께 머물 방을 짓는 것을 마쳤다. 이때 정인들은 항상 죽림에 머무르며 승가의 급사에 충당되었다. 이때 필추 대중은 모든 사람에게 알려 말하였다.

"청정한 업은 마땅히 지을 것이고, 청정하지 않은 일은 모두 마땅히 짓지 않을 것이며, 청정한 업을 짓는 까닭으로 정인이라고 말합니다. 만약 주처를 방호(防護)하니, 승원(僧園)을 지키는 사람이라고 이름합니다."

그 청정한 사람과 나아가 승원을 지키는 사람이 날마다 죽림 가운데에 와서 시끄럽고 어지럽게 하여 필추들의 수행하는 업을 방해하였으므로 여러 필추가 세존께 아뢰니, 세존께서 모든 필추에게 알려 말씀하셨다.

"항상 모으지 않을 것이고, 일이 있으면 마땅히 부르도록 하라. 만약 사역(使役)이 없으면 본방(本坊)에 머물게 하라."

이때 모든 필추가 다시 세존께 알려 말씀드렸다.

"그 모든 정인이 필요한 옷과 음식은 어떻게 제공하여야 합니까?"

세존께서 말씀하셨다.

"승가를 위하여 일을 하는 사람은 옷과 음식을 제공하고, 일을 하지 않으면 내쫓고 옷과 음식을 주지 않을 것이며, 늙고 병든 사람은 옷과 음식을 제공하고 아울러 모든 약이 되는 음식을 제공하라."

뒤의 다른 때에 오파난타는 다음의 승가의 일을 알고서 모든 정인에게 알려 말하였다.

"현수여. 나는 지승사인(知僧事人)이니 그대들은 내일 아침에 일찍 사찰에 들어오시오."

이때 왕사성 안의 모든 필추는 하안거(夏安居)를 마쳤고, 가을에는 항상 가율저가(迦栗底迦)의 도둑이 있었다. 이 모든 가을 도둑들이 함께 서로 의논하여 말하였다.

"나는 그대들과 함께 무슨 업을 지으면 힘들게 노력하지 않고 일년을 의식이 풍족하고 안락하게 수용할 수 있겠는가?"

그 가을 도둑 가운데 한 사람이 있었는데, 일찍이 쫓겨난 필추로서 지승사(知僧事)의 일을 알고 있었으므로 모든 도둑에게 알려 말하였다.

"죽림원의 처소에 정인의 방이 있고 재물이 많으니 함께 가서 겁탈하여 취하면 일년을 우리들이 풍부하고 즐거울 것입니다."

한 도둑이 알려 말하였다.

"그 모든 필추들이 이 정인의 주인일지도 성문을 돌아다니면서 구걸하여 오히려 자신의 몸도 채우지 못하는데 하물며 이 정인에게 재물이 있겠는가?"

그 도둑이 대답하여 말하였다.

"그대들이 알지 못한 것입니다. 모든 필추들이 비록 항상 걸식할지라도 은혜를 베푸는 사람이 많으며, 다시 스스로 다니면서 구하니 그 재물을 헤아려 보면 왕사성 사람도 역시 능히 미칠 수 없을 것입니다. 하물며 모든 정인에게 옷과 물건이 없겠습니까?"

이때 도둑들이 의논하여 결정하고 곧 그날 밤에 정인의 방에 나아가 물건을 겁탈하고자 하였다. 이때 천인이 있어 성자 필린타파차에게 처소에서 깊이 존경을 일으켜 성자에게 가서 알려 말하였다.

"여러 가을 도둑들이 그 정인을 겁탈하려고 합니다. 성자시여. 자비로서 원하건대 구호(救護)하여 주십시오."

이때 필린타파차는 곧 이렇게 생각하였다.

'내가 구호하지 않으면 그 정인은 마음에 근심과 고통이 생길 것이고, [자세한 설명은 앞에서와 같다.] 내가 지금 마땅히 신통력을 나타내어야겠다.'

이렇게 생각하고서 정인의 방에 철의 담장으로 넓게 둘러쌓았다. 이때 도둑들이 훔친 물건을 가지고 그 방을 나왔으나, 다만 철의 담장만이 견고할 뿐이요, 나가는 길이 없었다. 마음에 두려움이 생겨나 훔친 물건을 버리니, 잠깐사이에 철의 담장을 볼 수 없었다. 이때 도둑들이 다시 훔친 물건을 집으니 철의 담장이 홀연(忽然)이 다시 나타났다. 이와 같이 일곱

번에 이르자 도둑들이 서로가 말하였다.

"그대들은 알겠는가? 반드시 성자가 있어서 큰 위덕을 갖추어 이 물건을 보호하는 까닭으로 이러한 신통이 나타나는 것이다. 우리들은 마땅히 물건을 버리고 함께 빠르게 도망하여 숨도록 하자."

이때 가을 도둑들은 물건을 모아 한 곳에 놓고 모두 달아났다. 정인이 알고서 다투어 함께 큰소리로 외쳤다.

"도둑을 당했다."

그들은 이미 재물을 잃고 함께 근심하며 두루 머무르는 방을 돌아서 그 물건을 찾았으며, 드디어 옷과 물건이 한 곳에 모아져 있는 것을 보고 곧 환희심이 일어나 곧 그 물건을 가지고 집에 간직하고서 누웠다. 이때 그 천인이 꿈속에서 그들에게 알려 말하였다.

"그대들이 가을 도둑에게 겁탈당하지 않은 것은 모두 이 성자이신 필린타파차의 신통력 때문이니라."

이미 날이 밝았으니 정인들은 함께 서로 말하였다.

"우리들이 재물을 잃을 것을 벗어난 것은 모두 성자의 은혜의 힘이다. 역시 다른 사람은 자비를 능히 일으킬 수 없을 것이다. 우리들은 마땅히 적을지라도 공양하여야 한다."

모두 함께 목욕하고서 깨끗한 옷을 입고 머리를 꾸미고 향을 바르고 공양물을 가지고 죽림으로 나아갔다. 이때 오파난타는 새벽에 일어나 열쇠로 사찰의 문을 열고 등불과 촛불을 끄고 마당을 쓸고 자리를 펴고서 솔도파(率堵波)에 향과 꽃을 공양하고서 높은 누각에 올라 건치를 울리고 사방으로 바라보니 멀리서 깨끗한 흰 옷을 입고 향을 바르고 머리를 꾸민 사람들이 보였다. 오파난타는 곧 이렇게 생각하였다.

'저곳에서 오는 사람들은 어떠한 부유한 거사인 상주(商主)로써 새벽부터 이곳에 오는가?'

문에 가까이 이르자 이들이 정인인 것을 알았다. 오파난타는 곧 화를 내면서 멀리서 그들에게 알려 말하였다.

"나는 아직 그대들에게 새벽에 일찍 오라고 하지 않았는데 무슨 까닭으로 이렇게 왔소?"

정인이 알려 말하였다.

"성자여. 우리들은 지난 밤에 만약 성자 필린타파차께서 자비로서 호념하지 않았다면 우리들의 재물은 도둑들에게 모두 약탈되었을 것입니다."

오파난타는 정인에게 말하였다.

"그대들은 그의 힘을 믿고 다투어 달려와 시끄럽게 할지라도 나는 그 사람을 위하여 벌을 다스리는 법을 짓느니라."

이렇게 말하고서 곧 육중필추를 불러 함께 성자 필린타파차의 처소에 나아가 알려 말하였다.

"상좌여. 원하건대 너그럽게 허락하겠습니까? 힐난하여 묻고자 합니다."

대답하여 말하였다.

"뜻에 따르도록 하시오."

알려 말하였다.

"정인의 방에 소유하고 있는 재물을 도둑이 훔쳐가는 것을 신통력으로 빼앗아 두었다는 것이 진실입니까?"

대답하여 말하였다.

"진실로 그렇소."

알려 말하였다.

"우리는 이전부터 상좌가 이미 정려에 머무르며 해탈의 즐거움을 받은 것을 알았습니다. 우리들은 진실로 비록 자비가 있어도 그것을 널리 펴신 것을 알지 못하고 있습니다. 정인을 애민(哀愍)하게 호념하여 가을 도둑에게는 철의 담장으로 둘러싸고 또한 그들이 이미 거둔 물건을 강제로 빼앗아 두었으니, 당신은 지금 죄를 범하였으므로 여법하게 참회하여야 합니다."

대답하여 말하였다.

"구수여. 나는 죄를 보지 않았소."

"나는 상좌는 이미 정려에 머물러 해탈의 수승한 낙을 받은 것을 전부터 알았습니다. 그러나 나는 상좌가 비록 자비가 있다고 할지라도 널리 미칠 수 없음을 알지 못하였소. 정인을 애민(哀愍)하게 호념하여 가을 도둑에게는 철의 담장으로 둘러싸고 또한 그들이 이미 거둔 물건을 강제로 빼앗아 두었으니 그대는 이미 죄를 범하였소. [자세한 설명은 앞에서와 같다.] 나아가 건치를 울려 사치(捨置)를 짓고자 합니다."

상좌 사리자는 그것을 자세히 살피게 하였고, 여러 필추는 세존께 알리니 세존께서는 필린타파차에게 알려 말씀하셨다.

"그대는 어떠한 마음으로 신통을 나타내었으며, 정인의 물건을 놓아두었는가?"

필린타파차는 이 일을 갖추어 세존께 아뢰니 세존께서는 모든 필추에게 알려 말씀하셨다.

"필린타파차가 만약 이러한 마음을 지어 신통력을 나타내었으면 범한 것이 없느니라. 또한 범한 것이 없는 것은 가장 처음으로서 아직 계를 제정하지 않은 것이고, 어리석고, 미쳤으며, 마음이 어지럽고 고통스러운 것에 얽매인 것이다."

불여취학처(不與取學處)를 마치겠노라.

근본설일체유부비나야 제6권

삼장법사 의정 한역
석보운 번역

3) 단인명(斷人命) 학처 ①

총괄하여 계송으로 섭수하여 말하겠노라.

처음은 타색가(駄索迦)를 인연하여
몸의 안(內身) 등으로 살생을 하였고
독해(毒害)와 시체의 귀신을 일으키는 것이며
뒤에서는 욕실의 일을 논하겠다.

별도의 게송으로 섭수하여 말하겠노라.

타색가와 파락가(波洛迦)와
선어(善語) 및 길상(吉祥)과
발우와 옷과 아우러 태(胎)를 떨어뜨리는 것과
장자(長者)와 녹(鹿) 범지가 있다.

어느 때 박가범께서는 실라벌성 서다림의 급고독원에 머무르셨다.
이때 성 안에는 두 필추가 있었으며 한 필추는 타색가라고 이름하였고,
다른 필추는 파락가라고 이름하였다. 서로의 마음을 얻고서 친해져 함께
지우(知友)가 되었다. 그 다른 때 파락가는 병이 들었고 타색가는 간병인(看
病人)이 되었다. 이때 파락가가 홀연히 밤중에 큰소리로 통곡하니 타색가가

물었다.

"구수여. 어떤 뜻으로 우는가?"

대답하여 말하였다.

"나는 병이 들어 배고프고 갈증에 괴로움을 당하고 있네."

타색가가 알려 말하였다.

"구수여. 출가법으로서 마땅히 그것을 억눌러야 하네. 가령(假令) 음식이 있어도 주는 사람이 없으니 하물며 지금 이 시각에 음식을 얻을 수 있겠는 가?"

그는 곧 슬피 울었고, 날이 밝으니 말하였다.

"나는 배고프고 목이 마르네."

타색가가 말하였다.

"구수여. 다시 치목(齒木)¹⁾을 씹게나. 내가 의사에게 물어보겠네."

의사가 있는 곳에 이르러 알려 말하였다.

"현수여. 지금 젊은 필추가 갑자기 병이 들어 시간이 없으니 그를 위하여 마땅히 처방을 해주십시오."

의사가 대답하여 말하였다.

"성자여. 그 필추에게는 마땅히 이와 같은 약을 주어야 합니다."

이때 파락가는 타색가가 떠난 뒤에 곧 평상에서 일어나 의복을 단정히 하고 가죽신을 신고 군지(君持)²⁾를 가지고 치목을 씹고 문 밖으로 나가 양치를 하였다. 다른 필추가 물어 말하였다.

"구수 파락가여. 어떠한 뜻으로 밤새도록 괴롭게 울었습니까?"

대답하여 말하였다.

"나는 매우 배고프고 목이 말랐습니다."

물어 말하였다.

"나에게 물과 같은 죽이 있으니 먹겠습니까?"

---

1) 이를 닦고 혀를 긁는 데 쓰는 나뭇조각이다. 버드나무로 만들며 한쪽은 뾰족하고, 다른 쪽은 납작하다.

2) 산스크리트어 kuṇḍikā의 음사로서 물병을 가리킨다.

대답하여 말하였다.

"매우 좋습니다. 나는 지금 먹겠습니다."

빠르게 먹는 것을 마치니 다시 다른 필추가 물어 말하였다.

"구수여. 나에게 지금 우유죽과 떡과 고깃국이 있는데 그것을 먹겠습니까?"

대답하여 말하였다.

"얻고자 합니다."

곧 방으로 들어가 배부르게 먹으니 곧 배가 불러 옆구리를 바닥에 붙이고 누웠다. 이때 타색가는 의사에게 묻고서 빠르게 의사가 말한 약을 가지고 와서 알려 말하였다.

"구수 파락가여. 일어나 치목을 씹게."

대답하여 말하였다.

"이미 끝냈네."

타색가가 말하였다.

"좋네."

곧 그를 위하여 단(壇)을 짓고서 구리그릇을 닦고 일어나 음식을 먹으라고 불렀다. 파락가는 타색가의 마음을 생각하였으므로 곧 일어나 앉았다. 이때 타색가는 사람을 시켜 음식을 가지고 와서 그에게 주었다. 두세 숟가락을 뜨고서 곧 누우니 타색가가 말하였다.

"구수여. 어떤 뜻으로 먹지 않는가?"

대답하여 말하였다.

"나는 먹고 싶지 않네."

알려 말하였다.

"그대는 밤이 지나도록 극심하게 괴로워하며 울면서 배고프다고 말하였네. 지금 내가 음식을 주어도 먹고 싶지 않다고 말하니 그대는 지금 틀림없이 죽을 것이네."

이때 다른 필추가 알려 말하였다.

"구수 타색가여. 수고롭게 핍박하지 마시게. 이미 나의 처소에서 물·우유죽·얇은 떡·고기 등을 배부르게 먹었네."

타색가가 파락가에게 물어 말하였다.

"구수여. 그대는 진실로 좋은 음식을 배부르게 먹었는가?"

곧 천천히 작은 목소리로 부끄러워하면서 말하였다.

"나는 이미 먹었네."

이때 타색가는 곧 그것을 알려 말하였다.

"나는 그대를 위하여 고의적으로 옷과 발우를 거두고 선업을 닦는 것을 그만두고서 도와주었으나, 그대는 스스로가 선하지 않은 것을 장차 삼가하지 아니하면, 오히려 독을 먹을지언정 마땅히 이와 같이 꺼리는 음식을 먹으면 아니될 것이네."

이때 파락가는 이 말을 듣고서 깊이 부끄러움을 품고서 곧 이렇게 생각하였다.

'함께 범행(梵行)하는 자여. 이러한 말로서 나를 꾸중하는 것은 옳은 것이오. 나아가 오히려 독약을 먹을지라도 꺼리는 물건을 먹지 말라고 나를 꾸중하니, 나는 지금 진실로 독약을 먹어야 하는 것이다.'

곧 일어나 앉아서 걸망에서 독약을 찾아내어 드디어 곧 독약을 먹었다. 약효가 나타나 현기증이 일어나고 장차 죽게 되어 두 눈이 뒤집혔고 입안에서 거품이 나왔으므로 울면서 부르짖었다.

"타색가여. 나 죽는다, 나 죽는다."

이때 타색가가 듣고서 놀라서 급하게 와서 물었다.

"구수 파락가여. 어찌 참지 않고서 급하게 우는 것인가?"

파락가가 말하였다.

"그대가 나를 위하여 힘들게 약을 구하였으며, '스스로 장차 삼가지 않으니 차라리 독약을 먹을지라도 오히려 이와 같은 꺼리는 음식은 먹지 말라.'는 것을 듣고서 곧 '함께 범행자는 나를 위하여 수고를 하는데 스스로 능히 삼가지 못하였으니 나는 지금 마땅히 그 독약을 먹어야 하리라.' 생각하고 마침내 걸망에서 독약을 찾아 그것을 삼키었네."

이때 타색가는 이 말을 듣고서 눈에 눈물이 가득하여 슬퍼하면서 알려 말하였다.

"구수여. 그대는 지금 무슨 까닭으로 좋지 못한 일을 하였는가?"

곧 빠르게 의사에게 달려가서 물으니, "그 독약은 아주 독한 것이라서 고치지 못할 것이고 마침내 곧 죽을 것입니다."라고 말하였다. 타색가는 의사에게서 약을 얻어 급히 돌아왔으나 파락가의 목숨이 끊어진 것을 보고서 곧 후회가 일어나 이렇게 생각하였다.

'어찌 내가 지금 이러한 죽음을 권유한 것이 아니겠는가?'

이 인연으로 여러 필추에게 알리고 여러 필추는 세존께 아뢰었다. 세존께서는 모든 필추에게 알리셨다.

"타색가는 죽이려는 마음이 없었던 까닭으로 범한 것은 아니다. 그러나 모든 필추는 마땅히 병든 사람 앞에서 이와 같은 말을 하여 그 병자가 듣고서 죽음을 구하게 하여서는 아니되느니라. 만약 이와 같이 말하면 월법죄를 얻느니라."

이러한 인연이 일어났으나 오히려 세존께서는 아직 모든 성문 제자를 위하여 비나야에서 그 학처(學處)를 제정하지는 않으셨다.

세존께서는 실라벌성 급고독원에 머무르셨다.

이때 성 안에는 두 필추가 있었으니 한 필추는 선어(善語)라고 이름하였고, 다른 필추는 길상(吉祥)이라고 이름하였다. 서로의 마음을 얻고서 친해져 함께 지우가 되었다. 선어필추는 사냥하던 직업을 버리고서 출가하였고 길상필추는 장자(長者)를 버리고서 출가하였다. 선어의 외조카인 두 동자(童子)가 있었으나 부모를 모두 잃고서 떠돌다가 서다림에 이르러 문 밖에서 머무르고 있었다. 이때 선어가 문을 나서다가 우연히 만났다. 자세히 얼굴 모양을 보고 옛 친척인 것을 알고서 곧 물어 말하였다.

"그대들의 부모는 지금 어느 곳에 있는가?"

동자가 대답하여 말하였다.

"이미 모두 돌아가셨습니다."

선어가 듣고서 자기도 모르게 눈물을 흘렸다. 이때 여러 필추들이 보고서 물어 말하였다.

"이 두 동자는 누구입니까?"

대답하여 말하였다.

"나의 외조카입니다."

필추들이 알려 말하였다.

"이미 외삼촌의 친척으로써 어찌 거두어 기르지 않습니까?"

대답하여 말하였다.

"나도 걸식하여 오히려 스스로도 공급하지 못하는데, 하물며 다시 다른 사람까지 능히 기르겠습니까?"

필추들이 알려 말하였다.

"이 두 동자들이 필추들에게 나무·잎·꽃·과일 및 치목을 공급하게 하고서 필추들은 마땅히 발우 가운데에서 음식을 나누어 주면 충분히 구제할 수 있을 것입니다."

이 말을 듣고서 선어는 곧 맡아서 길렀다. 이 두 동자는 성품이 공손하고 부지런하여 모든 필추를 위하여 나무·잎·꽃·과일 및 치목을 잘 공급하여 모셨다. 이때 모든 필추는 음식을 나누어 베풀었고 아울러 옷과 필요한 것을 주었다. 많은 세월이 흘러 두 동자는 점차 장대해지고 용모도 원만해졌다.

어느 때 일찍 사찰의 문 앞에서 놀고 있는데 다른 친속이 활과 화살을 잡고서 서다림 앞에서 사슴을 쫓아가면서 동자에게 물었다.

"그대들은 무슨 인연으로 이곳에 머무르게 되었는가?"

동자가 대답하여 말하였다.

"우리 외삼촌이 이 석자(釋子) 가운데에서 출가하였고, 우리는 그에 의지하여 머물고 있습니다."

사냥꾼이 알려 말하였다.

"그대들의 외삼촌은 스스로가 살아가지 못하여 석자 가운데에 출가를 하였네. 그대들은 어찌 다시 살아갈 수 없겠는가? 마땅히 뜻을 세워 아버지의 그 가업을 익혀야 할 것이네."

동자가 곧 친속에게 대답하여 말하였다.

"외삼촌은 우리들에게 진실로 깊은 은혜가 있습니다. 지금 그곳에 가서 외삼촌에게 묻고서 그 일을 결정하겠습니다."

외삼촌 처소에 가서 알려 말하였다.

"성자여. 우리는 지금 필추들을 모시는 것을 그만두고 아버지의 가업을 익히고자 합니다."

외삼촌이 곧 대답하여 말하였다.

"나는 믿음으로 보시로써 그대들 두 사람을 길러왔는데 어찌하여 지금 다시 돌아가서 악한 행을 닦고자 하는가?"

두 동자가 알려 말하였다.

"우리가 설령(設令) 이마에 걸친 금목걸이는 오히려 버릴 수 있겠으나, 어찌 능히 할아버지의 가업을 버리겠습니까?"

마침내 외삼촌의 말을 듣지 않고서 함께 떠나서 사냥을 하며 스스로 생활하였다. 뒤의 어느 때 길상의 몸에 중병이 있어 선어가 간병인이 되었다. 이때 길상은 병의 고통에서 시달려 곧 스스로 생각하였다.

'나는 지금 계를 지니어 모든 악을 짓지 아니하였으나, 천당(天堂)과 해탈(解脫)은 가벼운 장막(帳幕)으로 막은 것과 같으나, 지금 마땅히 고통스런 의지처(所依)인 몸을 버리면 마땅히 좋은 곳에 태어날 것이다.'

다시 이렇게 생각하였다.

'나는 지금 고통을 당하고 있는데 누가 마땅히 나를 죽여 생명을 끊어 줄 것인가?'

마침내 선어에게 두 명의 외조카가 있는 것을 기억하였다.

'성품이 거칠고 폭력적이니 그들은 나를 능히 죽일 수 있을 것이다. 어찌 다른 사람에게 부탁하겠는가?'

이렇게 생각하고서 선어에게 알려 말하였다.

"구수여. 그대의 외조카는 지금 어디에 있는가?"

대답하여 말하였다.

"그 두 명의 이름을 나는 듣는 것조차도 싫네. 모두를 신심있는 보시로써 길렀으나 그들은 지금 악업을 얻어 행하고 있네. 함께 그 조부가 하였던 사냥하는 일로써 여러 생명을 죽이면서 스스로 살아가고 있다네."

길상이 말하였다.

"그 두 아이를 싫어하거나 한스러운 마음을 일으키지 말게. 그 두 아이가 서다림에 있을 때에는, 나아가 일찍이 곤충(昆蟲)도 해치는 것을 볼 수 없었네. 악한 사람들이 권유하고 유혹하여 지금 죽이는 업을 하는 것이니 그대가 지금 특히 그 나쁜 사람들의 권유를 버리도록 해야 하네. 그대가 밖에 나가면 나는 병들어 홀로 있게 되고 다시 능히 서로 돌보아줄 다른 사람이 없으니 만약 그 아이들을 보면 불러와서 나를 살피고 모시게 하여 주게."

이때 선어는 나와서 걸식하면서 곧 두 아이가 정육점에서 고기를 팔고 있는 것을 보았다. 외조카들이 외삼촌을 보고 함께 와서 발에 예배하니, 선어는 한탄하면서 알려 말하였다.

"내가 그대들과 어떠한 친속인가?"

대답하여 말하였다.

"우리의 외삼촌입니다."

곧 다시 알려 말하였다.

"구수 길상은 또한 어떤 친속인가?"

대답하여 말하였다.

"그 분도 또한 외삼촌입니다."

곧 알려 말하였다.

"그대들이 떠난 뒤에 그는 병을 앓고 있다. 일찍이 다시 올 수 없으니 잠시 함께 찾아가 보게."

대답하여 말하였다.

"우리는 진실로 알지 못하였습니다. 지금 곧 가서 뵙고자 하니 무엇을 지어야 합니까?"

대답하여 말하였다.

"그가 시키는 것을 그대들은 마땅히 지어야 하네."

이때 그 두 아이는 곧 길상에게 가서 발에 예배하고서 한쪽에 앉았다. 길상이 두 아이를 보고서 알려 말하였다.

"성자 선어는 그대들에게 어떤 친속인가?"

대답하여 말하였다.

"외삼촌입니다."

"나는 지금 그대들에게 다시 어떤 친속인가?"

대답하여 말하였다.

"또한 외삼촌입니다."

길상이 알려 말하였다.

"나는 이렇게 병을 앓고 있는데 어찌 일찍 잠시라도 와서 나를 보지 않았는가?"

대답하여 말하였다.

"외삼촌이시여. 우리는 진실로 알지 못하였습니다. 비로소 처음으로 말씀을 듣고서 우리들은 곧 오게 되었습니다."

길상이 알려 말하였다.

"그대들은 내가 천당에 태어나는 것을 원하는가?"

대답하여 말하였다.

"태어나는 것을 원합니다."

알려 말하였다.

"만약 이와 같다면 나는 풍요롭고 즐거운 다른 지방으로 갈 것이다. 천당(天堂)과 해탈(解脫)은 가벼운 장막(帳幕)으로 막힌 것과 같으나, 지금 마땅히 고통스런 의지처인 몸을 버리면 마땅히 좋은 곳에 태어날 수 있을 것이네. 그대들은 지금 마땅히 나의 명근(命根)[3]을 끊게."

그들이 곧 대답하여 말하였다.

"어찌 이런 일을 하겠습니까? 거짓으로 다른 사람을 시켜 오게 하여서 외삼촌을 해치려고 하여도 우리들이 마땅히 그를 죽일 것입니다. 오히려

3) 생명을 지속시키는 힘인 수명을 가리키는 말이다.

우리들이 함께 외삼촌의 목숨을 끊을 수 있겠습니까?"

알려 말하였다.

"선어가 분명히 이미 그대들에게 알리지 않았던가? 그가 시키는 것을 그대는 마땅히 지어야 하네."

대답하여 말하였다.

"말씀을 들었습니다."

"만약 말을 들었다면 마땅히 약속을 지켜서 나를 위하여 이 번뇌의 명근을 끊게."

이때 두 아이가 서로 의논하여 말하였다.

"어찌 우리의 외삼촌이 먼저 헤아리는 않았겠는가? 이 까닭으로 우리를 불러 오도록 하였고 이러한 일을 짓게 하신 것이네."

이때 두 아이 가운데 한 명이 지극히 거칠고 사나웠으므로 그는 곧 날카로운 칼로 목을 베었고 곧 흰색의 모직물로 죽은 시체를 덮었다. 이때 선어가 돌아와 그들에게 알려 말하였다.

"그대들은 병든 사람을 어떻게 살피고 보호하여 잠들게 하였는가?"

대답하여 말하였다.

"외삼촌이여. 이 외삼촌은 지금 잠들어 다시는 일어날 수 없습니다."

선어가 이 말을 듣고서 놀라고 이상하였으므로 곧 생각하고서 스스로 말하였다.

'나는 지금 마땅히 다시 살펴서 자세히 물어야겠다.'

이때 두 아이들이 일의 인연을 자세히 말하였고, 이때 선어는 마음에서 두려움이 생겨났다. 곧 흰색의 모직을 걷어 그가 죽은 것을 보고서 마음에서 후회가 생겨났다.

'어찌 내가 칼잡이를 구하여 남의 목숨을 끊게 한 것이 아니겠는가?'

이때 그 선어는 친애(親愛)의 이별의 회한(悔恨)이 점점 증가되어 이 일을 갖추어 여러 필추에게 알리고, 여러 필추는 세존께 아뢰었다. 세존께서 모든 필추에게 말씀하셨다.

"그 필추는 죽으려는 마음이 없었으므로 범한 것이 없느니라. 그러나 모든 필추는 마땅히 지혜가 없는 사람을 간병인을 삼지 말라. 반드시 다른 인연이 있어 자신이 밖으로 나가고자 한다면 간병을 잘하지 못하는 사람에게 마땅히 가르쳐야 하고, 병자에게 이치가 아닌 것으로 손해를 없게 하라. 물과 불에 떨어지고, 여러 독을 먹으며, 칼과 도끼를 가지고, 낭떠러지에 떨어지며, 혹은 높은 나무에 오르고, 금지하는 음식을 먹는 것 등을 마땅히 막아서 이것을 인연으로 상해를 입지 않게 하라. 만약 필추가 지혜가 없는 사람에게 병자를 살피게 하고, 또한 잘 가르치지 않고서 버리고 떠난다면 월법죄를 얻느니라.”

이것의 연기(緣起)로서 학처를 제정하지는 않으셨다.

세존께서는 실라벌성 급고독원에 머무르셨다.

이 성 안에 한 필추가 있었는데 사용하는 발우가 색깔이 변하고 구멍이 있었다. 다른 필추들이 알려 말하였다.

“구수여. 그대가 사용하는 발우는 색깔이 변하고 구멍이 있는데 어찌하여 훈증(熏蒸)하여 고치지 않는가?”

알려 말하였다.

“만약 훈증(熏蒸)하여 고치려고 하면 많은 질그릇·쇠똥 및 삼나무의 기름과 지꺼기 등이 필요합니다.”

필추가 알려 말하였다.

“구수여. 그대에게 발우가 없으면 어찌 살아갈 수 있겠습니까?”

알려 말하였다.

“나에게 발우가 없는데 어찌 다시 얻겠습니까? 어느 곳에 한 필추가 있었으며 몸에 큰 병이 얻어 오래지 않아 목숨을 마칠 것입니다. 그에게 발우가 하나 있는데 빛깔이 맑고 둥글고 좋으니, 기다려서 수용할 것입니다. 그가 만약 죽으면 나는 마땅히 그것을 취할 것입니다.”

여러 필추가 듣고서 알려 말하였다.

“구수여. 그대는 발우를 위하여 고의적으로 이러한 극악한 전다라(旃茶羅)[4]의 마음을 일으키는가?”

그 필추는 듣고서 부끄러워하고 다시 뉘우치며 묵연히 머무르고 있었다.

'장차 내가 지금 죄를 범하고 있는 것이 아닌가?'

곧 이 인연으로 여러 필추들에게 알렸고, 여러 필추들은 세존께 아뢰었다. 세존께서는 모든 필추에게 말씀하셨다.

"그 필추는 마음으로 죽는 것을 원하지 않은 까닭으로 범한 것이 없느니라. 그러나 모든 필추는 마땅히 발우를 위하여 이렇게 극악한 전다라의 마음을 일으키면 아니되며, 이러한 마음을 일으키면 월법죄를 얻느니라. 그러므로 모든 필추는 그 발우를 호지(護持)하는 것을 마땅히 눈동자와 같게 할 것이고, 마땅히 꿰맬 것은 꿰매고, 마땅히 훈증할 것은 훈증하라. 만약 필추가 발우가 있으면서 훈증하고 꿰매야 하나, 하지 않는 자는 월법죄를 얻느니라."

이것의 연기로서 학처를 제정하지는 않으셨다.

세존께서는 실라벌성 급고독원에 머무르셨다.

이 성 안에는 한 필추가 있었으나 승가지(僧伽胝)가 찢어지고 낡아서 더러웠다. 다른 필추들이 알려 말하였다.

"구수여. 그대의 승가지는 찢어지고 낡아 더러운데 어찌하여 빨고 물들이며 꿰매어 수선하지 않는가?"

알려 말하였다.

"만약 수선하고자 하면 많은 땔나무·염색약·바늘·실통(線盆) 등이 필요합니다."

필추가 알려 말하였다.

"구수여. 그대에게 옷이 없으면 어찌 살아갈 수 있겠습니까?"

알려 말하였다.

"나에게 옷이 없는데 다시 얻겠습니까? 어느 곳에 한 필추가 있었으며 몸에 큰 병을 얻어 오래지 않아 목숨을 마칠 것입니다. 그에게 승가지가

---

4) 백정이나 옥졸(獄卒) 등 비천한 직업에 종사하는 종족을 가리킨다.

하나 있는데 옷을 새롭게 붉은색으로 물들였으니, 기다려서 수용할 것입니다. 그가 만약 죽으면 나는 마땅히 그것을 취할 것입니다."

여러 필추가 듣고서 알려 말하였다.

"구수여. 그대는 발우를 위하여 고의적으로 이러한 극악한 전다라의 마음을 일으키는가?"

그 필추는 듣고서 부끄러워하고 다시 뉘우치며 묵연히 머무르고 있었다. '장차 내가 지금 죄를 범하고 있는 것이 아닌가?'

곧 이 인연으로 여러 필추들에게 알리고, 여러 필추들은 세존께 아뢰었다. 세존께서는 모든 필추에게 말씀하셨다.

"그 필추는 마음으로 죽는 것을 원하지 않은 까닭으로 범한 것이 없느니라. 그러나 모든 필추는 마땅히 옷을 위하여 이렇게 극악한 전다라의 마음을 일으키면 아니되며, 이러한 마음을 일으키면 월법죄를 얻느니라. 그러므로 모든 필추는 그 옷을 호지하는 것을 마땅히 몸의 피부와 같게 할 것이며, 마땅히 빨고 물들이고 꿰매고 다듬는 것은 마땅히 일을 따라서 지어라. 만약 짓지 않는 자는 월법죄를 얻느니라."

이것의 연기로서 학처를 제정하지는 않으셨다.

세존께서는 실라벌성 급고독원에 머무르셨다.

이 성에 한 장자가 있었으며 승군(勝軍)이라고 이름하였다. 큰 부자로서 재물이 많아서 풍족하게 수용하였고, 같은 종족의 처녀를 아내로 삼았다. 오래지 않아서 아내가 임신하였으며 9개월이 지나서 마침내 한 사내아이를 낳았다. 얼굴빛과 모습이 단엄(端嚴)하여 사람들이 보는 것을 좋아하였다. 삼칠일이 지나자 종친(宗親)이 모여서 축하하였다. 그 아버지가 아기를 모든 종친에게 보이면서 말하였다.

"이 아기를 지금 어떻게 이름지어야 합니까?"

친척들이 의논하여 말하였다.

"이 아기는 장자 승군의 아들이니 마땅히 함께 자(字)를 세워서 대군(大軍)이라 이름합시다."

198

오래 지나지 않아 다시 한 아들을 낳으니 얼굴과 모습이 기특(奇特)하고 형보다 두 배나 수승(殊勝)하였으며 사람의 모습이 원만하여 나아가, [자세한 설명은 앞에서와 같다.] 의논하여 대군의 동생이니 소군(小軍)이라 이름하였다. 뒤의 어느 때 승군의 아내가 죽었으므로 예(禮)로서 보냈으며 숲속에서 화장(火葬)하였다. 세월이 지나서 근심과 후회가 점점 사라졌으므로 곧 스스로 생각하였다.

'내가 다시 아내를 얻으면 두 아들이 두려워하고 근심할 것이다. 대군이 성장하면 곧 아내를 얻어야겠구나.'

장자가 오래 지나지 않아서 곧 병을 얻었고 약을 썼으나 점점 쇠약해졌으며 증세가 심해지자 두 아들을 위로하면서 비유하여 게송으로 말하였다.

쌓고 모은 것은 모두 사라지고 흩어지며
높이 받든 것은 반드시 떨어지느니라.
합쳐 모인 것은 결국 별도로 떠나가나니
생명이 있으면 모두 죽음에 돌아가는구나.

이렇게 말하고서 곧 목숨을 마쳤으므로 예를 갖추어 교외(郊外)에서 화장하였다. 대군이 아버지를 위하여 널리 복업을 닦았으며 스스로가 생각하였다.

'자애로운 아버지가 살아계실 때에는 나에게 옷과 재물을 주셨으나, 지금은 돌아가셨으니 마땅히 내가 스스로 구하고 찾아 가업이 무너지지 않게 해야겠구나. 나는 지금 마땅히 여러 재화를 가지고 다른 지방에 가서 이익을 구하며 살아가야겠다.'

이렇게 생각하고서 소군에게 말하였다.

5) 주로 남자가 성인이 되었을 때에 붙이는 일종의 이름. 실제의 이름(實名, 本名)이 아닌 부명(副名)이라 할 수 있다. 예로부터 중국이나 우리나라에서는 웬만큼 글자를 아는 사람이면 성명 외에 자와 호(號)를 가졌고, 또 높은 벼슬을 한 사람은 생전에 임금이 내린 봉호(封號)나 사후에 내린 시호(諡號)도 가지게 되었다.

"아우여. 자애로운 아버지가 계셨을 때엔 의식이 궁핍하지 않았으나, 돌아가신 뒤에는 반드시 스스로가 경영하고 구해야 하네. 그대는 집에서 부지런한 마음으로 잘 돌보게. 나는 이익을 구하러 잠시 다른 지방으로 가서 이익을 구하여 생계(生計)를 꾸리고자 하네."

아우가 형에게 대답하여 말하였다.

"알겠습니다."

이때 대군은 많은 재화와 물건을 가지고 다른 지방으로 떠났는데 지나는 곳에서 구하는 것을 뜻대로 얻었으므로 글로써 아우에게 알려 말하였다.

"나는 매우 안은(安隱)하며 많은 재물과 이익을 얻었네. 그대는 마땅히 즐겁고 편안히 가업을 끌어가게."

이익을 얻기 위한 까닭으로 다시 먼 지방으로 가서 뒤의 다른 때에 다시 글로서 알렸으니 게송으로 말한 것은 이와 같다.

탐욕이 있는 까닭으로 이익을 구하며
이익을 얻으니 점차 탐욕이 생겨나는구나.
마땅히 지을 것이고 마땅히 짓지 않을 것이니
탐욕을 부리면 모두가 잃을 수 있다네.

이익을 구하여 멀리 변방에 나아갔으며 몇 년이 지나자 소식이 끊어졌다. 대군의 아내는 옷과 음식이 풍족해지자 음욕이 곧 생겨났고 곧 소군에게 음욕(婬染)스러운 모습을 보였으나, 소군이 허락하지 않자 음욕의 마음이 다시 증가되어 알려 말하였다.

"당신은 어찌 생각이 없겠습니까?"

소군이 듣고 귀를 막고서 알려 말하였다.

"이러한 말을 하지 마십시오. 형수님은 어머니와 같습니다."

여인은 잘못된 정을 배우지 않고도 아는 것이니, 드디어 낡은 옷을 입고 부모의 집에 돌아가 근심하는 모습을 보이며 추악(醜惡)한 평상에 누웠다. 어머니와 집안사람들이 함께 알려 말하였다.

"무슨 근심과 고통이 있어서 집에 왔는가?"

알려 말하였다.

"여인의 고통스러운 일을 모두 알 수는 없습니다. 나는 음욕심에 얽혀 핍박받고 있습니다."

어머니는 여러 가지의 방편으로 그녀를 달랬으나 낡은 평상에서 잠을 잤고 누워서 일어나지 않았으며 다시 어머니에게 알려 말하였다.

"나는 음욕심에 시달리고 있으니 어머니께서 나를 위하여 다른 장부(丈夫)를 구해주세요."

그 어머니는 바라보면서 알려 말하였다.

"그대의 시동생은 용모가 단정한데 어찌 그에게 구하지 않는가?"

대답하여 말하였다.

"내가 간절히 요구하였으나 그는 허락하지 아니하였습니다."

어머니가 곧 알려 말하였다.

"그대는 어찌 다른 여러 아내들이 남편이 멀리 떠나면 오로지 정조(貞操)를 지키는 것을 보지 못하였는가? 그대는 지금 무슨 뜻에서 근심과 고통을 품고 있는가?"

알려 말하였다.

"그녀들은 대주(大主)6)에게 때때로 소식이 오니 희망이 있으나 나의 남편은 소식이 끊겼으니 확실히 죽었을 것입니다."

어머니가 강하게 달랬으나 이내 누워서 일어나지 않고서 다시 어머니께 알려 말하였다.

"다른 말은 그만두시고 마땅히 나를 위해 장부를 구해주세요. 만약 내 마음이 거슬리면 몰래 도망가서 숨을 것이고, 두 가문(家門)과 가족은 나쁜 소문을 부를 것입니다."

이때 부모와 종친이 함께 의논하여 말하였다.

"이 딸년의 마음을 보아하니 고집스럽게 바꾸지 않습니다. 마땅히

---

6) 일반적으로는 여인들이 집의 가장인 남편을 부르는 말로 사용한다. 때로는 호주(戶主)를 뜻하기도 한다.

여러 음식을 갖추고 소군을 불러야 할 것입니다.”

소군을 불러 와서 자리에 앉히고 음식을 먹게 하고서 소군에게 알려 말하였다.

“지금 개인적인 일이 있는 까닭으로 부탁을 하겠소. 그대의 형수는 음욕에 시달리고 있으니 넓은 마음으로 권속을 받아들이시오. 개인적인 마음으로 달아나지 마시오.”

소군이 듣고서 곧 스스로 생각하였다.

‘이 형수는 어릴 때 우리 집에 왔고, 마땅히 곧 다른 사람을 만나지 않았으며, 또한 두 집안에 나쁜 소문이 퍼지는 것을 두려워하는구나.’

이렇게 생각하고서 마음을 열었고 서로를 따랐으며, 함께 집으로 돌아와 아내의 방을 갖추었다. 함께 지내면서 오래지 않아서 임신하였다. 여인의 친구들이 보고서 이상하게 생각하여 물어 말하였다.

“그대의 배는 이렇게 왜 그러한가? 무엇을 따라서 얻은 것인가?”

대답하여 말하였다.

“나의 남편이 떠나고 뜻을 지켜 과부로 지냈는데 그대들은 어떠한 원인으로 망령되게 오점(汚點)을 생각하는가?”

다시 친밀(親密)한 여인이 있었으며 개인적으로 알려 말하였다.

“그대는 비록 숨기고자 할지라도 모습이 이미 보인다네.”

마침내 임신한 것을 대답하니, 물어 말하였다.

“누구에게 허락하였는가?”

대답하여 말하였다.

“소군이네.”

여인의 친구가 알려 말하였다.

“만약 시동생이라면 이것이 다시 무슨 허물이 되겠는가?”

배가 더욱 불렀을 때에 형에게서 소식이 왔고, 소군에게 알려 말하였다.

“나는 요즈음 교역을 많이 하였고 드디어 먼 지방에 이르러 지나는 곳에서 구하는 것을 모두 뜻대로 이루었으니 그대는 근심하지 말게. 오래 지나지 않아 돌아갈 것이네.”

소군이 듣고서 깊은 회한(悔恨)이 생겨나서 스스로가 생각하면서 말하였다.

"나는 큰 형을 가뭄에 비와 같이 생각하였으나, 오랫동안 소식이 끊어지고 돌아오지 않았으므로 내가 본래 마음이 없었을지라도 이러한 악행을 지었으니 비천한 일이 드러나면 곧 말로서 시작되어 귀결될 것이다. 세상에서는 '집안의 원수는 아내를 범하는 것보다 더 무거운 것이 없다.'고 말하고 있으니 형이 와서 만약 알게 되면 반드시 나를 해칠 것이다. 지금 마땅히 도망쳐 먼 지방에 숨어야겠다."

또한 다시 생각하였다.

'집과 고향을 버리기는 어려우나 지금 승광왕(勝光王)은 석가자(釋迦子)는 왕의 태자와 같이 자재하고 걸림이 없게 하고 있으니 나는 마땅히 그곳에 가서 출가해야겠다. 형이 비록 돌아오더라도 무엇을 지을 수 있겠는가?'

곧 그 서다림에 갔고 한 필추에게 나아가 말하였다.

"성자여. 나는 출가하고자 합니다. 원하건대 불쌍히 생각하여 허락하여 주십시오."

대답하여 말하였다.

"재물과 생명은 오래가지 않는 것인데, 버리고 출가하려고 하니 이것은 매우 좋은 일입니다."

드디어 머리카락을 자르고서 법의(法衣)를 입혔고 아울러 원구(圓具)를 주고서 간략하게 의식을 가르치고서 알려 말하였다.

"현수여. 사슴이 사슴을 기르지 못하듯이 서로 구제하기는 지극히 어렵네. 실라벌성의 그곳은 매우 넓으니 그대는 마땅히 걸식하여 스스로 몸을 보살펴야 하네."

소군이 말하였다.

"오파타야(鄔波馱耶)시여. 나는 지금 가르침을 받들겠습니다."

곧 새벽에 옷과 발우를 지니고 성에 들어가 걸식하면서 마침내 본가(本家)에 이르니 그 아내가 멀리서 보고 가슴을 치면서 말하였다.

"소군이여. 무슨 뜻으로 나를 버리고 출가하였소?"

대답하여 말하였다.

"그런 말을 하지 마시오. 그대는 어찌 알지 못하시오. 나는 대형(大兄)을 가뭄에 비와 같이 생각하였으나 오랫동안 소식이 끊어졌고 다시 연락이 없어 나는 마침내 그대와 이러한 나쁜 일을 저질렀으나 형이 오는 것을 확실히 알았소. 반드시 나를 해칠 것이오."

그녀가 곧 대답하여 말하였다.

"당신만이 스스로 벗어나고자 한다면 나는 다시 어떻게 해야 하나요?"

소군이 말하였다.

"나는 남에게 강요당했고 원래 본래의 마음에는 없었으나 그대는 음욕에 얽히었으니 스스로가 마땅히 노력하시오."

말을 마치고서 버리고 떠나갔다. 이때 소군에게는 옛날부터 친한 지식(知識)이 있었으며 이전부터 의사의 처방을 잘 알았다. 그가 본가에 가서 소군이 있는 곳을 물으니 그의 아내가 알려 말하였다.

"나를 속이고 욕보였으나 나를 버리고 출가하였습니다."

물어 말하였다.

"어느 곳에 있습니까?"

대답하여 말하였다.

"서다림 사문의 주처에 있습니다. 만약 믿을 수 없다면 가서 찾아보십시오."

말에 의거하여 가서 찾았으나 필추 대중의 모습과 옷의 모양이 서로 비슷하여 누가 소군인가를 알지 못하였다. 필추에게 소군이 어디 있는가를 물었고 그 필추는 그 처소를 가르쳐 주었다. 또한 이미 소군을 보자 물어 말하였다.

"어찌 나에게 의논하지 않고 이곳으로 출가하였는가?"

대답하여 말하였다.

"마땅히 내가 갑자기 이와 같이 출가한 것을 책망하지 말게."

형의 서신과 지난 자신의 허물된 일을 자세히 갖추어 어찌할 수 없이 사문이 되었다고 말하였다. 친구가 대답하여 말하였다.

"내가 본래 의술을 알아서 모든 약의 처방을 익혔네. 만약 아기를 가졌다면 약으로 능히 없앨 수 있네."

소군이 듣고서 묵연히 있었다. 이때 그 친구는 곧 그를 위하여 약을 지어서 한 여인을 시켜 소군의 아내에게 보내면서 알려 말하였다.

"이 가루약은 소군필추가 나에게 전하라고 보내온 것이니, 따뜻한 물과 복용하면 반드시 평소와 같아질 것입니다."

그 여인이 그곳에 가서 자세히 일을 말하였고, 아내는 듣고서 약을 취하여 가르쳐 준 것과 같이 복용하니 태아가 곧 낙태되어 임신하였던 모양이 없어졌다. 사람들이 함께 알고서 여러 여인들이 물어 말하였다.

"태아는 지금 어디 있는가?"

알려 말하였다.

"내가 남편이 일찍이 떠나고 뒤에 뜻을 지키며 과부로 지냈는데 나쁜 일로 와서 서로가 더럽히고 욕보이지 마세요."

이때 친한 여인이 은밀하게 개인적으로 알려 말하였다.

"그대는 먼저 이것은 소군에게 허락하였다고 말하지 않았던가? 무슨 인연으로 오늘은 나에게 이전부터 없었다고 말하는가?"

대답하여 말하였다.

"그를 따라서 왔고 그를 따라서 떠나갔습니다."

다시 물었다.

"어떻게 된 것인가?"

알려 말하였다.

"소군이 나에게 독약을 주어서 먹었더니 태아가 떨어졌습니다."

여러 여인들이 서로에게 알렸고 각자 비난하고 싫어하였다.

"여러 석가자는 능히 나쁜 일을 하므로 진실로 사문이 아니다. 사람에게 독약을 주어서 태아를 떨어지게 하였다."

이 비난하는 소리가 성읍(城邑)에 가득하여 모두가 말하였다.

"소군필추는 이러한 죄업을 지었구나."

여러 필추가 듣고서 곧 나아가 세존께 아뢰니, 세존께서는 소군에게 알리셨다.

"그대는 어찌하여 진실로 이와 같은 일을 지었는가?"

아뢰어 말하였다.

"아닙니다. 세존이여. 저는 다만 기뻐하였습니다."

이때 세존께서는 모든 필추에게 알려 말씀하시었다.

"이 소군은 죽일 마음이 없었던 까닭으로 범한 것이 없느니라. 그러나 모든 필추는 마땅히 이와 같은 일을 마음으로 기뻐해서는 아니된다. 만약 기뻐하는 자는 월법죄를 얻느니라."

오래 지나지 않아 대군은 이익을 얻어 기쁘게 돌아와서 성에서 멀지 않은 곳에 잠시 머무르고 있었다. 일반적으로 세상 사람들은 착한 것을 들으면 돕고 기뻐하는 것이고, 악한 것을 보면 서로 걱정하는 것이다. 한 사람이 그의 아내에게 알려 말하였다.

"대군이 오면 재물이 풍요롭게 가득할 것이고 마땅히 기쁜 일이 일어날 것입니다."

아내는 교묘히 속이는 것을 배우지는 않았으나 알고 있었다. 이 말을 듣고서 마음이 매우 걱정되고 두려워 거칠고 낡은 옷을 입고서 나쁜 평상에 누워 있었다. 이때 그 대군은 성에 들어와서 가게에 화물(貨物)을 놓아두고 곧 집으로 돌아왔으나 그가 살던 곳을 보니 길상(吉祥)한 모습이 없었다. 하인에게 물어 말하였다.

"집안의 주인은 어디에 있는가?"

대답하여 말하였다.

"방에 누워 계십니다."

듣고서 가서 알려 말하였다.

"현수여. 그대는 내가 온 것을 듣고서도 어찌 기뻐하지 아니하는가?"

대답하여 말하였다.

"지금 당신이 오신 것을 듣고 진실로 기쁜 마음이 생기었습니다. 다만 당신이 나를 지키며 보호하도록 남겨두었던 그가 곧 나를 무너트렸습니다.”

물어 말하였다.

“어떻게 하였는가?”

대답하여 말하였다.

“소군은 도리가 아닌데도 강제로 능멸하고 핍박하였습니다.”

대군이 알려 말하였다.

“그는 그대를 속인 것이 아니고 나를 속인 것이오. 그대는 마땅히 빨리 일어나시오. 내가 그를 다스리겠소. 소군은 지금 어디에 있는가?”

대답하여 말하였다.

“당신이 오는 것을 듣고서 곧 몰래 달아나서 출가하였습니다.”

물어 말하였다.

“어느 곳에 있는가?”

“서다림의 석자(釋子)의 처소에 있습니다.”

아내에게 알려 말하였다.

“그 처소가 어찌 이 두려움을 없애주는 성(城)이겠는가? 내가 마땅히 그에게 법의 벌로서 다스리겠소.”

이때 다른 사람이 가서 알려 말하였다.

“소군이여. 아는가? 그대의 형이 왔습니다.”

물어 말하였다.

“형이 무슨 말을 하였습니까?”

알려 말하였다.

“그대의 형은 이렇게 말했습니다. ‘그 서다림이 어찌 이 두려움을 없애주는 성(城)이겠는가? 내가 마땅히 그에게 법의 벌로서 다스리겠다.’ ”

이때 아우가 듣고서 큰 걱정과 두려움이 생겨나 이와같이 생각하였다.

‘나는 그를 두려워하는 까닭으로 출가하였으나, 어찌 이곳에서 도리어 그의 피해를 만나겠는가? 비록 필추는 태자와 같이 장애(障礙)가 없다고 알고 있으나 나에게 허물이 있으니 만약 와서 서로 만나면 반드시 나를 해칠 것이다. 나는 지금 마땅히 빨리 피하여 달아나야겠다.’

이때 소군은 이렇게 생각하고서 곧 스승에게 알려 말하였다.

"오파타야시여. 나는 그를 두려워하여 출가를 하였습니다. 들으니 그가 나를 고통스럽게 해치려고 오겠다고 말합니다."

본래의 스승이 물어 말하였다.

"그는 어떠한 사람인가?"

알려 말하였다.

"그는 나의 형입니다. 지금 멀리서 와서 백정(白丁)들과 서로 의논하여 해치려고 하면서 이렇게 말하였습니다. '어찌 서다림이 두려움을 없애주는 성(城)이겠는가? 내가 마땅히 그에게 고통스러운 법으로서 다스리겠다.'고 하였습니다. 비록 국법으로 왕태자와 같이 안은하고 장애(障礙)가 없다고 알고 있으나 나에게 허물이 있으니 반드시 나를 해칠 것입니다. 지금 마땅히 피해서 떠나고자 합니다."

스승이 물어 말하였다.

"그대는 어디로 가고자 하는가?"

소군이 말하였다.

"나는 지금 왕사성으로 가고자 합니다."

스승이 말하였다.

"그 처소에 나의 지식(知識)인 필추가 있으니 나의 글을 지니고 가서 그에게 전하면 머무르게 할 것이고, 반드시 은혜와 자비로써 그대를 호념할 것이네."

알려 말하였다.

"깊이 감사드립니다."

이때 친교사는 곧 그 필추에게 글을 써서 말하였다.

'이 소군은 나의 제자이네. 지금 먼 곳에 가서 의지하고자 하니 당신은 은혜를 베풀어 주시게. 원하건대 반드시 그를 숨기고 보호하며 안락하게 머무르게 하여 주시게.'

이때 그 소군은 이미 글을 얻고서 스승에게 예배하고 떠나갔다. 마음에 두려움을 품고서 좌우를 살피면서 점차 나아가 왕사성에 이르러 그 필추를 찾아뵙고서 발에 예배하고 친교사의 글을 그에게 전하였다. 이때 그 필추는 글을 읽고서 알려 말하였다.

"잘 왔네. 구수여. 나는 그대의 옛 스승과 같으며 그대는 나의 제자와 같네. 마땅히 나의 곁에서 불법을 수학하게. 그대가 필요로 하는 옷·발우·걸망·수라(水羅)·허리띠(條帶) 등은 내가 모두 부족하지 않게 주겠네. 그러나 세존께서 필추에게 말씀하신 두 가지의 마땅히 지어야 할 일로서 이를테면, 선정(禪思)과 독송에서 그대는 지금 무엇이 즐거운가?"

알려 말하였다.

"나는 정려(靜慮)7)를 즐거워합니다."

대답하여 말하였다.

"매우 좋네. 법에 의지하여 가르치겠네."

이때 그는 곧 가서 한림(寒林) 가운데의 시체를 버리는 곳에 이르러 노력하고 부지런히 수행하여 모든 얽혀진 의혹을 끊고 무생법(無生法)8)을 증득하였다. 아라한과를 얻고서 삼계(三界)의 번뇌를 떠나 금(金)과 흙을 관하여 평등하여 다른 것이 없었으며, 칼로 베는 것과 향을 바르는 것도 두 가지 생각이 없다는 것을 깨달았고, 손으로 허공에 휘두르는 것과 같이 마음에 걸림이 없었으며, 능히 큰 지혜로써 무명의 껍질을 깨트렸고, 삼명(三明)9)·육통(六通)10)·사무애변(四無碍辯)을 모두 구족하였으며, 모든 것에 대한 애착·이양(利養)·공경을 버리지 않은 것이 없어 제석 등 모든 천인들이 함께 찬탄하였다. 뒤의 다른 때에 대군이 서다림에 나아가 여러 필추에게 물었다.

"성자여. 이 성의 장자의 아들로서 소군이라고 이름하는 사람이 이곳에

7) 열반(涅槃)을 다르게 부르는 말이다.
8) 산스크리트어 dhya-na의 음사로서 선나(禪那)·사유수(思惟修)라고 번역되며, 일반적으로 선정(禪定)이라고도 번역한다.
9) 세존이나 아라한이 갖추고 있는 세 가지 자유 자재한 지혜이다. 첫째는 숙명지증명(宿命智證明)이고 둘째는 생사지증명(生死智證明)이며, 셋째는 누진지증명(漏盡智證明) 등이다.
10) 육신통을 다르게 부르는 말이다.

서 출가하였습니까?"

대답하여 말하였다.

"함께 있습니다. 그대와 어떤 친척입니까?"

말하였다.

"나의 아우입니다. 지금 어느 곳에 있습니까?"

"그는 이미 먼 왕사성으로 떠났습니다."

이때 대군은 발에 예배하고 떠나면서 곧 이렇게 생각하였다.

'설령 그곳으로 갔어도 그곳도 또한 두려움이 없는 성이 아닐 것이니, 내가 마땅히 그곳에 가서 법의 벌로서 다스리겠다.'

대군이 곧 양식을 많이 가지고 길을 떠나 왕사성에 이르러 죽림 가운데 가서 여러 필추에게 물어 말하였다.

"성자 가운데에서 실라벌성 장자의 아들로서 소군이라고 이름하며 이전에 출가하였는데 이곳에 왔습니까?"

알려 말하였다.

"그대는 그와 어떤 친척입니까?"

대답하여 말하였다.

"나의 아우입니다."

다시 물었다.

"지금 어느 곳에 있습니까?"

"한림 가운데의 시체를 버리는 곳에 있습니다."

듣고서 곧 갔으나 그 숲 안에는 범행을 닦는 많은 필추가 함께 있었다. 대군이 아우와 이별한 것이 오래되어 모습과 얼굴이 희미하였으므로 대중 가운데에서 찾는 것이 어려워 오랫동안 자세히 살펴보고서 비로소 알 수가 있었다. 대군이 생각하였다.

'그가 만약 나를 안다면 반드시 해치려는 마음을 일으킬 것이고, 마땅히 다시 모습을 숨기고 다른 계책을 모의할 것이다.'

곧 숲 가운데를 나와서 사방을 돌아보았다. 어느 사냥꾼이 활과 화살을 가지고 새와 짐승을 잡으려고 하는 것을 보고 가까이 나아가서 물어 말하였다.

"당신은 지금 활과 화살을 잡고서 무엇을 하려고 합니까?"

사냥꾼이 알려 말하였다.

"나는 사냥하며 놀고자 합니다."

물어 말하였다.

"그대가 얻은 이익은 많습니까? 적습니까?"

대답하여 말하였다.

"혹은 어떤 때는 이익을 얻고 혹은 얻지 못합니다."

물어 말하였다.

"이익을 얻으면 액수는 얼마입니까?"

대답하여 말하였다.

"5·6백 금전(金錢)을 얻을 수 있습니다."

곧 알려 말하였다.

"내가 지금 그대에게 500금전을 주겠습니다. 그대는 능히 나를 위하여 원수인 필추 한 사람을 죽일 수 있겠습니까?"

이때 그 사냥꾼은 이익을 탐내는 까닭으로 곧 그 물건을 취하였으나 취하고서 생각하였다.

'이 모든 필추는 국왕의 은혜를 입어 일에 있어 태자와 같이 자재하여 걸림이 없다. 나는 아침과 저녁에 항상 이곳으로 다니므로 만약 필추를 죽이면 나의 아내와 자식은 반드시 옥사(獄死)할 것이다.'

다시 생각하였다.

'내가 낮에 일찍 이 숲에 들어와도 마음에 두려움이 생겨나 몸의 털이 곤두서는데 이곳의 모든 대덕은 밤낮을 묻지 않고 항상 이 숲에서 안은하게 머무르고 있으니 어찌 수승한 행을 이루고자 노력하지 않았겠는가? 그러나 저 사람은 하얀 호추(胡椒)[11]와 같아 고향을 모르겠고 나는 이미 물건을 얻었으니 도리어 그를 죽여야겠다.'

---

11) 후추의 열매의 껍질을 가리킨다.

곧 화살을 활에 매고 모습을 타자(吒字)로 하여 활을 당기니 독화살이 대군의 가슴을 뚫고 지나갔다. 이미 고통스럽게 독(毒)이 대군의 몸에 퍼지자 곧 악심(惡心)을 일으켰다.

'지금 이 사냥꾼이 도리어 나를 해쳤으니 반드시 이것은 소군이 먼저 계책을 모의한 것이다. 내 지금 비록 죽을지라도 마땅히 태어나는 곳에서 소군을 해치는 것을 맹세하겠다.'

악하게 발원하고서 곧 목숨이 끊어졌고 마침내 소군의 문지도리의 아래에서 독사(毒蛇)로 태어났다. 비록 아라한이라도 만약 미리 관찰하지 않으면 그 일을 알지 못하는 것이다. 이때 소군은 문을 활짝 열은 까닭으로 그 뱀을 맷돌로 죽이게 되었다. 독한 마음을 없애지 못하여 뒤에 다시 위의 문지도리에서 뱀으로 태어났으나, 앞에서와 같이 다시 맷돌로 죽임을 당하였다. 평상 다리의 아래에서 다시 독사가 되었으며 이와 같이 네 번을 반복하였으나 평상다리 아래에서 모두 눌려 죽임을 당했다. 그 뱀은 죽어서 계속하여 다시 몸을 받아서 몸이 점점 가늘어졌으며 독한 마음은 더욱 증가되었다.

뒤의 다른 때에 옷을 걸어두는 횃대 사이에서 독사의 몸을 받았다. 이때 소군은 혼자 고요한 방에서 묵연히 앉아 있었다. 이때 독사는 묵은 원한을 까닭으로 몸을 던져서 몸 위로 떨어져 독으로써 그를 물었다. 이때 소군은 크게 외치면서 여러 필추에게 알렸다.

"구수여. 이상한 독사가 있으며 맹렬하고 치성하여 두렵습니다. 그 독사는 철근(鐵筋)과 같이 가늘고 길이가 4촌(寸)이며 나의 몸 위에 떨어져서 독으로 물었습니다. 그대들은 함께 와서 같이 나의 몸을 들어 방밖으로 꺼내주십시오. 이 육신이 무너지고 흩어지는 것이 잡은 먼지와 모래를 손을 펼치면 흩어지는 것과 같게 하지 마십시오."

이때 구수 사리자는 이곳에서 멀지 않은 곳의 한 나무 아래에 앉아 사유하고 있다가 그의 외치는 소리를 듣고 곧 소군에게 가서 물어 말하였다.

"나는 그대의 얼굴 모습이 달라지는 것을 보지 못했네. 무슨 까닭으로

212

그대는 지금 이렇게 말하는가? '이상한 독사가 있으며 맹렬하고 치성하여 두렵습니다. 그 독사는 철근과 같이 가늘고 길이가 4촌이며 나의 몸 위에 떨어져 독으로 물었습니다. 그대들은 함께 와서 같이 나의 몸을 들어서 방밖으로 꺼내주십시오. 이 육신이 무너지고 흩어지는 것이 잡은 먼지와 모래가 손을 펼치면 흩어지는 것과 같게 하지 마십시오.'"

이때 소군이 사리자에게 알려 말하였다.

"대덕이여. 만약 눈·귀·코·혀·몸·뜻에는 나와 나의 것이 있고, 빛·소리·향기·맛·감촉·법 등에도 나와 나의 것이 있으며, 땅·물·불·공기·바람·알음알이 등에도 나와 나의 것이 있고, 느낌(受)·생각(想)·작용(行)·인식(識) 등에도 나와 나의 것이 있으므로 이와 같은 사람들은 모든 근(根)이 얼굴과 색깔을 변화시킵니다. 대덕이여. 나는 지금 그렇지 않습니다. 모든 근(根)의 경계인 육계(六界)12)와 오온(五蘊) 등도 나와 나의 것이 없는데 어찌 나의 얼굴색이 지금 변하겠습니까?

사리자 대덕이여. 나는 긴 밤(長夜)에 있는 나와 나의 것, 아만(我慢)과 집착(執着), 수면(隨眠)과 번뇌(煩惱)를 알고서 이미 끊었으므로 영원히 뿌리를 뽑은 것이 마치 다라수(多羅樹)의 새싹을 자르면 다시 자라나지 않는 것과 같이 미래의 세상에도 다시 태어나지 아니할 것인데, 어찌 지금 나의 얼굴색이 변하겠습니까?"

이때 구수 사리자는 여러 필추와 함께 소군을 들고서 방 밖으로 나갔다. 곧 들고서 방 밖으로 나가는데 소군의 몸은 일백(一百) 조각으로 무너지고 흩어지는 것이 마치 잡은 먼지와 모래를 손을 펼치면 흩어지는 것과 같았다. 이때 존자 사리자는 가타(伽他)로서 설하여 말하였다.

범행을 이미 이루었고
성인의 도를 이미 잘 닦았으므로
목숨을 마칠 때 환희하는 것이

12) 모든 세계를 구성하고 있는 여섯 가지 요소인 지계(地界)·수계(水界)·화계(火界)·풍계(風界)·공계(空界)·식계(識界) 등을 말한다.

오히려 여러 병(病)을 버리는 것과 같다네.

범행을 이미 이루었고
성인의 도를 이미 잘 닦았으므로
목숨을 마칠 때 환희하는 것이
오히려 독그릇을 버리는 것 같다네.

범행을 이미 이루었고
성인의 도를 이미 잘 닦았으므로
죽을 때에 두려움 없으니
오히려 불난 집을 벗어나는 것 같다네.

범행을 이미 이루었고
성인의 도를 이미 잘 닦았으므로
지혜로써 세간(世間)을 살피니
오히려 풀과 나무와 같다네.

지었던 일을 이미 갖추고서
삶과 죽음에 머물지 않나니
여러 뒤의 유정(有情) 가운데에서
그 몸을 상속(相續)하지 아니한다네.

이때 소군이 열반(涅槃)하였고 존자 사리자는 여러 필추와 함께 그
뼈와 살을 태워 공양하였고 세존의 처소에 나아가 발에 예경하고 한쪽에
앉아 세존께 아뢰어 말하였다.

"소군필추는 맹렬하고 치성하며 두려워할 독사가 몸에 떨어졌습니다.
그 독사는 철근과 같이 가늘고 길이가 4촌이었으며 소군을 독으로서
깨물어 그 몸을 해치니 무너지고 흩어졌습니다. 소군의 몸은 마치 잡은

먼지와 모래를 손을 펼치면 흩어지는 것과 같았고 지금 열반하였습니다."

세존께서 알려 말씀하셨다.

"사리자여. 만약 소군필추에게 마땅히 그때에 이 가타(伽他) 및 금주(禁呪)를 외웠다면 독사에게 피해를 입지 않았을 것이고, 마치 몸이 허물어지고 부서지며 흩어져서 먼지와 모래같이 되지 않았을 것이네."

이때 사리자가 세존에게 청하여 말하였다.

"무엇이 가타 및 비밀스런 주문이옵니까? 원하옵건대 세존이시여. 우리를 위하여 설하여 주십시오. 우리가 듣고서 모두 함께 받아서 지니겠습니다."

이때 세존께서는 모든 필추를 위하여 가타 및 비밀스런 주문을 설하셨다.

나는 지국주(持國主) 및
갈라말니(曷羅末泥)와
집파(緝婆)와 금발라(金跋羅)에게
한결같이 자비의 마음을 일으켰다네.

교답마(喬答摩)는 추목(醜目)[13]과
난타(難陀)와 소난타(小難陀)와
발이 없는 것과 두 발 있는 것에게도
또한 자비의 마음을 일으켰다네.

일체의 여러 용(龍)과
물에 의지하여 사는 것들과
걷고 머무는 유정(有情)의 부류에도
나는 모두 자비의 마음을 일으켰다네.

---

13) Virupaksha의 번역으로 추목(醜目)·악안(惡眼)이라고도 한역되며, 일반적으로 광목천왕(廣目天王)이라고 불리어진다.

일체의 사람과 하늘의 대중 및
귀신과 방생(傍生)까지도
모두 함께 이롭고 편안함을 얻어
병이 없이 항상 즐거워라.

보는 것은 모두 어질고 착하며
모든 원한과 악을 만나지 않았고
나는 모든 자비의 마음을 일으켰으니
해치는 독으로서 서로 침범하지 말라.

나는 낭떠러지와 골짜기와 험한 곳 및
일체의 처소를 유행하면서
독에 물리고 독에 피해를 당하여도
항상 서로 온화하여 요란하지 말라.

세존은 크게 자애로운 아버지시며
소유하신 진실한 말씀을
나는 세존의 말씀을 설하는 까닭이니
모든 독이여. 나를 침범하지 말라.

탐욕과 성냄과 어리석음은
세상에서 큰 독이므로
세존의 진실한 말씀을 까닭으로
모든 독이여 스스로 녹아 없어져라.

탐욕과 성냄과 어리석음은
세상에서 큰 독이므로
세존의 진실한 말씀을 까닭으로

모든 독이여 스스로 녹아 없어져라.

탐욕과 성냄과 어리석음은
세상에서 큰 독이므로
세존의 진실한 말씀을 까닭으로
모든 독이여 스스로 녹아 없어져라.

모든 독의 피해를 멸(滅)하여 없애고
옹호(擁護)하고서 섭수하여라.
세존께서 일체의 독을 없애셨으니
독사의 독이여. 그대는 녹아 없어져라.

타뎌탸암 툼가레툼가레 툼바이 파리툼바이 나이테수나이테 케나이테
怛姪他菴 敦鼻麗敦鼻麗 敦薛 鉢利敦薛 奈帝蘇奈帝 雞奈帝
모나이예 수모나예 다테니라케사 카로키바이 우빔구라이 스바하
牟奈裔 蘇牟奈裔 彈帝尼羅雞世 遮盧計薛 嗢毘盈具麗 莎訶

세존께서 사리자에게 말씀하셨다.

"만약 소군필추가 그때에 스스로 말하였거나 다른 사람에게 이 가타와
신주(神呪)를 설하게 하였다면 반드시 독사의 침해(侵害)를 벗어났을 것이
고, 그 몸이 허물어져 흩어지는 것이 마치 몸이 허물어지고 부서지며
흩어져서 먼지와 모래같이 되지 않았을 것이네."

이때 모든 필추가 함께 의심이 있어 세존께 아뢰어 말하였다.

"오직 바라옵건대 우리들의 의심을 끊어주십시오. 지금 듣기를 청하옵
니다. 소군필추는 일찍이 무슨 업을 지어 그 업력을 까닭으로 지금 생(生)에
크게 부유한 집에 태어나 재물과 보배가 많았습니까? 다시 무슨 업을
지어 그 업력을 까닭으로 세존의 처소에 출가하여 모든 번뇌를 끊고
아라한과를 얻었으며, 다시 무슨 업을 지어 그 업력을 까닭으로 비록

성인의 과를 얻었으나 독사에 물려 몸과 마음이 고통에 시달리고서 열반에
들었습니까?”

이때 세존께서 모든 필추에게 말씀하셨다.

“이 소군필추는 일찍이 지은 업을 반드시 스스로 받은 것이고, 그
소군은 스스로 지은 업이 증장(增長)되고 때에 이르러 인연이 변하여
현재에 나타난 것이니, 평소에 그림자가 따르는 것과 같아서 반드시
정해진 과보를 받은 것이므로 다른 사람이 대신하여 받아줄 수가 없었느니
라. 그대들 모든 필추들이여. 만약 사람이 지은 선과 악업은 외계(外界)의
지(地)·수(水)·화(火)·풍(風)에서 그것을 받는 것이 아니고 모두가 자신의
온(蘊)·계(界)·처(處)의 가운데에서 이숙(異熟)을 부르는 것이니라.”

곧 게송으로 설하여 말씀하셨다.

가령 백 겁을 지날지라도
지은 업은 없어지지 않으며
인연이 모이고 때를 만나면
과보가 돌아와 스스로 받는다네.

“그대들 모든 필추들이여. 지나간 옛날에 부처님께서 세상에 출현하지
않았을 때에 어느 독각(獨覺)인 성자가 세간에 출현하였고 스스로 가난을
애민(哀愍)히 여겨 항상 낡고 나쁜 옷과 음식을 받았으니, 오히려 세상에서
유일한 복전(福田)으로서 기린(麒麟)의 뿔과 같았다.

이때 어느 한 마을에 사냥꾼이 마을에서 멀지 않은 곳에 큰 숲의 연못에
살았는데, 그 연못 주변에는 많은 새와 짐승들이 모여 살았다. 그때 그
사냥꾼은 많은 그물·끈끈이 풀과 아교·밧줄 등으로 날마다 많은 새와
짐승을 잡았다. 이때 독각은 우연히 그 마을에 이르러 천사(天祠)[14]의
가운데에 의지하여 머물렀다. 아침에 옷과 발우를 지니고 마을에 들어가

---

14) 하늘의 신(神)에게 제사를 지내는 사당을 가리킨다.

걸식하며 음식을 얻고서 곧 이렇게 생각하였다.

'이곳의 천사에는 사람이 많아 시끄럽고 복잡하니 취락의 밖에 고요한 숲이 있으면 나는 마땅히 걸식하고서 그곳에 머물러야겠다.'

점차로 구하고 찾아서 마침내 연못 주변에 이르러 고요한 숲이 있는 것을 보고서 머무르고자 하였다. 곧 옷과 발우를 한곳에 두고서 벌레를 거르고 벌레를 살펴 물에 손과 발우를 씻고서 낙엽을 모아 땅에 펴고 앉아서 음식을 먹고서 손과 발우를 씻고 발우를 놓고서 다시 발을 씻고 하나의 나무 아래에 가부좌하고 앉았다. 위의가 적정(寂定)하니 오히려 용왕이 몸을 감고서 앉은 것과 같았다. 곧 이 날에는 기운이 있는 까닭으로 새와 짐승이 오지 않았다.

이때 그 사냥꾼이 새벽에 일찍 일어나서 그 연못 주변에 나아가 그물을 두루 살펴보았으나 한 마리도 잡히지 않았으므로 곧 이렇게 생각하였다.

'나에게 다른 날에는 그물들이 비어있지 않았는데 무슨 까닭으로 지금은 한 마리도 잡지 못하였는가?'

곧 연못 주변을 사방으로 관찰하여 마침내 사람의 흔적을 발견하였다. 흔적을 찾으면서 곧 독각을 보니 위의가 적정하였으며 가부좌하고 앉아 있었다. 보고서 이렇게 생각하였다.

'내가 지금 이 출가인을 보니 위의가 적정하고 이 주처를 사랑하므로 만약 지금 그 목숨을 끊지 않으면 능히 나의 의식(衣食)이 단절(斷絶)될 것이다.'

독하게 해치려는 뜻에서 미래를 볼 수 없었으므로 곧 활을 들어 그 독화살을 당기니 그의 급소에 명중하였다. 이때 그 성자는 이렇게 생각하였다.

'어찌 이 무식한 사냥꾼에게 기나긴 악취(惡趣)에서 큰 고뇌를 받게 하겠는가? 내가 마땅히 손을 뻗어 구제하여 벗어나게 하리라.'

오히려 거위왕처럼 허공으로 날아올라 몸에서 물과 불이 나오는 대신통을 나타내었다. 모든 이생(異生)의 부류는 신통을 보면 빠르게 곧 귀의하는 것이 큰 나무가 꺾이는 것과 같은 것이다. 멀리서 그의 발에 예경하고서 알려 말하였다.

"진실한 복전이시여. 원하건대 빨리 내려오십시오. 원하건대 빨리 내려오십시오. 나는 어리석고 무식하여 욕심의 늪에 빠졌습니다. 원하건대 자비로서 애민하게 생각하시어 구제하여 건져주십시오."

이때 독각은 그를 애민하게 생각하는 까닭으로 몸을 세워서 내려왔다. 사냥꾼이 슬퍼하며 꿇어앉아 독화살을 뽑고 물건으로 그곳을 묶고서 알려 말하였다.

"성자여. 원하건대 나의 집에 가면 창약(瘡藥)이 있습니다. 만약 금니(金泥)15)를 사용하여 상처 위에 바르면 반드시 치료할 수 있습니다."

이때 독각은 곧 이렇게 생각하였다.

'지금 나의 이 몸은 냄새나고 피고름이 있으며 마땅히 얻을 것은 이미 얻었다. 나는 지금 마땅히 무여의묘열반계(無餘依妙涅槃界)에 들어가리라.'

다시 허공에 올라가서 여러 신통변화를 나타내고서 열반에 들었다. 이때 그 사냥꾼은 많은 재물을 가진 큰 부자였으므로 여러 향나무로서 성자의 몸을 화장하였다. 다시 우유를 가지고 불을 끄고서 곧 다시 남은 뼈를 거두어 금병(金瓶)에 넣고 네거리의 도로에 사리라탑(舍利羅塔)을 세웠다. 여러 종류의 비단으로 덮개·당번(幢幡)·꽃·향·음악으로 공양하고서 지극한 마음으로 탑에 예배하고 발원하여 말하였다.

"나는 진실로 어리석고 미혹되어 선악을 알지 못하고 마침내 이와 같은 진실한 복전(福田)에 지극히 무거운 죄를 지었습니다. 원하건대 다음 세상에는 악의 과보를 부르지 않게 하여 주십시오. 소유한 공양의 선근(善根)으로 마땅히 미래의 몸은 항상 부유하고 즐겁고 풍요롭게 수용하게 하십시오. 얼굴은 단정하여 보는 사람들이 환희하고 이와 같이 수승한 복전을 구족하게 하십시오. 마땅히 가장 수승한 대사(大師)를 만나서 받들어 섬기고 싫어하고 게으름이 생기지 않게 하여 주십시오."

15) 금을 가루로 만들어 금박(金箔)을 만들러 아교에 섞어 만든 안료를 말한다. 그림을 그리거나 글씨를 쓸 때 사용한다.

220

모든 필추여. 그대들은 마땅히 알라. 그 사냥꾼이 곧 소군이니 옛날에 독화살로 그 독각의 급소를 쏘았으므로 이 악업의 힘은 곧 무간대지옥(無間大地獄) 가운데에서 일 겁을 보냈고, 불에 타는 고통을 받고도 남은 업이 있어 오백생 동안 항상 독의 해를 입었으며, 다시 지금 몸으로 아라한과를 얻었으나 다시 독해(毒害)를 만나 열반에 들었느니라. 그가 발원하였던 까닭으로 부유하고 즐거운 집에 태어났고 얼굴이 단정하였으며, 나아가 지금까지 갖추어 받지 않은 것이 없었다. [자세한 설명은 앞에서와 같다.]

　　나아가 나의 법 가운데에서도 출가하여 모든 번뇌를 끊어 아라한과를 증득하였다. 나는 백 천억 구지(俱胝)16)의 독각 가운데에서 가장 수승한 스승이므로 그가 나를 섬기면서 싫어하거나 게으르지 아니하였다. 이러한 까닭으로 그대들은 마땅히 알라. 순백(純白)의 업은 순백의 이숙(異熟)을 얻고, 흑업(黑業)은 순흑의 이숙을 얻으며, 흑백이 섞인 업은 섞인 이숙을 얻느니라. 그대들 필추들이여. 마땅히 순흑업과 잡업(雜業)을 버리고 순백업을 부지런히 닦아야 하느니라.”

　　이것의 연기로서 학처를 제정하지는 않으셨다.

---

16) 산스크리트어 koṭi의 음사로서 수의 단위로, 10^{7}을 나타낸다.

근본설일체유부비나야 제7권

삼장법사 의정 한역
석보운 번역

3) 단인명(斷人命) 학처 ②

박가범께서는 실라벌성 서다림의 급고독원에 머무르셨다.

이때 그 성안에 한 장자가 있었고 같은 종족의 여인을 아내로 맞아들여 즐거워하였으며 오래지 않아 한 자식을 낳았다. 나이가 들어 장대하였으나 어머니가 마침내 죽으니 그 아버지는 뒤에 다시 아내를 맞아들여 집을 꾸려갔다. 이때 장자는 후처(後妻)에게 말하였다.

"그대는 친히 낳지 않은 자식을 잘 기르면서 고통과 즐거움을 같이 할 수 있겠는가?"

대답하여 말하였다.

"나는 할 수 있습니다."

오래지 않아 아내는 임신을 하였고 곧 나쁜 생각이 일어나 '내가 만약 아들을 낳으면 마땅히 저 아이를 노비로 부리면서 마땅히 그에게 오만한 마음을 일으키지 않게 해야겠다.'라고 하고서 곧 거친 옷과 나쁜 음식을 주었고 채찍과 막대기로 고초(苦楚)를 주었다. 아들이 아버지에게 알려 말하였다.

"아버지께서는 알고 계십니까? 계모(繼親)는 나에게 나쁜 옷과 음식을 보시고 제공하면서 자주 채찍과 막대기로 때려서 고초가 심합니다."

아버지가 아들에게 알려 말하였다.

"내가 마땅히 너를 위하여 어머니에게 경계하고 꾸중하여 다시는 그렇게 못하게 하겠다."

곧 아내에게 알려 말하였다.

"현수여 나는 이전의 어느 때에 그대에게 알려 말하였네. '그대는 친히 낳지 않은 자식을 잘 기르면서 고통과 즐거움을 같이 할 수 있겠는가?' 그대는 '나는 할 수 있습니다.'라고 대답하였는데 무슨 까닭으로 지금 앞의 말한 것을 따르지 아니하고, 곧 이 아들에게 나쁜 옷과 음식을 주면서 자주 채찍과 막대기로 때려서 심한 고초를 주는 것인가?"

곧 아내가 알려 말하였다.

"나는 가르치고 알려주어 수승하게 이끌고자 합니다. 세상 사람들이 나를 이상하게 비웃을지는 모르겠으나 진실로 다른 마음은 없습니다."

아버지가 말하였다.

"그대는 반드시 가르치지 않고 다시 나쁜 옷과 음식으로 모든 고초를 주면서 원망과 고통이 생기지 않도록 하게."

대답하여 말하였다.

"다시는 이렇게 않겠습니다."

오래지 않아 곧 한 아들을 낳으니 마침내 이전의 아들에게 나쁜 뜻이 두 배로 생겨나 이전과 같이 괴롭혔다. 아들이 곧 생각하였다.

'나의 아버지는 어머니를 멈추게 못하고 도리어 다시 이전과 같이 고통스럽게 나를 다스리니 이제 집을 버리고 출가해야겠다.'

곧 아버지에게 가서 말하였다.

"계모는 나에게 애민하게 생각하지 않고 아버지께서 말리셨으나 오히려 자비롭게 사랑하지 않으므로 지금 출가하고자 합니다. 원하건대 허락하여 주십시오. 어찌 능히 고통을 받으면서 목숨을 마치겠습니까?"

장자가 곧 생각하였다.

'나의 후처는 성품이 어질지 않으니 비록 자주 권유하고 경계하여도 이것을 고치지 않을 것이다. 아들을 출가시켜 목숨을 보전하는 것을 바래야겠구나.'

곧 아들에게 알려 말하였다.

"나는 지금 너를 놓아주겠으니 뜻에 따라서 출가하여라.'

아버지의 허락을 받고서 서다림으로 가서 한 필추에게 의지하여 출가를
청하였다. 그 필추는 출가시켰으며 아울러 원구를 주고서 알려 말하였다.

"구수여. 일반적으로 출가한 사람은 두 가지의 업이 있으니 이를테면,
선정과 독송인데 나는 이 선정을 닦네. 그대는 무슨 업을 즐거워하는가?"

알려 말하였다.

"오파타야여. 나는 독송을 즐거워합니다."

알려 말하였다.

"좋네. 그대는 삼장(三藏)을 배우게."

그는 곧 생각하였다.

'삼장 교법(敎法)의 문장과 의미는 깊고도 넓다. 나의 본 스승은 마음으로
정려(靜慮)를 좋아하시니 누가 나를 가르칠 것인가? 나는 지금 마땅히
이별하고 다른 처소로 가야겠다.'

스승에게 알려 말하였다.

"다른 지방에 가서 삼장을 배워 익히고자 합니다."

알려 말하였다.

"매우 옳네. 그대의 뜻대로 떠나게."

이때 제자는 이별하고 다른 지방으로 가서 두루 삼장을 익히고 널리
문장과 의미에 통달하여 대법사(大法師)가 되어 말이 분명하였고 연설에
걸림이 없었다. 곧 스스로 생각하였다.

'세존께서는 부모는 자식에게 큰 수고로움이 있으니 호지(護持)하고
젖을 먹여 장성하게 키워주셨으니 섬부주(贍部洲)1) 가운데에서 나를 가르
쳐 주신 사람으로는 제일이라고 설하셨다. <가령 그 아들이 왼쪽 어깨에
아버지를 업고 오른 어깨에 어머니를 업고서 백년이 지나도 피로하거나
게으름이 생기지 않게 하라. 혹은 대지(大地)에 가득한 마니(末尼)·진주·유
리·가패(珂貝)·벽옥(璧玉)·산호·금·은·마노(馬瑙)·모살라보(牟薩羅寶)·적
주(赤珠)·우선(右旋) 등의 이와 같은 여러 보배를 가지고 공양하고 안락을

---

1) 섬부(贍部)는 산스크리트어 jambu의 음사로서 수미산 남쪽에 있다는 대륙으로
   인간들이 사는 곳을 가리킨다.

받게 하라.>고 하셨다.

　이러한 일을 지었어도 아직 부모의 은혜를 갚지 못하였으니, <만약 부모가 신심이 없으면 부모에게 바른 신심에 머물게 하고, 만약 계(戒)가 없으면 부모에게 금계(禁戒)를 지니게 하며, 만약 성품이 인색하면 부모에게 은혜를 베풀게 하고, 만약 지혜가 없으면 부모에게 지혜를 일으키게 하라. 아들이 능히 이와 같이 부모의 처신에 권유하고 계책으로 장려하여 부모에게 안락하게 머무르게 하면 곧 은혜를 갚는다.>고 말씀하셨다. 그러나 나의 아버지는 삼보에 심심과 존경이 생겨나지 않았으니 나는 지금 마땅히 가서 아버지를 위하여 법요를 설해야겠다.'

　곧 옷과 발우를 지니고 실라벌성으로 향하여 점차 유행(遊行)하여 본국에 이르러 서다림에 머물렀다. 명성을 두루 듣고 대중들이 찬탄하고 우러러 보았다.

　"그 장자의 아들이 출가하고서 곧 다른 나라에 유행하며 널리 삼장을 통달하였고 지금 서다림에 돌아왔구나."

　이때 장자는 이 말을 듣고서 마음이 기쁘고 위로하는 마음이 생겨났다.

　'나의 아들이 출가하여 멀리 다른 나라에 유행하여 두루 삼장을 익히고 지금 서다림에 돌아와 머무르니 나는 지금 마땅히 그에게 가서 기쁘고 즐거움을 전해야겠다.'

　곧 서다림으로 가서 마침내 그 아들을 보고 알려 말하였다.

　"잘 왔네. 필추여. 그대는 나를 떠나 널리 부처님의 가르침을 익히고 지금 옛 거처로 돌아왔으니 나는 매우 기쁘네."

　이렇게 말하고서 한쪽에 앉았다. 이때 필추는 아버지를 위하여 여러 종류의 미묘한 구절의 뜻을 설하니 그 아버지는 법을 듣고 깊이 신심을 일으켜 삼귀의 및 오학처(五學處)를 받았다. 이때 그 장자는 곧 필추에게 청하였다.

　"내일 마땅히 음식을 베풀겠소."

　그는 묵연히 허락하였다. 아버지가 예를 마치고 돌아가는 길에서 생각하였다.

'내가 허둥거려서 잘 생각하지 못하였구나. 내일 아들을 집으로 청하여 내일 마땅히 음식을 베풀고자 하였으나 나의 아내는 성품이 진실로 덜렁거리고 게으르니, 곧 나의 아들에게 공경하고 소중한 마음이 없으면 어떻게 할 것인가?'

다시 또한 생각하였다.

'이미 청하였으니 다시 거두어들일 수는 없다. 내가 지금 마땅히 잘 말하고 달래어 성내고 분노하지 않도록 해야겠구나.'

집에 이르러 알려 말하였다.

"현수여. 아들이 있었는데 도망하였거나 죽었거나 출가하였다면 이 세 가지의 일이 하나인가? 다른 것인가?"

알려 말하였다.

"세 가지의 일은 다른 것이 없습니다."

알려 말하였다.

"현수여. 그대의 이전의 아들이 집을 떠나 세속을 버리고 훌륭한 필추가 되어 다른 지방을 유행하면서 묘하게 삼장을 익히고 지금 서다림으로 돌아왔네."

그 아내가 알려 말하였다.

"만약 이와 같다면 어찌 집에서 음식을 먹도록 청하지 않았습니까?"

대답하여 말하였다.

"내가 이미 청하였으니 마땅히 좋은 반찬을 갖추어야 할 것이네."

이때 그 아내는 마음에 희열이 생겨 차가운 것과 더운 것을 때에 알맞게 모두 갖추고서 다시 심부름꾼을 서다림으로 보내어 알려 말하였다.

"대덕이여. 음식이 이미 준비되었습니다. 때에 이르렀음을 아십시오."

이때 그 필추는 하루의 초분에 옷과 발우를 지니고 아버지 집에 나아가 이르러 발을 씻고 준비된 자리에 나아가 앉았다. 손을 씻고 발우를 씻으니 장자와 그의 아내는 스스로 가장 맛있는 음식을 주었다. 음식을 이미 배부르게 먹었고 양치하고 발우를 거두었다. 이때 그의 부모는 발에 예배하고 앉아 법요를 들었다. 이때 그 계모는 설법을 듣고서 깊은 존경과 신심이 생겨나서 삼귀의와 아울러 오계를 청하여 받았다.

　이때 그 집안이 교화를 받고서 여러 필추·필추니가 함께 와서 모여 법회를 하니 마치 목마른 사람이 샘물과 연못에 달려가는 것과 같았다. 오직 보시를 베풀고 수행하며 경영하는 것은 모두 이부(二部)의 승가이었다. 장자는 다른 때에 몸에 중병이 걸렸고 아들이 아버지의 병환을 듣고서 곧 이렇게 생각하였다.

　'나는 마땅히 아버지의 병을 없애기 위하여 법을 설하여야겠다.'

　이와 같이 자주 아버지 처소에 이르러 알려 말하였다.

　"아버지. 지금부터 다시는 걱정하지 마십시오. 왜 그러한가? 아버지는 지금 나를 선지식(善知識)으로 삼아서 불·법·승에 귀의하여 오계를 받았고 보시하고 계율을 지키셨으며 널리 여러 가지 복을 닦으셨으니 이 괴로운 몸을 버리면 마땅히 좋은 곳에 태어날 것입니다. 천당(天堂)과 해탈은 가벼운 장막으로 막혀 있는 것과 같습니다."

　대답하여 말하였다.

　"진실로 그러하네. 나는 아들을 인연삼은 까닭으로 존경과 신심을 일으켰네. 이 몸을 버리면 수승한 곳에 태어나기를 바라네."

　이때 필추가 아버지를 위하여 설법을 마치고 떠난 뒤에 아버지는 이렇게 생각하였다.

　'나의 아들은 법에 알맞게 삼장을 익혔고 대법사가 되어 지혜가 총명(聰敏)하여 변재에 걸림이 없으니 마땅히 알려주는 것은 모두 진실하다. 나는 지금 병이 무거워 고뇌하는 것이 평소와 다르니 마땅히 방편으로 스스로 그 목숨을 끊어야겠다.'

　다시 거듭하여 생각하였다.

　'나는 지금 병이 무거우니 어느 다른 사람이 목숨을 끊을 수 있을까?'

　그 집에는 노비가 있었고 파리가(波利迦)라고 이름하였는데 거칠고 힘이 세며 우둔(愚鈍)하였다. 다시 이렇게 생각하였다.

　'이 파리가라면 반드시 나를 죽일 수 있을 것이다. 다시 다른 사람은 능히 이 일을 할 수 없다.'

이곳에서 멀지 않은 곳에 아들의 혼사를 치르는 거사가 있었다. 이때 장자의 아내는 그들과 서로 만나기로 약속하였으므로 장차 파리가를 데리고 갔다. 혼사가 끝나자 이때 장자의 아내는 파리가에게 알려 말하였다.

"그대는 마땅히 집에 돌아가 장자를 깨우고 낮잠을 자지 않도록 하라. 나는 기다렸다가 작별인사를 하고서 곧 뒤에 가겠다."

그 노비는 명을 받들어 집에 돌아가서 장자의 방에 이르렀다. 장자가 알려 말하였다.

"그대는 어디서 오는가?"

파리가는 일을 갖추어 말하니, 물어 말하였다.

"혼인하는 것이 좋던가?"

대답하여 말하였다.

"매우 좋았습니다."

다시 알려 말하였다.

"나의 말을 따르거라. 그대가 하려는 것을 모두 안다. 그대의 마음은 즐거운가?"

대답하여 말하였다.

"말씀대로 모두 하겠습니다."

장자가 말하였다.

"지금 사람이 아닌 것이 나의 뱃속에 들어왔으니 그대가 나를 위하여 내쫓아 주겠는가?"

물어 말하였다.

"어느 곳으로 귀신을 내쫓으시려고 하십니까?"

대답하여 말하였다.

"먼저 다리부터 누르고 점차로 장딴지와 무릎에 이르고 가슴과 목에 이르면 마땅히 급하게 눌러라. 비록 움직여도 놓지 말라."

이때 그 어리석은 노비는 말을 받들어 곧 행하였다. 장자는 노비가 누르자 곧 후회하는 마음이 생겨났다.

228

'만약 파리가가 무겁게 짓누르는 것을 놓아주면 이것은 매우 좋겠구나.'

이때 파리가는 먼저의 가르쳐준 말을 기억하고서 비록 발버둥치는 것을 보았으나 놓지 않았고 이것을 인연하여 고통이 극심하였으며 드디어 곧 목숨이 끊어졌다. 이때 천인이 있어 이 일을 보고서 허공에서 가타를 설하여 말하였다.

만약 어리석은 사람에게 눌려지고
혹은 이때 자라(鼇)를 만나 물리거나
파리가가 급하게 누른다면
어찌 목숨을 보전할 수 있겠는가?

이미 목숨이 끊어지자 곧 이불을 가지고 온몸을 덮었다. 장자의 아내가 돌아와서 그 노비에게 물었다.

"그대에게 먼저 와서 장자를 깨우라고 하였는데 무슨 까닭으로 보살피지 않고서 장자께서 낮잠을 자게 하였는가?"

이때 아내는 곧 손으로 병자를 흔들어 깨우고자 하였으므로 그 노비가 대답하여 말하였다.

"깨우지 마십시오. 내가 대가(大家)이신 장자를 위하여 배를 눌러 악귀를 내쫓았으며 이러한 까닭으로 잠시 안은하게 잠들었습니다."

이때 장자의 아내는 마침내 이렇게 생각하였다.

'내가 시험삼아 이 악귀의 모습이 어떠한 것인가를 관찰하여 보아야겠다.'

이불을 들추어 장자를 보니 이미 목숨이 끊어졌으므로 곧 이렇게 생각하였다.

'나의 남편은 스스로 목숨을 끊은 것이 아니다. 확실히 전처(前妻)의 아들이 삼장에 해박하였고 그가 남편을 위하여 이와 같은 법을 설하였기 때문이다. '아버지. 지금부터 다시는 걱정하지 마십시오. 왜 그러한가? 아버지는 지금 나를 선지식으로 삼아서 불법승에 귀의하여 오계를 받고 보시하고 계율을 지키셨으며, 널리 여러 가지 복을 닦으셨으니 이 괴로운 몸을 버리면 마땅히 좋은 곳에 태어날 것입니다. 천당과 해탈은 가벼운 장막으로 막혀 있는 것과 같습니다.' 만약 필추가 오면 나는 마땅히 함께 살아야 할 것이고, 집안의 일은 그에게 살피게 하여야겠다.'

이러한 생각을 하니 근심과 고통이 마음에 얽히었다. 장례의 의식을 갖추어 숲에서 화장하는 일을 마치고 근심하고 후회하면서 지내고 있었다. 이때 삼장인 아들이 아버지가 돌아가셨다는 것을 듣고서 곧 이렇게 생각하였다.

'일체의 모든 행은 모두가 무상(無常)한 것이다. 내가 지금 마땅히 가서 그 계모를 위하여 법요를 설해야겠다.'

집에 이르니 그 어머니가 멀리서 보고서 곧 꾸중하여 말하였다.

"너는 이전의 아내의 아이라서 지금 오는 것인가? 삼장을 아는 까닭으로 하늘에 태어나는 법을 아버지에게 설하여 목숨을 마치게 하였으니 지금 집에 돌아와 나와 함께 살아야 한다. 집안일은 네가 살펴야 하니 마땅히 그렇게 알라."

이때 그 필추는 이러한 말을 듣고서 마음에 부끄러움을 품고서 떠났으나 곧 회한이 생겨나서 이와 같이 생각하였다.

'어찌 내가 지금 이러한 죽음을 권유한 것이 아니겠는가!'

곧 이 일로서 여러 필추에게 알리고 여러 필추는 세존께 아뢰었다. 세존께서는 모든 필추에게 말씀하셨다.

"그 필추는 범한 것이 없느니라. 그러나 모든 필추는 마땅히 그러한 무거운 병이 있는 사람을 마주하고서 앞에서의 이러한 법을 설하여 능히 병자가 듣고서 죽게 하지 말라. 만약 필추가 이와 같은 법을 설하여 그 병든 사람이 죽음을 구하고자 한다면 월법죄를 얻느니라."

이것의 연기로서 학처를 제정하지는 않으셨다.

세존께서는 광엄성(廣嚴城) 승혜하(勝慧河) 옆의 사라치림(婆羅雉林)에 머무르셨다.

모든 필추를 위하여 부정관(不淨觀)을 설하셨고 부정관을 닦는 것을 찬탄하셨다.

"그대들 여러 필추들은 마땅히 부정관을 닦으라. 이 관(觀)을 많이 닦아 익히는 까닭으로 큰 과상(果上)의 이로움을 얻게 되느니라."

세존의 가르침을 받들어 여러 필추들은 곧 부정관을 닦았고, 이미 부정관을 닦아 익힌 뒤에는 피와 고름이 가득한 몸에 대하여 마음 깊이 싫어하고 근심하는 생각을 내어 칼을 들어 자살하였고, 혹은 독약을 먹고 죽기도 하였으며, 새끼줄로 목을 매었고, 스스로 높은 낭떠러지에서 떨어져 죽기도 하였으며, 혹은 서로를 다치게 하였다. 이때 어느 한 필추가 몸에 고름과 피가 있는 것을 깊이 싫어하는 마음이 생겨나 곧 그 녹장(鹿杖) 범지(梵志)인 사문의 처소에 나아가 이와 같이 말하였다.

"내가 왔습니다. 현수여. 그대에게 옷과 발우를 주겠으니 마땅히 나의 목숨을 끊어주시오."

이때 범지는 곧 그의 목숨을 끊고서 곧 피가 묻은 칼을 가지고 승혜하의 옆의 물가에 가서 물로 닦았다. 이때 천마(天魔)가 물에서 솟아올라 범지에게 알려 말하였다.

"옳도다. 현수여. 그대가 지금 짓는 것은 많은 복덕을 얻느니라. 그대는 사문의 계를 갖추었고 덕을 갖추었으며 아직 제도되지 않은 자를 제도하였고 아직 해탈하지 못한 자를 해탈하게 하였으며 아직 안락하지 아니한 자를 안락하게 하였고 아직 열반하지 않은 자를 열반하게 하였다. 다시 남은 이익이 있어 그의 옷과 발우를 얻었구나."

이때 그 범지는 다시 죄악의 생각이 변하여 곧 이렇게 생각하였다.

'나는 지금 진실로 이미 여러 공덕을 얻었다. 능히 사문의 계행을 갖춘 자를 제도하고 해탈시켰으며 안락하고 열반의 처소에 이르게 하였다. 다시 남은 이익이 있어 그의 옷과 발우를 얻었구나.'

이때 그 범지는 문득 날카로운 칼을 가지고 승가의 주처와 다른 방과 승원(僧院)을 걸어 다니면서 알려 말하였다.

"만약 필추가 계행(戒行)을 구족하였다면 내가 마땅히 제도하고 해탈시키며 안락하고 해탈의 처소에 이르게 할 것이다."

이때 한 필추가 자신의 몸을 싫어하고 부끄러워하여 곧 방 밖으로 나와 범지에게 알려 말하였다.

"현수여. 나는 아직 제도되지 않았고 해탈하지 않았으며 안락하고 열반을 얻지 못하였으니 그대가 마땅히 나에게 열반의 처소를 얻게 하여주시오."

이때 그 범지가 곧 나아가 그를 죽였고, 이와 같이 둘·셋 나아가 육십 필추의 목숨을 모두 끊었다. 이때 필추대중이 점차로 줄었으므로 세존께서 15일의 포쇄타(褒灑陀)[2] 때에 평소와 같이 자리에 앉으시어 필추 대중을 보시고 구수 아난타에게 알려 말씀하셨다.

"무슨 까닭으로 필추의 숫자가 점차 줄어 몇 명만이 남았는가?"

이때 아난타는 세존에게 아뢰어 말하였다.

"세존이시여. 한 때에 모든 필추를 위하여 부정관을 닦는 것을 찬탄하시면서 '만약 관을 닦고 익히고 많이 수습(修習)하면 대과(大果)의 이익을 얻으리라.'고 하셨습니다. 이때 여러 필추가 곧 부정관을 닦고서 몸에 고름과 피로 가득한 것을 깊이 싫어하여 혹은 자살하고 혹은 남에게 부탁하여 목숨을 끊으니 마왕이 와서 권유하여 나아가 육십 필추를 살해하였으므로 이러한 까닭으로 승가의 대중이 줄었습니다."

세존께서 여러 필추에게 말씀하셨다.

"서로가 죽이도록 가르쳤다는 이것이 사실인가?"

세존께 아뢰어 말하였다.

"세존이시여. 진실로 그렇습니다."

이때 세존께서는 모든 필추에게 알려 말씀하셨다.

"그대들의 행은 바른 것이 아니고 사문의 행도 아니며 수순하는 행도

---

2) 산스크리트어 poṣadha의 음사로서 단식(斷食)·정주(淨住)·선숙(善宿)·근주(近住)·장정(長淨)이라 번역된다. 출가자들은 음력 매월 15일과 29일(또는 30일)에 한곳에 모여 계율의 조목을 독송하면서 그 동안에 자신이 저지른 잘못을 참회하는 의식을 가리킨다.

232

아니고 청정함도 아니며 출가자가 마땅히 행할 일도 아니니라."

여러 가지로 꾸중하셨으며, 여러 필추에게 알려 말씀하셨다.

"내가 열 가지 이익을 관하고 따라서 승가를 섭수하며 나아가 정법이 오래 머무르게 하고 인간과 천인들의 이익이 되도록 내가 지금 모든 성문의 제자들을 위하여 비나야(毘奈耶)에서 그 학처를 제정하나니 마땅히 이와 같이 설하노라. 만약 다시 필추가 사람과 사람으로서 태(胎) 안에 있는 것을 고의적으로 스스로의 손으로 그 목숨을 끊고, 혹은 칼을 집어서 쥐어주며, 혹은 스스로 칼을 쥐고, 혹은 칼을 잡을 사람을 찾으며, 혹은 죽는 것을 권유하고 죽는 것을 찬탄하여 '애석하구나.[3] 남자여. 이와 같이 죄를 거듭 쌓아서 무엇을 하겠는가? 부정하고 악한 생활을 하는 것보다 그대는 차라리 지금 죽도록 하시오. 죽는 것이 사는 것보다 좋겠소.' 라고 말하며, 자신의 생각에 따라 다른 말로써 죽는 것을 권유하고 칭찬하여 그가 이러한 까닭으로 죽으면 이 필추는 역시 바라시가를 얻는 것이니, 마땅히 함께 머무를 수가 없느니라."

'필추'의 뜻은 앞에서와 같다.

'사람'은 어머니의 뱃속에서 이미 육근(六根)인 이를테면, 눈·귀·코·혀·몸·뜻을 갖추고 있는 상태를 말한다.

'사람의 태'는 어머니의 뱃속에서 다만 삼근(三根)인 몸·목숨·뜻 등이 있는 것을 말한다.

'고의적으로'는 고의적인 마음으로 하는 것이며 착오가 아닌 것을 말한다.

'스스로의 손으로'는 자기의 손으로 죽이는 것을 말한다.

'목숨을 빼앗는다.'는 다른 사람의 목숨이 이어지지 못하게 하는 것을 말한다.

'혹은 칼을 집어서 쥐어주다.'는 그 사람이 자살을 하려는 것을 알고서 곧 큰 칼과 머리를 깎는데 쓰는 칼과 찌르는 칼 등을 그의 처소에 놓아두어

---
[3] 원문에는 '돌(咄)'이라고 표기되어 있다.

스스로를 해치게 하는 것을 말한다.

'혹은 스스로 칼을 쥐어주다.'는 스스로는 힘이 약해서 능히 살인을 할 수 없으므로 오로지 스스로 칼을 가져다가 다른 사람의 손에 쥐어주어 사람의 목숨을 끊게 하는 것을 말한다.

'혹은 칼을 잡을 사람을 찾는다.'는 남자나 여자나 반택가(半擇迦) 등을 찾아서 그가 사람을 죽이게 하는 것을 말한다.

'말하여 죽기를 권유하다.'는 세 종류의 사람에게 권유하여 죽게 하는 것이다. 세 종류의 사람은 계율을 깨뜨린 사람과 계율을 지니는 사람 및 병든 사람을 말한다.

'무엇이 계율을 깨뜨린 사람을 권유하여 죽게 하는 것인가?' 만약 어떤 필추가 계율을 깨뜨린 필추가 소유하고 구하는 것으로서 이를테면, 의복·발우·걸망(絡囊)·수라(水羅)·허리띠(條帶) 및 나머지의 사문의 자구(資具) 등이 있다. 이때 그 필추가 '만약 그 계율을 깨뜨린 필추가 살아있으면 저 옷이나 발우 같은 것들을 내가 가질 수 없으니, 내가 마땅히 그에게 가서 권유하여 죽게 만들어야하겠다.'라고 생각하고 곧 그에게 가서 말한다.

"구수여. 아십니까? 그대는 지금 계율을 깨뜨리고 여러 죄업을 지었으며, 몸과 말과 뜻의 항상 세 가지의 여러 죄악을 짓고 있습니다. 구수여. 나아가 그대가 오래 살게 되면 짓는 악업도 더욱 늘어날 것이고, 악이 늘어나는 까닭으로 마땅히 오랜 시간 동안 지옥의 고통을 받게 될 것입니다."

만약 계율을 깨뜨린 필추가 이 말을 듣고서 이와 같이 물었다.

"구수여. 내가 지금 어떻게 해야 되겠습니까?"

그 필추가 곧 대답하여 말하였다.

"마땅히 목숨을 버리고 스스로 목숨을 끊는 것이 좋겠습니다."

만약 그 필추가 스스로 목숨을 버렸거나 혹은 스스로가 죽는다면, 죽기를 권유한 필추는 바라시가를 얻는다. 만약 계율을 깨뜨린 필추가 그의 권유를 받아들이지 않으면 죽기를 권유한 필추는 솔토라저야를 얻는다.

죽기를 권유한 필추가 비록 앞에서와 같은 말을 하였으나 죽기를 권유하고 나서 뒤에 뉘우치는 마음이 생겨서 곧 그 계율을 깨뜨린 필추가 있는 곳으로 가서 이렇게 말하였다.

"구수여. 마땅히 아십시오. 내가 이전에 한 말은 어리석었고 아는 것이 적었으며 좋은 것을 분별하지 못하였고 깊이 헤아리지 못하여서 순간적으로 말하였습니다. 구수께서 친우를 친근히 하여 이전에 지은 죄를 말하여 없애면 그대가 지은 좋지 못한 삼업(三業)은 그 힘에 의하여 청정함을 얻고 청정한 까닭으로 목숨을 버린 뒤에는 마땅히 천상에 태어나게 될 것입니다."

만약 그 계율을 깨뜨린 필추가 물어 말하였다.

"구수여. 나는 지금 어떻게 해야 되겠습니까?"

대답하여 말하였다.

"그대는 목숨을 버리지 마십시오. 당신께서는 스스로 죽지 마십시오."

만약 스스로 죽지 않으면 죽음을 권유한 필추는 솔토라저야를 얻는다. 만약 계율을 깨뜨린 필추가 비록 앞에서와 같은 말을 듣고서도 필추의 말을 받아들이지 않고 곧 스스로 죽는다면 그 죽기를 권유한 필추는 역시 앞에서와 같은 죄를 얻는다. 이것을 필추가 계율을 깨뜨린 사람을 죽게 하는 것이라고 말한다.

'무엇이 계율을 지니고 있는 사람에게 권유하여 죽게 만드는 것인가?' 어느 필추가 계율을 받아 지키고 있는 필추가 가지고 있는 옷과 발우 등에 있어, [자세한 설명은 앞에서와 같다.] 나아가 곧 그 필추에게 가서 이와 같이 말하였다.

"구수여. 그대는 아십니까? 그대는 이미 계율을 받아 지켜서 여러 가지의 착한 법을 닦으셨고, 또한 전수시(展手施)·항상시(恒常施)·애락시(愛樂施)·광대시(廣大施)·분포시(分布施) 등을 잘 익혔습니다. 구수여. 그대는 이러한 복이 있으니 마땅히 천상에 태어나실 것입니다."

만약 계율을 지키는 필추가 이 말을 듣고서 물었다.

"구수여. 내가 지금 어떻게 해야 합니까?"

그 필추가 곧 대답하여 말하였다.

"마땅히 몸을 버리고 스스로 목숨을 끊는 것이 좋겠습니다."

만약 그 필추가 그 말을 듣고서 곧 스스로 자신의 목숨을 끊는다면 그 필추는 바라시가를 얻고 만약 계율을 지키는 필추가 그의 권유하는 말을 받아들이지 않는다면 그 필추는 솔토라저야를 얻는다.

이때 죽음을 권유한 필추가 비록 이렇게 말하였으나, 죽음을 권유한 뒤에 마음에 후회하는 생각을 일으켜 곧 계율을 지키는 필추의 처소로 가서 말하였다.

"구수여. 마땅히 아십시오. 내가 이전에 한 말은 어리석었고 아는 것이 적었으며 좋은 것을 분별하지 못하였고 깊이 헤아리지 못하여서 순간적으로 말하였습니다. 구수께서는 이미 능히 계율을 지키시고 여러 선법(善法)을 닦으셨으니, 나아가 반드시 천상에 태어나실 것입니다."

계율을 받아 지키는 필추가 혹은 그 필추에게 물었다.

"내가 지금 어떻게 해야 합니까?"

곧 그 필추에게 대답하여 말하였다.

"구수여. 그대는 몸을 버리지 마십시오. 그대는 스스로 죽지 마십시오."

만약 필추가 스스로 죽지 않았으면 그 필추는 솔토라저야를 얻고, 만약 비록 앞에서의 말을 듣기는 하였으나 그 말을 받아들이지 않고서 곧 스스로 죽는다면 죽음을 권유하였던 필추는 역시 솔토라저야를 얻는다. 이것을 필추가 계율을 지키는 사람을 죽게 하는 것이라고 말한다.

'무엇이 병든 사람을 권유하여 죽게 만드는 것인가?' 만약 어떤 필추니가 병이 있는 필추가 가지고 있는 의복이나 발우 등을 가지고 싶어하여 '그 중병에 걸린 필추가 살아있으면 옷이나 발우 등을 얻을 수 없으니 내가 마땅히 그 필추에게 가서 권유하여 죽게 해야겠다.'라고 생각하고 곧 필추에게 가서 말하였다.

"구수께서는 아십니까? 당신은 이미 무거운 병에 걸려서 극심한 고통을 받으셨습니다. 그대께서 만일 오랫동안 살아 계시면 병이 더욱 심해져서 항상 모진 고통을 받게 될 것입니다."

병이 있는 필추가 이 말을 듣고서 말하였다.

"내가 지금 어떻게 해야 되겠습니까?"

곧 그 필추가 대답하여 말하였다.

"마땅히 몸을 버리고 스스로 목숨을 끊는 것이 좋겠습니다."

만약 병이 있는 필추가 이 말을 듣고 더욱 고통스러워지는 것을 두려워하여 곧 스스로 목숨을 끊는다면 그 필추는 바라시가를 얻는다. 만약 병든 필추가 권유하는 말을 받아들이지 않는다면 그 필추는 솔토라저야를 얻는다.

이때 그 필추가 앞에서와 같이 말을 하여 죽음을 권유하였으나 마음에 후회를 일으켜 곧 그 병이 있는 필추니의 처소로 가서 말하였다.

"구수여. 마땅히 아십시오. 내가 이전에 한 말은 어리석었고 아는 것이 적었으며 좋은 것을 분별하지 못하였고 깊이 헤아리지 못하여서 순간적으로 말하였습니다. 구수여. 그대께서는 지금 마땅히 선지식을 찾도록 하십시오. 능히 그대를 위하여 병에 맞는 약을 구하고 음식을 제공할 수 있으며 법에 맞게 간병할 것입니다. 선지식을 따라 거스르지 않으면 오래되지 아니하여 곧 병이 낫고 안락해지며 기력(氣力)을 회복하여 뜻을 따라서 유행(遊行)할 수 있을 것입니다."

만약 병든 필추가 혹은 그 필추에게 물어 말하였다.

"구수여. 내가 지금 어떻게 해야 되겠습니까?"

대답하여 말하였다.

"그대는 몸을 버리지 마십시오. 그대는 스스로 죽지 마십시오."

만약 스스로 죽지 않으면 그 필추는 솔토라저야를 얻는다. 만약 병든 필추가 비록 앞에서의 말을 듣기는 하였으나 그 말을 받아들이지 않고 곧 스스로 죽으면 그 필추는 역시 솔토라저야를 얻는다. 이것을 필추가 병이 있는 필추를 죽게 하는 것이라고 말한다.

'죽는 것을 찬탄한다.'는 만약 어느 필추가 죽는 것을 좋아하는 사람 앞에서 죽는 것을 칭찬하는 것을 말한다.

'애석하도다! 남자여.'는 이렇게 애석하다고 부르는 말이다.

'그대는 지금 이와 같은 죄를 거듭 쌓으니 어떻게 하겠는가. 나아가 죽는 것이 사는 것보다 뛰어나다.'는 모두가 이와 같이 업신여기고 헐뜯는 말을 하는 것이다.

'스스로의 마음을 쫓아 생각한다.'는 스스로의 마음을 따라서 다른 생각을 일으키는 것을 말한다.

'다른 말로써 말한다.'는 많은 방편을 가지고 그에게 권유하여 죽게 하는 것을 말한다.

'찬미한다.'는 병이 있는 사람의 앞에서 찬미하는 말을 하여 반드시 죽게 하여 마음에서 뒤돌아보는 것이 없는 것이다. 만약 그가 이러한 방편에 의하여 죽으면 이것을 그 필추가 말한 방편을 까닭으로 목숨을 마쳤다고 말한다.

'다른 일은 이유가 없다.'는 이 일이 아닌 다른 착한 마음 등의 일을 말한다.

'필추'는 필추의 성(性)이 있는 것을 말한다.

'필추의 성'은 근원(近圓)을 받은 것을 말하고, 자세한 것은 앞에서 설명한 것과 같으며, '바라시가'의 뜻도 역시 앞에서와 같다.

이 가운데에서 범한 모양과 그 일은 무엇인가? 게송으로 섭수하여 말하겠노라.

어느 때에는 몸으로
혹은 밖의 물건을 사용하며
혹은 안과 밖의 두 가지 등의
이것을 죽이는 모양이라고 이름한다.

무엇이 몸으로써 죽이는 것인가? 이를테면, 만약 필추가 죽일 마음이 있어서 한 손가락을 사용하여 여자나 남자나 반택가 등을 때려서 이러한 방편에 의하여 그가 죽었다면 이 필추는 바라시가를 얻는다. 혹은 그 당시에는 죽지 않았으나 이것을 원인으로 뒤에 죽는다면 이 필추는 역시 바라시가를 얻는다. 만약 당시에도 죽지 않았고 뒤에도 역시 죽지 않았다면 솔토라저야를 얻는다. 만약 한 손가락을 사용하였고, 주먹을 사용하여 정수리·어깨·다른 신체의 일부분 또는 발가락을 때려서 그를 죽이고자 하였는데, 만약 그가 죽었다면 이 필추는 바라시가를 얻는다. 만약 당시에는 죽지 않았으나, 뒤에 이것에 의하여 죽었다면 필추는 역시 바라시가를 얻는다. 만약 죽지 않았다면 솔토라저야를 얻는다. 이것을 몸을 사용하여 죽이는 것이라고 이름한다.

무엇이 밖의 물건을 사용하여 죽이는 것인가? 만약 필추가 죽이려는 마음이 있어 대나무와 쇠로 만든 화살을 가지고 여자나 남자나 반택가 등을 쏘아 이러한 방편에 의하여 죽었다면 이 필추는 바라시가를 얻는다. 그 당시에서 죽지 않았으나 뒤에 죽었다면 역시 바라시가를 얻는다. 만약 당시에는 죽지 않았고 뒤에도 역시 죽지 않았다면 솔토라저야를 얻는다.

무엇이 밖의 물건을 사용하여 죽이는 것인가? 만약 필추가 죽이려는 마음이 있어 대나무와 쇠로 만든 화살을 가지고 여자나 남자나 반택가 등을 쏘아 이러한 방편에 의하여 죽었다면 이 필추는 바라시가를 얻는다. 그 당시에서 죽지 않았으나 뒤에 죽었다면 역시 바라시가를 얻는다. 만약 당시에는 죽지 않았고 뒤에도 역시 죽지 않았다면 솔토라저야를 얻는다.

만약 방패·큰 창과 작은 창·륜(輪)·다른 병장기와 칼, 나아가 대추씨를 멀리서 죽이려는 마음으로 그 사람에게 던져서 이러한 방편에 의하여 죽었다면 이 필추는 바라시가를 얻고 그 당시에는 죽지 않았으나 뒤에 이것에 의하여 죽었다면 역시 바라시가를 얻는다. 만약 당시에도 죽지 않았고 역시 뒤에도 죽지 않았다면 솔토라저야를 얻는다. 이것을 밖의 물건을 사용하여 죽이는 것이라고 이름한다.

무엇이 몸과 밖의 것을 합하여 죽이는 것인가? 만약 필추가 죽이려는 마음이 있어서 손으로 큰 칼을 잡고 여자나 남자나 반택가 등을 죽이려고

하여서 방편에 의하여 죽었다면 이 필추는 바라시가를 얻는다. 그 당시에는
죽지 않았으나 뒤에 죽었다면 역시 바라시가를 얻는다. 만약 당시에도
죽지 않았고 역시 뒤에도 죽지 않았다면 솔토라저야를 얻는다.

큰 칼을 사용하여 죽이는 것은 이미 이와 같으며, 다른 여러 가지의
양날로 된 칼과 반쪽 날로 된 칼과 창과 같은 종류 등과 나아가 풀줄기를
가지고 죽이려는 마음으로 그를 때려서 이러한 방편에 의하여 죽었다면
바라시가를 얻고, 혹은 솔토라저야를 얻는다. [자세한 설명은 앞에서와
같다.] 이것을 몸과 몸 밖의 것을 합하여 죽이는 것이라고 이름한다.

게송으로 섭수하여 말하겠노라.

만약 독(毒)이나 독가루와
두 가지의 처소에 의지하며
혹은 여러 가지의 술과
장치 등으로 사람을 죽이는 것이 있다.

무엇이 독약으로 죽이는 것인가? 만약 필추가 죽이려는 마음이 있어
독약을 사용하였고, 떡이나 밥과 같은 음식에 독을 섞어서 여자나 남자나
반택가 등을 죽이려고 하였는데, 이러한 방편에 의하여 죽었다면 바라시가
를 얻고 죽지 않았다면 솔토라저야를 얻는다. [자세한 설명은 앞에서와
같다.] 이것을 독약을 사용하여 죽이는 것이라고 이름한다.

무엇이 독가루로 죽이는 것인가? 만약 필추가 죽이려는 마음이 있어
여러 가지의 가루로 몸을 문지르고, 혹은 목욕을 하도록 하며, 혹은 향에
섞어서 바르게 하고, 향만(香鬘)에 모아두며, 향의 연기를 섞어 남자나
반택가 등을 죽이려고 하였는데, 이러한 방편에 의하여 죽었다면 이
필추는 바라시가를 얻고, 혹은 솔토라저야를 얻는다. 이것을 독가루를
사용하여 죽이는 것이라고 이름한다.

무엇이 처소에 의지하여 죽이는 것이라고 말하는가? 이것은 두 가지가
있다. 첫째는 땅에 의하여 쓰러지는 것이고, 둘째는 나무에 의하여 쓰러지

는 것이다. 무엇이 땅에 의하여 쓰러지는 것인가? 첫째는 필추가 죽이려는 마음이 있어 땅을 파서 함정을 만들고 그 안에다가 장치를 하여서 다리를 얽어매어 여자나 남자나 반택가 등을 죽이려고 하였는데 이것에 의하여 죽었고, 혹은 사자·호랑이·표범·수리·독수리 등에게 뜯어 먹혔으며, 혹은 바람에 쏘이고 햇볕에 쬐어 그 형체를 무너뜨리고, 혹은 굶주리고 목마르게 하여서 이러한 방편에 의하여 죽었다면 이 필추는 바라시가를 얻고 죽지 않았다면 솔토라저야를 얻는다.

다리를 얽어매는 것도 이미 이와 같으며 정강이·넓적다리·허리·가슴, 나아가 목을 얽어매거나, 혹은 때로는 사자 등이 잡아먹게 하거나, 굶주리고 목마르게 하여 이러한 방편에 의하여 죽게 되었다면 바라시가를 얻고, 혹은 솔토라저야를 얻는다. 이것을 땅에 의하여 머무르게 하여 죽이는 것이라고 이름한다.

무엇이 나무에 의지하여 쓰러지게 하여 죽이는 것이라고 말하는가? 만약 필추가 고의로 여자나 남자나 반택가 등을 죽이려고 하여서 혹은 기둥이나 말뚝 같은 큰 나무에 물에 젖은 새끼줄로 그 다리를 묶어서 이것에 의하여 죽게 만들었고, 혹은 사자 등이 잡아먹게 하였으며, 나아가 굶주리고 목마르게 하고 쇠약하게 하여 이러한 방편에 의하여 죽었다면 바라시가를 얻고, 혹은 솔토라저야를 얻는다. 이것을 나무에 묶어서 죽이는 것이라고 이름한다.

무엇이 술에 취하게 하여 죽이는 것인가? 만약 필추가 고의적으로 여자나 남자나 반택가 등을 죽이려고 쌀로 만든 술을 주어서 먹게 하여서 이러한 까닭으로 죽었고, 혹은 사자 등이 잡아먹게 하였으며, 나아가 굶주리고 목마르게 하고 쇠약하게 하여서 이러한 방편에 의하여 죽었다면 바라시가를 얻고, 혹은 솔토라저야를 얻는다.

쌀로 만든 술은 이미 이와 같으며 나아가 뿌리·줄기·꽃·잎·과일로 만든 술을 주었고, 혹은 그 술에다가 주문을 외우고 주었으며, 혹은 술에 약을 타서 주어 마시게 하여서 마음이 어지럽고 어리석어 아무 것도 모르게 하여서 이러한 방편에 의하여 죽었고, 혹은 술에 취한 것에 의하여 왕의 적군과 원수의 집안이 그의 목숨을 끊었다면 바라시가를 얻고, 혹은 솔토라저야를 얻는다. 이것을 술을 가지고서 죽이는 것이라고 이름한다.

무엇이 기관을 장치하여 죽이는 것이라고 하는가? 만약 필추가 고의적으로 여자나 남자나 반택가 등을 죽이려고 장치나 활을 설치하고 쇠로 만든 화살을 걸어 놓으며, 혹은 여러 가지 칼날 등을 길의 주변에 설치하고서 여자나 남자나 반택가 등이 그 길을 따라서 지나가게 되면 곧 손이나 발을 잘랐고, 혹은 머리를 잘랐으며, 나머지 신체의 일부분을 잘라서 이러한 방편에 의하여 죽었다면 이 필추는 바라시가를 얻고, 혹은 솔토라저야를 얻는다. 기관이나 활을 장치하는 것은 이미 이와 같으며, 밟으면 동작하는 것과 다른 여러 장치로써 다른 사람의 목숨을 뺏으려고 하면 죄를 얻는 것은 앞에서와 같다.

게송으로 섭수하여 말하겠노라.

시체를 전부나 혹은 반만 일으키는 것과
낙태를 시키는 것과 주문을 외우는 것과
밀어서 떨어뜨리거나 물과 불등에 이르는 것과
추위와 더위로써 죽이는 것이 있다.

무엇이 시체를 전부 일으켜서 사람을 죽이게 하는 것인가? 만약 필추가 고의적으로 여자나 남자나 반택가 등을 죽이려고 흑월(黑月)의 14일에 시체를 버리는 숲으로 가서 새로이 죽은 시체, 혹은 개미에 의하여 아직 손상되지 않은 시체를 찾아서 곧 황토로 씻고 향수로 시체를 씻고는 새로 짠 모직물 한 쌍으로 신체를 두루 덮은 뒤에 발에 연유(酥)를 바르고 주문을 외워 시체에 주술을 건다. 이때 죽은 시체의 쭈그러들었던 것이 펴지면서 일어나려고 하면 시체를 바퀴가 2개인 수레의 위에 놓고서 2개의 구리 방울을 목 아래에 매달고 양날로 된 칼을 손에 쥐어준다. 이때 그 시신이 곧 일어나서 문득 주술사에게 물어 말하였다.

"당신은 나에게 누구를 살해하도록 시켰습니까?"

242

주술사가 대답하여 말한다.

"그대는 누구인 여자와 남자와 반택가 등을 아는가?"

대답하여 말하였다.

"나는 알고 있습니다."

알려 말하였다.

"그대는 가서 그의 목숨을 끊도록 하게."

만약 그의 목숨을 끊으면 필추는 바라시가를 얻는다.

만약 그의 집에 여러 가지의 나뭇잎과 풀로써 끈을 만들어서 문 위를 가로질러 묶어놓고 물병을 놓아두고, 혹은 문과 같은 색깔의 암소와 송아지를 매어두며, 혹은 같은 색깔의 암양과 양의 새끼를 매어두고, 혹은 집에 약병을 걸어두고 아울러 석축(石軸)을 두며, 혹은 문에 인타라(因陀羅)의 말뚝이 있고, 혹은 불이 항상 꺼지지 아니하며, 혹은 집에 형상을 안치해 두었고, 부처님의 진신(眞身)을 모셨으며, 혹은 전륜왕의 어머니가 있고, 혹은 전륜왕의 태(胎)를 품고 있으며, 혹은 보살이 계시고, 혹은 보살의 어머니가 계시며, 혹은 보살의 태를 품고 있고, 혹은 네 가지『아급마경(阿笈摩經)』을 외우며, 바로 외우는 때와, 만약 다시『대경(大經)』즉,『소공대공경(小空大空經)』·『증오증삼경(增五增三經)』·『환망경(幻網經)』·『영승왕영불경(影勝王迎佛經)』·『승번경(勝幡經)』을 외우고, 바로 외우며, 이러한 등의 일이 있어 수호(守護)되는 때에 그 일으켜진 시체가 집에 들어갈 수가 없으면 이 필추는 솔토라저야를 얻는다. 혹은 시체를 일으키는 법을 잘 이해하지 못하여 시체가 일어나서 곧 주술사를 죽이면 이 필추는 솔토라저야를 얻는다. 만약 주문을 외우는 필추가 그 일으켜진 시체를 죽이면 역시 솔토라저야를 얻는다.

무엇이 시체의 반만 일으키는 일인가? 인연은 역시 앞에서와 같다. 이 가운데에서 구별되는 것은 수레가 다만 바퀴가 1개가 있고, 방울도 1개를 목에 달며, 칼에 날이 한쪽에만 있는 것이다. 나아가 죄가 되는 것의 자세한 내용은 앞에서 설명한 것과 같다.

무엇이 낙태를 시켜 죽이는 것인가? 만약 필추가 아이를 가진 임산부를

죽이려고 하였고 뱃속의 아이는 죽이지 않고자 하면서 임산부의 배를
발로 밟았는데, 만약 어머니는 죽고 뱃속의 아이는 죽지 않았다면, 필추는
바라시가를 얻는다. 만약 뱃속의 아이는 죽고 어머니는 죽지 않았다면
솔토라저야를 얻고, 둘이 모두 죽으면 어머니에게는 바라시가를 얻으며,
둘이 모두 죽지 않으면 솔토라저야를 얻는다. 만약 필추가 뱃속의 아이를
죽이고자 하였고 어머니는 죽이고자 하지 않았는데, 임산부의 배를 밟아
만약 뱃속의 아이는 죽고 어머니는 죽지 않으면 필추는 바라시가를 얻는다.
만약 어머니는 죽고 뱃속의 아이는 죽지 않으면 솔토라저야를 얻고,
모두 죽으면 바라시가를 얻고, 모두 죽지 않으면 솔토라저야를 얻는다.

　무엇이 주문을 외워서 죽이는 것인가? 만약 필추가 죽이려는 마음이
있어 방편을 일으켜 여자와 남자와 반택가 등을 죽이려고 만다라(曼茶羅)를
만들어 화로(火爐)를 갖다놓고, 불을 피우며, 나무를 던져 넣고서, 입으로
금지된 주문을 외우면서 '만약 이 나무가 모두 타면 그 여자와 남자와
반택가 등의 목숨이 곧 끊어져라.'라고 생각하였으나, 만약 불 속에 있는
나무가 타기 시작하여 절반이 탔을 때 그가 죽었다면 이 필추는 솔토라저야
를 얻는다. 만약 나무가 모두 타고서 그가 죽었다면 바라시가를 얻는다.
만약 필추가 마음에 방편을 일으켜서 여자와 남자와 반택가 등을 죽이려고
기름과 삼(麻)과 개자(芥子)를 각각 한 되(升)를 절구 안에 넣고 찧으며
입으로 주문을 외우면서 '만약 절구 안의 물건을 찧어서 가루가 되면
그 목숨이 곧 끊어져라.'고 생각하였으나, 아직 가루가 되기 전에 그가
죽었다면 이 필추는 솔토라저야를 얻는다. 만약 찧어서 가루가 되고
그가 죽었다면 바라시가를 얻는다.

　만약 필추가 죽이려는 마음이 있어 방편을 일으켜 누런 소의 우유
한 되를 그릇 안에 넣고 손가락으로 우유를 저으면서 입으로 금지된
주문을 외우기를 '만약 그릇 안의 우유가 모두 피로 변하면 곧 저 사람의
목숨이 끊어져라.'라고 생각하였으나, 만약 우유가 모두 피로 변하지
않았는데 그가 죽었다면 솔토라저야를 얻는다. 만약 우유가 모두 피로
변하고 그가 죽었다면 바라시가를 얻는다. 만약 필추가 사람을 죽이려고

244

방편을 일으켜 다섯 가지의 색으로 된 실을 가지고 승가지를 바느질하면서 입으로 금지된 주문을 외우면서 '이 옷이 모두 만들어지면 저 사람의 목숨이 끊어져라.'라고 생각하였으나, 만약 옷이 모두 만들어지지 않았는데 그가 죽었다면 솔토라저야를 얻는다. 옷이 모두 만들어지고 그가 죽었다면 바라시가를 얻는다. 만약 필추가 사람을 죽이려고 방편을 일으켜 손가락으로 땅에 그림을 그리면서 입으로는 금지된 주문을 외우기를 '그림 일곱 개가 모두 그려지면 저 사람의 목숨이 끊어져라.'라고 생각하였으나, 만약 그림이 일곱 개가 모두 그려지지 않았는데 그가 죽었다면 솔토라저야를 얻는다. 만약 그림이 일곱 개가 모두 그려지고 그가 죽었다면 바라시가를 얻는다. 이것을 금지된 주문을 외워서 죽이는 것이라고 이름한다.

무엇이 밀어서 떨어뜨려 죽이는 것인가? 만약 필추가 다른 사람을 죽이려고 낭떠러지와 언덕 주변의 위험한 곳 등에서 그를 밀어서 떨어지게 하여 이것에 의하여 죽었다면 바라시가를 얻는다. 당시에는 죽지 않았으나 뒤에 이것에 의하여 죽었다면 역시 바라시가를 얻는다. 당시에 죽지 않았고 나중에도 죽지 않았다면 솔토라저야를 얻는다. 낭떠러지는 이미 이와 같으며, 혹은 담장과 나무, 혹은 코끼리와 말이 끄는 수레와 평상 또는 앉는 자리에서 머리·어깨·허리·등·넓적다리·무릎·장딴지·발 및 신체의 다른 부분을 밀어 떨어뜨려 이것에 의하여 죽었다면 바라시가를 얻는다. 당시에는 죽지 않았으나 뒤에 역시 바라시가를 얻는다. 만약 당시에도 죽지 않았고 뒤에도 역시 죽지 않았다면 솔토라저야를 얻는다. 이것을 밀어 떨어뜨려서 죽이는 것이라고 이름한다.

무엇이 물로 죽이는 것인가? 만약 필추가 다른 사람을 죽이려고 물속에 밀어 넣어서 이것에 의하여 죽었다면 바라시가를 얻는다. 죽지 않았다면 솔토라저야를 얻는다. [자세히 설명한 것은 앞에서와 같다.] 물은 강·바다·연못·우물의 물과 나아가 한 웅큼의 물을 그의 입안에 넣어 그를 죽게 만드는 것 등을 말한다. 이것을 물로 죽이는 것이라고 이름한다.

무엇이 불로 죽이는 것인가? 만약 필추가 다른 사람을 죽이려고 불속에 밀어 넣어 이것에 의하여 죽었다면 이 필추는 바라시가를 얻는다. 이를테면, 마을의 숲을 태우고, 성읍에 불을 지르며, 더 나아가 불타는 숯을 그의 입안에 넣어 죽게 하는 것을 말한다. 이것을 불로 죽이는 것이라고 이름한다.

무엇이 내몰아서 죽이는 것인가? 만약 필추가 사람을 죽이려고 곧 그 사람을 험난한 곳으로 보내어 죽었다면 바라시가를 얻고, 혹은 솔토라저야를 얻는다. [자세한 내용은 앞에서 설명한 것과 같다.] 험난한 곳은 도둑·원수·호랑이·늑대·사자가 있는 곳을 말한다. 사람에게 그곳을 지나도록 하여 그를 죽게 만드는 것을 내몰아서 죽이는 것이라고 이름한다.

무엇이 추위에 얼어 죽게 하는 것인가? 만약 필추가 다른 사람을 죽이려고 지극히 추운 때에 사나운 바람이 몰아치는데, 낮에는 그늘의 가운데에 놓아두고, 밤에는 이슬내리는 곳에 놓아두고서 젖은 풀 위에 앉게 하여 이것에 의하여 죽었다면 필추는 바라시가를 얻고, 혹은 솔토라저야를 얻는다. [자세한 내용은 앞에서 설명한 것과 같다.] 이것을 추위에 얼어 죽게 하는 것이라고 이름한다.

무엇이 뜨거운 열로 죽이는 것인가? 만약 필추가 다른 사람을 죽이려고 지극히 더운 때에 몸에 땀띠와 부스럼이 났으나, 낮에는 햇볕 쬐는 곳에 있게 하고, 밤에는 밀폐된 방안에 넣고서 불을 지펴 연기를 일으키고 좌복과 털담요 등으로 덮어서 이것에 의하여 죽었다면 바라시가를 얻는다. [나머지는 앞에서 설명한 것과 같다.] 이것을 뜨거운 열로 죽이는 것이라고 이름한다.

게송으로 섭수하여 말하겠노라.

욕실(浴室)과 따뜻한 집과
가유(迦留)가 자리를 살피지 않은 것과
초(醋)를 보시하는 것에 두 가지의 차별이 있고
17명이 괴롭혀 죽게 하고
난야(蘭若)의 늙은 필추와

가볍고 무거운 일에 따라 알라.

무엇을 욕실의 일이라고 말하는가?
어느 때 세존께서는 광야림(曠野林)에 머무르셨다.
이때 걸식하는 한 필추가 있었는데 거사의 집에서 뜻을 얻었고 때때로 가서 그를 위하여 묘법을 설하여 그 거사는 공경과 신심이 생겨나 삼귀의와 아울러 오학처를 받았다. 뒤의 다른 때에 다시 가서 일곱 가지의 복업을 설하니 거사가 알려 말하였다.
"성자여. 나는 승가를 위하여 복업에 의지하는 일을 짓고자 합니다."
필추가 대답하여 말하였다.
"매우 좋습니다. 이러한 일을 마땅히 지으십시오."
알려 말하였다.
"성자여. 무엇을 지어야 합니까?"
대답하여 말하였다.
"승가는 지금 현재 욕실이 없으니 이것을 짓는 것이 마땅합니다."
알려 말하였다.
"성자여. 나는 재물은 있어도 감독하는 사람은 없습니다."
대답하여 말하였다.
"내가 감독하고 운영하여 복업을 닦겠습니다."
알려 말하였다.
"매우 좋습니다."
이때 거사는 많은 재물을 주어서 그 짓는 것을 맡겼고 필추는 곧 짓게 하였다. 이때 광야림에는 대절회(大節會)가 있었으므로 여러 고용된 일꾼들이 모두 와서 모이지 않았다. 이때 그 필추는 그 고용인을 불러 그에게 알려 말하였다.
"현수여. 그대들은 오늘 무슨 까닭으로 오지 않았습니까?"
알려 말하였다.
"성자여. 오늘은 모든 사람은 크게 즐기는 모임이 있으며 이러한 인연으로 오지 못하였습니다.”

알려 말하였다.

“현수여. 여러 복이 있는 사람은 크게 즐거운 모임을 할 수 있으나 그대들은 고용되어 생활을 하는데 어찌 즐겁게 대회를 합니까? 그대들이 와서 일을 하면 가치(價値)를 두 배로 주겠습니다.”

알려 말하였다.

“성자여. 그 복이 있는 사람은 항상 즐겁게 모입니다. 우리들같이 고용된 사람은 이때 다시 한 번을 만날 뿐이므로 설령 두 배로 우리에게 보수를 주어도 역시 능히 할 수 없습니다.”

말을 마치고 곧 가버렸다. 이때 그 거사는 이렇게 생각하였다.

‘내가 지금 가서 짓고자 하는 복업이 얼마나 이루어졌는가를 살펴야겠다.’

이른 새벽에 가서 살펴보니 아직 일이 이루어지지 않았으므로 필추의 처소에 이르러 발에 예배하고 알려 말하였다.

“성자여. 무슨 뜻으로 고용된 사람이 오늘은 일을 하지 않습니까?”

알려 말하였다.

“거사여. 그들이 일을 하지 않습니다.”

알려 말하였다.

“무슨 뜻입니까?”

대답하여 말하였다.

“그 고용인들이 이렇게 말하였습니다. ‘오늘은 세상 사람들이 함께 모여 즐거워하므로 우리들은 능히 일을 할 수 없습니다.’ ”

거사가 알려 말하였다.

“성자여. 그 고용인에게 무슨 즐거운 모임이 있겠습니까? 어찌 성자께서 가치를 주지 않아서 그들이 일하지 않는 것이 아닙니까?”

알려 말하였다.

“거사여. 나는 한 배를 준다고 하였으나 일을 하지 않았고 곧 나에게 대답하여 말하였습니다. ‘여러 복이 있는 사람은 항상 즐거운 모임이 있으나 우리들 고용인은 이때 다시 한 번을 만날 뿐이니 설령 두 배를 주어도 또한 능히 할 수 없습니다.'라고 하였습니다."

거사가 말하였다.

"성자여. 내가 이러한 복을 닦는 것은 나를 위하려는 것도 아니고 친속을 위하려는 것도 아닙니다. 좋습니다. 성자시여. 나를 위하여 조성(助成)하는 것을 멈추지 마십시오."

이때 그 필추는 이 일을 세존께 아뢰니 세존께서 말씀하셨다.

"일을 아직 끝내지 못하였으면 여러 필추가 그를 도와 짓도록 하라."

이때 여러 필추가 세존의 가르침에 의지하여 곧 조성하는 것을 도왔고 계속하여 벽돌을 던졌으나 견고하게 잡지 않아서 벽돌이 마침내 떨어져 필추의 머리를 때린 인연으로 죽음에 이르렀다. 이때 여러 필추들은 마음속으로 후회를 일으켜 이와 같이 말하였다.

"여러 구수여. 이러한 걸식하는 사람이 많은 일을 경영하고 강제적으로 스스로를 괴롭게 하였으며 우리들이 사랑하는 같은 범행자(梵行者)가 본분이 아닌 죽음에 이르게 하였구나."

함께 의심이 생겨났다.

'어찌 이러한 인연으로 우리들은 함께 바라시가를 범한 것이 아니겠는가?'

이때 여러 필추는 이 인연을 갖추어 세존께 아뢰니 세존께서 알려 말씀하셨다.

"그대들 여러 필추들은 모두 범한 것이 없느니라. 그러나 모든 필추는 마땅히 계속하여 벽돌을 던지지 않을 것이며, 마땅히 손으로 서로에게 주어야 한다. 만약 벽돌에 깨어진 것이 있으면 알려 곧 받게 할 것이며 이와 같지 않다면 월법죄를 얻느니라."

세존께서 말씀하셨다.

"마땅히 작업을 도와라."

이때 여러 필추는 날이 저물도록 일을 하였다. 여러 바라문 거사들이 함께 싫어하며 의논하여 말하였다.

"어찌 필추가 날이 저물도록 작업하니 오히려 고용인과 같구나."

이때 여러 필추는 이 인연을 갖추어 세존께 아뢰니, 세존께서 말씀하셨다.

"마땅히 날이 저물도록 작업하지 않을 것이고 마땅히 반나절에 그 사업(事業)을 경영하라."

이때 여러 필추가 더운 여름에는 오후에 일을 경영하고 추운 겨울에는 오전에 일을 짓고자 하였다. 세존께서 말씀하셨다.

"마땅하지 않느니라. 추운 겨울에는 오후에 일을 하고 더운 여름에는 오전에 일을 지으라."

그 여러 필추는 음식 때에 이르러 곧 작업(作務)을 멈추고 진흙을 몸에 묻히고 곧 걸식하였다. 여러 믿지 않는 사람들이 보고서 헐뜯고 웃으며 말하였다.

"성자여. 당신들의 작업은 고용인보다 많습니다. 그 고용인들은 아직 음식의 때가 이르지 않아도 오히려 멈추는데 당신들이 경영하는 것은 음식 때에 이르러야 곧 멈추십니다."

이때 여러 필추는 이 인연을 갖추어 세존께 아뢰니, 세존께서 알려 말씀하셨다.

"하루의 때를 헤아리고 의거하여 반드시 일찍 일을 멈추어라. 만약 걸식하는 사람은 마땅히 얼굴과 위의를 단정히 하고서 곧 걸식을 행할 것이고 만약 승가의 음식도 역시 마땅히 미리 갖추어 항상 먹는 처소에 가라."

세존께서 "위의를 정리하고 곧 걸식을 행하여 먹는 처소에 가라."고 말씀하셨으나, 모든 필추는 무엇이 먼저 위의를 단정하게 하는 것인가를 알지 못하였다. 세존께서 말씀하셨다.

"나아가 손과 발을 씻고 아울러 발우를 씻는 것을 미리 갖춘다고 말하는 것이다. 모든 필추가 경영하고 지을 때까지 지녀야 하는 행법을 내가 지금 설하겠노라. 만약 감독하고 운영하는 사람은 그 모든 사람의 새벽의 일을 하는 것을 알아 마땅히 소식(小食)을 갖출 것이며, 만약 오후의 때이라면 필추들을 위하여 때가 아닌 장(漿)과 손과 발에 바르는 기름을 찾아라. 만약 감독하는 사람이 가르침에 의지하지 아니하면 월법죄를 얻느니라."

이것을 욕실의 일이라고 이름하느니라.

근본설일체유부비나야 제8권

삼장법사 의정 한역
석보운 번역

3) 단인명(斷人命) 학처 ③

무엇을 따뜻한 집[溫堂]의 일이라고 말하는가?

어느 때 박가범께서는 광야림 가운데에 머무르셨다.

필추가 따뜻한 집을 짓는 일은 욕실과 같았으며, 그 중에 다른 것은 세존께서 말씀하신 "일이 아직 끝나지 않았으면 마땅히 모든 필추들이 서로 도와 경영하고 지어라."는 것이었다. 이때 여러 필추는 따뜻한 집을 짓는 곳에서 그 일을 도와 경영하고 지었다. 함께 목재를 마주 들어서 대들보[梁棟]를 안치하였는데 장인(匠人)이 아래에서 다니며 함께 들어 올려 목재를 옮길 때에 필추의 손을 벗어난 나무가 떨어져 장인의 머리에 부딪혔고 이 인연으로 죽음에 이르렀다. 이때 여러 필추들은 마음속으로 후회를 일으켜 이와 같이 말하였다.

"여러 구수여. 이 걸식하는 사람이 많은 일을 경영하고 강제적으로 스스로를 괴롭게 하였으며 이러한 경영하고 짓는 인연으로 장인을 다치게 하였고 죽게 하였으니 어찌 이러한 인연으로 우리들은 함께 바라시가를 범한 것이 아니겠는가?"

이때 여러 필추들이 이 인연을 갖추어 세존께 아뢰니, 세존께서 말씀하셨다.

"그대들 여러 필추들은 모두 범한 것이 없느니라. 그러나 모든 필추는 마땅히 곧 쉽게 힘으로써 물건을 들어올리지 말라. 반드시 인연이 있어 곧 옮기고자 하면 마땅히 재가인들과 함께 도와서 들어라. 만약 들거나

만약 놓을 때는 서로에게 알려 시간을 맞추어라. 만약 필추가 가르침에
의지하지 아니하면 월법죄를 얻느니라."

세존께서 필추는 마땅히 쉽게 힘으로써 무거운 물건을 옮기지 말라고
말씀하셨으나, 모든 필추는 이러한 마땅히 들 수 있는 물건을 알지 못하였
다. 세존께서 말씀하셨다.

"만약 재가인 한 사람이 감당할 수 있는 무게를 필추는 마땅히 두
사람이 나누어야 할 것이며, 어기는 사람은 월법죄를 얻느니라."

이것을 따뜻한 집의 일이라고 말한다.

무엇을 흑가류타이(黑加留陀夷)의 일이라고 말하는가?

세존께서는 실라벌성의 급고독원에 머무르셨다.

이때 구수 흑가류타이는 전다(旃茶)의 여인을 교화하였는데, 공경과
신심이 생겨나서 삼귀의와 아울러 오학처를 받았다. 이때 그 여인은
머리숙여 발에 예배하고서 청하여 말하였다.

"성자여. 만약 약·음식·물품이 부족하여 도움이 필요하시면 내가 받들
어 보시하겠습니다."

이때 가류타이는 받는 것을 좋아하지 않아서 여인에게 알려 말하였다.

"대매(大妹)[1]여. 세존은 가르침으로 널리 이익되게 하는 것을 으뜸으로
삼습니다. 나는 지금 많은 사람을 이롭게 하려고 합니다."

여인이 알려 말하였다.

"성자여. 만약 나의 청을 받아 허락하지 않으시니 나는 지금 성자를
위하여 묘좌(妙座)를 펼치고자 합니다. 매일 걸식하시고 오시어 항상 이
좌석에서 음식을 드시고 가십시오."

대답하여 말하였다.

"알겠습니다."

항상 날마다 그 자리에 나아가 앉아 음식을 먹고서 곧 돌아갔다. 어느

---

1) 자기보다 나이가 아래인 여자를 가리킬 때도 있고, 나이가 위인 여자를 가리킬
   때도 있다.

때 가류타이는 다른 인연이 있어 갑자기 다른 곳에 가면서 곧 이렇게 생각을 하였다.

'나는 지금 마땅히 가서 여인에게 알려야겠다.'

곧 그녀에게 가서 알려 말하였다.

"대매여. 나는 지금 인간 세상에 나아가 유행하고자 하니 그대는 장차 스스로를 사랑하십시오.'

알려 말하였다.

"성자시여. 바라건대 일찍 돌아오세요. 다른 처소에 오래 머물고 늦어져서 나를 슬프게 하지 마세요."

이미 알렸으니 서다림으로 장차 돌아가고자 하였다. 이때 세존은 인간 세상을 유행(遊行)하시고자 구수 아난타에게 명하여 말씀하셨다.

"그대는 모든 필추에게 알리게. 나는 세상을 유행하고자 하네." [나아가 자세한 설명은 생략한다.]

이때 아난타는 모든 필추에게 알려 말하였다.

"여러 대덕이시여. 세존께서는 지금 인간 세상을 유행하시고자 하시니 만약 여러 대덕들께서 즐겁게 가고자 하면 마땅히 의복을 갖추십시오."

이때 가류타이는 이 말을 듣고서 이와 같이 생각하였다.

'세존을 따라 유행하는 사람은 18종류의 이익이 있다. 첫째는 왕의 두려움이 없고, 둘째는 도둑의 두려움이 없으며, 셋째는 물의 두려움이 없고, 넷째는 불의 두려움이 없으며, 다섯째는 적국(敵國)의 두려움이 없고, 여섯째는 사자·호랑이·늑대 등의 악한 짐승의 두려움이 없으며, 일곱째는 관채(關寨)[2])의 두려움이 없고, 여덟째는 나루터의 세금의 두려움이 없으며, 아홉째는 도움에 막히는 두려움이 없고, 열째는 사람의 두려움이 없으며, 열한째는 사람이 아닌(非人) 것에 두려움이 없고, 열두째는 시간과 시간의 사이에 모든 천인을 볼 수 있으며, 열셋째는 하늘의 소리를 들을 수 있고, 열넷째는 큰 광명을 보는 것이며, 열다섯째는 수기(授記)의

---

2) 지나가는 관문이나 성문을 가리킨다.

소리를 듣고, 열여섯째는 같이 묘법(妙法)을 받으며, 열일곱째는 함께 음식을 받고, 열여덟째는 몸에 병고가 없는 것이다.'

이때 가류타이는 생각하면서 말하였다.

"세존을 따르면 많은 이익이 있다. 나도 지금 마땅히 세존을 따라 교화를 행하여야겠다."

곧 떠나지 않았다. 이때 전다(旃荼)의 집에는 다른 여인이 있어 한 아기를 낳았다. 이때 전다가 다른 여인에게 알려 말하였다.

"그대는 아기를 목욕시키고 새로운 흰 담요로 그 몸을 꾸미어 선인(仙人)의 자리에 올려놓아 아기의 수명이 늘어나도록 하세요."

그녀는 곧 가르침에 의지하여 신선의 좌석의 가운데에 아기를 올려두었다. 이때 가류타이는 음식을 얻고서 전다의 집으로 갔다. 그러나 아라한도 미리 관찰하지 않으면 성인의 지혜를 행하지 못하는 것이다. 곧 이전의 자리에 몸을 던지듯이 앉았다. 이때 아기의 어머니는 급히 놀라서 알려 말하였다.

"성자여. 자리에 아기가 있습니다."

그는 곧 급하게 일어났으나 아기는 이미 목숨이 끊어졌으므로 그 어머니는 보고서 곧 슬피 울었다. 이때 가류타이는 알려 말하였다.

"대매여. 울지 마십시오. 그대의 아기는 단명(短命)의 업을 심었습니다. 세존께서는 '모든 행은 무상이요, 태어나면 없어지는 법이다.'고 설하셨습니다. 그러나 나의 지금 이치로는 마땅히 울어야 할 것이고, 비록 아라한과를 얻었으나 잘 관찰하지 못하였으니 대사(大師)이신 세존께서 나를 인연하여 모든 제자를 위하여 마땅히 학처를 제정하실 것입니다."

이때 이 인연으로 여러 필추에게 알렸고 여러 필추는 세존께 아뢰니, 세존께서 말씀하셨다.

"가류타이는 범한 것이 없느니라. 그러나 모든 필추는 재가인의 집에 가서 자리를 잘 살피지 않고서 마땅히 가볍게 앉지 말라. 살피지 않고서 앉으면 월법죄를 얻느니라."

이것을 가류타이의 일이라고 이름한다.

무엇을 식초를 보시하는 두 가지 인연의 일이라고 말하는가?

세존께서는 실라벌성의 급고독원에 머무르셨다.

이 성의 가운데에는 두 장자가 있었고 큰 부자로서 재물이 풍요로웠고 노비들이 많았다. 이때 두 사람은 함께 지우(知友)가 되었고 서로의 마음을 얻어서 친근하였다. 뒤에 점차로 두 사람이 같이 가난해졌고 초췌하였으므로 두 사람이 의논하여 말하였다.

"옛날에는 부자로서 즐거웠으나 지금은 가난과 고통뿐이니 어떻게 살아가겠는가? 우리는 지금 마땅히 함께 갖추어 출가하세."

곧 선설(善說)하는 법과 계율 가운데에서 머리를 자르고 출가하여 출리행(出離行)을 닦았다. 뒤의 다른 때에 한 사람이 병이 들어 한 사람이 서로 간병하고 모셨으나, 그 병은 점차 악화되어 다시 능히 일어나지 못하였다. 곧 병자에게 물어 말하였다.

"구수여. 재가에 있을 때에 일찍 병이 있었는가?"

대답하여 말하였다.

"일찍이 있었네."

물러 말하였다.

"무슨 약으로 치료하였는가?"

대답하여 말하였다.

"일찍이 소금과 식초를 먹었네."

"만약 그렇다면 지금은 어찌 그것을 먹지 않는가?"

대답하여 말하였다.

"나는 먹고 싶네."

그가 곧 병자를 위하여 소금과 식초를 찾아서 주어서 먹게 하였으나 먹고서 곧 죽었다. 이때 그 필추는 이것에 후회를 일으켰다.

'장차 내가 알맞지 않은 약을 주어서 그를 죽게 하였으니 타승죄(他勝罪)를 범한 것이 아니겠는가?'

이 인연으로 여러 필추에게 알렸고 여러 필추는 세존께 아뢰니, 세존께서 말씀하셨다.

"그 필추는 범한 것이 없느니라. 그러나 모든 필추는 의사에게 묻지 않고 마땅히 가볍게 병든 사람에게 약을 먹이지 말라. 만약 의사가 없으면 마땅히 필추는 과거에 의사였던 사람에게 물어라. 만약 이러한 사람이 없으면 마땅히 일찍이 의사와 함께 하였던 지식(知識)에게 물어라. 만약 이러한 사람이 없으면 마땅히 먼저 병을 앓았던 사람에게 물을 것이고, 만약 이러한 사람이 없으면 마땅히 늙고 오래된 필추에게 물을 것이다. 만약 필추가 의사나 나아가 늙고 오래된 필추에게 묻지 않고서 가벼이 자기의 뜻대로 병자에게 약을 주면 월법죄를 얻으니라."

이때 모든 필추가 함께 의심을 일으켜 갖추어 가서 세존께 아뢰어 말하였다.

"세존이시여. 어떠한 인연이 있어 그 병든 필추는 식초가 이전에는 약이 되었으나 지금은 먹고서 곧 죽었습니까?"

세존께서 말씀하셨다.

"그가 옛날 집에 있을 때 담음(痰癊)의 병이었으나 지금은 바람과 열의 병이니, 이러한 인연을 까닭으로 옛날에는 약이 되었으나 지금은 아닌 것이니라."

세존께서는 실라벌성의 급고독원에 머무르셨다.

이때 마갈타국(摩揭陀國)의 영승왕(影勝王)[3]은 진리를 증득하고서 팔만의 여러 천인과 마갈타국의 바라문과 거사와 무량한 백 천의 대중과 함께 있었다. 이때 영승왕은 왕사성에서 북을 울리고 칙명하여 널리 왕성과 외부에서 모든 사람들에게 알렸다.

"여러분들은 마땅히 알라. 나의 나라에 거주하는 사람은 마땅히 훔치면 아니된다. 만약 훔치는 사람이 있으면 마땅히 멀리 내쫓을 것이고 잃은 물건은 곧 내가 창고의 물건을 사용하여 보상하겠노라."

이때 세존은 승광왕(勝光王)[4]을 위하여 소년경(少年經)을 설하시어 신심

---

3) 마갈타국의 빈비사라왕을 가리킨다.
4) 코살라국의 파사닉왕을 가리킨다.

을 일으키게 하였다. 이때 승광왕은 교살라국(憍薩羅國)에서 북을 울리고
칙명하여 널리 왕성과 외부에서 모든 사람들에게 알렸다.

"여러분들은 마땅히 알라. 나의 나라에 거주하는 사람은 마땅히 훔치면
아니된다. 만약 훔치는 사람이 있으면 마땅히 그 목숨을 끊을 것이고
잃은 물건은 곧 내가 창고의 물건을 사용하여 보상하겠노라."

이때 마갈타와 교살라의 두 나라 국경(國境)의 도둑들은 이 칙명을
듣고서 모두 그 두 나라의 경계에서 머물렀다. 이때 두 나라 사람들은
모두 많은 도둑의 무리가 두 나라의 경계 가운데 있으면서 무리를 모아
머무르면서 여러 장사하는 상인[商旅]의 물건을 빼앗고 사람을 죽이는
일이 있다고 들어 알고 있었다. 이때 마갈타국에는 여러 상인이 있었고
교살라국으로 가고자 하였으므로 이러한 일을 듣고서 드디어 많은 보호하
는 사람을 구하여 많은 예물과 재화를 가지고 길을 따라갔다. 마갈타국의
국경을 지나서 교살라국의 경계로 들어갔다. 이때 상인이 여러 사람에게
알려 말하였다.

"당신들은 마땅히 아십시오. 내가 들으니 교살라국의 승광왕은 영웅이
고 용맹하며 사납고 우리들이 설령 도둑을 만날지라도 능히 창고의 물건을
가지고 모두 보상하겠다고 합니다. 이제 보호하는 사람들은 돌려보내겠습
니다."

이때 보호하는 사람들은 이별을 알리고 돌아갔다. 이때 모든 도둑들은
그 중요한 길에 염탐꾼을 몰래 숨겨두었다. 이때 염탐꾼은 모든 보호하는
사람이 떠나가는 것을 보고서 도둑의 무리들에게 알려 말하였다.

"보호하는 사람은 이미 떠났습니다. 그대들은 마땅히 가서 상인의
가운데에 들어가 그 재물을 빼앗읍시다."

이때 여러 도둑들은 험한 숲속에서 곧 상인들을 겁탈하여 혹은 목숨이
끊어졌고, 혹은 몸에 부상을 당하였다. 혹은 도망하여 실라벌성에 이르러
먼지와 흙투성이의 몸으로 곧 왕의 처소에 나아가 알려 말하였다.

"대왕이시여. 우리들 상인은 지금 왕의 나라에 이르러 재물을 모두
잃었습니다."

258

왕이 말하였다.

"무슨 뜻이오?"

알려 말하였다.

"대왕이시여. 국경에서 도둑에게 겁탈을 당했습니다."

이때 승광왕은 곧 칙명을 내리어 비로택가태자(毘盧宅迦太子)에게 말하였다.

"그대는 빨리 가서 그 도둑들을 잡아들이고 훔쳐간 물건을 되찾아오게."

태자는 이미 칙명을 받들어 사병(四兵)인 코끼리·말·수레·보병을 엄숙하게 정비하여 험난하고 중요한 곳에서 도둑의 무리를 찾았다. 이때 도둑들은 병사들이 도착한 것을 알지 못하고서 한 숲속에서 함께 재물을 나누고 있었다. 이때 태자는 준비없이 공격하였으므로 혹은 죽기도 하였고, 혹은 숲속으로 도망쳤으며, 나머지 60명은 사로잡혔다. 도둑들을 물리치고서 태자는 곧 60명의 도둑들과 아울러 되찾은 물건을 가지고 왕의 처소에서 예배하고서 왕에게 알려 말하였다.

"이것은 그 도둑들의 무리와 훔쳐간 물건입니다."

왕이 도둑들에게 물어 말하였다.

"너희들은 어찌 내가 선포한 칙명을 듣지 못하였는가? '만약 훔치는 사람이 있으면 마땅히 그 목숨을 끊을 것이며 잃은 물건은 곧 내가 창고의 물건을 사용하여 보상하겠노라.'고 말했느니라."

도둑이 말하였다.

"모두 들었습니다."

왕이 말하였다.

"너희가 만약 들었다면 무슨 까닭으로 빼앗고 그 상인을 겁탈하였는가?"

알려 말하였다.

"대왕이시여. 만약 빼앗지 않는다면 가난하여 살아갈 수 없습니다."

왕이 말하였다.

"만약 그러하다면 다만 그 물건만 빼앗지 무슨 까닭으로 사람을 죽였는가?"

알려 말하였다.

"그들을 두렵게 하려는 까닭으로 마침내 죽였습니다."

왕이 말하였다.

"만약 그렇다면 나에게도 지금 법이 있으니 너희들을 두렵게 하겠다. 일찍이 아직 보지 못하였던 것을 오늘에 보여주겠다."

왕은 성품이 사납고 거칠었으므로 대신에게 칙명하여 말하였다.

"지금 이 도둑들을 시림(屍林)⁵⁾으로 끌고 가서 그 손과 발을 자르고 도둑맞은 상인에게는 내 창고의 물건으로 보상하시오."

대신은 칙명을 받들어 모든 도둑의 무리를 끌고 가서 시림에 이르러 그 손과 발을 자르고 도둑맞은 물건을 숫자에 의거하여 갚아주었다. 세존께서 모든 필추들에게 알리시기를 "그대들은 마땅히 알라. 자신과 남의 손해와 괴로운 것과 자신과 남의 안락한 것을 마땅히 잘 관찰해야 한다. 왜 그러한가? 그대들 모든 필추는 자신과 남의 손해와 괴로운 것과 자신과 남의 안락한 것 등을 모두 싫어하여 떠나야 하느니라."고 설하신 것과 같았다.

이때 여러 필추는 세존의 말씀을 기억하여 싫어하는 마음이 일어나는 까닭으로 시다림으로 많이 갔다. 이때 여러 필추니도 역시 시림에 나아갔으며 여러 도둑들의 손과 발이 모두 잘린 것을 보았다. 이때 한 사람이 역시 시림에 있었는데 도둑들을 함께 보면서 이와 같이 말하였다.

"만약 좋은 마음이 있어 이러한 고통을 애민하게 생각한다면 소금과 식초를 주어서 이것을 마시고 죽어서 마땅히 다시 태어나 어머니의 새로운 젖을 먹게 하십시오."

이때 여러 필추니 가운데에 한 필추니가 있어 원만(圓滿)이라고 이름하였는데 거칠고 힘이 세며 우직하였다. 이러한 말을 듣고서 곧 이렇게

5) 시체를 버리거나 매장하는 숲.

생각하였다.

'나는 선설하는 법과 율 가운데에서 출가하였는데 어찌 내가 지금 복을 쌓는 이러한 일을 버리겠는가? 내가 지금 마땅히 소금과 식초를 구하여 그에게 베풀어 주어야겠다.'

이때 필추니들은 함께 주처로 돌아갔으나 원만은 혼자서 성안으로 나아가 소금과 식초를 구하여 하나의 큰 항아리에 채워 항아리와 60개의 와구(瓦甌)[6]를 가지고 도둑들이 있는 곳으로 나아갔다. 이때 그 모든 도둑들은 괴로움에 얽히고 굶주림과 목마름에 시달려 살려는 것을 구하였으나 살길이 없었으므로 필추니를 보고서 곧 이렇게 말하였다.

"훌륭하십니다. 성자여. 우리들은 목마름에 시달리고 있습니다. 원하건 대 항아리의 물로써 구제하여 주십시오."

이때 필추니는 복을 구한다는 마음을 지어 먼저 와구를 주고서 다음에 소금과 식초를 섞어서 사람들이 와구에 채워주니 곧 마시고서 모두 목숨이 끊어졌다. 이때 필추니는 날이 저물어 마침내 사찰에 돌아오니 사찰의 문이 이미 닫혔으므로 곧 두드리며 불렀다. 사찰의 필추니가 물어 말하였다.

"문을 두드리는 사람은 누구입니까?"

알려 말하였다.

"나는 원만입니다."

물어 말하였다.

"그대는 지금 무슨 까닭으로 날이 저물고서 마침내 돌아오는가?"

알려 말하였다.

"자매여. 기뻐하십시오. 자매여. 기뻐하십시오."

여러 필추니가 물어 말하였다.

"그대는 무슨 일을 지었는가? 아라한과를 얻었는가? 불환과(不還果)·일 래과(一來果)·예류과(預流果)를 얻었는가? 혹은 승가(僧伽)를 위하여 주처

---

6) 진흙으로 빚어 만든 옹기그릇을 말한다.

를 지었는가? 혹은 승가를 위하여 음식이나 좋은 의복을 얻었는가?"

알려 말하였다.

"자매여. 당신들은 다시 지을 것이 없어서 오직 음식이나 의복을 구합니까?"

필추니가 물어 말하였다.

"이러한 것들이 모두 없다면 그대는 무슨 일을 지었는가?"

원만이 알려 말하였다.

"당신들은 시림에서 어찌 그 손과 발이 잘린 60명을 보지 못하였습니까?"

대답하여 말하였다.

"우리도 보았습니다."

원만이 말하였다.

"나는 교화하기 위하여 많은 소금과 식초를 구해서 사람들에게 각자 마음껏 먹게 하였고 목숨을 마치게 하였으니 마땅히 새롭게 태어난 곳에서 어머니의 새로운 젖을 먹을 것입니다."

여러 필추니들이 듣고서 알려 말하였다.

"어리석은 사람이여. 타승죄를 뱃속에 채우고도 우리들에게 함께 기뻐하라고 하는가?"

이때 원만이 듣고서 후회하며 곧 이렇게 생각하였다.

'곧 내가 타승죄를 범한 것이 아니겠는가?'

이러한 인연으로 여러 필추에게 알렸고 여러 필추는 세존께 아뢰니, 세존께서 말씀하셨다.

"이 필추니는 범한 것이 없느니라. 만약 고의적인 마음으로 남을 죽게 하였다면 타승죄를 범한 것이다. 그러나 모든 필추니는 마땅히 병자의 처소에서 그에게 식초를 주어 마시도록 하여 목숨이 마치게 하면 아니된다. '마땅히 이 병자가 이 약을 까닭으로 병이 빨리 나으십시오.'라는 이러한 마음을 지었으면 범한 것이 아니다. 만약 필추·필추니가 '이 약을 까닭으로 마땅히 목숨이 끝나십시오.'라고 생각하였고 만약 이것을 인연하여 죽는다면 타승죄를 얻느니라."

세존께서는 실라벌성의 급고독원에 머무르셨다.

구수 대목련은 곧 17명의 동자를 함께 출가를 시켰고 원구를 주었으며, 오파리(鄔波離)를 상수(上首)로 삼았다. 이 17명은 만약 한 사람이 지사인(知事人)이 되면 16명이 함께 서로를 도왔다. 이들은 다른 때에 법사(法事)가 생겨 밤을 새워 경을 읽었으며 이 17명이 함께 와서 검교(撿校)하였다. 다시 다른 날에 승가의 욕실(浴室)의 일이 생겼고 이들이 역시 함께 와서 서로 도왔다. 다시 다른 날에 그 가운데에서 한 사람이 사찰의 일을 맡았는데 곧 이날은 사찰을 장엄하는 일이었다. 이때 사찰의 일을 맡은 사람이 마음을 다하여 살피고 지켰는데, 그 중에서 한 사람이 이와 같이 생각하였다.

'나는 피곤하니 잠시 자야겠다. 다른 16명이 어찌 능히 지키지 않겠는가?'

이때 16명도 각자 이렇게 생각하였다.

'나는 피곤하니 잠시 자야겠다.'

그 16명이 모두 함께 깊이 잠들고 지사인이 밤을 세워 검교하며 잠을 자지 않았다. 이미 날이 밝아 나무에 걸린 등불을 끄고서 사찰의 문을 열었으며 방과 뜰에 물을 뿌려 쓸고서 물이 깨끗한가를 살폈고 날씨를 살폈으며 자리를 펴고 솔도파(窣堵波)에 향을 피워 널리 향기가 퍼지게 하였으며 사찰의 누각에서 곧 건치(揵稚)를 울렸다. 이때 16인은 건치의 소리를 듣고 곧 잠에서 깨어 각자 방에서 발우를 가지고 나오면서 한 사람이 겁내고 두루 뛰어다니면서 사찰의 일을 검교하고 있는 것을 보았다. 이때 16명이 함께 서로에게 말하였다.

"여러 구수들이여. 어찌 한 사람도 이 일을 경영하는 것을 돕지 않았는가?"

이때 한 사람이 이와 같이 말하였다.

"나는 이러한 생각을 일으켰네. '나는 피곤하니 잠시 자야겠다. 나머지

16명이 어찌 검교하지 않겠는가?’ ”

모든 사람이 모두 이와 같은 말을 하였고 자세히 듣고서 함께 서로 말하였다.

“이 한 사람은 우리들의 처소에서 해야 일을 짓는 것에서 항상 먼저 상수가 되었다. 우리들이 서로 돕지 못하였으니 그는 반드시 노여워할 것이네. 우리들은 음식을 먹고서 함께 기쁘게 하세.”

음식을 먹고서 모두 그의 처소에 가서 함께 참회하였다. 젊은 필추는 곧 발에 예배하고 나이 많은 필추는 손으로 그의 어깨를 어루만지며 알려 말하였다.

“구수여. 그대가 용서하시게.”

이때 그는 묵연히 대답하지 않았다. 친우가 있어서 손가락으로 두드리며 그에게 웃으며 알려 말하였다.

“마음을 푸시게. 마음을 푸시게.”

모든 사람이 각자 이것이 좋은 방편이라 생각하였고, 한 명·두 명 나아가 모든 사람이 함께 두드렸다. 이때 그는 풍기(風氣)가 위로 올라와서 곧 목숨을 마쳤으므로, 모든 사람이 죽음을 보고 슬퍼하며 크게 통곡하였다. 이때 여러 필추가 이상하게 생각하여 물어 말하였다.

“어찌하여 그대들은 지금 함께 모여서 울고 있는가?”

그들이 곧 대답하여 말하였다.

“대덕이여. 우리들은 옛날에는 17명으로 만났으나 지금은 다만 16명이 되었으니 어찌 슬피 울지 않겠습니까? 또한 우리들은 뜻을 얻어 함께 범행을 닦는 필추를 죽였으니, 사랑하는 사람을 이별한 고통이 있고 다시 타승죄를 범하였으니 어찌 슬프고 괴롭지 않겠습니까?”

이때 여러 필추들이 듣고서 떠나가니 그 16명은 각자 한쪽에 걱정스럽게 머무르고 있었다. 다른 필추가 있어 그 도반을 두드려 죽음에 이르게 한 것을 알고서 꾸중하여 말하였다.

“구수여. 그대들 17명은 불이 풀을 태우는 것과 같았으므로 빠르게 불타고 빠르게 흩어졌으며, 혹은 희롱하고 즐겼고, 혹은 다시 근심하는구려.”

그들은 근심이 마음을 태우고 있어 비록 이 말을 들었어도 끝내 대답하지 않았다. 이때 여러 필추는 이 인연으로 세존께 아뢰니, 세존께서 말씀하셨다.

“그 여러 필추는 죽이고자 하는 마음이 없었던 까닭으로 범한 것이 없느니라. 그러나 모든 필추는 마땅히 서로 두드려서는 아니되며, 만약 두드린다면 월법죄를 얻느니라.”

세존께서는 실라벌성의 급고독원에 머무르셨다.

이곳에서 멀지 않은 곳에 한 취락이 있었다. 그곳에 장자가 있어 크게 부유하여 재물이 풍요로웠고 노비들도 많았으며 청정한 신심이 있었고 마음이 현명하였으며 착한 것을 즐겼다. 그는 승가를 위하여 한 주처를 지었으니 그 모양이 높고 컸으며 미묘한 석문(石門)이 있었고 회랑(回廊)을 둘러쳐서 모두 장엄하게 꾸며 보는 사람들이 환희하였다. 이 주처에 16명의 필추를 청하였는데 하안거를 마쳤으므로 뜻에 따라 일을 짓고서 인연을 찾아 떠나갔다.

이때 그 시주(施主)는 사찰이 빈 것을 보고서 사람을 시켜 지키게 하였으니 도둑들이 평상과 요(褥) 등을 훔치는 것을 두려워하였기 때문이다. 다시 16명의 필추가 세상을 유행하면서 이 마을에 이르러 머물 처소를 찾아 구하였다. 이때 한 사람이 필추에게 알려 말하였다.

“성자여. 어찌 사찰에서 머무르지 않습니까?”

알려 말하였다.

“현수여. 어느 곳에 사찰이 있습니까?”

대답하여 말하였다.

“마을 밖의 숲속에 좋은 주처가 있습니다.”

필추가 곧 가서 지키는 사람을 보았는데 그는 멀리서 보고서 알려 말하였다.

“어서 오십시오.”

곧 방사·평상·담요·베개·작은 평상과 물받는 그릇[三柜木][7]을 주면서 알려 말하였다.

"성자여. 먼저 물을 거르십시오. 나는 지금 잠시 가서 장자에게 알리겠습니다."

장자에게 알려 말하였다.

"당신은 지금 복덕이 두 배로 다시 증장되었습니다. 16명의 객필추가 사찰의 처소에 왔습니다."

장자가 듣고서 크게 기뻐하여 집안사람들을 모으고 알려 말하였다.

"그대들은 소(酥)·꿀·사탕·석류(石榴)·석밀(石蜜)·포도(蒲萄)·후추(胡椒)·마른생강·필발(蓽茇)[8] 등의 비시장(非時漿)을 많이 만들게. 물건을 가지고 사찰에 가고자 하네. 객승가(客僧伽)께서 사찰에 왔으니 비시장을 만들어 그들을 배부르게 먹이고자 하네."

집안사람들이 듣고서 말한 것과 같이 나누어 함께 가지고 사찰로 갔다. 이때 여러 필추는 이미 물을 거르고서 각자 위의를 갖추고 처소를 따라서 머물렀다. 이때 장자는 곧 사찰에 갔으며 멀리서 필추가 연꽃같이 사찰에 가득한 것이 보였으므로 두 배로 신심이 증가하여 더욱 깊이 귀의하였고 가타를 설하여 말하였다.

마을이거나 숲속에서나
높은 곳과 만약 낮은 곳이나
승가 대중이 거주한다면
사랑하고 즐거운 마음을 일으킨다네.

비시장을 만들어 고르게 섞어서 스스로의 손으로 주었으므로 모든

---

7) 물을 담을 수 있게 느티나무로 삼각형으로 만든 그릇을 가리킨다.
8) 후추과에 딸린 식물이다. 봄철에 흰 꽃이 피며 늦은 여름에 열매가 익으며, 열매의 빛깔은 흑갈색으로 후추 냄새와 비슷하고 맛은 쓰며 온(溫)하고 독이 있다.

필추대중은 배부르게 먹었다. 이때 장자는 대중 승가의 발에 예배하고 스스로 향로를 잡고 모든 필추대중을 이끌고 나가 제저(制底)⁹)를 돌고서 주처로 돌아와 상좌(上座) 앞에 합장하고 꿇어앉았다. 상좌는 그를 위하여 법요를 설하니, 장자가 알려 말하였다.

"원하건대 내일 낮에 성중(聖衆)께서는 나의 집에 오시어 작은 공양일지라도 받아주십시오."

필추는 그것을 허락하였고 발에 예배하고 돌아갔다. 그 이튿날에 여러 가지 맛있는 음식을 갖추어 대중 승가에게 공양하였고 대중 승가는 공양을 마치고 그를 위하여 축원하고 곧 처소로 돌아갔다. 다시 오후(午後)에 비시장을 베풀었으며 이미 (발우를) 씻는 것을 마치니 장자는 손으로 향로를 가지고 상좌 앞에서 대중에게 알려 말하였다.

"성자여. 이 주처는 나의 몸을 위한 것이 아니고 역시 친속을 위한 것도 아닙니다. 그러므로 본래의 뜻은 다만 사방승가를 위하여 짓고 세운 것이니 원하건대 애민하게 생각하여 이곳에서 하안거를 하십시오."

모든 필추가 장자에게 알려 말하였다.

"법주(法主)이신 세존께서는 지금 현재에 실라벌성에 머무르시며 때때로 중간에 설하시며 수기를 주십니다. '어느 필추는 아라한을 증득하였고, 어느 필추는 부정관을 이루었느니라.' 승광대왕(勝光大王)·승만부인(勝鬘夫人)·선수(仙授)·세주(世主)·비사거모(毘舍去母), 나아가 다른 장자와 바라문 등이 함께 모두 공경하고 믿습니다. 우리들은 그곳에 가서 법과 음식을 모두 함께 수용하고자 하므로 우리는 가야합니다."

장자가 알려 말하였다.

"법을 받아 뜻을 이롭게 하는 것은 오직 당신들이 아는 것일지라도 옷·음식·몸을 돕는 물건은 내가 제공하기를 원합니다. 바라건대 마음을 바꾸어 이곳에 머물러 주십시오. 사사공양(四事供養)¹⁰)은 마땅히 부족하지

---

9) 산스크리트어 caitya의 음사로서 제다(制多)·제저(制底) 등으로 음역되고, 탑·묘(廟)·영지(靈地) 등으로 번역된다.
10) 4가지 공양으로서 의복·음식·탕약·와구의 4가지를 말하며, 와구 대신에 방사를

않을 것입니다.”

상좌가 알려 말하였다.

“여러 구수들이여. 세존께서 ‘만약 그 시주가 공경하고 신심이 있으면 마땅히 자비롭고 애민하게 받아들여 신심을 증장시키라.’고 설하셨으니 나는 지금 주처에서 머물고자 합니다.”

곧 다시 이곳의 머물 곳의 안과 밖을 관찰하니, 마침내 꽃과 향기가 나무에 가득하고 아름다운 과일이 가지에 많이 열렸으며 맑은 못과 우거진 숲이 모두 사랑스럽고 즐거워 보였다. 상좌가 알려 말하였다.

“여러 구수들이여. 지금 이 주처는 꽃과 과일이 풍부합니다. 전안거(前安居)[11]는 과일이 실제로 익지 않았으니 우리들은 마땅히 후안거(後安居)[12]를 짓도록 합시다.”

서로 의논하여 결정하고서 마침내 후안거를 지었다. 이때 그 장자는 오직 한 사찰을 지었으므로 소유한 복업도 모두 그 가운데에 있었다. 이 취락과 다른 촌방(村坊)에도 다시 다른 사찰이 없었으므로 여러 사람들의 복업도 역시 모두 이곳으로 모였다. 이때 모든 필추는 이곳에서 안거하여 많은 이양(利養)을 얻었고 뜻에 따라서 수의사(隨意事)를[13] 끝냈으나 이곳에서 머물렀다. 이때 가율저가(迦栗底迦)들이 함께 의논하여 말하였다.

“우리들이 마땅히 무슨 일을 지어야 일년이 힘들지 않고 옷과 음식이 풍족하겠는가?”

누가 이렇게 말하였다.

“우리들은 마땅히 필추의 물건을 훔치도록 하세.”

다른 도둑이 알려 말하였다.

포함하기도 한다.
11) 안거의 기간으로서 음력 4월 16일 또는 음력 5월 16일부터 3개월 동안을 가리킨다.
12) 안거의 기간으로서 5월 16일부터 8월 15일까지의 3개월 동안을 가리킨다.
13) 산스크리트어 pravāraṇā의 한역으로 자자(自恣) 수의(隨意)로 번역된다. 여름 안거(安居)가 끝나는 날에 수행자들이 한곳에 모여 자신의 잘못을 서로 고백하고 참회하는 의식을 뜻한다.

"그들은 하루에 일백의 대문을 넘어서 고생스럽게 구하여 겨우 몸을 채우는데 그들에게 무엇이 있겠는가?"

필추를 자세히 아는 한 명의 도둑이 있어 모든 사람에게 알려 말하였다.

"그대들은 그들이 많은 물건을 가진 것을 알지 못한 것이네. 많은 물건을 있는 것은 이 사찰을 지은 장자는 신심이 순수하고 착하여 오직 한 사찰을 지어서 소유한 복업이 모두 그 가운데에 있고 이 취락과 다른 촌방에도 다시 다른 사찰이 없으므로 여러 사람들의 복업도 또한 모두 모였네. 이때 여러 필추들이 이곳에서 안거를 하였으면 많은 이양을 얻었을 것이네. 만약 믿을 수 없으면 함께 직접 보게."

모든 도둑들이 알려 말하였다.

"만약 그러하다면 그대가 먼저 가게. 나는 마땅히 뒤에 가겠네."

알려 말하였다.

"좋네."

곧 의복을 정리하고서 느린 걸음으로 조용히 입으로 게송을 외우며 탑을 돌고서 곧 사찰 안으로 들어갔다. 이때 문 앞에 마하라(莫訶羅)[14] 필추가 있으니 도둑이 보고서 발에 예배하고 물었다.

"성자여. 이것은 누구의 사찰입니까? 방과 집이 장엄되어 사람들이 사랑하고 즐거워하며, 하늘에 태어나기를 원하는 사람은 그 사다리처럼 올라가겠습니다."

필추가 알려 말하였다.

"현수여. 이곳은 어느 장자가 소유한 것으로 크게 세운 것이오."

물어 말하였다.

"성자여. 이곳은 비하라(毘訶羅)입니까? 이곳은 비가다(毘伽多)입니까?"

필추가 물어 말하였다.

"무엇을 비하라라고 말하고 무엇을 비가다라고 말하오?"

---

14) 산스크리트어 mahallaka의 음사로서 막갈락가(莫喝洛迦)·마하라(莫訶羅)라고 음역되고 노(老)·무지(無知)라고 번역된다. 늙은이나 어리석은 이를 일컫는 말이다.

대답하여 말하였다.

"만약 자구(資具)가 충만하면 비하라이고, 자구가 부족하면 비가다입니다."

필추가 알려 말하였다.

"현수여. 만약 이와 같으면 이것은 비하라이지 비가다가 아니오. 이 주처는 자산(資産)이 풍족하고 가득하며 수용하는 것이 구족되었소."

도둑이 곧 알려 말하였다.

"성자여. 만약 밥을 만족하면 마땅히 흙을 먹지 않을 것이고, 만약 옷이 만족하면 나무껍질을 입지 않겠습니다. 당신들의 의복도 마땅히 많겠습니다."

이때 마하라는 품성이 우직(愚直)하여 곧 도둑의 손을 이끌고 함께 방안으로 들어가 알려 말하였다.

"그대는 시렁 위의 옷과 물건이 얼마나 많은지 살펴보시오."

물어 말하였다.

"성자여. 이것은 그대의 물건입니까? 승가의 물건입니까?"

알려 말하였다.

"현수여. 이것은 나의 개인 물건이오."

물어 말하였다.

"성자여. 그대는 상좌입니까? 법사(法師)입니까?"

알려 말하였다.

"현수여. 나는 상좌도 아니고 법사도 아닙니다. 나는 고요함을 구하여 승가의 아래에서 거주하고 있습니다."

대답하여 말하였다.

"당신이 소유하는 물건은 내가 알겠습니다. 그런데 대중의 창고에도 저장하여 두었습니까?"

알려 말하였다.

"현수여. 나는 가장 아래에 있어도 오히려 물건이 풍족한데 어찌 오히려 승가가 풍족하지 않겠습니까?"

알려 말하였다.

"성자여. 대중의 부엌 안의 그릇은 와기(瓦器)을 사용합니까? 구리솥(銅釜)을 사용합니까?"

필추가 곧 나아가 창고를 보여주고서 알려 말하였다.

"이 창고 가운데에는 구리그릇으로 가득합니다."

이것을 알고서 도둑은 곧 나가면서 알려 말하였다.

"성자여, 지금까지 당신들이 선품(善品)을 감추어 왔으며 우리들의 생업(生業)을 방해하였습니다. 지금 다시 인사하고 가겠으며 뒤에 다시 예를 드리겠습니다."

알려 말하였다.

"좋소."

도둑은 발에 예배하고 떠나갔고 모든 도둑들이 있는 곳에 가서 말하였다.

"나는 그 사찰에서 스스로 관찰하였는데 재물이 풍족하게 보이는 것이 부유한 상인과 같았으니 마땅히 훔쳐야 할 것이네."

이 중에 한 사람이 있어 모든 도둑에게 알려 말하였다.

"내가 일찍이 듣건대 '16명의 화살을 잘 쏘는 사람이 이곳에서 출가하였다.'라는 말을 들었으니 서두르고 가볍게 훔치고 겁탈해서는 아니되네. 만약 대중이 모여 경전을 들을 때 곧 사찰에 들어가세."

모든 도둑들이 물어 말하였다.

"어느 날에 마땅히 경을 외우는지 모르잖는가?"

그것을 자세히 아는 도둑이 다른 도둑들에게 말하였다.

"8일이 지나서 보름이 되면 마땅히 외우네."

곧 손가락을 구부려 날짜를 세면서 머무르고 있었다. 15일에 이르자 상좌가 스스로 바라제목차(波羅提木叉)를 설하여 장정(長淨)을 마치자 경전을 외우는 필추는 사자좌(獅子座)에 올라 비로소 가타를 독송하면서 말하였다.

세존은 급원(給園)15)에 머무르시며

능히 일체의 의혹을 끊었고
여러 근(根)이 모든 적정(寂定)하시며
대중에게 이와 같이 알려 말씀하셨네.

나는 사람과 하늘의 대중들에게
미묘한 법을 베풀어 보게 하나니
듣고서 설하는 것과 같이 행하면
고통의 끝이 없어지는 것을 얻는다네.

이때 도둑떼는 문을 두드리며 부르니 필추가 물어 말하였다.

"그대는 어느 사람이오?"

알려 말하였다.

"성자여. 나는 선남자입니다."

이때 모든 필추는 곧 이렇게 생각하였다.

'혹은 마을 사람들이 이곳에 와서 법을 듣고자 하는구나. 우리들은 그들을 위하여 문을 열어주자.'

그 문을 열자 도둑떼가 경쟁하며 들어와서 싸우면서 재물을 탈취하고자 하였다. 필추가 알려 말하였다.

"그대는 조금 전에 선남자라고 말하였는데 지금 사찰에 들어와 곧 우리의 재물을 훔치려고 하는가?"

도둑들이 곧 알려 말하였다.

"성자여. 우리는 두 가지의 이름이 있소. 밖에 있을 때는 선남자라고 이름하고 사찰에 들어오면 겁적(劫賊)[16]이라고 이름하오."

필추가 알려 말하였다.

"그대의 이름을 지은 사람은 좋은 사람은 아니구려."

물건을 훔치고서 곧 사찰을 떠나갔다. 이때 모든 필추들은 이미 도둑을

---

15) 급고독원을 줄여서 부르는 말이다.
16) 겁탈하는 도둑을 가리킨다.

만났으므로 함께 의논하여 말하였다.

"여러 구수들이여. 세존께서 '일반적으로 우유를 짜는 사람은 마땅히 모두 짜내면 아니된다.'고 설하신 것과 같이 이 장자가 만약 도둑을 만난 것을 알고서 물건을 사찰에 제공하여 다시 우리들에게 준다면 확실히 마땅히 재정이 모두 고갈될 것이오. 마땅히 실라벌성의 함께 범행하는 처소에 가서 의복을 구합시다."

(누가) 말하였다.

"우리들은 벌거숭이가 되었는데 어찌 길을 걷겠습니까?"

한 사람이 알려 말하였다.

"낮에는 풀숲에 들어갔다가 밤에 마땅히 길을 걸어야 합니다."

장자에게는 알리지 않고 곧 걸어서 점차 실라벌성에 이르렀다. 그때 모든 필추는 초저녁부터 새벽까지 깨어 있으면서 사유하며 선품을 부지런히 닦았는데, 벌거숭이 사람들이 문 앞에 이른 것을 보고 두려워 당황하며 바라보고 있었다. 여러 필추들에게 멀리서 물어 말하였다.

"그대들 노형발발(露形拔髮)[17]의 무리가 어찌하여 이곳에 왔는가? 이곳은 비하라이며 그대들이 머무는 곳은 아니니라."

대답하여 말하였다.

"구수여. 우리는 필추이지 노형외도(露形外道)가 아닙니다."

다시 물어 말하였다.

"어찌 이와 같은 모습인가?"

필추가 대답하여 말하였다.

"도둑들이 훔치고 약탈하여 갔습니다."

물어 말하였다.

"그대들의 이름은 무엇인가?"

---

17) 자이나교 중에서 천의파로서 무소유의 이념에 따라 천지사방(天地四方)을 옷으로 삼아 몸에는 요대(腰帶)만 걸친 채 알몸으로 다니고, 살생을 하지 않으려고 공작새 꼬리나 소의 꼬리로 만든 비로 길 위에 있는 벌레들을 쓸어내고 다니는 수행자를 가리킨다.

대답하여 말하였다.

"나의 이름은 불호(佛護)이고 법호(法護)이며 승호(僧護) 등입니다."

그들이 곧 대답하여 말하였다.

"잘 오셨습니다. 잘 오셨습니다. 구수들이여."

그들을 위하여 문을 열어주었고 그들이 곧 사찰에 들어오니 혹은 삼의(三衣),[18] 혹은 두 가지의 군의(裙衣),[19] 혹은 승각기(僧脚奇),[20] 혹은 녹수라(漉水羅),[21] 혹은 발우와 요조(腰條)[22] 등을 그 소유한 것에 따라서 함께 나누어 주었다. 이때 여러 필추는 이 인연으로 세존께 아뢰니, 세존께서 말씀하셨다.

"저녁의 중간에 잘 알지 못한다면 마땅히 가벼이 곧 문을 열지 말라. 종족의 이름을 묻고서 만약 모두의 사람을 알았으면 곧 문을 열라. 그러나 경전을 외울 때는 마땅히 필추들에게 지키게 하고 만약 도둑이 온 것을 알면 마땅히 놀라게 하고 함께 꾸짖고 문을 열지 않고 이와 같이 말하라.

'건치(揵稚)를 가져오고 아울러 방망이·시륜(時輪)[23]·승가지(僧伽胝)·칠조(七條)·오조(五條)·의대(衣袋)[24]·탑구(搭鉤)[25]·조색(條索)[26] 등을 가져오

---

18) 승단에서 개인의 소유를 허락한 세 가지 옷이다. 첫째는 승가리(僧伽梨)로서 산스크리트어 saṃghāṭī의 음사이고 삼의 가운데 가장 크므로 대의(大衣)라고 부르며 9조 내지 25조까지 있고, 둘째는 울다라승(鬱多羅僧)으로서 산스크리트어 uttara-āsaṅga의 음사로서 상의(上衣)이고, 삼의 가운데 중간이며 7조이며, 셋째는 안타회(安陀會)로서 산스크리트어 antarvāsa의 음사로서 내의(內衣)이고 5조이다.
19) 허리에서 무릎 아래를 덮는 긴 치마 모양의 옷으로 하의를 말한다. 인도 남성의 하의에서 유래되었는데, 허리띠를 사용하지 않고 양끝을 여며 넣어 착용한다.
20) 산스크리트어 saṃkakṣikā의 음사로서 엄액의(掩腋衣)라고 번역된다.
21) 산스크리트어 pariśrāvaṇa의 음사로서 녹수낭(漉水囊)을 가리키며, 물속에 있는 작은 벌레나 티끌을 거르는 주머니를 가리킨다.
22) 허리띠를 가리킨다.
23) Kala-cakra로서 시륜(時輪)이라고 번역되고, '시륜탄트라'라고도 불린다. '시륜'은 시(時)가 시간을 나타내고 윤(輪)이 공간을 나타내어 두 가지의 통합적인 의미를 지니고 있으며, 철로써 만든 원형 무기를 가리킨다.
24) 걸망을 가리키는 말이다.
25) 갈고리를 가리킨다.
26) 실로 둥글거나 납작하게 엮은 끈을 가리킨다.

라.'

이 말소리를 들으면 도둑이 곧 놀라서 도망할 것이다. 대중의 상수(上首)와 상좌(上座)가 지녀야 할 행법을 내가 지금 제정하겠노라. 대중이 모여 경을 외울 때에 상좌는 마땅히 지사인(知事人)에게 물어야 한다.

'문이 이미 닫혔는가? 사찰의 안을 두루 살펴보았는가? 지키고 보호하는 사람을 뽑았는가? 경전을 외울 사람을 청하였는가? 크고 작은 수행처를 쓸고 닦았는가?'

만약 대중의 상좌가 앞에 제정한 내용을 의지하고 않고서 행한다면 월법죄를 얻느니라.”

이때 급고독원에 오래 머물렀던 필추가 도둑의 피해를 입은 필추에게 알려 말하였다.

“구수들이여. 우리들이 가진 것을 많고 적음에 따라 옷과 발우를 함께 서로 나누어도 오히려 아직 넉넉하지 않습니다. 그러나 도둑의 피해를 입은 처소의 사찰을 지은 장자는 신심이 매우 깊으니 마땅히 그에게 가서 다시 서로가 만나십시오. 반드시 의복을 함께 서로에게 주어 구제할 것입니다.”

이 말을 듣고서 곧 함께 의논하여 결정하였다.

“여러 구수들이여. 같은 범행자의 이러한 말씀은 고맙습니다. 그리고 우리들은 이전에 급히 오면서 장자에게 알리지 않았으니 지금 다시 가서 알려서 그에게 알게 하겠습니다. 혹은 너그럽게 약간의 의복을 나누어 준다면 받겠습니다.”

곧 장자의 처소에 이르니 장자가 보고서 예배하고 물어 말하였다.

“성자여. 어찌 서로에게 알리지 않고서 마침내 곧 다른 곳으로 가셨습니까?”

필추가 대답하여 말하였다.

“장자여. 세존께서 '일반적으로 우유를 짜는 사람은 마땅히 모두 짜내면 아니된다.'고 설하신 것과 같이 그때에 우리들은 이렇게 생각하였습니다. 사찰이 지금 도둑을 만났으니 장자께서 보고 물건을 사찰에 제공하여 다시 우리들에게 주면 반드시 재정이 고갈되어 서로 고통받는 것이 두려웠습니다. 그리하여 알리지 않고 곧 실라벌성으로 가서 같은 범행자에게서 의복을 구하였습니다."

장자가 알려 말하였다.

"성자여. 사찰에서 도둑을 만난 것은 어찌 나의 집에 도둑을 만난 것이 아니겠습니까? 좋습니다. 성자여. 나를 애민하게 생각하여 다시 왔으니 서로가 보게 되었습니다."

이미 공경하는 마음이 두 배가 되어 사람들이 별도로 각각의 13종류의 자구를 공양하였다. 그 도둑들이 듣고서 돌아왔고 다시 와서 곧 저녁 중간에 경전을 외울 때에 문을 두드리며 불렀다. 이때 모든 필추는 이 도둑이 온 것을 알고서 함께 서로에게 알려 말하였다.

"여러 구수들이여. 옛날의 교만한 도둑이 지금 다시 왔으니 마땅히 세존의 가르침에 의지하여 크게 놀라게 하고 대문을 열지 마십시오."

곧 소리로 외치며 말하였다.

"급히 건치·방망이·시룬·승가지·칠조·오조·의대·탑구·조색 등을 가져 오십시오."

여러 도둑들이 듣고 곧 크게 놀라고 두려워하며 빠르게 달아나며 흩어졌다. 이때 여러 천인들이 가타를 설하여 말하였다.

양족(兩足)이신 석가모니께서 능히 설하고 가르치시어
여러 제자들이 도둑을 두렵게 하였고
입으로 소리쳐 놀라게 하여 몸을 방어하였으니
500의 도둑떼가 모두 달아나 흩어졌다네.

이때 필추를 잘 아는 사람이 달아나는 도둑들에게 말하였다.

"당신들은 무슨 까닭으로 곧 스스로 달아나는가?"

달아나는 도둑떼가 대답하여 말하였다.

"그대는 어찌 듣지 못하였는가? 60명의 출가한 사람이 있으며, 모두

화살을 잘 쏘는데 어찌 우리들이 빨리 달아나지 않겠는가? 그러나 우리들은 먼저 이전에는 건치나 방망이 등을 듣지 못하였으니 이와 같은 기장(器仗)[27]이 반드시 서로를 죽일 것이네."

그가 곧 대답하여 말하였다.

"이것들은 모두 실제로는 기장이 아닙니다."

여러 도둑이 물어 말하였다.

"이것들은 어떤 물건인가?"

알려 말하였다.

"건치는 나무를 울려 승가를 모으는 것이고, 방망이는 이 건치를 때리는 물건이며, 시륜은 해의 그림자를 관측하는 것이고, 승가지 및 노끈은 의복에 필요한 것이며, 의대는 삼의를 넣어서 두는 것이고, 탑구는 문을 여는 열쇠이니 우리들이 마땅히 놀라고 두려워할 것이 아니므로 돌아가 함께 훔쳐야 하네."

이때 도둑떼가 모두 다시 돌아왔고 그 도둑의 우두머리가 사다리로 위로 오르고 있었다. 이때 사찰 안에는 마하라 필추가 지키는 사람이었는데 그가 사다리로 올라오는 것을 보고서 곧 이렇게 생각하였다.

"이 완강한 도둑이 우리의 옷과 발우를 겁탈하여 벌거숭이가 되게 하였으니 지금 만약 뜻을 따라서 놓아두면 다시 우리들을 벌거숭이로 살게 할 것이다. 내가 마땅히 그들에게 두려움을 보여주어야겠다."

곧 살그머니 건치를 때리는 방망이를 가지고 도둑의 머리를 때리니 도둑이 얻어맞고 사다리에서 떨어져 죽었다. 마하라가 곧 큰소리로 외쳤다.

"도둑이다. 도둑이다."

이때 여러 필추는 곧 경전을 듣는 것을 멈추고 다투어 높은 누각에 올라 물어 말하였다.

"도둑이 어디에 있습니까?"

---

27) 전쟁에 쓰는 무기와 의식(儀式)에 쓰는 물건을 가리킨다.

마하라가 알려 말하였다.

"이 사찰의 주변에서 사다리로 올라오는 것을 내가 놀라게 하여 함께 이미 달아났습니다."

여러 사람들이 알려 말하였다.

"도둑들을 달아나게 하였으니 이것은 매우 잘한 것입니다."

날이 밝아서 문을 열어 도둑이 올라온 것을 찾았으며 곧 도둑이 머리에서 피를 흘리며 죽어 있는 것을 보았다. 대중이 보고서 각자 두려움을 느끼며 함께 서로 알려 말하였다.

"이전의 도둑을 만난 것이 아니고 지금에 도둑을 만난 것이다. 사람을 때려죽인 까닭으로 마침내 우리들은 타승죄를 범하였구나."

이때 여러 필추는 곧 후회가 생겨나서 이 인연으로 세존께 아뢰니, 세존께서 말씀하셨다.

"그대들은 범한 것이 없느니라. 그러나 모든 필추는 마땅히 이러한 마음으로서 도둑의 몸을 때리면 아니된다. 그 던지는 물건을 옆에나 뒤에 떨어트려 두렵게 하고 놀라서 소리치게 하라. 만약 필추가 이와 같은 마음으로 그의 몸을 때리는 자는 월법죄를 얻느니라."

무엇을 노필추(老苾蒭)라고 말하는가?

세존께서는 실라벌성의 급고독원에 머무르셨다.

이 성안에 한 장자가 있었으며 같은 종족의 여자를 아내로 삼았다. 뒤에 한 사내아이를 낳았으며 시간이 흘러 점차 장대해졌다. 이때 장자는 재물이 손실되었고 친족이 떠났으며 그 아내도 죽으니 곧 아들에게 알려 말하였다.

"나는 지금 늙어서 다시 능히 집안의 사업을 관장할 수 없으니 너와 이별하고서 마음으로 출가하고자 한다."

아들이 아버지에게 알려 말하였다.

"만약 이와 같다면 나도 역시 출가하겠습니다."

아버지가 아들에게 알려 말하였다.

"이것도 역시 좋은 일이구나."

마침내 곧 부자(父子)가 서로를 따라서 급고독원에 나아갔고 한 필추의 처소에 이르러 곧 발에 예배하고 알려 말하였다.

"성자여. 나는 출가하고자 합니다."

필추가 물어 말하였다.

"어찌 이 동자도 출가를 원합니까?"

대답하여 말하였다.

"역시 원합니다."

장애와 어려움이 없는가를 묻고서 함께 출가하는 것을 허락하였다. 세존의 가르침의 일상적인 격식(格式)은 늙었으면 이로움을 받는 것이고 젊으면 일을 맡는 것이었다. 이때 부자인 두 사람에게 항상 일을 몰아서 시키니 아들이 아버지에게 알려 말하였다.

"나는 대중에게 속았으며 항상 일을 시켜 학업을 닦을 수 없습니다. 지금 함께 다른 지방으로 가서 경전을 익히겠습니까?"

아버지가 말하였다.

"좋다. 너와 함께 가겠다."

다른 곳에서도 그 나이가 적었으므로 도리어 몰고 몰아서 곧 일을 맡게 하니 아들이 아버지에게 알려 말하였다.

"실라벌성에는 비록 일을 맡았어도 법주(法主)이신 세존께서 직접 그곳에 머무르시니 때때로 중간에 '누구 필추는 아라한을 증득할 것이고, 누구 필추는 부정관을 이루리라.'고 수기(授記)를 설하시는 것을 들을 수 있었습니다. 승광대왕·승만부인·선수·세주·비사거모, 나아가 다른 장자 바라문 등이 아울러 모두가 공경하고 믿고 있습니다. 우리들도 그곳에 가면 법이나 혹은 음식은 모두 함께 수용할 수 있을 것이니 지금 그곳으로 돌아가고자 합니다."

곧 다른 지방을 떠나 실라벌성에 이르러 주처에 도착하려고 하였는데 오시(午時)가 이미 가까워져 건치의 소리가 들리므로 곧 아버지에게 알려 말하였다.

"건치소리가 재촉하니 마땅히 급하게 가야 합니다."

아버지는 늙고 피곤하여 능히 빨리 갈 수가 없었고 그 아들이 힘껏 밀어서 그 길을 나아가도록 하였는데 아들은 이렇게 생각하였다.

'밀어서 가니 이익이 있구나.'

다시 거듭하여 세게 밀었다. 이때 늙은 아버지는 땅에 얼굴을 대고 엎어졌고 먼지와 흙이 입에 가득차서 이 인연으로 목숨이 끊어졌다. 아들은 아버지가 죽은 것을 보고서 크게 통곡하며 길의 왼쪽에 놓아두고 그 옷과 발우를 가지고 서다림(逝多林)으로 갔다. 여러 필추들이 보고서 알려 말하였다.

"어서 오게나. 마하라의 아들이여, 그대의 아버지는 지금 어디에 계시는 가?"

그가 곧 통곡하니 필추가 물어 말하였다.

"구수여. 무슨 까닭으로 우는가?"

알려 말하였다.

"나의 아버지는 이미 죽었습니다."

여러 필추가 알려 말하였다.

"구수여. 모든 행(行)은 무상하나니 이것이 태어나고 죽는 법이네. 그대 는 선설하는 법과 율에 집을 버리고 출가하였으니 마땅히 스스로 억제하여 괴로움을 일으키지 않도록 하게."

알려 말하였다.

"나는 아버지를 밀어 땅에 넘어지게 하였고 이 인연으로 곧 목숨을 마쳤으니 내가 마땅히 아버지를 죽인 것입니다."

필추가 알려 말하였다.

"그대의 말과 매우 같으면 통곡하는 것이 합당하네. 첫째는 무간죄(無間 罪)를 얻었고 둘째는 바라시가를 얻었으며 아비지옥(阿鼻地獄)에서 긴 세월의 고통을 받을 것이네."

이때 여러 필추가 이 인연으로 세존께 아뢰니, 세존께서 말씀하셨다.

"그는 범한 것이 없느니라. 그러나 모든 필추는 마땅히 길에서 피곤하여 기운이 없는 사람에게 강제로 밀어서 가게 하지 말라. 내가 지금 모든 길을 가는 필추를 위하여 그 행법을 제정하겠노라.

'만약 길을 갈 때에 지극히 피곤한 사람을 보면 마땅히 함께 주물러서 피로를 풀어주고 그를 위하여 옷과 발우 나아가 모든 물건을 들어주어야 한다. 능히 갈 수 있으면 좋으나 만약 능히 갈 수 없으면 마땅히 먼저 가라. 주처에 이르면 잎(葉)을 골라 벌레가 없는가를 관찰하여 발우를 씻고 음식을 청할 것이다. 능히 오지 못한다면 음식을 가지고 가서 맞이할 것이며 음식이 끊어지지 않게 하라. 만약 때가 아니면 비시장(非時漿)을 보내라. 길을 가는 필추는 내가 제정한 것과 같이 할 것이며, 의지하여 행하지 아니하면 월법죄를 얻느니라."

이때 여러 필추가 의심이 있어 함께 가서 세존께 아뢰어 말하였다.

"세존이시여. 무슨 인연으로 그 마하라의 아들은 아버지의 명근(命根)을 끊었어도 무간죄가 아니되고 역시 바라시가도 아닙니까?"

세존께서 말씀하셨다.

"그대들 모든 필추들이여. 이 사람은 다만 오늘에 아버지를 죽였어도 죄가 없을 뿐만 아니라 지난 옛날에 이미 일찍이 아버지를 죽였어도 중죄를 얻지 않았느니라. 그대들은 마땅히 들을지니라. 과거세에 한 취락에 옷을 세탁하는 사람이 있었고 오직 한 아들이 있었는데 시간이 흘러 점차 장대해졌다. 이때 마을에 대절회(大節會)가 있었으므로 그때 많은 사람이 아울러 의복을 세탁하였다. 이때 부자(父子)는 많은 때가 묻은 옷을 얻었으므로 아버지가 아들에게 알려 말하였다.

"이미 많은 옷을 빨아서 능히 돌아가 음식을 먹을 수 없으니 그대는 음식을 그 연못가로 가지고 오거라."

아들이 뒤의 다른 때에 음식을 가지고 가니 아버지는 음식을 먹고서 그 아들에게 알려 말하였다.

"그대는 마땅히 옷을 빨아라. 나는 피곤하여 잠시 잠을 자겠다."

곧 잠이 들었다. 그러나 아버지의 머리에 머리카락이 없어 많은 모기와 벌레가 그 이마에서 피를 빨고 있었다. 아들이 옷을 빨고서 아버지 곁에 이르니 그 머리 위에 모기와 파리가 있는 것을 보고서 곧 쫓았다. 모기는 피를 탐내어 쫓아도 다시 왔으므로 분노하여 말하였다.

"지금 내가 있는데 어찌 모기나 벌레가 나의 아버지의 피를 빨아먹게 하겠는가?"

장차 옷을 빨던 방망이로 모기를 때리니 모기는 비록 흩어져 날아갔으나 아버지의 머리가 마침내 깨어진 인연으로 목숨이 끊어졌다. 이때 천인이 가타로 설하여 말하였다.

오히려 지혜로운 사람과 원수가 될지라도
어리석은 사람과 함께 친우를 맺지 말라.
오히려 어리석은 아들이 모기와 벌레를 쫓으며
방망이로 아버지 머리를 때린 인연으로 목숨을 마쳤다네.

"그대들 모든 필추들이여. 다른 생각을 하지 말라. 그때의 옷을 빨던 노인이 곧 마하라이고, 그때의 아들이 곧 아버지를 밀었던 필추이니라. 과거에 비록 다시 아버지를 죽였어도 무간죄가 아니었고, 지금에도 역시 이와 같이 비록 아버지의 목숨을 끊었어도 무간죄가 아니었으며, 바라시가를 범하지도 않았느니라."

또한 범한 것이 없는 것은 가장 처음으로서 아직 계율을 제정하지 않은 것이고, 어리석고 미쳤으며 마음이 산란하고 심한 고통에 얽힌 것이다."

고의적으로 사람의 목숨을 끊는 학처를 마친다.

근본설일체유부비나야 제9권

삼장법사 의정 한역
석보운 번역

4) 망설자득상인법(妄說自得上人法) 학처 ①

게송으로 섭수하여 말하겠노라.

최초의 겁비라와
어부[漁人] 대중 오백과
필추가 난야에 머무는 것과
스스로 나타내고 기억하며 서로 어긋나는 것이 있다.

어느 때 박가범께서 광엄성(廣嚴城) 미후지(獼候池) 옆의 높은 누각의 가운데에 머무르셨다.

이때 500명의 어부는 승혜하(勝慧河)의 강가에 반려(伴侶)를 맺어 머물렀다. 이때 그 어부들에게 두 가지의 큰 그물이 있었으니 하나는 소족(小足)이라고 이름하였고 다른 것은 대족(大足)이라 이름하였다. 물고기를 사는 사람이 적으면 곧 작은 그물을 사용하였고 물고기를 사는 사람이 많으면 큰 그물을 사용하며 대절회(大節會)와 같으면 곧 두 그물을 함께 사용하였다.

다른 때에 광엄성에 대절회가 있어 물고기를 사는 사람이 많아 두 그물을 함께 펼치면서 500명은 두 무리(朋)로 나누어서 각자 한 그물을 가지고 사용하였다. 작은 그물을 펼친 어부는 많은 물고기·자라·거북·악어의 종류를 잡아서 강의 언덕에 쌓으니 큰 곡식을 모아둔 것 같았다.

이때 마갈대어(摩竭大魚)[1]가 있어 바다 가운데서 잠을 자고 있었는데 조수가 범람한 것을 따라서 마침내 승혜하의 가운데로 들어왔으므로 대족을 가진 사람들이 곧 그물로서 잡았다. 이때 250명이 함께 그 그물을 끌어올리니 그물에 물고기의 몸이 좁혀져 곧 잠을 깨었고 그물과 사람을 끌고 물을 따라서 흘러가니 각자 크게 놀라서 부르짖으며 소족의 사람들에게 알려 말하였다.

"우리들은 그물과 함께 물고기에게 끌려가니 그대들이 함께 와서 우리와 서로 도웁시다."

그들이 듣고 함께 와서 끌어당겼으나 500명 모두가 그물과 같이 끌려가며 능히 멈출 수가 없었다. 이때 500명이 크게 소리치며 모든 가까운 사람들에게 알려 말하였다.

"여러분들은 마땅히 아십시오. 우리 500명은 큰 그물과 함께 물고기에 이끌려 하류로 끌려갑니다. 함께 와서 서로 도웁시다."

이때 근처에 있던 혹은 소와 양을 기르는 사람·잡목과 풀을 거두는 사람·바른 길로 살아가는 사람·삿된 길(邪道)로 살아가는 사람, 나아가 다른 여러 사람 백천만 대중이 함께 와서 그물을 당겼다. 이때 그 여러 사람의 몸이 상처를 입고 그물이 찢어졌다. 극심한 고통을 겪으며 겨우 언덕으로 끌어올리니 그 마갈어는 머리가 18개이고 눈이 36개이었다.

혹은 사람머리도 있었고, 혹은 코끼리 머리도 있었으며, 혹은 말의 머리·낙타 머리·당나귀 머리·소의 머리·원숭이 머리·사자 머리·호랑이 머리. 표범 머리·곰 머리·고양이 머리·사슴 머리·물소 머리·돼지 머리, 개의 머리, 물고기 머리가 있었다. 이때 사방에 멀리 여러 사람들에게 번갈아서 서로가 알려 말하였다.

"승혜하의 옆의 500의 어부는 큰 그물을 펼쳐 물고기 한 마리를 잡아 언덕에 끌어올리니 그 모양이 크고 이상하여 18개의 머리와 36개의 눈이 있었네."

---

1) 큰 고래 종류의 물고기.

284

여러 사람들이 듣고서 이때 무량(無量)한 백천억 구지(俱胝) 나유다(那庾
多)의 대중이 다투어 강가에 모였다. 혹은 마음이 기쁘고 즐거워하면서
그곳에 가서 바라보았고, 혹은 전생의 선근이 있어 놀라서 가는 사람도
있었으며, 광엄성 안의 외도육사(外道六師)는 또한 기뻐하면서 함께 대중이
모여있는 물고기가 있는 곳에 이르러 자세히 살펴보고 서로 알려 말하였다.
"당신들은 각자가 이 머리를 아는가?"

희유(希有)한 마음을 일으켜 손가락으로 가리키며 머물렀다. 모든 부처
님의 상법(常法)은 세간을 관찰하므로 보고 듣지 않는 것이 없고 모르는
것이 없었다. 항상 대비심을 일으켜 일체를 요익(饒益)하게 하고 구호(救護)
하는 것 중에서 최고로 제일이었고, 최고로 용맹하였다. 두말할 것이
없이 선정과 지혜(定慧)에 의지하여 머물며 삼명(三明)을 드러내셨고, 삼학
(三學)2)을 잘 수행하셨으며, 삼업(三業)3)을 잘 조율하셨고, 사폭류(四瀑流)4)
을 건너 사신족(四神足)5)에 안주하셨으며, 긴 밤[長夜]에 사섭행(四攝行)6)
을 수행하셨고, 오온(五蓋)을 없애고 제거하여 오지(五支)7)를 멀리 떠나셨
으며, 오도(五道)8)를 초월하셨고, 육근(六根)을 구족하고 육도(六道)9)를

---

2) 삼학은 계학(戒學)·정학(定學)·혜학(慧學)의 세 가지이며, 증상계학(增上戒學)·증
  상심학(增上心學)·증상혜학(增上慧學)이라고도 한다.
3) 몸과 말과 생각으로 짓는 세 가지 행위로서 몸으로 짓는 것은 신업(身業), 말로
  짓는 것은 구업(口業), 생각으로 짓는 것은 의업(意業)을 가리킨다.
4) 사폭류(四瀑流)는 번뇌가 내심(內心)의 선(善)한 성질을 씻어 흘러버리는 것이
  폭류와 같아서 번뇌의 다른 이름으로 사용한다. 네 가지 번뇌란 욕(欲)·유(有)·견
  (見)·무명번뇌(無明煩惱)이다.
5) 신통(神通)을 얻기 위한 뛰어난 선정(禪定)에 드는 네 가지 기초로서, 첫째는
  욕신족(欲神足)으로 신통을 얻기 위한 뛰어난 선정에 들기를 원하는 것이고,
  둘째는 정진신족(精進神足)으로 신통을 얻기 위한 뛰어난 선정에 들려고 노력하는
  것이며, 셋째는 심신족(心神足)으로 신통을 얻기 위한 뛰어난 선정에 들려고
  마음을 가다듬는 것이고, 넷째는 사유신족(思惟神足)으로 신통을 얻기 위한 뛰어
  난 선정에 들려고 사유하고 주시하는 것을 말한다.
6) 사섭사(四攝事)라고도 하며, 첫째는 보시(布施)이고, 둘째는 애어(愛語)이며, 셋째
  는 이행(利行)이고, 넷째는 동사(同事) 등이다.
7) 5지(五支)는 안으로 무명(無明)이 인이 되고 행(行)이 연이 되어 식(識), 명색(名色),
  육입(六入), 촉(觸), 수(受) 등을 뜻한다.

원만히 하셨으며, 칠재(七財)10)를 널리 베푸시었고, 칠각(七覺)11)의 꽃을
피우셨으며, 세상의 팔법(八法)을 떠나 팔정로(八正路)12)를 보여 영원히
구결(九結)13)을 끊어 구정(九定)14)에 밝고 고요하셨고, 십력(十力)15)을 충만
하여 명성이 시방(十方)에 들리니 모든 것이 자재하신 가운데에서 가장
수승(殊勝)하신다. 모든 두려움 없는 것을 얻어 마원(魔怨)을 항복받으셨고,
큰 우레의 소리를 지어 사자후를 하셨으며, 밤낮의 육시(六時)16)를 항상

---

8) 오취(五趣)라고도 말한다. 중생이 선악의 업보(業報)에 따라 가게 되는 다섯 곳으로
지옥도(地獄道), 아귀도(餓鬼道), 축생도(畜生道), 아수라(阿修羅), 인간(人間) 등을
뜻한다.

9) 육바라밀(六波羅蜜)를 다르게 부르는 말이다.

10) 불도(佛道)를 이루는 데 필요한 신(信)·계(戒)·참(慚)·괴(愧)·문(聞)·시(施)·혜(慧)의
일곱 가지를 재물에 비유한 말이다.

11) 일곱 가지 법이 깨달음의 지혜를 도와주는 방법을 말한다. 첫째는 염각지(念覺支)
이고, 둘째는 택법각지(擇法覺支)이며, 셋째는 정진각지(精進覺支)이고, 넷째는
희각지(喜覺支)이며, 다섯째는 제각지(除覺支 : 輕安覺支라고도 함)이고, 여섯째는
정각지(定覺支)이며, 일곱째는 사각지(捨覺支) 등이다.

12) 산스크리트어 āryāṣṭāṅgika-mārga의 음사로 괴로움의 소멸에 이르는 여덟 가지
바른 길을 가리킨다. 정견(正見)·정사유(正思惟)·정어(正語)·정업(正業)·정명(正
命)·정정진(正精進)·정념(正念)·정정(正定) 등이다.

13) 중생을 결박하여 해탈하지 못하게 하는 아홉 가지 번뇌를 가리킨다. 첫째는
애결(愛結)이고, 둘째는 에결(恚結)이며, 셋째는 만결(慢結)이고, 넷째는 무명결(無
明結)이며, 다섯째는 견결(見結)이고, 여섯째는 취결(取結)이며, 일곱째는 의결(疑
結)이고, 여덟째는 질결(嫉結)이며, 아홉째는 간결(慳結) 등이다.

14) 중생의 마음과 생존 상태를 욕계·색계·무색계의 삼계(三界)로 나누고, 다시 욕계
를 1지(地)로 하고 색계·무색계를 각각 4지(地)로 나눈 것을 말한다. 첫째는 욕계오
취지(欲界五趣地)이고, 둘째는 이생희락지(離生喜樂地)이며, 셋째는 정생희락지
(定生喜樂地)이고, 넷째는 이희묘락지(離喜妙樂地)이며, 다섯째는 사념청정지(捨
念淸淨地)이고, 여섯째는 공무변처지(空無邊處地)이며, 일곱째는 식무변처지(識無
邊處地)이고, 여덟째는 무소유처지(無所有處地)이며, 아홉째는 비상비비상처지
(非想非非想處地) 등이다.

15) 세존께서 갖추고 있는 열 가지 지혜의 능력을 가리킨다. 첫째는 처비처지력(處非
處智力)이고, 둘째는 업이숙지력(業異熟智力)이며, 셋째는 정려해탈등지등지지력
(靜慮解脫等持等至智力)이고, 넷째는 근상하지력(根上下智力)이며, 다섯째는 종종
승해지력(種種勝解智力)이고, 여섯째는 종종계지력(種種界智力)이며, 일곱째는 변
취행지력(遍趣行智力)이고, 여덟째는 숙주수념지력(宿住隨念智力)이며, 아홉째는
사생지력(死生智力)이고, 열째는 누진지력(漏盡智力) 등이다.

불안(佛眼)으로 세간을 관찰하시어 무엇이 증가하고 무엇이 감소하며
누가 고통(苦厄)을 만나고 누가 악취(惡趣)[17]에 나아가며, 누가 큰 욕망의
늪에 빠지고 누가 교화를 받고자 하며, 어떤 방편을 지어야 구제하여
벗어나게 할 수 있는가를 살피셨다.

성재(聖財)가 없는 사람은 성재를 얻게 하셨고, 지혜의 안선나(安膳那)[18]
를 가지고 무명(無明)의 가리개를 깨뜨리셨으며, 선근이 없는 사람은 선근
을 심게 하셨고, 선근이 있는 사람은 더욱 증장시키셨으며, 인간과 천인의
행로에 안은(安隱)하고 걸림없이 열반의 성(城)에 나아가게 하셨으니, 설하
시어 말씀하신 것과 같다.

가령 큰 바다의 조류(潮流)와
혹은 기한(期限)을 잃었어도
부처님은 교화할 사람들에게
제도(濟度)하는 때를 잃지 않으셨네.

어머니가 한 아이에게
항상 그 몸과 목숨을 보호하듯이
부처님은 교화할 사람들에게
애민한 생각은 그것보다 더하시네.

부처님은 모든 유정(有情)들에게
자비하신 생각 떠나고 버리지 않아

16) 하루를 6등분한 것으로 신조(晨朝, 아침)·일중(日中, 한낮)·일몰(日沒, 해질녘)
·초야(初夜, 초저녁)·중야(中夜, 한밤중)·후야(後夜, 한밤중에서 아침까지의 동안)
를 가리키는 말이다.
17) 악업(惡業)을 지어 죽은 뒤에 태어나는 고통(苦痛)의 세계인 지옥(地獄)·아귀(餓鬼)·
축생(畜生) 등을 말한다.
18) 산스크리트어 añjana의 음사로서 안선나(安繕那) 또는 안선나(安膳那)라고 음역된
다. 눈병에 사용되는 약이다.

그 고난을 생각하고 구제하는 것이
어미 소에게 송아지가 따르는 것과 같으시네.

이때 세존께서 이와 같이 생각하셨다.
'이 마갈어는 지금 고통(苦厄)을 만났으나 이전의 부처님 처소에서
이미 선근을 심었으니 내가 물고기를 인연하여 큰 가르침의 그물로서
유정을 교화하고 제도하기 위하여 마땅히 승혜하의 강가에 가리라.'
모든 부처님들의 상법은 아직 열반하지 않았으면 세상에 안주하여
교화할 유정을 애민하게 생각하시어 교화하고자 할 때에는 나락가(奈洛
迦)[19]·방생·아귀·인천(人天)의 모든 취(趣)에 가셨고, 혹은 시림(屍林)에
가셨으며, 혹은 물 있는 곳에 가시는 것이다. 지금 이 일을 까닭으로
세존은 승혜하의 강가에 가고자 하시어 곧 미소를 지으시니 입에서 다섯
색깔의 빛이 나와서 혹은 아래를 비추고 혹은 다시 위로 올랐다. 그
빛은 아래로 내려가서 무간지옥과 아울러 다른 지옥에 이르렀으니, 만약
뜨거운 열에 고통을 받았으면 모두 청량(淸涼)함을 얻었고 만약 춥고
얼음이 있는 곳은 곧 따스함을 얻었다. 그 모든 유정들은 각자 안락을
얻어 모두 이렇게 생각하였다.
'내가 그대들과 함께 지옥에서 죽어서 다른 곳에 태어났는가?'
이때 세존께서는 그 모든 유정들에게 신심을 일으키고자 다시 다른
모습을 나타내셨다. 그들은 다른 모습을 보고서 모두 이렇게 생각하였다.
'우리들이 이곳에서 죽어서 다른 곳에 태어난 것이 아니다. 그러나
우리들은 반드시 무상(無上)한 대성(大聖)의 위덕력(威德力)을 까닭으로
우리의 몸과 마음이 현재의 안락을 받는 것이다.'
이미 공경과 신심을 일으켜 능히 모든 고통을 없애고 사람과 천인이
뛰어나고 묘한 몸을 받아 마땅히 법기(法器)가 되어 진제(眞諦)의 이치를
보았다. 그것이 위로 오르니 색구경천(色究竟天)에 이르러 광명 가운데에서

---

19) 산스크리트어 naraka의 음사로서 지옥을 뜻한다.

고(苦)·공(空)·무상(無常)·무아(無我) 등의 법을 연설(演說)하셨으며 아울러 두 가타로 설하여 말씀하셨다.

그대들은 마땅히 부처님 가르침에서
부지런히 출리(出離)의 도(道)를 구하라.
능히 삶과 죽음의 군사를 깨뜨리는 것을
코끼리가 초가집[草舍]을 무너트리듯이 하라.

부처님의 법과 율의 가운데에서
용맹스럽게 나아가 항상 수행하고 배우면
능히 삶과 죽음을 버리고
고통이 끝나는 것을 얻으리라.

이때 그 광명은 널리 삼천대천세계를 비추고 세존의 처소에 되돌아왔다. 만약 불·세존께서 과거의 일을 설하시면 광명이 등을 따라 들어가고, 만약 미래의 일을 설하시면 광명이 가슴을 따라 들어가며, 만약 지옥의 일을 설하시면 광명이 발바닥을 따라 들어가고, 만약 방생의 일을 설하시면 광명이 발꿈치를 따라서 들어가며, 만약 아귀의 일을 설하시면 광명이 발가락을 따라 들어가고, 만약 사람의 일을 설하시면 광명이 무릎을 따라 들어가며, 만약 역륜왕(力輪王)의 일을 설하시면 광명이 왼손의 바닥을 따라 들어가고, 만약 전륜왕의 일을 설하시면 광명이 오른손의 바닥을 따라 들어가며, 만약 하늘의 일을 설하시면 광명이 배꼽을 따라 들어가고, 만약 성문(聲聞)의 일을 설하시면 광명이 입을 따라 들어가며, 만약 독각(獨覺)의 일을 설하시면 광명이 눈썹을 따라 들어가고, 만약 아뇩다라삼먁삼보리의 일을 설하시면 광명이 이마를 따라 들어가는 것이다.

이때의 광명은 멀리서 세존을 세 번 돌고서 배꼽을 따라 들어갔다. 이때 구수 아난타는 합장하고 공경하며 세존께 아뢰어 말하였다.

"세존이시여. 여래·응(應)·정등각(正等覺)께서 빙그레 미소를 짓는 것은 인연이 없지 않습니다."
곧 가타로서 세존께 청하여 말하였다.

입으로 여러 가지의 미묘한 광명을 비추시니
대천(大千)세계에 가득하여 하나의 모양이 아니라네.
시방의 모든 땅에 널리 두루하시니
햇빛이 허공을 모두 비추는 것과 같다네.

세존께서는 중생에게 가장 뛰어난 인연이시니
능히 교만과 근심 슬픔을 없애주시고
인연이 없으면 금구(金口)를 열지 않으시는데
미소를 지으시니 반드시 희유하고 기이함을 나타내리라.

안주하여 자세히 살피시는 석가모니불께선
즐겨 듣고자 하는 사람에게는 능히 설해주시네.
사자왕이 미묘하게 외치는 것과 같이
원하건대 우리들을 위하여 의심을 끊어주십시오.

큰 바다에 있는 묘산왕(妙山王)과 같아서
만약 인연이 없으시면 움직이지 않으시나
자재(自在)하고 자비로운 미소를 나타내셨으니
우러러 갈망하는 사람을 위해 인연을 설해주십시오.

이때 세존이 아난타에게 알려 말씀하셨다.
"그러하도다. 그러하도다. 아난타여. 인연이 없으면 여래·응·정등각께
서는 곧 미소를 나타내지 않나니 그대는 지금 마땅히 여러 필추에게
알려라. '여래께서 강가의 언덕 유행하고자 하니 만약 여러 구수로서
즐거이 여래를 따르고자 하면 마땅히 옷을 지니십시오.'"

　이때 구수 아난타는 세존의 가르침을 받들어 여러 필추에게 알려 말하였다.

　"여러 구수들이여. 세존께서 지금 강가의 언덕을 유행하고자 하니 만약 여러 구수로서 즐거이 여래를 따르고자 한다면 마땅히 옷을 지니십시오."

　이때 여러 필추는 가르침을 받들어 함께 세존의 처소에 왔다. 이때 세존께서는 승혜하에 가시어 스스로 조복(調伏)받은 까닭으로 조복에 둘러싸이셨고, 스스로 적정(寂靜)하신 까닭으로 적정에 둘러싸이셨으며, 해탈하시어 해탈에 둘러싸이셨고, 안은(安隱)하시어 안은에 둘러싸이셨으며, 선순(善順)하시어 선순에 둘러싸이셨고, 아라한이시어 아라한에 둘러싸이셨으며, 이욕(離欲)이시어 이욕에 둘러싸이셨고, 단엄(端嚴)하시어 단엄에 둘러싸이셨으며, 전단림(旃檀林)이 전단림에 둘러싸인 것과 같으셨고, 코끼리왕이 코끼리의 무리에 둘러싸인 것과 같으셨으며, 사자왕이 사자들에게 둘러싸인 것과 같으셨고, 소의 왕이 여러 소들에게 둘러싸인 것과 같으셨으며, 거위의 왕이 거위의 무리에게 둘러싸인 것과 같으셨고, 묘시조(妙翅鳥)가 여러 새들에게 둘러싸인 것과 같으셨으며, 바라문이 배우는 무리들에게 둘러싸인 것과 같으셨고, 큰 의사가 병자에게 둘러싸인 것과 같으셨으며, 대장군이 병사들에게 둘러싸인 것과 같으셨고, 대도사(大導師)가 수행하는 사람에게 둘러싸인 것과 같으셨으며, 상주(商主)가 손님에게 둘러싸인 것과 같으셨고, 큰 장자가 사람의 대중에게 둘러싸인 것과 같으셨으며, 국왕이 모든 대신에게 둘러싸인 것과 같으셨고, 전륜왕이 일천의 자식에게 둘러싸인 것과 같으셨으며, 밝은 달이 별들에게 둘러싸인 것과 같으셨고, 햇빛[日輪]이 일천 개의 빛에 둘러싸인 것과 같으셨으며, 지국천왕(持國天王)이 건달바에게 둘러싸인 것과 같으셨고, 증장천왕이 구반다(拘畔茶) 대중에게 둘러싸인 것과 같으셨으며, 추목천왕(醜目天王)이 용의 무리에게 둘러싸인 것과 같으셨고, 다문천왕(多聞天王)이 야차의 무리에게 둘러싸인 것과 같으셨으며, 정묘왕(淨妙王)이 아소라(阿蘇羅)[20] 무리에게 둘러싸인 것과 같으셨고, 제석이 삼십삼천(三十三千)

에 둘러싸인 것과 같으셨으며, 범천왕(梵天王)이 범중(梵衆)에게 둘러싸인
것과 같으셨고, 큰 바다가 맑고 안정된 것과 같으셨으며, 큰 구름이 펼쳐진
것과 같으셨고, 코끼리왕이 취(醉)하여 날뛰는 것을 막는 것과 같으셨으며,
모든 근(根)을 조복하여 위의가 적정하셨고, 32상을 장엄하게 꾸미셨으며,
80종호(種好)를 스스로 장엄하시어 원광(圓光)이 한번 펼치면 오히려 천개
의 햇빛보다 밝으셨고, 편안한 걸음으로 천천히 나아가시는 모습은 보배산
을 옮기는 것과 같으셨다.

십력(十力)·사무애(四無碍)21) 및 대비한 삼염주(三念住)22)의 무량한 공덕
이 모두 원만한 대성문인 존자 아신야교진여(阿愼若憍陳如)·존자 마승(馬
勝)·존자 파슬파(婆瑟波)·존자 대명(大名)·존자 무멸(無滅)·존자 사리자(舍
利子)·존자 대목련(大目連)·존자 가섭파(迦攝波)·존자 아난타(阿難陀)·존자
힐리벌저(頡離伐底) 등의 이와 같은 여러 대성문과, 나아가 여러 필추
대중과 함께 강가로 가셨다. 이때 모든 대중은 멀리서 세존과 아울러
필추 대중이 오는 것을 보았다. 멀리서 오시자 곧 믿지 않는 사람들이
함께 서로 의논하여 말하였다.

---

20) 전쟁이 끊이지 않는 아수라도에 머무는 귀신들의 왕이다. 아수라는 아소라(阿素
羅)·아소락(阿素洛)·아수륜(阿素倫) 등으로 음역되며 수라(修羅)라고 약칭하기도
한다. 원래 고대 인도 최고의 신 중 하나였는데 나중에 제석천과 싸우는 악신(惡神)
으로 바뀌었다.

21) 설법하는 데 있어서 두려움 없게 하는 네 가지를 말한다. 첫째는 정등각무외(正等
覺無畏)로서 일체 법을 깨닫고 증득했다는 두려움이 없는 것이고, 둘째는 일체누
진무외(一切漏盡無畏)로서 일체의 번뇌를 모두 끊었다라는 두려움 없는 것이며,
셋째는 설장법무외(說障法無畏)로서 수행에 장애가 되는 것은 모두 설했다는
두려움이 없는 것이고, 넷째는 설진고도무외(說盡苦道無畏)로서 고통스러운 미망
의 세계에서 벗어나 해탈의 길에 드는 길을 설했다는 것이다.

22) 어떠한 상황에도 동요하지 않고 바른 지혜에 안주하는 세존의 경지를 세 가지로
나눈 것이다. 첫째는 제일염주(第一念住)로서 중생의 공경을 받아도 기뻐하지
않고 바른 기억과 바른 지혜에 안주하는 것이고, 둘째는 제이염주(第二念住)로서
중생의 공경을 받지 않아도 근심하지 않고 바른 기억과 바른 지혜에 안주하는
것이며, 셋째는 제삼염주(第三念住)로서 어떤 중생에게는 공경 받고 어떤 중생에
게는 공경 받지 않아도 기뻐하거나 근심하지 않고 바른 기억과 바른 지혜에
안주하는 것이다.

292

"여러분들은 마땅히 아십시오. 나는 사문 구답마(瞿答摩)가 모든 기쁨과 즐거움을 끊었다고 들었으나 그도 또한 사랑하고 좋아하여 이 물고기를 보려고 왔소."

모든 공경하고 신심있는 사람은 곧 이와 같이 말하였다.

"여러분들은 마땅히 아십시오. 세존께서는 오래 전에 기쁨과 즐거움을 없애셨으니, 어찌 오늘 이 물고기를 인연하는 까닭으로 모든 대중에게 대자비를 내리시어 희유하고 기이하며 미묘한 법을 설하시고자 하는 것이 아니겠습니까?"

함께 게송을 설하여 말하였다.

석가모니께서는 오래 전에 기쁨과 즐거움을 버리셨으나
믿지 않는 사람들은 비방을 한다네.
가장 수승하시나 지금 이곳에 오신 것은
반드시 이때 대중에게 미묘한 말씀을 설하기 위함이라네.

이때 대중들은 세존을 보고서 모두 놀라서 일어났다. 세존께서 보살이었던 때에 스승·승가·부모 등의 존중받는 처소에서 항상 일어나 공경하였던 까닭이었다. 이때 세존께서는 대중의 가운데에 들어가시어 필추의 앞에 자리잡고 앉으시어 곧 500명의 어부에게 말씀하셨다.

"현수여. 그대들은 전생(先身)부터 일찍이 악업을 지었고 이 인연을 까닭으로 태어나서 비천한 어부들의 가운데에 있는 것이네. 그대들은 지금 다시 손에 칼과 그물을 잡고서 죽이는 것을 업으로서 스스로 살아가니 지금 이곳에서 죽으면 어느 곳에서 생명을 받겠는가?"

어부들이 청(請)하여 말하였다.

"우리들은 지금 무엇을 해야 하는가를 모르겠습니다."

세존께서 알려 말씀하셨다.

"그대들은 지금 마땅히 물고기와 자라 등의 물에 사는 종류의 무리를 풀어주게."

그들이 세존께 알려 말하였다.

"세존의 가르침을 따르겠습니다."

곧 놓아주었다. 이때 세존께서는 신통력으로써 물고기와 자라 등을 물에 헤엄쳐 승혜하로 들어가도록 하였으나 오직 마갈어는 홀로 남아 가지 않았다. 전생의 일을 기억하여 능히 사람의 말을 하였으며 세존과 묻고 대답하였다. 이때 세존께서는 마갈어에게 알려 말씀하셨다.

"그대는 겁비라(劫比羅)인가?"

대답하여 말하였다.

"저는 겁비라입니다."

세존께서 다시 물으셨다.

"그대는 일찍이 몸과 말과 뜻으로 악행을 지었는가?"

대답하여 말하였다.

"일찍이 지었습니다."

"그대는 이 세 가지의 악행이 악한 이숙(異熟)을 부르는 것을 모두 알고 있었는가?"

대답하여 말하였다.

"저는 알고 있습니다."

"그대는 이러한 업을 스스로의 몸으로 받은 것을 아는가?"

대답하여 말하였다.

"현재 받고 있습니다."

"누가 그대의 악지식(惡知識)인가?"

대답하여 말하였다.

"저의 어머니입니다."

"그녀는 어느 곳에서 태어났는가?"

대답하여 말하였다.

"나락가(奈洛迦)에 태어났습니다."

"그대는 어느 곳에 태어났는가?"

대답하여 말하였다.

294

"방생(傍生)의 가운데에 있습니다."
"이곳에서 죽으면 마땅히 어느 곳에 태어나겠는가?"
대답하여 말하였다.
"저는 여기서 죽으면 나락가에서 태어납니다."
이때 마갈어는 이렇게 말하고서 곧 눈물을 흘리며 울었다. 이때 세존께서는 가타를 설하여 말씀하셨다.

그대는 축생의 부류에 떨어졌으나
나는 지금 어찌할 수 없구나.
머물러 있으나 한가함이 없으니
울어도 마땅히 무슨 이익이 있겠는가?

나는 지금 그대를 자비로써 위로하나니
그대는 마땅히 착한 마음을 일으켜
방생의 몸을 싫어하여 벗어나면
마땅히 천상에 오를 수 있으리.

이때 마갈어는 이 말씀을 듣고 세존께 깊은 공경과 신심을 일으켰다. 세존께서는 곧 그를 위하여 삼구법(三句法)23)을 설하시면서 알려 말씀하셨다.

현수여. 모든 행은 모두가 무상하고
모든 법은 모두 무아(無我)이며
적정(寂靜)은 곧 열반이니
이것을 삼법인(三法印)이라 이름하노라.

---

23) 삼법인을 다르게 부르는 말이다.

이때 대회에서 각자 희유함이 생겨나서 서로가 의논하여 말하였다.

"어찌 이 물고기가 세존께서 곧 물으시니 과거[宿世]를 기억을 하고, 다시 사람의 말로서 세존과 함께 묻고 대답하는가? 모든 사람들이여. 마땅히 알게. 대성(大聖)이신 여래께서는 위덕(威德)이 존중(尊重)하시니 우리들은 어리석고 미천하여 감히 여쭈어 묻지 못하네. 우리들은 마땅히 함께 존자 아난타 처소에 나아가 그 까닭을 여쭈어서 설하는 것을 받아 믿도록 하세."

이때 공경과 신심이 있는 사람들이 곧 함께 아난타 처소에 나아가 알려 말하였다.

"존자여. 어찌 이 물고기가 사람의 말을 잘 알아듣고 세존과 함께 전생의 일을 논합니까?"

이때 아난타는 여러 사람들에게 대답하여 말하였다.

"여러분들은 지금 마땅히 가서 세존께 청하여 여쭈십시오."

여러 사람이 대답하여 말하였다.

"여래이신 세존은 위덕이 엄중(嚴重)하시니 못나고 어리석은 우리들이 감히 가볍게 여쭐 수가 없습니다."

아난타가 말하였다.

"나도 역시 그대들과 같아서 위엄을 두려워하나 지금 그대들을 위하여 간략하게 그 일을 여쭈겠습니다."

이때 구수 아난타가 곧 자리에서 일어나 세존의 처소로 가서 두 발에 예경하고 한쪽에 서서 알려 말씀드렸다.

"세존이시여. 이 물고기는 무슨 인연으로 능히 사람의 말을 알고 세존과 함께 전생(宿命)의 일을 논하옵니까?"

이때 세존께서 아난타에게 아뢰어 말하였다.

"그는 지금 이 마갈어의 숙세의 인연을 듣고자 하는가?"

이때 아난타가 아뢰어 말하였다.

"세존이시여. 우리들은 지금 곧 즐거이 듣고자 합니다. 오직 바라옵건대 이 물고기의 전생에 있었던 인연을 설하여 주십시오. 우리들 필추와 여러 대중은 법을 얻어 듣고서 믿으며 받아 지니겠습니다."

세존께서 아난타에게 말씀하셨다.

"그대들은 마땅히 자세히 듣고서 지극한 마음으로 그것을 잘 생각하게.

과거세의 이 현겁(賢劫) 가운데에서 사람의 수명이 이만 세(二萬歲)일 때에 불세존이 세상에 출현하셨으니 가섭파여래(迦攝波如來)·응(應)·정변지(正遍知)·명행족(明行足)·원만선서(圓滿善逝)·세간해(世間解)·무상사(無上士)·조어장부(調御丈夫)·천인사(天人師)·불(佛)·박가범(薄伽梵)이라고 이름하셨으며, 바라니사성(婆羅泥斯城) 선인타처(仙人墮處)의 시녹림(施鹿林) 가운데에 대필추 대중 2만명과 함께 머무르셨다.

이때 그 성안에 왕을 흘률지(訖栗枳)라고 이름하였고, 그때의 세상은 안락하여 곡식을 심으면 풍부하게 거두었으며, 백성들이 많았고 가축이 늘어나 점차 풍성하였다. 전쟁[鬪諍]이 없어 갑옷의 병사들이 휴식하였고 또한 질병의 고통과 여러 도둑들이 없었으며 정법으로 나라를 다스려 대법왕(大法王)이 되었다. 그 나라 안에 바라문의 동자가 있었으며, "본국(本國)에서 멀리 남쪽 방향으로 나아가면 그곳에 바라문이 있다. 널리 여러 재주를 통달하였고, 사명(四明)을 잘 이해하여 멀고 가까운 여러 지방에서 모두 오며 돌아와서 모인다."는 말을 쫓아 그때 동자는 곧 그곳에 나아가 이르러 예배하고 한쪽에 앉았다. 그 바라문이 말하였다.

"잘 왔네. 동자여. 그대는 어디에서 왔으며 무엇을 찾아 구하는가?"

대답하여 말하였다.

"나는 중앙의 나라에서 왔으며 큰 스승[大師]의 발아래에서 직접 도(道)를 배우고자 합니다."

스승이 물어 말하였다.

"무슨 문장을 배우려 하는가?"

대답하여 말하였다.

"사명론(四明論)을 배우고자 합니다."

알려 말하였다.

"옳도다. 마땅히 이와 같이 배우게. 이것은 이 바라문이 마땅히 지어야 할 일이네."

이때 동자는 곧 배웠다. 배우는 사람은 휴일에 이르면 혹은 강이나 연못에 가서 목욕하고, 혹은 성의 시장에 가서 관망(觀望)하며, 혹은 향나무를 채취하여 이것으로 제사에 충당하였다. 이때 동자는 휴일에 이르러 모든 배우는 무리들과 함께 땔나무[薪木]를 채취하면서 곧 길을 가는 중간에 서로 물어 말하였다.

"자네들은 모두 바라문의 성(姓)이며 어디에서 왔는가?"

한 사람이 알려 말하였다.

"나는 동쪽에서 왔네."

한 사람이 말하였다.

"나는 서쪽에서 왔네."

한 사람이 말하였다.

"나는 북쪽에서 왔네."

이때 그 동자가 말하였다.

"나는 중국(中國)에서 왔네."

여러 사람들이 물어 말하였다.

"여러 나머지의 나라들을 우리는 함께 대충 들었으나 중국의 의례의 궤칙(軌儀)은 일찍이 말하는 것을 보지 못하였네."

곧 게송으로 설하여 말하였다.

지혜는 동방에서 나오고
이간질[兩舌]은 서쪽에 있으며
공경과 순종은 남쪽에서 생기고
악구(惡口)는 북방에 있다네.

이때 여러 학도(學徒)들이 동자에게 물어 말하였다.

"그대의 중국은 그러한 일이 어떠한가?"

동자가 대답하여 말하였다.

"나의 중국 특히 여러 지방보다 뛰어나서 감자(甘蔗)[24]·향기로운 벼와 과일이 충족(充足)되었고, 가축이 풍요롭고 쾌락하고 안온하며, 사람과 물건이 많아 모두 매우 자비롭게 구제하고, 총명하고 복덕이 있어 기예(技藝)를 가진 사람이 많으며, 강가하(殑伽河)[25]가 있는데 길상(吉祥)하고 맑고 깨끗하며, 물의 양쪽에 평평히 흐르는 곳이 18곳이 있어 신선들이 살고 있으며, 각자 정성으로 고행하여 승천(昇天)을 얻는 것을 보여주고 있네."

다시 그에게 물어 말하였다.

"중국의 땅에는 또한 총명하고 변재(辯才)에 밝아 능히 담론(談論)을 잘하는 우리 스승과 같은 사람이 있는가?"

대답하여 말하였다.

"현재 지금 중국에는 한명의 논사가 있으니 사자왕과 같이 자재하고 걸림이 없어 우리 스승님이 그를 보시면 스스로 부끄러워할 것이네."

이때 그 동자가 중국을 찬미(讚美)하니 여러 사람들이 듣고서 모두 즐거이 가고자 하였다. 이때 여러 동자들은 각자 땔나무를 가지고 본래의 스승의 집에 이르러 땔나무를 놓아두고서 그 스승이 있는 곳에 나아가 각자 스승에게 알려 말하였다.

"이 동자가 중국을 찬미하니 우리의 여러 사람들이 즐거이 가고자 합니다."

그 스승이 알려 말하였다.

"중국은 미묘하다고 사람들이 모두들 깊이 말하였으나 다만 귀로 들었을 뿐이고, 마땅히 곧 가지 않았느니라."

모든 제자들이 말하였다.

"그 동자가 '지금 중국에는 한명의 논사가 있으니 사자왕과 같이 자재하고 걸림이 없어 우리 스승님이 그를 보시면 스스로 부끄러워할 것이네.'라고 말합니다."

그 스승이 알려 말하였다.

---

24) 사탕수수를 다르게 부르는 말이다.
25) 산스크리트어 gaṅgā의 음사로서 항가(恒伽)와 같으며 갠지스강을 가리킨다.

"땅이 풍요로운 보배이고 현자(俊乂)인 사람이 많으니 내가 어찌 천하(區宇)에서 오직 혼자서 다시 뛰어나다고 스스로 말하겠는가!"

다시 스승에게 알려 말하였다.

"만약 이와 같다면 우리들은 지금 즐거이 가고자 합니다. 첫째는 두루 여러 나라를 살펴보는 것이고, 둘째는 신선의 물가에서 목욕하고 큰 논사에게 마음으로 깊이 수업(受業)받아 여러 가지의 논리(論談)에 격양(激揚)되게 토론하여 드러내고 항복을 받아서 명예를 일으키고 많은 재물의 이익을 얻고자 합니다."

이때 바라문은 성품은 적은 인연에도 배우는 부류를 애민(愛愍)하게 생각하여 여러 사람들에게 알려 말하였다.

"마땅히 장차 나의 자구(資具)인 사슴가죽·소복(疎服)·삼거(三拒)[26]·군지(君持)[27]와 아울러, 제사의 그릇을 나는 지금 그대들에게 주겠네. 함께 가서 스승을 찾으세."

그들은 곧 가르침을 받고서 함께 중국에 가서 성읍에 도착하여 대토론의 장소를 일으키니 여러 토론자가 모두 좌절(挫折)하여 그 수레가 무너지듯이 부끄러움을 품고서 돌아갔고, 혹은 재(恢)의 병(瓶)으로서 그 머리 위를 때리는 것이 활을 쏘는 것을 가르치는 곳에서 까마귀와 새들이 흩어져 날아가는 것과 같았으며, 혹은 그림이 있는 덮개와 당번으로 멀고 가까이서 영접하면서 모두가 제자라고 말하면서 따라가는 것과 같았다. 이때 바라문은 점차 유행하여 지나가는 성읍에서 모두 상수(上首)가 되었으나, 바라니사성(婆羅尼斯城)에 이르러서 곧 스스로 생각하였다.

'나는 지금 어떤 까닭으로 그 근본을 버리고서 가지를 취하였는가? 총명하게 격론(激論)을 이해하는 사람과 나아가 다른 학사(學士)들은 모두 궁궐[王庭]에 있으니 나는 지금 마땅히 스스로 왕의 처소로 나아가야겠구나.'

이렇게 생각하고서 곧 가서 흘률지왕(訖栗枳王)께 나아가 왕의 처소에

---

26) 힌두교의 수행자가 짚고 다니는 끝이 세 갈래로 된 지팡이를 가리킨다.
27) 산스크리트어 kuṇḍikā의 음사로서 물병을 가리킨다.

이르러 왕을 위하여 축원하였다.

"원하건대 왕께서는 모든 원수를 항복시키고 수명이 장수하시며 병이 없으십시오."

이렇게 말하고서 한쪽에 앉아서 왕에게 알려 말하였다.

"대왕께서는 마땅히 아십시오. 나는 본국에서 모든 스승을 찾아 일찍이 약간의 서론(書論)과 문자(文字)를 익혔습니다. 왕의 처소에서 논단(論端)을 세우고 감히 여러 사람과 함께 간략하게 격론을 펴고자 합니다."

왕은 이미 듣고서 대신에게 명하여 말하였다.

"지금 나의 나라에서 이 사람과 함께 상대할 수 있는 담론자(談論者)가 있는가?"

알려 말하였다.

"있습니다."

물었다.

"어느 곳에 있는가?"

알려 말하였다.

"어느 취락에 바라문이 있는데 겁비라설마(劫比羅設摩)라고 이름하며, 사명(四明) 및 다른 서론(書論)을 잘 이해하고 능히 자기의 뜻을 세워서 남의 논리를 잘 깨뜨립니다. 큰 지혜로 총명한 것이 불꽃이 타오르는 것과 같아서 여러 사람 가운데에서 상수(上首)입니다."

왕이 말하였다.

"가서 곧 불러 오시오."

대신이 가르침을 받들어 곧 논사를 불렀다. 이미 왕의 처소에 이르러 앞에서와 같이 축원하고서 한쪽에 앉았다. 대신이 알려 말하였다.

"이곳에서 부르신 논을 잘 이해하는 대사(大師)입니다."

왕이 말하였다.

"훌륭하시오. 대사여. 곧 능히 내 앞에서 바라문과 함께 서로 격론하며 물을 수 있습니까?"

대답하여 말하였다.

"나는 할 수 있습니다."

왕이 대신에게 칙명하여 말하였다.

"경(卿)은 지금 마땅히 토론장을 장엄하게 꾸미시오."

대신이 가르침을 받들어 장엄하게 꾸미니 왕이 곧 수레를 정리하고서 직접 토론장에 이르렀다. 왕이 앉으니 대신이 알려 말하였다.

"대왕이시여. 먼저 누구에게 논리를 펼치게 하겠습니까?"

왕이 말하였다.

"바라문은 멀리 남쪽 나라에서 왔으니 주인과 손님의 예절로써 먼저 논리를 펼치도록 청하시오."

그 바라문이 곧 논리를 세워 500송(五百頌)의 교묘한 말로서 펼치니 민첩하고 밝아서 정확히 알아들은 사람이 드물었다. 이때 겁비라설마는 한번 듣고 깨달아서 곧 옳고 그른 것을 물리쳤다.

"이것은 서로 어긋난 것이고, 이것은 일정하지 않으며, 이것은 성취되지 않는 것이오."

이때 바라문은 이미 논리가 깨트려져 묵연(默然)히 머물렀다. 대부분 논의하는 사람들은 능히 묻고 답하지 못하면 곧 지는 것이다. 이때 왕은 이긴 것을 보고서 곧 크게 기뻐하며 물었다.

"큰 스승[大師]이 머무는 곳은 어느 곳이오?"

알려 말하였다.

"대왕이시여. 어느 취락에 있습니다."

알려 말하였다.

"대사는 훌륭하게 담론하였으니 그 마을을 이용하여 담론한 공(功)으로 보상하겠소."

곧 왕에게 감사드리고 기뻐하며 물러갔다. 이미 부자가 되었고 마침내 새로운 아내를 얻었으며 오래지 않아서 곧 한 아기를 낳았다. 처음 태어나는 날부터 노란 머리카락으로 덮여 있었다. 21일이 지나자 널리 친족을 불러놓고 아이를 위하여 아름다운 이름을 지으려고 아버지가 친척에게 알려 말하였다.

"이 아이에게 어떤 자(字)를 세워야 합니까?"

종친이 알려 말하였다.

"이 아이는 겁비라설마의 아기이고 또한 처음 태어날 때부터 머리가 겁비라(黃赤色)[28] 색이니 마땅히 이 아이를 겁비라(劫比羅)로 이름하여야 합니다."

이미 이름을 짓고서 자양(滋養)으로써 우유와 낙(酪)과 여러 소(酥)로서 길렀으며, 때를 따라서 승묘(勝妙)한 물건을 입혔고 놀게 하였다. 곧 빠르게 장대(長大)하여지니 연못에서 연꽃이 솟아나는 것과 같았다. 이미 자라서 곧 문서[書]·결인[印]·산수(算數)·재가의 사무·거래[取與]를 배워 명료하게 익혔다. 다음으로 바라문의 위의(威儀)와 법식(法式)인 재(灰)와 흙을 잡는 것과 병과 그릇을 가지고 목욕하는 청정한 의식[軌儀]을 배웠고, 옹성(甕聲)·봉성(蓬聲)·사명(四明)의 여러 논서인 이를테면, 힐력명론(頡力明論)·야수명론(耶樹明論)·사마명론(沙摩明論)·아달명론(阿闥明論)을 스스로 이해하여 제사를 지냈고 남에게 제사를 가르쳤으며, 스스로 독송(讀誦)을 이해하였고 남에게 독송을 가르쳤으며, 재물을 베풀고 재물을 받는 방법과 규칙의 이 여섯 종류에 밝아서 큰 바라문이 되었다.

널리 여러 종류의 법전(法典)에 통달하였고 자기의 논리를 드러내었으며 남의 논리를 깨뜨려 물리쳤고 총명하고 민첩하며 지혜로워서 밝은 횃불과 같았다. 뒤의 다른 때에 겁비라설마는 500의 바라문 아들들에게 바라문의 법전의 독송을 가르쳤는데 이때 아들인 겁비라도 또한 배우고 익히는 것을 가르쳤다. 곧 아버지에게 알려 말하였다.

"힐리차(頡利遮) 글자의 그 뜻은 무엇입니까?"

아버지가 그것을 알려 말하였다.

"그대가 묻는 글자는 그 뜻이 매우 깊어서 이전의 스승들께서 함께 전하였으나 난해(難解)하여 명료하게 알지 못하겠네."

다시 아버지에게 물어 말하였다.

---

28) 산스크리트어 kapila의 음사로서 황색 또는 갈색을 가리키는 말이다.

"어찌 옛날의 대사께서 뜻이 없이 말하였겠습니까? 그러므로 내가 지금 헤아려보니 적으나 의지할 희망은 있습니다."

그 아버지가 듣고서 곧 생각하였다.

'세간(世間)의 사람들은 모두 아들이 뛰어나도록 하였는데 지금 겁비라의 도(道)와 재주(藝)가 나보다 뛰어나니 마땅히 500명의 동자를 그에게 맡겨 마땅히 가르치게 하여야겠다.'

곧 아들에게 알려 말하였다.

"그대는 지금 도와 재주가 나보다 뛰어나므로 이 500명을 그대가 마땅히 가르치도록 하게."

곧 아버지의 명에 의지하여 500명을 가르치니 아버지는 학도들을 버리고서 다시 다른 일을 하지 않고서 마음을 좇아 즐거움이 있는 곳을 유행하였다. 뒤의 다른 때에 그는 시녹림(施鹿林)29)에 나아가 한 필추에게 알려 말하였다.

"성자여. 이 문구(文句)의 뜻이 무엇입니까?"

필추가 대답하여 말하였다.

"현수여. 그대는 지금 마땅히 이와 같이 묻지 마십시오. 만약 이와 같이 묻는다면 뜻에 널리 알지 못하는 것이니, 마땅히 이와 같이 곧 원만(圓滿)을 얻은 것을 물어야 합니다."

이때 바라문은 이미 꾸짖는 가르침에 곧 다시 생각하였다.

'내가 물은 것도 오히려 감당하지 못하는데 하물며 능히 그와 함께 마주하고서 논할 수 있겠는가?'

필추의 처소에서 공경과 신심을 일으켰고 때가 한낮(時中)이었으므로 집에 가서 공양할 것을 청하였다. 그 뒤에 바라문은 곧 병이 들어 그 아들에게 알려 말하였다.

---

29) 산스크리트어 mṛgadāva를 가리키며 녹야원(鹿野園)·선인주처(仙人住處)·녹원(鹿園)·시녹원(施鹿園)·녹림(鹿林) 등으로 번역된다. 세존께서 처음으로 설법한 곳으로 갠지스 강 중류인 지금의 바라나시(Varanasi)에서 북동쪽 약 7km 지점에 있는 동산을 말한다.

"해와 달이 닿는 곳에는 다시 다른 사람이 그대와 동등할 수 없네. 내가 목숨 마친 뒤에도 모든 토론장에서 그대는 의심과 두려움을 없애도록 할 것이나, 오직 가섭파불의 성문 제자는 제외하게. 왜 그러한가? 그의 가르침은 너그럽고 넓으며 매우 깊어서 헤아릴 수 없고, 세상의 논리로 뒤집을 수 없으며, 재가의 지혜로는 능히 알지 못하고, 대중은 그 한마음으로 명예와 이익을 구하지 않느니라. 그러므로 그대는 마땅히 함께 격론하지 말게."

아들이 말하였다.

"깊이 새기겠습니다."

이때 바라문의 병이 점차 악화되어 비록 탕약을 복용하였으나 나날이 마르고 피곤해졌으므로 이와 같이 설하여 말하였다.

모아 쌓은 것은 모두 사라져 흩어지고
높게 받들어진 것은 반드시 떨어지며
화합하여 모인 것은 결국 이별하고
목숨이 있는 것은 모두 죽음으로 돌아가는구나.

이때 바라문은 곧 목숨을 마쳤다. 그의 아들과 모든 권속들은 다섯 가지 비단의 수레를 시림(屍林)에 보내어 화장(火葬)하여 마치고서 근심을 품고 머물렀다. 여러 다른 논사는 그의 아버지가 돌아가신 것을 듣고서 함께 서로에게 말하였다.

"당신들은 마땅히 아십시오. 그 토론을 잘하는 바라문은 지금 이미 죽었으니 우리들은 마땅히 흘률지왕께 나아가 토론할 일을 청하여야 합니다."

곧 함께 가서 왕의 처소에 이르러 왕을 축원하고서 곧 왕에게 알려 말하였다.

"우리들은 일찍이 스승의 곁에서 적은 문자를 배웠으나 감히 왕의 처소에서 직접 논단(論端)을 세우고자 합니다."

왕이 대신에게 알려 말하였다.

"경이 지금 마땅히 가서 그 논사에게 명하시오."

대신이 대답하여 말하였다.

"그 스승은 이미 죽었습니다."

왕이 말하였다.

"이 인연을 까닭으로 토론장에는 참새와 같은 새들이 지금 함께 다투어 올 것이오. 그런데 그 대사에게 다른 자식이나 형제가 있소?"

대신이 알려 말하였다.

"겁비라고 이름하는 아들이 있습니다."

왕이 말하였다.

"마땅히 명하여 오게 하시오."

명을 받들어 곧 부르니 왕의 처소에 이르러 왕을 축원하고서 한쪽에 앉았다. 대신이 왕께 알렸다.

"이 사람이 대사의 아들이고 겁비라라고 이름합니다."

왕이 말하였다.

"잘 오셨소. 지금 여러 지방의 논사들이 멀고 가까운 곳에서 모두 모였고 나의 처소에서 논단을 일으키고자 하오. 그대가 능히 그들을 함께 상대할 수 있겠소?"

곧 왕께 알려 말하였다.

"감히 논란을 펼치고자 합니다."

곧 논단의 장소를 세워 그에게 격론하게 하였다. 왕이 곧 수레를 정리하고서 직접 이기고 지는 것을 관찰하려고 하였다. 곧 모든 토론자를 오게 하였고 아울러 종주(宗主)를 삼아 겁비라를 보내어 함께 대적하여 논하게 하였다. 모든 힐문을 일에 따라서 끝까지 연구하니 여러 토론자들이 모두 함께 입을 다물었다. 대부분 논의하는 사람들은 능히 묻고 답하지 못하면 곧 지는 것이다. 이때 왕은 이미 걸림이 없는 변재를 보고서 지극히 희유한 마음이 일으켜 감탄하여 말하였다.

"이 아이의 나이는 어릴지라도 덕은 여러 영웅의 부류에서 으뜸이로다."

　기뻐하고 경탄(驚嗟)하였으며 특별히 상(賞)을 주는 것을 다르게 하여 큰 코끼리에 태워 관정(灌頂)을 주고서 존호를 논왕(論王)이라고 부르니 대중이 우러러 보았다. 그 겁비라의 어머니는 멀리서 걱정을 일으켜 생각하였다.

　'나의 어린 아이는 성품이 가볍고 조급하여 나라에 빼앗겼으니 어찌 내 앞에 돌아오겠는가?'

　이렇게 사유하여 근심을 품고서 머무르고 있었다. 이때 겁비라는 이미 관정을 받고 대론왕(大論王)이 되어 여러 남자들을 따라서 함께 본래의 집으로 돌아오니 그 어머니가 곧 그에게 알려 말하였다.

　"그대가 이미 여러 논사를 꺾고 깨트렸는가?"

　곧 어머니에게 알려 말하였다.

　"모두를 깨트렸으나 오직 가섭파불의 성문 제자만 제외하였습니다."

　그 어머니가 곧 얼굴을 돌리며 손을 저었다. 이때 겁비라가 곧 어머니에게 알려 말하였다.

　"무슨 뜻으로 어머니께서는 얼굴을 돌리시고 손을 저으십니까?"

　어머니가 말하였다.

　"그대는 지금 아는가? 이 나라는 오히려 능히 편안하지 못한데 마침내 필추들이 함께 서로를 침탈(侵奪)하니 그대는 지금 마땅히 가서 그 사문을 꺾어야 할 것이네."

　곧 어머니에게 알려 말하였다.

　"자애로운 아버지가 돌아가시는 날에 경계하며 유언하셨습니다. '해와 달이 닿는 곳에는 다시 다른 사람은 그대와 대등할 수 없으니라. 내가 목숨 마친 뒤에도 모든 토론장에서 그대는 의심과 두려움을 없애도록 할 것이나, 오직 가섭파불의 성문 제자는 제외하라. 왜 그러한가? 그의 가르침은 너그럽고 넓으며 매우 깊어서 헤아릴 수 없고, 세상의 논리로 뒤집을 수 없으며, 재가의 지혜로는 능히 알지 못하고, 대중은 그 한마음으로 명예와 이익을 구하지 않느니라. 그러므로 그대는 마땅히 함께 격론하지 말라.' "

어머니가 곧 대답하여 말하였다.

"그대의 아버지가 살아있던 날에는 그 사문의 노비였으나 어찌 그대가 지금 이때에 다시 노비이겠는가? 마땅히 곧 가서 그 봉예(鋒銳)[30]를 꺾어야 하네."

겁비라는 성품이 어질고 효성스러워 어머니의 말을 어기지 못하였다. 곧 녹야원으로 가는 도중에 한 필추를 만나 곧 물어 말하였다.

"필추여. 어디에서 오십니까?"

알려 말하였다.

"신선이 떨어진 곳인 시녹림에서 옵니다."

물어 말하였다.

"신선이 떨어진 곳에는 몇 명의 필추가 있습니까?"

대답하여 말하였다.

"2만 명이 훨씬 넘습니다."

물어 말하였다.

"필추의 대중은 그 숫자가 많을지라도 소유한 경전을 많고 적음을 알 수 있습니까?"

알려 말하였다.

"필추의 경전은 모두 삼장(三藏)이 있습니다."

물어 말하였다.

"그 하나하나의 장(藏)의 수량은 어느 정도입니까?"

알려 말하였다.

"한 장(藏)의 게송에는 10만이 있습니다."

물어 말하였다.

"재가에 있는 사람들도 모두 들을 수 있습니까?"

알려 말하였다.

"두 장을 들을 수 있으니 이를테면, 경장과 논장입니다. 비나야의 가르침

---

30) 성질(性質)이 날카롭고 민첩(敏捷)한 것을 가리킨다.

은 출가인의 규범(軌式)으로서 마을사람이 듣는 것은 합당하지 않습니다.”

겁비라는 곧 이렇게 생각하였다.

‘그의 격론법(激論法)은 다른 사람이 아는 것을 허락하지 않는구나.’

이렇게 생각하고서 필추에게 알려 말하였다.

“당신은 지금 나를 위하여 또한 불가(佛家)의 중요한 뜻을 조금 말하여 주시겠습니까?”

필추가 곧 생각하였다.

‘이 바라문은 논하여 어지럽히는 사람으로 나를 저울질하기 위하여 이렇게 묻는 것이지 마땅히 알지 못하고 청하는 것이 아니다. 나는 지금 그에게 시험삼아 가타를 외워야겠다.’

어느 곳에서 흐름이 마땅히 멈추는 것이고
어느 곳에서 도(道)는 마땅히 행하는 것이며
세간(世間)의 괴롭고 즐거운 일은
어느 곳에서 마땅히 끝을 맺는가?

가타를 설하여 마치고서 그에게 알려 말하였다.

“바라문이여. 그대는 마땅히 나를 위하여 이 게송의 뜻을 풀어주시오.”

이때 겁비라는 모든 사명론에서 널리 헤아려 생각하고 그 지혜로서 해석하였으나 그 뜻을 추측할 수 없었다. 마침내 이렇게 생각하였다.

‘흐르고 멈추는 것은 무엇을 말하고 도를 행하는 것은 무엇을 말하는가? 곧 사방을 둘러보아도 나를 보고 듣는 다른 사람은 없구나. 만약 이곳에서 뜻을 증명할 사람이 있다면 곧 나는 몸을 굽혀 엎드리고 굽혀야 할 것이다.’

곧 속임수를 행하여 필추에게 알려 말하였다.

“내가 이 게송을 보니 근본적인 가르침은 솜(綿)과 같이 길어서 그 뜻이 매우 깊으나 그대는 마땅히 또한 바라니사로 향해야 하고, 나는 작은 인연이 있어 마땅히 녹원(鹿苑)으로 가야하므로 서둘러 그 뜻을 풀지 못하니 뒤의 다른 때에 다시 만나서 풀이하는 것도 또한 어렵지 않을 것입니다."

이별을 말하여 마치고 녹림(鹿林)으로 가면서 여러 필추들이 독송하고 선사(禪思)하며 부지런히 벗어나는 도(道)를 구하는 것을 보고 깊이 공경과 신심을 일으켜 곧 스스로 생각하였다.

'누가 다시 뒤의 세상을 돌아보지 않으면 마음에 매우 비참함의 독을 품지 않겠는가? 이렇게 지혜로운 사람들과 허물의 마음을 찾아서 일으키고 함께 미친듯이 논리를 펼치리라.'

이렇게 생각을 하고서 마침내 본래의 집으로 돌아갔다. 어머니가 보고서 물어 말하였다.

"그대는 이미 가섭파의 제자를 꺾었는가?"

곧 어머니께 알려 말하였다.

"어머님의 뜻을 살펴보니 현재에 사는 봉읍(封邑)을 잃게 하려고 하십니까?"

어머니가 아들에게 알려 말하였다.

"무슨 뜻으로 그렇게 말하는가?"

아들이 곧 알려 말하였다.

"시험삼아 녹림에 가면서 도중에 필추를 만났습니다."

아울러 이전의 것을 갖추어 알렸다. 어머니가 듣고서 알려 말하였다.

"만약 이와 같다면 그대는 지금 마땅히 불법(佛法)을 배워야 하네."

알려 말하였다.

"배우고자 하면 어떻게 해야 합니까?"

알려 말하였다.

"그 논의(論義)와 법은 재가인에게 가르치지 않으니 그대는 출가하여 그를 따라 배워야 하네."

다시 어머니께 알려 말하였다.

"오히려 수승한 종족의 잡스러운 부류의 가운데 있을지라도 작은 인연으로 출가하여 의탁하겠습니까?"

어머니가 그에게 알려 말하였다.

"배우고 얻는 것을 기다려서 뒤에 마땅히 집으로 돌아올 것인데 어찌 머리 위에 덩굴풀이 생기겠는가?"

그 아들은 성품이 어질고 효성스러워 어머니가 핍박하니 곧 출가하려고 드디어 녹림에 이르러 필추의 처소에 알려 말하였다.

"대덕이시여. 나는 출가하고자 합니다."

이때 그 필추는 곧 이렇게 생각하였다.

"이 바라문은 능히 격론을 잘하니 만약 출가한다면 불법을 이어받아 융성하게 하겠구나."

이렇게 생각하고서 알려 말하였다.

"옳도다. 그의 뜻대로 하게. 즐거움·명예·부유한 것은 모두 무상한 것이니, 능히 버리고 출가하는 이것이 최선이라네."

겁비라가 말하였다.

"나는 이 처소의 사람들을 모두 알고 있습니다. 다른 마을로 가서 곧 세속을 떠나겠습니다."

필추가 말하였다.

"좋네."

마침내 곧 다른 지방으로 가서 출가하였고 더불어 원구(圓具)를 받았다. 곧 가르침을 익히고 배워 삼장에 밝았고, 대법사가 되어 말하고 변론하는 것에 막힘이 없었다. 만약 경전의 법을 열어 외우면 반드시 대중들의 보배인 사자좌(師子座)에 올랐고, 쌍소라[雙蠡]를 불면서 큰북을 울렸으며, 왕과 학자와 백성들이 모두 모여들었고, 듣는 사람들은 기뻐하였다. 이때 겁비라는 곧 스스로 생각하였다.

'내가 부지런히 배운 그 공덕이 이미 이루어졌으니 마땅히 바라니사의 가섭파불의 처소에 가서 직접 대사를 받들어 일을 이어받고서 공양해야겠다.'

이미 성에 이르니 어머니는 아들이 온다는 소문을 듣고서 곧 녹림을 찾았으며 가운데에 이르러 아들을 보고서 물어 말하였다.

"그대는 이미 가섭파불의 사문제자를 꺾어 항복받았는가?"

곧 어머니에게 알려 말하였다.

"내가 비록 가르침을 이해할지라도 아직 과(果)를 증득하지 못하였고 그분의 여러 제자들은 가르침과 증득을 갖추어 밝았는데 내가 다시 어떻게 능히 곧 서로를 꺾을 수 있겠습니까?"

그 어머니가 알려 말하였다.

"그대는 반드시 꼭 꺾어야 하네."

어머니가 몰아 세워서 스스로 능히 피할 수 없자 곧 어머니께 알려 말하였다.

"만약 보좌(寶座)를 장엄하고 북을 울리며 소라를 부는 것을 듣고 대중이 모일 때에 어머니께서는 마땅히 오십시오."

어머니가 알려 말하였다.

"알겠네."

뒤의 다른 때에 겁비라는 다음으로 법좌(法座)에 올랐고 대중들이 모두 모였다. 어머니는 북이 울리는 소리를 듣고 놀라서 녹림으로 가서 높은 자리의 곁에서 묵묵히 머무르고 있었다. 이때 법사가 곧 높은 자리에 올라서 처음에는 정법을 연설하였으나 뒤에는 삿되고 잡스럽게 말하였다. 이때 모든 필추가 듣고서 알려 말하였다.

"구수여. 그대는 부처님의 가르침을 비방하고 훼손하여 마구니의 깃발을 세우면서 법의 깃발을 꺾지 말라. 이 몸을 버리면 마땅히 악취(惡趣)에 태어날 것이다."

곧 말로서 대답하지 않고 곧 높은 자리에서 내려와 마침내 어머니에게 알려 말하였다.

"이 일을 보셨습니까?"

대답하여 말하였다.

"보았네."

겁비라가 말하였다.

"어찌 이미 말하지 않았습니까! 나는 다만 가르침을 이해할 뿐이나 그들은 가르침과 증득을 갖추어 한적합니다. 어찌 내가 능히 그들을 꺾을 수 있겠습니까?"

어머니가 말하였다.

"내가 마땅히 그대에게 격론의 방편을 가르쳐 주겠네. 그대가 만약 다시 설법할 때에는 먼저 정법을 말하고 뒤에 삿된 주장을 말하게. 그 모든 필추들이 선악의 일을 이끌어 꾸짖고 충고하여도 듣지 않고서 그대가 마땅히 입에서 칼을 내뿜듯이 옳지 않게 말하면 그 모든 사문은 악명을 두려워하여 곧 스스로 묵연할 것이니 이때 재가의 모든 사람은 그들이 졌다고 말할 것이네."

곧 어머니에게 알려 말하였다.

"이것은 좋은 방편입니다. 자리에 오르는 것을 볼 때에 어머니께서는 다시 오십시오."

알려 말하였다.

"좋네."

곧 뒤의 다른 때에 앞에서와 같이 청하여 소라를 불고 북을 쳐서 칠중(七衆)[31]을 함께 모으니 그 어머니가 마침내 와서 자리의 뒤에 앉아 묵묵히 있었다. 이때 겁비라는 곧 높은 자리에 올라 법식에 의거하여 경전을 외우면서 처음에 바른 경전을 외우고서 뒤에는 삿된 법을 말하였다. 이때 모든 필추가 말하였다.

"구수여. 그대는 바른 것을 깨뜨리고 삿된 것을 일으키지 말라. 나아가 마땅히 악취에 태어날 것이다."

곧 어머니의 말을 기억하여 입으로 칼을 내뿜듯이 필추에게 알려 말하였다.

"그대의 입은 코끼리의 입과 같은데 어찌 법·비법(非法)·율·비율(非律)을 알 수 있겠는가? 그대는 말의 입과 같고, 낙타의 입·당나귀의 입·소의 입·원숭이의 입·사자의 입·호랑의 입·표범의 입·곰의 입·큰 곰의 입·고양이의 입·사슴의 입·물소의 입·돼지의 입·개의 입·물고기의 입·어리석은

---

31) 세존의 제자(弟子)를 일곱 부류로 나눈 것으로 필추·필추니·식차마나·구적·구적녀·오파색가·오파사가를 말한다.

사람의 입과 같으니 그대가 다시 어찌 법과 비법을 알겠는가?"

이때 모든 필추가 함께 서로에게 알려 말하였다.

"이것은 이미 입에서 칼을 내뿜는 것이네. 우리들이 마땅히 가야 할 것이네."

그것을 견디지 못한 사람은 모두 떠났으며, 그것을 견디는 사람은 앉아서 듣고서 이렇게 생각하였다.

'만약 정법을 말한다면 우리들은 마땅히 그것을 들을 것이나, 만약 삿된 종지를 설하였다면 그는 마땅히 고통을 받을 것이다.'

이때 겁비라는 유학(有學)과 무학(無學)의 모든 성스러운 필추에게 18종류의 악한 말로 꾸짖고 욕하고서 곧 높은 자리에서 내려와서 그 어머니에게 알려 말하였다.

"어머니는 지금 기쁘십니까?"

어머니가 아들에게 알려 말하였다.

"나는 지금 매우 기쁘네. 마땅히 함께 돌아가세."

겁비라가 말하였다.

"나는 능히 돌아갈 수 없습니다. 나는 가섭파불 무상정각(無上正覺)의 가르침의 법을 마음으로 사랑하고 받듭니다."

어머니가 말하였다.

"그대는 어찌 바라문의 법전에서 부모의 말과 가르침을 가볍게 어기지 말라는 것을 듣지 못하였는가? 그대는 지금 곧 마땅히 나와 함께 집으로 돌아가야 하네."

곧 어머니에게 알려 말하였다.

"나는 능히 갈 수 없습니다. 만약 내가 태어나고 죽는 가운데에서 유전(流轉)할지라도 원하건대 다시 이와 같은 어머니를 만나지 않게 하십시오. 악지식(惡知識)을 까닭으로 나는 유학과 무학의 성인의 처소에서 거칠고 추악한 말을 하였으니 이 악업의 인연으로 반드시 결정코 오는 세상에 고통의 이숙(異熟)을 부를 것입니다."

이때 그 어머니가 불렀으나 대답이 없자 곧 바라니사의 네거리의 사람이 많은 곳에서 이와 같이 말하였다.

"모든 사람들이여. 마땅히 아십시오. 가섭파의 제자는 강제로 내 아이를 빼앗아 갔습니다. 당신들은 마땅히 나를 도와주십시오."

모든 사람이 듣고서 그 공경하고 신심있는 사람들은 함께 서로를 위로하였고 신심이 없는 사람은 곧 조롱(調弄)하였다. 이때 늙은 어머니는 치욕스러운 생각에 얽혀 곧 뜨거운 피를 토하였고 이 인연으로 곧 목숨이 끊어져 나락가에 태어났으며, 겁비라 필추는 18종류의 악한 입으로 유학과 무학, 나아가 여러 필추를 욕하였으므로 목숨을 마친 뒤에 마갈어 가운데에 태어났으나 그 형상이 험악하게 되었느니라."

이때 모든 대중은 세존의 설하신 것을 듣고서 함께 서로에게 말하였다.

"모든 사람들은 마땅히 아십시오. 그 겁비라 필추는 대법사가 되어 변재에 걸림이 없었고 능히 설법을 잘하여 백천 대중의 듣는 사람들에게 환희하게 하였으나 다만 악한 말을 까닭으로 악도의 가운데에 태어났으니 우리들은 목숨을 마치면 마땅히 어느 곳에 태어나겠습니까?"

이렇게 생각하여 근심을 품고서 머무르고 있었다. 이때 세존께서는 대중의 뜻·즐거움·번뇌(煩惱)·근성(根性)의 차별을 관찰하고서 그것에 따라서 마땅히 법을 설하셨다. 법을 듣고서 난(煖)·정(頂)·인(忍)·세간의 제일법(第一法)을 얻었고, 혹은 예류(預流)·일래(一來)·불환과(不還果) 등을 얻은 자도 있었으며, 혹은 출가하여 모든 유루(有漏)를 벗어나 아라한을 얻었고, 혹은 성문의 보리를, 혹은 독각의 보리를, 혹은 무상(無上)의 보리를 얻고서 마음으로 간절히 발원을 일으켰으니, 다시 대중들에게 삼보(三寶)에 지극한 신심을 일으키고자 한 것이었다. 이때 세존은 큰 이익을 위하여 널리 조복시키고서 그곳을 떠나셨다. 이때 마갈대어는 문득 스스로 생각하였다.

'나는 지금 마땅히 세존의 처소에서 삼구법(三句法)을 들었으니 어찌 다시 음식을 먹겠는가?'

곧 단식(斷食)을 하였다. 방생(傍生)은 불같은 힘이 증강되어 기갈(飢渴)에 핍박을 당하였으나 세존의 처소에 공경과 존경이 더욱 깊어졌으며 곧 목숨이 끊어져 사대왕중천(四大王衆天)에 태어났다. 일반적으로 하늘에 태어나는 자는 남자이거나 여자이거나 '나는 어디에서 죽었고 지금 어디에 태어났으며 어떤 업을 지은 까닭인가?'라는 세 가지의 생각을 곧 일으키는 것이다. 곧 전생의 몸을 기억하여 '나는 방생의 취(趣)에서 죽었고 지금 사천왕중천에 태어난 것은 세존의 처소에서 공경하고 신심을 일으킨 까닭이다.'라고 하였다.

이때 그 천자(天子)는 곧 이렇게 생각하였다.

'나는 지금 마땅히 밤이 지나도록 머무르지 않고 곧 세존을 뵈어야겠다.'

이때 천자는 이렇게 생각하고서 곧 여러 영락(瓔珞)과 묘한 광명주(光明珠)를 갖추어 몸을 장엄하였다. 곧 의각(衣角)[32]을 미묘한 천화(天花)인 이를 테면, 온발라화(溫鉢羅花)·발두마화(鉢頭摩花)·구물두화(拘物頭花)·분타리가화(分陀利迦花)·만타라화(慢陀羅花) 등으로 꾸몄다. 초저녁이 지나서 세존의 처소에 나아가 곧 천화를 펼쳐 세존께 공양하고 두 발에 정례하고서 한쪽에 앉으니 이러한 그 천자의 광명이 크게 주변을 널리 비추고 높은 누각의 가운데를 밝게 비추었다.

이때 세존은 그 천자의 뜻과 좋아하는 근성을 따라 그를 위하여 법을 설하여 진리를 깨닫게 하셨다. 이때 천자는 이미 법을 듣고서 곧 자리에서 예류과(預流果)를 얻었으며 진리를 보고서 세존께 아뢰어 말하였다.

"대덕이시여. 불·세존께서 나를 해탈의 과(果)를 증득하게 하셨으나 이것은 부모·사람의 왕·하늘의 대중·사문·바라문·친우·권속들이 능히 지을 수 있는 것이 아닙니다. 내가 세존이신 선지식을 만난 까닭으로 지옥·축생·아귀의 부류들 가운데에서 구제되어 나오게 되었고, 사람과 하늘의 승묘(勝妙)한 곳에 편안히 머무르고 있으며, 마땅히 생사를 벗어나 열반의 길을 얻을 것입니다. 피의 바다(血海)를 마르게 하고 뼈의 산(骨山)을 뛰어넘어 시작이 없는 곳부터 쌓고 모아 온 살가야견(薩迦耶見)[33]도 금강(金

---

32) 옷 앞자락 끝의 모서리 부분을 가리킨다.
33) 살가야(薩迦耶)는 산스크리트어 sat-kāya의 음사이고, 견(見)은 산스크리트어 dṛṣṭi 의 한역으로서 유신견(有身見)이라 번역된다. 오온(五蘊)의 일시적 화합에 지나지 않는 육체에 불변하는 자아가 있고, 또 오온은 자아의 소유라는 그릇된 견해를

316

剛의 지혜와 방망이로 꺾고 부수어 예류과를 얻었으므로 나는 지금 불·법·
승의 삼보에 귀의합니다. 오직 원하옵건대 세존이시여. 내가 오파색가(鄔
波索迦)[34]인 것을 증명하십시오. 오늘부터 시작하여 나아가 목숨이 다할
때까지 오학처(五學處)를 받아 살생하지 않을 것이고, 나아가 술을 마시지
않겠습니다."
  곧 세존의 앞에서 게송으로 설하여 말하였다.

  나는 세존의 가피력을 까닭으로
  영원히 삼악도를 막았고
  승묘한 하늘에 태어났으며
  기나긴 열반의 길에 돌아왔다네.

  나는 세존께 의지한 까닭으로
  지금 청정한 눈을 얻었고
  진제(眞諦)의 이치를 증득하였으니
  마땅히 고통 바다의 끝을 벗어나리라.

  세존께서는 인간과 천인을 초월하셨고
  태어나고 늙고 죽으며 병든 것을 떠나셨으니
  유정의 바다 가운데에서 만나는 것이 어려우나
  나는 지금 만나서 과(果)를 얻었네.

  나는 장엄한 몸으로써
  청정한 마음으로 세존의 발에 예경하나니
  원한을 없애신 분께 오른쪽으로 돌면서

    가리킨다.
34) 산스크리트어 upāsaka의 음사로서 근사남(近事男)·청신사(淸信士)라고 번역된다.
    재가(在家)에서 세존의 가르침에 따르는 남자 신도를 뜻한다.

지금 천궁(天宮)으로 나아가리라.

이때 마갈어천자가 소원을 말하니 오히려 상주(商主)는 많은 재물의
이득을 얻는 것과 같았고, 역시 농부의 많은 가색(稼穡)35)과 같았으며,
용맹하고 건장한 사람이 원수와 적을 항복받는 것과 같았고, 큰 병을
앓는 사람이 여러 병들을 없애는 것과 같았다. 이때 그 천자는 세존께
하직하고서 떠나가서 곧 천궁으로 돌아갔다. 이때 모든 필추는 초저녁부터
새벽까지 깨어있으며 전심(專心)으로 사유하고 있었으므로 세존의 처소에
서 대광명이 있는 것을 보고서 곧 의심이 생겨나서 새벽에 되자 세존께
아뢰어 말하였다.

"지난 밤에 어찌하여 범세제천(梵世諸天)과 여러 천제석(天帝釋), 혹은
사천왕, 혹은 다른 여러 위덕이 있는 하늘 대중이 와서 세존께 예경하였습
니까?"

세존께서 알려 말씀하셨다.

"여러 필추들이여. 이것은 범천과 다른 천인의 대중이 아니니라. 그대들
필추들은 어찌 그 18개의 머리가 있는 마갈대어에게 내가 그를 위하여
3구(句)의 묘법을 설하는 것을 보지 않았는가?"

필추들이 세존께 아뢰었다.

"우리들은 모두 보았습니다."

세존께서 말씀하셨다.

"그가 밤중에 나의 처소에 와서 이르렀으며 내가 그를 위하여 법을
설하였고 그는 견제를 증득하고서 천궁에 돌아갔느니라."

이때 필추들이 다시 세존께 아뢰어 말씀드렸다.

"이 전생에 마갈어천자는 일찍 어떤 업을 지어 사천왕의 처소에 태어났
으며, 다시 어떤 업을 까닭으로 친히 세존의 처소에서 사진제(四眞諦)36)를

---

35) 농사(農事)를 뜻하는 것으로, 가(稼)는 씨를 뿌리는 것이고, 색(穡)은 거두어들이는
것을 말한다.
36) 사성제(四聖諦)를 다르게 부르는 말이다.

증득하였습니까?"

세존께서 알려 말씀하셨다.

"모든 필추들이여. 그 물고기이었던 천자는 스스로 지은 업이 증장(增長)되었고 때가 성숙하였으며 인연이 변화하여 현세에 나타났느니라. 오히려 폭포가 흐르는 것과 같아서 회전하지 않고 확실히 과보에 감응한 것이고, 다른 사람이 대신 받은 것이 아니니라. 그대들 모든 필추들이여. 그 물고기이었던 천자는 대체적으로 스스로 악업을 지은 것이고, 그 밖의 지·수·화·풍이 그에게 과보를 받게 한 것이 아니니라. 그러므로 스스로의 몸인 온계처(蘊界處) 가운데서 이숙을 받느니라."

곧 게송으로 말씀하셨다.

가령 백겁을 지나더라도
지은 업은 없어지지 않나니
인연을 만나 때에 이르면
과보를 스스로 되돌려 받는다네.

"그대들 여러 필추들이여. 생수업(生受業)이 있고 후수업(後受業)이 있느니라. 무엇을 생수업이라 말하는가? 이 전생의 몸은 마갈어였으나, 나의 곁에서 공경과 신심을 일으킨 까닭으로 뒤의 업이 이숙하여 사대왕중천에 태어났으니 이것을 생수업이라고 이름하느니라.

무엇을 후수업이라 말하는가? 겁비라는 가섭파불 정등정각의 교법(敎法)의 가운데서 출가하여 독송하고 수지하여 사람을 위하여 연설하고 온계처의 십이인연과 처소와 처소가 아닌 곳에서 모두 선교(善巧)하였으므로 그때 쌓은 선근(善根)의 업력을 까닭으로 천상에 태어나서 지금 나의 처소에서 사성제를 증득하는 것을 후수업이라고 이름하느니라.

필추들이여. 마땅히 알라. 만약 순흑업이면 순흑의 이숙을 얻고, 만약 순백업이면 순백업의 이숙을 얻으며, 만약 흑백이 섞인 업은 섞인 이숙을 얻느니라. 이러한 까닭으로 필추는 마땅히 순흑과 흑백이 잡업을 떠나서 마땅히 부지런히 순백의 업을 수학(修學)하라."

이때 모든 필추는 세존께서 설하시는 것을 듣고서 기뻐하며 받아서 믿었다.

이때 그 오백의 어부는 함께 서로 알려 말하였다.

"당신들은 직접 그 겁비라가 대법사가 되어 삼장을 잘 이해하고 변재가 걸림이 없어 백천의 사람을 교화하였고 능히 듣는 사람들 모두에게 환희심을 일으켰으나 다만 악한 말을 까닭으로 방생에 떨어졌음을 들었네. 우리들은 항상 악업을 지었고 자비심이 없이 많은 유정(有情)을 죽여 이것으로 스스로 생활하니 우리들이 죽은 뒤에 어느 곳에 태어나겠는가? 우리들은 지금 만약 하천한 집에 태어나지 않았으면 또한 여래의 선설하는 법과 율에 출가하여 용맹심을 일으켜 부지런히 구하고 게으르지 않았다면 사액(四軛)37)을 건너 사폭류(四瀑流)38)를 벗어났을 것이네."

이렇게 말하고서 각자 손으로 턱을 괴고 근심을 하고 있었다. 모든 부처님들의 상법(常法)은 아직 열반에 들지 않고서 이 세상에 안주하면 교화할 유정을 애민하게 생각하시어 밤낮의 육시(六時)에 항상 불안(佛眼)으로 모든 세간을 살피시어, [자세한 설명은 앞에서와 같다.] 모든 대성문들도 역시 다시 이와 같다.

이때 구수 사리자는 성문의 혜안(慧眼)으로 세간을 살폈고, 곧 500명의 어부는 마음에 염리(厭離)를 일으켜 근심을 품고서 머무르고 있는 것을 보았다. 곧 500명이 있는 곳에 나아가 그들에게 알려 말하였다.

"현수여. 무슨 뜻으로 그대들은 손으로 턱을 괴고 근심하고 있는가?"

---

37) 괴로움을 겪게 하는 네 가지의 번뇌로서 첫째는 욕액(欲軛)으로서 욕계의 괴로움을 겪게 하는 탐(貪)·진(瞋)·만(慢)·의(疑) 등이고, 둘째는 유액(有軛)으로서 색계·무색계의 괴로움을 겪게 하는 탐(貪)·만(慢)·의(疑) 등이며, 셋째는 견액(見軛)으로서 욕계·색계·무색계의 괴로움을 겪게 하는 유신견(有身見)·변집견(邊執見)·사견(邪見)·견취견(見取見)·계금취견(戒禁取見) 등의 그릇된 견해이고, 넷째는 무명액(無明軛)으로서 욕계·색계·무색계의 괴로움을 겪게 하는 치(癡)의 번뇌를 말한다.
38) 번뇌가 폭포수와 같이 흐르는 욕폭류(欲瀑流)·유폭류(有瀑流)·견폭류(見瀑流)·무명폭류(無明瀑流) 등을 말한다.

이때 모든 어부들이 대답하여 말하였다.

"성자여. 우리들이 지금 어떻게 괴롭게 근심하지 않겠습니까? 우리들은 직접 그 겁비라가 대법사가 되어 삼장을 잘 이해하고 변재가 걸림이 없어 백천의 사람을 교화하였고 능히 듣는 사람들 모두에게 환희심을 일으켰으나 다만 악한 말을 까닭으로 방생에 떨어졌음을 들었습니다. 우리들은 항상 악업을 지었고 자비심이 없이 많은 유정을 죽여 이것으로 스스로 생활하였으니 우리들이 죽은 뒤에는 어느 곳에 태어나겠습니까?

우리들이 지금 만약 하천한 집에 태어나지 않았다면 역시 여래의 선설하는 법과 율에 출가하여 용맹심을 일으켜 부지런히 구하고 게으르지 않았다면 사액을 건너서 사폭류를 벗어났을 것입니다. 이것이 우리들의 본분에 없으니 어찌 근심하지 않겠습니까?"

이때 사리자가 그들에게 알려 말하였다.

"현수여. 석가모니 법주(法主)의 성스러운 가르침에는 가문(家門)이나 씨족(氏族)으로서 수승하다고 않으며 다만 정행(正行)을 으뜸으로 삼네."

곧 게송으로 설하여 말하였다.

여래의 교법 가운데에는
족성(族姓)은 묻지 않으며
다만 과거의 세상에서
지은 선악의 업을 살핀다네.

"만약 그대들이 마음으로 간절하게 원하여 불법의 가운데에서 출가를 구하고, 근원(近圓)을 받아 필추가 되고자 한다면, 그대들은 마땅히 세존의 처소에 가서 구하여 출가를 청하게. 세존께서는 때를 아시니 그대들의 소원을 이루어 주실 것이네."

모든 사람이 알려 말하였다.

"성자여. 만약 이와 다면 우리들은 마땅히 세존께 청하여 출가를 구하겠습니다."

이때 사리자는 마침내 500의 선남자와 함께 세존의 처소에 나아가 발에 예경하고서 한쪽에 앉아 세존께 아뢰어 말하였다.

"세존 대덕이시여. 이 500의 선남자들은 깊은 마음으로 간절히 원하여 선설하는 법과 율의 가운데에서 출가를 구하고 아울러 근원을 받아 필추가 되고자 합니다. 오직 원하옵건대 세존이시여. 애민하게 생각하시어 그 출가를 받아주시고 아울러 근원을 주십시오."

이때 세존께서 500의 사람들에게 말씀하셨다.

"잘 왔느니라. 필추들이여. 범행을 닦아라."

세존께서 말씀을 마치자 머리카락이 스스로 떨어졌으며 법의가 몸에 입혀졌고 병과 발우가 손에 쥐어졌으며 위의가 구족되어 백세의 필추와 같았다.

게송으로 말하겠노라.

세존께서 잘 왔다고 부르시니
머리카락이 떨어지고 옷과 발우가 갖추어졌네.
모든 근이 함께 적정해지고
마음을 따라 모두 이루어졌네.

근본설일체유부비나야 제10권

삼장법사 의정 한역
석보운 번역

4) 망설자득상인법(妄說自得上人法) 학처 ②

이때 박가범께서는 500명의 어부를 출가시켜 원구를 주고서 벽사리(薜舍離)[1]를 떠나시어 죽림 마을의 북쪽에 있는 승섭파림(升攝波林)에 이르셨고 이곳에 의지하여 머무르셨다.

이때는 기근(飢饉)을 만나 걸식이 어려웠다. 부모가 자식조차도 오히려 구제하지 못하였으니 하물며 다른 걸인들을 구제할 수 있었겠는가! 이때 세존께서는 여러 성문 제자들에게 말씀하셨다.

"세상이 기근을 만나서 걸식하기가 어렵고 어머니와 자식도 오히려 서로 구제하지 못하니, 그대들은 마땅히 각자 친우가 있는 곳이나 뜻을 얻을 수 있는 곳을 따라 벽사리에서 가까운 마을에 안거하도록 하라. 나는 아난타와 함께 이 숲에서 머물도록 하겠느니라."

필추들은 이 말씀을 듣고서 오직 가르침을 받들어 각자가 친우를 따라 벽사리의 가까운 마을에서 안거하였다. 이때 그 선래(善來)의 500명의 필추가 이 일을 보고서 함께 서로에게 말하였다.

"그대들이여. 마땅히 아십시오. 세존께서 말씀하신 것과 같이 '지금은 기근이 들어 걸식하기 어렵고 부자(父子)도 오히려 서로를 구제하지 못하니 하물며 걸인들을 구제할 수 있겠는가? 그대들은 마땅히 각자가 친우를 따라 벽사리로부터 가까운 곳에서 안거하도록 하라. 나는 아난타와 함께

---

1) 산스크리트어 vaiśālī의 음사로서 벽사리(薜舍離)·비사리(毘舍離)로 한역되며, 광엄(廣嚴)이라고 번역된다. 고대 인도의 도시로 릿차비족(licchavi族)의 수도이다.

이 숲에서 머물겠다.'고 하셨습니다. 우리들은 이곳에 어느 권속(眷屬)도 없으니 이곳에 의지하여 안거할 수가 없습니다. 그러나 포어인촌(捕漁人村)에는 우리의 권속들이 있으니, 마땅히 가서 그 마을의 밖에 임시로 초가집을 짓고서 안거를 지을 수 있는가를 서로에게 묻도록 합시다."

이때 오백 필추는 곧 갔고 포어촌(捕漁村)에 이르러 그 권속에게 물어 임시로 작은 초가집을 마을 밖에 지어 머물렀다. 이때 여러 필추들이 함께 의논하여 말하였다.

"우리들은 들은 것도 적고 학식(學識)도 갖추지 못하였습니다. 만약 여러 권속들이 와서 청하여 물으면 우리들이 어떻게 그들에게 설법을 하겠습니까? 만약 그들이 오면 우리들은 마땅히 서로를 찬탄하기를 '당신들 여러 권속들께서는 진실로 큰 이익을 얻었습니다. 당신들의 마을에 이와 같이 수승하고 묘(妙)한 승가 대중이 이곳에서 안거하게 되었습니다.

이 필추는 무상(無常)에서 무상상(無常想)을 얻었고, 고(苦)에서 고상(苦想)을 얻었으며, 공(空)에서 공상(空想)을 얻었고, 무아상(無我想)과 염리식상(染離食想)을 얻었으며, 모든 세간에 대해서 무애락상(無愛樂想)과 과환상(過患想)과 단제상(斷除想)과 이욕상(離欲想)과 멸상(滅想)과 사상(死想)과 부정상(不淨想)과 청어상(靑瘀想)과 봉창농류상(逢瘡濃流想)과 혈식상(血食想)과 혈도상(血塗想)과 이산상(離散想)과 백골상(白骨想)과 관공상(觀空想)을 얻었습니다.

이 필추는 초정려(初靜慮)[2]와 2정려와 3정려와 4정려를 얻었고, 자비희사(慈悲喜捨)와 공무변처(空無邊處)와 식무변처(識無邊處)[3]와 무소유처[無所處][4]와 비상비비상처(非想非非想處)를 얻었으며, 이는 사과(四果)[5]와 육

---

2) 산스크리트어 dhyana의 음사로서 정려(靜慮)라고 번역된다.
3) 사무색처(四無色處)의 하나이며, 마음의 작용은 무한하다고 체득한 무색계 제2천의 경지를 말한다.
4) 사공처(四空處)의 하나이며, 삼계(三界)의 여러 하늘 가운데 가장 높은 하늘이다.
5) 소승불교(小乘佛敎)의 성문(聲聞)들이 탐(貪)·진(瞋)·치(癡)를 끊고 성도(成道)에 들어가 성자가 되는 네 단계의 증과(證果)로서, 수다원과(須陀洹果)·사다함과(斯陀含果)·아나함과(阿那含果)·아라한과(阿羅漢果)를 통틀어 일컫는다.

신통(六神通)과 팔해탈(八解脫)⁶⁾을 얻었습니다.'라고 찬탄하도록 합시다."

뒤에 어느 때 그 여러 권속들이 와서 서로를 보고 물었다. 이때 여러 필추들은 권속들이 오는 것을 보고서 곧 서로가 함께 찬탄하였다.

"그대들 여러 권속들께서는 진실로 큰 이익을 얻었습니다. 당신들의 마을에 수승하고 묘한 승가 대중이 이곳에서 안거하게 되었습니다. 이 필추는 무상상을 얻었으며, 나아가 팔해탈을 얻었습니다."

여러 권속들은 이렇게 말하는 것을 듣고서 알려 말하였다.

"성자여. 여러분들은 이와 같은 수승한 과(果)를 증득하셨습니까?" 대답하여 말하였다.

"모두가 증득하였습니다."

재가의 여러 사람들은 과(果)를 증득하였다는 말을 듣고서 모두가 좋아 하였고 즐거운 마음을 일으켜 자신의 부모와 처자와 친속들을 구제하지 않고서 여러 필추들에게 각자가 함께 음식을 제공하였다. 이때는 세존께서 는 아직 열반에 들지 않으셨고 세상에 머무르시던 때였으므로 여러 제자들 과 함께 두 번에 걸쳐 큰 법회를 여시었다. 첫 번째는 5월 15일에 안거를 시작할 때를 말하였고, 두 번째는 8월 15일에 수의(隨意)를 마친 때를 말하는 것이다. 전안거(前安居)는 가르침을 받아 지니고서 성읍의 촌방이 나 취락으로 나아가서 안거하는 것을 말하고, 수의를 마치면 모두 세존께 와서 법회에 모여 모두가 증득한 것을 스스로 아는 것이고, 아직 증득하지 못한 사람은 법을 증득하는 것을 청하는 것이다.

벽사리성 근처에서 안거하였던 필추들은 3개월의 안거를 끝내고 옷을 짓는 것을 마쳤으나 얼굴빛은 초췌(憔悴)하고 용모는 수척하였다. 옷과 발우를 지니고 죽림촌(竹林村)으로 갔으며 이미 죽림촌에 이르렀다. 이때

---

6) 번뇌의 속박에서 벗어나는 여덟 가지 선정(禪定)을 말한다. 첫째는 내유색상관외 색해탈(內有色想觀外色解脫)이고, 둘째는 내무색상관외색해탈(內無色想觀外色解 脫)이며, 셋째는 정해탈신작증구족주(淨解脫身作證具足住)이고, 넷째는 공무변처 해탈(空無邊處解脫)이며, 다섯째는 식무변처해탈(識無邊處解脫)이고, 여섯째는 무 소유처해탈(無所有處解脫)이며, 일곱째는 비상비비상처해탈(非想非非想處解脫) 이고, 여덟째는 멸수상정해탈(滅受想定解脫) 등이다.

구수 아난타는 멀리서 필추들이 오는 것을 보고 같은 범행자에게 불쌍히 생각하는 마음을 일으켜 멀리서 큰소리로 말하였다.

"잘 오셨습니다."

곧 앞으로 나아가 맞아들였다. 옷·발우·석장(錫杖)·물병 등과 아울러 다른 여러 가지 사문의 물건들을 받아들고서 다시 물었다.

"구수여. 당신들은 어느 곳에서 안거를 하였고 이곳으로 왔습니까?"

대답하여 말하였다.

"우리들은 불율씨(佛栗氏) 마을에서 3개월의 안거를 마치고 지금 이곳에 이르렀습니다."

아난타가 말하였다.

"여러 구수여. 그곳에서 안거를 하는 3개월에 음식을 걸식하여 얻는데 수고스럽지 않았습니까?"

대답하여 말하였다.

"그곳에서는 비록 안락하게 머물렀으나 음식을 걸식하기가 매우 어려웠습니다."

이때 아난타는 곧 알려 말하였다.

"진실로 그렇겠습니다. 구수여. 눈으로 살펴보아 수척하고 얼굴빛이 초췌한 것을 의거하니, 음식을 얻는 것이 진정 어려웠던 것을 알겠습니다."

이때 포어촌의 오백 필추들도 안거를 마치고 가사와 발우를 지니고서 역시 이 마을로 왔는데 얼굴빛은 좋았고 몸은 살이 쪄있었다. 이때 아난타는 멀리서 필추들이 오는 것을 보고 같은 범행자에게 불쌍히 생각하는 마음을 일으켜 멀리서 큰소리로 말하였다.

"잘 오셨습니다."

곧 앞으로 나아가 맞아들이면서 가사와 발우와 아울러 다른 여러 가지의 물건들을 받아들고서 앞에서와 같이 물었고, 나아가 물어 말하였다.

"포어촌에서 음식은 충분히 얻었으며 안락한 행을 구하였습니까?"

필추들이 알려 말하였다.

"우리들은 그곳에 머물면서 진실로 안락하였습니다. 음식을 구하는 것도 쉽게 얻어 어려움이 없었습니다.”

아난타가 알려 말하였다.

“구수여. 눈으로 살펴보아 살이 찌고 얼굴빛이 빛나는 것을 의거하니 진실로 음식을 쉽게 얻을 수 있었겠습니다.”

이때 아난타가 곧 물어 말하였다.

“지금의 세상은 기근이 들어 음식을 구하기가 어려워서 부모와 처자도 오히려 서로를 구제하지 못하는데 어떤 까닭으로 당신들은 음식을 쉽게 얻었습니까?”

필추들이 곧 대답하여 말하였다.

“우리들은 권속들에게 스스로 서로를 찬탄하며 ‘이 필추는 무상상을 얻었으며 나아가 팔해탈을 얻었습니다.’라고 말을 하였습니다.”

아난타가 곧 물어 말하였다.

“그때 한 말이 진실입니까? 거짓입니까?”

대답하여 말하였다.

“이것은 거짓입니다.”

물어 말하였다

“당신들은 어떻게 적은 양의 음식을 위하여 실제로는 상인법(上人法)이 없으면서도 스스로 얻었다고 칭찬한 것이 합당합니까?”

곧 필추들이 대답하여 말하였다.

“합당하거나 합당하지 않아도 우리들은 이미 지었습니다.”

이때 여러 필추들로서 욕심이 적은 것을 즐기는 필추들은 함께 비난하고 싫어하며 비법을 꾸중하면서 말하였다.

“어찌 그대들은 음식을 욕심내어 실제로는 상인법이 없으면서도 스스로 얻었다고 칭찬하였는가?”

이때 여러 필추들이 이 인연으로 세존께 아뢰니, 세존께서는 이 인연으로 필추 대중을 모으셨고 아시면서도 일부러 물으셨으며, [자세한 설명은 앞에서와 같다.] 세존께서는 승혜하 주변의 여러 필추들에게 말씀하셨다.

“그대들 여러 필추들이여. 실제로는 상인법이 없으면서도 법을 얻었노라고 스스로 말하였는가?"

필추들이 세존께 아뢰어 말하였다.

"진실로 그렇습니다. 대덕이시여."

이때 세존께서는 여러 가지로 꾸중하셨다.

"그대들은 사문이 아니고, 수순하는 행도 아니며, 마땅히 해야 할 것이 아니고, 위의도 아니며 출가자가 지을 것도 아니니라. 그대들 여러 필추들이여. 세간에는 세 종류의 큰 도둑이 있는 것을 마땅히 알라. 무엇이 세 종류인가? 여러 필추들이여. 만약 어떤 큰 도둑이 백 명의 무리이고, 천 명의 무리이며, 백 천의 무리가 그 성읍의 취락에서 담장을 뚫고 자물쇠를 열어 다른 사람의 물건을 훔치고, 혹은 길을 막고서 사람을 다치게 하였고 죽였으며, 혹은 마을에 불을 지르고, 혹은 왕의 창고를 부수며, 혹은 마을을 노략질하는 것을 첫 번째의 큰 도둑이 세간에 머무른다고 이름하느니라.

여러 필추들이여. 만약 어떤 큰 도둑이 백 명의 무리도 거느리지 않았고, 천 명의 무리도 거느리지 않았으며, 백 천의 무리도 거느리지 않으면서, 성읍의 취락에서 담장을 뚫고 자물쇠를 열어 다른 사람의 물건을 훔치지도 않았으며, 또한 길을 막지도 않았고, 마을에 불을 지르지도 않았으며, 왕의 창고 같은 것을 부수지도 않았고, 승가의 땔나무·풀·꽃·과일·대나무·나무 등을 가져다가 이것을 팔아서 생계를 꾸려나가며, 혹은 다른 사람에게 주면 이것을 두 번째의 큰 도둑이 세간에 머무른다고 이름하느니라.

또한 여러 필추들이여. 어떤 큰 도둑이 백 명의 무리도 거느리지 않았고, 천 명의 무리도 거느리지 않았으며, 백 천의 무리도 거느리지 않았고, 성읍의 취락에서 담장을 뚫고 자물쇠를 열어 다른 사람의 물건을 훔치지도 않았으며, 또한 승가의 대나무나 나무 같은 것을 가져다가 생계를 꾸리며 남에게 주지도 않았고, 자신이 실제로 상인법을 증득하지 못하였으면서도 증득하였다고 망령되게 말하는 것을 세 번째의 큰 도둑이 세간에 머무른다고 이름하느니라.

그대들 여러 필추들이여. 첫 번째의 큰 도둑과 두 번째의 큰 도둑은 큰 도둑이라고 이름하지 않고, 작은 도둑이라고 이름하느니라. 그대들 여러 필추들이여. 만약 실제로는 상인의 법이 없으면서도 스스로 얻었다고 말한다면 사람·하늘·천마·범천·사문·바라문 가운데에서 가장 큰 도둑이니라."

가타로 설하여 말하겠노라.

실제로는 아라한이 아니면서
내가 아라한이라고 말하는 것은
모든 사람과 하늘 가운데에서
이것이 큰 도둑이라고 이름하느니라.

이때 세존께서는 여러 가지로 그 필추들을 꾸중하시고서 여러 필추들에게 알려 말씀하셨다.

"내가 열 가지의 이익을 관(觀)하고 모든 제자들을 위하여 비나야에서 그 학처를 제정하나니, 마땅히 이와 같이 설하노라. 만약 다시 필추가 진실로 알지도 못하고, 널리 알지도 못하며, 스스로는 상인법(上人法)과 적정(寂靜)과 성자의 수승한 증오(證悟)와 지견(智見)과 안락하게 머무르는 것을 얻지 못한 것을 알고서도 '나는 알았다.'고 말하였고, '나는 보았다.'고 말하였으나, 그가 다른 때에 만약 묻거나 묻지 않았어도 스스로 청정해지려는 까닭으로 '여러 구수여. 나는 진실로 알지도 못하였고 보지도 못하였으나 알았다고 말하였고, 보았다고 말하였으며, 거짓되고 속였고 망령되게 말하였습니다.'라고 말한다면 바라시가를 얻는 것이니, 마땅히 함께 머무를 수가 없느니라."

이때 세존께서는 모든 필추들을 위하여 학처를 제정하여 마치셨다.

어느 때 여러 필추들이 아란야(阿蘭若)에 머무르고 있었는데, 거친 와구(臥具)를 받은 것이 근책(勤策)7)과 비슷하였다. 스스로의 모습(自相)에서 적지(寂止)8)와 방편을 조금 얻었으므로 세간에서 짓는 마음으로 번뇌를 꺾고 굴복시켜 성냄에 물들거나 다시 드러나지 않았다. 이때 필추들은 곧 서로에게 알리고 말하였다.

"구수여. 지금 그대들은 아십니까? 아란야 가운데에서 마땅히 얻을 것을 우리는 지금 이미 얻었습니다. 우리는 생은 이미 끝마쳤고, 범행은 이미 세웠으며, 지을 것은 이미 갖추어 다음의 생을 받지 않습니다. 우리는 지금 아란야의 처소를 버리고 마을의 가운데에서 머무릅시다."

곧 고요한 숲을 버리고 마을에 나아가 머물렀다. 이때 필추들은 자주 여러 여인들을 보았고, 또한 정인(淨人)과 여러 구적(求寂)들을 보았으며 함께 섞여 머물러 번뇌가 다시 일어났으므로 욕심에 물들고 성내는 마음이 다시 나타나게 되었다. 이때 그 여러 필추들은 각자가 이렇게 생각하였다.

'세존께서 모든 제자들을 위하여 비나야에서 그 일에 마땅한 학처를 제정하셨다. 만약 다시 필추가 진실로 알지도 못하고, 널리 알지도 못하며, 스스로가 상인법과 적정과 성자의 수승한 증오와 지견과 안락하게 머무르는 것을 얻지 못한 것을 알고서도 '나는 알았다.'고 말하였고, '나는 보았다.'고 말하였으나, 그가 다른 때에 만약 묻거나 묻지 않았어도 스스로 청정해지려는 까닭으로 '여러 구수여. 나는 진실로 알지도 못하였고 보지도 못하였으나 알았다고 말하였고, 보았다고 말하였으며, 거짓되고 속였고 망령되게 말하였습니다.'라고 말한다면 바라시가를 얻는 것이니, 마땅히 함께 머무를 수가 없느니라.'

이때 여러 필추들은 곧 서로에게 알려 말하였다.

"우리들은 아란야에 머무르면서 거친 와구를 받아 근책(勤策)9)과 서로 비슷하였으나, 스스로의 모습에서 적지와 방편을 조금 얻어서 방편으로 번뇌를 꺾고 굴복시켰는데, 곧 고요한 숲을 버리고 마을에 이르러 여러 경계를 보니 번뇌가 일어나고 다시 나타나게 되었습니다. [자세한 설명은

---

7) 산스크리트어 śrāmaṇera의 음사로서 출가하여 십계(十戒)를 받고, 구족계(具足戒)를 받기 전의 사문인 사미(沙彌)를 가리킨다.
8) 산스크리트어 samatha의 음사로서 지(止)·지적(止寂)·등관(等觀)이라고도 번역된다. 마음의 작용을 그치게 하여 고요한 상태를 유지하는 상태를 말한다.
9) 구적을 다르게 부르는 말이다.

앞에서와 같다.] 어찌 우리들이 타승죄를 범한 것이 아니겠습니까? 우리들은 함께 구수 아난타의 처소에 가서 이 일을 알리고 그가 설하는 것을 우리들이 마땅히 받들어 행하도록 합시다."

곧 그곳에 이르러 구수 아난타에게 물어 말하였다.

"구수여. 아십니까? 불·세존께서 모든 제자들을 위하여 그 마땅한 학처를 제정하시기를 '만약 다시 필추가 [자세한 설명은 앞에서와 같다.] 나아가 바라시가를 얻는 것이니, 마땅히 함께 머무를 수 없느니라.'고 하셨습니다.

우리들은 아란야에 있을 때에는 번뇌가 일어나지 않았으나, 지금 마을에 오니 번뇌가 다시 생겼습니다. [자세한 설명은 앞에서와 같다.] 우리들은 모두가 의심하고 있습니다. 어찌 우리들이 바라시가를 범한 것이 아니겠습니까? 마땅히 구수 아난타에게 물어보고 그가 설하는 것을 우리들이 받들어 행하고자 합니다. 이러한 일을 까닭으로 우리들이 지금에까지 이르렀습니다. 구수께 자세히 물어보고 결정하고자 합니다. 어찌 우리들이 바라시가를 범한 것이 아니겠습니까?"

이때 구수 아난타는 여러 필추들이 말하는 이 일을 듣고서 드디어 여러 필추들과 함께 세존의 처소로 가서 세존의 발에 정례(頂禮)하고 한쪽에 앉았다. 이때 구수 아난타가 세존께 아뢰어 말하였다.

"세존 대덕이시여. 이와 같이 모든 필추들을 위하여 비나야에서 그 학처를 제정하시어 '만약 다시 필추가 [자세한 설명은 앞에서와 같다.] 나아가 바라시가를 얻는 것이니, 마땅히 함께 머무를 수 없느니라.'고 하셨습니다. 이 필추들은 아란야에서 머무를 때에는 거친 와구를 받아 근책과 서로 비슷하였으나, 스스로의 모습에서 적지와 방편을 조금 얻어서 방편으로 번뇌를 꺾고 굴복시켰는데, 곧 고요한 숲을 버리고 마을에 이르러 여러 경계를 보니 번뇌가 일어나고 다시 나타나게 되었습니다.

이때 그 필추들이 곧 서로가 알리고 말하였습니다.

'구수여. 지금 그대들은 아십니까? 아란야 가운데에서 마땅히 얻을 것을 우리는 지금 이미 얻었습니다. 우리는 생은 이미 끝마쳤고, 범행은

이미 세웠으며, 지을 것은 이미 갖추어 다음의 생을 받지 않습니다. 우리는
지금 아란야의 처소를 버리고 마을 가운데에서 머무릅시다.'

곧 고요한 숲을 버리고 마을에 나아가 머물렀습니다. 이때 필추들은
자주 여러 여인들을 보았고, 또한 정인과 여러 구적들을 보았으며 함께
섞여 머물러 번뇌가 다시 일어났으므로 욕심에 물들고 성내는 마음이
다시 나타나게 되었습니다. 그 여러 필추들은 각자가 '장차 우리가 바라시
가를 범한 것이 아니겠는가?'라고 의심하여 일부러 저에게 와서 물었습니
다. 제가 감히 결정할 수가 없어 함께 이곳으로 왔습니다. 대덕 세존이시여.
장차 그 필추들이 극중죄(極重罪)10)를 범한 것은 아닙니까?"

세존께서 알려 말씀하셨다.

"아난타여. 증상만(增上慢)11)은 제외하나니, 그 필추들은 범한 것이
없느니라."

이때 세존께서는 여러 가지 방편으로 계율을 좋아하고 즐거워하는
자를 위하고, 계율을 존중하는 자를 위하여, 수순(隨順)하고 권유(勸喩)하며
법을 설하시기를 마치고서 여러 필추들에게 알려 말씀하셨다.

"그대들 여러 필추들이여. 마땅히 알라. 앞의 것은 처음으로 제정한
것이고, 지금의 것은 따라서 여는 것이니라. 내가 지금 여러 성문 제자들을
위하여 마땅히 이와 같이 설하노라. 만약 다시 필추가 진실로 알지 못하고,
널리 알지도 못하면서, 스스로는 상인법과 적정과 성자의 수승한 증오와
지혜와 지견과 안락하게 머무르는 것을 얻지 못하였음을 알면서도 나는
알았다.'고 말하였고, '나는 보았다.'고 말하였으나, 그가 다른 때에 만약
묻거나 묻지 않았어도 스스로 청정해지려는 까닭으로 '여러 구수여. 나는
진실로 알지도 못하였고 보지도 못하였으나 알았다고 말하였고, 보았다고
말하였으며, 거짓되고 속였고 망령되게 말하였습니다.'라고 말한다면

10) 바라시가를 다르게 부르는 말이다.
11) 사만(四慢)의 하나로서 최상의 교법과 깨달음을 얻지 못하고서 얻었다고 생각하
는 것을 말한다. 사만은 증상만(增上慢)·비열만(卑劣慢)·아만(我慢)·사만(邪慢) 등
이다.

증상만을 제외하고는 이 필추는 역시 바라시가를 얻는 것이니, 마땅히 함께 머무를 수가 없느니라."

'필추'의 뜻은 앞에서와 같다.

'알지 못한다.'는 색(色)·수(受)·상(想)·행(行)·식(識)을 알지 못하는 것을 말한다.

'널리 알지 못한다.'는 색·수·상·행·식을 널리 알지 못하는 것을 말한다.

'상인법(上人法)'은 상(上)은 색계가 욕계 위에 있고, 무색계가 색계 위에 있는 것을 말하고, 인(人)은 평범한 사람을 말하는 것이고, 법(法)은 오개(五蓋)12) 등을 말하는 것이며, 능히 이 번뇌를 제거할 수 있는 것을 이름하여 상이라고 말한다.

'적정(寂靜)'은 열반을 말한다.

'성(聖)'은 세존과 성문(聲聞)을 말한다.

'수승한 증오(證悟)'는 사문의 네 가지의 과(果)이니 예류(預流)·일래(一來)·불환(不還)·아라한(阿羅漢)을 말한다.

'지혜'는 네 가지의 지(智)이니 고지(苦智)·집지(集智)·멸지(滅智)·도지(道智)와 다른 여러 지혜를 말한다.

'보다(見)'는 사성제를 보는 것을 말한다.

'안락하게 머무른다.'는 사정려(四靜慮)를 말하며, 이것은 태어나지 않는 것을 닦는 것이다.

'내가 안다.'는 사제법(四諦法)을 아는 것을 말한다.

'내가 보았다.'는 "나는 천인(天人)을 보고, 용을 보며, 야차를 보고, 갈로다(羯路茶)13)·건달바(健達婆)14)·긴나라(緊那羅)15)·마호락가(莫呼洛

---

12) 오개(五蓋)는 청정한 마음을 덮는 다섯 가지 번뇌이다. 첫째는 탐욕개(貪欲蓋)이고, 둘째는 진에개(瞋恚蓋)이며, 셋째는 수면개(睡眠蓋)이고, 넷째는 도회개(掉悔蓋)이며, 다섯째는 의개(疑蓋)이다.

13) 산스크리트어는 Suparna의 음사로서 가루라(迦樓羅)·가류라(迦留羅) 등으로 한역되며, 금시조(金翅鳥)라고 의역된다.

14) 산스크리트어 Gandharva의 음사로서 수미산(須彌山) 남쪽 금강굴(金剛窟)에 살며, 제석천(帝釋天)의 음악을 관장하는 신(神)이다.

伽)16)·구반다(鳩槃茶)17)·갈타포단나(羯吒布單那)·필사차(畢舍遮)18)   귀신
등을 볼 수 있다. 나는 천인(天人)의 소리와 나아가 필사차 귀신의 소리까지
들으며, 나는 천인의 처소에서 나아가 필사차 귀신의 처소에까지 가고,
저 여러 하늘과 용과 필사차 귀신들도 내가 있는 곳에 온다. 나는 여러
천인 등과 함께 항상 가까이 놀고 함께 말도 하며, 저 여러 천인 등도
또한 나에게 와서 항상 가까이 놀며 함께 말도 한다.”고 말하는 것이다.

'실제로는 아직 증득하지 못하였으면서도 나는 증득하였노라고 말을
한다.'는 무상상(無常想)을 증득하였으며, [자세한 내용은 생략한다.] 팔해
탈(八解脫)을 얻었다고 말하는 것이다.

'그 다른 때'는 별도의 때를 말한다.

'묻거나'는 다른 사람에게 질문을 받은 것을 말한다.

'묻지 않거나'는 스스로 뉘우치는 마음을 일으켜 근심하고 걱정하는
것을 말한다.

'스스로 청정해지려고'는 죄에서 벗어나기를 희망하는 것을 말한다.

'이렇게 말하기를, 구수여. 나는 실제로는 알지 못합니다.'고 말하는
것은 의식(意識)을 말한다.

'나는 실제로는 보지 못하였습니다.'는 안식(眼識)을 말한다.

'거짓되고 속였고 망령되게 말하였습니다.'는 이것은 다른 이름으로
말하는 것이다.

'증상만을 제외한다.'는 증상만이 있는 사람을 제외하는 것을 말하니,
진실로는 아직 증득하지 못하고서 스스로 이미 증득하였다고 말하는

---

15) 산스크리트어 kiṃnara의 음사로 의인(疑人)·인비인(人非人)이라 번역된다.
16) 산스크리트어 mahoraga의 음사로. 대망신(大蟒神)·대복행(大腹行)이라 번역된다.
    몸은 사람과 같고 머리는 뱀과 같은 형상을 한 신(神) 또는 땅으로 기어 다닌다는
    거대한 용(龍)을 가리킨다.
17) 산스크리트어 kumbhāṇḍa의 음사로 염미귀(厭眉鬼)·동과귀(冬瓜鬼)라고 번역된다.
    수미산 중턱의 남쪽을 지키는 증장천왕(增長天王)의 권속으로 사람의 정기를
    먹는다는 귀신을 가리킨다.
18) 산스크리트어 piśāca의 음사로서 아귀의 한 종류이다.

334

것이다.

'속이려는 마음이 없었던 까닭으로 근본죄를 범한 것이 아니다.'는 이러한 사람을 가리켜서 하는 말이다.

'필추'는 필추 성(性)에 머무르는 것을 말하고, [자세한 설명은 앞에서와 같다.] 나아가 마땅히 부끄러움이 없어서 열두 부류의 사람으로 작법할 수 없는 까닭으로 함께 머무르면 아니된다고 이름하는 것이다.

이 가운데에서 범한 모양과 그 일은 무엇인가? 게송으로 섭수하여 말하겠노라.

상(相)을 보는 것과 아란야와
집에서 묘(妙)한 자리를 받는 것과
능히 스스로 상을 아는 것과
방편으로 그 몸을 드러내는 것이 있다.

만약 필추가 이와 같이 욕(欲)19)을 증여하여 이렇게 인정하고서 "나는 여러 천인부터 갈타포단나에 이르기까지 보았다."고 말하면 바라시가를 얻는다. 나아가 "나는 여러 하늘에서부터 분소귀(糞掃鬼)에 이르기까지 보았다."고 말하면 솔토라저야를 얻는다. 만약 필추가 이와 같이 욕을 즐겨 이렇게 인정하고서 "나는 여러 하늘에서부터 갈타포단나의 소리에 이르기까지 들었다."고 말하면 바라시가를 얻는다. 나아가 "나는 여러 하늘에서부터 분소귀의 소리에 이르기까지 들었다."고 말하면 솔토라저야를 얻는다.

만약 필추가 망령된 마음으로 "나는 천인의 처소에서부터 갈타포단나의 처소에 이르기까지 관(觀)한다."고 말하면 바라시가를 얻는다. 나아가 "나는 여러 하늘의 처소에서부터 분소귀의 처소에 이르기까지 갈 수 있다."고 말하면 솔토라저야를 얻는다. 만약 필추가 망령된 마음으로

19) 포살(布薩)이나 자자(自恣) 등에 참석하지 못할 때에 대중의 결정에 따른다는 뜻을 참석하는 다른 필추에게 위임하는 것을 말한다.

"여러 천인들이 나의 처소에 오고 나아가 갈타포단나가 나의 처소에 온다."고 말하면 바라시가를 얻는다. 나아가 "여러 천인 나아가 분소귀가 나의 처소에 온다."고 말하면 솔토라저야를 얻는다.

만약 필추가 망령된 마음으로 "나는 여러 천인들과 함께 항상 가까이 놀며 함께 이야기를 한다." 나아가 "갈타포단나도 이와 같다."고 말하면 바라시가를 얻는다. 또 "귀소귀와도 같다."고 말하면 솔토라저야를 얻는다. 만약 필추가 망령된 마음으로 "여러 천인들이 와서 나와 함께 항상 가까이 놀며 함께 말한다."고 말하고, 또한 "갈타포단나도 이와 같다."고 말하면 바라시가를 얻는다. 만약 "분소귀와도 이와 같다."고 말하면 솔토라저야를 얻는다.

만약 필추가 망령된 마음으로 실제로는 무상상(無常想)을 얻지 못하였으면서도 "나는 얻었다."고 말하면 바라시가를 얻고, 나아가 망령되게 "팔해탈을 얻었다."고 말하면 모두가 바라시가를 얻는다. 만약 필추가 망령된 마음으로 "마을이나 아란야에 머무르는 여러 필추들은 비인(非人)에 의하여 번뇌가 생기지만, 그 가운데 예류과·일래과·불환과·아라한과를 얻은 사람은 비인이 번민하게 못한다. 나는 그곳에 머무르면서 비인에 의하여 번민했던 것이 없었다."고 말하면 바라시가를 얻는다.

만약 필추가 망령된 마음으로 "누구의 집에서 다른 사람이 공양청을 받아들였다. 여러 가지로 뛰어나고 묘한 자리를 설치하였는데 사과(四果)를 얻는 사람들이 그 자리에 나아가서 음식을 받을 수 있었다. 나 역시 그 뛰어나고 묘한 자리에서 음식을 먹었다."고 말하면 이 필추는 바라시가를 얻는다. 만약 어떤 많은 필추들이 아란야나 마을 가운데에 머무르면서 스스로의 모습(自相)에서 적지(寂止)와 방편을 조금 얻어 세간에서 짓는 마음으로써 번뇌를 꺾고 굴복시켜서 성냄에 물들거나 다시 드러나지 않았다. 필추가 망령된 마음으로 "나도 또한 아란야에 머무르면서 스스로의 모습(自相)에서 정(定)과 방편을 조금 얻어 세간에서 짓는 마음으로써 번뇌를 꺾고 굴복시켜서 성냄에 물들거나 다시 드러나지 않는다."고 말하면 바라시가를 얻는다.

만약 필추가 망령된 마음으로 자신을 나타내고자 하여 "어떤 필추는 여러 천인들을 보았는데 그것이 나라고 말하지는 않겠다."고 말하면 솔토라저야를 얻는다. 이와 같이 말하며 나아가 "갈타포단나를 보았는데 그것이 나라고는 말하지 않겠다."고 말하면 솔토라저야를 얻는다. 나아가 "분소귀를 보았다."고 말하면 악작죄를 얻는다. 만약 필추가 망령된 마음으로 "어느 필추가 여러 천인들의 소리를 듣는데 그것이 나라고는 말하지 않겠다."고 말하면 솔토라저야를 얻는다. 이와 같이 말하며 나아가 "갈타포단나의 소리를 듣는데 그것이 나라고는 말하지 않겠다."고 말하면 솔토라저야를 얻는다. 나아가 "분소귀의 소리를 듣는다."고 말하면 악작죄를 얻는다.

만약 필추가 망령된 마음으로 어느 필추는 "여러 천인들의 처소에 나아가는데 그것이 바로 나라고는 말하지 않겠다."고 말하면 솔토라저야를 얻는다. 나아가 "갈타포단나의 처소에 나아간다."라고 말하면 솔토라저야를 얻는다. 또한 "분소귀의 처소에 나아간다."라고 말하면 악작죄를 얻는다. 만약 필추가 망령된 마음으로 "어느 필추에게 여러 천인들이 오고 또한 갈타포단나가 오는데 그가 바로 나라고는 말하지 않겠다."고 말하면 솔토라저야를 얻는다. 만약에 분소귀에 대해서도 그렇게 말하면 악작죄를 얻는다.

만약 필추가 망령된 마음으로 "어느 필추는 항상 천인들의 처소에 가서 여러 하늘들과 함께 이야기를 하고 의논을 하며, 나아가 갈타포단나에 대해서도 그렇게 하는데, 그가 바로 나라고는 말하지 않겠다."고 말하면 솔토라저야를 얻는다. 만약 분소귀에 대해서도 그렇게 말하면 악작죄를 얻는다. 만약 필추가 망령된 마음으로 "어느 필추에게는 여러 천인들이 와서 이야기를 하며 의논을 하기도 하며 갈타포단나도 그렇게 하는데, 그것이 바로 나라고는 말하지 않겠다."고 말하면 솔토라저야를 얻는다. 분소귀에 대해서도 그렇게 말하면 앞에서와 같다.

만약 필추가 망령된 마음으로 "어떤 필추는 무상상을 얻었으며 [자세한 설명은 앞에서와 같다.] 또한 팔해탈(八解脫)을 얻었는데, 그것이 바로 나라고는 말하지 않겠다."고 말하면 이 필추는 솔토라저야를 얻는다.

어떤 많은 필추들이 아란야 마을에 살면서 항상 비인(非人)에게 괴롭힘을 당하였으나, 그 가운데 네 가지의 과(果)를 증득한 사람은 비인들에게 괴롭힘을 당하지 않았다. 만약 필추가 망령된 마음으로 "어느 필추는 그 마을에 살면서도 비인에게 괴롭힘을 당하지 않는데, 그것이 바로 나라고는 말하지 않겠다."고 말하면 솔토라저야를 얻는다.

어떤 여러 명의 필추들이 재가인의 집에서 뛰어나고 묘한 자리에 앉아 음식을 받았는데 모두가 네 가지의 과(果)를 증득한 사람들이었다. 필추가 망령된 마음으로 "어느 필추가 그 집에서 뛰어나고 묘한 자리를 받았는데, 그 필추가 바로 나라고는 말하지 않겠다."고 말하면 솔토라저야를 얻는다.

만약 여러 필추들이 아란야에 머무르면서 "스스로의 모습(自相)에서 정(定)과 방편을 조금 얻어 세간에서 짓는 마음으로써 번뇌를 꺾고 굴복시켜서 성냄에 물들거나 다시 드러나지 않았는데, 그가 바로 나라고는 말하지는 않겠다."고 말하면 솔토라저야를 얻는다. 만약 필추가 망령된 마음으로 "어느 필추가 저 마을에 사는데 약간의 스스로의 모습(自相)에서 정(定)과 방편을 조금 얻어, [이하 자세한 설명은 생략한다.] 번뇌가 모두 드러나지 않았는데, 그것이 바로 나라고 말하지는 않겠다."고 말하면 솔토라저야를 얻는다.

게송으로 섭수하여 말하겠노라.

전쟁에 수기(受記)한 말이 어긋나고
가물은 때에 하늘의 비가 적으며
업력이 남자를 여자로 변화시키고
온천과 코끼리 소리를 듣는 것이 있다.

세존께서는 광엄성 미후지 옆의 높은 누각의 가운데에 머무르셨다. 이때 마갈타국의 미생원왕은 광엄성의 모든 율고비(栗姑毗)와 이전부터 원한이 있었다. 미생원은 나아가 사병(四兵)인 상병(象兵)·마병(馬兵)·거병

(車兵)·보병(步兵)을 엄정(嚴整)하여 불율씨국(佛栗氏國)과 함께 전쟁하려고
하였다. 이때 불율씨국의 사람들은 광엄성의 율고비에게 알려 말하였다.

"마갈타국의 미생원왕이 사병을 엄정하고 이곳으로 와서 전쟁하려고
합니다."

이때 그는 듣고서 역시 사병을 엄정하고 성을 출정하여 적을 막았다.
병사들이 출정할 때에 구수 대목련은 옷과 발우를 지니고 초분(初分)에
광엄성에 들어가서 걸식하였다. 이때 성안의 율고비 대중들은 멀리서
대목련을 보고서 함께 서로에게 알려 말하였다.

"그대들은 아십니까? 존자 대목련은 내가 일찍이 들으니 제삼(第三)의
성자로서 적은 일이라도 보고서 알지 못하는 것이 없다고 합니다. 우리들은
마땅히 그 성자에게 두 나라의 교전(交戰)에서 누가 이길 것인가를 물어
봅시다."

곧 가서 물으며 알려 말하였다.

"성자여. 마갈타국의 미생원왕이 와서 우리나라를 쳐부수고자 합니다.
지금 출정하여 서로 대치하고 있는데 두 진영이 교전하면 누가 마땅히
이기겠습니까?"

존자가 알려 말하였다.

"그대들이 이길 것입니다."

그들이 듣고서 함께 서로 말하였다.

"성자이신 목련께서 우리들에게 수기를 하였으니 전쟁에서 마땅히
이길 것입니다."

여러 사람이 듣고서 환희하고 뛰면서 마음으로 그 적들에게 준비하지
않은 것처럼 은폐하고 꾸며 곧 함께 싸웠고 마침내 곧 크게 쳐부수니
군병이 와해되어 패배하여 달아났다. 빠르게 추격하여 긍가하의 언덕에
이르고 있었는데 광엄성의 사람들은 이미 이겼으므로 더욱 용맹하고
날카로웠다. 이때 미생원왕은 곧 이렇게 생각하였다.

'이 성안의 사람들은 마음이 흉악하고 용맹하므로 지금 만약 강을
건너면 그들이 와서 나를 붙잡는 것을 물고기를 그물로 붙잡듯이 할

것이고 마땅히 살해할 것이다.'

이렇게 생각하고서 널리 군대에 알렸다.

"모두가 마음을 합쳐 병사를 돌려서 함께 싸우자."

대중은 왕의 명령을 듣고서 각자 이렇게 생각하였다.

'우리들은 나라에 광엄성을 벌(罰)하겠다고 알리고 왔으며, 지금 마땅히 패배를 당하지 않고서 살아있다.'

함께 곧 한마음으로 병사를 되돌려 싸웠다. 이때 광엄성의 사람들은 마침내 곧 패배하였고 달아나서 성안으로 들어가 문을 닫고서 스스로 굳게 지켰다. 마갈타의 미생원왕은 이미 승리하고서 군사를 거두고 통솔하여 왕사성으로 돌아갔다. 뒤에 성안에서 여러 율고비는 네거리와 뒷골목에서 함께 비난하고 미워하였다.

"그 대목련은 우리가 전쟁에 이긴다고 수기하였으나 지금 우리들은 패배하여 이 성이 파괴되었으니 어찌 전쟁에 이긴 것인가?"

이때 육중필추는 성에 들어가서 걸식하면서 그 비난하고 미워하는 것을 듣고서 그들에게 물어 말하였다.

"그대들은 지금 누구를 비난하고 미워하는 것이오?"

여러 사람들이 대답하여 말하였다.

"그대들을 비방하고 싫어합니다."

육중이 알려 말하였다.

"우리들이 무슨 죄를 지었기에 그대들이 비난하고 미워하는 것이오?"

여러 사람들이 알려 말하였다.

"성자 대목련은 우리가 전쟁에 이긴다고 수기하였으나 지금 우리의 이 성은 모두 남에게 파괴되었으니, 어찌 전쟁에 이긴 것입니까?"

육중이 대답하여 말하였다.

"그대들은 처음 전투에서 어느 나라가 이겼습니까?"

여러 사람이 알려 말하였다.

"우리들이 처음의 전투에서는 이겼습니다."

육중이 대답하여 말하였다.

340

"그대들이 싸움에서 승리하였으면 곧 물러나서 돌아왔어야 하오. 누가 다시 그대들을 보내어 곧 다른 군사를 쫓게 하였습니까? 그대들은 어찌 야간(野干)20)도 핍박을 당하면 힘이 사나운 호랑이와 같다는 것을 듣지 못하였습니까?"

그 여러 대중은 이 말을 듣고서 스스로 논할 수 없는 것을 알고서 묵연히 대답이 없었다. 이때 육중필추는 함께 서로에게 말하였다.

"우리들이 또한 마땅히 때에 맞게 전쟁에서 이긴 일을 대답하여 그 대중들이 크게 미워하지 못하도록 하였네. 그러나 대목련은 범한 죄가 있으니 우리들이 지금 마땅히 힐난하여 그것을 참회하게 하세."

이때 육중필추는 주처로 돌아와서 음식을 먹고 대목련의 처소에 나아가 합장하고 공경하며 발에 예배하고서 알려 말하였다.

"우리들은 지금 적은 일을 힐문하려 하니 원하건대 자비로서 허락하여 주십시오."

목련이 알려 말하였다.

"오부(五部)21)의 죄를 뜻을 따라서 말해 보시오."

육중이 알려 말하였다.

"존자께서는 율고비에게 전쟁에 이긴다고 수기하였으나 광엄성은 남에게 파괴를 당했으니 어찌 이것이 이긴 것입니까? 발우를 가지고 걸식하여도 스스로 공양을 받지 못할 것입니다. 그리고 다시 거짓말로 헛되게 남의 일을 수기하였고, 실제의 상황을 보지 않아서 대중들이 비난하고 싫어하게 하였습니다. 마침내 우리들이 다니는 곳마다 비방과 논쟁이 길에 가득하니 걸식하여도 얻지 못할 것입니다. 당신께서는 이미 죄를 범하였으니 마땅히 여법하게 참회하십시오."

목련이 알려 말하였다.

"구수여 나는 죄를 보지 못하였소."

---

20) 실가라(悉伽羅)라고 번역되며, 늑대·여우와 비슷하고, 색깔은 청황색이고 개와 비슷하고 떼를 지어 다니며 밤에 우는 소리가 늑대와 비슷하다.
21) 바라시가등 다섯 가지를 가리킨다.

이때 육중필추는 함께 서로에게 말하였다.

"당신은 마땅히 아십시오. 세존께서 설하신 것과 같이 만약 죄를 보지 못하였다면 마땅히 죄를 보지 못한 사치갈마(捨置羯磨)를 짓겠습니다. 범한 것을 보지 못하였으니 이것은 용서하기 어렵습니다. 어느 수사인을 보내어 건치를 울리는 것이 옳겠습니까?"

수사인이 물었다.

"무엇을 하고자 합니까?"

대답하여 말하였다.

"욕심이 적은 목련께서 범하였으나 죄를 보지 못하였으니 지금 마땅히 사치갈마를 지어 주고자 합니다."

이때 수사인이 곧 육중과 함께 상좌의 처소에 갔다. 이때 구수 사리자는 대중의 상좌이었다. 이때 수사인이 상좌에게 알려 말하였다.

"반드시 건치를 울려야 합니다."

상좌가 물어 말하였다.

"무슨 일을 짓고자 합니까? 정법으로서 훼손되게 하지 마십시오. 누구를 위하여 편주법(遍住法)과 나아가 출죄(出罪)를 짓고자 합니까?"

알려 말하였다.

"이와 같은 일들은 없어야 합니다. 다만 존자 대목련이 거짓으로 남의 일을 수기하여, [자세한 설명은 앞에서와 같다.] 죄를 본 것을 인정하지 않아 우리들은 법에 의지하여 불견죄갈마(不見罪羯磨)를 짓고자 합니다."

사리자가 말하였다.

"구수여. 그대들은 비법을 지어 덕이 있는 기숙(耆宿) 필추를 고뇌하지 않게 하시오. 대사이신 세존께서는 일체의 지혜를 갖추셨고 일체의 일에 대자재를 얻으셨으니, 그대들은 지금 마땅히 가서 세존께 청하여 의심을 해결할 것이며, 세존의 가르침을 따라서 그대들은 마땅히 받들어 행하시오."

이때 여러 필추들이 이 인연으로 나아가 세존께 아뢰니, 세존께서 알려 말씀하셨다.

342

"일반적으로 전투할 때에는 비인(非人)들이 먼저 싸우고 뒤에 사람들이 싸우는 것이니라. 만약 비인들이 전쟁이 이기면 사람도 역시 이기는 것이 마땅한 것이다. 목련이 율고비가 이길 것이라고 수기할 때는 광엄성의 비인이 왕사성의 비인과 싸움에 이겼으나 이미 강가의 언덕에 이르러서는 왕사성의 비인이 광엄성의 비인(非人)을 이겼느니라. 다만 처음에 이기는 것을 수기하였고 뒤에는 수기하지 않았느니라. 만약 이와 같이 시작과 끝을 물었다면 목련이 마땅히 그때의 일을 갖추어 대답하였을 것이다. 그대들 여러 필추들이여. 대목련은 범한 것이 없으며, 만약 필추가 이와 같은 마음으로 일을 수기한다면 범하는 것이 없느니라. 만약 이것과 다르다면 월법죄를 얻느니라."

세존께서는 광엄성 미후지 옆의 높은 누각의 가운데에 머무르셨다. 이때 모든 외도들이 재가인에게 수기하였다.

"12년 동안은 하늘이 가물어 비가 오지 않느니라."

구수 대목련은 옷과 발우를 지니고 광엄성에 들어가서 차례로 걸식하였다. 이때 성안의 사람들이 물어 말하였다.

"성자여. 언제 하늘에서 비가 오겠습니까?"

목련이 알려 말하였다.

"7일 지나면 하늘에서 마땅히 비가 내릴 것이오."

여러 사람이 듣고서 말하였다.

"7일이 지나면 성자가 하늘에서 비가 내린다고 수기하였습니다."

이때 모든 사람은 창고에 가지고 있던 곡식과 보리를 모두 밭에다 심었다. 7일이 지나서 구름이 일어나고 번개가 쳤으나 비가 조금만 내려서 겨우 먼지를 씻었으며 곧 비가 멎었다. 이때 여러 사람들이 곧 시장의 네거리에 늘어서 모두가 함께 비난하고 미워하였다.

"여러분들은 아십니까? 오히려 외도를 믿을 것이요, 사문인 석가의 제자들은 믿지 마십시오. 항상 가사(袈裟)로 몸에 덮었으나 벗나무 껍질과 같아서 진실로 지각(知覺)이 없습니다."

이때 육중필추가 곧 걸식하러 들어갔다가 이 비난하는 말을 듣고서 곧 그에게 물어 말하였다.

"당신들은 누구를 미워하십니까?"

대답하여 말하였다.

"우리들은 그대들을 미워합니다."

알려 말하였다.

"우리들에게 무슨 허물이 있다고 그대들은 비난하고 미워하시오?"

여러 사람들이 알려 말하였다.

"대목련께서 분명히 말하면서 수기하는 것을 보았습니다. '7일이 지나면 반드시 비가 내릴 것입니다.' 우리들은 듣고서 창고 안의 있던 곡식 보리를 모두 밭에다 심었으나, 하늘에서는 비가 내리지 않았습니다."

육중이 알려 말하였다.

"그대들은 항상 외도와 친근하여 만약 그들이 수기하는 것을 보았다면 구름이 일어나고 번개가 치며 겨우 조금 뿌려도 곧 하늘에서 때에 맞추어 큰 비가 내린다고 외쳤을 것이오. 목련이 수기한 하늘의 비는 오히려 많아 땅에 물이 흘렀소. 그러나 어찌 그 성자가 그대들에게 '심은 종자는 모두 성숙할 것입니다.' 이렇게 수기하였습니까?"

대답하여 말하였다.

"그렇지 않습니다."

육중이 알려 말하였다.

"만약 이와 같다면 그에게 무슨 허물이 있다고 그대들이 비난하시오?"

그들은 곧 말없이 묵연히 머물렀다. 육중필추는 함께 서로에게 말하였다.

"난타. 오파난타여. 우리들이 역시 마땅히 때에 맞게 그 대중들에게 대답하였네. 그러나 욕심이 적은 대목련은 스스로 죄를 범하였으니 우리들이 그에게 가서 그것을 참회하게 하세."

사찰 안으로 돌아와서 음식을 먹고 옷과 발우를 거두고서 곧 그 대목련의 처소에 나아가 알려 말하였다.

"상좌께 반제(畔睇)[22]를 올립니다."

목련이 대답하여 말하였다.

"병이 없으시오."

그들이 다시 거듭 말하였다.

"상좌여. 원하건대 우리들이 죄를 힐문하고자 하니 허락하십니까?"

대답하여 말하였다.

"오부(五部)의 죄 가운데에서 뜻을 따라서 힐난하시오."

알려 말하였다.

"상좌께서는 아셨습니까? 외도는 12년 동안 하늘이 가물어 비가 없다고 수기하였는데 당신께서는 7일 뒤에는 마땅히 하늘에서 비를 내린다고 수기하였습니다. 상좌는 마땅히 옷을 걷게 하시고 더러운 진흙이 묻지 않도록 하셨으니 발우를 지니고 걸식하시면 어찌 몸을 채우지 못하겠습니까? 무슨 까닭으로 허망된 마음과 거짓으로 남의 일을 수기하여 마침내 우리들이 다니는 곳에 비난과 헐뜯음이 길에 가득하여 걸식하지 못하게 하십니까? 당신께서는 이미 죄를 범하였으니 마땅히 여법하게 참회하십시오."

목련이 알려 말하였다.

"구수여. 나는 죄를 보지 못하였소."

이때 육중필추는 함께 서로에게 말하였다.

"당신은 마땅히 아십시오. 세존께서 설하신 것과 같이 만약 죄를 보지 못하였다면 마땅히 죄를 보지 못한 사치갈마를 짓겠습니다. 범한 것을 보지 못하였으니 이것은 용서하기 어렵습니다. 어느 수사인을 보내어 건치를 울리는 것이 옳겠습니까?"

[자세한 설명은 앞에서와 같다.] 나아가 사리자가 상좌였으며, 나아가서 세존께 아뢰니, 세존께서 여러 필추들에게 알려 말씀하셨다.

"다섯 가지의 인연이 있으면 하늘에서 비를 내리지 않느니라. 그러나

---

22) 산스크리트어 vandana의 음사로서 경례(敬禮)·공경(恭敬)이라 번역된다. 합장하고 머리 숙여 안부를 묻는 것을 가리킨다.

성역인(星曆人)23)을 보는 사람은 명료하게 알지라도 하늘에서 비가 내리는 것을 수기하여 말하지 말라. 무엇이 다섯 가지인가? 필추들이여. 마땅히 알라. 만약 구름이 일어나고 번개가 치며 우레가 울리고 바람을 부는 때에 성역인이 수기하여 하늘에서 비가 내린다고 말한다. 그러나 이 대지에는 그 화계(火界)가 있어 위의 허공으로 올라가 비를 마르게 한다. 이것이 이러한 비가 내리지 않은 첫째의 인연이다.

다시 다음으로 필추들이여. 만약 구름이 일어나고 바람이 부는 것을 보고서 이때 성역인이 수기하여 하늘에서 비가 내린다고 말한다. 그러나 허공에 있는 큰 바람이 일어나면 곧 이 비를 불어서 장림(杖林)24) 안이나 혹은 갈릉가(羯陵伽)의 난아(蘭若)의 숲에 비가 내릴지라도 일부에 뿌린다. 이것이 이러한 비가 내리지 않는 두 번째의 인연이니라.

다시 다음으로 필추들이여. 만약 구름이 일어나고 바람이 부는 것을 보고서 이때 성역인이 수기하여 하늘에서 비가 내린다고 말한다. 그러나 이때는 비가 내려도 천신이 계속하여 머물러 때때로 사이에 단비가 내리지 않는다. 이것이 이러한 비가 내리지 않는 세 번째의 인연이니라.

다시 다음으로 필추들이여. 만약 구름이 일어나고 바람이 부는 것을 보고서 이때 성역인이 수기하여 하늘에서 비가 내린다고 말한다. 그러나 모든 유정이 악법을 사랑하여 즐겨 분수가 아닌 탐심을 일으켜 삿된 견해에 머무르는 까닭으로 이 일의 인연으로 때때로 가운데 하늘이 비를 내리지 않는다. 이것이 이러한 비가 내리지 않는 네 번째의 인연이니라.

다시 다음으로 필추들이여. 만약 구름이 일어나고 바람이 부는 것을 보고서 이때 성역인이 수기하여 하늘에서 비가 내린다고 말한다. 그러나 나호라아수라왕(羅怙羅阿修羅王)이 큰 바다에서 나와서 곧 두 손으로서 그 비를 받아 바다의 가운데 버린다. 이것이 이러한 비가 내리지 않는 다섯 번째의 인연이니라.

그러나 성역인은 알지 못하고 수기하여 비가 내린다고 말하는 것이다.

---

23) 성력(星曆) 또는 별력이라고 말하며 별점을 보는 사람을 가리킨다.
24) 왕사성을 다르게 부르는 말이다.

필추들이여. 마땅히 알라. 목련이 비가 내린다고 수기할 때에 나호라아수라왕이 손으로서 비를 받아서 큰 바다에 버렸느니라. 그러므로 비가 없었던 것은 아니다. 어찌 그들이 마땅히 그때에 '심으면 모두 성숙하겠습니까?'라고 물었다면 이때 목련은 곧 사실에 의지하여 대답하였을 것이다. 필추들이여. 마땅히 알라. 대목련은 범한 것이 없느니라. 만약 이와 다르게 말한다면 월법죄를 얻느니라."

　세존께서는 광엄성 미후지 옆의 높은 누각의 가운데에 머무르셨다.
　이때 옷을 입지 않는 외도의 문도(門徒)가 있어서 이 성에 머물렀으며, 그 아내가 임신(懷妊)하였다. 이때 구수 대목련은 성에 들어가 걸식하였으며 다음으로 외도인 문도의 집에 이르렀다. 이때 그 집의 주인이 존자를 보고서 곧 이렇게 생각하였다.
　'이 대목련은 대중에게 들으니 세 번째의 성자로 보지 못하는 것이 없다고 하였다. 나는 지금 마땅히 나의 아내가 임신하였으니 아들인가 딸인가를 물어야겠다.'
　이렇게 생각하고서 목련에게 물어 말하였다.
　"성자여. 나의 아내가 임신하였는데 딸입니까? 아들입니까?"
　존자가 알려 말하였다.
　"현수여. 뱃속에는 아들입니다."
　일반적으로 모든 세상 사람은 부자로서 번성한다고 듣는 때에는 모두가 즐거워한다. 곧 기뻐하고 뛰면서 좋고 상묘한 향의 맛있는 음식을 발우에 가득히 존자에게 주고서 다시 곧 청하여 말하였다.
　"다른 날에 다시 오십시오."
　알려 말하였다.
　"병이 없으시오."
　말하고서 떠나갔다. 이 외도의 문도의 집에 가까이 노형인(露形人)이 있어 점쟁이의 우두머리가 되었는데 대목련이 발우를 채워가는 것을 보고서 곧 생각하며 말하였다.

"나는 오직 한집에서 음식을 베푸는 집이 있었으나 도리어 사문 석가의 제자에게 교화되어 빼앗겼으니 이것은 좋은 일이 아니구나. 나는 지금 마땅히 장자에게 가까이 가서 그 사문과 함께 무엇을 의논하였는가와 그 까닭을 물어 보리라."

곧 빠르게 가서 그 집에 이르러 물어 말하였다.

"장자여. 사문 목련이 집에 왔습니까?"

장자가 알려 말하였다.

"왔었습니다."

알려 말하였다.

"그대는 무엇을 물었습니까?"

알려 말하였다.

"나의 아내가 지금 임신하여 아들인지 딸인지를 물으니 그는 아들이라고 대답하였습니다."

이때 노형인은 점을 치는데 밝았으므로 딸인 것을 점으로 알고서 곧 얼굴을 돌리고 손바닥을 뒤집으며 웃으니 장자가 보고서 나아가 물어 말하였다.

"무슨 뜻으로 얼굴을 돌리고 손바닥을 뒤집으면서 웃습니까?"

알려 말하였다.

"내가 이것을 보니 딸이지 아들로 보이지 않습니다."

이때 장자는 얼굴에 3개의 봉우리를 일으켜 화난 모습을 보이면서 그에게 알려 말하였다.

"그대는 발발로형(拔髮露形)이니 무엇을 알겠습니까? 어찌 대목련의 지혜가 그대에게 미치지 못하겠습니까? 성자는 반드시 아들을 낳을 것이라고 수기하였는데 그대는 얕은 지식으로 억지로 딸이라고 말합니까?"

그가 욕하는 것을 보고서 다시 그것을 질투하여 반드시 딸이라고 말하였다. 곧 다시 얼굴빛을 짓고서 장자에게 알려 말하였다.

"가령 사문 구답마(瞿答摩)가 수기하여 이 아이가 아들이라고 말하여도 이 아이는 아들이 아니고 반드시 딸일 것이오."

장자의 아내가 곧 달이 차서 딸을 낳았다. 이때 그 장자와 모든 집의 권속은 모두 비난하고 미워하면서 널리 비방하여 말하였다.

"오히려 그 외도가 수기한 일이 헛되지 않았구나. 사문의 말은 모두 거짓이다. 목련은 아들이라고 수기하였으나 반대로 다시 딸을 낳았구나."

이때 소문(流言)이 시끄럽게 성안에 널리 퍼졌다. 이때 여러 사람들이 곧 시장의 네거리에 늘어서서 모두가 함께 비난하고 미워하였다.

"여러분들은 아십니까? 오히려 외도를 가까이 할지라도 사문인 석가의 제자들은 믿지 마십시오."

이때 육중필추가 곧 걸식하러 들어갔다가 이 비난하는 말을 듣고서 곧 그에게 물어 말하였다.

"당신들은 누구를 미워하시오?"

대답하여 말하였다.

"우리들은 그대들을 미워합니다."

알려 말하였다.

"우리들에게 무슨 허물이 있어 그대들은 비난하고 미워합니까?"

여러 사람들이 알려 말하였다.

"성자 목련은 외도의 아내가 마땅히 아들을 낳는다고 수기하였으나 지금 마침내 딸을 낳았습니다."

육중이 듣고서 모든 사람에게 알려 말하였다.

"세간의 사람은 함께 모두가 지혜가 없는 바다에 뜨고 가라앉습니다. 오직 불·세존께서 수기하여 일을 말씀하시는 것만이 거짓이 없습니다. 다른 사람이 말하는 것은 어긋남이 있는 것이오 그러므로 사람이 태어나면 아들이 아니면 곧 딸입니다. 어찌 다시 강아지나 원숭이를 낳겠습니까?"

모든 사람이 듣고서 묵연히 말이 없었다. 이때 육중인 난타와 오파난타 는 함께 서로 알려 말하였다.

"우리들이 또한 마땅히 때에 알맞게 여러 대중들에게 대답하였다. 그러나 욕심이 적은 대목련은 스스로 죄를 범하였으니," [자세한 설명은 앞에서와 같다.]

나아가 알려 말하였다.

"오부의 죄의 가운데에서 뜻을 따라서 힐난하시오."

알려 말하였다.

"상좌께서는 어찌 스스로가 그 외도의 문도에게 임신한 아내가 반드시 아들을 낳는다고 수기한 것을 기억하지 못하십니까? 지금 아들을 낳았으면 서로가 경사스럽게 축하하며 사탕과 석밀을 뜻을 따라서 먹을 것입니다. 그러나 발우를 지니고 걸식하면 굶주림을 벗어나지 못할 것입니다. 다시 허망한 마음으로 망령되게 남의 일을 수기하여 마침내 우리들이 걸식을 얻지 못하게 하였습니다. 당신께서는 이미 죄를 범하였으니 마땅히 여법하게 참회하십시오."

목련이 알려 말하였다.

"구수여. 나는 죄를 보지 못하였소."

이때 육중은 수사인을 불러 건치를 울려 대중을 모으고서, [자세한 설명은 앞에서와 같다.] 나아가 세존께 아뢰니, 세존께서 여러 필추들에게 알려 말씀하셨다.

"그대들 모든 필추들이여. 그 네 곳이 있으면 생각하지 못하는 것이 있다. 만약 억지로 생각하면 마음이 곧 미혹되고 산란하며, 혹은 발광하느니라. 무엇이 네 가지인가? 첫째는 신아(神我)를 생각하여 헤아리는 것이고, 둘째는 세간을 생각하여 헤아리는 것이며, 셋째는 유정들의 업의 이숙(異熟)을 생각하여 헤아리는 것이고, 넷째는 모든 부처님의 경계를 생각하여 헤아리는 것이니라. 그러나 대목련이 수기할 때 그는 진실로 아들이었으나 그 뒤의 때에 업의 이숙을 까닭으로 그것이 바뀌어 딸이 된 것이니라. 만약 그 장자가 대목련에게 '나의 아내가 낳을 때에 아들입니까? 딸입니까?'라고 물었다면 이때 대목련은 수기하여 딸이라고 말하였을 것이다. 그대들 모든 필추들이여. 목련은 그때의 나타난 일에 의지하여 수기한 까닭으로 범한 것이 없느니라."

세존께서는 왕사성 갈란탁가지(羯蘭鐸迦池) 죽림원의 가운데에 머무르셨다.

이 성안에는 한 장자가 있었는데 이러한 말을 들었다.

"만약 미리 알리지 않고서 승가에 음식을 베풀면 그것은 곧 홀연히 재물과 음식이 서로 바뀌어 보답되며 구하는 것이 증장된다."

이때 그 장자는 곧 이렇게 생각하였다.

'돈과 재물을 찾고자 하면 이것이 좋은 방편이다. 나는 지금 마땅히 미리 알리지 않고 갑자기 승가에 음식을 베풀어야겠다.'

곧 시장에 가서 많은 깨끗한 고기[淨肉][25]를 사서 큰 가마솥에 넣고 소유(酥油)를 더하여 맛좋은 죽을 만들어 준비하고서 성문에 이르러 수문인(守門人)에게 알려 말하였다.

"그대는 지금 마땅히 아십시오. 만약 필추로서 걸식하고자 한다면 알려 말하십시오. 성자여. 어느 장자는 오늘 오전에 걸식하는 사람에게 음식을 베풀고자 합니다."

이때 걸식하는 사람들은 알리는 것을 듣고서 모두 그 장자의 집으로 갔다. 이때 그 장자는 각자에게 맛좋은 죽을 가지고 발우에 채워서 필추들에게 주었고 필추들은 받아서 함께 본래의 처소로 돌아와 마음껏 먹었다. 이때 하늘의 기운이 음습하게 엉키어 찬바람이 매서웠으므로 여러 필추는 함께 서로에게 말하였다.

"발우의 기름을 씻기 어려우니 우리들은 마땅히 온천이 있는 곳에 가서 따뜻한 물로써 그것을 씻읍시다."

곧 온천으로 가서 각자 그 발우를 씻었다. 한 젊은 필추가 있어 곧 이렇게 생각하였다.

'이 따뜻한 물은 어느 곳에서 오는 것일까?'

이곳의 멀지 않은 곳에서 오파난타도 역시 스스로 발우를 씻고 있었다. 이때 젊은 필추가 곧 그곳에 이르러 공손히 물어 말하였다.

"대덕 오파난타시여. 이 따뜻한 물은 어느 곳에서 옵니까?"

---

25) 승가에게 먹을 수 있도록 허락된 고기를 말한다.

이때 대목련도 역시 온천에서 발우를 씻으니, 오파난타가 젊은 필추에게 가르쳐 말하였다.

"그대는 지금 가서 욕심 적은 사람에게 묻게."

이때 그 젊은 필추는 목련의 처소에 이르러 위의를 가지런히 정리하고 공손하게 물어 말하였다.

"대덕이시여. 이 따뜻한 물은 어느 곳에서 옵니까?"

알려 말하였다.

"구수여. 무열뇌대지(無熱惱大地)가 있는 곳에서 오네."

오파난타는 마침 이 말을 듣고서 알려 말하였다.

"상좌여. 바른 경(正經)에 피해를 주지 마십시오. 법의 눈(法眼)을 무너뜨리지 마십시오. 내가 아직 증명하지 못할지라도 어찌 아급마(阿笈摩)[26]에 없겠습니까? 세존께서 설하신 것과 같이 무열대지(無熱大地)에 있는 모든 물은 여덟 가지의 공덕을 갖추었습니다. 이를테면, 시원하고 아름다우며 가볍고 부드러우며 청정하고 향기로우며 깨끗하므로 마시면 목구멍이 손상되지 않고 뱃속에 들어가도 걱정할 것이 없습니다. 수기하여 말씀한 것과 같다면 곧 처음의 덕에 어긋납니다. 그러므로 곧 발우를 지니고 걸식하면 몸의 굶주림을 구제하지 못할 것입니다. 헛되게 속일 마음으로서 거짓으로 남의 일을 수기하시니," [자세한 설명은 앞에서와 같다.]

나아가 세존께 가서 아뢰니, 세존께서 모든 필추들에게 알려 말씀하셨다.

"그대들 모든 필추들이여. 온천수(溫泉水)는 진실로 무열지에서 와서 이곳에 이르느니라."

필추가 세존께 아뢰어 말하였다.

"만약 그 물이 그곳에서부터 오면 어찌하여 지금은 이렇게 뜨겁습니까?"

세존이 알려 말씀하셨다.

---

26) 산스크리트어 āgama의 음사로서 근본불교의 경전인 『아함경』을 다르게 부르는 말이다.

"그대들은 마땅히 알라. 그 연못의 물은 500의 뜨거운 나락가(奈落迦)를 거쳐서 곧 이곳에 이르렀으므로 이러한 인연을 까닭으로 마침내 변하여 뜨겁게 된 것이다. 만약 목련에게 무슨 인연으로 뜨거운가를 물었다면 그는 곧 자세히 차갑지 않은 인연을 대답하였을 것이다. 그대들 모든 필추들이여. 그러나 그 목련이 이와 같은 생각을 지어서 설하였으니 이것은 범한 것이 없느니라."

세존께서는 실라벌성 급고독원에 머무르셨다.

이때 구수 대목련은 여러 필추에게 알려 말하였다.

"구수여. 내가 무소유정(無所有定)에 들어가니 만다라지(曼陀羅池) 연못 가에 여러 코끼리의 왕이 있고 울부짖는 소리가 들리네."

오파난타가 대중 가운데에서 이 말을 듣고서 이렇게 말하였다.

"상좌는 바른 이치를 무너트리지 마시고 법안을 해치지 마시오. 내가 비록 증명하지 못하나 어찌 성인의 가르침이 없겠습니까? 세존께서 설하신 것과 같이 '만약 무소유정에 들어가면 반드시 마땅히 멀리 색(色)과 성(聲)의 모든 경계를 떠난다.'고 말씀하셨으니 어찌 정(定)에 들어가서 소리를 들을 수 있습니까? 수기한 것에도 반드시 이것은 어디에도 없습니다."

[자세한 설명은 앞에서와 같다.] 육중이 죄를 힐난하며 건치를 울려 대중을 모으고 대목련에게 사치갈마를 지어 주었다. 이때 사리자가 나아가서 세존께 아뢰었고 여러 필추들도 이 인연을 갖추어 세존께 아뢰니, 세존께서 알려 말씀하셨다.

"그대들 모든 필추들이여. 대목련의 말과 같으며 거짓이 없느니라. 비록 다시 현재 무소유처정에 들어가면 모든 색(色)·성(聲)·상(想)을 모두 멀리 떠난다. 그러나 대목련이 획득한 정려는 해탈승묘(解脫勝妙)의 등지(等持)[27]로서 빠르게 나오고 빠르게 들어가는 것이다. 비록 이 정(定)에서

---

27) 삼매의 다른 이름이다. 삼매는 산스크리트어 samadhi의 음사로서 마음이 산란되지 않고 고요하게 머물러 있는 상태를 가리킨다. 삼매는 의식을 일정하게 파지하

나와 정중(定中)에 있으면서 곧 그 일로써 여러 필추에게 알려 '나는 정중에 있으며 코끼리가 부르짖는 소리를 들었다.'고 한 것이다. 그대들 모든 필추들이여. 대목련은 진실한 생각으로서 말하였으니 범한 것이 없느니라."

범하지 않는 것은 처음으로 잘못을 저지른 사람과 혹은 어리석고, 미쳤으며, 마음이 어지럽고 고통스러운 것에 얽매인 것이다.

망령되게 상인법을 설하는 학처를 마친다.

고 있으므로 등지(等持)라고 하며, 심신이 고요하기 때문에 적정(寂靜)이라 하고 선정(禪定)이라 한다.

근본설일체유부비나야 제11권

삼장법사 의정 한역
석보운 번역

2. 십삼승가벌시사법(十三僧伽伐尸沙法)

게송으로 섭수하여 말하겠노라.

설(泄)·촉(觸)·비(鄙)·공(供)·매(媒)와
소방(小房)·대사(大寺)·방(訪)과
편사(片似)·파승사(破僧事)와
수종(隨從)·오(汚)·만어(慢語)가 있다.

1) 고설정(故泄精) 학처

어느 때 박가범께서는 실라벌성 서다림의 급고독원에 머무르셨다.

이때 구수 오타이(烏陀夷)는 일상적인 일을 지을 때에 만약 취락과 촌방의 사찰 안의 주처에 머무르면 아침 일찍 일어나서 마당을 물뿌리고 쓸었으며 새로운 쇠똥을 발라 꾸미고 곧 방의 바깥에서 손발을 씻고 치목(齒木)을 씹은 뒤에 하루의 초분에 옷과 발우를 지니고 취락이나 혹은 촌방에 들어가서 차례로 걸식하였다.

그러나 몸의 근(根)을 잘 보호하지 않았고 정념(正念)에도 머물지 않았다. 음식을 얻은 뒤에 다시 본래의 처소로 돌아와 음식을 먹은 뒤에 옷과 발우를 거두고 발을 씻은 뒤에 곧 방으로 들어가 스스로 쉬면서 시간을 보냈다. 만약 그는 욕정의 뜻이 있으면 이전에 하였던 것처럼 곧 손으로 생지(生支)를 잡고 설정(泄精)¹⁾하여 즐거움을 취하였다.

이때 많은 필추가 방사(房舍)를 다니며 살펴보다가 마침내 오타이의 머무르는 처소에 이르러 함께 서로를 위로하여 묻고서 한쪽에 앉았다. 이때 여러 필추가 오타이에게 물어 말하였다.

"구수여. 많은 일을 견디었으니 여러 병고(病惱)가 없고 행은 안락합니까? 걸식하는 것에 노고(勞苦)는 없습니까?"

곧 여러 필추들에게 알려 말하였다.

"나는 지금 많은 일을 견디었으나 병고가 없었고 걸식을 쉽게 얻었으며 안락하게 있습니다."

여러 사람이 물어 말하였다.

"어찌 구수는 많은 일을 견뎠는데 근심과 번뇌가 없이 안락하게 있습니까?"

오타이가 말하였다.

"구수여 아십니까? 나의 일상적인 일은 취락이나 촌방의 사찰의 주처에서 마당에 물뿌리고 쓰는 등으로, [자세한 설명은 앞에서와 같다.] 나아가 손으로 생지를 잡고서 설정하여 즐거움을 취합니다. 이러한 까닭으로 열뇌(熱惱)를 없애고서 안락하게 머무르니 걸식하는 것도 괴롭지 않습니다."

이때 여러 필추들은 이 말을 듣고서 기뻐하지도 싫어하지도 않고서 버리고 떠나갔다. 세존의 처소에 나아가서 세존의 발에 예경하고 한쪽에 앉아 앞에서의 일을 갖추어 세존께 아뢰었다. 세존께서는 이 인연으로 두 가지 일을 관(觀)하시는 까닭으로 여러 필추들을 모으셨다.

무엇이 두 가지인가? 첫째는 모든 성문 제자들에게 지었던 이 일이 비법(非法)인 것을 알리고자 하는 까닭이었고, 둘째는 이 인연을 까닭으로 내가 모든 성문들을 위하여 학처를 제정하려는 까닭이었다. 모든 부처님의

---

1) 스스로가 성적인 쾌감을 얻으려고 정액을 배출하는 것을 말한다.

상법(常法)에서는 아시면서도 일부러 물으셨으며, 나아가 [자세한 설명은 앞에서와 같다.] 그때 세존께서는 때를 아시고서 오타이에게 물어 말씀하셨다.

"그대가 진실로 이러한 단엄(端嚴)하지 않은 일을 지었는가?"

대답하여 말하였다.

"진실로 그렇습니다."

세존께서 여러 가지로 꾸중하시고서 말씀하셨다.

"그대의 행위는 사문으로서 행이 아니고, 수순(隨順)한 법이 아니며, 청정한 행도 아니고, 출가한 사람이 마땅히 지을 일이 아니니라. 어찌하여 어리석은 사람도 내가 선설하는 법과 율의 가운데에 출가하여 탐·진·치의 마음을 떠나 심혜해탈(心慧解脫)의 미묘한 법을 설하는 것을 듣는데, 그대는 이러한 옳지 못한 일을 지었는가? 어리석은 사람이 오히려 손으로 두려운 흑사(黑蛇)를 잡을지라도 염심(染心)으로서 스스로 생지를 잡고서 일부러 부정(不淨)을 누설하지 않느니라. 어찌 그대같이 어리석은 사람이여! 두 손으로 신심있는 그 바라문과 여러 장자 등이 보시하는 음식을 받겠는가? 어찌 손으로 이러한 비법을 짓고서도 장차 안락하다고 말하는가?"

세존께서는 이렇게 여러 가지로 꾸중하시고서 여러 필추들에게 알려 말씀하셨다.

"내가 열 가지 이익을 관(觀)하고, [자세한 설명은 앞에서와 같다.] 모든 성문 제자들을 위하여 비나야에서 그 학처를 제정하나니, 마땅히 이와 같이 설하노라. 만약 다시 필추로서 고의적으로 정액을 누설하는 자는 승가벌시사(僧伽伐尸沙)이니라."

이때 세존께서는 모든 필추를 위하여 학처를 제정하여 마치셨다.

이때 여러 필추가 잠을 자면서 꿈속에서 정액을 누설하였고 모두 각자 후회(追悔)하는 마음을 일으켜 안락하지 않아 함께 서로에게 말하였다.

"당신은 지금 아십니까? 세존께서 모든 필추들을 위하여 비나야에서 그 학처를 제정하시어 '만약 필추로서 고의적으로 정액을 누설하는 자는 승가벌시사를 얻는다.'라고 하셨습니다. 우리들이 잠을 잘 때에 꿈속에서 정액을 누설하였고, 그때에 정액을 누설하였던 생각이 있으니 어찌 우리들이 승가벌시사를 범하지 않았겠습니까? 마땅히 함께 구수 아난타의 처소에 나아가서 그 일을 자세히 갖추어 알리고 그가 말하는 것을 우리들이 마땅히 받들어 지닙시다."

이때 여러 필추들이 곧 함께 아난타의 처소로 나아가서 도착하여 알려 말하였다.

"구수 아난타여. 아십니까? 불·세존께서 모든 성문을 위하여 비나야에서 그 학처를 제정하시어 '만약 다시 필추가 고의적으로 정액을 누설하는 자는 승가벌시사이다.'고 하셨으나, 우리들이 잠을 잘 때에 꿈속에서 정액을 누설한 생각이 있어 모두가 후회를 일으켰습니다. 어찌 우리들이 승가벌시사를 범한 것이 아니겠습니까? 이러한 까닭으로 대덕에게 와서 청하여 묻고 자세히 설하는 것을 우리들은 받들어 지니고자 합니다."

이때 아난타는 이 말을 듣고서 장차 여러 필추와 함께 세존의 처소로 나아갔다. 세존의 발에 예경하고 한쪽에 앉아서 아난타가 세존께 아뢰어 말하였다.

"세존이신 대덕께서는 모든 필추를 위하여 그 학처를 제정하시어 '만약 다시 필추가 고의적으로 정액을 누설하는 자는 승가벌시사를 얻는다.'고 하셨습니다. 이 여러 필추들은 잠을 자는 꿈속에서 정액을 누설하였고 모두 누설한 생각이 있었으므로 그 모든 구수들이 후회를 일으켰습니다. 장차 우리들이 모두 승잔죄(僧殘罪)를 범한 것이 아니겠는가? 여러 필추들은 범한 것인가? 범하지 않았는가를 알지 못합니다."

세존께서 아난타에게 알려 말씀하셨다.

"그 여러 필추들이 마음에서 생각을 인연하여 걱정하는 것을 나는 범한 것이 없다고 말하지 않겠노라. 그러나 꿈속에서 있는 이것은 현실의 일이 아니니, 마땅히 꿈속의 일은 제외시켜야 하느니라."

이때 세존께서는 능히 지계(持戒)를 찬탄하셨고, 계율을 공경하고 존중

358

하는 것을 찬탄하셨으며, 모든 필추를 위하여 수순법(隨順法)을 설하여
선품(善品)을 증장(增長)하도록 하시고 모든 필추들에게 알려 말씀하셨다.

"앞의 것은 처음으로 제정한 것이고, 지금의 이것은 따라서 여는 것이다.
이러한 까닭으로 나는 모든 필추를 위하여 비나야에서 다시 학처를 제정하
며 마땅히 이와 같이 설하노라. 만약 다시 필추로써 고의적으로 정액을
누설한다면 꿈속의 것을 제외하고는 승가벌시사이니라."

'필추'의 뜻은 앞에서와 같다.

'고의적인 마음'은 고의적인 뜻으로 짓는 것을 말한다.

'누설한다.'는 정액이 바로 흘러나와서 그 본래의 자리를 옮기는 것이다.

'정액'은 다섯 가지가 있다. 이를테면, 청(靑)·황(黃)·적(赤)·후(厚)·박(薄)
이다. 이 가운데에서 청은 전륜왕과 전륜왕의 장자(長子)가 관정(灌頂)의
법을 받으면 그 정액이 청색이 된다. 그 밖의 모든 아들들은 그 색이
모두 황색이고, 윤인대신(輪印大臣)은 그 색이 모두 적색이며, 이미 장성한
사람은 그 정액이 진하고[厚], 아직 성장하지 않은 사람의 정액은 묽다[薄].
만약 사람이 여자에 대한 욕심으로 상처를 받았거나, 무거운 짐을 졌으며,
혹은 멀리 걸었고, 혹은 근(根)이 손괴(損壞)되었다면 이것들의 부류에도
다섯 가지의 정액이 있다.

'꿈속의 것을 제외한다.'는 만약 꿈속에서 일어났다면 범한 것이 아니다.

'승가'는 만약 이 죄를 범하였다면 마땅히 승가에 의지하여 그 법을
행하고, 승가에 의지하여 죄를 벗어나게 할 것이며, 다른 사람에 의지해서
는 아니된다.

'벌시사'라고 말하는 것은 남은 것이 있다는 뜻이다. 만약 필추가 4바라
시가법 가운데에서 그 하나라도 범하면 다른 것이 없을지라도 함께 머물
수 없으나, 이 13법은 필추가 비록 범하였고 다른 것이 있을지라도 이것을
다스릴 수 있는 까닭으로 승잔이라고 이름한다.

이 가운데에서 범한 모양과 그 일은 무엇인가? 다섯 가지가 있다.
첫째는 즐거움[樂] 때문이고, 둘째는 주술[呪] 때문이며, 셋째는 종자(種子)
를 위하는 까닭이고, 넷째는 약(藥) 때문이며, 다섯째는 스스로를 시험하기

위한 까닭이다. 무엇이 즐거움을 위하는 것인가? 필추가 정액을 누설하여 즐거워하는 까닭이니, 내색처(內色處)에 염욕심(染欲心)이 있으므로 그 방편을 더하여 생지를 움직여 정액을 누설하여 즐거움을 받았다면 승가벌시사를 얻는다. 비록 방편을 사용하였으나 정액을 누설하지 않으면 솔토라저(率吐羅底)를 얻는다. 이와 같이 만약 생지를 요동(搖動)하는 즐거움을 까닭으로 고의적으로 정액을 누설하였고, 혹은 비벼대고 잡아서 즐거워하려는 까닭으로 고의적으로 정액을 누설하였으며, 혹은 생지의 두(頭)를 드러내어 즐거워하려는 까닭으로 고의적으로 정액을 누설한다면 얻는 죄의 가볍고 무거움의 자세한 설명은 앞에서와 같다.

즐거움을 위하는 것은 앞에서와 같고, 만약 주술을 위하고, 종자를 구하기를 위하며, 약을 위하고, 시험하는 힘을 얻기 위해 정액을 누설하였다면 얻는 죄의 가볍고 무거움의 자세한 설명은 앞에서와 같다. 만약 필추가 즐거움을 까닭으로 푸른 정액[靑精]을 누설하였고, 내색처에 염욕심이 있어 방편을 일으켜 그 정액을 누설하였으며, 혹은 황·적·후·박을 구하는 자가 얻는 죄도 앞에서와 같다. 내색처는 앞에서와 같으며, 외색처도 역시 같다.

게송으로 섭수하여 말하겠노라.

만약 춤을 추고 허공에서와
세심한 움직임과 몸으로 누설하는 것과
문지르고 주물러 나오는 시약(時藥)과
염오된 마음으로 생지를 생각하는 것과
혹은 때에 염심으로 보는 것과,
혹은 역류(逆流)와 순류(順流)와
혹은 역풍(逆風)과 순풍(順風)에
마땅히 죄의 가볍고 무거움을 알라.

만약 필추가 춤을 추는 인연으로 정액을 누설하였다면 솔토라저죄를

360

얻고, 만약 정액을 누설하지 않았다면 악작죄를 얻는다. 만약 필추가 공중에 다리를 움직여 정액을 누설하였다면 솔토라저를 얻고, 만약 정액을 누설하지 않았다면 악작죄를 얻는다. 만약 필추가 전쟁에 나가 싸울 때 마침내 마음이 일어나 정액을 누설하였다면 솔토라저를 얻고 만약 누설하지 않았다면 악작죄를 얻는다. 만약 정액을 이미 누설하여 몸 안에 있는데 방편을 더하여 정액을 누설하였다면 솔토라저를 얻고, 만약 누설하지 않았다면 악작죄를 얻는다.

만약 필추가 다른 사람과 접촉하여 정액을 누설하였다면 솔토라저를 얻고 만약 염심이 있어도 누설하지 않았다면 악작죄를 얻는다. 만약 필추가 생지를 생각하는 마음으로 즐거움을 얻고자 정액을 누설하였다면 솔토라저를 얻고 만약 누설하지 않았다면 악작죄를 얻는다. 만약 필추가 염심으로서 생지를 관찰해 본다면 악작죄를 얻는다.

만약 필추가 염욕심으로서 자신의 생지를 역류시켜 지니면 솔토라저를 얻고 만약 순류로서 지닌다면 악작죄를 얻는다. 만약 필추가 염욕심으로 자신의 생지를 바람에 거슬려 마주하고 있으면 솔토라저를 얻고 만약 순풍으로 마주하고 있으면 악작죄를 얻는다.

범하지 않는 것은 혹은 달리고, 혹은 즐겁게 뛰며, 혹은 들뜨고, 혹은 갱참(坑塹)[2]·난순(欄楯)[3]을 뛰어넘으며, 혹은 다니면서 다리를 만지고 옷을 만지며, 혹은 욕실에 들어가고, 혹은 고의적으로 두 가지를 생각하며, 혹은 사랑하는 모습을 보았고, 혹은 가려운 옴을 긁다가 즐거워하는 마음이 없이 정액을 누설하였다면 모두 범하는 것이 없다.

또한 범하지 않는 것은 처음으로 잘못을 저지른 사람과 혹은 어리석고, 미쳤으며, 마음이 어지럽고 고통스러운 것에 얽매인 것이다.

---

2) 깊고 길게 파놓은 구덩이로서 무기를 숨겨두기도 하였고, 성 앞의 갱참은 물을 채워 해자(垓字)로 사용하기도 하였다.
3) 스투파나 다른 성역을 둘러싼 돌로 만든 울타리를 말한다.

2) 촉녀(觸女) 학처

세존께서는 실라벌성 서다림의 급고독원에 머무르셨다.

이때 육중필추가 함께 서로에게 말하였다.

"우리들은 매일 아침 일찍 한사람이 항상 서다림의 문 앞에 있으면서 만약 바라문·장자·거사가 지나가면 그들을 위해 법요를 설하고, 논의하는 사람이 있으면 우리들이 마땅히 절복(折伏)시켜 멀리 이름을 알려서 듣는 대중들이 흠모하고 우러르도록 하세."

이들 육중필추는 6대성(大城)의 씨족 종족으로 모두가 공교롭게 이름이 알려져서 고향을 알지 못하는 사람이 없었고 성품을 모르는 사람도 없었다. 이때 구수 오타이(鄔陀夷)는 초분에 치목을 씹고 승가지를 입고서 솔도파에 예경하고서 서다림의 문밖을 유유히 경행하고 있었다. 이 성의 상법에는 만약 바라문·장자·거사와 거사의 부인이 함께 도성(都城)을 나와 방림(芳林) 안에 머물며 주변의 여러 꽃과 과일을 두루 살펴보면서 서다림에 들어와 세존과 아울러 여러 대덕에게도 예배하였다. 이때 많은 거사와 거사부인이 서다림에 이르렀을 때에 오타이는 보고서 이와 같이 말하였다.

"잘 왔습니다. 자매여. 마치 달이 처음 떠오르는 모습과 같습니다."

여러 여인들이 대답하여 말하였다.

"대덕이여. 세존께서 '사람들이 팔무가(八無暇)[4] 가운데에 머물면서 청정행을 닦는 것은 쉽지 않다.'고 설하신 것과 같이 우리 여자의 몸은 여러 장애와 재난이 많고 가업을 경영하는 것이 다시 아홉 번째가 되어 한가할 일이 없습니다."

이때 오타이는 이 말을 듣고서 여인들에게 알려 말하였다.

"그대들은 어찌 듣지 않았습니까?"

---

4) 불법을 수행할 겨를이 없는 여덟 가지로서 재지옥난(在地獄難)·재축생난(在畜生難)·재아귀난(在餓鬼難)·재장수천난(在長壽天難)·재울단월난(在鬱單越難)·농맹음아난(聾盲瘖瘂難)·불전불후난(佛前佛後難) 등이다.

옛날에 사갈왕(娑竭王)이 있어
널리 여러 사업을 경영하였고
지었던 일을 아직 끝내지 않았으나
그 목숨을 이미 마쳤다네.

그대들이 가업을 경영하며
그 일이 끝나지 않았을 때에
죽음은 사람들이 모두 싫어하여도
오히려 홀연히 오는 것을 알라.

여인들이 듣고서 대답하여 말하였다.

"대덕이여. 우리들은 인연이 이러한 까닭으로 사찰에 들어와 세존의 발에 예경하고 아울러 여러 상좌이신 대덕 필추들에게도 예배합니다."

오타이가 말하였다.

"어서 오십시오. 자매여. 세존께서 '굳세지 않는 몸으로서 굳센 법을 구하라.'고 설하신 것과 같이 그대들이 사찰에 들어와 즐거이 예배하는 것은 진실로 좋은 일입니다. 그대들은 이 사찰 안의 어느 필추를 안내자(引導人)로 청하여 방사 및 탑묘(塔廟)의 안내를 받고자 합니까?"

여러 여인들이 대답하여 말하였다.

"대덕이시여. 어찌 우리들이 손으로 밝은 횃불을 잡고서 다른 등불[燈燭]을 구하겠습니까? 지금 대덕을 버리고서 다른 사람이 보여주고 가르치는 것을 요청하겠습니까?"

이때 오타이는 곧 이렇게 생각을 지었다.

'만약 내가 그렇게 방사를 지시(指示)하고 가르친다면 선품을 닦는 것을 무너트리는 것이나, 만약 보여주고 가르치지 않는다면 교류(交有)가 없어지니 성에 들어가 걸식하면 누가 마땅히 보고서 주겠는가? 비록 바른 수행을 무너뜨릴지라도 마땅히 보여주고 가르칠 것이다.'

곧 손과 발을 씻고서 곧 향과 꽃을 지니고 그들을 보여주고 가르치며 나아갔다. 가타로서 설하여 말하였다.

만약 사람이 진실로 금(金)으로서
하루에 백천 냥(兩)을 베풀더라도
잠깐 동안에 사찰에 들어가서
정성스런 마음으로 한번 탑을 예배하는 것보다 못하다네.

"자매여. 이곳은 여래께서 처소로 머무시는 향전(香殿)이오. 불·세존은
밤낮으로 육시(六時)를 항상 불안(佛眼)으로 세간을 관찰하십니다. 누가
증장하고, 누가 감소하며, 누가 고액(苦厄)을 만나고, 누가 악도를 향하여
욕망의 수렁에 빠지며, 누가 깊은 교화를 받고, 무슨 방편을 지어 구제하여
야 고통을 벗어나게 하는가를 아십니다. 성재(聖財)가 없는 사람들은 성재
를 얻게 하시고, 지혜의 안선나(安膳那)로서 무명의 막(膜)을 깨트리시며,
선근이 없는 사람에게 선근을 생기게 하시고, 선근이 있는 사람은 더욱
증장시켜 인천(人天)의 길에서 능히 고통의 끝을 벗어나 열반의 성(城)에
이르게 하십니다."
이때 오타이가 가타로서 설하여 말하였다.

가령 큰 바다의 파도와
혹은 기한(期限)을 잃었을지라도
세존께서는 교화하는 사람들에게
제도하시며 때를 놓치지 않네.

어머니가 한 아이를
한상 몸과 목숨으로 보호하듯이
세존께서는 교화하는 사람들을
애민하게 생각하심은 그것보다 더하다네.

세존께서는 대비심으로
널리 삶과 죽음의 안에서
항상 따르는 사람을 교화하심이
어미 소가 새끼를 사랑하는 것과 같다네.

"그러므로 불·세존·응·정등각은 십력(十力)[5]과 사무소외(四無所畏)[6]를
구족하시고, 사자후로써 여러 미혹을 깨우치셨으니, 그대들은 마땅히
지심(至心)으로 세존의 발에 예경하십시오."

다음으로 다른 방사에 이르러 알려 말하였다.

"이곳은 상좌이신 아야교진여(阿若憍陳如)가 머무시는 방입니다. 여러
자매들이여. 이 세간은 눈이 멀어 어둡고 무지하여 이미 윤회(輪迴)하는
기나긴 밤을 벗어나는 것은 어렵습니다. 그때 세존께서 처음으로 정각을
이루셨고 묘한 지혜의 약으로서 법의 눈을 여시고서 삼전법륜(三轉法輪)[7]
으로 그 깨달음을 여셨습니다. 대사의 제자 가운데에서 최고의 상수가
되시고 나이가 많고 덕이 쌓이셨으며 범행을 잘 닦았고 법의(法衣)를

---

5) 세존께서 갖추고 있는 열 가지 지혜의 능력을 가리킨다. 첫째는 처비처지력(處非
處智力)이고, 둘째는 업이숙지력(業異熟智力)이며, 셋째는 정려해탈등지등지지력
(靜慮解脫等持等至智力)이고, 넷째는 근상하지력(根上下智力)이며, 다섯째는 종종
승해지력(種種勝解智力)이고, 여섯째는 종종계지력(種種界智力)이며, 일곱째는 변
취행지력(遍趣行智力)이고, 여덟째는 숙주수념지력(宿住隨念智力)이며, 아홉째는
사생지력(死生智力)이고, 열째는 누진지력(漏盡智力) 등이다.

6) 산스크리트어 vaisaradya의 번역으로 설법함에 있어 두려움 없게 하는 힘으로
4가지가 있으므로 사무외(四無畏)라고도 한다. 첫째는 정등각무외(正等覺無畏)로
일체 법을 깨닫고 증득했다는 두려움이 없는 것이고, 둘째는 일체누진무외(一切漏
盡無畏)로서 일체의 번뇌를 모두 끊었다는 두려움 없는 것이며, 셋째는 설장법무
외(說障法無畏)로서 수행에 장애가 되는 것은 모두 설했다는 두려움 없는 것이고,
넷째는 설진고도무외(說盡苦道無畏)로서 고통스러운 미망의 세계에서 벗어나
해탈의 길에 드는 길을 설했다는 것이다.

7) 삼전십이행상(三轉十二行相)이라고도 말한다. 사제(四諦)를 시전(示轉)·권전(勸
轉)·증전(證轉)의 세 가지로 설명하고, 다시 시전(示轉)·권전(勸轉)·증전(證轉)의
사제(四諦)에 안(眼)·지(智)·명(明)·각(覺)의 네 단계로 나누어 사제(四諦) 각각을
열두 가지 모습으로 설명한 것이다.

수지(受持)하시어 처음으로 상수가 되셨으니, 그대들은 마땅히 지극한
마음으로 그의 발에 예경하십시오.”

다음으로 존자 대가섭파는 대바라문의 승묘(勝妙)한 종족으로서 999의
얼룩소와 200이 넘는 크고 작은 금빛의 금대맥(金大麥)과 60억 금전(金錢)이
있었고, 18곳의 봉읍(封邑)8)과 소작인이 있었으며, 16곳의 마을과 가게[商
估]가 있었고, 가필리(迦畢梨)라는 아내는 금색의 용모로서 미려(美麗)9)하
여 그녀에게 비교되는 사람이 없었으나 이와 같은 모든 것을 콧물과
침과 같이 버리고서, 후야(後夜)에 백천의 좋은 옷을 버리고서 거친 면(綿)의
승가지를 입고서 세존께 귀의하여 출가하여 숲속에 머무셨습니다. 가령
광란의 코끼리가 눈을 들어 그를 본다면 곧 그 광취(狂醉)를 버렸고 소욕(少
欲)으로 만족할 줄 알았으며 두타행(杜多行)을 닦아서 대사의 모든 제자
중에 위덕이 존중되는 것이 제일이시니, 그대들은 마땅히 지극한 마음으로
그의 발에 예경하십시오.”

다음으로 존자 사리자가 머무는 방에 이르러 알려 말하였다.

“여러 자매들이여. 이분은 귀족인 바라문의 아들로서 세속을 버리고
출가하였고, 16세에 처음으로 제석의 성명경(聲明經)을 마음으로 깨달아
이해하였고 모든 외도의 논사들을 아울러 절복(摧伏)시켰습니다. 세존께
서 말씀하신 것과 같이

일체의 세간의 지혜에서
오직 여래를 제외하고는
신자(身子)10)의 지혜에
16분의 1에도 미치지 못하네.

일체의 인천(人天)의 지혜는

---

8) 제후(諸侯)에게 나누어 준 땅을 가리킨다.
9) 아름답고 고운 모습을 나타낸 말이다.
10) 사리자를 일컫는 말이다.

모두 사리자와 같을지라도
여래의 지혜에
16분의 1에도 미치지 못하네.

"대사의 모든 제자 가운데에서 대지혜를 지니고 변재를 구족하는 것이
제일이니, 그대들은 마땅히 지극한 마음으로 그의 발에 예경하십시오."
다음으로 존자 대목건련이 머무는 방에 이르러 알려 말하였다.
"여러 자매들이여. 이분은 보국대신(輔國大臣) 바라문의 아들로서 높고
수승한 지위를 버리고 출가하여 대신력(大神力)이 있어 능히 손가락으로
제석궁(帝釋宮)을 움직입니다. 대사의 모든 제자 가운데에서 대위덕을
지니고 대신통을 구족한 것이 제일이니, 그대들은 마땅히 지극한 마음으로
그의 발에 예경하십시오."
다음으로 존자 아니로타(阿尼盧陀)가 머무는 방에 이르러 알려 말하였다.
"여러 자매들이여. 이분은 세존의 사촌 동생입니다. 역시 높은 지위를
버리고 세존을 따라 출가하였으나 대세력(大勢力)이 있습니다. 일찍이
어떤 상주(商主)가 큰 바다의 가운데에서 액난을 만났을 때 그의 이름을
불러 배가 안온하게 되었고 여러 가지의 보물과 재산이 손상되지 않았으며
고향에 무사히 돌아왔습니다. 대사의 모든 제자 가운데에서 맑은 천안을
얻은 것이 제일이니, 그대들은 마땅히 지극한 마음으로 그의 발에 예경하십
시오."
다음으로 존자 아난타가 머무는 방에 이르러 알려 말하였다.
"여러 자매들이여. 이분은 세존의 사촌 동생으로서 그 지위를 버리고
출가하여 세존이 계시는 처소에서 스스로가 받들어 공양하고 시중을
드십니다. 비록 오랜 시간이 지났으나 게으른 마음이 없고 크게 지혜롭고
총명하여 성스럽게 찬탄되십니다. 여래가 설하신 일체의 경전을 듣고서
능히 수지하는 것이 물병의 쏟아지는 물을 다른 그릇에 옮기는 것과
같습니다. 대사의 모든 제자 가운데에서 다문(多聞)의 총지(摠持)[11]로서
제일이니, 그대들은 마땅히 지극한 마음으로 그의 발에 예경하십시오."

다음으로 난타(難陀)가 머무는 방에 이르러 알려 말하였다.

"여러 자매들이여. 이분은 세존의 친동생입니다. 세속을 버리고 출가하였으나 만약 출가하지 않았으면 역륜왕(力輪王)이 되셨을 것이다. 대사의 모든 제자 가운데에서 모든 근(根)을 잘 지키고 외부의 경계를 능히 막는 것에 제일이니, 그대들은 마땅히 지극한 마음으로 그의 발에 예경하십시오."

다음으로 구수 나호라(羅怙羅)가 머무는 방에 이르러 알려 말하였다.

"여러 자매들이여. 이분은 세존의 아들입니다. 세속을 버리고 출가하였으나 만약 출가하지 않았으면 전륜왕이 되었을 것입니다. 대사의 모든 제자 가운데에서 학처를 사랑하고 소중히 하여 받들어 지키며 잃지 않는 것에 제일이니, 그대들은 마땅히 지극한 마음으로 그의 발에 예경하십시오."

다음으로 오파난타(鄔波難陀)·아설가(阿說迦)·보나파소가(補奈婆素迦)·난다(蘭陀)의 처소에 이르렀다.

"이곳은 나의 방이니 그대들은 마땅히 예로서 관찰하십시오."

살펴보는 것을 마치자 그곳에 앉도록 명했다. 그 오타이는 이러한 음염(婬染)을 행하여 그의 방은 여러 가지의 장엄으로 밝게 꾸며져 있었고 벽에는 모두 그림을 그렸으며 비단의 잠자리가 평상에 놓여져 있었고 여러 묘한 상자·담는 그릇·좌구가 있었으며 책상 위에는 향수병과 국자(杓器)가 놓여 있었다. 이때 오타이는 그 여인들에게 알려 말하였다.

"자매들이여. 먼저 간식을 조금 먹고서 밀장(蜜漿)을 마십시다."

여인들이 알려 말하였다.

"대덕이여. 어찌 강물이 거꾸로 흐르겠습니까? 이치적으로는 우리들이 먼저 공양을 하여야 하나 오히려 반대로 대덕의 보시를 받겠습니다. 좋습니다. 성자시여. 우리들은 소유한 것을 반드시 행복하고 마땅히 받겠습니다."

---

11) 모든 것을 포괄하여 지녔다는 뜻이다.

368

곧 물어 말하였다.

"그대들은 무엇이 필요합니까?"

여인들이 알려 말하였다.

"일찍이 듣지 못한 법을 원하건대 우리들을 위하여 설하십시오."

오타이가 말하였다.

"좋습니다. 자매들이여. 세존께서 설하신 것과 같이 세간에는 그 여섯 가지의 일이 있어 희유하고 만나기 어렵습니다. 무엇이 여섯 가지인가? 첫째는 모든 부처님께서 이 세상에 나오셨어도 만나기 어려운 것이고, 둘째는 여래께서 설하시는 미묘한 법을 듣기 어려운 것이며, 셋째는 인간의 몸을 받기 어려운 것이고, 넷째는 중국(中國)에 태어나기 어려운 것이며, 다섯째는 모든 근을 모두 갖추기 어려운 것이고, 여섯째는 신심을 일으키기 어려운 것입니다. 자매들이여 이것은 어려운 일이지만 그대들은 이미 얻었으므로 마땅히 신심을 일으켜야 합니다. 스스로가 세존을 마주하고 앉은 것과 같이 법요를 들으십시오. 내가 마땅히 설할 것입니다."

이때 모든 여인들은 오타이의 발에 예배하고 한쪽에 앉아 오직 한 마음으로 법을 들었다. 이때 오타이는 곧 법을 설하였으나 법을 설하는 것을 따라서 곧 염심을 일으켰다. 오히려 주술사가 귀신의 주술에 걸린 병자에게 주술을 잘못하여 주술을 할 때마다 그 귀신에 얻어맞는 것과 같이 그 오타이도 또한 이와 같아 법을 설하는 것을 따라 염촉심(染觸心)이 일어났다. 염심이 생겨나 자리에서 일어나 곧 손으로 여인들의 몸을 만지고 주물렀다. 이때 여인들 중에 서로 좋아하는 자가 있어 염언(染言)으로 서로 희롱하고 몸과 손으로 서로를 주물렀다. 좋아하지 않는 여인들은 방을 나가서 처마 아래를 천천히 걸으며 함께 싫어하고 천박하게 생각하고 의논하고 비난하면서 말하였다.

"물속에서 곧 불빛이 나오고 귀의처에서 반대로 공포가 생기는 것을 누가 알았겠는가? 우리들은 지난날에 이러한 승방(僧房)을 안은하고 열반이며 번뇌를 떠나고 장애가 없다고 말하였으나, 다시 이곳에는 여러 재앙과 공포와 두려움이 있는 곳이다."

그녀들이 비난하고 싫어하고 있을 때 필추들이 듣고서 물어 말하였다.

"자매들이여. 그대들은 누구를 욕하고 싫어합니까?"

대답하여 말하였다.

"우리들은 당신들을 욕하고 있습니다."

알려 말하였다.

"우리들이 무슨 일을 지었기에 그대들이 싫어합니까?"

대답하여 말하였다.

"우리들은 옛날부터 비록 도둑의 장소를 만났고 나아가 미친 사람을 만났으나, 오타이가 설한 것과 같은 비루(鄙陋)한 말은 듣지 못하였습니다. 우리들의 몸은 비록 남편이 있을 때 만졌으나 아직 오타이처럼 능욕하고 핍박하지 않았습니다. 만약 우리들의 부모·형제·자매·남편이 들었다면 나아가 우리들이 서다림을 바라보는 것조차 허락하지 않을 것이니 하물며 이곳에 들어와 예경하겠습니까?"

여러 필추들이 알려 말하였다.

"자매들이여. 그 필추는 금지된 계율을 갖추었고 대신의 아들이니 애욕이 많은 성격일지라도 이러한 방편을 지어 염심을 늘리는데 이용하였겠습니까?"

여인들이 대답하여 말하였다.

"성자여. 소의 뿔이 날카로워도 어찌 반대로 자신의 배를 찢겠습니까? 설령 염심이 있을지라도 오히려 자신을 꺾어 범행을 닦아야 합니다."

여러 필추들이 말하였다.

"자매들이여. 잠시 있으십시오. 또한 우리들이 마땅히 가서 멈추게 하겠습니다."

대답하여 말하였다.

"성자여. 만약 멈추면 매우 좋으나 만약 멈추지 않는다면 우리들은 끝내 내 발로는 다시는 서다림에 오거나 밟지 않을 것입니다."

필추들이 알려 말하였다.

"우리들은 함께 막을 것이고 다시는 못하도록 하겠습니다."

이때 여러 여인들이 함께 싫어하며 떠나갔다. 이때 구수 오타이는 곧 웃으며 방을 나오니, 여러 필추들이 보고서 물어 말하였다.

"대덕 오타이여. 비루하고 천박한 행동이 사문을 모욕하였소. 어찌 방자한 뜻을 품고서 다시 웃는 것이오?"

오타이가 알려 말하였다.

"내가 무슨 일을 지었습니까? 내가 어찌 술을 마셨고 마늘이나 파를 먹었습니까?"

여러 필추들이 말하였다.

"추잡하고 무거운 일을 그대가 오히려 하였는데 술을 마시는 것과 파와 마늘을 먹은 것을 어찌 의심받지 않겠는가?"

알려 말하였다.

"내가 무슨 일을 지었습니까?"

여러 필추들이 말하였다.

"이 바라문과 거사의 부인들이 비난하고 욕하면서 갔으니 어찌 죄가 아닌가?"

알려 말하였다.

"그대들은 다만 흑발(黑鉢)을 지니고 집들을 다니면서 걸식하는 것을 알뿐이니 인색하고 질투하며 얽힌 마음이 날마다 증가되어 깊어졌고, 나아가 다른 사람을 위하여 사구법(四句法)도 설하지도 않으면서 다른 사람이 연설하는 것을 보고서 질투의 마음을 일으키시오?"

여러 필추들이 말하였다.

"우리들이 구수를 살펴보니 비록 자주 설하지만 일찍이 한 사람도 능히 진리를 본 사람은 없었소."

알려 말하였다.

"또한 근기가 성숙한 사람들에게 점차로 진리의 문에 들어가게 합니다."

여러 필추 가운데에서 욕심이 적은 사람이 있어 모두 함께 비난하고 싫어하여 꾸중하면서 말하였다.

"무엇이 필추가 지은 비리(非理)인가? 마땅히 부끄러워 할 것이지 반대로 소리를 높이는가?"

이때 여러 필추들은 이 인연을 갖추어 세존께 아뢰었다. 세존께서는 이 인연으로 모든 필추들을 모으셨으며 아시면서도 일부러 물으셨다.

"그대 오타이여. 진실로 이와 같은 비루하고 악한 일을 지었는가?"

아뢰어 말하였다.

"진실로 그렇습니다."

세존께서 말씀하셨다.

"그대의 비리는 사문도 아니고, 수순이 아니며, 청정하지도 않고, 마땅히 지어야 하는 것도 아니니라."

이때 세존께서는 여러 가지로 꾸중하시고서 여러 필추들에게 알려 말씀하셨다.

"내가 열 가지 이익을 관(觀)하고, [이하 자세한 내용은 생략한다.] 나아가 성문 제자를 위하여 비나야에서 그 학처를 제정하나니, 마땅히 이와 같이 설하노라. 만약 다시 필추가 염전심(染纏心)으로서 여인과 함께 몸을 서로 만지고, 손을 잡으며, 어깨를 붙잡고, 머리카락을 잡으며, 몸의 일부분을 만져서 마음으로 즐거움을 받으려고 하는 자는 승가벌시사이니라."

'만약 다시 필추'는 오타이를 말하고, 혹은 다시 다른 부류를 말한다.

'염전심으로서'는 이러한 염심(染心)이 있으나 얽힌 마음이 아니고, 이러한 얽힌 마음은 염심이 아니며, 혹은 두 가지를 갖추었거나 두 가지를 갖추지 않은 것이다. 무엇이 염심이나 얽매이지 않은 것인가? 이를테면, 염심이 있으나 극심한 염심이 현재 나타나지 않은 때를 말한다. 무엇이 얽매였으나 염심이 아닌가? 이를테면, 마음이 바깥 경계를 인연하여 얽히었으나 아직 염심이 일어나지 않은 것을 말한다. 무엇이 염심과 얽매임을 갖춘 것인가? 이를테면, 염심과 극심한 염심이 있어 눈앞의 경계를 탐내고 구하여 마음이 집착에 얽매인 것을 말한다. 무엇이 염심과 얽매임이 모두 없는 것인가? 이를테면, 눈앞의 상(相)을 없애는 것이다.

'여인'은 부인이거나 동녀(童女)로서 욕사(欲事)를 능히 즐길 수 있는 사람이다.

'몸을 서로 만지고'는 몸과 몸으로서 만지고 접촉하는 것이다.

'손을 잡으며'는 팔의 아랫부분을 말하며 앞에서와 같다.

'어깨를 붙잡고'는 팔의 위를 앞에서와 같다.

'머리카락을 잡으며'는 이를테면, 머리카락과 서로 연결된 머리띠 등을 말한다.

'몸의 일부분'은 여러 끝부분[支節]을 말한다.

'즐거움을 받으려고 하는 자'는 마음속으로 욕락을 받는 것이다.

'승가벌시사'는 앞에서 자세히 설명한 것과 같다.

이 가운데에서 범한 모양과 그 일은 무엇인가? 그 일에는 아홉 가지가 있다. 곧 촉(觸)·극촉(極觸)·빙(憑)·착(捉)·견(牽)·예(曳)·상(上)·하(下)·변포(遍抱)이다. 무엇이 촉인가? 만약 필추가 염전심으로 여인과 함께 음행하려는 까닭으로 그 머리를 만지며 옷으로서 막지 않으면 승가벌시사를 얻고 옷으로 막으면 솔토라저야를 얻는다. 머리는 이것과 같으며 만약 어깨·등·배꼽 나아가 발가락 등을 만지는 것에 옷이 있고, 없는 것은 모두 앞에서 설한 것과 같다. 촉은 이것과 같으며 극촉·빙·착도 역시 이것과 같다.

무엇이 견인가? 만약 필추가 염전심으로 여인과 음행을 즐기고자 멀리서 끌고 와서 가까이에 이르거나 가까이에서 멀리 밀치면 앞에서와 같은 죄를 얻는다. 무엇이 예인가? 이를테면, 필추가 여인을 잡고서 오른쪽에서 끌어당겨 왼쪽으로 향하게 하고, 혹은 왼쪽으로부터 끌어당겨 오른쪽으로 향하게 하며, 혹은 다리로부터 머리에 이르게 하고 혹은 머리로부터 다리로 향하게 하는 것을 말한다.

무엇이 상인가? 이를테면, 여인을 잡고서 땅으로부터 위로 발가락을 들어 올리며 만약 옷으로 막지 않으면 근본죄를 얻고, 만약 옷으로 막으면 방편죄를 얻는다. 발가락은 이것과 같고, 허벅지와 무릎 및 나머지의 몸의 부분과 나아가 정수리에 이르고, 만약 들어 올려 평상 위·코끼리·마차·수레 등에 태우며, 혹은 누각 위에 들어 올리면서 필추가 염전심이 있어 접촉하여 즐거움을 받고 유쾌한 생각을 마음을 지어서 몸의 일부분을 만지는 때에 만약 옷으로 막지 않으면 근본죄를 얻고, 만약 옷으로 막으면 방편죄를 얻는다. 이것을 거상(擧上)이라고 이름한다.

무엇이 하인가? 만약 필추가 여인과 음행하고자 누각 위에서 아래로 들어 내리고, 혹은 코끼리·마차·평상 위에서 들어 내리며 나아가 발가락이 땅에 닿는 것으로 얻는 죄는 앞에서와 같다. 이것을 하라고 이름한다.

무엇이 변포인가? 만약 필추가 여인과 음행을 즐기고자 손으로 목으로부터 발가락에 이르기까지 억누르고서 몸의 일부분을 만진다면 얻는 죄는 앞에서와 같다. 일반적으로 여인의 몸을 만지며 음행을 즐기면서 옷으로 막지 않으면 근본죄를 얻고 옷으로 막았으면 방편죄를 얻는다. 만약 음행을 즐기지 않았으나 옷을 입지 않았으면 추죄(麤罪)를 얻고 옷을 입었으면 악작을 얻는다.

만약 필추가 염전심으로 남자의 황문(黃門)을 만지며 음행을 즐기는데 옷을 입지 않았으면 추죄를 얻고 옷을 입었다면 악작을 얻는다. 만약 음행하지 않았으면 옷을 입었거나 입지 않았거나 모두 악작을 얻는다. 만약 방생(傍生)을 만지면서 음행을 즐겼거나 음행을 즐기지 않았거나 모두 악작을 얻는다. 만약 무염심으로서 어머니·딸·자매를 만졌다면 모두 범한 것이 없다. 만약 여인이 물에 빠졌고, 혹은 스스로 목을 매었으며, 혹은 독약 등을 마신 것을 보고서 구제할 때에 몸을 만지는 것은 범한 것이 없다.

또한 범하지 않는 것은 처음으로 잘못을 저지른 사람과 혹은 어리석고, 미쳤으며, 마음이 어지럽고 고통스러운 것에 얽매인 것이다.

3) 설비악어(說鄙惡語) 학처

세존께서는 실라벌성의 서다림 급고독원에 머무르셨다.

이때 오타이 필추의 연기(緣起)는 앞에서와 같으며, 나아가 그는 법을 설하는 것에 따라 염촉심이 일어났다. 염심이 이미 생겨나서 곧 여인을 마주하고서 추악(麤惡)하게 말하였으니, 이를테면 마치 비천하고 악한 음욕과 상응(相應)하는 말을 하였으므로, 오히려 남편과 아내가 세속의 일을 논하는 것과 같았다. 그때 여러 여인 가운데에서 서로를 좋아하는 사람이 있어 비천한 말로서 함께 희롱하면서 서로의 몸을 만졌다. 좋아하지 않는 여인들은 곧 방 밖으로 나와서 비난하고 싫어하며 말하였다.

"물속에서 곧 불빛이 나오고 귀의처에서 반대로 공포가 생기는 것을 누가 알았겠는가? [자세한 설명은 앞에서와 같다.] 나아가 그 학처를 제정하나니 마땅히 이와 같이 설하노라. 만약 다시 필추가 염전심으로 여인과 함께 비천하고 악하며 불궤(不軌)12)하게 음욕에 상응하여 말한다면 남편과 아내와 같을지라도 승가벌시사이니라."

'만약 다시 필추'는 오타이를 말하고, 혹은 다른 부류를 말한다.

'염전심'은 네 가지가 있으며 자세한 설명은 앞에서와 같다.

'여인'은 부인과 동녀로서 선악의 말뜻을 능히 이해하는 사람을 말한다.

'비천하고 악한 말'은 두 종류가 있다. 첫째는 바라시가(波羅市迦)를 인연하여 일어나는 것이고, 둘째는 승가벌시사를 인연하여 일어나는 것이다. 무엇을 이러한 비천하고 악한 말이라 하는가? 답한다. 자성(自性)이 비천한 것이 있기 때문이고, 비천한 것을 인연하여 일어나기 때문이다.

'악'은 죄와 허물을 말하니 이를테면, 음욕과 교회(交會)의 말들을 말한다.

'남편과 아내와 같을지라도'는 오히려 남편과 아내가 비법(非法)을 말하는 것을 말한다.

'승가벌시사'는 앞에서 자세히 설명한 것과 같다.

이 가운데에서 범하는 모양과 그 일은 어떤 것인가? 그 일에는 아홉 가지가 있다. 이를테면 선설(善說)·악설(惡說)·직걸(直乞)·방편걸(放便乞)·직문(直問)·곡문(曲問)·인사(引事)·찬탄(讚歎)·진매(瞋罵)이다.

무엇이 선설(善說)인가? 만약 필추가 염전심으로 선악의 말을 이해하며 음욕을 능히 즐길 수 있는 여인을 마주하고서 이렇게 말하였다.

"자매여. 그대의 삼창문(三瘡門)13)은 진실로 좋은 모양으로 매우 아름답

---

12) 당연히 지켜야 하는 법과 도리(道理)에 어긋나는 것을 말한다.
13) 여인의 몸에 있는 구멍으로서 입과 음부(陰部)와 항문을 가리킨다.

습니다."

만약 엽바(葉婆)와 함께 합하여 말할 때는 승가벌시사를 얻고, 만약 엽바와 함께 합하지 않고 말하면 솔토라저를 얻는다. 이것을 선설이라고 이름한다.

무엇이 악설인가? 만약 필추가 염전심으로 선악의 말을 이해하며 음욕을 능히 즐길 수 있는 여인을 마주하고서 이렇게 말하였다.

"자매여. 그대의 삼창문은 진실로 나쁜 모양으로 매우 못생겼습니다."

만약 엽바와 함께 합하여 말할 때는 승가벌시사를 얻고, 만약 엽바와 함께 합하지 않고 말하면 솔토라저를 얻는다.

(엽바는 바른 눈으로 서방(西方)[14]에서 말하는 남녀 교합의 불궤(不軌)를 말한다. 만약 이 지방의 음가(音價)에 의지하면 다비설(多鄙媒)이라고 말한다. 또한 서방 음가는 처소에 따라 일정하지 않은 까닭으로 본래의 글자대로 둔다. 그러나 서방에서는 교수(敎授)하여 이 말을 말할 때에 또한 완전한 말이 없고 비악(鄙惡)인 까닭으로 다만 엽자(葉字)·바자(婆字)라고 말할 뿐이다.)

무엇이 직걸인가? 이를테면, 만약 필추가 나아가 이렇게 말하였다.

"자매여. 어서 오십시오. 나와 함께 이와 같이 이러한 일을 지어야 합니다."

만약 엽바와 함께 합하여 말할 때에는 승가벌시사를 얻고, 만약 합하여 말하지 않을 때에는 솔토라저를 얻는다. 이것을 직걸이라고 이름한다.

무엇이 방편걸인가? 앞에서 자세하게 말한 것과 같이 나아가 이렇게 말하였다.

"자매여. 만약 어느 여인이 남자와 함께 이러한 일을 지으면 이 여인은 반드시 남자에게 소중하게 사랑을 받습니다. 그대가 만약 나와 함께 이러한 일을 지으면 나도 역시 마땅히 그대를 매우 사랑하겠습니다."

만약 엽바와 함께 합하여 말할 때에는 승가벌시사를 얻고, 만약 합하여

---

14) 인도를 다르게 부르는 말이다.

말하지 않을 때에는 솔토라저를 얻는다. 이것을 방편걸이라 이름한다.

무엇이 직문인가? 앞에서 자세하게 말한 것과 같이 나아가 이렇게 말하였다.

"자매여. 만약 어떤 남자가 여인과 함께 이러한 일을 지으면 이 남자는 반드시 여인을 사랑하게 될 것입니다. 내가 지금 그대와 함께 이러한 일을 지으면 그대는 능히 나를 사랑하겠습니까?" 나머지는 앞에서와 같다.

무엇이 곡문인가? 앞에서 자세하게 말한 것과 같이 나아가 이렇게 말하였다.

"자매여. 만약 어떤 여인이 남자와 함께 이러한 일을 지으면 이 여인은 반드시 남자가 사랑할 것입니다. 내가 지금 그대를 사랑한다면 그대는 나의 처소에서 이와 같은 일을 능히 지을 수 있습니까?"

나머지는 앞에서와 같다.

무엇이 인사인가? 앞에서 자세하게 말한 것과 같이 나아가 이렇게 말하였다.

"자매여. 나는 일찍이 어디의 원림(園林) 가운데의 천사(天祠)에서 대중이 모인 곳에서 여러 여인과 함께 맛있는 음식을 먹고 좋은 밀장(蜜漿)을 마시며 향과 꽃을 펼쳐놓고 좋은 평상과 자리를 깔고서 곧 밤이 지나도록 뜰에 불을 밝히고 함께 그 여인들과 이러한 말을 지었을 것입니다. 만약 자매와 마땅히 그때 모임에 왔다면 나도 또한 그대와 함께 이와 같은 일을 하였을 것입니다."

나머지는 앞에서와 같다.

무엇이 찬탄인가? 앞에서 자세하게 말한 것과 같이 나아가 이렇게 말하였다.

"자매여. 만약 어떤 남자가 그대와 함께 이러한 일을 지으면 그는 현재 안락을 얻고 나아가 하늘의 즐거움을 받을 것입니다."

나머지는 앞에서와 같다.

무엇이 진매인가? 이를테면, 만약 필추가 염전심으로 선악의 말을 이해하며 음욕을 능히 즐길 수 있는 여인을 마주하고서 이렇게 말하였다.

"그대는 마땅히 뱀·나귀 등의 가축과 음욕의 일을 지어야 합니다."

이렇게 꾸중하고 욕을 지으면서 만약 엽바와 함께 합하여 말할 때에는 승가벌시사를 얻고, 만약 합하여 말하지 않을 때에는 솔토라저를 얻는다. 이것을 진매라고 이름한다.

앞에서와 같이 필추가 부인과 동녀를 마주하고서 아홉 가지의 일을 말하였는데, 만약 부인과 동녀가 선악의 말을 이해하고 음욕을 능히 즐길 수 있으므로 와서 필추를 마주하고서 이와 같이 말하였다.

"성자여. 당신의 이창문(二瘡門)[15]은 진실로 좋은 모양으로 매우 아름답습니다."

만약 필추가 이와 같이 말하는 것을 듣고서 염전심으로 애락(愛樂)의 마음을 짓고서 인가(印可)하고 머무르며 그것을 설하는 때를 따라서 말로서 대답한다. 만약 엽바와 함께 합하여 말할 때에는 승가벌시사를 얻고, 만약 합하여 말하지 않을 때에는 솔토라저를 얻는다. 이것을 선설이라고 이름한다."

무엇이 악설인가? 앞에서 자세하게 말한 것과 같고 나아가 여인이 와서 필추를 마주하고서 이와 같이 말하였다.

"성자여, 당신의 이창문은 진실로 나쁜 모양으로 매우 못생겼습니다."

나머지는 앞에서 말한 것과 같다.

무엇이 직걸인가? 앞에서 자세하게 말한 것과 같고 나아가 여인이 와서 필추를 마주하고서 이와 같이 말하였다.

"성자여. 어서 오십시오. 나와 함께 이와 같이 이러한 일을 지어야 합니다."

나머지는 앞에서 말한 것과 같다.

무엇이 방편걸인가? 앞에서 자세하게 말한 것과 같고 나아가 여인이 와서 필추를 마주하고서 이와 같이 말하였다.

---

15) 남자의 몸에 있는 구멍으로 남근과 항문을 가리킨다.

378

"만약 어떤 남자가 여인과 함께 이러한 일을 지으면 이 남자는 반드시 여인을 사랑하게 될 것입니다. 당신 지금 나와 함께 이러한 일을 지으면 나는 능히 당신을 사랑하겠습니다."

나머지는 앞에서 말한 것과 같다.

무엇이 직문인가? 앞에서 자세하게 말한 것과 같고 나아가 여인이 와서 필추를 마주하고서 이와 같이 말하였다.

"성자여. 만약 어떤 여인이 남자와 함께 이러한 일을 지으면 이 여인은 반드시 남자를 사랑하게 될 것입니다. 내가 지금 그대와 함께 이러한 일을 지으면 당신은 능히 나를 사랑하겠습니까?"

나머지는 앞에서 말한 것과 같다.

무엇이 곡문인가? 앞에서 자세하게 말한 것과 같고 나아가 여인이 와서 필추를 마주하고서 이와 같이 말하였다.

"성자여. 만약 어떤 남자가 여인과 함께 이러한 일을 지으면 이 남자는 반드시 여인을 사랑할 것입니다. 내가 지금 당신을 사랑한다면 당신은 나의 처소에서 이와 같은 일을 능히 지을 수 있습니까?"

나머지는 앞에서 말한 것과 같다.

무엇이 인사인가? 앞에서 자세하게 말한 것과 같고 나아가 여인이 와서 필추를 마주하고서 이와 같이 말하였다.

"성자여. 나는 일찍이 어디의 원림 가운데의 천사에서 대중이 모인 곳에서 여러 남자와 함께 맛있는 음식을 먹고 좋은 밀장을 마시며 향과 꽃을 펼쳐놓고 좋은 평상과 자리를 깔고서 곧 밤이 지나도록 뜰에 불을 밝히고 함께 그 남자들과 이러한 말을 지었을 것입니다. 만약 성자와 마땅히 그때 모임에 왔다면 나도 또한 당신과 함께 이와 같은 일을 하였을 것입니다."

나머지는 앞에서 말한 것과 같다.

무엇이 찬탄인가? 나아가 이와 같이 말하였다.

"성자여. 만약 어떤 여인이 당신과 함께 이러한 일을 지으면 그는 현재 안락을 얻고 나아가 하늘의 즐거움을 받을 것입니다."

나머지는 앞에서와 같다.

무엇이 진매인가? 이를테면, 선악의 말을 이해하며 음욕을 능히 즐길 수 있는 여인이 와서 필추를 마주하고서 이렇게 말하였다.

"그대는 마땅히 뱀·나귀 등의 가축과 음욕의 일을 지어야 합니다."

이렇게 꾸중하고 욕을 짓는데 염애심(染愛心)으로 애락의 마음을 짓고서 인가(印可)하고 머무르며 그것을 설하는 때를 따라서 말로서 대답한다. 만약 필추가 엽바와 함께 합하여 말할 때에는 승가벌시사를 얻고, 만약 합하여 말하지 않을 때에는 솔토라저를 얻는다. 만약 무력(無力)한 여인이라면 솔토라저야를 얻고 만약 남자가 반택가(半擇迦)이면 솔토라저야를 얻으며, 즐길 수 없는 자라면 악작을 얻는다. 만약 방생취(傍生趣)라면 유력(有力)이거나 무력이거나 모두 악작죄이다.

범하지 않는 것은 만약 엽박(葉縛, 대맥(大麥)을 말한다.) 설하고, 혹은 엽마니(葉摩尼, 유만(帷幔)16)을 말한다.) 설하며, 혹은 다른 나라의 비록 비천하고 악한 말을 설하였으나 싫어함이 없는 것은 모두 범한 것이 없다.

또한 범하지 않는 것은 처음으로 잘못을 저지른 사람과 혹은 어리석고, 미쳤으며, 마음이 어지럽고 고통스러운 것에 얽매인 것이다.

4) 색공양(索供養) 학처

어느 때 세존께서는 실라벌성 서다림의 급고독원에 머무르셨다.

육중필추는 항상하는 일로서 매일 아침에 한 사람이 서다림의 문에서서 살피고 지키며 머물렀다. 이때 오타이는 여러 사람들이 사찰 안으로 들어오는 것을 보고 곧 그들을 방사로 인도하고 지수(指授)17)하며 세존과 승가에 예경하는 것은 앞에서 자세히 설명한 것과 같으며, 나아가 여인을 위하여 법을 설하며 스스로 자신의 몸을 찬탄하였다.

---

16) 휘장이나 장막을 가리키는 말이다.
17) 지시(指示)하고 가르쳐 주는 것을 말한다.

"자매여. 이것이 제일로서 공양 가운데에서 최고입니다. 계율을 지키고 선을 닦는 나와 비슷한 모습이면 마땅히 음욕법으로 공양해야 합니다."

이렇게 말을 하였을 때에 여인들 가운데에서 정이 서로 통하는 사람은 기뻐하며 웃었고 즐거워하지 않는 사람은 비난하고 싫어하며 말하였으며, 자세한 설명은 앞에서와 같다. 여러 필추들이 듣고서 꾸중하고서 곧 세존께 가서 아뢰었다. 세존께서는 이 인연으로 여러 필추들을 모으셨으며, [자세한 설명은 앞에서와 같다.]

"나아가 그 학처를 제정하나니 마땅히 이와 같이 설하노라. 만약 다시 필추가 염전심으로 여인의 앞에서 자신의 몸을 찬탄하면서 '자매여. 만약 필추가 나와 비슷한 모습으로 시라(尸羅)를 구족하였고 승선법(勝善法)이 있으며 범행(梵行)을 닦는 사람에게는 이러한 음욕법을 가지고 그것으로 공양해야 합니다.'라고 만약 필추가 이와 같이 말한다면 승가벌시사이니라."

'만약 다시 필추'는 오타이를 말하고, 혹은 다른 부류를 말한다.

'염전심'은 네 가지가 있으며 자세한 설명은 앞에서와 같다.

'여인'은 부인과 동녀로서 선악의 말뜻을 능히 이해하는 사람을 말한다.

'자신의 몸을 찬탄하면서 공양을 구하여 찾는다.'는 자매 등에게 이것은 공양 가운데 가장 뛰어난 것으로 제일이라고 말하는 것이다.

'나와 비슷한 모습'은 스스로가 자신의 몸을 가리키는 것이다.

'시라를 구족하고'는 계온(戒蘊)을 구족한 것을 말한다.

'승선법이 있으며'는 정온(定蘊)을 구족한 것을 말한다.

'범행자'는 혜온(慧蘊)을 구족한 것을 말한다.

'이러한 음욕법을 가지고'는 이 가운데에서 법이라 말하는 것은 그 비법(非法)을 말하고 곧 이러한 음욕이며 다른 일이 아니다.

'음욕'은 부정행을 말하며, 나머지는 앞에서 설한 것과 같다.

이 가운데에서 범한 모양과 그 일은 무엇인가? 18가지가 있으니, 이를테면 최(最)·승(勝)·수(殊)·묘(妙)·현(賢)·선(善)·응공(應供)·가애(可愛)·광박(廣博)·극최(極最)·극승(極勝)·극수(極殊)·극묘(極妙)·극현(極賢)·극선(極善)·

극응공(極應供)·극가애(極可愛)·극광박(極廣博)이다.

만약 필추가 염전심으로 음욕을 능히 즐길 수 있는 여인을 마주하고서 이와 같이 말하였다.

"자매여. 공양 가운데에서 이 일이 최상이니 '이를테면, 우리들과 같이 계행을 구족하면 마땅히 음욕법으로서 우리에게 공양해야 한다.'고 말하면 승가벌시사를 얻느니라. 최상이라고 말하는 그 일은 이와 같으며 나아가 극광박의 크기도 의거하여 설하니 마땅히 알라.

구계(具戒)도 역시 이와 같으며 선법과 범행도 역시 다시 이와 같으니, 하나하나 별도로 설하고, 혹은 나는 이러한 구계·선법, 구계·범행, 선법·구계, 선법·범행, 범행·구계, 범행·선법, 두 가지를 합하여 설하며, 혹은 나는 구계·선법·범행, 선법·범행·구계, 범행·구계·선법의 세 가지를 합하여 설하나니, 만약 '우리들과 같은 사람에게 음욕법으로서 공양하시오.'라고 말한다면 승가벌시사를 얻느니라."

만약 필추가 염전심으로 음욕을 능히 즐길 수 있는 여인을 마주하고서 이와 같이 말하였다.

"자매여. 공양 가운데 이 일이 최상이다. 우리들과 같이 계를 지닌 사람은 마땅히 공양을 받아야 합니다."

음욕법을 합하여 설하지 않은 자는 솔토라저를 얻고, 최도 이와 같으며 나아가 극광박의 크기도 의거하여 설하니 마땅히 알라. 이와 같이 하나하나 별도로 말하는 것, 두 가지를 합하여 설하는 것, 세 가지를 합하여 설하는 것은 모두 솔토라저를 얻는다.

만약 필추가 염전심으로 음욕을 능히 즐길 수 있는 여인을 마주하고서 이와 같이 말하였다.

"자매여. 공양 가운데에서 이 일이 최상이다. 우리들과 같이 계율을 지닌 사람은 마땅히 공양받아야 합니다."

음욕법을 합하여 설하였으나 우리들과 같은 사람이라고 말하지 않은 자는 솔토라저를 얻으며, 나머지는 앞에서 설명한 것과 같다.

만약 필추로서 앞에서 자세히 설명한 것과 같이 '우리들과 같은 사람이라고' 말하지 않고 음욕법을 합하여 말하지 않는 자는 돌색흘리다(突色訖里 多)를 얻으니, 하나하나 별도로 말하는 것은 앞에 의거하여 마땅히 알라. 음행을 즐기는 여인과 마주하였다면 근본죄를 얻고, 만약 마주하지 않은 자는 방편죄를 얻는다. 만약 음행을 즐기는 남자나 반택가를 마주하였다면 솔토라저를 얻고, 만약 마주하지 않은 자는 악작죄를 얻는다. 만약 방생류 를 유력과 무력으로 마주하였다면 모두가 오직 악작이다.

또한 범하지 않는 것은 처음으로 잘못을 저지른 사람과 혹은 어리석고, 미쳤으며, 마음이 어지럽고 고통스러운 것에 얽매인 것이다.

근본설일체유부비나야 제12권

삼장법사 의정 한역
석보운 번역

5) 매가(媒織) 학처

어느 때 세존께서는 실라벌성의 서다림 급고독원에 머무르셨다.

이때 이 성에 한 장자가 있었으며 흑록자(黑鹿子)라 이름하였다. 불·법·승에 깊은 존경과 신심을 일으켜 삼보에 귀의하고 불살생(不殺生)·불투도(不偸盜)·불욕사행(不欲邪行)·불망어(不妄語)·불음제주(不飮諸酒)의 오학처를 받았다. 이 성안에 많은 지식을 가진 바라문·거사 등의 거처에서 마음을 얻었으므로 만약 어떤 집에서 장성한 여자가 있어 혼인을 시키려고 하면 곧 흑록자에게 물어 말하였다.

"그대는 누구의 집에 청년이 있는 것을 아십니까?"

대답하여 말하였다.

"알고 있습니다."

그들이 다시 물어 말하였다.

"그 청년은 부지런하고 게으르지 않으며 가업을 잘 경영하고 아내와 자식에게 많은 의식(衣食)을 능히 제공할 수 있습니까? 고통을 겪지 않게 할 것이고 힘드는 일을 적게 시킬 수 있겠습니까?"

흑록자가 대답하여 말하였다.

"그가 비록 청년이지만 매우 게으르고 가업을 경영할 수 없으며 능히 아내와 자식을 안락하고 의식을 부족하지 않게 할 수 없습니다."

이러한 말을 들었을 때는 곧 시집을 보내지 않았다. 만약 그가 대답하여 말하기를,

"그 집의 청년은 매우 부지런하고 가업을 경영할 수 있으며 능히 아내와 자식 안락하고 의식을 부족하지 않게 할 수 있습니다."

이러한 말을 들었을 때는 곧 시집을 보냈다. 만약 아내를 구하고자 하는 사람은 흑록자에게 물어 말하였다.

"당신은 그 집의 처녀가 시집가려고 하는 것을 알고 있습니까?"

대답하여 말하였다.

"알고 있습니다."

그들이 곧 물어 말하였다.

"그 처녀는 부지런하고 게으르지 않으며 능히 가업을 이끌어 갈수 있습니까?"

만약 능히 "할 수 없습니다."라고 말하면 곧 그녀를 맞아들이지 않았고, "만약 능히 할 수 있습니다."라고 말하면 곧 맞아들여 혼인을 시켰다.

만약 어느 집에서 시집갈 딸을 보냈는데 그 딸의 뜻에 맞지 않으면 이때 처녀의 가족은 흑록자에게 곧 싫어하고 욕을 하면서 이와 같이 말하였다.

"나와 흑록자는 서로의 뜻을 얻은 친구였으므로 누구에게 시집을 보냈으나 오히려 나의 딸이 이렇게 고생을 하며 구하는 의식조차도 능히 충분하게 구제받지 못한다."

만약 남편의 집이 의식이 충족되고 여인이 고생하지 않으면 흑록자를 곧 칭찬하였다. 만약 남자의 집안이 아내를 얻은 뒤에 그 아내가 집안일에 부지런하지 않아서 남편의 마음에 들지 않으면 곧 흑록자에게 앞에서와 같이 싫어하고 욕하는 마음을 일으켰다. 만약 남자의 집안이 아내를 얻은 뒤에 효성스럽게 봉양하고 공경하며 부지런하고 능히 가업에 힘쓰며 부부가 서로 수순하면 흑록자에게 곧 앞에서와 같이 칭찬하였다.

이때 흑록자는 실라벌성에서 좋고 나쁜 평판을 모두 갖추고 있었다. 뒤의 어느 날에 흑록자는 삼보에 더욱 존경과 신심을 일으켰고 마침내 선설하는 법과 율의 가운데에서 출가하였다. 출가한 뒤에도 오히려 다시 앞에서와 같이 그 친구들에게 널리 중매를 행하였으므로, 다시 성 가운데서 좋고 나쁜 평판을 일으켰다. 이것은 다만 연기(緣起)이다. 그러나 세존은 오히려 아직 모든 성문 제자를 위하여 비나야에서 그 학처를 제정하지는 않으셨다.

이때 육중필추도 역시 중매를 행하면서 남자의 뜻[男義]을 가지고 여자에게 말하고 여자의 뜻[女義]을 가지고 남자에게 말하여 나아가 남녀가 사통(私通)하는데 이르렀고 구합(媾合)¹⁾을 하였다. 그때 외도 등이 함께 비난하고 싫어하는 마음을 지었다.

"당신들은 마땅히 아십시오. 이 사문 석자(釋子)는 마땅히 지으면 아니되는 것을 지었고 또한 중매를 하니 우리들과 무엇이 다르겠습니까? 누가 다시 능히 아침과 점심의 음식을 이 대머리 사문인 석자에게 베풀겠습니까?"

이때 여러 필추는 이 인연을 갖추어 세존께 아뢰었다. 세존께서는 이 인연으로 모든 필추를 모으셨으며, 아시면서도 일부러 육중필추에게 물어 말씀하셨다.

"그대들이 진실로 남자의 뜻을 여자에게 말하였고, 여자의 뜻을 남자에게 말하였으며, 그리고 남녀의 사통에도 중개하는 일을 하였는가?"

아뢰어 말하였다.

"진실로 그렇습니다."

이때 세존께서는 육중필추를 꾸중하시고 말씀하셨다.

"그대들은 사문도 아니고, 수순하지 않으며, 청정한 행도 아니고, 옳은 위의도 아니며, 출가인으로서 마땅히 지을 일도 아니니라."

이때 세존께서는 여러 가지로 꾸중하시고 모든 필추에게 알려 말씀하셨다.

"내가 열 가지 이익을 관하고 나아가 모든 필추들을 위하여 그 일에 학처를 제정하나니 마땅히 이와 같이 설하노라. 만약 다시 필추가 중매하는 일을 지어서 남자의 뜻을 여자에게 말하고, 여자의 뜻을 남자에게 말하여

---

1) 남자와 여자가 교합하거나 성교를 하는 것을 말한다.

만약 아내가 되고, 사통하면 나아가 잠깐일지라도 승가벌시사이니라.”

'만약 다시 필추'는 흑록자나 육중필추를 말하고 나머지의 뜻은 앞에서와 같다.

'중매를 한다.'는 심부름꾼이 되어 오고 가는 것을 말한다.

'남자의 뜻을 여자에게 말하고 여자의 뜻을 남자에게 말한다.'는 저 남자와 이 여자의 뜻을 다시 서로에게 전해주는 것을 말한다.

'만약 아내가 되고 사통하게 한다.'는 일곱 종류의 아내와 열 종류의 사통이 있다. 무엇이 일곱 종류의 아내인가? 첫째는 수수(水授)이며, 둘째는 재빙(財娉)이며, 셋째는 왕기(王旗)이고, 넷째는 자락(自樂)이며, 다섯은 의식(衣食)이고, 여섯은 공활(共活)이며, 일곱은 수유(須臾)이다.

게송으로 섭수하여 말하겠노라.

일곱 가지의 아내란 수수와
재빙과 왕기와
자락과 의식과
공활과 수유이다.

수수부(水授婦)는 재물을 취하지 않고 여인의 부모가 여인의 남편이 될 사람의 물을 받으면서 “내가 지금 딸을 그대에게 주어 아내로 삼게 하니, 그대는 마땅히 스스로 잘 보호하여 다른 사람이 문득 범하는 일이 없게 하라.”고 말하는 것을 수수부라고 이름한다.

재빙부(財娉婦)는 재물을 얻고 딸을 주면서 앞에서와 같이 자세히 말하는 것을 재빙부라고 이름한다.

왕기부(王旗婦)는 이를테면, 찰제리족의 관정(灌頂)을 한 대왕이 군대를 엄숙히 정비하여 신하로서 굴복하지 않는 마을을 정벌하여 이미 전쟁에서 승리하고 널리 명령하기를, “여자를 얻는다면 뜻을 따라서 아내로 삼으라.”고 말하는 것으로 왕의 깃발의 힘에 의하여 여자를 얻어 아내로 삼는 것이다. 또한 어떤 사람이 스스로 도둑의 우두머리가 되어서 마을과 성(城)을 부수고 여자를 잡아다가 아내를 삼는 것도 왕기부라고 이름한다.

자락부(自樂婦)는 어떤 여자나 어린 여자가 스스로 마음에 둔 남자의 처소로 가서 "내가 지금 즐겁게 당신의 아내가 되겠습니다."라고 말하여 그가 곧 거두어 받아들이면, 이것을 자락부라고 이름한다.

의식부(衣食婦)는 어떤 여자나 어린 여자가 남자의 처소로 가서 "당신께서 마땅히 나에게 옷과 음식을 제공하면, 나는 마땅히 당신의 아내가 되겠습니다."라고 말하는 것으로 이것을 의식부라고 이름한다.

공활부(共活婦)는 어떤 여자나 어린 여자가 남자의 처소로 가서 "내가 가지고 있는 재물과 당신이 가지고 있는 재물을 아울러 한 곳에 두고 함께 살아갑시다."라고 말하는 것으로 이것을 공활부라고 이름한다.

수유부(須臾婦)는 잠깐 동안 아내의 일을 하는 것으로, 이것을 수유부라고 이름한다.

무엇이 열 가지 사통인가? 열 명의 사람에 의해 보호되는 것을 말하며, 부호(父護)·모호(母護)·형제호(兄弟護)·자매호(姉妹護)·대공호(大公護)·대가호(大家護)·친호(親護)·종호(種護)·족호(族護)·왕법호(王法護) 등이 있다.

게송으로 섭수하여 말하겠노라.

열 가지는 아버지와 어머니와
형제와 자매와
대공(大公)과 대가(大家)와
친족과 종족과 씨족과 왕법이 있다.

무엇이 부호인가? 집에서 여인의 아버지가 항상 양육하고 보호하는 것을 말한다. 만약 여인이 이미 시집을 갔는데 그 남편이 죽고, 혹은 구금 되었으며, 도망갔을 때에 그의 아버지가 보호해주는 것을 부호라고 이름한다. 모호도 역시 같다.

무엇이 형제호인가? 만약 여인의 부모가 모두 죽었고, 혹은 흩어져 형제의 집에 머물러 살아서 형제가 보호해주는 것을 형제호라고 이름한다.

자매도 역시 같다.

무엇이 대공호인가? 만약 여인의 부모와 종친이 모두 죽었고, 그 남편은 병이 들었으며, 혹은 미쳤고, 유랑하여 흩어져서 대공에게 의지하여 머무르는데 대공이 "신부(新婦)여. 당신은 즐거운 마음으로 나의 곁에 머물러 있으시오. 내가 당신을 불쌍히 생각하여 나의 자식같이 살필 것이오."라고 말하여 대공이 법에 맞게 보호해주는 것을 대공호라고 이름한다. 대가호도 역시 같다.

무엇이 친호인가? 고조(高祖) 이하의 모든 권속들을 친족이라고 하는 것이니, 이것을 넘어서면 친족이 아니다. 만약 여인의 부모와 형제와 자매와 남편이 모두 죽었고, 미쳤으며, 혹은 다른 지방으로 흩어져서 다른 친족에게 의지하여 머무르는 것을 친호라고 이름한다.

무엇이 종호인가? 바라문·찰제리·벽사·술달라 종족의 여인이 종족에 의지하여 사는 것을 종호라고 이름한다.

무엇이 족호인가? 바라문 등의 가운데에 별도의 씨족이 있는 것을 말한다. 파라타(頗羅墮)·사고첩(社高妾)·바차(婆蹉) 등의 여인이 씨족에 의하여 보호를 받는 것을 족호라고 이름한다.

무엇이 왕법호인가? 만약 여인의 친족들이 모두 없고, 오직 혼자이므로 왕법에 의하여 누가 감히 속이지 못하는 것을 왕법호라고 이름한다. 또 법호(法護)가 있으니, 만약 어떤 여인이 청상과부로서 정절을 지키고, 행실과 순결하고 마음이 곧아 다른 사람이 범하지 못하는 것을 법호라고 이름한다.

'법호승가(法護僧伽)'는 만약 이 죄를 범하게 되면, 마땅히 승가에 의지하여 그 마땅한 법을 행하고, 승가에 의지하여 죄를 벗어날 수 있는 것이며, 다른 사람에게 의지해서는 아니되는 것을 말한다.

'승가벌시사'의 뜻은 앞에서와 같다.

이 가운데에서 범한 모양과 그 일은 무엇인가? 앞에서의 여러 아내들이 헤어지는 경우는 일곱 종류가 있다.

계송으로 섭수하여 말하겠노라.

지금 싸웠고 이미 싸웠으며
풀을 세 토막 냈고 기와를 세 곳으로 던졌으며
법에 의지하고 나의 아내가 아니라고 말하였으며
많은 사람들에게 널리 알려 증명을 받는 것이 있다.

무엇이 일곱 가지인가? 첫째는 지금 싸우고 곧바로 헤어지는 것이고, 둘째는 싸운 뒤에 헤어지는 것이며, 셋째는 풀을 잘라서 세 토막을 내고 헤어지는 것이고, 넷째는 세 방향으로 기와를 내던지고 헤어지는 것이며, 다섯째는 법에 의지하여 친족들을 마주하고 헤어지는 것이고, 여섯째는 나의 아내가 아니라고 말을 하고 헤어지는 것이며, 일곱째는 널리 많은 사람들을 마주하고 헤어지는 것이다.

만약 필추가 다른 재가인이 처음의 세 아내와 싸움 등에 의하여 헤어지는 것을 보고서 처음으로 헤어지는 것을 화해시켜서 화합하게 하였다면 하나의 악작죄를 얻는다. 만약 두 번째로 헤어지는 것을 화해시키면 둘째의 악작죄를 얻는다. 만약 세 번째로 헤어지는 것을 화해시키면 셋째의 악작죄를 얻는다. 만약 네 번째, 다섯 번째, 여섯 번째로 헤어지는 것을 화해시키면 차례대로 하나, 둘, 셋째의 추죄를 얻는다. 만약 일곱 번째로 헤어지는 것을 화해시키면 승잔죄를 얻는다.

만약 나머지 네 아내와 열 가지의 사통에 대하여 일곱 가지의 헤어지는 것 가운데에 한 가지로서 헤어질 때 만약 필추가 곧 거듭해서 화합을 시키면 모두가 승잔죄를 얻는다.

게송으로 섭수하여 말하겠노라.

스스로 받아들이는 것과 남을 시켜서 받아들이는 것과
두 필추에게 네 가지 위의가 있으니
앞서고 뒤에서 서로 따르는 것과
존귀하고 비천하며 인연에 관련된 일이 있다.

만약 필추가 스스로 말을 받아들이고, 스스로 가서 말하며, 스스로 회답하면 승가벌시사를 얻는다. 만약 필추가 스스로 말을 받아들이고, 스스로 가서 말하며, 사람을 시켜서 회답하면 승가벌시사를 얻는다. 만약 필추가 스스로 말을 받아들이고, 사람을 시켜서 가서 말하게 하고, 스스로 회답하면 승가벌시사를 얻는다. 만약 필추가 스스로 말을 받아들이고, 사람을 시켜서 가서 말하게 하고, 사람을 시켜서 회답하면 승가벌시사를 얻는다.

만약 필추가 주변 사람을 시켜서 말을 받아들이고, 스스로 가서 말하고, 스스로 회답하며, 혹은 주변 사람을 시켜서 말을 받아들이고, 스스로 가서 말하며, 사람을 시켜서 회답하고, 혹은 주변 사람을 시켜서 말을 받아들이고, 사람을 시켜서 가서 말하게 하며, 스스로 회답하고, 혹은 주변 사람을 시켜서 말을 받아들이고, 사람을 시켜서 가서 말하게 하고, 사람을 시켜서 회답하면 모두 승잔죄를 얻는다.

만약 필추가 심부름꾼을 시켜서 주변 사람이 말을 받아들이게 하고, 스스로 가서 말하며, 스스로 회답하고, 혹은 심부름꾼을 시켜서 주변 사람이 말을 받아들이게 하고, 스스로 가서 말하며, 사람을 시켜서 회답하고, 혹은 심부름꾼을 시켜서 주변 사람이 말을 받아들이게 하고, 사람을 시켜서 가서 말하게 하며, 스스로 회답하고, 혹은 심부름꾼을 시켜서 주변 사람이 말을 받아들이게 하고, 사람을 시켜서 가서 말하게 하며, 사람을 시켜서 회답하면 모두가 승잔죄를 얻는다.

만약 두 사람의 필추가 스스로 말을 받아들이고, 둘이서 함께 가서 말을 하며, 모두가 회답을 하지 않으면 두 필추는 모두 두 가지 추죄를 얻는다. 만약 두 사람의 필추가 스스로 말을 받아들이고, 둘이서 함께 가서 말을 하지 않으며, 둘이서 모두 회답을 하지 않으면 모두 하나의 추죄를 얻는다.

만약 두 사람의 필추가 스스로 말을 받아들이고 한 사람이 "당신이 곧 나의 뜻을 가지고 가서 말을 하고 회답을 받아오십시오."라고 말하여 그 말과 같이 하였으면 두 사람은 모두 승잔죄를 얻는다. 만약 두 사람의 필추가 스스로 말을 받아들이고 한 사람이 "나는 다만 가서 말하기만 하고 회답은 하지 않겠다."고 말했으나, 한 사람이 곧 회답하면, 가서 말하고 회답을 한 사람은 승잔죄를 얻고, 회답하지 않은 사람은 두 가지 추죄를 얻는다.

만약 두 사람의 필추가 스스로 말을 받아들이고, 한 사람이 "나는 가서 말하지도 않을 것이고 또한 회답을 하지도 않겠다."고 말하였으나, 가서 말하고 회답한 사람은 승잔죄를 얻고, 가서 말하지도 않았고 회답을 하지 않은 사람은 하나의 추죄를 얻는다.

만약 한 사람의 필추가 한 남자와 한 여자와 함께 같은 길을 가고 있는데, 만약 그 남자가 필추에게 "성자여. 이 여인에게 이와 같이 말해주실 수 있겠습니까? '당신은 능히 이 남자의 아내가 될 수 있습니다.' 혹은 '잠시 동안 같이 살 수 없겠습니까?'라고 말해주실 수 있겠습니까?"라고 말하고, 혹은 여인이 필추에게 "성자여. 당신께서는 이 남자에게 능히 이와 같이 말해주실 수 있겠습니까? '당신은 능히 이 여인에게 남편이 되어 줄 수 있겠습니까?' 혹은 '잠시 동안 함께 살 수 없겠습니까?'라고 말해주실 수 있겠습니까?"라고 말하였을 때, 이 필추가 그 말을 받아들여 곧 말해주면, 이 필추는 돌이켜 승잔죄를 얻는다.

길을 갈 때에는 이미 이와 같고, 서 있거나 앉거나 누워 있을 때에도 그에 의거하는 것을 마땅히 알아야 한다. 이와 같이 만약 두 사람의 필추가 두 사람의 남자와 두 사람의 여자와 함께 이와 같은 말을 하고, 세 사람의 필추가 세 사람의 남자와 세 사람의 여자와 함께 이와 같은 말을 하면 승잔죄를 얻는다.

만약 두 사람의 필추가 한 사람은 앞서서 가고 한 사람은 뒤에서 따라가는데, 앞서 가는 필추가 스스로 말을 받아들이고 가서 말을 하고 대답하면, 앞에서 가는 필추는 승잔죄를 얻고 뒤따라가는 필추는 범하는 것이 없다. 만약 앞서 가는 필추가 스스로 말을 받아들이고, 뒤따라가는 필추를 보내서 말하게 하여, 실제로 이렇게 말하고 앞서 가는 필추가 스스로 대답하면, 앞서 가는 필추는 두 가지의 추죄를 얻고 뒤따라가는 필추는 하나의 추죄를 얻는다.

만약 앞서 가는 필추가 스스로 말을 받아들이고 나서 뒤따라가는 필추를 보내서 말하고 대답하게 하면, 뒤따라가는 필추는 두 가지의 추죄를 얻고, 앞서 가는 필추는 한 가지의 추죄를 얻는다. 앞서 가는 필추가 한 일과 같이 얻는 죄의 많고 적음을 이와 같이 마땅히 알아야 한다. 뒤따라가는 필추가 앞서 가는 필추를 보내서 한 일이 얻는 죄의 많고 적음은 설한 것에 의거하여 마땅히 알아야 한다.

두 사람의 가장(家長)이 있으니 한 사람은 자재(自在)하고 한 사람은 자재하지 못한다. '자재하다.'는 주인이 된다는 뜻으로, 스스로 정(情)에 따라 남녀를 취할 수가 있고, 관가에 가며, 많은 사람들이 모여 있는 곳에서 비록 사실이 아닌 것을 말하더라도 사람들이 믿고 받아들이는 것을 자재하다고 이름한다.

'자재하지 못하다.'는 것은 비천하고 낮다는 뜻이므로, 스스로가 남녀를 취하는데 아무 힘이 없고, 관가에 가며, 혹은 많은 사람들이 모여 있는 곳에 가서 비록 사실을 말하더라도 사람이 믿고 받아들이지 않는 것을 자재하지 못하다고 이름한다.

필추가 자재한 가장의 곁에서 말을 받아들이고, 자재한 가장에게 가서 말을 하며, 자재한 가장에게 대답하면 승잔죄를 얻는다. 필추가 자재한 가장의 곁에서 말을 받아들이고, 가서 말하며, 자재하지 못한 가장에게 대답을 한다면 두 가지 추죄와 하나의 악작죄를 얻는다.

필추가 자재한 가장의 곁에서 말을 받아들이고, 자재하지 못한 가장에게 가서 말하며, 자재한 가장에게 대답하면 두 가지의 추죄와 하나의 악작죄를 얻는다. 필추가 자재하지 못한 가장의 곁에서 말을 받아들이고, 자재하지 못한 가장에게 가서 말하며, 자재로운 가장에게 대답하면 두 가지의 악작죄와 하나의 추죄를 얻는다.

필추가 자재하지 못한 가장의 곁에서 말을 받아들이고, 자재한 가장에게 가서 말하며, 자재하지 못한 가장에게 대답하면 두 가지의 악작죄와 하나의 추죄를 얻는다. 필추가 자재하지 못한 가장의 곁에서 말을 받아들이

고, 자재한 가장에게 가서 말하며, 자재한 가장에게 대답하면 두 가지의
추죄와 하나의 악작죄를 얻는다. 필추가 자재하지 못한 가장의 곁에서
말을 받아들이고, 자재하지 못한 가장에게 가서 말하며, 자재하지 못한
가장에게 회답하면 세 가지의 악작죄를 얻는다.

  필추에게는 다시 세 가지의 인연이 있으면 중매하는 일이 되고, 비록
세 가지를 받아들이고 말로써 대답하지 않아도 역시 중매하는 일이 된다.
무엇이 세 가지인가? 첫째는 장소를 기약하는 것이고, 둘째는 시간을
정하는 것이며, 셋째는 어떤 모양을 나타내는 것이다.

  무엇이 장소를 기약하는 것인가? 그 사람에게 "만약 내가 어디 동산
안에 있고, 혹은 어느 천사(天祠)에 있으며, 혹은 많은 사람들이 모여
있는 곳에 있다면, 그대는 곧 그 일이 성취되었다는 것을 아십시오."라고
말하는 것이니, 이것을 이 장소를 기약해주는 것이라고 이름한다.

  무엇이 시간을 정해주는 것인가? 이를테면, "아침을 먹을 시간과 점심
때와 혹은 해가 질 무렵에 나를 보면, 그대는 곧 그 일이 성취되었다는
것을 아십시오."라고 말해주는 것을 시간을 정해주는 것이라고 이름한다.

  무엇이 모습을 나타내 보여주는 것인가? "만약 내가 새롭게 삭발을
하였고, 혹은 새로운 승가지를 입었으며, 혹은 석장을 짚고 있고, 혹은
소유(蘇油)를 가득 채운 발우를 가지고 있는 것을 보면, 그대는 곧 그
일이 성취되었다는 것을 아십시오."라고 말해주는 것을 모습을 나타내주
는 것이라고 이름한다. 이것이 세 가지 인연이니, 비록 말을 받아들이고
말로써 대답을 해주지 않았어도 또한 중매하는 일이 된다.

  다시 세 가지 일이 있으니, 비록 말을 받아들이고 회답을 않아도 역시
중매하는 일이 된다. 무엇이 세 가지인가? 첫째는 말이고, 둘째는 글이며,
셋째는 수인(手印)이다. 만약 필추가 스스로 말로 시키는 것을 받아들이고,
말을 까닭으로 가서 말해주며, 말로써 대답하면 승잔죄를 얻는다. 만약
필추가 스스로 말로 시키는 것을 받아들이고, 말을 까닭으로 가서 말해주
며, 글로 대답하면 승잔죄를 얻는다. 만약 필추가 스스로 말로 시키는
것을 받아들이고, 글을 까닭으로 가서 말해주며, 말로써 대답하면 승잔죄

를 얻는다.

만약 필추가 스스로 말로 시키는 것을 받아들이고, 글을 까닭으로 가서 말해주며, 글로써 대답하면 승잔죄를 얻는다. 만약 필추가 스스로 말로 시키는 것을 받아들이고, 글을 까닭으로 가서 말해주며, 장소를 기약해주고, 혹은 때를 정해주며, 혹은 모습을 나타내어 대답하면 모두가 승잔죄를 얻는다. 이것을 말로 시키는 것과 글을 겸(兼)하는 것이라고 하며, 다섯 가지 차별이 있다.

만약 필추가 스스로 말로 시키는 것을 받아들이고, 말을 까닭으로 가서 말해주며, 말로써 대답하면 승잔죄를 얻는다. 만약 필추가 스스로 말로 시키는 것을 받아들이고, 말을 까닭으로 가서 말해주며, 수인으로 대답하면 승잔죄를 얻는다. 만약 필추가 스스로 말로 시키는 것을 받아들이고, 수인을 까닭으로 가서 말해주며, 말로 대답하면 승잔죄를 얻는다.

만약 필추가 스스로 말로 시키는 것을 받아들이고, 수인을 까닭으로 가서 말해주며, 수인으로 대답하면 승잔죄를 얻는다. 만약 필추가 스스로 말로 시키는 것을 받아들이고, 수인을 까닭으로 가서 말해주며, 장소를 기약해주고, 혹은 때를 정해주며, 혹은 모양을 나타내주는 것으로 대답하면 승잔죄를 얻는다. 이것을 말로 하는 것과 수인을 겸해서 하는 것이라고 말하는 것이며, 다섯 가지 차별이 있다.

말로 글과 수인을 겸해서 하는 것은 스물다섯 가지로 다르게 된다. 이와 같이 글과 말과 수인을 겸해서 하는 것과, 수인과 말과 글을 겸해서 하는 것과, 그리고 말과 글과 수인을 다시 겸하는 것으로 넓게 말할 수 있다.

만약 문사(門師) 필추가 시주의 집에 이르러 "이 딸은 장성하였는데 어찌 시집보내지 않으며, 이 아들은 이미 다 자랐는데 어찌 아내를 맞아들이지 않습니까?"라고 말하면 역시 악작죄를 얻는다. 만약 "이 딸은 어찌 시댁에 가지 않습니까?"라고 말하고, "이 아들은 어찌 처가집에 가지 않습니까?"라고 말하면 또한 모두가 악작죄를 얻는다. 문사 필추가 시주의 집에 이르러 어긋나게 말하면 모두가 악작죄를 얻는다.

범하는 않는 것은 처음 범한 것과, 혹은 어리석고, 미쳤으며, 마음이
어지럽고 고통에 얽매인 것이다.

6) 조소방(造小房) 학처

어느 때 세존께서는 실라벌성 서다림의 급고독원에 머무르셨다.

이때 여러 필추 대중들이 널리 방사(房舍)를 짓고 있었다. 혹은 너무
길고 너무 짧은 것을 싫어하였고, 혹은 넓고 좁은 것을 싫어하였으며,
혹은 다시 낡아 수리(修理)할 수 없는 까닭으로 모두 버리고서 곧 다시
새로운 집을 지었다. 스스로 짓고 사람들을 시켰으나 경영하는 일이
많아서 곧 송경하고 익히는 것을 그만두었고 사유(思惟)하는 것에도 방해
가 되었으며, 다시 장자와 거사에게 자주 나무·풀·수레와 인부들을 구걸하
여 여러 시주들을 괴롭게 하였다.

이때 구수 마하가섭파(摩訶迦攝波)는 이 성의 주변의 아란야에 머무르면
서 여러 필추가 많은 방사를 짓고 나아가 여러 시주들을 괴롭게 한다는
것을 들었다. 이 일을 듣고서 세존의 처소로 나아가 세존의 두 발에
예경하고서 한쪽에 앉아 세존께 아뢰어 말하였다.

"세존이시여. 들건대 여러 대중의 필추들이 많은 방사를 짓고 있습니다.
혹은 넓고 좁은 것을 싫어하여 다시 새롭게 지으니 선품을 닦는 것을
방해하였고 나아가 여러 시주를 괴롭게 하였으며, [앞에서와 같이 갖추어
아뢰었다.] 원하옵건대 세존이시여. 애민하게 생각하시는 까닭으로 모든
필추에게 방사를 짓는 법식을 가르쳐 주십시오."

이때 세존께서는 구수 가섭파가 이렇게 말하는 것을 들으시고 묵연히
허락하셨다. 이때 가섭파는 세존께서 허락하신 것을 알고서 발에 예경하고
서 떠나갔다. 이때 가섭파는 새벽이 되어 장차 같은 범행자를 보호하려는
까닭으로 옷과 발우를 지니고 인간세상을 유행하였다. 이때 세존께서는
이 인연으로 여러 필추를 모으셨으며 물어 말씀하셨다.

"그대들 여러 필추들이여. 그대들이 진실로 여러 방사를 지으면서

혹은 넓고 좁은 것을 싫어하고 많이 경영하여 나아가 여러 시주들을 괴롭게 하였는가?"

여러 필추가 말하였다.

"진실로 그렇습니다. 세존이시여."

이때 세존께서는 욕심이 많아 부끄러움을 모르고 만족하지 못하며 수행에 게으름을 여러 가지로 꾸중하셨고, 욕심이 적어 쉽게 만족하고 수행에 부지런하며 다니면서 몸의 공양을 얻어 두다행(杜多行)을 닦고 위의를 갖추고 크기를 헤아려 받는 것을 찬탄하셨으며, 모든 필추에게 알려 말씀하셨다.

"내가 열 가지 이익을 관하고 나아가 모든 필추들을 위하여 비나야 가운데에서 그 일에 학처를 제정하나니 마땅히 이와 같이 설하노라. 만약 다시 필추가 스스로 구걸하여 작은 방[小房]을 짓는데 주인이 없이 스스로를 위하여 짓고자 하면 마땅히 크기[量]에 알맞게 지어라. 이 가운데에서 크기는 길이가 세존의 12장수(張手)이고 넓이는 7장수이다. 이 필추는 마땅히 장차 필추대중이 가서 처소를 관찰하게 하라. 그 필추대중은 그 처소가 법에 마땅한가? 청정한 곳인가? 싸움이 없는 곳인가? 나아갈 수 있는 곳인가를 관찰해야 한다. 만약 필추가 법에 마땅하지 않고 청정하지 않은 곳이며 싸움이 있는 곳이고 나아갈 수 없는 곳에 스스로 구걸하여 방을 짓고, 주인이 없이 스스로를 위하며 장차 필추대중에게 가서 처소를 관찰하게 하지 않으며, 이와 같은 처소를 양에 넘치게 짓는 것은 승가벌시 사이니라."

'만약 다시 필추'는 이 법 가운데의 사람이며 나머지 뜻은 앞에서와 같다.

'스스로 구걸하여'는 스스로 풀과 나무를 구걸하고 수레나 인부를 찾아 구하는 것이다.

'소방'은 그 가운데에서 4위의(威儀)인 이를테면, 행·주·좌·와가 허용되는 곳이다.

'짓는다.'는 스스로 짓고, 혹은 사람을 시켜 짓는 것이다.

‘주인이 없이’는 이를테면, 남자와 여자 혹은 반택가(半擇迦) 등이 그 시주가 되는 일이 없는 것이다.

‘스스로를 위하여 짓는다.’는 이를테면, 자신을 위하여 마땅히 양을 짓는 것이다. 이 가운데에서 양은 길이가 세존의 12장수를 말한다.

‘세존’은 이 대사(大師)를 말한다.

‘이 1장수’는 보통 사람의 3장수에 해당한다. 12장수의 길이는 보통 사람의 18주(肘)를 말한다.

‘넓이 7장수’는 보통 사람의 10주반(肘半)을 말한다.

‘이 필추’는 방을 짓는 사람을 말한다.

‘장차 필추대중이 가서 처소를 관찰한다.’는 만약 먼저 스스로 관찰하지 않았으면 마땅히 여러 필추에게 가게 하여서는 아니된다. 만약 스스로 처소를 관찰하여 독사·전갈·벌레·개미 등이 있고, 그 구멍을 삼는다면 이곳을 부정불응구법(不淨不應求法)이라고 이름한다. 만약 청정하다면 다음으로 마땅히 의지할 처소인가를 관찰해야 한다.

만약 왕가·천사, 혹은 장자의 집·외도의 집·필추의 사찰에 가깝고, 혹은 좋은 나무가 있어 반드시 잘라야 한다면 이곳을 유쟁경불응구법(有諍競不應求法)이라고 이름한다. 만약 이 근심을 없애고자 하면 그 4변(邊)의 아래의 1심(尋)에 이르러 왕래할 수 있는가를 반드시 관찰해야 한다.

만약 강이나 우물 혹은 절벽에 맞닿았고 나아갈 수 없다면 이곳을 무진취불응구법(無進趣不應求法)이라고 이름한다. 만약 처소가 청정하여 싸움이 없고 나아갈 수 있으면 그 필추가 사찰에 나아가 좌석을 깔고 건치를 울리고 먼저 말로써 알려야 한다. 대중이 모이면 대중 가운데에서 가죽신을 벗고 오른 어깨를 내어놓고 그 상좌와 하좌에 따라 예배하고 상좌의 앞에서 무릎을 꿇고 머무르며 합장하고 이렇게 말한다.

“대덕 승가는 들으십시오. 나는 어느 곳을 경영하는 필추로서 방사와 처소의 청정한 것을 관찰하였습니다. 나는 어디의 필추로서 청정한 처소에 작은 방사를 짓고자 승가의 허락을 구합니다. 오로지 원하건대 대덕 승가시여. 나는 어디의 필추로서 청정한 처소에 방사를 짓고자 하니 자비로써 애민하게 생각하십시오."

　이와 같이 세 번을 말한다.

　이때 여러 필추는 마땅히 그 필추의 말을 믿지 않고서 가서 관찰하지 않는다면 아니되므로 여러 필추는 마땅히 함께 가서 관찰하라. 혹은 그때 대중은 믿을 수 있는 여러 필추에게 가서 방의 처소를 살피게 하라. 만약 앞에서와 같이 청정하지 않고 싸움이 있으며 나아갈 수 없는 곳이라면 마땅히 허락해서는 아니된다. 만약 처소가 청정하고 여러 방해와 어려움이 없는 곳이면 그 필추들은 마땅히 주처로 돌아가 여법하게 승가를 모으고서 상좌의 앞에서 무릎을 꿇고 머무르며 합장하고 이렇게 말한다.

　"대덕 승가는 들으십시오. 이 어느 곳을 경영하는 필추는 처소에 작은 방사를 짓고자 합니다. 우리들이 직접 관찰하니 처소가 청정하고 여러 방해와 어려움이 없습니다. 승가께서는 지금이 때인 것을 아십시오."

　다음은 한 필추에게 백갈마를 짓게 하고 마땅히 이와 같이 말한다.

　"대덕 승가는 들으십시오. 이 어느 곳을 경영하는 필추의 방사와 처소를 관찰하여 청정한 것을 알았습니다. 이곳을 경영하는 필추의 방사와 처소의 일은 모두 마땅히 법에 청정하니 지금 승가를 쫓아 그 허락을 애원합니다. 만약 승가께서 때에 이르렀으면 마땅히 그 청을 허락하십시오. 승가시여. 지금 경영하는 어느 필추가 짓는 마땅히 법에 청정한 처소에 방사를 짓는 것을 허락하십시오. 이와 같이 아룁니다."

　다음은 갈마를 지으며 아뢴 것에 의거하여 마땅히 지어야 한다. 만약 그 필추가 이미 대중의 허락을 얻어 뜻에 따라 마땅히 지었으면 의혹이 있을지라도 말하지 말라.

　'승가벌시사'는 이 죄는 승가에 의지하여 없앨 수 있고 나아가 벗어날 수 있으며 다른 사람에 의지하는 것은 아니다. 무잔(無殘)과 유잔(有殘)은 앞에서 설명한 것과 같다.

　이 가운데에서 범한 모양과 그 일은 무엇인가? 만약 필추가 청정하지 않은 곳이고 싸움이 있는 곳이며 나아갈 수 없는 곳에 스스로 짓고, 남을 시켜 작은 방을 지을 때에 이 세 가지 중에서 하나의 허물이라도 있으면 모두 솔토라저를 얻는다. 만약 승가가 허락하지 않았으나 지으면 역시 솔토라저를 얻고, 만약 크기를 벗어나 지으면 역시 솔토라저를 얻는다. 만약 모두 앞에서의 허물을 갖추어 방을 지으면 승가벌시사를 얻는다.

만약 어떤 필추가 다른 필추의 처소에 가서 이와 같이 말하였다.

"당신은 마땅히 나를 위하여 싸움이 없고 나아갈 수 있는 곳에 승가에게 허락을 구하고 크기를 벗어나 작은 방을 짓지 마십시오."

이때 그 필추가 작은 방을 싸움이 있는 곳이고, 혹은 나아갈 수 없는 곳이며, 혹은 승가가 허락하지 않았고, 혹은 크기를 벗어나 짓는다면 경영하여 지은 필추는 솔토라저를 얻는다. 만약 모두 앞에서의 허물을 갖추어 방을 지으면 승가벌시사를 얻는다.

만약 그 필추가 가서 경영하여 짓는 필추의 처소에서 이와 같이 말하였다.

"그대가 지금 짓는 방은 매우 좋습니다. 내가 가르친 것과 서로 위배되지 않습니다. 만약 조금이라도 부족한 초목이나 진흙 등이 있으면 내가 마땅히 제공하겠습니다."

만약 싸움이 있는 곳이고, 혹은 나아갈 수 없는 곳이며, 혹은 승가가 허락하지 않았고, 혹은 크기를 벗어나 짓는다면 두 사람 모두 솔토라저를 얻는다. 만약 앞에서와 같은 허물을 모두 갖추었다면 두 사람은 모두 승가벌시사를 얻는다.

만약 그 필추가 가서 경영하여 짓는 필추의 처소에서 이와 같이 말하였다.

"그대가 지금 짓는 방은 매우 나쁩니다. 내가 가르친 것과 서로 위배됩니다. 만약 조금이라도 부족한 것이 있더라도 내가 마땅히 제공하지 않겠습니다."

그 경영하는 필추가 지으면 앞에서와 같은 죄를 얻고, 그 필추는 범한 것이 없다. 만약 먼저 만들어진 방을 얻었고, 오래된 방을 수용하였으며, 혹은 오래된 방을 수리하여 경영하는 자는 범한 것이 없다.

또한 범하지 않는 것은 처음으로 잘못을 저지른 사람과 혹은 어리석고, 미쳤으며, 마음이 어지럽고 고통스러운 것에 얽매인 것이다.

7) 조대사(造大寺) 학처

세존께서는 교섬비(僑閃毘) 구사라원(瞿師羅園)에 머무르셨다.

이때 육중필추가 다른 사찰에 머물러 있을 때에 항상 싫어하는 비천함을 일으켰다. 이때 난타가 오파난타에게 말하였다.

"마땅히 이 사찰을 보시오. 건물이 무너지고 벽이 붕괴되고 허물어져서 오히려 코끼리의 집과 같으니 머물 곳이 아니오."

이때 여러 필추가 듣고서 알려 말하였다.

"구수들이여. 당신들은 오직 다른 주처와 다른 사찰에서 머물면서 스스로의 공력(功力)으로 능히 돌조각을 쌓아서 작은 사찰을 짓지 않으면서 다시 다른 사람들을 비난하고 싫어하는 말을 퍼트리는 것인가?"

이때 육중이 서로에게 말하였다.

"난타여. 오파난타여. 우리는 지금 지극히 흑발자(黑鉢者)에게 멸시를 당하였으니, 우리들은 마땅히 흑발자가 일찍이 보지 못한 다른 사찰을 지어야 하네."

다시 서로 알려 말하였다.

"우리들이 만약 모두 함께 경영하여 지으면 그 흑발인이 우리들의 약점[瑕隙]을 잡고서 곧 이렇게 말할 것이네. '육중필추는 모두가 함께 고용된 인부처럼 경영하여 짓는구나. 이것은 우리들이 걸식할 때에 사람들이 보면 멸시할 것이다.' 우리들은 지금 마땅히 우리들의 가운데에서 총명하고 이지(利智)적이고 근기를 잘 알며 능히 미세한 침(針)을 거친 방망이에 꽂을 수 있고 적게 말하여도 많은 귀한 재물을 얻을 수 있는 사람을 청(請)하여 뽑아야 하네. 우리는 마땅히 이 일을 맡아줄 사람을 찾아 청하여야 하네."

오파난타가 대답하여 말하였다.

"매우 좋네. 우리들 가운데에서 누가 이렇게 총명하고 지적이며 근기를 잘 아네. 성자 천타(闡陀)가 바로 그 사람이네. 우리들은 마땅히 함께 그의 처소에 가세."

함께 그의 처소에 이르러 말하였다.

"구수 천타여. 당신은 지금 아십니까?"

곧 앞에서의 일을 갖추어 차례로 알려서 알게 하였다.

"오직 대덕이 지혜롭고 말재주가 있으며 근기를 잘 아시니 그 일을 충분히 감당할 수 있습니다."

천타는 알려 말하였다.

"좋습니다. 좋습니다. 이러한 대복전(大福田)은 나와 남을 함께 이롭게 하고 대중의 뜻에 어긋나지 않으며 모두를 기쁘게 합니다."

그때 구수 천타는 방밖에서 발을 씻고 곧 방안으로 들어가 결가부좌를 하고 이렇게 생각했다.

'어떠한 방편으로서 나는 승가를 위하여 능히 큰 사찰을 세울 수 있겠는가?'

곧 다시 생각하였다.

'지금 이 세간의 사람들과 하늘의 대중은 세존의 처소에서 널리 공경과 신심을 일으킨다. 그 어느 집안은 구수 아신야교진여(阿愼若橋陳如)에게 마음으로 공경과 신심을 일으켰다. 어느 가문은 구수 마승(馬勝)의 처소에서, 어느 가문은 발타라(跋陀羅)의 처소에서, 어느 가문은 바삽파(婆澁波)의 처소에서, 어느 가문은 대명(大名)의 처소에서, 어느 가문은 만자(滿慈)의 처소에서, 어느 가문은 무구(無構)의 처소에서, 어느 가문은 우왕(牛王)의 처소에서, 어느 가문은 사리자의 처소에서, 어느 가문은 대목련의 처소에서, 이와 같이 나아가 나머지의 여러 대필추의 처소에 모두 시주가 있어 각자 공경과 신심을 일으켰다. 나는 이미 좋은 시주가 없으니 마땅히 누구에게 의지하여 알리고 사찰을 지어야 하는가?'

이때 이 성에는 한 바라문이 큰 부자로서 많은 재물을 가지고 있었으나 성품이 인색(慳澁)하여 그릇을 씻는 물까지도 사람들을 불편하게 하였다.

'만약 그를 능히 교화시켜 신심을 일으킨다면 승가의 대주처(大住處)를 지을 수 있으리라.'

이때 천타는 날이 밝자 옷을 입고 발우를 가지고 교섬비에서 걸식을 하였다. 먼저 한집 두 집에서 볶은쌀을 얻고서 곧 그 바라문집으로 가서 들어가고자 하였다. 이때 문지기가 알려 말하였다.

"법사여. 이곳은 바라문의 집입니다. 마땅히 들어갈 수 없습니다."

천타가 대답하여 말하였다.

"불·세존께서 말씀하신 것과 같이 걸식하고자 하면 다만 다섯 집이 금지되어 있을 뿐이오. 첫째는 노래하는 집이고, 둘째는 음녀의 집이며, 셋째는 술을 파는 집이고, 넷째는 전다라가(旃茶羅家)2)이며, 다섯째는 왕가(王家)인데, 어찌 이 집이 앞의 다섯 부류이겠소?"

그때 문지기가 대답하여 말하였다.

"법사는 크게 기롱(譏弄)3)하고 있습니다. 이곳은 노래하는 집과 나아가 왕가가 아닙니다. 그러나 이곳은 누구의 바라문 집이니 당신은 반드시 들어갈 수 없습니다."

이때 천타는 곧 이렇게 생각하였다.

'소매를 잡고서 구할지라도 오히려 가까이 가는 것을 허락하지 않으니 다른 것을 구하고자 하면 어찌 얻을 수 있겠는가?'

이때 한 장자가 있어 새로 태어난 아이를 위해 크게 기뻐하며 여러 북을 울리고 많은 춤을 추면서 그 문을 지나갔다. 그 문지기는 그 음악과 춤을 보는데 열중하여 곧 그 문을 떠났으므로 이때 천타는 곧 몰래 들어갔다. 이때 천타는 위의를 점잖게 하여 욕심을 떠난 사람과 같이 하였다. 그때 바라문이 멀리서 보고서 와서 알려 말하였다.

"잘 오셨습니다. 대덕 천타여. 이곳에 앉아 잠시 쉬십시오."

그러나 천타는 말하는 방편을 아직 얻지 못하여 바라문에게 알려 말하였

---

2) 비천한 직업에 종사하는 종족으로서 남자는 전타라(栴陁羅) 또는 전다라(旃茶羅)라고 부르고, 여자는 전타리(栴陁利)라고 부른다.

3) 남을 속이면서 희롱(戲弄)하거나 농락(籠絡)하는 것을 가리킨다.

다.

"나는 이미 여러 집을 다니며 볶은 쌀을 얻었습니다. 당신은 보리떡을 주십시오."

이때 바라문은 어린 노비에게 말하였다.

"그 가루를 제공해 드리고 이 볶은 쌀도 빻아주어라."

그녀는 곧 가르침에 따라서 가루로 만들었다. 이때 천타는 가루가 된 볶은 쌀을 받고서 관찰하였다. 바라문이 물어 말하였다.

"당신은 무엇을 살피십니까?"

천타는 알려 말하였다.

"나는 벌레를 살피고자 합니다. 만약 벌레가 있으면 나는 마땅히 먹지 않습니다."

바라문이 알려 말하였다.

"만약 벌레를 먹으면 어떤 허물이 있습니까?"

알려 말하였다.

"세존께서 말씀하신 것과 같이 만일 살생하는 자는 자주 익숙해지는 까닭으로 목숨을 마치면 지옥에 떨어져 여러 고통을 받습니다. 설령 사람이 되어도 단명(短命)하고 병이 많습니다."

그런데 천타필추는 널리 삼장(三藏)에 무애(无涯)하고 변재(辯才)하여 능히 설법을 잘하였다. 곧 바라문을 위하여 마땅히 법요를 설하고 십악의 업도(業道)에 대하여도 널리 말하였다. 그때 바라문은 법을 듣고서 마음으로 공경과 신심을 일으켜 곧 집안으로 들어가 여러 가지의 상묘(上妙)한 씹을 것과 향미(香味)한 음식으로 천타에게 공양하였다. 천타는 보고서 곧 생각하였다.

'나는 나무 가마를 한 번에 쪄서 곧 식힌다고 들었다. 만약 이 음식을 받으면 전식(前食)이 되고 역시 후식(後食)이 된다.'

시주에게 알려 말하였다.

"나는 이미 다른 곳에서 볶은 쌀을 받았는데 어떻게 그것을 버리고 맛있는 음식을 먹겠습니까?"

바라문이 말하였다.

"우리 종족의 법은 먼저 거친 음식을 얻고서 뒤에 맛있는 음식을 얻어 앞의 나쁜 음식[惡食]을 버려도 허물이나 죄가 없습니다."

천타가 알려 말하였다.

"바라문족은 계행(戒行)을 가지지 않고 뜻에 따라 행동을 합니다. 나는 계품(戒品)을 받았으니 어찌 다른 사람이 신심으로 보시한 것을 곧 가볍게 버리겠습니까?"

이때 바라문은 이 말을 듣고서 두 배로 깊은 신심을 일으켰다. 천타는 곧 보고 인사하고 떠나갔다. 바라문이 알려 말하였다.

"대덕이시여. 자주 우리집에 오십시오."

천타가 알려 말하였다.

"나는 진실로 자주 오고자 합니다. 그러나 문지기가 난폭한 옥졸과 같이 들여보내지 않습니다."

그때 바라문은 문지기를 불러 알려 말하였다.

"그대는 법사인 천타를 보면 막지 마시게."

문지기가 대답하였다.

"알겠습니다."

이때 천타는 곧 생각하였다.

'만약 다시 나머지의 흑발자가 들어와 근기도 모르면서 시주에게 신심을 잃게 할 것이다. 나는 지금 마땅히 미리 방편을 펼쳐 그들이 들어오지 못하게 하리라.'

문지기에게 알려 말하였다.

"남자여. 그대는 지금 아십니까? 이 바라문은 나를 큰 인연으로 공경과 신심을 일으켰소."

문지기가 알려 말하였다.

"나도 알고 있습니다."

알려 말하였다.

"그대는 지금부터 이후에는 모든 흑발자를 잠깐이라도 이 문으로 들여 보내면 아니되오. 만약 들여보내면 나는 마땅히 그대에게 심하게 매질하고 서 다른 사람과 바꾸겠소.”

그는 곧 대답하여 말하였다.

“당신께서 이 문으로 들어간 것도 내가 바라는 것이 아니었습니다. 어찌 다른 사람들이 잠깐이라도 들어가게 하겠습니까. 청하건대 걱정하지 마십시오.”

그때 천타는 자주 그 집에 가서 바라문 부부를 위하여 묘법을 선양(宣揚)하여 삼귀의를 주고서 오학처를 지니게 하였다. 이때 바라문 가문은 소유한 모든 것을 가지고 진심으로 받들어 베풀었으며, 따르는 사람들도 모두 인색한 마음이 없었으나, 그때 천타는 어느 것도 받지 않았다. 뒤의 다른 때에 그 집에 와서 바라문을 위하여 일곱 종류의 복을 짓는 일을 찬탄하여 설하였다. 그 바라문은 복의 이익을 설하는 것을 듣고서 깊이 환희심이 생겨나 천타에게 알려 말하였다.

“성자여. 나는 지금 복업의 일을 하고자 합니다.”

알려 말하였다.

“현수여. 지금이 바로 그때입니다. 뜻에 따라 마땅히 지으십시오.”

바라문이 말하였다.

“무슨 일을 지으면 좋겠습니까?”

천타가 알려 말하였다.

“대중 승가를 위하여 경영하여 주처를 지으십시오.”

곧 생각하였다.

‘나는 이미 자주 집의 모든 재화를 베풀었으나 성자는 나아가 한 가닥의 실조차도 일찍이 받은 적이 없다. 지금 비록 허락하였으나 또한 대중 승가를 위한 것이다. 이 욕심이 적은 것을 보면 다시 존경이 깊어지는구나.’

알려 말하였다.

“대덕이시여. 나는 지금 진실로 많은 재물이 있으나 승가를 위하고자 합니다. 그러나 토지는 모두 왕에게 귀속되어 사찰을 지을 곳이 없습니다.”

천타가 알려 말하였다.

"현수여. 당신은 걱정하지 마십시오. 내가 왕에게 가서 그 토지를 구해보겠습니다."

천타는 생각하며 말하였다.

"나는 지금 먼저 마땅히 누구를 참청(參請)⁴⁾하여야 하는가? 국왕을 만나야 하는가? 대신을 만나야 하는가? 참청하는 법은 왕을 따르는 것이 아니고 마땅히 사자(使者)부터 따르는 것이다."

이때 천타는 대신 집으로 가서 참청하니, 대신이 물어 말하였다.

"성자 천타께서 무슨 뜻으로 오셨습니까?"

대신에게 대답하여 말하였다.

"지금 어느 바라문이 승가를 위해 경영하여 주처를 짓고자 합니다. 그러나 짓고자 하는 토지는 모두 왕에게 귀속되어 경영하여 지을 곳이 없습니다. 나는 지금 이러하니 감히 왕에게 말하고 싶습니다. 원하건대 당신은 자비로서 내가 성취할 수 있게 도와주십시오."

대신이 대답하여 말하였다.

"성자여. 왕이 한가하게 머무를 때에 내가 마땅히 당신을 부르겠습니다."

다른 때에 왕은 일이 없이 다만 대신과 같이 있었다. 한 사람에 명하여 말하였다.

"그대는 마땅히 가서 성자 천타를 불러 오시오."

그는 칙명을 받들어 부르러 갔다. 왕문(王門)에 이르러 문지기에 알려 말하였다.

"그대는 지금 마땅히 가서 대왕에게 아뢰시오. 필추 천타가 문 밖에 와서 대왕을 보고자 합니다."

그때 문지기는 들어가 알렸다. 왕은 듣고서 사람을 보내어 대덕 천타를 누구도 다시 막지 않도록 하였다. 왕의 처소에 이르러 곧 축원하였다.

"원하건대 왕께서는 장수하시고 병이 없으십시오."

---

4) 찾아가서 뵙고 가르침을 청하는 것을 말한다.

왕은 자리를 설치하여 곧 가서 앉게 하였다. 그때 그 대신이 왕에게 알려 말하였다.

"법사 천타는 석가자입니다. 세속을 버리고 출가하여 널리 삼장에 통탈하였고 변재가 걸림이 없으며 큰 복덕이 있습니다."

왕이 말하였다.

"나도 이미 알고 있소. 잘 왔습니다. 성자여. 무슨 인연으로 오셨습니까?"

천타가 알려 말하였다.

"대왕이시여, 어느 바라문이 있어 승가를 위해 주처를 세우고자 합니다. 그러나 토지는 모두 왕의 것이므로 나는 지금 이것을 대왕께 알리고 의논하고자 합니다."

왕이 말하였다.

"성자여. 마음을 쫓아 반드시 즐거운 곳에 승원(僧園)을 지으십시오. 내가 마땅히 밖으로 나아가서 반드시 허락하지 않은 곳인 오직 왕궁을 제외하고는 나머지의 동산과 밭에 뜻을 따라서 지으십시오."

천타는 축원하였다.

"원하건대 왕께서는 장수하시고 병이 없으십시오."

인사하고 물러나 떠나갔다.

이때 천타는 주처로 돌아와 육중필추에게 알려 말하였다.

"난타여. 오파난타여. 그대들은 기뻐하시오. 왕이 나의 원을 들어주었소. 오로지 왕궁을 제외하고는 나머지의 동산과 밭에 뜻을 따라서 짓게 하였소."

이때 육중필추는 곧 함께 바라문의 집에 가서 알려 말하였다.

"현수여. 당신은 지금 마땅히 아십시오. 왕께서 나의 원을 들어주어 다만 왕궁을 제외하고는 밖의 동산과 밭에 뜻을 따라서 지어도 좋다고 하였습니다. 현수여. 필요한 비용과 재물을 마땅히 주십시오."

이때 그는 곧 많은 재물을 주었고, 재물을 받고서 가지고 떠나갔다. 함께 서로가 의논하여 말하였다.

"어느 곳에 비하라(毘訶羅)5)를 짓고자 하는가?"

한 사람이 의논하여 말하였다.

"교섬비를 따라 구사라원(瞿師羅園)으로 향하는 이 중간에 큰 나무는 사랑스러워 바라문들이 이 나무 아래에서 500동자를 가르치고 학업을 받는다네. 매일 필추들이 이곳을 지나가는데 그때마다 학도(學徒)들이 조롱을 한다네. '쯧쯧. 이 필추가 첫 번째 걸식하는 사람이고, 이 필추는 두 번째 걸식하는 사람이다. 발우와 걸망을 연다면 많은 것이 들어있을 것이다.' 항상 우리를 비웃었고 우리는 지금 그들에게 고통을 받았으니 마땅히 그 나무를 자르고 반드시 그곳에 큰 사찰을 지으세."

이와 같이 의논하고서 곧 많은 사람들이 있는 곳으로 가서 오백 명의 인부와 함께 그 가치를 의논하고 곧 모든 사람에게 사찰을 지을 곳으로 가도록 하였다. 인부들이 말하였다.

"성자여. 우리들에게 지을 곳을 보여주십시오."

곧 알려 말하였다.

"잠깐 적은 음식이라도 먹도록 하시오."

음식을 먹고서 물어 말하였다.

"성자여. 어느 곳에 마땅히 짓겠습니까?"

알려 말하였다.

"잠깐 기름을 몸에 바르고 잠시(片時) 뒤에 마땅히 짓도록 합시다."

다음에 배부르게 먹고서 황혼시(黃昏時)[6]에 이르니 알려 말하였다.

"성자여. 마땅히 품삯(價値)을 주십시오."

알려 말하였다.

"어리석은 사람들이여. 그대들은 오늘 생활에서 큰일을 지을 것인데 우리들을 쫓아 품삯을 구하시오?"

인부들이 알려 말하였다.

"어찌 성자께서 시키는 일을 하지 않겠습니까?"

5) 산스크리트어 vihāra의 음사로서 주처(住處)·유행처(遊行處)·사(寺)·정사(精舍)라고 번역된다.
6) 날이 저물어 어두운 시간을 가리킨다.

천타가 알려 말하였다.

"현수여. 그대들은 대바구니[籠]를 가지고 가마솥[鑊]을 들고 도끼를 잡으시오. 우리는 마땅히 두 배 이상의 품삯을 그대들에게 주겠소. 마땅히 우리를 따라오면 그대들에게 장소를 보여주겠소."

곧 여러 사람들과 그 나무에 가서 알려 말하였다.

"이 나무를 베시오."

인부들이 알려 말하였다.

"이것은 모양이 뛰어난 큰 나무입니다. 우리들은 머리가 두개가 아닌데 누가 베겠습니까?"

알려 말하였다.

"어리석은 사람들이여. 왕은 나의 원을 들어주어 오직 왕궁을 제외하고는 밖에서 뜻을 따라서 사찰을 지으라고 했으니 어찌 자르지 않겠소!"

이때 모든 인부들이 곧 함께 의논하여 말하였다.

"우리들이 지금 베면 죄와 벌이 있을 것이나 그들도 스스로가 마땅히 알리라."

곧 그 나무를 베었고 쪼개었으며 잘게 부수고 그 뿌리를 파내어 강물에 버렸다. 그 땅을 평평히 하고서 새끼줄로 터에 줄을 치고서 함께 서로에게 말하였다.

"난타여. 오파난타여. 이곳에는 승가를 위해 사찰을 짓고, 이곳에는 세존을 위해 향전(香殿)을 지으며, 이곳에는 문루(門樓)를 짓고, 이곳에는 온실을 지으며, 이곳에는 깨끗한 부엌을 짓고, 이곳에는 정려당(靜慮堂)을 지으며, 이곳에는 간병당(看病堂)을 지으세."

이미 배치를 마치고 떠나갔다. 그 여러 학생들은 일상적으로 짓는 일로서 매일 한사람씩 일찍 일어나 그 나무 아래를 깨끗이 청소하고 새로운 쇠똥을 발라서 그곳을 꾸미었다. 곧 이날 그 나무 아래에 갔으나 나무를 볼 수 없었다. 곧 달려가 그 스승에게 나무를 볼 수 없다고 말하였다. 이때 나머지의 학도들을 보고서 나무가 없다고 말하였으나 비웃으며 말하였다.

"선생(先生)은 아시는가? 이 사람이 바로 어제 식초로 만든 반찬을 먹었고 열기(熱氣)에 눈이 충혈되어 그 나무가 볼 수 없다네."

스승이 곧 다시 간사(幹事)7)인 학생과 가서 그 나무를 살폈으나 그곳에 이르렀어도 역시 나무를 볼 수 없었다. 돌아와서 스승이 알려 말하였다.

"그가 말한 것처럼 그 나무가 없습니다."

이 말을 듣고서 박사(博士)는 스스로 500학도를 인솔하여 가서 일찍이 나무가 있던 곳에서 그 일을 자세히 살폈다. 기억하는 자가 있어 알려 말하였다.

"이곳은 선생이 항상 강설(講說)하시던 곳이다. 이곳은 우리들이 학업을 쌓던 곳이다."

이때 그 학도들은 함께 생각하면서 우울하게 머물러 있었다. 그때 그곳을 지나가는 행인이 물어 말하였다.

"선생은 어찌 걱정하면서 번민하십니까?"

알려 말하였다.

"그대는 지금 아시는가? 이곳은 일찍이 모양이 뛰어난 큰 나무가 있었으나 어젯밤에 홀연히 없어졌는데 누가 베었는가?"

알려 말하였다.

"선생이여. 나는 어제 황혼에 육중필추가 많은 사람들과 함께 도끼와 가마솥을 가지고 가는 것을 보았으니 어찌 그들이 자르지 않았겠습니까?"

비록 이 말을 들었으나 걱정이 없어지지 않았다. 이때 육중필추가 그곳에 와서 박사에게 물어 말하였다.

"선생이여. 무슨 까닭으로 우울한 기색을 하고 있습니까?"

대답하여 말하였다.

"성자여. 이곳에는 모양이 뛰어난 큰 나무가 있었습니다. 무슨 뜻으로 어젯밤 없어졌는가를 모르겠습니다."

육중은 듣고서 곧 크게 웃으니 바라문이 말하였다.

---

7) 단체나 기관에서 주도적으로 사무를 맡아 처리하는 사람을 말한다.

"어찌 사람들이 이 나무를 잘랐습니까?"

육중이 알려 말하였다.

"어리석은 사람이여. 우리들은 일부러 그대들을 고통스럽게 하려고 잘랐소. 그대들은 일찍이 우리들을 조롱하여 이렇게 말한 것을 기억하지 못하시오? '이 사람이 첫째로 걸식하는 사람이고, 이 사람이 둘째로 걸식하는 사람이다. 발우와 걸망을 연다면 많은 것이 들어있을 것이다.'"

바라문이 말하였다.

"사문인 석자(釋子)는 원한과 비난을 굳게 지키고 함께 욕설을 퍼붓는 이와 같은 부류로서 정법을 불태우고, 사문의 행을 잃고 있다. 모양이 뛰어난 큰 나무를 일이 없이 베어버렸다."

여러 필추가 듣고서 이 인연으로 세존께 아뢰었다. 세존께서는 이 인연으로 모든 필추를 모으셨으며, [자세한 설명은 앞에서와 같다.]

"나아가 모든 필추를 위하여 그 학처를 제정하나니 마땅히 이와 같이 설하노라. 만약 다시 필추가 대주처(大住處)를 지으면서 주인이 있고 대중을 위해 짓더라도 이 필추는 마땅히 장차 필추 대중과 그 처소에 가서 관찰해야 한다. 필추 대중은 마땅히 그 처소에서 이곳이 법에 합당하고 깨끗한 곳이며 싸움이 없는 곳이고 나아갈 수 있는 곳인가를 관찰하여야 한다. 만약 필추가 법에 합당하지 않은 곳이고 깨끗하지 않은 곳이며 싸움이 있는 곳이고 나아갈 수 없는 곳에 대주처를 짓고자 하면 주인이 있고 대중을 위하여 짓더라도 장차 여러 필추들이 가서 처소를 관찰하지 않고서 이와 같은 곳에 대주처를 짓는 자는 승가벌시사를 얻느니라."

'만약 다시 필추'는 이 육중을 말하고 나머지 뜻은 앞에서와 같다.

'대주처를 짓는다.'는 것의 '큰 것(大)'에는 두 종류가 있다. 첫째는 시물(施物)이 큰 것이고, 둘째는 모양과 크기가 큰 것이다. 여기에서는 시물이 큰 것이다.

'주처'는 행·주·좌·와의 네 가지 위의가 허용되는 곳이다.

'주인이 있다.'는 남·여 반택가 등으로서 시주가 짓는 것을 말한다.

'대중을 위해 짓는다.'는 여래 및 필추의 승가 대중을 말한다.

'마땅히 장차 필추 대중 등'은 마땅히 필추 대중은 그 처소가 청정하고 싸움이 없으며 나아갈 수 있는 곳인가를 관찰하고 돌아와 대중에게 아뢰고 허락을 청하면 승가 대중은 백이갈마를 짓고서 경영하여 짓는 것을 허락하는 것이다. 아울러 앞에서 자세히 설명한 것과 같이 범한 모습의 가볍고 무거움은 열두 가지를 함께 짓는 것이다.

나아가 어리석고 미쳤으며 마음이 어지럽고 고통에 얽매인 것은, 역시 앞의 조소방학처에서 그 일을 자세히 설명한 것과 같다.

근본설일체유부비나야 제13권

삼장법사 의정 한역

석보운 번역

8) 무근방(無根謗) 학처 ①

어느 때 박가범께서는 왕사성 갈란탁가지의 죽림원에 머무르셨다.

이때 파파국(波波國)에 한 장사(壯士) 대신(大臣)이 있었으며 승군(勝軍)이라고 이름하였다. 그는 크게 부유하여 재물이 많아 풍족하게 수용하였으며 소유한 재산은 비사문왕과 같았다. 비록 왕족은 아니었으나 어느 때에 여러 장사(壯士)들이 관정법을 지어 왕으로 삼았다. 뛰어난 종족의 여인을 왕비로 삼고서 환희하는 대중과 머물렀다. 비록 많은 세월이 지났으나 마침내 자녀가 없어 자식을 구하는 까닭으로 신기(神祇)[1]에 기도(祈禱)하고 널리 여러 천묘(天廟)[2]와 생천(生天)에 자식을 얻는 것을 희망하였으나 소원을 이루지 못하였다. 그러므로 세상에는 말이 있었다.

"오로지 구걸하는 까닭으로 곧 자식을 얻는다면 이것은 진실로 허망한 것이다. 이것이 만약 진실로 옳다면 사람들이 전륜왕과 같은 자식이 천 명이 될 것이다."

그러나 세 가지의 일이 있는 까닭으로 곧 자식이 있나니, 무엇이 세 가지인가? 첫째는 부모가 교회(交會)하는 것이고, 둘째는 그 어머니의 몸이 청정하여 마땅히 임신에 합당한 것이며, 셋째는 식향(食香)[3]이 현전

---

1) 천신(天神)을 가리킨다.
2) 백성의 운을 살핀다는 하늘사당을 의미하는데, 사당 중에서도 임금의 조상을 모신 사당을 가리킨다.
3) 향신(香神)·향음(香陰)·심향(尋香)·식향(食香) 등으로 의역(意譯)되고, 건달바(乾達婆)로 음역된다. 천상계의 악사(樂師)로서 천상에서 음악을 연주하며 함께 제석천

(現前)하는 것이다.

그 왕의 업연(業緣)이 이루어졌을 때 한 명의 천인이 승묘(勝妙)한 천하를 따라서 왕비의 몸에 의탁하였다. 이것은 최후의 몸을 받아 수승행(修勝行)을 즐겨하여 해탈의 성품이 있어 열반으로 나아갔고 생사(生死)를 싫어하였으며 여러 유정(有情) 가운데의 모든 것을 매우 즐거워하지 않았다. 만약 총명하고 지혜로운 여인은 다섯 가지의 다른 지혜를 가지고 있는 것은 앞에서 설명한 것과 같다. 나아가 오른쪽 옆구리에 임신하고 기뻐하여 왕에게 말하였다.

"대왕이여. 마땅히 아십시오. 내가 임신[懷孕]하였으니 반드시 종족을 빛낼 것이고 현재 오른 옆구리에 있으니 아들인 것이 확실합니다."

이때 왕은 듣고서 크게 기뻐하며 이와 같이 말하였다.

"나는 오래 전부터 항상 나의 큰 일이 이어지는 것을 생각하였소. 나는 이미 오랫동안 이양을 받았으니 반대로 널리 보답하고 은혜로서 종친(宗親)들에게 복과 이익을 베풀어 내가 죽은 뒤에라도 나의 이름이 칭찬받도록 '원하건대 나의 부모가 태어나신 곳이 복으로써 장엄되어라.'고 축원하였었소."

이때 왕은 왕비를 높은 누각 위에 뜻에 따라 머물게 하였고 그 시절에 맞게 필요한 것을 제공하였으며 항상 여의사에게 음식을 조절하게 하였다. 차갑고 더운 것을 합당하게 조절하였고 모든 맛을 갖추었으며 기묘(奇妙)한 구슬과 영락으로 장식하여 하늘의 채녀(婇女)가 환희하며 정원을 노니는 것과 같이 하였다. 항상 평상 위에 거처하여 땅에 발이 닿지 않게 하였고 눈으로는 나쁜 것을 보지 않게 하였으며 귀로는 나쁜 소리를 듣지 않게 하였다.

아홉 달이 지나서 한 아이가 태어났는데 그 얼굴과 모습이 기특(奇特)하여 사람들이 사랑하고 즐거워하였으며 이마는 넓고 눈썹은 길며 코는 높고 곧게 뻗었고 머리는 둥글어 하늘과 같았으며 피부는 금(金)처럼

(帝釋天)을 모시며 다만 향을 찾아다닐 뿐이므로 심향(尋香)이라고도 한다

아름다웠고 손은 무릎보다 길어서 대중들이 찬탄하였다. 21일이 지나서 종친들이 모였고 그 왕은 아이를 여러 친척들에게 보이면서 말하였다.

"이 아이에게 지금 마땅히 무슨 자(字)를 세워야 합니까?"

그 아이는 태어나서 스스로가 정결(淨潔)하나 아직 평상의 욕(褥)을 떠나지 않아 곧 예리하지 않아서 여러 사람들이 의논하여 말하였다.

"중국의 법에는 하늘과 같은 정결한 사람을 실(實)이라 이름합니다. 그리고 이 아이는 품성이 청정하고 평상의 욕(褥)이 떠나지 않아 예리하지 않지만 정결함이 사람들보다 뛰어나니 곧 그 실물(實物)을 이룰 것입니다. 다시 장력대왕(壯力大王)의 아들이니 마땅히 실력자(實力子)라고 이름합시다."

이 실력자가 태어난 날에 오백의 장사(壯士)들도 각자 아들을 얻었고 그 가족을 따라서 이름을 지었다. 이때 승군왕은 태자를 여덟 명의 양모(養母)에게 맡겨 두 명은 젖을 먹이고 두 명은 안고 있었으며 두 명은 목욕시키고 두 명은 함께 놀도록 하였다. 항상 우유와 낙소(酪酥)4) 및 제호(醍醐)5)와 가장 맛좋은 음식을 제공하여, 연꽃이 물에 있는 것과 같이 빠르게 성장하였다. 이때 관상가는 유모의 품안의 아기를 보고 곧 생각하였다.

'이 아기는 두 가지의 복을 구족하였다. 만약 사람들이 이 아기에게 작은 공양이라도 한다면 그 사람은 마땅히 수승한 덕(德)과 이익을 얻을 것이다.'

이렇게 생각하고서 유모(乳母)에게 말하였다.

"원하건대 자비로서 내가 아이를 보게 하여 주시오. 나는 마음에 따라 작은 공양이라도 하고자 합니다."

유모가 알려 말하였다.

"나는 아기에게 진실로 뜻을 따라서 할 수 없습니다. 그대가 공양하고자 한다면 왕에게 알리십시오."

4) 낙은 산스크리트어 dadhi의 음사로서 우유를 발효시킨 음료를 말하고, 소는 산스크리트어 ghṛta의 음사로 우유를 가공한 식품으로 치즈를 말한다.
5) 우유에 칡뿌리 가루를 섞어 쑨 죽을 말하고 유락(乳酪)·우락(牛酪)이라고 부른다.

그때 관상가는 왕의 처소에 나아가서 알려 말하였다.

"왕의 거룩한 아들은 수승한 복전입니다. 만약 사람들이 아이에게 작은 공양이라도 한다면 그 사람은 마땅히 수승한 덕(德)과 이익을 얻을 것입니다. 원하건대 아기를 나에게 보여주시어 작은 공양이라도 할 수 있도록 하십시오."

이때 왕이 알려 말하였다.

"그대의 뜻대로 하시오."

이때 그 관상가는 곧 아기를 안고 집으로 돌아가서 목욕을 시키고 묘한 향을 바르고서 값비싼 옷을 입히고 낙소·꿀·우유죽을 보배로운 그릇에 가득 담아서 받들어 공양하였고 공양을 마치고서 왕의 처소로 돌려보냈다. 이때 왕자는 점차 장대하였고 글[書]·산수[算]·수인(手印)·기술을 배워서 모두를 분명히 알았다. 또한 찰제리왕 종족의 법으로서 소유한 업과 기예를 모두 익히고 배웠으니 이를테면, 코끼리와 말을 타는 것, 병사용 마차·창·구(鉤)6)·삭(索) 등을 사용하는 것, 손과 발의 기교(奇巧)한 때리고 차는 기술을 완전히 이해하지 못한 것이 없었다. 같은 날에 태어난 오백의 동자도 앞의 기예를 역시 모두 명료하게 통달하였다.

그의 아버지는 이때에 봄·여름·겨울의 세 궁전[三殿]과 아울러 세 정원[三苑園]을 지었고 세 종류의 채녀가 있었으며 상·중·하라고 이름하였다. 뒤의 다른 때에 실력자는 높은 누각에 올라서 장차 여러 기녀와 함께 오락을 하였고 매일 삼시(三時)에 오백 동자는 항상 와서 모여서 보았다. 또한 다른 날에 그 오백의 사람이 밖으로 나가서 사냥을 하였는데 하루를 돌아다녔으나 한 마리도 잡지 못하여 마침내 숲에 머물렀다. 다음 날에 나가 사냥하여 많이 잡고서 날이 저물어 곧 돌아오면서 곧 서로가 의논하여 말하였다.

"날이 이미 어두워졌고 나아가 모일 인연이 없으니 내일 아침까지

---

6) 호수구(護手鉤)는 끌어당기는 무기인 구(鉤)에 손으로 쥐는 부분을 보호하는 초승달 형태(護手)를 부착한 무기이다.

기다려 곧 태자를 보러 갑시다.”

3일이 되어서 많은 사람이 보였으므로 그때 태자가 그들에게 알려 말하였다.

“그대들은 나와 같은 날에 태어났고 항상 함께 놀았는데 무슨 뜻으로 3일만에 왔는가?”

알려 말하였다.

“우리들은 사냥을 갔었습니다.”

말하였다.

“무엇을 사냥이라고 말하는가?”

대답하였다.

“여러 사슴을 많이 죽이는 것입니다.”

태자가 말하였다.

“그들은 무엇을 마시고 먹는가?”

대답하여 말하였다.

“물을 마시고 풀을 먹습니다.”

태자가 말하였다.

“만약 이와 같다면 사람에게 손해가 없는데 사람들은 무슨 인연으로 살상(殺傷)하는가?”

대답하여 말하였다.

“죽는 것을 볼 때에 마음에서 희열(喜悅)이 생겨납니다.”

태자가 말하였다.

“그대들은 남이 고통을 받는 것을 보고서 마음에 기쁨을 일으켜서는 아니되오.”

여러 사람들이 의논하여 말하였다.

“이 태자는 자신이 사냥하지 않은 까닭으로 우리들을 곧 야단치고 멸시하는 것이다. 우리들은 마땅히 그와 함께 사냥을 가야겠다.”

이때 여러 사람들은 대왕의 처소에 나아가 말하였다.

“대왕이시여. 태자는 태어난 깊은 궁궐에만 머무르고 있습니다. 만약 적국(敵國)이 온다면 반드시 두려움이 생겨날 것입니다. 무슨 까닭으로 태자에게 사냥을 시키지 않습니까? 만약 자주 사냥을 나가면 마음이 곧 용맹하고 굳건해져 적국과 싸우면서도 마음에 물러서는 두려움이 없을 것입니다."

이때 승군왕은 듣고서 이 일을 의논하고서 실력자에게 알려 말하였다.

"그대는 지금 나가서 시험삼아 사냥을 배우도록 하라."

대답하여 말하였다.

"원하지 않습니다."

왕이 말하였다.

"그대는 찰제리 종족으로 마땅히 병과(兵戈)를 익혀야 한다."

그때 태자는 감히 명령을 어길 수 없어 대중과 함께 나아갔다. 여러 사람들은 의논하여 말하였다.

"지금 이 태자는 만약 부왕(父王)이 죽으면 뒤에 마땅히 왕이 될 것이오. 우리들은 지금 진심으로 일을 도우면 능히 뒤에 녹봉과 지위가 증장될 것이오."

태자에게 알려 말하였다.

"이곳에 머물러 있으십시오. 우리들이 사슴의 무리를 몰아서 이곳으로 오겠습니다."

곧 둘러싸인 안전한 곳에 편안히 있게 하였다. 이때 여러 사람들이 둘러싼 사슴의 무리를 태자가 멀리서 보았을 때 그 사슴 무리는 놀라서 달리고 있었는데 몸에 화살이 꽂힌 것을 보고 곧 이렇게 생각하였다.

'가령 사람들에게 자비와 애민함이 없고 다음 세상을 두려워하지 않을지라도 오히려 이곳에서는 독한 악심을 일으키지 않을 것인데 하물며 살육을 더하겠는가!'

이곳에서 멀지 않은 곳에 지키는 사람이 있어 태자를 보호하려는 마음으로 곧 화살 3개를 멀리서 사슴 무리에게 쏘는데 혹은 넓적다리 사이로 지나가게 하였고, 혹은 뿔 사이를 지나게 하였으므로 화살이 곧 땅에 떨어졌으나 손상시키지 않았다. 모든 사슴은 안전한 장소에 이르러 모두 풀려나 뜻에 따라 달아났다. 이때 따르는 모든 사람들은 이렇게 생각하였다.

'태자는 오래 전부터 자주 활을 쏘는 것을 익혔다. 오늘은 확실하게 마땅히 많은 사슴을 잡았을 것이다.'

돌아와서 자세히 살펴보고서 한 마리도 잡지 못한 것을 보았으므로 모두 이렇게 생각하였다.

'아마도 태자가 이미 마차에 실어 돌려보냈구나.'

이때 모든 사람들이 태자에게 물어 말하였다.

"잡은 사슴은 어디에 있습니까?"

태자가 알려 말하였다.

"맹수가 놀라서 달려들어 나를 죽이려 하였소."

그를 지키던 사람이 여러 사람들에게 알려 말하였다.

"그대들은 무슨 인연으로 살생하지 못하는 사람을 보내 지키게 하였소? 만약 이 사람은 한 마리라도 죽이려고 하였으나 한 마리도 잡지 못하였고 곧 사슴들이 보고서 달아나도록 놓아주었소."

여러 사람들이 듣고서 화내면서 싫어하였다.

"우리들은 매우 고생하였고 몸도 다치면서 사슴의 무리를 몰아왔는데 이 모두를 놓아주었으니 우리들은 마땅히 함께 해쳐야 할 것이오."

또한 다시 의논하여 말하였다.

"만약 이 사람을 해치면 파파국왕은 확실하게 마땅히 우리를 죽일 것이니 마땅히 버리고 돌아갑시다."

이때 태자도 곧 이렇게 생각하였다.

'이들은 나와 함께 흙을 만지며 함께 놀았으나 사슴을 잡지 않았다고 나를 황량한 숲에 버렸다. 만약 내가 왕이 되면 이 여러 사람들이 요익(饒益)하지 못할 것이다.'

이와 같이 생각하고서 천천히 성으로 돌아왔다. 왕궁에 돌아와서 손으로 턱을 괴고 근심하면서 머물렀다. 이때 그 내인(內人)이 그 처소에 이르렀으나 태자는 눈으로 보지 못하였다. 내인이 보고서 돌아가 왕에게 알려 말하였다.

"대왕께서는 마땅히 아십시오. 태자가 나를 보는데 똑바로 보지 않고 손으로 턱을 괴고 근심하며 초췌하게 머무르고 있습니다."

왕이 직접 돌아보고 물었다.

"그대는 지금 무슨 뜻으로 근심에 싸여 즐겁지 아니한가?"

부왕에게 알려 말하였다.

"나에게 사냥하면서 죽이는 일을 짓게 하니 어찌 슬프지 않겠습니까?"

왕이 말하였다.

"사냥하는 일을 그대는 좋아하지 않는가?"

알려 말하였다.

"진실로 좋아하지 않습니다."

왕은 말하였다.

"지금부터 다시는 사냥을 하지 말라."

이때 실력자는 곧 이렇게 생각하였다.

'세속의 무리들은 많은 가난과 여러 고통에 핍박받고 있으며 항상 번뇌의 기반(羈絆)[7]에 얽매여져 있다. 출가는 한적(閑寂)하고 나아가 모습을 벗어나 순일(純一)하고 잡스러움이 없어 원만히 범행을 닦는 것이다. 나는 지금 마땅히 올바른 신심으로 집으로부터 집이 없는 곳으로 나아가 속세를 떠나야겠다.'

이때 파파국에는 외도인 육사(六師)가 멀지 않은 곳에 머무르고 있었으니 이를테면, 포자나가섭파자(晡刺拏迦攝波子)·말색갈리구사리자(末塞羯利瞿舍梨子)·산서이비자지자(珊逝移毘剌知子)·아시다계사감발라자(阿市多雞舍甘跋羅子)·각구타가다연나자(脚俱陀多迦演那子)·니건타신야저자(尼健陀愼若低予) 등으로 일체지(一切智)가 아니었으나 일체지라는 아만(我慢)을 품고서 여러 사람들이 갈망하게 하였고 우러러 귀의하게 하였다.

이때 실력자는 곧 그 육사의 거처로 가서 포자나가섭파에게 알려 물었다.

---

7) 굴레를 씌우듯 자유(自由)를 얽매는 일을 말한다.

"무엇이 당신의 종지(宗旨)인 가르침의 법리(法理)이고, 모든 제자들에게 무엇을 가르치며, 부지런히 범행을 닦으면 마땅히 어떠한 과를 얻습니까?"

그 스승이 알려 말하였다.

"태자여. 내가 종지는 이와 같이 보고 이와 같이 말합니다. 보시도 없고 받는 것도 없으며 또한 제사(祭祀)도 없고 선행(善行)도 없으며 악행(惡行)도 없습니다. 선악(善惡)의 업보(業報)와 이숙과(異熟果)8)도 없고 현재의 생도 없으며 미래의 생도 없고 아버지도 없으며 어머니도 없습니다. 화생(化生)도 없고, 유정(有情)9)도 없으며, 세간(世間)도 없으며, 아라한도 없는 것이 바른 취(趣)이고 바른 행(行)입니다.

이 세상과 저 세상의 현재의 법 가운데에서 스스로 깨달음을 얻었고, 바르게 증득하여 원만하게 모든 것을 분명히 알았으며, 나는 생을 이미 마쳤고, 범행을 이미 세웠으며, 지은 것도 갖추었고, 다음 생을 받지 않는다는 이러한 일은 모두 없습니다. 이곳에 생명이 있으면 그것을 생(生)이라 이름하고, 이 몸을 버려서 오대(五大)가 분리되어 다시 생명의 이치가 없으면 그것을 사(死)라 이름하니, 지(地)는 지로 돌아가고, 수(水)는 수로 돌아가며, 화(火)는 화로 돌아가고, 풍(風)은 풍으로 돌아가며, 모든 근(根)은 공(空)으로 돌아갑니다.

네 명이 가마를 메고 화장터로 가서 불을 붙이면 다만 뼈가 남을지라도 누구인가를 알 수 없으니, 어리석은 사람이나 지혜로운 사람도 모두 이와 같으며, 주는 것을 시(施)라 이름하고, 취하는 것을 수(受)라 이름하나니, 모두 있다고 말하는 것은 모두 허망한 것입니다."

이때 실력자는 이것을 듣고서 이렇게 생각을 지었다.

'이 대사(大師)는 바른 길을 물리치고 삿된 도를 행하니, 오히려 험한 길이 두려운 것과 같구나. 지혜가 있는 사람은 버리는 것으로써 마땅히 수습(修習)을 하여서는 아니된다.'

게송으로 설하여 말하였다.

8) 과거에 지은 업이 성숙되어 현재의 과보로써 작용하는 것을 가리킨다.
9) '중생'을 신역(新譯)에서 다르게 표현한 말이다.

422

악한 지혜를 가지고 악법을 말하고
진실로 어리석으나 대사라고 말한다.
이러한 법이 곧 이와 같으니
무엇을 비법이라고 이름하겠는가?

이와 같이 알았으므로 빈 그릇을 때리는 것과 같아서 단지 허망한 소리가 있었기에 버리고 떠나갔다. 이때 실력자는 다시 또한 말색갈리구사리자의 거처에 나아가 물어 말하였다.

"무엇이 당신의 종지인 가르침의 법리이고, 모든 제자들에게 무엇을 가르치며, 부지런히 범행을 닦으면 마땅히 어떠한 과를 얻습니까?"

그 스승이 알려 말하였다.

"태자여. 나의 종지는 이와 같이 보고 이와 같이 말합니다. 일체의 유정은 인(因)도 없고 연(緣)도 없으나 번뇌가 있고, 일체의 유정은 인도 없고 연도 없으나 번뇌에 핍박을 받으며, 일체의 유정은 인도 없고 연도 없으나 청정함이 있고, 일체의 유정은 인도 없고 연도 없으나 청정을 얻습니다. 일체의 유정은 인도 없고 연도 없으나 무지(無知)가 있고, 일체의 유정은 인도 없고 연도 없으나 무지를 알며, 일체의 유정은 힘도 없고 부지런함도 없으며 용기도 없고 나아감도 없으며 자(自)도 없고 타(他)도 없습니다. 일체의 유정에게 생명이 있는 것은 위세(威勢)가 없고 육생(六生)10) 가운데에서 항상 고통과 즐거움을 받으나 이것이 지나가면 곧 없어집니다."

'이 대사는 바른 길을 물리치고 삿된 도를 행하니, 오히려 험한 길이 두려운 것과 같구나. 지혜가 있는 사람은 버리는 것으로써 마땅히 수습을 하여서는 아니된다.'

게송으로 설하여 말하였다.

---

10) 유정이 죽어서 다시 태어나는 육도를 다르게 부르는 말이다.

악한 지혜를 가지고 악법을 말하고
진실로 어리석으나 대사라고 말한다.
이러한 법이 곧 이와 같으니
무엇을 비법이라고 이름하겠는가?

이와 같이 알았으므로 빈 그릇을 때리는 것과 같아서 단지 허망한 소리가 있었기에 버리고 떠나갔다. 이때 실력자는 다시 산서이비자지자의 거처에 나아가 물어 말하였다.

"무엇이 당신의 종지(宗旨)인 가르침의 법리(法理)이고, 모든 제자들에게 무엇을 가르치며, 부지런히 범행을 닦으면 마땅히 어떠한 과를 얻습니까?"

그 스승이 알려 말하였다.

"태자여. 나의 종지는 이와 같이 보고 이와 같이 말합니다. 만약 스스로 죽이고 남을 시켜 죽이며 스스로 자르고 남을 시켜 자르며 스스로 삶고 남을 시켜 삶으며 스스로가 도둑질·사행(邪行)·망어·음주를 하고, 나아가 사람을 시켜 살인 등을 저지르고자 하는 까닭으로 담장을 뚫고 열쇠를 열고 험한 길을 지키면서 여러 칼과 륜(輪)11)으로 여러 유정을 살해하며, 대지의 위에 있는 모든 유정을 베고 쪼개어 그 목숨을 끊어 몸을 크게 모아놓으며, 강가하(强伽河)의 남쪽에서 이러한 악업을 짓고 강가하의 북쪽에서 대복회(大福會)를 베풀어도 이것을 까닭으로 죄와 복의 인(因)이 죄와 복의 과(果)를 초래하는 것이 없고, 또한 다시 보시·지계·소욕(小欲)·지족(知足)으로도 그 과를 얻는 것이 없습니다."

이때 실력자는 듣고서 이렇게 생각하였다.

'이 대사는 바른 길을 물리치고 삿된 도를 행하니, 오히려 험한 길이 두려운 것과 같구나. 지혜가 있는 사람은 버리는 것으로써 마땅히 수습을 하여서는 아니된다.'

게송으로 설하여 말하였다.

11) 수레바퀴 모양의 무기로 원형의 테두리에 예리한 날로 되어 있다.

424

악한 지혜를 가지고 악법을 말하고
진실로 어리석으나 대사라고 말한다.
이러한 법이 곧 이와 같으니
무엇을 비법이라고 이름하겠는가?

이와 같이 알았으므로 빈 그릇을 때리는 것과 같아서 단지 허망한
소리가 있었기에 버리고 떠나갔다. 이때 실력자는 다시 또한 아시타계사감
발라의 거처에 나아가 물어 말하였다.

"무엇이 당신의 종지인 가르침의 법리이고, 모든 제자들에게 무엇을
가르치며, 부지런히 범행을 닦으면 마땅히 어떠한 과를 얻습니까?"

그 스승이 알려 말하였다.

"태자여. 나의 종지는 이와 같이 보고 이와 같이 말합니다. 이 일곱의
사신(事身)은 능히 지을 수도 없고 지어지는 것도 아니며, 능히 변화하는
것도 없고 변화되는 것도 없으며, 손해(損害)되는 것이 없이 그 몸은 항상
존재합니다. 무엇이 일곱인가? 이를테면, 지신(地身)·수신(水身)·화신(火
身)·풍신(風身)·고신(苦身)·낙신(樂身)·명신(命身)입니다. 한곳에 모여 있으
면 오히려 갈대의 묶음과 같으니, 운동(運動)하고 전변(轉變)하여도 서로를
번민하게 않으며, 죄·복·고통·즐거움 또한 서로 화합하지 않습니다. 가령
어느 사람이 다른 사람의 목을 베고 꺾을지라도 그에게는 고통이 없고,
그 몸 가운데의 안에는 구멍과 틈을 칼이 지나더라도 그 목숨을 손상시키지
않으니, 이것은 진실로 능히 죽이는 것과 죽음을 당하는 것도 없습니다.

능히 묻고 대답할 수 있고, 능히 기억하고 기억될 수 있으며, 그 사방(四方)
에 1만4천의 연생산문(緣生産門)이 있고, 다시 6만6천, 나아가 5만·3만·2
만·1만의 반업차별(半業差別)이 있으며, 또한 62행(行)·62중겁(中劫)·2천
지옥(地獄)·3천 제근(諸根)·36정기(精氣)·4만9천 용족(龍族)·4만9천 묘시조
족(妙翅鳥族)·4만9천의 사람의 뇌와 뼈를 먹는 외도종족·4만9천의 노형외
도(露形外道) 종족·4만9천의 사명외도(邪命外道) 종족이 있으며, 일곱 종류
의 상(想)·일곱 종류의 아소라(阿蘇羅)·일곱 종류의 필사차(畢舍遮)·7종류

의 천인(天人)·7종류의 사람이 있고, 7백 7곳의 연못(池)이 있으며, 7백 7의 꿈이 있고, 7백 7의 봉우리·7종류의 승생(勝生)·10종류의 증장(增長)·8 종류의 대인지(大人地)가 있으니, 이와 같은 8만4천의 대겁(大劫)을 지나야 소유한 어리석은 지혜가 고통의 끝을 벗어나게 됩니다.

비유하면 어느 사람이 가느다란 실타래를 허공에 던지고서 땅에 떨어지는 것을 따라가는 것과 같으니, 이와 같이 어리석으므로 8만4천의 대겁을 지나고 윤회하여야 다시 고통의 끝을 벗어나게 됩니다. 이 세간에서 진실로 사문과 바라문은 능히 이렇게 설하지 못합니다. 나는 계금(戒禁)을 제정하여 모든 제자들에게 항상 열심히 고행을 닦게 하고 굳게 범행을 수행하여 미숙한 업은 능히 성숙하게 하고, 업이 이미 성숙하였으면 능히 여러 가지 악을 버리고 고통의 끝에 이르게 하여 반드시 정해진 고통과 쾌락을 능히 끊게 하고, 겁의 증감을 말할지라도 이러한 일은 모두 없는 것입니다. 그러나 반드시 삶과 죽음은 유전(流轉)합니다."

이때 실력자는 듣고서 이렇게 생각하였다.

'이 대사는 바른 길을 물리치고 삿된 도를 행하니, 오히려 험한 길이 두려운 것 같구나. 지혜가 있는 사람은 버리는 것으로써 마땅히 수습을 하여서는 아니된다.'

게송으로 설하여 말하였다.

악한 지혜를 가지고 악법을 말하고
진실로 어리석으나 대사라고 말한다.
이러한 법이 곧 이와 같으니
무엇을 비법이라고 이름하겠는가?

이와 같이 알았으므로 빈 그릇을 때리는 것과 같아서 단지 허망한 소리가 있었기에 버리고 떠나갔다. 이때 실력자는 다시 또한 각구타가다연나자의 거처에 나아가 물어 말하였다.

"무엇이 당신의 종지인 가르침의 법리이고, 모든 제자들에게 무엇을 가르치며, 부지런히 범행을 닦으면 마땅히 어떠한 과를 얻습니까?"

그 스승이 알려 말하였다.

"태자여. 나의 종지는 이와 같이 보고 이와 같이 말합니다. 만약 사람이 나의 거처에 이르러 이와 같이 묻습니다.

'다음 세상은 있습니까?'

나는 알려 말합니다.

'있습니다.'

묻습니다.

'없습니까?'

나는 알려 말합니다.

'없습니다.'

'또한 있기도 하고 없기도 합니까?'

나는 알려 말합니다.

'있기도 하고 없기도 합니다.'

'또한 있는 것도 아니고 없는 것도 아닙니까?'

나는 알려 말합니다.

'있는 것도 아니고 없는 것도 아닙니다.'

만약 사람이 나에게 묻습니다.

'옳습니까?'

나는 알려 말합니다.

'옳습니다.'

'틀립니까?'

나는 알려 말합니다.

'틀립니다.'

'옳기도 하고 틀리기도 합니까?'

나는 알려 말합니다.

'옳기도 하고 틀리기도 합니다.'

'옳지도 않고 틀리지도 않습니까?'

나는 알려 말합니다.

'옳지도 않고 틀리지도 않습니다.'

만약 묻습니다.

'다음 세상은 하나와 다릅니까?'

또한 대답합니다.

'이것과 같습니다.'

이때 실력자는 듣고서 이렇게 생각하였다.

'이 대사는 바른 길을 물리치고 삿된 도를 행하니, 오히려 험한 길이 두려운 것과 같구나. 지혜가 있는 사람은 버리는 것으로써 마땅히 수습을 하여서는 아니된다.'

게송으로 설하여 말하였다.

악한 지혜를 가지고 악법을 말하고
진실로 어리석으나 대사라고 말한다.
이러한 법이 곧 이와 같으니
무엇을 비법이라고 이름하겠는가?

이와 같이 알았으므로 빈 그릇을 때리는 것과 같아서 단지 허망한 소리가 있었기에 버리고 떠나갔다. 이때 실력자는 다시 또한 니건타신야저자의 거처에 나아가 물어 말하였다.

"무엇이 당신의 종지인 가르침의 법리이고, 모든 제자들에게 무엇을 가르치며, 부지런히 범행을 닦으면 마땅히 어떠한 과를 얻습니까?"

그 스승이 알려 말하였다.

"태자여. 나의 종지는 이와 같이 보고 이와 같이 말합니다. 만약 모든 사람들이 고통과 즐거움의 일을 받고 소유하며 겪는 것은 모두 이전의 세상에서 지은 업을 인연하는 까닭이니, 고행의 힘으로 능히 과거의 업을 없애고 새로운 업을 짓지 않으면 확실히 생사의 막아내고 무루법을 증득하며 모든 업을 벗어날 것입니다. 모든 업을 벗어나는 까닭으로

428

모든 고통을 벗어나는 것입니다."

'이 대사는 바른 길을 물리치고 삿된 도를 행하니, 오히려 험한 길이 두려운 것과 같구나. 지혜가 있는 사람은 버리는 것으로써 마땅히 수습을 하여서는 아니된다.'

게송으로 설하여 말하였다.

악한 지혜를 가지고 악법을 말하고
진실로 어리석으나 대사라고 말한다.
이러한 법이 곧 이와 같으니
무엇을 비법이라고 이름하겠는가?

이와 같이 알았으므로 빈 그릇을 때리는 것과 같아서 단지 허망한 소리가 있었기에 버리고 떠나갔다. 왕궁으로 돌아와 높은 누각 위에 올라가서 손으로 얼굴을 받치고 이와 같이 생각하였다.

'이 세간의 인천·마(魔)·범(梵)·사문·바라문 가운데에서 반드시 한 사람이라도 능히 하나·둘·셋·넷의 구(句)와 신비하고 영험한 주술과 명약(明藥)의 방법을 가지고 생사 가운데의 무명(無明)의 뇌옥(牢獄)에서 많은 공능(功能)을 사용하지 않고서 나를 출리(出離)시킬 수 있을까?'

모든 부처님의 상법(常法)은 세간을 관찰하므로 보고 듣지 않는 것이 없고 모르는 것이 없었다. 항상 대비심을 일으켜 일체를 요익(饒益)하게 하고 구호(救護)하는 것 중에서 최고로 제일이었으며 최고로 용맹하였다.

다시 말할 필요없이 선정과 지혜(定慧)에 의지하여 머물며 삼명(三明)을 드러내셨고, 삼학(三學)을 잘 수행하셨으며, 삼업(三業)을 잘 조율하셨고, 사폭류(四瀑流)를 건너서 사신족(四神足)에 안주하셨으며, 긴 밤(長夜)에 사섭행(四攝行)을 수행하셨고, 오온(五蓋)을 없애고 제거하여 오지(五支)를 멀리 떠나셨으며, 오도(五道)를 초월하셨고, 육근(六根)을 구족하고 육도(六道)을 원만히 하셨으며, 칠재(七財)를 널리 베푸시었고, 칠각(七覺)의 꽃을 피우셨으며, 세상의 팔법(八法)을 떠나 팔정로(八正路)를 보여 영원히 구결

(九結)을 끊어 구정(九定)에 밝고 고요하시며, 십력(十力)을 충만하여 명성이 시방(十方)에 들리니 모든 것이 자재하신 가운데에서 가장 수승(殊勝)하셨다.

모든 두려움 없는 것을 얻어 마원(魔怨)을 항복받으셨고, 큰 우레의 소리를 지어 사자후를 하시며, 밤낮의 육시(六時)를 항상 불안(佛眼)으로 세간을 관찰하시어 무엇이 증가하고 무엇이 감소하며, 누가 고통(苦厄)을 만나고 누가 악취(惡趣)에 나아가며, 내가 지금 뛰어난 방편으로써 삼악도에서 구제하여 벗어나게 하고 편안히 인천에 나아가서 열반에 머무르게 하신다.

욕망의 수렁에 빠진 자를 항상 생각하여 구제하시고, 성스러운 재물이 없는 자에게 성스런 재물을 얻게 하시니, 부처님께서 세간에 출세(出世)하시면 마땅히 누구든지 이득을 얻게 하시고, 누구든지 무명이 있어 예(翳)12)에 덮인 눈을 큰 지혜의 약으로 밝게 뜨게 하시며, 선근이 없는 자에게 선근을 심게 하시고, 선근을 심은 자에게 더욱 성숙하게 하시며, 그 성숙한 자에게 해탈을 얻게 하시니, 다음에서 말하는 것과 같다.

가령 큰 바다의 조류(潮流)에
혹은 기한(期限)을 잃을지라도
부처님들은 교화받을 자를
제도하시며 때를 넘기지 않으신다네.

어머니에게 한 아이가 있으면
항상 그 몸과 목숨을 보호하는 것과 같이
부처님들도 교화를 받을 자를
애민하게 생각하시니 그것을 넘으신다네.

---

12) 흑정(黑睛)이 흐려진 것으로서 신예(新翳)와 노예(老翳)로 나눈다. 신예는 흑정이 흐려지는 초기에 해당하고, 노예는 흑정의 염증성 변화는 없고 다만 흉터로 흐려진 상태를 말한다.

430

부처님들은 모든 유정들에게
자비스럽게 생각하시어 버리고 떠나지 않으시며
그 고난을 생각하시고 제도하시는 것이
어미 소가 새끼소를 따라다니는 것과 같다네.

이때 세존은 곧 이렇게 생각하셨다.

'이 실력자는 일찍이 부처님의 처소에서 여러 선근을 심었으니, 곪은 종기가 오직 바늘에 의하여 터트려야할 때와 같은 지금이 교화를 받을 때이다.'

다시 관(觀)하셨다.

'이 사람은 부처에게 교화되고자 하고, 제자로서 교화되고자 하며, 신력(神力)으로 교화되고자 하고, 위의(威儀)로서 교화되고자 하는구나.'

따라서 제자로서 위의를 갖추고 곧 능히 제도(濟度)되고자 하는 것을 관하여 아셨다. 이때 마승(馬勝)필추는 인천(人天)의 가운데에서 위의가 가장 수승하였으므로 세존께서는 곧 마승필추에게 알려 말하였다.

"그대는 알맞은 때를 알아서 마땅히 파파국의 실력태자(實力太子)를 살펴보게."

이때 마승필추는 묵연히 가르침을 받았다. 날이 밝자 다음날 초분 때에 옷과 발우를 지니고 왕사성에 들어가 차례로 걸식하여 음식을 먹었다. 음식을 먹고서 자리를 거두고서 옷과 발우를 지니고 점차 유행하여 파파국에 이르러 수질림(水蛭林)에 머물렀다. 다음 날 초분에 옷과 발우를 지니고 파파성에 들어가 차례로 걸식하였는데 발을 들고 발을 내리며 바라보고 몸을 굽히며 펴고 옷과 발우를 지니고 들어올리는 위의와 나아가는 것이 모두 상심(詳審)13)하였다.

이때 실력자는 높은 누각 위의 멀리서 그를 보았는데 그 걸음걸이가 안상(安詳)14)하여 일찍이 보지 못하였던 것이었고, 위의는 나아가고 멈추

---
13) 모두를 자세(仔細)히 살펴보는 것을 말한다.
14) 마음이 차분히 가라앉은 평온한 상태를 말한다.

는 것에 흐트러짐이 없었다. 멀리서 보고서 이와 같이 생각하였다.

'이 나라 안의 모든 출가자 가운데에서 이러한 위의는 진실로 보지 못하였다. 또한 출가자는 마을 안에서는 정숙(整肅)하고 위엄을 갖추었을지라도 난야(蘭若) 가운데에서는 곧 이와 같지 않다. 지금 나는 마땅히 사람들을 시켜 숲속의 거처에서도 능히 이와 같은지 살펴보게 해야겠구나.'

이렇게 생각을 짓고서 곧 사자(使者)에게 이 필추가 머무는 곳을 따라가서 난야에서 거처하면서 사람들에게 확실히 꾸미는 것이 없고, 그 위의와 용모가 다르지 않는가를 살피게 하였다. 사자는 그 가르침을 받들어 마승의 뒤를 따르며 개인적인 모습을 관찰하였다. 이때 마승필추는 성안에서 음식을 얻고서 수질림으로 돌아와 옷과 발우와 수라(水羅)15)를 한쪽에 놓고서 옷의 먼지를 털고서 수라에 물을 따라 손과 발을 씻었다. 노란 낙엽을 모아서 땅에 자리를 만들고 곧 앉아서 음식을 먹었다. 음식을 먹고서 낙엽을 거두어 버리고 옷과 발우를 놓고서 다시 손과 발을 씻고서 가부좌를 맺고 앉으니, 비유하면 반용(盤龍)16)이 위의가 적정(寂靜)히 하고 몸을 바르게 하여 머무르는 것과 같았다. 이때 그 사자는 이미 살폈으므로 돌아와 태자에게 알려 말하였다.

"성안에서 본 그 필추의 위의는 침착하였으나 숲에 이르러서는 이전보다 백배 더 수승하였습니다."

이때 실력자는 마부에게 알려 말하였다.

"그대는 지금 마땅히 빠르게 마차를 장식하게. 숲속의 거처에 가서 그 필추를 살펴보겠네."

마부는 명령대로 마차를 꾸미고 정리하였다. 태자는 네 필의 마차에 올라 숲의 거처로 안내하게 하였고, 숲에 이르러 걸어갔다. 곧 마승의 주처에 나아가 멀리서 존자 마승이 가부좌하고 선정에 들어간 것을 보고서

---

15) 산스크리트어 pariśrāvaṇa으로 녹수낭(漉水囊)이라 번역된다. 물속에 있는 작은 벌레나 티끌을 거르는 주머니를 가리킨다.

16) 땅에 있으면서 아직 승천(昇天)하지 않은 용을 가리킨다.

432

이와 같이 생각하였다.

'나는 지금 마땅히 그 필추의 수승한 선정을 방해하면 아니된다. 그가 선정에서 나오면 나는 마땅히 나아가 예를 올려야겠다.'

이렇게 생각하고서 그곳에서 머물렀다. 이때 존자 마승은 포후시(哺後時)[17)에 이르러 선정에서 나왔다. 그때 실력자는 천천히 앞으로 나아가 머리숙여 두발에 예배하고서 한쪽에 앉아 알려 말하였다.

"대덕이시여. 어느 대사이시며 누구의 제자입니까?"

마승이 알려 말하였다.

"나는 제자이지 대사가 아닙니다."

다시 물어 말하였다.

"스승과 제자의 우열(優劣)은 어떠합니까?"

마승이 알려 말하였다.

"지극히 우열이 있습니다. 태자는 마땅히 아십시오. 묘고산왕(妙高山王)에 어찌 겨자를 비교할 것이고, 큰 바다의 물을 소의 발자국과 같다고 비교하겠으며, 또한 밝은 해를 그 반딧불(螢光)과 같다고 비교하는 것과 같습니다."

이때 구수 마승은 가타로서 설하여 말하였다.

묘고산을 겨자에 비교하고
큰 바다를 소의 발자국과 비교하며
허공을 연뿌리의 구멍에 비교하고
밝은 해를 반딧불에 비교하여도
세간의 물건들과는
비유(譬喩)할 수 없는 것 같이
제자가 스승을 바라보는
그 일도 역시 이와 같다네.

이때 실력자는 이렇게 설하는 것을 듣고서 이렇게 생각하였다.

'필추가 공덕의 차별을 말하는 것과 같이 어찌 다시 묘각(妙覺)이신 세존과 수승한 법이 있지 않겠는가!'

이렇게 알고서 마승에게 물어 말하였다.

"대덕이시여. 내가 지금 모든 이 선설하는 법과 율에 출가하여 원구(圓具)를 받고서 대덕의 처소에서 범행을 닦을 수 있겠습니까?"

마승이 알려 말하였다.

"태자여. 당신의 부모가 보시고 허락하셨습니까?"

실력자가 말하였다.

"아직 허락하시지 않았습니다."

마승이 알려 말하였다.

"여래와 여래의 제자들이 남을 출가시킬 때에는 부모가 허락하지 않으면 마땅히 곧 제도시킬 수가 없습니다."

실력자가 말하였다.

"대덕이시여. 나는 방편으로서 반드시 허락을 얻겠습니다."

마승이 알려 말하였다.

"이것은 지극히 좋은 일입니다."

이때 실력자는 이 말을 듣고서 공경하고 환희하며 감사의 말을 하고서 떠나갔다. 곧 왕궁으로 돌아와 부모에게 알려 말하였다.

"두 부모님께서는 마땅히 아십시오. 나는 이미 바른 신심으로서 지금 출가를 하고자 합니다."

부모가 알려 말하였다.

"그대는 지금 우리들의 하나뿐인 아들로서 항상 사랑하고 생각하며 살펴보면서 싫어하는 것이 없다는 것을 아는가? 가령 목숨이 마치더라도 그대를 오히려 떠나지 않으려고 하는데 하물며 다시 살아서 마땅히 이별을 하겠는가?"

태자가 알려 말하였다.

"듣는 것으로는 좋으나 만약 허락하시지 않으면 나는 오늘부터 다시는

434

음식을 먹지 않겠습니다."

비록 이러한 말을 들었으나 허락하지 않았다. 이때 실력자는 하루 동안 음식을 먹지 않았고, 이와 같이 2일·3일 나아가 6일을 먹지도 않았고 마시지도 않았다. 이때 그 부모는 아들의 처소에 나아가 알려 말하였다.

"그대는 어려서부터 항상 안락하였고 모든 괴로운 일을 일찍이 경험하지 않았다. 범행은 닦기 어렵고 홀로 살기도 어려우니 따라서 마땅히 난야의 와구(臥具)에서 머무는 것도 어렵다. 목숨을 마칠 때까지 맹수와 함께 살아야 하고, 목숨을 마칠 때까지 남에게 걸식하여야 하며, 목숨을 마칠 때까지 모든 욕망과 즐거움을 끊어야 하고, 목숨을 마칠 때까지 희희(嬉戲)[18]도 영원히 끊어야 한다. 태자여. 그대는 마땅히 이곳에 머물러 모든 욕망과 즐거움을 누리고 뜻에 따라 보시하여 여러 복업을 닦도록 하라."

태자는 비록 이 말을 들었으나 묵연히 대답하지 않았다. 이때 그 부모는 모든 친족들에게 실력자에게 권유하도록 하였고, 그때 여러 친족들이 함께 와서 권유하였으나 부모가 하는 말과 모두 같아서 실력자는 묵연히 대답하지 않았다. 이때 그 부모는 실력자의 친구와 지식(知識)들에게 역시 함께 권유하게 하였으나, 앞에서 부모가 알려준 말과 모두 같아서 실력자는 앞에서와 같이 묵연히 있었다. 두 번, 세 번 충고하였으나 역시 대답이 없었다. 그때 그 지식들은 실력자가 견고하여 두 번, 세 번 충고하였으나 한마디도 대답이 없는 것을 보았다. 이때 벗들은 실력자의 뜻이 견고한 것을 알고서 왕과 왕비에게 나아가서 그 정리(情理)를 갖추어 말하였다.

"우리들은 은근히 권유하여 깨우쳐 주었으나 뜻이 굳세어 움직이지 않습니다. 그의 모습과 얼굴빛을 보더라도 반드시 물러서지 않을 것이니 태자를 잃으실까 두렵습니다. 원하건대 반드시 출가를 허락시어 세속을 떠나서 밝은 지혜와 함께 이름을 떨치게 하십시오. 만약 집을 떠나는 것을 허락하시어 그 목숨이 완전하다면 뒤에 기쁘고 즐겁지 않으면 본래의

18) 여인과 장난하며 즐긴다는 뜻이다.

궁전으로 돌아올 것입니다. 만약 생명의 인연을 떠난다면 다시 어느 곳으로 가겠습니까?"

부모가 알려 말하였다.

"반드시 이와 같다면 마땅히 출가를 허락하여 그 원하는 것을 들어주게."

친우들은 그 뜻을 받들어 태자에게 알려 말하였다.

"부모님들께서 자비로서 도(道)에 드는 것을 허락하셨습니다."

실력자는 듣고서 기쁘고 즐거움이 매우 커져서 점차로 음식을 많이 먹었고 점점 건강해졌다. 부모님께 하직하고서 그 숲속으로 나아가 마승필추를 알현한 뒤에 한쪽에 앉아 알려 말하였다.

"대덕이시여. 나의 존친(尊親)께서 이미 허락하셨습니다. 원하건대 자비로서 출가의 법을 주시고 나아가 원구를 주시며 위의로서 가르치시고 대덕의 처소에서 범행을 잘 닦도록 하십시오."

이때 구수 마승이 알려 말하였다.

"이와 같다면 곧 출가하고 아울러 원구를 받으시오."

다시 알려 말하였다.

"그대는 지금 필추의 일에 그 두 종류인 이를테면, 독송(讀誦)과 선정(修定)이 있는 것을 아는가? 그대는 독송을 하겠는가? 선정을 닦겠는가?"

곧 스승에게 알려 말하였다.

"오파타야시여. 두 종류를 모두 닦겠습니다."

곧 낮에는 한마음으로 독송을 하였고 만약 고요한 밤에 있으면 선사(禪思)에 전념하였다. 이와 같아서 오래지 않아 삼장을 잘 통달하였고, 정진을 부지런하고 잠시라도 노력하는 것을 버리지 않아서 번뇌를 끊고 아라한과를 증득하였다. 이때 마승필추의 제자와 문인(門人)들은 그 뜻에 따라서 배우는 것에 차별은 있었으나 모두 그 가르침을 잘 받고서 다른 촌방(村坊)·성읍(城邑)·취락(聚落)으로 나아가서 안거를 하였다. 8월 15일에 이르러 전안거가 끝났으므로 옷을 짓고서 옷과 발우를 지니고 파파성의 수질림의 처소에 갔다. 옷과 발우를 안치(安置)하고 손과 발을 씻고서 스승의 처소에 나아가 두발에 예배하고 한쪽에 앉았다.

이때 여러 사람들은 각자 증득한 것을 갖추어 그 스승에게 알리고 다시 나머지의 삼장의 요의를 묻고서 그리고 스승에게 알려 말하였다.

"우리들은 이미 오파타야에게 스스로 묻고서 답을 얻었습니다. 우리들은 세존께 가서 받들어 알현하고자 합니다."

알려 말하였다.

"구수여. 그대들 뜻을 따라서 떠나게."

이때 실력자가 마승필추에게 알려 말하였다.

"오파타야시여. 나는 이미 여래의 법신을 보았으나 색신은 아직 보지 못하였습니다. 나도 지금 가서 세존의 색신을 보고자 합니다."

대답하여 말하였다.

"뜻대로 하게. 그대는 지금 마땅히 알아야 하네. 여래·응·정등각께서는 대진보(大珍寶)로서 세간에 출현하셨으니 진실로 만나기 어려운 것이 오담발라(烏曇跋羅)[19] 꽃이 한번 나타나는 것과 같다네."

이때 실력자는 허락을 받고서 떠나갔다. 다음 날에 이르러 하루의 초분에 옷과 발우를 지니고 파파성에 들어가 차례로 걸식하고서 본래의 처소로 돌아와 음식을 먹었다. 옷과 발우를 지니고 왕사성으로 갔으며, 앞에서와 같은 위의로 손과 발을 씻고서 세존의 처소로 나아갔다. 이때 세존께서는 무량한 백천의 필추들 가운데에서 설법하시고 계셨다. 세존께서는 멀리서 실력자가 오는 것을 보고서 알려 말씀하셨다.

"잘 왔느니라. 지금은 올바른 때이니, 그대의 뜻에 따라서 앉도록 하라."

이때 실력자는 세존의 발에 예경하고서 한쪽에 앉았다. 이때 왕사성의 모든 필추들은 같은 부류에 의지하여 승가의 와구를 나누지 않았으니 이를테면, 경사(經師)와 율사(律師), 경사와 논사(論師), 경사와 법사(法師), 경사와 선사(禪師), 율사와 논사, 율사와 법사, 율사와 선사, 율사와 경사, 논사와 선사, 논사와 경사, 논사와 율사, 법사와 선사, 법사와 경사, 법사와 율사, 법사와 논사, 선사와 경사, 선사와 율사, 선사와 논사, 선사와 법사가

---

19) 산스크리트 udumbara의 음사로서 3000년에 한번씩 피어난다는 꽃으로 묘사되고 있다.

함께 있었으나, 경사·율사·논사·법사·선사가 같은 부류로서 한 처소에 머무르지 않았다. 이와 같이 같은 부류로서 의지하여 방사와 와구를 나누지 않으므로 때때로 여러 필추들은 서로 곧 보호하여 받을 업을 잃어버렸고, 각자 선품(善品)을 증장시킬 수가 없었으므로 연꽃이 물이 없어 날마다 시들어가는 것과 같았다. 이때 세존께서는 곧 이렇게 생각하셨다.

'이 실력자는 이전에 부처님들의 처소에서 오랫동안 바른 원으로서 이렇게 생각하였다. 나는 마땅히 어찌해야 승가를 위한 분와구자(分臥具者)가 될 수 있을까?'

이때 세존은 모든 필추들에게 알려 말하였다.

"그대들 모든 필추는 마땅히 실력자를 승가를 위한 분승와구인(分乘臥具人)으로 뽑아야 하느니라. 만약 다시 나머지의 이와 같은 부류로서 5법을 갖추었으면 마땅히 분와구인으로 뽑을 것이고, 만약 5법이 없으면 마땅히 분와구인으로 뽑지 않아야 할 것이며, 설령 뽑았더라도 마땅히 버려야 한다. 무엇이 5법인가? 욕망이 있고 성냄이 있으며 어리석음이 있고 두려움이 있으며 분(分)과 불분(不分)을 알지 못하는 것이다. 만약 5법을 갖추었으면 마땅히 뽑을 것이고 뽑았으면 버려서는 아니된다. 무엇이 5법인가? 욕망이 없고 성냄이 없으며 어리석음이 없고 두려움이 없으며 분과 불분을 아는 것이다.

이와 같이 마땅히 뽑아야 한다. 항상 건치를 울리고 좌구를 펴고서 먼저 말하여 아뢰고, 다음으로 모든 승가를 모으고서, 대중을 마주하여 마땅히 묻고 마땅히 권유하여 말하라.

'그대 누구는 능히 승가의 분와구인이 될 수 있습니까?'

그 필추가 '할 수 있습니다.'고 대답하면 이 필추에게 백갈마를 짓게 하라." [자세한 것은 백일갈마(百一羯磨)의 가운데서와 같다.]

이때 실력자는 대중들에게 뽑혀 분와구인이 되어 승가 대중이 소유한 방사와 와구들을 모두 같은 부류에 의지하여 처소에 그것을 안치하였으니, 경사는 경사와 함께 사용하게 하였고, 율사는 율사와 함께 사용하게

438

하였으며, 논사는 논사와 함께 사용하게 하였고, 법사는 법사와 함께
사용하게 하였으며, 선사는 선사와 함께 사용하게 하였다. 그의 뜻에
따라 함께 머무르며 언의(言議)[20]가 없었으므로 선품을 닦는 것이 나날이
증장하였으니 비유하면 연지(蓮池)에 그 물이 가득하여 연꽃이 날마다
피어나는 것과 같았다.

이때 여러 필추가 반경(半更)이 되어 이르렀으나, 그때 실력자는 신통력
으로 한 손가락을 빛나게 하여 와구를 나누었다. 다시 다른 여러 필추들이
마음으로 실력자가 뛰어난 상인법(上人法)의 희유한 신통력을 보고자
하여 일부러 일경(一更)에 이르러 와서 쉬었는데, 그때 실력자는 두 손가락
을 빛나게 하여 와구를 나누어 주었다. 일경반(一更半)에 이르면 세 손가락
을 빛나게 하였고 이경(二更)에 이르면 네 손가락을 빛나게 하였으며
반야(半夜)에 이른 사람에게는 다섯 손가락을 빛나게 하여 나누어 주었다.
이때 모든 필추들은 수승한 신통의 일을 보고서 각자 이렇게 생각하였다.

'우리들은 마땅히 위덕을 갖춘 대성문(大聲聞)에게 와구를 나누게 하여
서는 아니되고, 다시 옆구리를 평상에 붙이고 뜻을 따라서 잠을 자는
이와 같은 것을 마땅히 짓지 않아야 한다.'

그들은 각자 초야(初夜)와 후야(後夜)를 살펴 잠을 줄이고 단정히 사유하
며 머물렀고 부지런한 까닭으로 증득하지 못했던 자는 모두 증득하였으며
이미 증득한 자는 퇴전하지 않았다. 이때 세존께서는 모든 필추에게
알려 말하였다.

"모든 필추들이여. 나의 제자 가운데에서 승가의 와구를 나누는 것에는
이 실력자가 제일이니라."

세존의 성스러운 가르침이 이미 널리 퍼졌다. 이때 바라문과 거사들이
필추대중을 위하여 여러 음식을 베풀고자 하였다. 이때 육중필추는 맛있고
상묘(上妙)한 음식이 있는 것을 알고서 곧 그들에게 와서 그 음식을 먹었다.
이때 여러 신심있는 바라문 등이 이와 같이 말하였다.

20) 여러 소문들을 가리키는 말이다.

"성자여. 대덕(大德)이신 기숙(耆宿)은 무슨 뜻으로 오시지 않습니까?"

육중이 대답하여 말하였다.

"이와 같이 거친 음식을 그들이 어찌 먹으러 오겠소?"

시주가 대답하여 말하였다.

"세존께서는 우리들이 공양 가운데에서 최고 제일이라고 말씀하셨는데 그 여러 기숙들이 어찌 드시지 않겠습니까? 성자여. 당신들은 선설하는 법과 율의 가운데에서 세속을 버리고 출가하였으나 삼가하지 않는 말을 하고 부끄러움이 없는 말을 하였습니다. 마땅히 빨리 떠나고 다시는 오지 마십시오."

이 여러 필추는 이 일을 듣고서 곧 가서 세존께 아뢰니 세존께서 말씀하셨다.

"마땅히 실력자를 뽑아서 분식인(分食人)으로 삼아라. 만약 다시 그와 같은 부류가 있으면 마땅히 뽑아서 분식인을 삼아야 하느니라. 5법을 갖추지 못한 자는 마땅히 뽑아서는 아니되고 만약 뽑았으면 마땅히 버려야 한다. 무엇이 5법인가? 욕망이 있고 성냄이 있으며 어리석음이 있고 두려움이 있으며 분과 불분을 알지 못하는 것이다. 이것과 반대이면 마땅히 뽑아야 하고, 앞에서의 작법에 의거하여 이와 같이 뽑아야 한다. 마땅히 필추 백갈마를 짓게 하라." [자세한 것은 백일갈마의 가운데서와 같다.]

이때 실력자는 대중들에게 뽑혀 분식인이 되어 승가를 위해 음식을 세 종류로 나누었으니 이를테면, 상·중·하였다. 이때 객필추가 있으면 첫째 날은 상식(上食)을 주었고, 둘째 날에는 중식(中食)을 주었으며, 셋째 날에는 하식(下食)을 주었고, 넷째 날에 이르면 걸식하게 하였다. 그때 실력자는 모든 필추들을 위하여 객이거나 주인이거나 방사·와구·음식 등의 물건을 나누면서 현재 머무는 사람에 따라서 늙은 필추부터 젊은 필추에 이르기까지 차례로 주었으며 빠트리지 않았다.

이때 실력자와 두 필추가 있었는데 한 사람은 선우(善友)라고 이름하였고, 다른 사람은 대지(大地)라고 이름하였다. 여러 생에 걸쳐 항상 원수가

440

되었으며, 남국(南國)으로부터 왕사성에 이르렀다. 이때 두 필추는 다른 필추에게 물어 말하였다.

"누가 승가의 지식차자(知食次者)21)입니까?"

다음 좌차가 알려 말하였다.

"구수 실력자입니다."

이때 그 두 사람은 실력자의 처소에 나아가서 알려 말하였다.

"우리 두 사람에게 차례를 따라 음식을 주십시오."

이때 실력자는 첫째 날에는 곧 두 사람에게 상묘한 음식을 주었다. 다음 날에 그 시주가 물어 말하였다.

"내일은 어느 분이 마땅히 우리 집에서 음식을 드십니까?"

대답하여 말하였다.

"이 선우와 대지입니다."

시주는 듣고서 이렇게 생각하였다.

'그 두 필추는 악을 행한다고 들었다. 만약 음식을 먹으러 온다면 마땅히 적당히 준비를 해야겠구나.'

둘째 날에 이르러 중식을 주는데 시주는 일이 있었고 다시 좋은 음식도 없었다. 셋째 날에 이르러 거친 음식을 주었다. 이때 두 사람은 이와 같이 말하였다.

"우리들은 지금 매우 괴롭구나. 어찌 실력자는 3일 동안에 일부러 우리에게 거칠고 나쁜 음식만을 주어 우리를 괴롭히고 고통을 받게 하는가? 우리는 마땅히 그에게 이익이 없는 일을 짓겠다."

그 두 사람에게는 누이인 필추니가 있었으니 우녀(友女)라고 이름하였으며 왕원사(王園寺)에 머물고 있었다. 이때 우녀는 두 오빠가 있는 곳에 이르러 각자의 발에 예배하고서 한쪽에 앉았다. 이때 두 사람은 비록 누이가 오는 것을 보았으나 함께 쳐다보지도 않았고 또한 함께 말하지도 않았다. 이때 우녀가 두 오빠에게 물어 말하였다.

21) 음식을 차례대로 배분하는 소임자를 가리킨다.

"무슨 뜻으로 두 성자께서는 내가 온 것을 보고서도 함께 쳐다보지도 않고 함께 말하지도 않습니까?"

그 두 사람이 대답하였다.

"누이여. 실력자는 우리들에게 3일 아침에 이르도록 매우 거칠고 나쁜 음식을 주고서 우리에게 먹게 하였는데 그대는 지금 어찌하여 우리를 돕지 않고 스스로 편안하게 머무르고 있는가?"

우녀가 알려 말하였다.

"성자여. 내가 지금 무엇을 지어야 합니까?"

알려 말하였다.

"누이여. 그대는 지금 마땅히 세존의 처소에 나아가 이와 같이 아뢰어라. '대덕이시여. 그 성자인 실력자는 궤칙이 아닌 일을 지었고 나와 힘께 부정행을 행하여 바라시가를 범하였습니다.'

우리들도 또한 마땅히 나아가 이와 같이 말하겠다.

"누이가 말한 그 일은 진실이고, 우리들도 이전부터 알고 있었습니다."

우녀가 알려 말하였다.

"내가 지금 어찌 그는 진실로 청정한 필추이고 일찍이 허물과 범한 것이 없는데, 어떻게 갑자기 근거도 없이 다른 사람의 수승한 법을 훼방(毁謗)할 수 있겠습니까?"

두 사람이 알려 말하였다.

"나아가 그대가 만약 우리들을 위하여 이와 같이 말하지 않겠다면 우리들도 평생동안 그대를 보지 않을 것이고 함께 말하지도 않겠다."

이때 우녀는 이 말을 듣고서 잠시 고개를 숙인 뒤에 고개를 들어 두 오빠에게 말하였다.

"내가 마땅히 하겠습니다."

오빠들이 말하였다.

"누이여. 그대는 잠시 이곳에 머물러라. 우리들이 먼저 세존의 처소에 이르면 그대는 뒤에 오너라."

이때 두 필추는 세존의 처소에 이르러 세존의 발에 예경하고서 한쪽에 앉았다. 이때 우녀도 오빠들이 이른 것을 짐작(斟酌)하고서 곧 세존의 처소에 나아가 예경하고서 한쪽에 서서 세존께 아뢰어 말하였다.

"대덕이시여. 그 성자인 실력자는 궤칙이 아닌 일을 지어 나와 힘께 부정행을 행하여 바라시가를 범하였습니다."

이때 선우·대지 필추가 곧 세존께 아뢰어 말하였다.

"진실로 그렇습니다. 박가범이시여. 진실로 그렇습니다. 소게다(蘇揭多)22)이시여. 누이가 말한 것을 우리도 이전부터 알고 있었습니다."

이때 실력자도 역시 다시 이 대중 속에서 머무르고 있었다.

---

22) 산스크리트어 sugata의 음사로서 선서(善逝)라고 번역된다.

근본설일체유부비나야 제14권

삼장법사 의정 한역
석보운 번역

8) 무근방(無根謗) 학처 ②

이때 박가범께서 실력자에게 알려 말씀하셨다.

"그대는 이 말을 들었는가?"

세존께 아뢰어 말하였다.

"저도 들었습니다. 박가범이시여. 저도 들었습니다, 소게다이시여."

세존께서 말씀하셨다.

"실력자여. 그 일은 어떠한 것인가?"

실력자는 세존께 아뢰어 말하였다.

"세존이시여. 저의 거짓과 진실은 오직 세존께서 아실 것입니다."

세존께서 말씀하셨다.

"실력자여. 이러한 때에는 그와 같이 말해서는 아니되고 마땅히 이렇게 말해야 하느니라. 만약 사실이라면 '사실입니다.'라고 말할 것이고, 만약 거짓이라면 '거짓입니다.'라고 말하라."

실력자는 말하였다.

"저는 일찍이 기억이 없습니다. 박가범이시여. 저는 일찍이 기억이 없습니다. 소게다이시여."

이때 구수 나호라는 세존의 뒤에서 부채를 들고서 세존께 부채질을 하고 있었다. 이때 나호라는 세존께 아뢰어 말하였다.

"세존이시여. 그 실력자에게 어찌 번거롭게 보고 물으십니까? 지금 우녀 필추니가 스스로 세존의 앞에서 '실력자가 함께 악을 행하여 바라시

444

가를 범하였다.'고 말하였고 형제인 두 사람도 눈앞에서 말로써 사실이라고 증언하였습니다."

세존께서 나호라에게 알리셨다.

"내가 지금 그대에게 묻겠으니 그대의 뜻에 따라서 대답하게. 나호라여. 만약 필추니가 나의 처소에 와서 이와 같이 말을 하였네. '대덕이시여. 성자 나호라는 궤칙이 아닌 일을 지어 나와 함께 부정행을 행하여 바라시가를 범하였습니다.' 이때 선우와 대지 두 필추가 곧 증언하여 말하였네. '진실로 그렇습니다. 박가범이시여. 진실로 그렇습니다. 소게다이시여. 누이가 말한 것을 우리도 이전부터 알고 있었습니다.' 나호라여. 내가 이 말을 듣고서 곧 그대에게 물어 말하였네. '그 일이 진실인가? 거짓인가? 그대는 어떻게 대답할 것인가?' "

나호라가 세존께 아뢰어 말하였다.

"세존 대덕이시여. 만약 기억하고 있다면 기억한다고 말할 것이고, 만약 기억이 없다면 기억이 없다고 말하겠습니다."

세존께서 알려 말씀하셨다.

"그대와 같은 어리석은 사람도 능히 기억이 없다고 말하였으니, 실력자와 같은 청정한 필추가 진실로 죄와 허물이 없어서 기억이 없다고 말한다면 어찌 이상하겠는가?"

이때 세존은 모든 필추에게 알려 말씀하셨다.

"실력자는 진실로 죄와 허물이 없느니라. 그대들은 마땅히 알라. 우녀 필추니는 스스로 죄를 범한 것을 말하고 있으니 마땅히 멸빈(滅擯)시켜라. 그 선우와 대지 두 필추에게도 마땅히 자세하게 살펴보고 그 일을 자세히 물어야 한다. '그대는 어떻게 보았고 어느 곳에서 보았으며 무슨 인연으로 가서 그 일을 보았는가?' "

이때 세존은 이와 같이 말씀하시고서 곧 방으로 들어가 적정(寂定)에 머무르셨다. 이때 여러 필추들은 세존께서 적정에 드신 것을 보고서 곧 함께 '실력자는 청정한 사람이고, 우녀 필추니는 스스로가 함께 부정을 저질렀다고 말하였으므로 멸빈시켜야 하며, 선우와 대지 두 필추에게는 그 일을 자세히 물어야 한다. <그대는 무엇을 보았고 어느 곳에서 보았으며 무슨 인연으로 가서 그 일을 보았는가?>'라고 생각하였다.

이때 모든 필추들이 그 일을 자세히 물었다. 이때 그 두 필추는 이와 같이 대답하였다.

"모든 구수여. 우리는 그 실력자가 부정을 행하고 바라시가를 범하는 것은 보지 못하였습니다. 그러나 구수 실력자가 3일에 이르도록 우리들에게 거칠고 나쁜 음식을 주었으므로, 기력(氣力)이 쇠약해지고 극심하게 번민하고 혼란스러웠고 우리들은 이와 같아서 화를 내었고 어리석었으며 두려웠던 까닭으로 이러한 말을 지었습니다. 그 구수 실력자는 진실로 청정하고 허물이 없으며 부정행을 짓지도 않았고 바라시가를 범하지도 않았습니다."

이때 세존께서는 포후시에 정처(靜處)로부터 나오셔서 필추 대중의 가운데에 나아가 자리에 앉으셨다. 이때 여러 필추들이 세존께 아뢰어 말하였다.

"세존이시여. 우리들 모든 필추들은 불·세존께서 방으로 들어가시어 적정에 머무신 것을 보고 곧 함께 '실력자는 청정한 사람이고, 우녀 필추니는 스스로가 함께 부정을 저질렀다고 말하였으므로 멸빈시켜야 하며, 선우와 대지 두 필추에게는 그 일을 자세히 물어야 한다. <그대는 무엇을 보았고 어느 곳에서 보았으며 무슨 인연으로 가서 그 일을 보았는가?>'라고 생각하였습니다.

우리들이 그것을 갖추어 물으니, 그 두 필추는 이와 같이 대답하였습니다.

'모든 구수여. 우리는 그 실력자가 부정을 행하고 바라시가를 범하는 것은 보지 못하였습니다. 그러나 구수 실력자가 3일에 이르도록 우리들에게 거칠고 나쁜 음식을 주었으므로, 기력(氣力)이 쇠약해지고 극심하게 번민하고 혼란스러워 우리들은 이와 같아서 화를 내었고 어리석었으며 두려웠던 까닭으로 이러한 말을 지었습니다. 그 구수 실력자는 진실로 청정하고 허물이 없으며 부정행을 짓지도 않았고 바라시가를 범하지도 않았습니다.'라고 말하였습니다."

이때 세존께서는 이 말을 듣고서 여러 필추에게 알려 말씀하셨다.

"어찌 그 두 어리석은 사람들은 적은 음식을 인연하여 고의적으로 망어로서 청정한 필추를 훼방하는가?"

세존께서는 곧 이때에 가타로서 설하여 말씀하셨다.

만약 사람이 고의적인 망어로서
진실한 법에 어긋나고 벗어나게 하며
다음 세상을 두려워하지 않는다면
어떤 악이라도 짓지 못할 것이 없다네.

오히려 뜨거운 쇠구슬을 삼키고
사나운 불길로 몸을 모두 태울지라도
계율을 파괴한 입으로써
그 신심있는 음식을 먹으면 아니되리라.

마땅히 이때 허공 가운데에서 여러 천인 대중이 있어 가타로서 설하여 말하였다.

실력자는 삼유(三有)[1]를 초월하였어도
오히려 훼방을 불렀나니
이러한 까닭으로 지혜있는 사람은
마땅히 생사를 즐기면 아니된다네.

단식(段食)[2]은 진실로 싫어할 것으로

---

1) 중생(衆生)들이 생사윤회(生死輪廻)하는 세계로서, 욕유(慾有)·색유(色有)·무색유(無色有) 등을 가리킨다.
2) 사식(四食)의 하나로서 밥·국수·나물·기름 등과 같이 형체가 있는 음식을 말한다.

고통 가운데에서 최상의 끝이므로
오히려 자식의 살을 먹는 것처럼
모든 번뇌를 증장시키네.

"어찌하여 그대들은 지금 청정한 필추가 진실로 죄를 범하지 않은 것을 알면서도 근거가 없는 바라시가로서 훼방을 하였는가?"

이때 세존은 이 인연으로, [앞에서 자세히 설한 것과 같이], 나아가 선우와 대지 필추에게 알려 말씀하셨다.

"그대들 어리석은 두 사람은 청정한 필추가 진실로 죄를 범하지 않은 것을 알면서도 근거가 없는 바라시가로서 훼방을 하였는가?"

세존께서는 여러 가지로 꾸중하셨다.

"그대들의 행은 비법이고, 청정한 행이 아니며, 수순행도 아니고, 마땅히 행하면 아니되는 것이다."

이때 세존께서는 여러 가지로 꾸중하시고 모든 필추에게 알려 말씀하셨다.

"마땅히 알라. 세 종류의 사람은 반드시 니리옥(泥犁獄)[3]에 떨어지느니라. 무엇이 세 종류인가? 만약 사람이 스스로 파계하고 남에게도 파계를 권유한다면 이것이 반드시 니리옥에 떨어지는 처음의 사람이다. 만약 사람이 스스로 부정을 행하고 청정한 필추를 근거도 없는 바라시가법으로 훼방한다면 이것이 반드시 니리옥에 떨어지는 둘째의 사람이다. 만약 사람이 이와 같이 보고 이와 같이 말하였다. '욕(欲)은 곧 정(淨)이고, 욕은 곧 묘(妙)이며, 욕은 수용할 수 있고, 욕에는 과실(過失)이 없다.'라고 하여 나쁜 욕의 경계에 지극히 애착을 일으키면 이것이 반드시 니리옥에 떨어지는 셋째의 사람이다."

이때 세존께서는 가타로서 설하여 말씀하셨다.

---

3) 지옥을 다르게 부르는 말이다.

만약 사람이 세상 가운데에 태어나서
입에서 항상 칼이 나오면
이 악설(惡說)을 까닭으로
항상 자신의 몸을 자르게 된다네.

만약 악인(惡人)을 찬탄하고
어질고 착한 사람을 훼방하면
입에서 여러 허물이 생기는 까닭으로
반드시 안락을 얻을 수 없다네.

오히려 도박꾼(博弈人)과 같아서
재산을 잃으면 허물이 적은 것이나
다른 청정한 사람들을
훼방한다면 큰 허물을 만드네.

백천 세(歲)를 지나더라도
육포옥(肉胞獄)[4]에 떨어져 있으며
다시 이러한 지옥 가운데에서
역시 4만세를 받아야 하네.

만약 악심으로 말하여
선인(善人)을 훼방한다면
이러한 악업의 인연하는 까닭으로
마땅히 지옥에 떨어진다네.

이때 세존은 꾸중하시고서 모든 필추에게 알려 말하였다.

---

4) 살이 찢어지는 고통을 받는 지옥으로 팔한지옥(八寒地獄)의 하나인 니자부타옥(尼刺浮陀獄)을 말한다.

"내가 열 가지 이익을 관하고, [자세한 설명은 앞에서와 같다.] 나아가 모든 필추를 위하여 비나야 가운데에서 그 일에 학처를 제정하나니, 마땅히 이와 같이 설하노라. 만약 다시 필추가 성냄을 품고서 버리지 않는 까닭으로 청정한 필추를 근거가 없는 바라시가법으로 훼방하여 그 정행을 무너트리고자 하였으나, 뒤의 다른 때에 만약 물었고, 만약 묻지 않았어도 이 일이 근거가 없는 훼방인 것을 알았으나, 그 필추가 성난 까닭으로 이와 같이 말하는 자는 승가벌시사를 얻느니라."

'만약 다시 필추는' 이 선우와 대지 필추를 말하고, 만약 다시 나머지의 이러한 부류를 말한다.

'성냄을 품고'는 마음에 분노를 일으키는 것이다.

'버리지 않는'은 성냄을 멈추지 않는 것이다.

'청정한 필추'는 실력자를 말한다.

'범한 것이 없다.'는 그 일을 범하지 않는 것이다.

'근거가 없이'는 세 가지의 근거가 없는 것이다. 보았던 근거[見根]·들었던 근거[聞根]·의심나는 근거[疑根]이다.

'바라시가법'은 네 가지의 일 가운데에서 그 하나를 따라 말하는 것이다.

'법'은 이미 앞에서 말한 것과 같다.

'훼방'은 진실하지 않은 일을 말하는 것이다.

'그 정행을 무너트리고자'는 그 사람의 청정한 학처를 손상시키는 것이다.

'다른 때'는 별도의 때를 말한다.

'만약 물었고, 만약 묻지 않았어도'는 훼방을 하고서 마음에서 후회가 생겨난 다른 사람에게 묻지 않는 것을 말한다.

'이 일이 근거가 없는 훼방인 것을 알았으나'의 방(謗)은 쟁(諍)이다. 쟁에는 네 종류가 있으니, 투쟁(鬪爭)·비언쟁(非言諍)·범쟁(犯諍)·사쟁(事諍)이다.

'성난 까닭으로 이와 같이 말하는 자'는 곧바로 훼방의 말을 하는 자이다.

450

'승가벌시사'는 앞에서 설명한 것과 같다.

이 가운데에서 범하는 모양과 그 일은 무엇인가? 만약 청정한 필추를 훼방하면 십사(十事)를 범한 것이고, 오사(五事)는 범한 것이 아니다. 무엇이 십사인가? 그 일을 보지도 않았고 듣지도 않았으며 의심하지도 않고서 곧 이와 같이 헛된 망상(妄想)을 지어 진실로 본 것 등이 없으나 거짓말로서 "나는 보았고 들었으며 의심하였다."고 이와 같이 말하는 때에는 승가벌시사를 얻는다. 혹은 들었으나 잊어버렸고, 의심하였으나 잊어버렸으며, 이와 같이 이해하고 이와 같이 생각하여 "나는 들었고 의심하였으나 잊어버리지 않았다."고 말하면 이와 같이 말을 지을 때에 승가벌시사를 얻는다. 혹은 들었고 믿었으며, 혹은 들었으나 믿지 않았는데 "나는 보았다."고 말하고, 혹은 들었고 의심하였으며, 혹은 들었으나 의심하지 않았고, 혹은 다만 스스로 의심하면서 "나는 보았다."고 말하면 이와 같이 말을 지을 때에 승가벌시사를 얻는다. 이것을 십사를 범하였다고 말한다.

무엇이 오사(五事)를 범하지 않은 것인가? 그가 보지도 않았고, 듣지도 않았으며, 의심하지 않았으나, 보았던 것 등으로 이해하였고, 보았던 것 등의 상(想)이 있어 "나는 보았고 들었으며 의심하였다."라고 이와 같이 말하는 것은 범한 것이 없다. 혹은 들었으나 잊어버렸고, 혹은 의심하였으나 잊어버렸는데 들었고 의심하였다는 생각이 있어 "들었다"는 등으로 말하여도 역시 범한 것이 없다. 만약 청정한 사람을 훼방할 때에 십사는 성립되지만 오사는 범한 것이 없다. 만약 청정한 사람과 비슷한 청정하지 못한 사람을 훼방하는 것도 다시 이와 같다.

만약 청정하지 못한 사람을 비방한다면 십일사(十一事)는 성립되지만 육사(六事)는 범한 것이 없다. 무엇이 십일사인가? 그 일을 보지도 않았고 듣지도 않았으며 의심하지도 않고서 곧 이와 같이 이해하고 이와 같이 생각하여 진실로 보았던 것 등이 없으나 거짓말로서 "나는 보았고 들었으며 의심하였다."고 이와 같이 말하는 때에는 승가벌시사를 얻는다. 혹은 보았으나 잊어버렸고, 혹은 들었으나 잊어버렸고, 의심하였으나 잊어버렸으며, 이와 같이 이해하고 이와 같이 생각하여 "나는 보았고 들었으며 의심하였으나 잊어버리지 않았다."고 말하면 이와 같이 말을 지을 때에 승가벌시사를 얻는다. 혹은 들었고 믿었으며, 혹은 들었으나 믿지 않았는데 "나는 보았다."고 말하고, 혹은 들었고 의심하였으며, 혹은 들었으나 의심하지 않았고, 혹은 다만 스스로 의심하면서 "나는 보았다."고 말하면 이와 같이 말을 지을 때에 승가벌시사를 얻는다. 이것을 십일사를 범하였다고 말한다.

무엇이 육사(六事)를 범하지 않은 것인가? 그가 보지도 않았고, 듣지도 않았으며, 의심하지 않았으나, 보았던 것 등으로 이해하였고, 보았던 것 등의 상(想)이 있어 "나는 보았고 들었으며 의심하였다."라고 이와 같이 말하는 것은 범한 것이 없다. 혹은 보았으나 잊어버렸고, 혹은 들었으나 잊어버렸고, 혹은 의심하였으나 잊어버렸는데 들었고 의심하였다는 생각이 있어 "들었다."는 등으로 말하여도 역시 범한 것이 없다. 만약 청정한 사람을 훼방할 때에는 십일사는 성립되지만 육사는 범한 것이 없다. 만약 청정한 사람과 비슷한 청정하지 못한 사람을 훼방하는 것도 다시 이와 같다.

이때 모든 필추들은 함께 의심이 있어 그 의심을 없애려는 까닭으로 세존께 아뢰어 말하였다.

"세존 대덕이시여. 구수 실력자는 일찍이 무슨 업을 지었고 그 업을 까닭으로 이숙과를 불러 부귀한 집에 태어나서 재보(財寶)가 많아 풍족하게 수용하였으나, 속세(俗世)를 버리고 세존께 의지하여 출가하였으며, 여러 번뇌를 끊고 아라한을 증득하여 분방사 가운데에서 제일이 되었고, 비록 수승한 과를 얻었으나 훼방과 원망을 받았습니까?"

세존께서 모든 필추들에게 알려 말씀하셨다.

"그대들은 잘 들을지니라. 내가 마땅히 그대들을 위하여 그 인연을 설하겠노라. 모든 필추들이여. 만약 스스로 업을 지으면 반드시 바깥의 지·수·화·풍 사대(四大)의 처소에서 과보가 성숙하는 것이 아니고 다만 자기의 온(蘊)·처(處)·계(界) 가운데에서 선악의 업의 과보가 성숙하는 것이다."

452

곧 게송으로 설하여 말씀하셨다.

가령 백겁이 지나더라도
지은 업은 없어지지 않나니
인연이 때와 모여 만나면
과보는 돌아와 스스로가 받는다네.

"모든 필추들이여. 과거의 세상에 어느 마을에 대상주(大商主)가 있었으며 어인(漁人)이라고 이름하였다. 이때 그 상주는 많은 화물(貨物)을 가지고 여러 상인과 함께 큰 바다로 나아가 진귀한 보물을 구하고자 하였다. 그때는 세간에 부처님들께서 출세(出世)하시지 않았고, 독각인 성자가 세간에 나타나서 빈천한 사람을 증휼(拯恤)하였으며, 항상 거칠고 나쁜 음식과 와구를 받았으나, 당시(當時)에는 오직 이것이 수승한 복전이었다.
이때 그 독각은 이 상주가 있는 인간세상을 유행하였으며 그 저녁에 화광정(火光定)⁵⁾에 들었다. 이때 경야인(警夜人)이 그 빛을 보고서 상주에게 알려 말하였다.
"당신은 지금 아십니까? 이 필추는 성스러운 거룩한 행을 성취하였습니다. 내가 밤중에 보니 마치 불덩어리가 모여 대광명(大光明)을 나타내는 것과 같았습니다."
이때 상주는 듣고서 깊이 공경하여 곧 그의 처소에 나아가 두발에 예경하고서 이와 같이 말하였다.
"성자께서 음식을 구하신다면 나는 원하건대 복을 구하고자 합니다. 상인[商旅]인 나의 미천한 공양을 받으시어 드시고 떠나가시길 원하옵니다."
이때 독각은 묵연히 청하는 음식을 받았다. 서로를 따라서 점차 큰 바닷가에 이르렀을 때 상주가 물어 말하였다.

⁵) 선정력이 깊어지면 강력한 빛과 열이 발산되어 스스로 몸을 태워 열반에 이르게 되는 것을 가리킨다.

"성자여. 우리들은 지금 상인들과 바닷속으로 들어가고자 합니다. 당신도 따라서 가시겠습니까?"

독각이 대답하여 말하였다.

"현수여. 그대는 아내와 자식을 위하여 큰 바다로 들어가 여러 진화(珍貨)를 구하는데 내가 어찌 함께 들어가겠습니까?"

이때 상주는 그에게 음식을 베풀고 새로운 묘한 모직물을 받들어 공양하였다. 이때 그 대덕은 다만 신통만을 나타냈으며 법은 설하지 않았으니, 그 상주를 연민(憐愍)하게 생각하였기 때문이었다. 오히려 거위의 왕이 허공의 경계를 나는 것과 같이 몸에서 물과 불을 뿜어 대신통을 나타내었다. 범부들이 이 신통한 변화를 보면 빠르게 귀의하는 마음이 큰 나무가 쓰러지는 것과 같아서 멀리서 그의 발에 예배하고 서원을 세워 말하였다.

"내가 이와 같은 진실한 복전에 공양을 베푸는 이러한 업이 이숙의 과를 부를 때에 원하옵나니 나는 마땅히 부귀한 집에 태어날 것이고, 마땅히 이와 같은 수승한 위덕을 얻을 것이며, 마땅히 수승한 이러한 대사를 받드는 일을 얻게 하십시오."

그대들은 마땅히 알라. 그때 그 어인(漁人)이 곧 실력자이니라. 옛날 독각인 성자에게 공양하고 대서원(大誓願)을 일으킨 까닭으로 지금 부귀한 집에 태어나 풍족하게 수용하였고, 나의 법 가운데에 출가하고 세속을 떠나서 모든 번뇌를 끊고 아라한과를 증득하였노라. 나는 대사가 되었고 그 백천 구지(俱胝)의 독각보다 수승하니 능히 나를 섬기는 일에 싫어하는 것을 일으키지 않았노라.

다시 여러 필추들이여. 이 실력자가 비록 아라한과를 얻었으나 오히려 악한 말의 훼방을 만난 것을 내가 지금 설하겠노라. 그대들은 잘 들을지니라. 여러 필추들이여. 과거의 세상의 어느 때에 한 마을에 대장자(大長者)가 있었으며, 같은 종족의 여인을 아내로 삼고 서로 뜻이 맞아 즐겁게 살았느니라. 비록 여러 해가 지났어도 자녀가 없어 마침내 곧 손으로 턱을 괴고서 마음에 근심을 품고 한탄하고 있었다.

'내가 지금 집안에 많은 재물이 있으나 결국 이을 자식이 없으니 내가

죽은 뒤에는 반드시 관가에서 몰수할 것이다.'

그 아내가 그것을 보고 곧 물어 말하였다.

"성자여. 무슨 뜻으로 턱을 괴고 깊이 시름에 잠겨 우울한 빛을 띠고 있습니까?"

알려 말하였다.

"현수여. 우리들 집안에는 지금 많은 재물이 있으나 현재에 자식이 없소. 만약 우리가 죽은 뒤에는 관가에서 몰수될 것이니, 이러한 인연이 있으니 어찌 우울하지 않겠소?"

그 아내가 알려 말하였다.

"만약 나의 허물을 까닭으로 자식이 없다면 당신은 지금 마땅히 다른 아내를 얻어 자식을 낳도록 하십시오."

알려 말하였다.

"현수여. 만약 사람의 집안에 두 아내가 있으면 미숫가루나 장(漿)에 이르기까지 역시 먹을 수 없을 것이고 항상 집안에 분운(紛紜)6)한 싸움이 있을 것이오."

아내가 남편에게 알려 말하였다.

"당신이 가서 구하여 오십시오. 만약 그 얼굴이 누이와 같다면 나는 그녀를 보고서 누이라고 생각할 것이고 만약 여인과 비슷하다면 나는 여인의 마음을 보겠습니다."

이때 다른 마을에 한 장자가 있었고 아내를 얻어 오래지 않아 두 아들이 태어났고 다시 딸이 태어났다. 뒤의 다른 때에 장자의 부부는 함께 목숨을 마쳤다. 이때 앞에서의 장자가 아내를 구하려는 까닭으로 그의 두 오빠의 거처로 와서 그 누이를 맞아들여 그들은 곧 혼인을 하였다. 세간의 법은 새로운 것을 얻으면 옛 것을 버리는 것이다. 이때 그 장자는 마음으로 후처(後妻)와 가까워졌으므로 이때 전처(前妻)는 그들이 친밀(親密)한 것을 보고서 질투를 일으켰다. 오래 지나지 않아서 전처가 임신을 하였고

---

6) 여러 사람의 의론(議論)이 일치(一致)하지 아니하고 이러니저러니 하여 시끄럽고 떠들썩함

그 남편에게 알려 말하였다.

"당신의 후처는 마음에 다른 생각이 있습니다."

그 남편이 알려 말하였다.

"현수여. 그대는 악한 뜻을 일으키는 것이오."

아내는 곧 묵연히 있었다. 마침내 뒤의 어느 때에 한 남자 아이가 태어났으며, 자라서 다섯 살이 되자 지혜가 분명하였고 말하는 것이 모두 진실하였다. 이때 사람들은 마침내 실어자(實語者)라고 이름하였다. 그 어머니는 곧 생각하였다.

'내가 비록 아들을 낳았어도 남편은 오히려 후처를 사랑하는구나. 나는 지금 무슨 방편을 지어 두 사람을 헤어지게 할 수 있을까?'

그 남편에게 알려 말하였다.

"당신은 지극히 후처를 사랑하더라도 그녀는 당신에게 정숙하고 순수한 마음이 없습니다."

그 남편이 알려 말하였다.

"현수여. 그대는 다시 악한 뜻을 일으키는 것이오."

아내는 곧 묵연히 있었다. 다른 방법[方計]을 세우고 그 아들에게 말하였다.

"너는 어찌 어머니의 어려운 일을 모르고 있느냐?"

이들이 어머니에게 알려 말하였다.

"나는 일찍이 몰랐습니다."

곧 아들에게 알려 말하였다.

"말하자면 이것은 곧 질투이니라."

아들이 어머니에게 알려 말하였다.

"이것은 좋은 일이 아닙니다."

곧 아들에게 말하였다.

"나는 너에게 다른 어머니에 대해 나쁜 말이 이슬처럼 나타나게 하려고 하니 너는 마땅히 그 증인이 되어라."

아들이 어머니에게 알려 말하였다.

456

"진실입니까? 거짓입니까?"

어머니가 말하였다.

"거짓이다."

아들이 말하였다.

"세상 사람들은 모두가 내가 진실하게 말하는 것을 알고 있는데 어찌 어머니의 말에 따라서 입으로 거짓말을 하겠습니까?"

어머니가 말하였다.

"나의 뱃속에 너를 아홉 달이나 품고 있었는데 이러한 작은 일도 너는 따르지 못하느냐? 설령 증인이 되어도 입으로 말하는 수고는 없을 것이다. 아버지가 만약 너에게 묻는다면 다만 고개를 끄덕이면 된다."

그 아들은 효순(孝順)하여 어머니의 마음을 거역하지 못하고 마침내 곧 허락하였다. 어머니는 다른 때에 그 남편에게 알려 말하였다.

"당신의 사랑하는 아내가 다른 남자와 함께 사악한 일을 저질렀습니다."

남편이 말하였다.

"현수여. 다시 악한 뜻을 일으키는 것이오."

아내가 말하였다.

"당신이 만약 믿지 못하겠으면 마땅히 실어자에게 물어보십시오."

아버지는 곧 생각하였다.

'나의 이 아들은 세상에서 모두가 실어자라고 인정하는데 어찌 나에게 거짓말을 하겠는가. 반드시 그와 같은 일은 없을 것이다.'

이때 그 아들은 아버지로부터 멀지 않은 곳에서 놀고 있었다. 아버지가 그를 불러와서 무릎 위에 앉히고 물어 말하였다.

"너는 다른 어머니가 다른 남자와 나쁜 일을 한 것을 아느냐?"

다만 여인의 거짓된 마음은 배우지 않고도 아는 것이다. 곧 손으로 그 아들의 입을 막으며 알려 말하였다.

"그녀는 너의 어머니이므로 말할 수 없을 것이다. 만약 그 일이 사실이라면 다만 고개를 끄덕여라."

그는 곧 고개를 끄덕였다. 마땅히 이때에 입에서 입김이 나왔고, 곧 사방으로 나쁜 소문이 퍼졌다.

"그는 실어가 아니고 망어인(妄語人)이다. 다른 어머니에 대하여 거짓된 일의 증인이 되었다."

실어라는 이름은 곧 사라졌고 이때 모든 사람들은 그를 망어자(妄語子)라고 불렀다. 그 아버지는 보고서 후처에게 알려 말하였다.

"그대는 악행을 저질렀으니 마땅히 이곳에 머물 수 없소."

곧 그녀를 쫓아냈고 쫓겨났으므로 마침내 두 오빠의 거처로 갔다. 오빠가 불러서 말하였다.

"그대는 무슨 뜻으로 왔는가?"

누이가 오빠에게 말하였다.

"나는 남편에게서 쫓겨났습니다."

"그대는 무슨 잘못이 있었는가?"

"사통(私通)하였다고 나를 쫓아냈습니다."

"그대가 만약 사통하였다면 마땅히 이곳에 머물 수 없다."

"나는 진실로 사통하지 않았으나 단지 실어자가 증명한 까닭입니다. 그는 망어자로서 실어자가 아닙니다."

오빠가 말하였다.

"어떻게 알 수 있겠는가? 믿을 수 없으니 마땅히 근처의 이웃에게 물어보겠다."

이때 그 두 오빠는 근처에 가서 사람들에게 물으니 모든 사람들이 말하였다.

"그녀에게 악행이 없습니다."

이때 그 형제는 그녀의 청백(淸白)을 알고서 마음으로 원한을 품었다. 뒤의 다른 때에 홀연히 독각의 성자가 걸식을 행하려는 까닭으로 그녀의 집에 왔다. 곧 음식을 청하였고 음식을 먹는 것을 마치자 그녀는 훼방을 받은 일을 기억하고서 사악한 원을 세웠다.

'나는 오늘에 그에게 훼방을 받은 것과 같이 미래의 세상에서 가령 그가 아라한과를 얻더라도 나는 또한 그를 비방하는 것을 목숨이 끝나도록

버리지 않겠다.'

이때 그 두 형제는 보고서 물어 말하였다.

"그대는 무슨 원을 세웠는가?"

그 일을 갖추어 두 오빠에게 대답하니, 오빠가 말하였다.

"나도 그때에 그대의 형제가 되어 함께 그 일을 증명하겠다."

세존께서 여러 필추들에게 말씀하셨다.

"그대들은 어떻게 생각하는가? 다른 생각을 일으키지 말라. 그때의 그 실어자는 곧 이 실력자이고, 그 다른 어머니는 곧 우녀 필추니이며, 그때의 그 형제는 곧 선우와 대지의 두 필추이니라. 실력자는 옛날에 어머니를 나쁘게 훼방한 까닭으로 많은 천세(千歲)에 나락가에 있으면서 고통을 받았고, 그 업이 남아 500생 가운데에서 항상 나쁜 비방을 만났으며, 비록 오늘에 아라한과를 얻었으나 나쁜 비방을 받은 것이다.

그대들 필추들이여. 마땅히 알라. 만약 순흑업이면 순흑의 이숙을 얻고, 만약 순백업이면 순백업의 이숙을 얻으며, 만약 흑백이 섞인 업은 섞인 이숙을 얻느니라. 이러한 까닭으로 필추는 마땅히 순흑과 흑백이 잡업을 떠나서 마땅히 부지런히 백품(白品)을 닦을 것이고, 마땅히 이와 같이 배워야 하느니라.

그대들 필추들이여. 그 실력자는 이전에 무슨 업을 지어 분의인(分衣人) 가운데에서 제일인가? 그대들은 마땅히 들을지니라. 지나간 과거의 세상인 이 현겁(賢劫)에서 인간의 수명이 이만 세(歲)였을 때 가섭파불이 세상에 출현하시어 십호를 구족하셨다. 그때 그 실력자는 그 부처님의 가르침에 세속을 버리고 출가하여 죽을 때까지 부지런히 범행을 닦았으나 수승한 과위를 결국 얻지 못하여 목숨을 마치는 때에 곧 발원하였다.

"나는 가섭파불의 최상인 복전의 교법의 가운데에서 세속을 버리고 출가하여 수승한 과위를 결국 얻지 못하였으나, 부처님께서 수기하신 것과 같이 미래의 세상에서 인간의 수명이 백 세인 때에 마납박가(摩納薄迦)가 있으면 반드시 성불할 것입니다. 나는 그의 가르침에 마땅히 출가하여 모든 번뇌를 끊고 아라한과를 증득하여 내가 오늘날의 가섭파불 제자

중에서 승가의 와구를 나누는데 제일인 오바타야와 같이 나는 미래의 세상에서 석가모니무상정등각의 제자 가운데에서 승가의 와구를 나누는 것에 제일이 되겠습니다."

이 원력에 의한 까닭으로 나의 법 가운데에서 승가의 와구를 나누는데 역시 제일이 되었느니라. 마땅히 이와 같이 알지니라."

9) 가근방(假根謗) 학처

어느 때 세존께서는 왕사성 갈란탁가지의 죽림 가운데에 머무르셨다.

이때 구수 실력자는 취봉산(鷲峰山)에 머물렀고 이곳에서 멀지 않은 곳에 석체지(石砌池)⁷⁾가 있었다. 그 연못의 가장자리는 이 실력자가 밤낮으로 산책하는 곳이었다. 이때 연화색 필추니는 구수 선지식인 대목련과의 인연을 까닭으로 선설하는 법과 율의 가운데에서 출가하여 모든 번뇌를 끊고 아라한과를 얻었다. 그 필추니는 자주 세존의 처소에 나아가서 공경하면서 공양하였다.

또한 다른 기숙(耆宿)과 존덕(尊德)의 필추를 공경하고 공양하였으며, 구수 실력자를 특히 존경하였다. 실력자의 노고를 싫어하지 않는 까닭으로 마침내 적정(寂靜)·등지(等持)⁸⁾·묘락(妙樂)을 버리고 여법하게 승가를 위해 수사인(授事人)이 되어 방사와 와구를 나누어 주었다. 뒤의 다른 날에 연화색 필추니는 세존께 예경하고 차례로 다시 여러 대덕의 승가를 참근(參覲)⁹⁾하고서 실력자의 처소에 이르러 예배한 뒤에 법을 들으려는 까닭으로 한쪽에 앉았다. 이때 선우와 대지 두 필추는 실력자와 전생부터 원한을

---

7) 석조계단은 일반적으로 돌계단[石階段]이라 하며, 석체(石砌)라고도 한다.

8) 산스크리트어 사마디(samadhi)의 음역으로서 마음이 산란되지 않고 고요하게 머물러 있는 상태, 혹은 그러한 수련을 가리킨다. 삼매는 마음이 하나의 대상에 집중된 상태를 이르므로 심일경성(心一境性)이라고 하고, 의식을 일정하게 파지하고 있으므로 등지(等持)라고 하며, 심신이 고요하기 때문에 적정(寂靜)이라 하고 선정(禪定)이라 한다.

9) '만나본다.'는 뜻으로 '알현하다.', '배알하다.' 등으로도 표현된다.

맺고 있었다. 선우와 대지 두 필추는 많은 분소의를 얻었으므로 이렇게 생각하였다.

'우리는 어느 곳에서 마땅히 이 옷들을 씻을까? 즉시 곧 석체지의 주변에 가서 옷을 씻어야겠구나.'

그곳에 이르러 마침내 두 마리의 사슴이 물을 먹고서 부정행을 지으면서 음욕을 행하는 것을 보았다. 이때 대형(大兄)이 아우에게 말하였다.

"아우여. 지금 이 실력자가 연화색 필추니와 함께 부정행을 지으면서 음욕법을 행하는 것을 보게. 우리들은 마땅히 가서 여러 필추에게 알려야 하네."

아우가 형에게 대답하여 말하였다.

"누이인 필추니가 이전에 이미 우리들을 위하는 까닭으로 대중에게 쫓겨났는데 우리들도 지금 어찌 함께 쫓겨나려고 합니까?"

형이 아우에게 대답하여 말하였다.

"이전에는 거짓이었으나 지금은 사실을 말하고 있네. 그대는 어찌 실력자가 연화색 필추니와 함께 부정행을 지으면서 음욕법을 행하는 것을 보지 못하는가?"

아우는 곧 묵연히 있었다. 형제는 함께 가서 여러 필추에게 알려 말하였다.

"세간의 사람들 가운데에서 누구를 믿을 수 있겠습니까? 우리들은 지금 형제가 실력자와 연화색 필추니가 음욕의 일을 짓는 것을 보았습니다."

그때 여러 필추가 듣고서 선우와 대지에게 알려 말하였다.

"구수여. 그대들은 지금 한쪽을 향하여 인천(人天)의 길을 버리고 뜻으로 오직 삼악도 가운데에 나아가려고 하는가? 이 실력자는 아라한을 증득하였고 팔해탈에 머무르며 상인법(上人法)을 얻어 대신통을 나타내고 있소. 어찌하여 그대들은 지금 이분사(異分事)의 바라시가법으로서 그를 비방하는가?"

그 두 사람이 대답하였다.

"진실로 우리의 과실이 아니고 이 눈의 과실입니다. 마땅히 두 눈이 본 것입니다."

여러 필추가 말하였다.

"세존께서 '마땅히 반드시 자세히 살피고 그 일을 물으라고 하셨소. 어느 곳에서 보았고, 어떠한 모습이었으며, 어디서 보았는가?'라고 말씀하신 것과 같이 그대들 두 사람은 무슨 일을 인연하여 갔으며 그것을 보았는가?"

그때 여러 필추가 힐문하여 물었고, 두 사람은 마침내 앞에서의 일을 갖추어 여러 필추에게 말하였다. 이때 여러 필추 가운데에는 욕심이 적은 필추가 있었고 아울러 함께 싫어하며 그 일을 꾸중하였다.

"어찌 그대들은 지금 청정한 필추로서 진실로 범한 것이 없음을 알지 못하는가? 곧 이분사의 바라시가법으로 그를 훼방하는 것인가?"

이때 여러 필추들이 이 인연을 갖추어 세존께 아뢰었다. 이때 세존께서는 이 인연으로 필추 대중을 모으셨으며, [자세한 설명은 앞에서 같다.]

"나아가 모든 필추를 위하여 그 학처를 제정하나니 마땅히 이와 같이 설하노라. 만약 다시 필추가 성냄을 품고서 버리지 않는 까닭으로 청정한 필추를 이비분바라시가법(異非分波羅市迦法)10)으로 훼방하여 그의 정행을 파괴하고자 하였으나, 뒤의 다른 때에 만약 물었거나, 만약 묻지 않아도 이것이 비이분사(異非分事)인 것을 알았으면서도 소상사법(少相似法)으로 훼방을 한다면 그 필추는 오직 성내는 까닭이니, 이와 같이 말하는 자는 승가벌시사를 얻느니라."

'다시 어떤 필추'는 선우와 대지 두 사람을 말하고, 다시 나머지의 이러한 부류를 말한다.

'성냄을 품고서'는 이전에 있었던 분한(忿恨)을 버리지 않는 것이다.

'까닭으로'는 성내는 마음이 끝나지 않은 것이다.

'그 청정하고 범하지 않은 필추'는 일찍이 타승죄를 범하지 않은 것이다.

---

10) 중죄(重罪)바라시가법과 다른 소사(小事)로 바라시가를 범하였다고 하는 것을 말한다.

'이비분사'의 이(異)는 열반이다. 생사를 무너트리는 까닭으로 4바라시가법으로 이것을 구분할 수 없는 것을 말한다.

'바라시가'는 이 네 가지 가운데의 하나의 일로서 그를 비방하는 것이다.

'방(謗)'은 그 일을 거짓으로 말하는 것이다.

'그 청정을 파괴한다.'는 마음으로 그 정행을 허물어트리려고 하는 것이다.

'나아가 승가벌시사를 얻는다.'는 앞에서 자세히 설명한 것과 같다.

이 가운데에서 범하는 모양과 그 일은 어떤 것인가? 만약 필추가 그 필추가 4바라시가를 범하는 것을 보았을 때에 범하지 않았다고 생각하였고, 범하지 않았다고 이해하였으며, 범하지 않았다고 인정하였는데, 곧 "그 필추가 바라시가를 범한 것을 보았다."고 이와 같이 말하였을 때에는 승가벌시사를 얻는다.

만약 필추가 그 필추가 4바라시가를 범하는 것을 보았을 때에 승가벌시사를 범하였다고 생각하였고, 범하였다고 이해하였으며, 범하였다고 인정하였는데, 곧 "그 필추가 바라시가를 범한 것을 보았다."고 이와 같이 말하였을 때에는 승가벌시사를 얻는다.

만약 필추가 그 필추가 4바라시가를 범하는 것을 보았을 때에 바일저가(波逸底迦)를 범하였다고 생각하였고, 범하였다고 이해하였으며, 범하였다고 인정하였는데, 곧 "그 필추가 바라시가를 범한 것을 보았다."고 이와 같이 말하였을 때에는 승가벌시사를 얻는다.

만약 필추가 그 필추가 4바라시가를 범하는 것을 보았을 때 바라저제사니(波羅底提舍尼)를 범하였다고 생각하였고, 범하였다고 이해하였으며, 범하였다고 인정하였고 곧 "그 필추가 바라시가를 범한 것을 보았다."고 이와 같이 말하였을 때에는 승가벌시사를 얻는다.

만약 필추가 그 필추가 4바라시가를 범하는 것을 보았을 때에 돌색흘리다(突色訖里多)를 범하였다고 생각하였고, 범하였다고 이해하였으며, 범하였다고 인정하였고 곧 "그 필추가 바라시가를 범한 것을 보았다."고 이와 같이 말하였을 때에는 승가벌시사를 얻는다.

이와 같이 나아가 범하는 것을 보는 것에도 돌색흘리다와 같이 각자 다섯 가지가 있음을 알라. [자세한 설명은 앞에서와 같다.]

범하지 않는 것은 처음으로 잘못을 저지른 사람과 혹은 어리석고, 미쳤으며, 마음이 어지럽고 고통스러운 것에 얽매인 것이다.

10) 파승위간(破僧違諫) 학처 ①

어느 때 세존께서는 왕사성 갈란탁가지의 죽림 가운데에 머무르셨다.

이때 흉년을 만나서 걸식을 얻는 것이 어려웠으므로 필추로서 신통을 얻은 사람들은 섬부림(贍部林)으로 가서 이 숲에 의지하는 까닭으로 섬부주라는 이름을 얻었다. 그 숲에 이르러 모양과 향기와 맛을 갖춘 섬부의 과일을 발우에 가득하게 담아서 가지고 돌아와 스스로 충당하였고 남은 것이 있으면 다른 필추들에게 나누어 주었다.

혹은 다시 어느 필추가 이 숲에서 멀지 않은 곳으로 갔으며 그곳에는 빈라과림(頻羅果林)·겁필타과(劫畢他果)·암마락가과(菴摩洛迦果)가 있어 앞에서와 같이 가지고 돌아왔으며 함께 남은 것을 나누어 먹었다. 혹은 어느 필추는 동비제하(東毘提訶)로 갔고, 혹은 서구타니(西瞿陀尼)로 갔으며, 혹은 북구로주(北俱盧洲)에서 자연의 향기 있는 벼[稻]를 취하여 가지고 돌아왔으며 함께 남은 것을 나누어 먹었다.

혹은 사대왕중천(四大王衆天)으로 갔고, 혹은 삼십삼천(三十三天)으로 가서 하늘의 묘한 음식을 취하여 가지고 돌아왔으며 함께 남은 것을 나누어 먹었다. 혹은 다른 지방의 풍요롭고 즐거움이 있는 거처로 가서 그곳의 좋은 음식을 취하여 앞에서와 같이 함께 나누어 먹었다. 이때 제바달다(提婆達多)는 이와 같이 생각했다.

'지금 흉년을 만났으니 걸식을 얻는 것이 어렵다. 이때 여러 신통을 얻은 필추는 섬부림으로 갔으며, [자세한 설명은 앞에서와 같다.] 나아가 그 좋은 음식을 취하여 함께 나누어 먹는구나. 내가 만약 신통을 얻었다면 또한 능히 앞에서와 같이 취하여 돌아와서 함께 나누어 먹었을 것이다.'

464

깊이 곧 생각하였다.

'누가 능히 힘이 있어 나에게 신통을 가르쳐 주겠는가? 나는 지금 마땅히 세존의 처소에 나아가 자세하게 그 일을 묻고서 그 설하는 것을 따라서 나는 마땅히 수지하여야겠다.'

이때 제바달다는 포후시에 정처(靜處)로부터 일어나 세존의 처소로 가서 세존의 발에 예경하고서 한쪽에 서서 세존께 아뢰어 말하였다.

"세존이시여. 오직 원하옵건대 저를 위하여 신통의 일을 설하여 주십시오."

이때 세존께서는 제바달다가 사악한 생각을 일으킨 것을 아시고 알려 말씀하셨다.

"그대는 먼저 시라(尸羅)를 청정히 하고 선정과 지혜를 부지런히 닦아야 신통의 일을 곧 수습(修習)할 수 있을 것이네."

이때 제바달다는 이와 같이 생각을 지었다.

'세존께서는 기꺼이 나를 위하여 신통의 일을 설하지 않는구나.'

곧 세존께 공경히 말하고서 떠나갔다. 곧 그 아야교진여의 처소에 나아가서 함께 말하고서 알려 말하였다.

"오직 원하옵건대 상좌시여. 나를 위하여 신통의 일을 설하여 주십시오."

이때 구수 아야교진여는 세존의 마음을 관하여 세존께서 제바달다가 나쁜 생각을 일으킨 것을 아신 것을 보았으므로 마침내 제바달다에게 알려 말하였다.

"그대는 색(色)을 이치와 같이 관찰하면 곧 신통과 아울러 다른 수승한 덕을 얻는 것이며, 수·상·행·식도 역시 이것과 같네."

이때 제바달다는 이와 같이 생각하였다.

'상좌 아야교진여도 역시 나를 위하여 신통의 일을 설하지 않는구나.'

곧 버리고 떠나갔다.

다시 나아가서 그 마승필추(馬勝苾芻)·발타라(跋陀羅)·바섭파(婆澀波)·대명칭(大名稱)·원만(圓滿)·무구(無垢)·우왕(牛王)·묘비(妙臂), 이와 같이 나

아가 500상좌에 이르기까지 모두 그들의 처소에 나아가 신통법을 청하였
다. 이때 500상좌필추는 모두 세존의 마음을 관하여 세존께서 제바달다가
나쁜 생각을 일으킨 것을 아신 것을 보았으므로 마침내 제바달다에게
알려 말하였다.

"그대는 색(色)을 이치와 같이 관찰하면 곧 신통과 아울러 다른 수승한
덕을 얻는 것이며, 수·상·행·식도 역시 이것과 같네."

이때 제바달다는 이와 같이 생각을 지었다.

'이들 오백의 상좌필추는 모두가 나를 위하여 신통법을 설하지 않는구
나. 어찌 모든 사람들이 먼저 말로서 약속하지 않았겠는가? 일찍이 어느
한 사람도 나에게 신통을 가르쳐 주는 사람이 없구나.'

이때 제바달다는 다시 이와 같이 생각하였다.

'누가 능히 나에게 신통을 가르쳐 주겠는가?

이때 구수 십력가섭파(十力迦攝波)는 왕사성의 응굴(鷹窟) 가운데에 머무
르고 있었다. 이때 제바달다는 곧 이렇게 생각하였다.

'십력가섭파의 성품은 거짓되지 않고 진실하게 말한다. 그는 우리 집안
의 아우인 아난타의 오파타야이다. 그는 능히 나를 위하여 신통법을
설할 것이다.'

이와 같이 생각하고서 십력가섭파의 처소에 나아가서 그의 발에 예배하
고 한쪽에 서서 알려 말하였다.

"오직 원하옵건대 상좌시여. 나를 위하여 신통의 일을 설하여 주십시
오."

구수 십력가섭파는 세존의 마음과 모든 상좌의 마음을 관하지 않았으므
로 제바달다가 사악한 생각을 일으킨 것을 알지 못하고서 곧 제바달다를
위하여 신통법을 설하였다. 이때 제바달다는 초야(初夜)부터 후야(後夜)까
지 경책(警策)하여 수습하였고, 후야분(後夜分)에도 세속의 도(道)에 의지하
여 초정려(初靜慮)[11]를 얻었다.

---

11) 초선(初禪)으로 사선(四禪)의 첫째 단계를 가리킨다.

곧 신통을 일으켜 하나를 여럿으로 바꾸었고, 여럿을 하나로 바꾸었으며, 혹은 나타나고, 혹은 숨었으며, 산과 석벽(石壁)의 장애를 몸으로 모두 통과하였고, 오히려 허공과 같아서 장애되는 것이 없었으며, 땅에 들어가는 것을 물에 들어가듯이 하였고, 물위를 걷는 것을 땅위를 걷듯이 하였으며, 허공 가운데에서 가부좌를 하고 있으면 오히려 나는 새와 같았고, 혹은 때때로 손으로서 해와 달을 만지며 붙잡았다. 이때 제비달다는 이러한 덕을 갖추고서 곧 이와 같이 생각하였다.

'지금 모든 필추들은 걸식을 얻는 것이 어렵다. 나는 먼저 섬부림으로 가서 향기있고 맛있는 과일을 취하여 스스로 먹고서 남은 것을 나누어 주어야겠다. 동·서·북주·사대왕중·삼십삼천 및 다른 곳으로 가서 앞에서와 같이 취하여 다른 사람을 위하여 나누어 주어야겠다. 마땅히 마갈타왕을 교화하고 그의 교화를 받아서 큰 고통의 노력을 하지 않고서 능히 많은 사람을 조복받겠다.'

다시 이렇게 생각하였다.

'이 미생원태자(未生怨太子)는 부왕(父王)이 죽은 뒤에 마땅히 국왕이 되어 대자재(大自在)가 있을 것이다. 나는 지금 마땅히 그를 교화하여 큰 고통의 노력을 하지 않고서 능히 많은 사람을 조복받겠다.'

이때 제바달다는 곧 상묘(上妙)한 코끼리의 몸을 지어서 태자의 후문(後門)으로 안상(安詳)[12]히 들어와서 앞의 대문(大門)을 따라서 나갔고, 앞의 대문으로 들어와서 후문을 따라서 나갔다. 혹은 말의 몸을 지어서 앞에서와 같이 나가고 들어갔다. 혹은 필추의 모습을 지어 머리카락을 자르고 승가지를 입고 손에 발우를 들고 앞에서와 같이 나왔고 들어갔다. 이때 미생원태자는 이와 같이 생각하였다.

'이 제바달다는 신비롭고 변화하는 일을 많이 나타내는구나.'

이때 제바달다는 마침내 곧 몸을 어린아이의 모습으로 변화하여 여러 영락을 갖추고 곧 태자의 마음속에 뚜렷이 새겨지도록 머물렀다. 이때

---

12) 마음이 차분히 가라앉은 평온한 상태를 가리킨다.

태자는 마침내 어린아이를 잡아 껴안고서 울면서 눈물을 흘렸고, 곧 눈물과 침이 입안까지 흘렸다. 그때 제바달다는 탐욕스런 이양(利養)을 위한 마음에 얽힌 까닭으로 마침내 그의 목구멍으로 눈물과 침을 삼켰다. 이때 태자는 이러한 사악한 마음을 일으킨 인연으로 이와 같이 생각하였다.

'기이하구나. 제바달다는 불대사(佛大師)와 비교하면 그의 덕이 수승하구나!'

깊은 신심과 존경으로 바뀌어 공양을 베풀고자 하였다. 이때 태자는 아침과 저녁의 두 때에 매일 항상 500의 보차(寶車)로써 제바달다의 처소로 나아가 예배하였고 매일 음식을 먹을 때에 500의 가마로서 상묘한 음식으로 봉양(奉養)하였다. 이때 제바달다는 상수가 되었고 500필추는 이 공양을 받았다.

이때 대중의 여러 필추가 초분에 왕사성에 들어가서 차례로 걸식할 때에 "미생원태자가 아침과 저녁 두 때에 매일 항상 500의 보차로써 제바달다의 처소로 나아가 예배하였고 매일 음식을 먹을 때에 500의 가마로서 상묘한 음식으로 봉양하였으며, 제바달다는 상수가 되었고 500필추는 이 공양을 받는다."고 들었다.

이때 여러 필추는 이 일을 듣고서 본래의 처소로 돌아와 음식을 먹었고, 음식을 먹고서 발우를 거두고 발을 씻고서 세존의 처소에 나아가서 세존의 두발에 예경하고서 한쪽에 앉았다. 이때 여러 필추가 세존께 아뢰어 말하였다.

"세존이시여. 우리 여러 필추들이 초분에 왕사성에 들어가 차례로 걸식할 때에 제바달다가 [자세한 설명은 생략한다.] 나아가 오백 필추가 이러한 공양을 받는다고 들었습니다."

그 일을 갖추어 말하니, 세존께서 알려 말씀하셨다.

"그대들 모든 필추들이여. 그 제바달다가 이러한 공양을 받는 것을 사랑하고 즐거워하지 말라. 왜 그러한가? 제바달다는 지금 공양을 받는 까닭으로 살해되는 것이니, 비유하면 파초(芭蕉)[13]의 열매와 같고, 대나무와 갈대에 열매가 생기는 것과 같으며, 노새가 새끼를 밴 것과 같아서

468

모두가 스스로 몸을 해치는 것이다. 제바달다도 역시 이와 같아 다른 사람의 공양을 받으나 반드시 스스로 몸을 해칠 것이다.

그대들 모든 필추들이여. 만약 제바달다가 이양을 얻는 때에는 이 어리석은 사람이 능히 긴 밤에 이익이 없는 고통의 일을 받느니라. 이러한 까닭으로 그대들 모든 필추들이여. 마땅히 명리(名利)를 간절히 구하지 않을 것이니, 설령 그것을 얻은 사람일지라도 마음으로 탐착하여서는 아니되느니라."

이때 세존께서는 가타로서 설하여 말씀하셨다.

파초가 만약 열매를 맺고
대나무와 갈대에 열매가 생기며
노새가 새끼를 배었을 때
이 모두는 돌아와서 스스로를 해친다네.

이양 및 명문(名聞)을
어리석은 사람은 사랑하고 즐길지라도
능히 여러 선법을 파괴하나니
칼로서 사람 머리를 쪼개는 것과 같다네.

이때 여러 필추는 세존께서 설하신 것을 듣고서 받들어 지니고 떠나갔다. 이때 제바달다는 이미 이러한 공경과 공양을 얻어서 곧 사악한 생각을 일으켰다.

'세존께서는 지금 나이가 드셨고 노쇠하며 몽롱하므로 여러 사부대중인 필추·필추니·오파색가·오파사가를 위하여 교수(敎授)하시는 것이 수고롭고 피곤하시니, 지금 여러 대중을 나에게 부촉(付囑)하는 것이 옳으시다. 나에게 교수하도록 하고, 내가 마땅히 집행하여야 하며, 세존께서는 마땅

---

13) 중국이 원산지인 여러해살이 풀로서 높이 약 5m이며, 뿌리줄기는 크고 옆에서 작은 덩이줄기가 생겨나서 번식한다.

히 적게 사려(思慮)하시고, 현재의 법에서 즐거움을 받으시고 적정에 머물러야 한다.'

제바달다는 잠깐 이러한 생각을 일으켰으며 곧 신통이 없어졌다. 신통이 없어졌으나 스스로는 알지 못하였다. 이때 가구타(迦俱陀)라는 한 필추가 있었는데, 불제자로서 일찍이 세존의 곁에서 정행을 잘 닦았고 사범주(四梵住)14)를 배웠으며, 욕망을 제거하기 위하여 여러 가지를 수습(修習)하였고, 목숨을 마치고서 범궁(梵宮)에 태어났다.

이때 구수 대목련은 강돈산(江豚山) 공외림(恐畏林)에 머무르고 있었다. 이때 가구타는 천안으로 관찰하여 제바달다가 신통이 없어진 것을 보았고 이렇게 알았으므로 장사(壯士)가 어깨를 한번 굽혔다 펴는 것과 같은 시간에 범궁에서 내려와 공외림에 나아가 구수 대목련의 처소에 이르러 두발에 예배하고 알려 말하였다.

"대덕이여 아십니까? 탐욕스런 이양을 위한 마음에 얽힌 까닭으로 곧 이와 같은 사악한 생각을 일으켰고 세존께 나아가서 아뢰어 말하고자 하였습니다.

'세존께서는 지금 나이가 드셨고 노쇠하며 몽롱하므로 여러 사부대중인 필추·필추니·오파색가·오파사가를 위하여 교수하시는 것이 수고롭고 피곤하시니, 지금 여러 대중을 나에게 부촉하는 것이 옳으시다. 나에게 교수하도록 하고, 내가 마땅히 집행하여야 하며, 세존께서는 마땅히 적게 사려하시고, 현재의 법에서 즐거움을 받으시고 적정에 머물러야 한다.'

이때 제바달다는 잠깐동안 이러한 생각을 일으켰으며 곧 신통이 없어졌습니다. 옳으신 대덕 목련이시여. 마땅히 세존의 처소에 나아가서 그 일을 갖추어 말씀드리십시오."

이때 대목련은 묵연히 그의 말을 허락하였고, 이때 가구타 범천은 허락한 것을 알고서 몸을 숨기고 나타나지 않았다. 이때 대목련은 범천이 떠나고서 곧 그의 일과 같이 수승한 선정에 들어가서 장사가 어깨를

---

14) 사등(四等)·사범주(四梵住)라고도 하며 자(慈)·비(悲)·희(喜)·사(捨)의 네 가지의 무량심을 가리킨다.

470

한번 굽혔다 펴는 것과 같은 시간에 공외림에서 사라져 죽림에 이르러 세존의 처소에 나아가 세존의 발에 예경하고서 한쪽에 앉았다. 이때 대목련은 그 범천이 알려준 말을 갖추어 세존께 아뢰었다. 이때 세존께서는 대목련에게 말씀하셨다.

"그대는 어찌 먼저 제바달다가 사악한 마음을 가진 것을 알지 못하였고 범천이 와서 그대에게 알린 뒤에 말하는 것인가?"

"대덕이시여. 나는 이미 알았으나 범천의 뒤에 알렸습니다."

이때 세존께서는 대목련과 함께 이 일 가운데에서 나머지의 일을 별도로 말씀하셨다. 이때 제바달다는 그의 네 명의 도반들과 함께 하였는데, 첫째는 고가리가(高迦梨迦)이었고, 둘째는 건다달표(騫茶達驃)이었으며, 셋째는 갈타모락가저쇄(羯陀謨洛迦底灑)이었고, 넷째는 삼몰달라달다(三沒達羅達多)이었는데 함께 세존의 처소에 왔다. 이때 세존은 멀리서 제바달다가 오는 것을 보시고 대목련에게 말씀하셨다.

"그대는 마땅히 그의 말을 잘 호지(護持)하게. 천수(天授)15)가 장차 이르면 이 어리석은 자는 직접 나의 앞에서 스스로 위대하다고 말할 것이네."

이때 대목련은 세존의 발에 예배하고서 곧 선정에 들었으니, 비유하면 장사가 어깨를 한번 굽혔다 펴는 것과 같은 시간에 죽림을 떠나 공외림으로 갔다. 이때 천수는 세존의 처소에 이르러 세존의 발에 예경하고 한쪽에 서서 세존께 말하였다.

"세존께서는 지금 나이가 드셨고 노쇠하며 몽롱하므로 여러 사부대중인 필추·필추니·오파색가·오파사가를 위하여 교수하시는 것이 수고롭고 피곤하시니, 지금 여러 대중을 나에게 부촉하는 것이 옳으십니다. 나에게 교수하도록 하고, 내가 마땅히 집행하여야 하며, 세존께서는 마땅히 적게 사려하시고, 현재의 법에서 즐거움을 받으시고 적정에 머물러야 합니다."

세존께서는 알려 말씀하셨다.

"그대 어리석은 사람이여. 사리자와 대목련의 필추에게도 나는 오히려

15) 제바달다를 다르게 부르는 말이다.

필추승가를 부촉하지 않았는데 하물며 그대같이 사람의 눈물이나 콧물을 먹는 자에게 부촉하겠는가?”

이때 천수는 곧 이렇게 생각하였다.

‘세존께서는 사리자와 대목련을 찬탄하시고 나를 어리석은 자·죽은 시체·침을 먹은 자라 부른다.’

이것은 천수가 처음으로 세존의 처소에서 울분을 참지 못하여 살해하려는 마음을 일으킨 것으로 ‘나는 제바달다이다.’라고 하고서 곧 어깨를 세 번을 흔들고서 세존을 버리고 떠나갔다. 이때 구수 아난타는 세존의 뒤에서 부채를 쥐고서 부채질을 하고 있었다. 이때 세존께서는 천수가 떠난 것을 아시고 아난타에게 말씀하셨다.

“그대는 지금 갈락탁가지 근처 죽림의 처소로 가서 다만 이 모든 필추들에게 상식당(常食堂)의 가운데로 모이게 하게.”

아난타는 세존의 가르침을 받들어 곧 죽림으로 나아가 근처에 있는 모든 필추들에게 상식당으로 모이게 하고서 세존의 처소에 나아가 세존께 말씀드렸다.

“세존이시여. 죽림 근처의 모든 필추들이 모였습니다. 원하건대 세존이시여. 때에 이르렀음을 아십시오.”

근본설일체유부비나야 제15권

삼장법사 의정 한역
석보운 번역

10) 파승위간(破僧違諫) 학처 ②

이때 박가범께서는 상식당에 나아가서 대중 가운데의 자리에 앉으시고 모든 필추들에게 알려 말씀하셨다.

"이 세간에는 다섯 종류의 스승이 있느니라. 무엇이 다섯 종류인가? 어느 한 스승은 계율이 진실로 청정하지 못하면서 스스로 계율이 청정하다고 말한다. 그러나 모든 제자들이 함께 머무르는 까닭으로 청정하지 못한 것을 알고서 마침내 서로에게 알려 말하였다.

"우리 대사는 진실로 계율이 청정하지 못하면서 스스로가 계율이 청정하다고 말한다. 만약 우리들이 그것을 다른 사람에게 말하면 스승이 그것을 듣고서 곧 불쾌감을 일으킨다면 우리들은 다시 어찌 서로를 의지하겠는가? 우리들은 마땅히 침묵해야 할 것이고 그분은 스스로가 마땅히 알아야 한다. 또한 다시 우리의 스승이 항상 음식·의복·와구·탕약·의료기 등의 물건을 곧 우리에게 제공하므로 우리들은 마땅히 함께 서로가 옹호해야 한다."

그리하면 그 스승은 이와 같이 생각할 것이다.

'나의 모든 제자들이 나의 과실을 덮어주는구나.'

이것이 첫 번째의 대사로서 세간에 머무르느니라.

다시 한 스승은 진실로 그 목숨이 청정하지 않으면서 스스로 목숨이 청정하다고 말한다. 그러나 모든 제자들이 함께 머무르는 까닭으로 청정하지 못한 것을 알고서 마침내 서로에게 알려 말하였다.

"우리 대사는 진실로 목숨이 청정하지 못하면서 스스로가 목숨이 청정하다고 말한다. 만약 우리들이 그것을 다른 사람에게 말하면 스승이 그것을 듣고서 곧 불쾌감을 일으킨다면 우리들은 다시 어찌 서로를 의지하겠는가? 우리들은 마땅히 침묵해야 할 것이고 그분은 스스로가 마땅히 알아야 한다. 또한 다시 우리의 스승이 항상 음식·의복·와구·탕약·의료기 등의 물건을 곧 우리에게 제공하므로 우리들은 마땅히 함께 서로가 옹호해야 한다."

그리하면 그 스승은 이와 같이 생각할 것이다.

'나의 모든 제자들이 나의 과실을 덮어주는구나.'

이것이 두 번째의 대사로서 세간에 머무르느니라.

다시 한 스승은 지견(智見)이 청정하지 않으면서 스스로가 지견이 청정하다고 말한다. 그러나 모든 제자들이 함께 머무르는 까닭으로 청정하지 못한 것을 알고서, [자세한 설명은 앞에서와 같다.]

이것이 세 번째의 대사로서 세간에 머무르느니라.

다시 한 스승은 수기(授記)에 익숙하지 않으면서 스스로가 수기(授記)에 익숙하다고 말한다. 그러나 모든 제자들이 함께 머무르는 까닭으로 청정하지 못한 것을 알고서, [자세한 설명은 앞에서와 같다.]

이것이 네 번째의 대사로서 세간에 머무르느니라.

다시 한 스승은 악설(惡說)의 법과 율에 의지하여 친근하면서도 스스로는 의지하는 법이 선설(善說)의 법과 율이라고 말한다. 그러나 모든 제자들이 함께 머무르는 까닭으로 청정하지 못한 것을 알고서, [자세한 설명은 앞에서와 같다.]

이것이 다섯 번째의 대사로서 세간에 머무르느니라.

그대들 모든 필추들이여. 내가 지닌 계율은 청정하고 과실이 없는 까닭으로 나는 지금 스스로가 계율을 지니는 것이 청정하고 과실이 없다고 말한다. 그대들 모든 필추는 반드시 나를 옹호하여서는 아니되고, 나도 또한 그대들을 덮어주려는 마음이 없느니라. 이것이 제일의 나로서 세간에 머무르고 있느니라.

474

또한 다시 모든 필추들이여. 나는 청정한 목숨으로 머무르는 까닭으로 나는 지금 스스로 살아있는 목숨이 청정하고 과실이 없다고 말한다. 그대들 모든 필추는 반드시 나를 옹호하여서는 아니되고, 나도 또한 그대들을 덮어주려는 마음이 없느니라. 이것이 제이의 나로서 세간에 머무르고 있느니라.

또한 다시 모든 필추들이여. 나의 지견은 청정한 까닭으로, [자세한 설명은 앞에서와 같다.] 이것이 제삼의 나로서 세간에 머무르고 있느니라.

또한 다시 모든 필추들이여. 나는 수기에 익숙하여 진실로 명료하게 아는 까닭으로, [자세한 설명은 앞에서와 같다.] 이것이 제사의 나로서 세간에 머무르고 있느니라.

또한 다시 모든 필추들이여. 나는 선설하는 법률에 의지하는 까닭으로 나는 지금 스스로 선설하는 법과 율이라고 말하고, [자세한 설명은 앞에서와 같다.] 이것이 제오의 나로서 세간에 머무르고 있느니라.

모든 필추들이여. 나는 지금 고어[苦言]로 은근(慇懃)하게 그대들에게 알리나니 그대들은 마땅히 지극한 마음으로 받들어 행하라. 마치 도공[陶師]이 질그릇[坏器]을 구우면서 같은 땔감을 태워도 불이 좋으면 만들어지고, 불이 나쁘면 깨지는 것과 같다. 그대들도 마땅히 나의 말을 잘 따라서 후회가 없도록 하라."

그때 천수(天授)는 네 명의 도반에게 명하여 말하였다.

"그대들 네 명은 지금 마땅히 나와 함께 그 사문 교답마(喬答摩)의 화합승가와 아울러 법륜을 깨트려야 한다. 우리들의 세대가 죽은 뒤에도 좋은 명칭(名稱)을 얻어서 그 소리가 시방(十方)에 가득하여 이와 같이 말해져야 한다.

'사문 교답마가 세간에 출현하여 머물렀으나 제바달다가 큰 위세(威勢)가 있었고 고가리가·건다달표·갈타모락가저쇄·삼몰달라달다와 함께 그 화합승가와 아울러 법륜도 깨트렸다.'"

이때 고가리가가 천수에게 알려 말하였다.

"나는 지금 그대와 함께 이 일에 노력하지 않겠네. 왜 그러한가? 박가범의 성문 제자들은 대위력이 있어 천안(天眼)이 명철(明徹)하고 다른 사람의 마음을 감찰(鑒察)하므로 그 일이 비록 멀리 있어도 능히 멀리서 보는데 그 몸이 가까이 있는 사람을 보지 못하겠는가? 우리들이 하고자 하는 것을 그들은 모두 이미 알고 있을 것이네.”

이때 천수가 그 도반에게 알려 말하였다.

“그대들은 마땅히 함께 방편을 사용해야 하네.”

도반들이 알려 말하였다.

“방편은 무엇인가?”

천수가 알려 말하였다.

“나는 지금 그 나이가 많고 덕이 높은 모든 상좌의 처소에 나아가 마땅히 여러 가지의 상묘한 자구(資具)를 제공하여 부족함이 없도록 할 것이고, 젊은 필추에게도 역시 혹은 옷·발우·발랑(鉢坐)·허리띠(腰條) 등을 주고 제공하여 환희를 일으키며, 그 독송을 가르쳐서 상응(相應)하는 뜻을 짓게 할 것이네.”

도반들이 알려 말하였다.

“이것은 좋은 방편이네.”

이때 천수는 크게 교만하고 미쳐서 승가를 깨트리고자 하였다. 모든 대필추들은 천수가 승가와 법륜을 깨트리고자 하는 것을 알아차리고 이 인연을 갖추어 세존께 아뢰었다.

“천수가 승가와 법륜을 깨트리려는 뜻을 가지고 있습니다.”

이때 세존은 모든 필추에게 알려 말씀하셨다.

“그대들은 마땅히 천수에게 별도로 충고하라. 만약 다시 이와 같은 다른 부류가 있으면 마땅히 충고하여 말하여라.

‘천수여. 그대는 화합승가를 깨트리지 않을 것이고, 논쟁의 일을 짓고서 집착하여 머물러서는 않됩니다. 천수여. 마땅히 화합승가에 환희하고 논쟁하지 않으며 같은 마음으로 하나로서 설하는 것을 물과 우유가 화합하는 것과 같게 하고, 대사의 교법으로 밝은 빛을 얻고서 안락에 머물러야 합니다. 천수여. 그대는 지금 마땅히 승가를 깨트리는 일을 버려야 합니다.’”

이때 모든 필추들은 세존의 가르침을 받들고서 곧 천수를 찾아서 별도로 충고하면서 알려 말하였다.

"천수여. 그대는 화합승가를 깨트리지 않을 것이고, 논쟁의 일을 짓고서 집착하여 머물러서는 않됩니다. 천수여. 마땅히 화합승가에 환희하고 논쟁하지 않으며 같은 마음으로 하나로서 설하는 것을 물과 우유가 화합하는 것과 같게 하고, 대사의 교법으로 밝은 빛을 얻고서 안락에 머물러야 합니다. 천수여. 그대는 지금 마땅히 승가를 깨트리는 일을 버려야 합니다."

이때 모든 필추가 별도로 충고하였을 때에 천수는 그 일에 굳게 집착하여 마음에서 버리지 않고서 "이것이 진실된 것이고 다른 것은 모두 허망하다."고 말하였다.

이때 모든 필추들은 이 인연을 갖추어 세존께 아뢰어 말하였다.

"대덕이시여. 우리들은 천수에게 별도로 충고하였습니다. 우리들이 별도로 충고하였을 때에 천수는 굳게 집착하여 버리지 않고서 '이것이 진실된 것이고 다른 것은 모두 허망하다.'고 말하였습니다."

이때 세존께서는 모든 필추에게 알리셨다.

"그대들은 마땅히 천수에게 백사(白四)갈마를 지어 대중들이 마주하고서 그것을 충고하라. 만약 다시 이와 같은 다른 부류가 있으면 마땅히 이와 같이 충고해야 한다. 마땅히 자리를 깔고서 건치를 울려 먼저 말하여 아뢰고서 뒤에 승가를 모두 모아야 한다. 승가가 모이고서 한 필추가 백갈마를 하여 마땅히 이와 같이 지을 것이니라.

'대덕 승가께서는 들으십시오. 이 제바달다는 화합승가를 깨트리고자 투쟁(鬪爭)의 일을 일으키고 비법에 머물고 있습니다. 이때 모든 필추가 별도로 충고하였을 때 충고하였을 때에 그 일에 굳게 집착하여 기꺼이 버리지 않고서, <이것이 진실된 것이고 다른 것은 모두 허망하다.>고 말하였습니다. 만약 승가께서 때에 이르렀으면 승가께서는 허락하십시오. 승가시여. 지금 제바달다에게 백사갈마를 지어 그 일을 옳게 충고하고자 합니다.

그대 제바달다여. 화합승가를 깨트리지 않을 것이고, 논쟁의 일을 짓고서 집착하여 머물러서는 안됩니다. 천수여. 마땅히 화합승가에 환희하고 논쟁하지 않으며 같은 마음으로 하나로서 설하는 것을 물과 우유가 화합하는 것과 같게 하고, 대사의 교법으로 밝은 빛을 얻고서 안락에 머물러야 합니다. 천수여. 그대는 지금 마땅히 승가를 깨트리는 일을 버려야 합니다.'

이와 같이 아뢰고 다음에 갈마를 짓는다.

'대덕 승가께서는 들으십시오. 이 제바달다는 화합승가를 깨트리고자 투쟁의 일을 일으키고 비법에 머물고 있습니다. 이때 모든 필추가 별도로 충고하였을 때 충고하였을 때에 그 일에 굳게 집착하여 기꺼이 버리지 않고서, <이것이 진실된 것이고 다른 것은 모두 허망하다.>고 말하였습니다. 승가시여. 지금 제바달다에게 백사갈마를 지어 그 일을 옳게 충고하고자 합니다.

<그대 제바달다여. 화합승가를 깨트리지 않을 것이고, 논쟁의 일을 짓고서 집착하여 머물러서는 아니됩니다. 천수여. 마땅히 화합승가에 환희하고 논쟁하지 않으며 같은 마음으로 하나로서 설하는 것을 물과 우유가 화합하는 것과 같게 하고, 대사의 교법으로 밝은 빛을 얻고서 안락에 머물러야 합니다. 제바달다여. 그대는 지금 마땅히 승가를 깨트리는 일을 버려야 합니다.>

만약 모든 구수들께서 허락하시면 제바달다에게 백사갈마를 지어 그 일을 옳게 충고하고자 합니다.

<그대 제바달다여. 화합승가를 깨트리지 않을 것이고, 논쟁의 일을 짓고서 집착하여 머물러서는 아니됩니다. 천수여. 마땅히 화합승가에 환희하고 논쟁하지 않으며 같은 마음으로 하나로서 설하는 것을 물과 우유가 화합하는 것과 같게 하고, 대사의 교법으로 밝은 빛을 얻고서 안락에 머물러야 합니다. 제바달다여. 그대는 지금 마땅히 승가를 깨트리는 일을 버려야 합니다.>

만약 여러 구수께서 허락하시면 묵연히 계시고, 허락하지 않으시면 말씀을 하십시오. 이것이 처음의 갈마이고 제2, 제3의 갈마도 역시 이와 같이 설합니다. 승가시여 지금 백사갈마를 지어 제바달다에게 충고하는

것을 마칩니다. 승가가 이미 허락하신 것은 묵연히 계신 까닭입니다. 나는 이제 이와 같이 지니겠습니다.'라고 하라.”

이때 모든 필추는 세존의 가르침을 받들어 곧 백사갈마로써 그 제바달다에게 충고하였다. 이때 제바달다는 굳게 집착하여 버리지 않고 굳게 집착하여 기꺼이 버리지 않고서, '이것이 진실된 것이고 다른 것은 모두 허망하다.'고 말하였다. 이때 제바달다는 네 명의 도반이 있어 함께 서로를 따르고 승단을 깨트리는 일을 말하며 모든 필추에게 알려 말하였다.

“대덕이시여. 그 필추가 말하는 것을 좋고 나쁘다고 함께 말하지 마십시오. 왜 그러한가? 그 필추는 법을 말하는 자이고, 율을 말하는 자이며, 법과 율에 의지하여 곧 말로 설하며 아는 것을 설하고 알지 못하는 것 설하지 않습니다. 그가 사랑하고 즐기는 것을 우리들도 또한 사랑하고 즐깁니다.”

이때 모든 필추는 이 인연을 갖추어 세존에게 아뢰었고, [자세한 설명은 앞에서와 같다.] 나아가 우리들도 또한 사랑하고 즐깁니다. 세존께서 알려 말씀하셨다.

“그대들 필추는 마땅히 네 명의 도반에 대하여 별도로 충고하는 법을 짓고, 만약 다시 이와 같은 다른 부류가 있으면 또한 마땅히 꾸중하고 충고하라.

'그대들 고가리가·건다달표·갈타모락가저쇄·삼몰달라달다여. 그 필추가 화합승가를 파괴하고자 투쟁을 짓고 일에 집착하면서 머무는 것을 아는가? 그대들은 함께 도반이 되어 서로를 따르며 승가를 깨트리는 일을 말해서는 아니되고, 모든 필추를 향하여 이와 같이 말하면 아니된다.

<모든 대덕이시여. 그 필추가 말하는 것을 좋고 나쁘다고 함께 말하지 마십시오. 왜 그러한가? 그 필추는 법을 말하는 자이고, 율을 말하는 사람이며, 법과 율에 의지하여 언설(言說)하며 아는 것을 설하고 알지 못하는 것은 설하지 않습니다. 그가 사랑하고 즐기는 것을 우리들도 또한 사랑하고 즐깁니다.>

왜 그러한가? 그 구수 필추는 법과 율을 말하는 것이 아니고, 법과

율에 의하여 언설하는 것도 아니며, 아는 것을 설하고 알지 못하는 것은 설하는 것도 아니고, 굳게 집착하여 머무르고 있습니다. 그대들은 화합승가를 깨트리는 것을 사랑하고 즐거워하면 아니되고, 마땅히 승단이 화합하는 것을 즐거워해야 합니다. 마땅히 화합승가에 환희하고 논쟁하지 않으며 같은 마음으로 하나로서 설하는 것을 물과 우유가 화합하는 것과 같게 하고, 대사의 교법으로 밝은 빛을 얻고서 안락에 머물러야 합니다. 구수여. 그대는 지금 승가를 깨트리는 화합하지 않는 일을 버려야 합니다."

이때 모든 필추는 가르침을 받들어 곧 별도로 그 네 명에게 충고하여 이와 같이 말하였다.

"그대들 고가리가 등 네 명의 필추여. 그 필추가 화합승가를 깨트리고자 투쟁을 짓고 일에 집착하면서 머무는 것을 아는가? 서로 도반이 되어 사(邪)를 따르고 정(正)에 어긋나는 것을 해서는 아니됩니다. 모든 필추를 향하여 이와 같이 말하면 아니됩니다.

'모든 대덕이시여. 그 필추가 말하는 것을 좋고 나쁘다고 함께 말하지 마십시오. 왜 그러한가? 그 필추는 법을 말하는 자이고, 율을 말하는 사람이며, 법과 율에 의지하여 언설하며 아는 것을 설하고 알지 못하는 것은 설하지 않습니다. 그가 사랑하고 즐기는 것을 우리들도 또한 사랑하고 즐깁니다.'

왜 그러한가? 구수여. 그 구수 필추는 법과 율을 말하는 것이 아니고, 법과 율에 의하여 언설하는 것도 아니며, 아는 것을 설하고 알지 못하는 것은 설하는 것도 아니고, 굳게 집착하여 머무르고 있습니다.

그대들은 화합승가를 깨트리는 것을 사랑하고 즐거워하면 아니되고, 마땅히 승단이 화합하는 것을 즐거워해야 합니다. 마땅히 화합승가에 환희하고 논쟁하지 않으며 같은 마음으로 하나로서 설하는 것을 물과 우유가 화합하는 것과 같게 하고, 대사의 교법으로 밝은 빛을 얻고서 안락에 머물러야 합니다. 구수여. 그대는 지금 승가를 깨트리는 화합하지 않는 일을 버려야 합니다."

이때 모든 필추가 별도로 충고를 했을 때 그 도반들은 기꺼이 말을 받아들이지 않고 굳게 집착해 버리지 않고서 '이것이 진실된 것이고 다른 것은 모두 허망하다.'라고 말하였다. 이때 모든 필추가 이 인연을 갖추어 세존께 아뢰었다.

"대덕이시여. 우리들은 이미 고가리가 등에게 별도로 충고를 하였습니다. 우리들이 별도로 충고를 할 때에 고가리가 등은 그 일에 굳게 집착하여 마음에서 버리지 않고서 '이것은 진실된 것이고 다른 것은 모두 허망하다.'고 말하였습니다."

세존께서 모든 필추들에게 알려 말씀하셨다.

"그대들은 마땅히 고가리가 등에게 백사갈마를 지어 대중들을 마주하고서 그것을 충고해야 하고, 만약 다시 이와 같은 다른 부류가 있으면 또한 마땅히 꾸짖고 충고하라.

'대덕 승가께서는 들으십시오. 이고가리가·건다달표·갈타모락가저쇄·삼몰달라달다는 그 필추가 화합승가를 깨트리고자 투쟁을 짓고 일에 집착하면서 머무는 것을 알면서도 그 화합하지 않은 일에 따르고 있습니다. 모든 필추가 이와 같이 충고하였을 때에 그들은 모든 필추를 향하여 이와 같이 말하였습니다.

<모든 대덕이시여. 그 필추가 말하는 것을 좋고 나쁘다고 함께 말하지 마십시오. 왜 그러한가? 그 필추는 법을 말하는 자이고, 율을 말하는 사람이며, 법과 율에 의지하여 언설(言說)하며 아는 것을 설하고 알지 못하는 것은 설하지 않습니다. 그가 사랑하고 즐기는 것을 우리들도 또한 사랑하고 즐깁니다.>

이때 모든 필추들이 별도로 충고를 할 때 그들은 그 일에 굳게 집착하여 마음에서 버리지 않고서 '이것은 진실된 것이고 다른 것은 모두 허망하다.'고 말하였습니다.

만약 승가께서 때에 이르렀으면 승가께서는 허락하십시오. 승가시여. 지금 백사갈마로써 고가리가 등의 네 명에게 충고하고자 합니다.

<그대들 고가리가 등이여. 그 필추가 화합승가를 파괴하고자 투쟁을 짓고 일에 집착하면서 머무는 것을 알면서도 그 화합하지 않은 일에

따르고 있습니다. 그를 따라서 승가를 깨트리는 화합하지 않는 일을
버려야 합니다.>

여러 필추가 이와 같이 충고하였을 때에 그대들은 모든 필추들을 향하여,
<모든 대덕이시여. 그 필추가 말하는 것을 좋고 나쁘다고 함께 말하지
마십시오. 왜 그러한가? 그 필추는 법을 말하는 자이고, 율을 말하는
사람이며, 법과 율에 의지하여 언설(言說)하며 아는 것을 설하고 알지
못하는 것은 설하지 않습니다. 그가 사랑하고 즐기는 것을 우리들도
또한 사랑하고 즐깁니다.>라고 이와 같이 말하면 아니됩니다.

<왜 그러한가? 그 필추는 법과 율을 말하는 것이 아니고, 법과 율에
의하여 언설하는 것도 아니며, 아는 것을 설하고 알지 못하는 것은 설하는
것도 아니고, 굳게 집착하여 머무르고 있습니다. 그대들은 화합승가를
깨트리는 것을 사랑하고 즐거워하면 아니되고, 마땅히 승단이 화합하는
것을 즐거워해야 합니다. 마땅히 화합승가에 환희하고 논쟁하지 않으며
같은 마음으로 하나로서 설하는 것을 물과 우유가 화합하는 것과 같게
하고, 대사의 교법으로 밝은 빛을 얻고서 안락에 머물러야 합니다. 구수여.
그대는 지금 승가를 깨트리는 화합하지 않는 일을 버려야 합니다.>
이와 같이 아룁니다.'

다음으로 갈마를 짓는 것도 아뢴 것에 의거하여 마땅히 지어하여야
한다."

모든 필추는 이미 가르침을 받들어 아뢰어 말하였다.

"이와 같이 말씀하신 것과 같이 우리들은 마땅히 충고하겠습니다."

곧 백사갈마로써 그 고가리가 등에게 충고하였을 때에 그 네 명은
그 일에 굳게 집착하여 마음에서 버리지 않고서 '이것은 진실된 것이고
다른 것은 모두 허망하다.'고 말하였다. 이때 모든 필추는 이 인연으로
세존께 아뢰었다.

"대덕이시여. 우리들이 백사갈마로써 그 고가리가 등 네 사람에게
충고하였을 때에 그 네 명은 그 일에 굳게 집착하여 마음에서 버리지
않고서 '이것은 진실된 것이고 다른 것은 모두 허망하다.'고 말하였습니

다.”

세존께서 여러 필추에게 알리셨다.

“제바달다는 도반인 네 명과 함께 삿된 것을 따르고 바른 것을 벗어났으며, 지금부터는 나의 제자들의 화합승가를 깨트리고 아울러 법륜을 깨트릴 큰 세력이 있구나.”

이때 제바달다는 이 말을 듣고서 곧 이렇게 말하였다.

“사문 교답마는 나에게 수기하여 모든 필추에게 알려 말하였다.

‘제바달다는 도반인 네 명과 함께 삿된 것을 따르고 바른 것을 벗어났으며, 지금부터는 나의 제자들의 화합승가를 깨트리고 아울러 법륜을 깨트릴 큰 세력이 있구나.’”

곧 고가리가 등에게 알렸다.

“그대들은 마땅히 아시는가! 사문 교답마가 나에게 ‘제바달다는 도반인 네 명과 함께 삿된 것을 따르고 바른 것을 벗어났으며, 지금부터는 나의 제자들의 화합승가를 깨트리고 아울러 법륜을 깨트릴 큰 세력이 있구나.’라고 수기하였네.”

이때 제바달다는 승가를 깨트리는 일에 더욱 용맹을 일으켰다. 모든 필추가 듣고서 갖추어 세존께 아뢰었다. 이때 세존께서는 이 인연으로 필추승가를 모으시고, [자세한 설명은 앞에서와 같다.] 나아가 세존께 제바달다 필추에게 물어 말씀하셨다.

“그대는 진실로 화합승가를 파괴하고자 투쟁을 짓고 일에 집착하면서 머무르고 있는가?”

제바달다가 아뢰어 말하였다.

“대덕이시여. 진실로 그렇습니다.”

이때 세존께서 제바달다에게 알려 말씀하셨다.

“그대의 행위는 사문으로서 법이 아니고, 수순이 아니며, 청정하지 않고, 마땅히 해야 할 일도 아니니라.”

이때 세존께서는 여러 가지로 꾸짖으시고서 여러 필추들에게 알려 말씀하셨다.

"내가 열 가지 이익을 관(觀)하여 모든 필추들을 위하여 그 학처를 제정하나니, 마땅히 이와 같이 설하노라. 만약 다시 필추가 방편을 일으켜 화합승단을 깨트리고자 하고 승단을 깨트리는 일에 굳게 집착하여 버리지 않으면 모든 필추는 마땅히 그 필추에게 말해야 한다.

'구수여. 화합승가를 깨트리고자 굳게 집착하고, 머물러서는 안됩니다. 마땅히 화합승가에 환희하고 논쟁하지 않으며 같은 마음으로 하나로서 설하는 것을 물과 우유가 화합하는 것과 같게 하고, 대사의 교법으로 밝은 빛을 얻고서 안락에 머물러야 합니다. 구수여. 그대는 지금 승가를 깨트리는 화합하지 않는 일을 버려야 합니다.'

모든 필추가 이와 같이 충고하였을 때에 버리면 좋으나, 만약 버리지 않으면 마땅히 다시 두 번·세 번을 은근히 바르게 충고하라. 가르침에 따라 마땅히 힐난하여 그 일을 버리게 하라. 버리면 좋으나, 만약 버리지 않으면 승가벌시사를 얻느니라."

'만약 다시 필추'는 제바달다를 말하고, 다시 나머지의 이러한 부류를 말한다.

'화합'은 일미(一味)를 말한다.

'승가'는 이러한 여래의 성문인 대중을 말한다.

'깨트리고자 하는 것'은 두 부분으로 나누는 것을 말한다.

'방편'은 투쟁을 짓는 것을 권유하여 나아가게 하는 것이다.

'굳게 집착하고 머무르다.'는 제바달다와 그 도반 네 명이 투쟁의 일을 섭수하고서 머무는 것을 말한다.

'모든 필추'는 이 모든 사람을 말하고, '그 필추'는 제바달다를 말한다.

'말한다.'는 별도로 충고하는 것으로 세존의 가르침과 같이 자세히 설하는 것을 말한다.

'버리면 좋으나, 만약 버리지 않으면 마땅히 세 번을 충고해야 하고, 나아가 자세한 설명은 앞에서와 같으며, 승가벌시사를 얻는다.'는 앞에서 설한 것과 같다.

이 가운데에서 범한 모양과 그 일은 무엇인가? 만약 필추가 방편을 일으켜 승가를 파괴하고자 하면 모두 악작죄를 얻고, 만약 별도로 충고하였을 때에 그것을 버리지 않으면 모두 추죄를 얻는다. 만약 백사갈마를 지어 법과 율과 세존의 가르침에 합당하게 충고했을 때에 버리면 좋으나, 만약 버리지 않으면 백(白)을 마칠 때에는 추죄를 얻고, 첫 번째의 갈마를 마칠 때에 역시 추죄를 얻는다. 만약 두 번째의 갈마를 마칠 때에도 추죄를 얻고, 만약 세 번째의 갈마를 마칠 때에도 버리지 않으면 승가벌시사를 얻는다. 만약 비법을 지어 대중을 화합시키고, 여법을 지어 대중을 화합하지 않게 하며, 비슷한 법을 지어 대중을 화합시키고, 비슷한 법을 지어 대중을 화합하지 않게 하며, 법과 율과 세존의 가르침에 합당하지 않게 법을 세우는 것은 모두 범한 것이 없다.

이때 그 필추가 자리에서 대중에게 알려 말하였다.

"대덕이시여. 나 필추 누구는 승가벌시사의 죄를 범하였습니다."고 말하면 좋으나, 만약 말하지 않고서, 나아가 그 죄가 아직 여법하지 않아서 후회하며 와서 말하며, 만약 다시 다른 필추와 함께 백갈마, 나아가 백사법으로 짓는다면 하나하나에 모두 악작죄를 얻는다.

또한 범하지 않는 것은 처음으로 잘못을 저지른 사람과 혹은 어리석고, 미쳤으며, 마음이 어지럽고 고통스러운 것에 얽매인 것이다.

11) 수순파승위간(隨順破僧違諫) 학처

이때 세존께서 본래의 자리에서 모든 성문 제자를 위하여 승가를 깨트리는 도반을 따르는 학처를 제정하시고 모든 필추들에게 알려 말씀하셨다.

"그대들 모든 필추들이여. 다시 반드시 승가에 작은 일이라도 있으면 아니되느니라."

세존께서는 아시면서도 일부러 물으셨으며, [자세한 설명은 앞에서와 같다.] 세존께서는 곧 고가리가 등 네 명에게 물어 말씀하셨다.

"그대들은 진실로 제바달다가 화합승가를 깨트리고자 투쟁을 짓고 일에 집착하면서 머무는 것을 알고 있는가? 그대들은 함께 그 도반이 되어 삿된 것을 따르고 바른 것을 벗어나서 모든 필추들에게 알려 말하였는가?

'대덕이시여. 그 필추가 말하는 것을 좋고 나쁘다고 함께 말하지 마십시오. 왜 그러한가? 그 필추는 법을 말하는 자이고, 율을 말하는 사람이며, 법과 율에 의지하여 언설(言說)하며 아는 것을 설하고 알지 못하는 것은 설하지 않습니다. 그가 사랑하고 즐기는 것을 우리들도 또한 사랑하고 즐깁니다.'"

그들이 세존께 아뢰어 말하였다.

"진실로 그렇습니다. 세존이시여."

세존께서는 알려 말씀하셨다.

"그대는 사문도 아니고, 수순이 아니며, 청정하지 않고, 출가인으로서 마땅히 해야 할 일이 아니니라."

이때 세존께서는 여러 가지로 꾸중하시고 여러 필추들에게 알려 말씀하셨다.

"내가 열 가지 이익을 관하고 성문 제자들을 위하여 그 학처를 제정하나니, 마땅히 이와 같이 설하노라. 만약 다시 필추가 한 명이고 두 명이며 여러 명들이 그 필추와 함께 무리를 지어 삿된 것을 따르고 바른 것을 벗어나서 그것을 따라서 머물고 있을 때에 이 필추가 여러 필추에게 말하였다.

'대덕이시여. 그 필추가 말하는 것을 좋고 나쁘다고 함께 말하지 마십시오. 왜 그러한가? 그 필추는 법을 말하는 자이고, 율을 말하는 사람이며, 법과 율에 의지하여 언설(言說)하며 아는 것을 설하고 알지 못하는 것은 설하지 않습니다. 그가 사랑하고 즐기는 것을 우리들도 또한 사랑하고 즐깁니다.'

모든 필추들은 마땅히 이러한 말을 그 필추에게 말하여야 한다.

'구수여. 이러한 말을 하지 마십시오. 그 필추는 법과 율에 따르고, 법과 율에 의지하여 말하므로 말하는 것에 허망한 것이 없습니다. 그가 사랑하고 즐기는 것을 우리들도 또한 사랑하고 즐깁니다. 왜 그러한가?

그 필추는 법과 율을 따르는 것이 아니고, 법과 율에 의하여 말하는 것도 아니며, 말하는 것을 모두가 허망합니다.

그대들은 화합승가를 깨트리는 것을 사랑하고 즐거워하면 아니되고, 마땅히 승단이 화합하는 것을 즐거워해야 합니다. 마땅히 화합승가에 환희하고 논쟁하지 않으며 같은 마음으로 하나로서 설하는 것을 물과 우유가 화합하는 것과 같게 하고, 대사의 교법으로 밝은 빛을 얻고서 안락에 머물러야 합니다. 구수여. 지금 승가를 깨트리는 악견을 버리고, 삿된 것을 따르고 바른 것을 벗어나서 투쟁하는 일을 짓는 것을 권유하고 굳게 집착하며 머무는 것을 버려야 합니다.'

모든 필추가 이와 같이 충고하였을 때에 버리면 좋으나, 만약 버리지 않으면 마땅히 다시 두 번·세 번을 은근히 바르게 충고하라. 가르침에 따라 마땅히 힐난하여 그 일을 버리게 하라. 버리면 좋으나, 만약 버리지 않으면 승가벌시사를 얻느니라."

'만약 다시 필추'는 제바달다를 말한다.

'한 명이고 두 명이며 여러 명'은 고가리가 등을 말하고, 두 명을 넘으면 여러 명이라고 말한다.

'삿된 것을 따르고 바른 것을 벗어나는 것'은 함께 그 도반이 되어 그 삿된 것을 따르고 바른 것을 벗어나서 잃어버리는 것이다.

'모든 필추'는 이 법의 가운데에 있는 사람을 말한다.

'좋고 나쁘다.'는 제바달다를 가르쳐 그 선을 행하고 그 악을 멈추게 하는 것을 막는 것이다.

'왜 그러한가?'는 법과 율을 아는 사람이 소유한 언설의 모든 것은 대사의 교법에 수순하는 것이고, [자세한 설명은 앞에서와 같다.] 나아가 굳게 집착하고서 머무를 때에 모두가 별도로 충고로서 말하였으나, 만약 버리지 않으면 승가가 마땅히 세 번을 충고해야 한다. 자세한 설명은 앞에서와 같은 갈마법으로 짓겠노라.

이 가운데에서 범한 모양과 그 일은 무엇인가? 만약 모든 필추가 도반 필추를 도왔고, 그 필추가 화합승가를 파괴하고자 하여, [자세한 설명은 앞에서와 같다.] 나쁜 방편을 지어 함께 그 도반이 되어 삿된 것을 따르고 바른 것을 벗어나면 모두 악작을 얻는다. 나머지의 범한 모양도 앞의 파승위간학처에서 자세히 설명한 것과 같이 마땅히 알라.

12) 오가(汚家) 학처

세존께서는 실라벌성 서다림의 급고독원에 머무르셨다.

어느 때 지타산(枳咤山)에 세 필추가 있었으니, 첫째는 아습박가(阿濕薄迦)라고 이름하였고, 둘째는 보나벌소(補奈伐素)라고 이름하였으며, 셋째는 반두로사득가(半豆盧呬得迦)라고 이름하였다.

오가법(汚家法)을 짓고, 악행을 하며, 모든 여인들과 함께 희롱하고 웃고, 즐겁게 말하여 교제하고 마음이 들뜨는 일을 저질렀다. 서로 몸을 쳤고 접촉하였으며, 하나의 평상에 함께 앉았고, 같은 밥상에서 밥을 먹었고, 같은 술잔으로 술을 마셨다. 뜻을 따라서 좋아하는 꽃과 과일을 땄으며, 노래하고 춤추며, 음악을 연주하였고, 화장을 하여 몸을 꾸미었다. 방일(放逸)하고 마음이 들떠서 몸을 뒤척이고 날뛰는 것이 마치 물고기가 펄떡거리는 것과 같았다. 혹은 말소리를 내었고, 혹은 소가 우는 소리를 내기도 하는 등 입으로 갖가지 소리를 내었으며, 혹은 공작의 소리를 내었고, 혹은 앵무새의 울음을 내었으며, 혹은 물로써 소리를 만들어 모든 사람을 웃게 하고 혹은 다른 창기(倡伎)의 도구를 만들어 여인들과 함께 위의(威儀)가 아닌 짓을 하여 여러 과실을 만들었다.

이때 지타산에 바라문·거사 및 많은 대중들이 그들이 악행을 행하는 것을 보고서 불신(不信)의 마음이 일으켜 많이 비난하고 의논하였다.

"이곳에 이전부터 머무르는 필추에게는 능히 음식으로 함께 서로가 제공하여 구제하지 않아야 하는데, 하물며 다시 나머지의 사람들은 말하여 무엇하겠는가!"

이때 구수 아난타가 가시국(迦尸國)을 유행하였고 다음으로 지타산에 이르러 머물렀다. 하루의 초분에 옷과 발우를 지니고 지타산의 마을에 들어가 걸식하였으나 빈 발우로 나왔어도 적은 음식도 주는 사람이 없었다. 이때 구수 아난타는 이와 같이 생각하였다.

'내가 기억하건대 일찍이 예전에 이 산에 도착하니 사람들이 풍요로워 걸식을 얻는 것이 쉬웠다. 지금 이 산은 이전과 같이 풍요로운데 어찌하여 걸식하여도 베푸는 사람이 없고 빈 발우를 가지고 나왔어도 적은 음식도 주는 사람이 없는가? 어찌 이곳에 불제자가 있으면서 항맥(巷陌)[1]의 가운데에서 여인을 욕하고, 함께 서로의 몸을 만졌으므로, 이 인연으로 마침내 내가 걸식하지 못한 것이 아니겠는가?'

그때 지타산에 많은 바라문과 거사 500명이 항상 모이는 곳에 일이 있어 마침내 모여 있었다. 이때 아난타는 항상 모이는 곳으로 가서 여러 사람들에게 알려 말하였다.

"당신들은 아십니까? 내가 기억하건대 일찍이 이전에 이 산에 도착하니 사람들이 풍요로워 걸식을 얻는 것이 쉬웠습니다. 지금 이 산은 이전과 같이 풍요로운데 어찌하여 걸식하여도 베푸는 사람이 없고 빈 발우를 가지고 나왔어도 적은 음식도 주는 사람이 없습니까?"

이때 이 모임 중에 오파색가가 있었으며, 수라(水羅)라고 이름하였다. 곧 먼저 아난타의 손을 잡고서 함께 한쪽으로 가서 말하였다.

"대덕께서는 아십니까? 이 지타산에는 아습박가와 포나벌소라고 이름하는 필추가 오가법을 짓고 악행을 행하며, 모든 여인들과 함께 희롱하고 웃고, [자세한 설명은 앞에서와 같다.] 나아가 여러 가지의 과실(過失)을 만들어 비방과 의논을 일으켜 '이곳에 이전부터 머무르는 필추에게는 능히 음식으로 함께 서로가 제공하여 구제하지 않아야 하는데, 하물며 다시 나머지의 사람들은 말하여 무엇하겠는가!'라고 하였습니다. 만약 존자께서 인연으로 세존의 처소에 이른다면 원하건대 이 일을 갖추어 세존께 아뢰십시오."

이때 존자는 이 말을 듣고서 묵연히 허락하였다. 이때 오파색가는

그 존자가 묵연히 허락한 것을 알고서 곧 청하여 말하였다.

"오직 바라옵건대 대덕이시여. 나의 집에서 작은 공양이지만 받아
주십시오."

이때 구수 아난타는 묵연히 그것을 받아들였다. 이때 오파색가는 곧
그를 집으로 나아가서 수승한 자리를 펴고서 묘한 음식을 받들어 배부르고
만족하게 하였다. 이때 구수 아난타는 음식을 먹고서 발우를 씻고 다시
자리에 돌아와 앉았다. 이때 오파색가도 곧 낮은 곳에 자리를 펴고서
존자 앞에서 법요를 설하는 것을 청하였다. 이때 존자 아난타는 오파색가를
위하여 여러 가지의 법을 설하고 가르침을 보였으며 찬탄하여 기쁘게
하고서 인사하고 떠나갔다.

이때 구수 아난타는 주처에 이르러 승가의 평상과 요(褥) 등을 나누어
주는 것을 부탁하고서 옷과 발우를 갖추어 실라벌성으로 나아갔다. 그곳에
이르러 손과 발을 씻고서 급고독원에 나아가 옷과 발우를 놓고서 세존의
처소에 나아가서 두 발에 예경하고서 한쪽에 앉아 오파색가의 일을 자세히
갖추어 세존께 아뢰었다. 이때 세존께서는 구수 아난타에게 알려 말씀하셨
다.

"그대는 지금 마땅히 기숙(耆宿)인 필추 60명의 허락을 받아서 함께
지타산으로 가서 아습박가·보나벌소에게 구견갈마(驅遣羯磨)를 지을 것이
며, 마땅히 이와 같이 짓도록 하게. 그 산에 이르면 가는 도중에 한 곳에
머무르고서, 마땅히 사람을 보내어 필추에게 꾸중하여 묻게. 만약 다섯
가지 법이 없으면 곧 사람을 뽑지 않을 것이고, 설령 뽑았어도 마땅히
버려야 하네. 무엇이 다섯 가지인가? 사랑·성냄·두려움·어리석음이 없고
꾸중하는 것과 꾸중하지 않는 것을 완전히 아는 것이네. 이와 같으면
마땅히 보내야 하네. 이렇게 마땅히 사람을 보내어 평소와 같이 필추들을
모으고서 마땅히 먼저 그에게 묻도록 하게.

'그대들 어느 필추가 능히 지타산으로 가서 아습박가와 포나벌소에게
법답지 못한 법을 행하였는가를 물을 수 있겠습니까?'

그가 '제가 능히 할 수 있습니다.'라고 대답하면 다음에는 필추에게

백갈마를 짓도록 하게.

'대덕 승가께서는 들으십시오. 이 필추 누구는 능히 지타산에 가서 아습박가·보나벌소 등의 필추들이 승가를 더럽힌 일을 힐문할 수 있습니다. 만약 승가께서 때에 이르렀음을 인정하시면 승가는 허락하십시오. 승가시여. 지금 필추 누구를 뽑아 지타산에 가서 아습박가·보나벌소 등의 필추들이 승가를 더럽힌 일을 힐문하고자 합니다. 이와 같이 아룁니다.'

다음은 갈마를 짓도록 하게.

'대덕 승가께서는 들으십시오. 이 필추 누구는 능히 지타산에 가서 아습박가와 보나벌소 등의 필추들이 승가를 더럽힌 일을 힐문할 수 있습니다. 승가시여. 지금 필추 누구를 뽑아 지타산에 가서 아습박가·보나벌소 등의 필추들이 승가를 더럽힌 일을 힐문하고자 합니다.

만약 여러 구수들께서 이 필추 누구를 뽑아 지타산에 가서 아습박가·보나벌소 등의 필추들이 승가를 더럽힌 일을 힐문하는 일을 허락하신다면 묵연히 계시고, 만약 허락하지 않으신다면 말씀하십시오. 승가시여. 이미 이 필추 누구를 뽑아 지타산에 가서 아습박가·보나벌소 등의 필추들이 승가를 더럽힌 일을 힐문하게 하는 일을 마쳤습니다. 승가께서 이미 인정하시고 허락하신 것은 묵연히 계셨기 때문입니다. 나는 지금부터 이와 같이 지니겠습니다.' "

모든 필추들이여. 나는 지금 마땅히 힐문하는 필추가 지닐 행법을 설하겠노라.

"그 힐문하는 필추들은 지타산에 가서 자리를 깔고 건치를 울려 대중을 모이게 하고, 마땅히 그 아습박가·보나벌소에게 힐문하여야 한다. 만약 기꺼이 모이지 않는다면 그 오만함으로 대중을 공경하지 않는 까닭이니, 곧 마땅히 구견갈마를 지어야 한다. 그들이 만약 와서 모이면 그 죄를 힐문하는 사람에게 마땅히 허락하는가를 물어야 한다.

만약 허락하지 않으면 함께 구견갈마를 지어야 하고 만약 묻는 것을 허락하면 마땅히 힐문을 하여야 한다. 만약 '나는 죄를 짓지 않았다.'라고 말하면 곧 이것은 대중을 속이는 것이니 곧 마땅히 함께 구견갈마를 지어야 하고, 만약 '나는 죄를 지었다.'라고 말하면 승가는 곧 마땅히 함께 구견갈마를 지어야 한다. 내가 말한 것과 같이 행법을 힐문하는 필추가 의지하지 않고서 행하면 월법죄(越法罪)를 얻느니라."

이때 구수 아난타와 아울러 여러 기숙(耆宿)인 필추들은 세존의 가르침을 받들어 하직하고서 떠나갔다. 가는 길에서 힐문하는 필추를 뽑았다. 이때 지타산에 반두로희득가(半豆盧呬得迦) 필추(번역하면 황적(黃赤)이다.) 등이 있었으니, 그 아습박가 등의 악행의 도반이었다. 그는 구수 아난타와 아울러 여러 기숙인 필추들이 이곳에 이르러 아습박가 등에게 구견갈마를 지으려고 한다는 것을 듣고서 이렇게 생각하였다.

'다만 이것을 그 사람은 몸으로 악행을 하고 입으로 악설을 말하였는데, 우리들도 모두 지은 것을 마땅히 알 것이다. 구수 아난타와 여러 기숙인 대덕 필추는 이곳에 이르러 아습박가 등에게 구견갈마를 지어 주고서 우리들을 찾아서 또한 구견갈마를 지을 것이다. 우리들은 마땅히 실라벌성으로 가서 세존의 처소 및 필추대중에 나아가 참마(懺摩)를 청하고 구걸해야 한다.'

['참마'라는 말은 이 비방의 바른 번역으로는 마땅히 용서(容恕)와 용인(容忍)을 구걸하며 머리를 숙인다는 뜻이다. 만약 접촉하여 앞의 사람에게 잘못하였으나 환희를 구걸하는 것은 모두 크고 작은 것을 묻지 않아도 모두 함께 이것은 참마가 없다고 말한다. 만약 죄를 참회하는 것은 본래 아발저제사나(阿鉢底提舍那)를 말한다. '아발저(阿鉢底)'라는 것은 죄이고, '제사나(提舍那)'라는 것은 말하는 것이니, 마땅히 죄를 말하는 것이다. '참회(懺悔)'라고 말하는 이것의 참(懺)은 서역의 음(音)이고 회(悔)라는 이것은 동방의 말이니, 용서를 청한다고 하는 것은 옳지 않다. 다시 죄를 말하지 않으면 지극함에 이르지 않는 까닭이니라.]

다시 의논하여 말하였다.

"우리들이 갈 때에 여러 대덕들이 길에서 서로를 보면 반드시 먼저 우리들에게 사치갈마(捨置羯磨)를 짓고서, 뒤에 마땅히 그 아습박가 등에게 구견갈마를 지을 것이네. 우리들은 마땅히 다른 방편을 세워 곧 그 어려움을 벗어나야 하니 미리 의복·두건과 소유한 이양을 아울러 함께 평등하게 분배하였다는 소리를 들으며 머물러야 하고, 만약 여러 대덕이 대문(大門)으로 들어올 때에 우리들은 곧 소문(小門)을 따라서 나가야 하네.”

함께 이렇게 계획하였다. 오래지 않아 구수 아난타와 아울러 여러 대덕들이 지타산에 이르러 주처에 나아가 대문을 따라서 들어왔고, 그때 황적 등의 필추는 후문(後門)을 따라서 나갔다. 급하게 먼 길을 떠나서 실라벌성에 나아가 세존의 발에 예경하고서 여러 필추의 처소로 나아가 그 범한 것을 마땅히 합당하게 말하여 참회할 것은 사람들을 마주하고서 참회하였다. 마땅히 합당하게 꾸중받는 마음으로 참회할 것은 모두 스스로 마음으로 꾸중하여 이미 그 죄를 없애고서 모든 청정한 필추와 한 처소에 함께 머무르며, 승가대중이 소유한 여법한 제령(制令)을 모두 따르고 그것을 호지하였다.

이때 힐문하는 필추는 지타산의 주처에서 자리를 펴고 건치를 울려 대중을 모았다. 이때 힐문하는 필추는 아습박가 등에게 그 일을 허락하는가를 물었고 허락을 받고서 그 죄의 거짓과 진실을 물었다. 그는 곧 대답하여 말하였다.

“나의 죄에 대하여 물은 것은 모두가 사실입니다.”

이때 대중은 곧 함께 구견갈마를 지었다. 그 갈마문(羯磨文)에 의거하여 마땅히 지었고, 갈마를 짓고서 구수 아난타와 여러 기숙필추는 아울러 가던 길을 되돌려 실라벌성으로 돌아왔다. 이때 아습박가 등의 필추는 이렇게 생각하였다.

‘그대는 마땅히 알아야 한다. 땅에 넘어진 자는 돌이켜 땅에 의지하여 일어나는 것이다. 나는 마땅히 실라벌성의 세존의 처소에 나아가 애달프게 용서를 구하고 필추 승가에 나아가리라.’

이때 아습박가 등은 밤이 지나서 날이 밝자 초분에 옷과 발우를 지니고 마을에 들어가서 걸식하였고 다시 본래의 처소로 돌아와 음식을 먹고서 방사와 나머지의 와구를 부탁하고 다시 옷과 발우를 지니고 실라벌성으로 떠나서 이미 주처에 이르렀다. 이때 모든 이전부터 머무르던 기숙필추들은 모두 함께 말을 하지 않았고, 역시 황적 등의 필추도 역시 함께 말을 하지 않았다. 이때 아습박가는 곧 물어 말하였다.

"구수여. 기숙 대덕필추는 이치적으로 말하지 않는 것이 옳다. 그대들은 나에게 무슨 인연으로 말하지 않는 것인가? 우리들은 몸으로 악행을 하고 입으로 악설을 말하였으나, 그대들도 모두 함께 지은 것이 아닌가?"

그가 곧 대답하였다.

"일은 비록 사실이네. 그러나 우리는 이곳에 이르러 범한 것을 마땅히 합당하게 말하여 참회할 것은 사람들을 마주하고서 참회하였네. 마땅히 합당하게 꾸중받는 마음으로 참회할 것은 모두 스스로 마음으로 꾸중하여 이미 그 죄를 없애고서 모든 청정한 필추와 한 처소에 함께 머무르며, 승가대중이 소유한 여법한 제령(制令)을 모두 따르고 그것을 호지하였으니, 다시 악행을 행하는 사람과는 함께 모여 말하지 않네."

이때 아습박가 등은 이와 같은 말을 듣고서 싫어하고 천박함이 생겨나서 이렇게 말하였다.

"모든 대덕 등은 욕망이 있고 노여움이 있으며 두려움이 있고 어리석음도 있다. 이와 같은 필추들이 있으니, 쫓겨나는 사람이 있고 쫓겨나지 않는 사람이 있다."

이때 여러 필추들이 이 말을 듣고서 물어 말하였다.

"그대는 어느 사람에게 욕망이 있고 노여움이 있으며 두려움이 있고 어리석음이 있다고 말하는 것인가?"

아습박가가 말하였다.

"이를테면, 구수 아난타와 아울러 모든 대덕은 지타산에 와서 함께 우리들에게 구견갈마를 지었으나 그 가운데에는 쫓겨나지 않는 사람이 있습니다."

모든 욕심이 적은 필추들은 이 말을 듣고서 싫어하여 아습박가 등을 꾸중하며 말하였다.

"그대들은 여러 대덕들이 지타산에 가서 여법하게 구빈(驅擯)한 것을 어떻게 알고 있기에, 고의적으로 그 분들에게 욕망·노여움·두려움·어리석음이 있고, 이와 같이 같은 죄가 있는 필추에게도 쫓겨나는 사람이 있고 쫓겨나지 않는 사람이 있다고 말하는가?"

이때 여러 필추는 이 인연을 갖추어 세존께 아뢰었고, 세존께서는 알려 말씀하셨다.

"그대들 모든 필추들이여. 마땅히 아습박가 등의 필추에게 별도로 충고하라. 만약 다시 이와 같은 다른 부류가 있으면 마땅히 이와 같이 충고하라.

'그대들 아습박가여. 포나벌소여. 모든 대덕들이 지타산에 가서 여법하게 구빈한 것을 알고 있으니, 그 분들에게 욕망·노여움·두려움·어리석음이 있고, 이와 같은 죄가 있는 필추에게도 쫓겨나는 사람이 있고 쫓겨나지 않는 사람이 있다고 말해서는 아니된다. 그리고 구수 등이 악행을 행하여 다른 집을 더럽힌 것을 대중들이 모두 듣고 보았고 대중들이 함께 명료하게 알고 있으니, 그대들은 마땅히 욕망 등이 있다고 말하는 것을 버려야 한다.'"

이때 모든 필추들은 세존의 가르침을 듣고서 받들어 지니고 떠나가서 하나하나를 세존의 가르침을 갖추어, [자세한 설명은 앞에서와 같다.]

"그대들은 마땅히 욕망 등이 있다고 말하는 것을 버려야 한다."

이때 모든 필추가 별도로 충고하였을 때에 그 아습박가 등은 앞에서와 같이 말한 것에 굳게 집착하고 머무르며, "우리들이 말한 그것은 진실된 것이고 다른 것은 모두 허망하다."고 하였다.

이때 모든 필추가 이 인연을 갖추어 세존께 아뢰었다.

"대덕이시여. 우리들이 가르침을 받들어 별도로 충고하였을 때에 그 아습박가 등은 앞에서와 같이 말한 것에 굳게 집착하고 머무르며, '우리들이 말한 그것은 진실된 것이고 다른 것은 모두 허망하다.'고 하였습니다."

세존께서 알려 말씀하셨다.

"그대들은 마땅히 백사갈마로써 그 두 사람을 충고하라. 만약 다시 이와 같은 다른 부류가 있으면 마땅히 이와 같이 충고하라. 자리를 펴고 건치를 울려 평상시와 같이 대중을 모으고 대중이 모이면 한 필추에게 백갈마를 짓게 하고, 그 갈마문에 의거하여 일을 마땅히 지어라."

이때 모든 필추는 세존의 가르침을 받고서 법에 의지하여 두 사람에게 충고하였다. 마땅하게 충고하였을 때에 그 두 사람은 앞에서와 같이 말한 것에 굳게 집착하고 머무르며, "우리들이 말한 그것은 진실된 것이고 다른 것은 모두 허망하다."고 하였다. 이때 모든 필추가 이 인연으로 세존께 아뢰었다.

"우리들은 백사갈마법으로 아습박가 등을 충고하였습니다. 그러나 그들에게 충고하였을 때에 충고하는 말을 받아들이지 않고서, '우리들이 말한 그것은 진실된 것이고 다른 것은 모두 허망하다.'고 하였습니다."

이때 세존께서는 이 인연으로 필추대중을 모으셨고 아시면서도 일부러 물으셨으며, [자세한 설명은 앞에서와 같다.]

"나아가 내가 열 가지 이익을 관하고 여러 성문 제자들을 위하여 그 학처를 제정하나니, 마땅히 이와 같이 설하노라. 만약 다시 여러 필추가 촌락(村落)이나 성읍(城邑)에 머무르며 다른 사람의 집을 더럽히는 악행을 행하였고, 다른 사람의 집을 더럽히는 것을 대중들이 모두 듣고 보았고 대중들이 함께 명료하게 알고 있으면, 모든 필추들은 마땅히 그 필추에게 말하라.

'구수여. 그대들이 다른 사람의 집을 더럽히는 악행을 행하였고, 다른 사람의 집을 더럽히는 것을 대중들이 모두 듣고 보았고 대중들이 함께 명료하게 알고 있는 까닭으로 그대들은 떠나야 하고 마땅히 이곳에 머무를 수 없느니라.'

그 필추가 모든 필추에게 말하였다.

'대덕이여. 욕망이 있고 노여움이 있으며 두려움이 있고 어리석음이 있습니다. 이와 같은 필추들이 있으니, 쫓겨나는 사람이 있고 쫓겨나지 않는 사람이 있습니다.'

이때 모든 필추는 그 필추에게 말하라.

'구수여. 욕망이 있고 노여움이 있으며 두려움이 있고 어리석음이 있습니다. 이와 같은 필추들이 있으니, 쫓겨나는 사람이 있고 쫓겨나지 않는

496

사람이 있다고 말해서는 아니된다. 왜 그러한가? 모든 필추는 욕망·노여움·두려움·어리석음이 없기 때문이다. 그대들이 다른 사람의 집을 더럽히는 악행을 행하였고, 다른 사람의 집을 더럽히는 것을 대중들이 보고 듣고 알았으며, 악행을 행하는 것을 또한 대중들이 보고 듣고 알고 있다. 구수여. 그대들은 마땅히 욕망·노여움 등이 있는 말을 버려야 한다.'고 하라.

모든 필추들이 이와 같이 충고하였을 때에 버리면 좋으나, 만약 버리지 않으면 마땅히 두 번·세 번 은근히 올바르게 충고해야 한다. 이때 가르침에 따라서 마땅히 그 일을 버리도록 힐난하여 버리면 좋으나 만약 버리지 않으면 승가벌시사를 얻느니라."

'만약 다시 여러 필추'는 아습박가·포나벌소 나아가 여러 사람을 말한다.

'취락에서'는 지타산을 말한다.

'다른 사람의 집을 더럽힌다.'는 두 가지의 인연이 있어 다른 사람 집을 더럽히는 것을 말한다. 무엇이 두 가지인가? 첫째는 공주(共住)를 말하고, 둘째는 수용(受用)을 말한다. 무엇을 공주라고 말하는가? 여인과 함께 같은 평상에서 한 그릇으로 같이 음식과 술을 마시는 것이다. 무엇을 수용이라고 말하는가? 나무·잎·꽃·열매 및 치목(齒木) 등을 같이 사용하는 것을 말한다.

'악행을 행하는 것'은 거칠고 무거운 죄악의 법을 행하는 것을 말한다.

'집'은 바라문·거사 등의 집을 말한다.

'보고'는 안식(眼識)을 말하고, '듣고'는 이식(耳識)을 말하며, '알고'는 나머지의 식을 말한다.

'모든 필추'는 이 법 가운데의 사람을 말한다.

'마땅히 그 필추에게 말해야 한다.'는 별도로 충고하는 것을 말하며 앞에서 자세히 설명한 것과 같다.

'만약 별도로 충고하였을 때에 버리면 좋으나, 만약 버리지 않으면'은 한 필추가 마땅히 두 번·세 번을 충고하여 백사갈마법으로 가르치는 것도 앞에서 자세히 설명한 것과 같다.

'승가벌시사'도 역시 앞에서 자세히 설명한 것과 같다.

이 가운데에서 범하는 모양과 그 일은 어떤 것인가? 필추가 여법하게 구빈갈마를 지은 것을 알고서도 뒤에 욕망·노여움 등이 있다고 말하면 모두 악작죄를 얻는다. 필추가 별도로 충고하였을 때에 만약 버리면 좋으나, 만약 버리지 않으면 솔토라저를 얻는다. 나머지는 아울러 모두 앞의 파승처(破僧處)에서 설한 것과 같다.

근본설일체유부비나야 제16권

삼장법사 의정 한역
석보운 번역

13) 악성위간(惡性違諫) 학처

어느 때 박가범께서는 교섬비국(僑閃毘國) 구사라원(瞿師羅園)에 머무르셨다.

이때에 구수 천타(闡陀)는 이미 죄를 범하였으나 여법하게 참회하여 말하지 않았다. 이때 친우(親友)인 필추가 그것을 보고서 그를 이익되고 안락하게 하고자 구수 천타에게 알려 말하였다.

"구수 천타여. 그대가 범한 죄를 마땅히 여법하게 참회하여 말하게."

대답하여 말하였다.

"만약 죄를 범한 사람이라면 그는 곧 스스로가 마땅히 여법하게 참회하여 말할 것이네."

친우가 알려 말하였다.

"그대는 몸으로 죄를 범하였는데 누구를 참회시키고자 하는가?"

대답하여 말하였다.

"후회하는 것이 있으면 그는 마땅히 참회하여 말할 것이네."

알려 말하였다.

"그대는 이미 죄를 범하였으니 마땅히 후회를 일으켜야 하네."

대답하여 말하였다.

"여러 구수들이여. 나를 향하여 좋고 나쁘다고 말하지 마십시오. 나도 또한 여러 구수들을 향하여 좋고 나쁘다고 말하지 말을 하지 않겠습니다. 구수여. 나에게 권유하는 것을 멈추고, 나를 의논하여 나에게 말하지 마십시오. 여러 구수들이여. 그대들은 각자 다른 족성과 각자 다른 부류에서 와서 출가하였으니, 여러 종류의 나뭇잎들이 바람에 날려 한 곳에 모인 것과 같습니다. 그리고 구수들께서도 또한 다시 이와 같이 세존께서 무상각(無上覺)을 증득하신 인연으로 각자 다른 족성과 각자 다른 부류에서 와서 출가한 것입니다."

이때 필추들은 천타가 이와 같은 말을 듣고서 싫어하고 천박함이 생겨나서 이렇게 말하였다.

"어찌 필추는 여러 필추들과 함께 같은 불법(佛法)과 같은 학처에서 법에 맞고 학처에 맞게 다른 사람이 참회를 충고하는데 스스로가 충고의 말을 받아들이지 않는가?"

이때 여러 필추는 이 인연을 갖추어 세존께 아뢰니 세존께서 알려 말씀하셨다.

"그대들 여러 필추는 마땅히 천타에게 별도로 충고를 하라. 만약 다시 이와 같은 다른 부류가 있으면 마땅히 이와 같이 충고하라.

'천타 그대는 여러 필추들과 함께 같은 불법(佛法)과 같은 학처에서, 법에 맞고 학처에 맞게 다른 사람이 참회를 충고할 때에 스스로가 충고의 말을 받아들이지 않으면 안됩니다. 구수여. 스스로가 마땅히 충고하는 말을 받아들여야 합니다. 여러 필추가 법에 맞고 학처에 맞게 그대에게 충고를 하면 그대도 또한 법에 맞고 학처에 맞게 여러 필추에게 충고해야 합니다. 서로가 서로에게 충고하고 서로가 서로를 가르치며 서로가 서로에게 참회하면 이와 같이 여래·응·정등각의 필추 승가대중은 곧 증장을 얻을 것입니다. 구수여. 그대는 충고를 거역하지 마십시오.' "

이때 여러 필추는 세존의 가르침을 듣고서 세존께 아뢰어 말하였다.

"그렇게 하겠습니다. 세존이시여."

곧 세존의 가르침과 같이 그 천타에게 충고하였다. [자세한 설명은 앞에서와 같다.]

"나아가 그대는 충고를 거역하지 마십시오."

이때 여러 필추가 별도로 충고하였으나, 구수 천타는 앞에서와 같이 말한 것에 굳게 집착하고 머무르며, "오직 이 일이 진실된 것이고 다른 것은 모두 허망하다."고 말하였다.

이때 여러 필추들은 이 인연을 갖추어 세존께 아뢰었다.

"대덕이시여. 우리들은 세존께서 가르치신 것과 같이 그 천타에게 별도의 충고를 지어 충고하였으나, 그 천타는 앞에서와 같이 말한 것에 굳게 집착하면서 '내가 말한 것은 진실된 것이고, 나머지는 모두 허망하다.'고 말하였습니다."

세존께서는 알려 말씀하셨다.

"그대들은 마땅히 백사갈마로써 그 두 사람을 충고하라. 만약 다시 이와 같은 다른 부류가 있으면 마땅히 이와 같이 충고하라. 자리를 펴고 건치를 울려 평상시와 같이 대중을 모으고 대중이 모이면 한 필추에게 마땅히 이와 같이 짓게 하라.

'대덕 승가께서는 들으십시오. 이 구수 천타는 여러 필추가 세존께서 설하신 학처와 경전의 가운데에서 법에 맞고 학처에 맞게 바르게 충고를 할 때에 스스로 충고를 받아들이지 않고서 이와 같이 말하였습니다.

'그대들 여러 구수들이여. 나를 향하여 좋고 나쁘다고 말하지 마십시오. 나도 또한 여러 구수들을 향하여 좋고 나쁘다고 말을 하지 않겠습니다. 여러 구수여. 나에게 충고하는 것을 멈추십시오.'

이때에 여러 필추가 곧 별도로 충고를 하였으나, 별도로 충고를 할 때에 천타는 마침내 곧 그 일을 집착하면서 '내가 말한 것은 진실된 것이고, 나머지는 모두 허망하다.'고 이와 같이 말하였습니다.

만약 승가께서 때에 이르렀으면 승가께서는 허락하십시오. 승가시여. 지금 백사갈마로써 천타에게 충고하고자 합니다.

'그대 구수 천타여. 여러 필추가 세존께서 설하신 학처와 경전의 가운데에서 법에 맞고 학처에 맞게 바르게 충고를 할 때에 스스로 충고를 받아들이지 않고서 이와 같이 말하지 마십시오. <여러 구수들이여. 나를 향하여 좋고 나쁘다고 말하지 마십시오. 나도 또한 여러 구수들을 향하여 나아가 조금이라도 좋고 나쁘다고 말하지 않겠습니다. 구수 천타여. 그대는 지금

마땅히 스스로 충고하는 말을 받아들이지 않는 것을 버려야 합니다.>'
이와 같이 아룁니다.

다음은 갈마를 짓는다.

'대덕 승가께서는 들으십시오. 이 구수 천타는 여러 필추가 세존께서 설하신 학처와 경전의 가운데에서 법에 맞고 학처에 맞게 바르게 충고를 할 때에 스스로 충고를 받아들이지 않고서 이와 같이 말하였습니다.

'여러 구수들이여. 나를 향하여 좋고 나쁘다고 말하지 마십시오. 나도 또한 여러 구수들을 향하여 좋고 나쁘다고 말하지 않겠습니다. 여러 구수여. 나에게 충고하는 것을 멈추십시오.'

이때에 여러 필추가 곧 별도로 충고를 하였으나, 별도로 충고를 할 때에 천타는 마침내 곧 그 일을 집착하면서 '내가 말한 것은 진실된 것이고, 나머지는 모두 허망하다.'고 이와 같이 말하였습니다.

승가시여. 지금 백사갈마로써 그 천타에게 충고하고자 합니다.

'여러 필추가 세존께서 설하신 학처와 경전의 가운데에서 법에 맞고 학처에 맞게 바르게 충고를 할 때에 스스로 충고를 받아들이지 않고서 이와 같이 말하지 마십시오. <여러 구수들이여. 나를 향하여 좋고 나쁘다고 말하지 마십시오. 나도 또한 여러 구수들을 향하여 나아가 조금이라도 좋고 나쁘다고 말하지 않겠습니다. 구수 천타여. 그대는 지금 마땅히 스스로 충고하는 말을 받아들이지 않는 것을 버려야 합니다.>'

만약 승가께서 때에 이르렀음을 인정하시면 승가께서는 마땅히 허락하십시오. 승가시여. 지금 구수 천타에게 백사갈마를 지어 그 일을 효유(曉喩)[1]하고자 합니다.

'그대 구수 천타여. 여러 필추가 세존께서 설하신 학처와 경전의 가운데에서 법에 맞고 학처에 맞게 바르게 충고를 할 때에 스스로 충고를 받아들이지 않으면 안됩니다. 구수 스스로가 마땅히 충고의 말을 받아들여야 합니다. 여러 필추가 법에 맞고 학처에 맞게 구수에게 충고를 하면, 구수도

---

1) 깨우쳐 준다는 뜻이다.

또한 법에 맞고 학처에 맞게 여러 필추에게 충고해야 합니다.

이를테면, 서로가 서로에게 충고하고 서로가 서로를 가르치며 서로가 서로에게 참회하는 까닭으로 이와 같으면 여래·응·정등각의 필추 승가대중은 곧 증장을 얻을 것입니다. 그대 구수 천타여. 마땅히 스스로 충고하는 말을 받아들이지 않는 것을 버려야 합니다.'

승가께서 구수 천타에게 충고하는 일을 허락하신다면 묵연히 계시고, 만약 허락하지 않으신다면 말씀하십시오. 이것이 첫 번째 갈마이다. 두 번째·세 번째의 갈마도 역시 이와 같이 설하니 갈마문에 의거하여 알라."

이때 여러 필추는 세존의 가르침을 받들어 법에 의지하여 충고하였으나, 충고를 받을 때에 천타필추는 앞에서와 같이 말한 것에 굳게 집착하면서 '내가 말한 것은 진실된 것이고, 나머지는 모두 허망하다.'고 말하였다.

이때 여러 필추는 이 인연을 갖추어 세존께 아뢰었다.

"대덕이시여. 우리들은 가르침을 받들어 백사갈마법으로써 천타에게 충고하였을 때에 오히려 그는 충고의 말을 받아들이지 않고서 '내가 말한 것은 진실된 것이고, 나머지는 모두 허망하다.'고 말하였습니다."

이때 세존께서는 이 인연으로 필추대중을 모으시고, 아시면서도 일부러 물으셨으며, [자세한 설명은 앞에서와 같다.]

"그대 천타여. 무슨 까닭으로 굳게 집착하고서 버리지 않는가?"

여러 가지로 꾸중하셨으며, "나아가 내가 열 가지 이익을 관하고 모든 제자들을 위하여 그 학처를 제정하나니, 마땅히 이와 같이 설하노라. 만약 다시 필추가 나쁜 성품으로 사람들의 말을 받아들이지 않고서, 여러 필추가 세존께서 설하신 계경(戒經) 가운데에서 법에 맞고 율에 맞게 바르게 충고를 할 때에 스스로 충고를 받아들이지 않고서 이와 같이 말하였다.

'여러 대덕들이여. 나를 향하여 좋고 나쁘다고 말하지 마십시오. 나도 또한 여러 구수들을 향하여 나아가 조금이라도 좋고 나쁘다고 말하지 않겠습니다. 여러 대덕들이여. 나에게 권유하는 것을 멈추고, 나를 의논하여 나에게 말하지 마십시오.'

여러 필추가 그 필추에게 이렇게 말하였다.

'구수여. 그대는 충고하는 말을 받아들이지 않으면 안됩니다. 여러 필추가 계경 가운데에서 법에 맞고 율에 맞게 참회를 권유할 때에 마땅히 충고하는 말을 받아들여야 하고, 구수도 법에 맞게 여러 필추에게 충고해야 합니다. 여러 필추도 또한 법에 맞게 구수에게 충고하면 이것은 여래·응·정등각·불의 성문 대중이 곧 증장을 얻는 것이고, 함께 서로가 충고하여 참회하는 것입니다. 구수여. 그대는 마땅히 이러한 일을 버려야 합니다.'

모든 필추들이 이와 같이 충고하였을 때에 버리면 좋으나, 만약 버리지 않으면 마땅히 두 번·세 번 은근히 올바르게 충고해야 한다. 이때 가르침에 따라서 마땅히 그 일을 버리도록 힐난하여 버리면 좋으나 만약 버리지 않으면 승가벌시사를 얻느니라."

'만약 다시 여러 필추'는 천타를 말하고, 다시 나머지의 이와 같은 부류를 말한다.

'나쁜 성품으로 사람의 말을 받아들이지 않는다.'는 만약 선한 필추가 수순(隨順)하는 말로써 바른 이치에 어긋나지 않게 바르게 권유하고 충고할 때에 스스로가 마음을 이용하여 상응하여 받아들이지 않는 것을 말한다.

'여러 필추'는 이 법 가운데의 사람을 말한다.

'세존께서 설하신 계경 가운데에서'는 세존께서 대사(大師)로서 계경 가운데에서 설하신 4바라시가(波羅市迦)·13승가벌시사(僧伽伐尸沙)·2부정법(不定法)·30니살기바일저가(泥薩祇波逸底迦)·90바일저가(波逸底迦)·4바라저제사니(波羅底提舍尼)·중다학법(衆多學法)·7멸쟁법(滅諍法)을 말한다.

'경(經)'은 이것으로 차례를 세우고 요약해서 설명한다는 뜻이다. 이와 같은 법과 율에 의지하여 참회를 권유할 때에 다른 사람의 말을 받아들이지 않고 스스로 나쁜 성품으로 굳게 집착하여 머무르는 것이다.

'여러 대덕들이여. 나를 향하여 좋고 나쁘다고 말하지 마십시오.'는 좋은 일은 반드시 권유하지 않고, 나쁜 일을 서로가 막지 못하게 하는 것을 말한다.

'이것 등'은 모두가 이것으로 별도로 충고하는 말이다.

504

'대덕이여. 멈추십시오.'는 다시 거듭하여 은근히 권유하여도 말을 받아들이지 않는 것이고, 나아가 세 번을 충고하여도 받아들이지 않는 것이며, [자세한 설명은 앞에서와 같다.]

이 가운데에서 범한 모양과 그 일은 무엇인가? 여러 필추가 여법하게 충고하는 때에 얻는 죄의 가볍고 무거운 것은 역시 앞에서 설명한 것과 같다.

이때 여러 필추는 함께 모두가 의심이 있어 세존께 아뢰었다.

"세존이시여. 이 천타필추는 무슨 인연이 있어 여래의 종족에 의탁(依託)하여 세력을 희망하고, 여러 훌륭한 필추들을 앞에 마주하고서도 스스로를 믿고 오만하며 능욕(陵辱)적인 말을 짓습니까."

세존께서는 여러 필추들에게 말씀하셨다.

"천타필추는 다만 오늘날에 나를 믿고 의탁하는 까닭으로 여러 필추들에게 오만한 것이 아니고, 과거의 세상에서도 또한 나를 믿고 의탁하면서 여러 훌륭한 바라문과 거사들 가운데서도 스스로가 자신을 자랑하고 또한 교만했었느니라. 그대들은 지금 마땅히 들을지니라.

옛날에 석체성(石砌城)2)에 한 바라문이 있었고, 월자(月子)라고 이름하였으며 동족의 처녀를 아내로 맞아들였다. 오래 지나지 않아서 자식을 낳았는데 자기 이름의 글자를 세워 월광(月光)이라고 이름하였다. 점차 장성하여 모든 가업을 알게 되었다. 뒤의 다른 때에 그 바라문은 몸에 병고를 얻었으나 그의 아내와 자식은 버려두고서 돌보지 않았다. 그의 집안에 노비가 한명 있었으며 이렇게 생각하였다.

'이 바라문은 날마다 백번도 넘게 손을 들어 옷과 음식, 재물을 구하여 우리들에게 제공하였었다. 지금 병고를 얻었으나 아내와 자식은 버려두고

___
2) 산스크리트어로는 Taksasila이며, 『법현전(法顯傳)』에는 축찰시라(竺利尸羅)로 표기되어 있고, 현장의 『대당서역기』에는 저우시라(呾叉始羅)라고 표현되어 있다. 프랑스의 동양학자 레비(Sylvain Levi)에 의하면, 당시 탁실라는 이란 세계와 힌두 세계의 경계에 자리하고 있었는데, 동쪽 갠지스강에서 서쪽 유프라테스강까지 왕래하는 대상(隊商)들의 중간 체류지이며 청년들이 유학하는 교육의 도시였다고 한다.

서 돌보지 않는구나. 그는 나의 주인이었으니, 서로가 돌보고 믿지 않는 이것은 마땅한 일이 아니다.'

곧 의사의 처소에 나아가서 알려 말하였다.

"현수여. 당신께서는 월자바라문을 아십니까?"

의사가 대답하여 말하였다.

"나는 일찍이 알고 있네. 지금 그는 어떠한가?"

그 노비가 대답하여 말하였다.

"지금 병고를 만났으나 아내와 자식은 돌보지 않고 있습니다. 당신께서 그를 위하여 약을 지어주십시오."

의사가 대답하여 말하였다.

"그의 아내와 자식이 그를 돌보지 않는데 다시 누가 그를 돌보고 봉양하겠는가?"

노비가 말하였다.

"오직 내가 보살피고 모시겠습니다."

의사는 곧 병에 의거하여 처방하였고 노비가 직접 약과 음식을 제공하여 병이 낫게 되었다. 이때 그 바라문은 곧 이렇게 생각하였다.

'내가 병고를 만났으나 아내와 자식은 돌보지 않았다. 내가 지금 살아난 것은 모두 노비 여인의 은혜 때문이다. 이미 힘든 수고가 있었으니 어떻게 갚지 않겠는가?'

노비에게 명하여 말하였다.

"현수여. 병고를 만났으나 아내와 자식은 돌보지 않았네. 내가 지금 살아난 것은 모두 그대의 은혜이네. 그대가 구하는 것이 있으면 모두 소원하는 것을 따라서 들어주겠네."

그녀는 대답하여 말하였다.

"대가(大家)께서 만약 나의 처소로 오시어 나를 사랑해주시고 능히 마음을 기울여 나와 함께 즐겨주시면 행복하겠습니다."

바라문은 말하였다.

"그대는 지금 어찌 이렇게 함께 즐거워하는 것에 이용하려 하는가?

내가 마땅히 그대에게 오백의 금전(金錢)을 주고 그대를 풀어주어 양민을
만들어 천민에서 벗어나게 해주겠네."

그녀가 대답하여 말하였다.

"대가께서 나를 비록 풀어주어도 천민에서 벗어날 수는 없습니다.
애민하게 생각하는 마음이 있으시면 함께 즐기는 이것이 수승합니다."

바라문이 말하였다.

"그대의 소원을 따르겠네. 월경(月期)이 만약 지나고 몸이 깨끗할 때에
와서 나에게 알리게."

뒤의 다른 때에 월경이 지나고 몸이 깨끗할 때에 곧 주인에게 알렸다.

"내 몸은 지금 깨끗합니다."

이때 가주(家主)와 함께 교밀(交密)을 행하였고 곧 임신을 하였다. 이때
바라문의 아내는 스스로 자세히 살펴서 남편과 노비가 몰래 만나는 것을
알고서 곧 노비의 처소에서 평소와 다르게 심하게 회초리로 때리고 독하게
괴롭혔으며 찢어진 옷과 거친 음식도 몸과 입에 충분히 주지 않았다.
노비는 곧 생각하였다.

'어찌 박복(薄福)한 유정(有情)이 나의 태에 의탁하였는가? 처음 임신한
날부터 바라문의 아내가 곧 나를 몽둥이로 때리고 나쁜 음식과 옷을
주는구나!'

이후에 달이 차서 곧 사내아이를 낳았으나 그녀는 생각하였다.

'이 아이는 박복한 유정이다. 처음 임신한 날부터 바라문의 아내가
극심하게 괴롭혔으며 나에게 옷과 음식도 스스로 충분히 주지 않았으니,
만약 그가 장대(長大)하면 굶주림과 가난이 더욱 심해질 것이다.'

이렇게 생각하고서 곧 아기를 데려다 빨래통 속에 넣고서 밖에 버리려고
하였다. 이때 바라문이 보고서 물어 말하였다.

"현수여. 이 빨래통 속에 무슨 물건인가?"

대답하여 말하였다.

"아무 것도 없습니다."

바라문이 말하였다.

"가서 보아야겠네."

곧 빨래통 안을 보니 새로 태어난 아이가 있으므로 물어 말하였다.

"그대는 버리려고 하였는가?"

그녀는 슬피 울면서 알려 말하였다.

"이 아이는 박복한 물건입니다. 태에 자리잡은 뒤부터 대가께서 곧 두 배로 엄하게 괴롭히고 떨어진 옷과 거친 음식도 스스로가 충분하지 않게 주시니, 만약 그가 장대하면 굶주림과 가난이 더욱 심해질 것입니다. 이러한 인연을 까닭으로 내가 지금 버리려고 하였습니다."

바라문이 말하였다.

"이것이 다시 무슨 죄인가? 모두가 나의 허물이구나."

따뜻한 말로 위로하고 그를 맡아 길렀으며, 그 아내에게 알려 말하였다.

"그대는 어찌 내가 이전에 병을 만나 생명이 위태로웠으나 그대와 아들이 모두 나를 돌보지 않았던 것을 잊었는가? 내가 오늘날에 살아있는 것은 모두가 노비가 은혜로서 봉양한 힘이오. 그대가 만약 이 일에 좋고 나쁜 것을 모두 동등하게 하면 좋겠으나 만약 그렇지 않으면 나는 마땅히 그녀를 가장(家長)으로 세우고 그대를 노비로 삼고서 서로에게 제공하겠소."

이때 그 바라문의 아내는 이 말을 듣고서 곧 놀라고 두려워하면서 마침내 사념(私念)을 일으켰다.

'이 바라문은 품성이 포악하니 내가 그의 가르침을 의지하지 않으면 마땅히 능욕을 당할 것이다.'

그 남편에게 대답하여 말하였다.

"내가 진실로 그녀와 당신이 서로 사랑하는지 이러한 것을 알지 못했습니다. 지금부터는 마음을 열고 나아가 웃으면서 지내고 또한 거친 말을 하지 않겠습니다."

그리고 그 아기는 빨래통에 넣어서 밖에 버리려고 하였기에 집안사람들이 이 인연을 까닭으로 빨래통이라고 이름지었다. 빨래통은 대부분의 음식을 먹는 자리가 아버지와 같았고 초청받은 곳에도 아버지와 함께 다녔다. 뒤의 다른 때에 그 바라문은 몸에 병이 들어서 장자인 월광(月光)에게 알려 말하였다.

"내가 죽은 뒤에 그대가 부족한 것이 없으면 빨래통 아이는 아직 어리니 마땅히 걱정하고 염려하여 고통과 즐거움을 같이 하라."

이때 월광은 아버지의 가르침을 공경히 받들었다. 그 아버지는 비록 약과 음식을 먹었으나 병이 낫지 않은 인연으로 곧 목숨을 마쳤으며, 게송으로 말하였다.

쌓아 놓은 것은 모두가 사라지고 흩어지며
높이 추앙받아도 반드시 떨어진다네.
화합하여 만나도 마침내 이별하고
생명이 있는 것은 함께 죽음으로 돌아간다네.

이에 바라문이 죽었고 아내와 자식, 친족들이 슬프게 부르면서 울었다. 여러 색깔의 비단으로 엄숙하게 상여(喪輿)를 꾸미고 시림(屍林)에 가서 법에 맞게 화장하고서 본래의 집에 돌아와서 슬퍼하면서 머물렀다. 이때 월광은 빨래통에게 명하여 말하였다.

"그대는 와서 나와 함께 같은 곳에서 음식을 먹자."

그의 어머니가 알려 말하였다.

"그대는 마땅히 노비의 아이와 함께 음식을 먹어서는 아니되네."

아들은 어머니에게 알려 말하였다.

"그동안에 항상 나의 동생이라고 말씀하셨는데 어찌하여 오늘은 홀연히 노비의 아이라고 하십니까?"

곧 아들에게 대답하여 말하였다.

"그대의 아버지가 살아계셨을 때에는 그 품성이 포악하였으니 누가 다시 감히 마주하고서 노비의 아이라고 부를 수 있었겠는가?"

이때 빨래통은 이 말을 듣고서 친어머니에게 달려가서 그 어머니에게 알려 말하였다.

"내가 어찌 진실로 노비의 자식이 아니겠습니까?"

어머니는 곧 대답하여 말하였다.

"모두 지난 업인 까닭이다. 누구도 다시 노비의 자식이 강하고 약하더라도 서로가 업신여기는 것은 자연스럽고 일상적인 일이다. 이 바라문의 아내는 악행이 극심하니, 너는 지금 타향으로 가서 스스로 살아가거라."

이때 빨래통은 곧 어머니께 하직하고 객으로서 다른 읍(邑)을 떠돌았으며, 곧 스스로가 월정(月靜)이라고 이름을 바꾸었다. 이때 월정은 점차로 유행하여 실라벌성에 이르렀다. 이때 이 성에는 대신(大臣)인 바라문이 있었다. 오직 딸이 한 명 있었는데, 위의와 용모가 단정하여 사람들이 보면 즐거워하였고 나이가 차고 점차 장성해 혼인할 때가 되었다. 이때 바라문은 마침내 이렇게 생각하였다.

'나는 딸에게 종족을 구하지도 않고 금전과 재물을 구하지도 않으며 용모와 얼굴빛으로 혼인을 구하지 않는다. 만약 그 어떤 사람이 나의 처소에 있으면서 사명론(四明論)을 배워서 잘 통달한다면 나는 마땅히 사위로 삼겠다.'

이때 월정은 타향에서 객으로 떠돌면서 마음으로 학업을 구하였으므로 바라문이 있는 곳에 나아가서 알려 말하였다.

"나는 지금 마음으로 대사의 처소에 나아가서 사명론을 배우고 싶습니다."

물어 말하였다.

"그대는 어디에서 왔는가?"

대답하여 말하였다.

"나는 석체성에서 왔습니다."

물어 말하였다.

"그 성안의 사람들과 물건을 그대는 모두 아는가?"

대답하여 말하였다.

"알고 있습니다."

물어 말하였다.

"그대는 대바라문인 월자를 아는가?"

월정은 이 말을 듣고서 자기도 모르게 울었다.

그가 곧 물어 말하였다.

"그대는 무슨 까닭으로 우는가?"

대답하여 말하였다.

"그 분은 나의 아버님이며, 이미 돌아가셨습니다."

스승은 대답하여 말하였다.

"그는 나의 친구이네. 오래전부터 각자 떨어져 있었는데 지금 이미 죽었다는 말을 들으니 진실로 슬프네."

인연으로 곧 받아들였다. 그는 곧 뜻이 예리하여 사명론을 열심히 배웠고 품성이 총민(聰敏)하여 오래지 않은 세월에 배운 사명론을 모두 밝게 깨달았다. 이때 바라문은 곧 이렇게 생각하였다.

'나에게 오랜 소원이 있었으니 딸에게 종족을 구하지도 않았고 금전과 재물을 구하지도 않았으며 용모와 얼굴빛으로 혼인을 구하지 않았고 나의 처소에서 사명론을 배워서 잘 통달한 사람을 나는 마땅히 사위로 삼고자 하였다.'

곧 여러 가지의 영락으로 그 딸을 엄숙히 꾸미고 종친을 초청하여 문을 화사(火祀)[3]를 설치하고 왼손으로 딸을 잡고 오른손에는 병을 잡고서 길상수(吉祥水)를 월정의 손에 뿌리면서 알려 말하였다.

"마납파(摩納婆)[4]여. 지금 나는 딸을 그대에게 주어 아내가 되게 하노라."

월정은 딸을 잡고서 화사를 세 번을 돌았고, 나머지의 바라문들은

---

3) 산스크리트어 homa의 음사로서 호마법(護摩法)·호마공(護摩供)이라고도 하며, 분소(焚燒)·사화(祀火)의 의미이다. 본래는 힌두교의 의례로서 공물을 불 속에 던져 연기로 천상의 신에게 바쳐서 기원하는 제식으로 기원전부터 행하여졌으나 밀교에서는 보다 높은 깨달음으로 이끄는 수단으로서 호마의 의의를 인정하고, 불은 여래의 진실의 지혜의 표시라고 생각하여 불 속에 던지는 공물을 인간의 여러 가지 번뇌에 비유하여 이를 태워서 정결히 하여 깨달음을 얻는 것을 목적으로 하였다.

4) 산스크리트어 mnava의 음사로서 마납바(摩納婆)·마납바가(摩納婆迦)·마납박가(摩納縛迦) 등으로 음역되고 연소(年少)·정행인(淨行人) 등으로 번역된다.

같은 목소리로 축원하였다.

"원하건대 오래 살고 병이 없으며 종문(宗門)이 크게 번창하여라."

곧 크게 잔치를 벌려 손님을 모으고 함께 혼례를 치렀다. 대신은 사랑하는 마음에서 집안을 바르게 살피게 하고 소유한 것들을 모두 주어 맡기고 부탁하였다. 그 집은 크게 부유하여 진귀한 보물이 많았으며, 멀고 가까운 상인들이 모이는 것이 끊이지 않았다. 이때 석체성의 상인들이 여러 화물을 가지고 실라벌성에 도착하여 곧 빨래통을 보고서 함께 서로에게 말하였다.

"이 빨래통이 지금은 대신의 사위가 되었고 여러 예기(藝技)를 잘 배웠으며 집이 크게 부유하니 재물이 많구나. 빈부(貧富)는 항상 업명(業命)으로 어찌 정해진 것이 아니구려."

이때 여러 상인들은 교역을 마치고 여러 화물을 가지고 석체성으로 돌아가서 월광에게 알려 말하였다.

"우리들이 실라벌성에서 그대의 동생인 빨래통을 보았습니다. 사명론을 잘 알아서 대신의 사위가 되었으며, 그 집은 크게 부유하여 재산이 많았습니다."

그 형이 듣고서 곧 어머니에게 알려 말하였다.

"내가 들으니 빨래통이 실라벌성에 머무르고 있으며 세력이 있는 부호로서 보통 사람과는 다르다고 합니다."

그 어머니는 듣고서 마음이 즐겁지 않았다. 뒤의 다른 때에 월광의 집이 점차 가난해지는 것을 보고서 어머니는 아들에게 말하였다.

"그대가 이전에 들은 것과 같이 빨래통은 그대의 아우이네. 이미 큰 부자이니 그대가 마땅히 보게. 소유한 급전과 재물을 혹은 베풀어 서로를 구제할 것이네."

월광이 대답하여 말하였다.

"이전에는 노비의 아이라고 하시더니 지금은 형제라고 하십니까?"

어머니의 명을 거스르지 못하여 곧 실라벌성으로 갔다. 이때 빨래통은 월광이라고 이름하는 대형이 여러 상인들과 함께 이 성에 왔다는 말을

512

듣고서 곧 빠르게 상인들이 머무는 곳으로 가서 반갑게 맞이하고 무릎을 꿇고 형에게 예배하고서 알려 말하였다.

"나는 스스로 월정이라고 이름을 바꾸었습니다. 빨래통이라는 말은 다시는 말하지 마십시오."

형이 대답하였다.

"알겠네."

형을 인도하여 머무르는 집으로 와서 그 아내에게 알려 말하였다.

"이 분은 나의 대형이오. 그대는 좋은 마음을 가지고 반드시 공양하고 모시도록 하게."

그 아내는 가르침에 의지하여 공양하였다. 그 월광은 기량(器量)이 온화하고 단정해서 함께 머무르는 것이 편하였으나 빨래통은 품성이 광폭(狂暴)하여 편안하게 받드는 것이 어려웠고 아내의 방과 처소에서 매우 독하게 행동하였다. 이때 신부(新婦)는 곧 월광에게 물어 말하였다.

"맏형께서는 동생과 같은 젖으로 자라셨는데 무슨 뜻으로 맏형께서는 너그러우시고 인자하며 자비로우신데 동생은 이와 같이 모질고 광폭하며 나쁜 품성입니까?"

맏형이 대답하여 말하였다.

"동생의 품성이 이와 같다면, 그대는 아직 집안의 주문을 독송하지 않아서 이러한 인연으로 고초를 겪는 것이며 서로가 핍박받는 것입니다."

아내가 말하였다.

"맏형이시여. 바라건대 은혜와 자비로서 나에게 집안의 주문을 주십시오."

이때 월광은 가타를 설하여 말하였다.

분명한 주문이 사람에게 은혜롭지 않다면
주문으로 바꾸어서 곧 준다네.
혹은 때로 좋은 일을 얻을 수 있고
혹은 때로 진귀한 재물도 얻게 된다네.

만일 이와 같지 않다면
설령 죽더라도 전수하지 않겠네.

아내가 말하였다.
"맏형께 어떤 물건을 받들면 본래 마음에서 찬탄을 얻을까요?"
맏형이 대답하여 말하였다.
"500금전(金錢)이면 주문을 그대에게 주겠습니다."
그 아내는 곧 오백 금전을 받들겠다고 하고서 발에 예배하고 청하였다.
"원하건대 은혜와 자비로서 나에게 집안의 주문을 주십시오."
맏형이 알려 말하였다.
"내가 돌아가는 날에 마땅히 가지러 오십시오."
아내는 이미 밝은 주문에 대하여 허락을 받은 것을 마음으로 기뻐하며
그 남편에게 말하였다.
"당신의 형님이 이곳에 오신 것이 오래되었으나, 어찌 옛집으로 돌아가
시지 않습니까?"
남편은 말하였다.
"현수여. 그대는 여행에 필요한 양식을 준비하고 아울러 음식도 마련하
시오. 나는 상려(商旅)를 구하고 물자도 행인에게 보내겠소."
곧 행상을 구하고자 밖으로 나갔고, 신부는 곧 오백 금전을 가지고
법술(法術)을 구하고 청하였으며, 맏형은 금전을 받고서 주문을 설하여
말하였다.

성안의 반(半)이 함께 알고 있고
친족들도 아울러 모두 알고 있다네.
빨래통이여. 마땅히 조용히 있어라.
스바하. 다시 말하지 말라.

밝은 주문을 설하고서 신부에게 말하였다.

"이 주문의 뜻은 깊으니 그대는 마땅히 잘 외우십시오. 나의 그 아우가 다시 때리려고 할 때에 곧 알려 말하십시오.

'또 때리지 마세요. 내가 당신을 위해서 주문을 외울 것이니 기다리세요.' 만약 주문의 뜻을 물으면 곧 대답하여 말하십시오. '만약 다시 화내면서 꾸중한다면 나는 마땅히 널리 설하겠습니다.'"

그 남편은 밖에 나가서 행상을 구하여 법에 맞게 월광을 전송하여 고향에 돌아가도록 하였으며, 집안으로 돌아오자 그 아내는 생각하였다.

'내가 비록 주문을 얻었으나 아직은 영험을 모르니, 지금 시험해야겠다.'

세욕(洗浴)의 도구를 아울러 준비하지 않았고 음식과 필요한 물건도 또한 준비하지 않았으며 남편이 물을 찾았으나 물이 없다고 대답하여 말하였다. 내가 지금 배가 매우 배고프니 음식을 주라고 하였어도 음식도 또한 아직 준비되지 않았다고 대답하여 말하였다. 곧 진노(瞋怒)하고서 그녀를 욕하면서 말하였다.

"요즘은 형이 있어 내가 그대를 다스리지 않았다."

마침내 손을 들어 그 아내를 때리려고 하니 아내가 말하였다.

"당신은 마땅히 멈추고 집안의 주문을 외우는 것을 들어보세요."

알려 말하였다.

"외어 보게."

곧 주문을 설하여 말하였다.

성안의 반(半)이 함께 알고 있고
친족들도 아울러 모두 알고 있다네.
빨래통이여. 마땅히 조용히 있어라.
스바하. 다시 말하지 말라.

남편이 곧 물어 말하였다.

"이 밝은 주문의 뜻은 무엇인가?"

알려 말하였다.

"만약 다시 나를 때리면 마땅히 그 뜻을 널리 말하겠어요."

남편이 말하였다.

"만약 그 뜻을 말하지 않으면 다시는 그대를 때리지 않겠소."

빨래통은 이 일의 기운에 억눌려 말이 없었다.

"그대들 여러 필추들이여. 지나간 때에 월자 바라문은 곧 내 몸이었고 그 빨래통은 천타이었느니라. 지나간 때에 나의 종족을 믿고 사람들을 속인 것을 바랬었으며, 지금에 돌아와서 나의 종지(宗旨)를 믿고서 같은 범행자를 속이는 것이니라. 이러한 까닭으로 그대들 여러 필추들이여. 마땅히 세력에 의지하여 사람을 속이거나 업신여기면 아니되느니라. 마땅히 자기의 마음을 섭수하여 겸손하게 하심(下心)하여 머물러야 하느니라."

여러 대덕이여. 나는 이미 13승가벌시사법을 설하였습니다. 아홉은 처음에 범한 것이고 넷은 세 번을 충고하여야 합니다. 만약 필추가 하나하나를 범하고서 고의적으로 감추었다면 감춘 날짜를 대중은 마땅히 불락파리파사(不樂波利婆沙)[5]를 주어야 하고, 파리파사를 행하는 것을 마치면 대중은 마땅히 6일간의 마나비(摩那卑)[6]를 주어야 하며 마나타를 마치면 나머지는 출죄(出罪)[7]가 있습니다.

마땅히 20명의 필추 가운데서 이 필추의 죄를 벗어나게 해야 합니다. 만약 한 사람이라도 만족하지 않으면 20명의 필추대중은 이 필추의 죄를 제거할 수 없으며, 여러 필추는 모두 죄를 짓게 되니, 이것이 출죄의 법입니다. 지금 묻나니 여러 대덕이여. 이 가운데 청정합니까? 두 번·세 번을 이와 같이 묻습니다. 여러 대덕이여. 나는 대중의 청정함과 그 묵연함을 아는 까닭으로 나는 지금 이와 같이 지니겠습니다.

---

5) 별주(別住)라고 번역된다. 하나라도 죄를 범하였으나, 알고서도 감추면 그는 원하지 않아도 대중들과 별도로 머무르게 하는 것이다.

6) 의희(意喜)라고 번역된다. 6일간 대중을 기쁘게 하는 작법이라는 뜻으로, 별주(別住)를 마치고서 다른 대중들과 같이 있으면서 참회법을 행하는 것이다.

7) 필추가 죄를 참회한 후에 승단에 복귀되는 것을 말한다.

3. 이부정법(二不定法)

섭수하여 게송으로 말하겠노라.

만약 담장 등의 가려진 가운데에 있고
음행을 행할 수 있는 곳에 있으며
나아가 가려진 곳이 아닐지라도
제 삼자[三人]가 있는 곳은 없느니라.

어느 때 세존께서는 실라벌성 서다림의 급고독원에 머무르셨다.

이때 구수 오타이(鄔陀夷)는 초분에 옷을 입고 발우를 지니고 성내에 들어가서 걸식하면서 두 번째 차례로 급다(笈多)의 집에 이르렀다. 이때 급다는 멀리서 오타이가 오는 것을 보고서 곧 아주 묘하고 좋은 평상을 펴놓고 나아가 맞으며 말하였다.

"잘 오셨습니다. 대덕이여. 이곳의 평상에 마땅히 가시어 앉으십시오."

이때 오타이는 곧 가서 앉았다. 급다는 예배하고서 마침내 오타이와 무릎을 맞대고 앉아 법을 청하였다. 이때 오타이는 곧 미묘한 말로써 그녀를 위해 법을 설하였다. 이때 녹자모(鹿子母)인 비사거(毘舍佉)는 설법하는 소리를 듣고서 이와 같이 생각하였다.

'이분은 대덕 오타이시며 그 급다를 위해서 묘한 말로써 마땅히 법요를 말씀하시는구나. 아름다운 것이 새로운 꿀과 같으니 나도 마땅히 가서 그의 설법을 들어야겠다.'

이때 비사거는 급다의 집에 가서 보니 오타이와 급다는 무릎을 맞대고 앉아 있는 것을 보고서 이렇게 생각하였다.

'이것은 마땅히 출가인이 지을 것이 아니다. 만약 신심이 없는 사람이 이 일을 보면 반드시 필추가 여인과 함께 개인적으로 가려진 곳에서 비법(非法)을 행한다고 많은 대중이 비난하고 싫어하겠구나. 나는 지금 마땅히 인연으로 세존께 아뢰어 아시도록 해야겠구나.'

이때 비사거는 세존의 처소로 나아가 세존의 발에 예경하고서 한쪽에 앉아서 앞의 일을 갖추어 세존께 아뢰었다.

"바라옵건대 세존이시여. 지금부터 여러 성스러운 대중을 위하여 학처를 제정하시어 자비롭고 애민하신 까닭으로 마땅히 가려진 곳에서 여인과 함께 한 자리에 앉으려는 생각을 일으키지 않게 하여 주십시오."

이때 세존께서는 비사거의 청을 수용하시고 묵연히 머무르셨다. 이때 비사거는 세존께서 묵연한 것을 보고 예경하고서 떠나갔다. 이때 세존께서는 이 인연으로 필추대중을 모으셨으니 두 가지의 일을 하려는 까닭이 있었다. 첫째는 나의 여러 성문 제자에게 이 일을 알려서 마땅히 짓지 않게 하려는 까닭이었고, 둘째는 여러 학처를 제정하려는 까닭이었다. 이때 세존께서는 아시면서도 일부러 물으셨으며, [자세한 설명은 앞에서와 같다.]

"나아가 내가 열 가지 이익을 관하고 성문 제자들을 위하여 그 학처를 제정하나니, 마땅히 이와 같이 설하노라. 만약 다시 필추가 혼자서 한 여인과 함께 가려지고 막힌 음행할 수 있는 곳에 앉아 있었고, 바른 신심이 있는 오파사가(鄔波斯迦)가 삼법(三法)인 바라시가·승가벌시사·바일저가의 가운데에서 마땅하게 하나하나의 법에 의거해서 말하였고, 그 앉아 있었던 필추가 그 일을 스스로 말하면 삼법인 바라시가·승가벌시사·바일저가의 가운데에서 다스리고, 혹은 그 오파사가가 말하는 일에 따라 그 필추를 다스려야 한다. 이것을 부정법(不定法)이라고 이름하느니라."

'만약 다시 필추'는 오타이를 말하고, 다시 다른 이와 같은 부류를 말한다.

'혼자'는 오직 혼자인 필추를 말한다.

'한 여인'은 다시 여인·남자·황문 등과 함께 없는 것을 말한다.

'여인'은 부인이나 어린 여자로서 부정을 행할 수 있는 사람이다.

'가려진 곳에 있어'는 가려진 곳으로 다섯 종류가 있다. 첫째는 담장이고, 둘째는 울타리이며, 셋째는 옷이고, 넷째는 총림(叢林)[8]이며, 다섯째는 어두운 밤이다.

'자리'는 평상이거나 좌석, 나아가 높이가 1심(尋) 이하의 것이다.

'음행할 수 있는 곳'은 그 장소에서 부정행의 일을 지을 수 있는 곳을 말한다.

'바른 신심이 있는 오파사가'는 불·법·승에 깊은 존경심을 일으켜 무너지지 않는 믿음을 얻고서 사진제(四眞諦)에 의혹이 없거나, 혹은 견제과(見諦果)를 얻었으며, 가령 목숨을 잃는 인연에도 고의적으로 망어를 하지 않는 것을 말한다.

'삼법'은 이 숫자를 예를 들어 말하는 것이다.

'하나하나의 법에 의거해서 말한다.'는 사타승(四他勝)·십삼승잔(十三僧殘)·구십타죄(九十墮罪)의 여러 죄 가운데에서 하나를 범하는 것을 말한다. 그러나 이러한 바른 신심이 있는 오파사가가 죄에 대해 알지 못하고, 또한 죄를 범한 인연과 연기를 알지 못하며, 다만 그 필추가 스스로 상인법(上人法)을 얻었다고 말하면서 함께 여인과 몸을 서로 접촉하고, 혹은 때때로 술을 마시고 땅을 파서 생명을 파괴하며, 혹은 때 아닌 때에 먹는 것을 보았을지라도, 이것은 정해진 일이 아니고 모두 의거할 것이 없는 까닭으로 그 필추를 마땅히 여법하게 다스려서 그에게 참회하게 하는 것이다.

이 가운데에서 범한 모양과 그 일은 무엇인가? 만약 바른 신심이 있는 오파사가가 '나는 그 필추 혼자 여인과 함께 가는 것은 보았으나, 앉아 있고 누워있는 것은 보지 못하였다.'고 말하고, 혹은 '나는 가고 서 있는 것은 보았으나, 앉아 있는 것과 누워 있는 것은 보지 못하였다.'고 말하며, 혹은 '갔고 서 있었으며 앉아 있는 것은 보았으나, 누워 있는 것은 보지 못하였다.'고 말하고, 혹은 '갔고 서 있었으며 앉아 있었고 누워 있는 것을 보았다.'고 말하면, 이것 등은 모두 오파사가가 말하는 것에 의거하여 필추를 다스려야 한다.

---

8) 잡목(雜木)이 우거진 숲을 가리킨다.

9) 사성제(四聖諦)를 다르게 부르는 말이다.

만약 바른 신심이 있는 오파사가가 그 필추가 함께 여인과 갔고 서 있는 등에 대하여 물었을 때에 필추가 그 일에 대하여 부정하지 않으면 마땅히 멱죄상갈마(覓罪相羯磨)[10]를 주어야 한다. 마땅히 이와 같이 자리를 펴고서 건치를 울려 앞에서와 같이 대중에게 아뢰고 대중이 모이면 한 필추에게 그 갈마를 짓게 한다. 세존께서는 여러 필추에게 알려 말씀하셨다.

"그 멱죄자상필추소유행법(覓罪自相苾芻所有行法)[11]을 내가 지금 마땅히 설하겠노라. 그 법을 얻으면 마땅히 다른 사람을 출가시키지 않아야 하고, 원구를 줄 수 없으며, 의지하는 것을 지을 수 없고, 비록 이전에 받았더라도 구적을 받을 수 없으며, 마땅히 원구를 줄 수 없느니라.

만약 다른 필추의 파계(破戒)·파견(破見)·파위의(破威儀)·파정명(破淨命)을 보아도 마땅히 힐난하며 꾸중하여 기억시키는 것을 짓지 못하고, 마땅히 필추를 교수할 수 없으며, 마땅히 필추니를 교수할 수 없고, 설령 앞에서 뽑혔을지라도 역시 마땅히 머무를 수 없느니라.

함께 포쇄타(褒灑陀) 및 수의사(隨意事)를 지을 수 없고, 단백갈마·백이갈마·백사갈마를 지을 수 없으며, 만약 다시 나머지의 비나야를 이해하고 있어도 대중의 가운데에서 비나야를 설하지 못하고, 그 법을 얻은 필추가 가르침에 의지하지 않으면 월법죄(越法罪)를 얻느니라.

만약 이 필추가 공경심을 일으켜 수순하고 위반하지 않으면 마땅히 그 결계 안에서 대중들에게 풀어주기를 애원해야 하고, 만약 대중이 그 사람이 모든 것이 진실에 의지하고 위반함이 없는 것을 알았으면 마땅히 풀어주어야 한다. 앞에서와 같이 승가를 모으고서 그 법을 얻은 필추를 평소와 같이 위의를 갖추고 지극히 공손하게 상좌 앞에서 무릎을 꿇고 합장하고서 이와 같이 말하게 한다.

'대덕 승가께서는 들으십시오. 나는 누구라고 이름하며 승가께서 멱죄

---

10) 죄를 자백하지 않는 필추에 대해서 진실한 죄상을 자백할 때까지 자격을 빼앗는 작법을 말한다.
11) 죄의 바른 내용을 찾아 갈마에 의해 필추의 자격을 빼앗는 행법을 말한다.

자상법(覓罪自相法)을 지어 주셨습니다. 나는 마음으로 공경하고 수순하여 어긋남이 없어졌습니다. 지금 결계 안에서 승가대중께 풀어주시기를 애원합니다. 승가대중께서 나를 위하여 갈마를 지으셨으나 그 일에 모두 버렸으며 감히 위반하고 거스르지 않았습니다. 오직 원하옵나니 승가시여. 나를 위하여 자비롭고 애민하신 까닭으로 멱죄자상갈마를 풀어 주십시오.'

이렇게 세 번을 말한다. 다음은 한 필추에게 갈마를 짓게 하라.

(그 부정법은 처음과 세 번째의 일이 많이 비슷하다. 그 가운데 다른 것은 즉, 처음은 실라벌성에서 있었던 일로서 오타이필추와 함께 급다가 이 일을 지은 사람인 까닭이고 녹자모인 비사거 오파사가가 그 일을 말한 것이다. 세 번째는 왕사성에서 실리가(室利迦)필추와 장자의 아내인 선생(善生)이 일을 지은 사람이고 오포쇄다(鄔褒灑陀) 오파사가가 그 일을 말한 것이다. 처음은 삼사(三事)에 의거한 것으로 음행할 수 있는 가려진 곳에서 있었던 일이고, 다음은 이사(二事)로서 음행할 수 없는 곳의 일이며 이것이 다른 점이다.)

마땅히 이와 같이 말해야 한다.

'만약 다시 필추가 혼자서 한 여인과 함께 가려지지 않아서 음행할 수 없는 곳에 앉아 있었고, 바른 신심이 있는 오파사가가 승가벌시사나 바일저가의 두 가지의 법 가운데에서 한 법에 따라 그 일을 말하였으며, 그 앉아 있었던 필추가 스스로 그 일을 말하면 두 가지의 법 가운데에서 마땅히 승가벌시사나 바일저가의 하나하나의 법에 의지하여 그 필추를 다스려야 하고, 혹은 오파사가가 말하는 일로써 그 필추를 다스려야 한다. 이것을 부정법(不定法)이라고 이름하느니라."

2부정법을 마친다.

4. 삼십니살기바일저가법(三十泥薩祇波逸底迦法)

처음으로 섭수하여 게송으로 말하겠노라.

옷을 가지고, 놓아두며, 쌓아두고 세탁하는 것과
옷을 취하는 것과 걸식에 지나치게 받는 것과
같은 값과 별도의 주인과
사람을 시켜서 옷값을 보내는 것이 있다.

1) 유장의불분별(有長衣不分別) 학처

세존께서는 실라벌성 서다림의 급고독원에 머무르셨다.

이때 여러 필추들이 삼의(三衣)를 간직하고 있다가 매번 양치하는 나무를 씹는 때·손발을 씻고 두 스승께 예배드리는 때·세존께 예배드리는 때·사찰에 물 뿌리고 청소하는 때·혹은 쇠똥을 바르는 때·혹은 마을에 들어가서 걸식하는 때·혹은 음식을 먹을 때·가르침을 받을 때 등에서 각각 다른 옷을 입으려고 펴고 늘이며 접고 포개는 것에 힘쓰는 일이 많아져서 선품(善品)을 닦고 독송하며, 사유(思惟)하는 것 등을 그만두었다. 이때 욕심이 적은 여러 필추들이 보고 함께 싫어하고 부끄럽게 생각하였다.

"어떻게 필추가 여분의 옷을 많이 간직하여 정업(定業) 닦는 것을 그만두는가?"

여러 필추들이 이 인연으로 세존께 아뢰고 세존께서는 이부대중을 모으셨으며, [자세한 설명은 앞에서와 같다.] 사실을 물으셨으며 여러 가지로 욕심이 많아 만족하지 못하면 선법을 기르기도 어렵고 원만해지기도 어렵다고 꾸중하셨다. 욕심이 적고 만족한 것을 알아야 선법을 기르기 쉽고 원만해지는 것도 쉽다고 하셨으며 그 양(量)은 알고서 받아 두다행(杜多行)12)을 닦는 것을 찬탄하시고는 여러 필추들에게 말씀하셨다. [자세한

---

12) 산스크리트어 dhuta의 음사로 기제(棄除)·수치(修治)·두수(抖擻) 등으로 번역된다.

522

내용은 생략한다.]

"내가 열 가지 이익을 관하고 이부 제자를 위하여 그 일에 학처를 제정하나니, 마땅히 이와 같이 설하노라. 만약 다시 필추니가 옷을 짓는 것을 이미 마치고 갈치나의(羯恥那衣)13)가 다시 나왔고 여분의 옷을 얻어서 분별하여 마땅히 저장하였으나, 만약 기한을 넘겨 간직하면 니살기바일저가이니라."

세존께서는 이와 같이 여러 성문 제자를 위하여 학처를 제정하여 마치셨다.

세존께서는 왕사성 죽림에 머무르셨다.

이때 구수 대가섭파(大迦攝波)는 이 성안의 근처인 아란야의 작은 방에서 머물고 있었다. 이때 한 거사가 있어 매일 긴 밤에 이렇게 생각하였다.

'내가 어느 때 대가섭파를 만나면 옳은가? 그는 사람과 천인의 공양을 받을 수 있으니 내가 마땅히 음식을 베풀고 한 벌의 상의(上衣)를 스스로 만들어 보시하고자 하는데 이러한 발원을 아직 이룰 수가 없구나.'

이때 그 거사는 곧 상의를 가지고 구수 아난타의 처소에 가서 이렇게 말하였다.

"대덕 아난타시여. 모두가 알고 있는 성자이신 대가섭파께서는 지금 어느 처소에 계십니까?"

아난타는 대답하여 말하였다.

"현수여. 내가 듣기로는 성자께서는 아란야의 작은 방에 머물고 있습니다."

거사가 말하였다.

"대덕이시여. 성자를 이곳에 와서 언제 마땅히 볼 수 있겠습니까?"

아난타는 대답하여 말하였다.

---

13) 산스크리트어 kaṭhina의 음사로 공덕(功德)·견고(堅固)라고 번역되며, 안거(安居)를 마친 수행자가 공양받은 베 조각으로 하루 만에 만들어 5개월 동안 입는 간편한 옷을 말한다.

"오래지 않아 오십니다. 15일의 장정 때는 반드시 이곳에 오십니다."
거사가 말하였다.

"대덕께서는 때를 알고 있으시군요. 나는 긴 밤에 이렇게 생각하였습니다.

'내가 어느 때에 대가섭파를 만나면 옳겠는가? 그는 사람과 천인의 공양을 받을 수 있으니 내가 마땅히 음식을 베풀고 한 벌의 상의를 스스로 만들어 보시해야겠다.'

나는 이렇게 발원하였으나 아직 이루지 못하고 있습니다. 대덕이시여. 내가 보시하겠다는 생각으로 만든 옷을 지금 이곳에 가지고 왔습니다. 나는 재가에 있으면서 쌓인 일도 많고 얽힌 일도 많습니다. 바라건대 대덕께서 가섭파께서 오시는 것을 보시면 나를 위하여 이 옷으로 공양을 베풀어 주십시오. 나를 애민하게 생각하는 까닭으로 이 옷을 입게 하여 주십시오."

이때 아난타는 곧 이렇게 생각하였다.

'내가 옷을 받으면 세존의 가르침에 어긋나는 것이다. 만약 받지 않으면 시주의 복을 막는 것이 되고 대가섭파는 역시 옷을 잃는 것이다. 나는 지금 이 옷을 가지고 가서 세존께 여쭈어 보아야겠다. 세존께서는 이 인연으로 마땅히 여는 것을 허락하실 것이다.'

이때 아난타가 그 옷을 받으니 거사는 인사하고 떠나갔다. 아난타는 그 옷을 가지고 세존의 처소로 나아가서 발에 예경하고서 인연을 갖추어 세존께 아뢰니, 세존께서 아난타에게 알려 말씀하셨다.

"옳도다. 옳도다. 아난타여. 내가 아직 듣지 못하였으나 지금 그대는 미리 알았구나. 만약 바라문이나 거사가 있어 필추에게 옷을 보시하면 그 모든 필추는 마땅히 그것을 받아야 하고, 마땅히 오래된 옷을 버리고 마땅히 새옷을 입으라."

이때 여러 필추는 비록 이 말씀을 들었으나 오래된 옷을 버리는 것을 어떻게 하는가를 아직 알지 못하였다. 세존께서 말씀하셨다.

"소유하였던 오래된 옷과 나머지 장의(長衣)는 마땅히 친교사와 궤범사의 처소에 맡겨두고 의지하며 생각하고서 그것을 지니고 입도록 하라.”

이때 여러 필추는 그것을 별도로 나누지 않았고 오래되면 가지고서 비축하였다. 세존께서는 아시고서 여러 필추에게 알려 말씀하셨다.

“내가 열 가지의 이익을 관하여 거듭 그대들을 위하여 그 학처를 제정하나니, 마땅히 이와 같이 설하노라. 만약 다시 필추가 옷을 지었고 갈치나의를 다시 꺼냈으며 장의를 얻고서 10일이 지났으나 별도로 나누지 않고서 마땅히 비축하거나 만약 지나치게 저축하면 니살기바일저가이니라.”

‘만약 다시 필추가 옷을 지었고 갈치나의를 다시 꺼낸다.’는 옷을 지었으나 갈치나의를 꺼내지 않는 것·갈치나의를 꺼냈으나 옷을 짓지 않는 것·갈치나의를 꺼내고 옷도 지은 것·옷도 짓지 않고 갈치나의도 꺼내지 않는 것 등을 말한다. 첫 번째의 말은 만약 필추가 빨고 염색하였으며 꿰매어 옷을 지었으나 갈치나의를 꺼내지 않는 것이고, 두 번째의 말은 필추가 옷을 아직 짓지 않았으나 갈차나의를 꺼내는 것이며, 세 번째의 말은 필추가 옷을 이미 지었으나 다시 갈치나의를 꺼내는 것이고, 네 번째의 말은 옷을 짓지 않았고 갈치나의도 꺼내지 않는 것이다.

‘장의를 얻고서 10일이 지났다.’는 열 번의 밤을 말한다.

‘장의’는 지니고 있는 옷의 별도의 옷을 말하며, 나누어서 별도로 법으로서 마땅히 저축해야 한다.

‘만약 지나치게 저축하면 니살기바일저가이다.’는 이 물건은 마땅히 버려야 하는 것이고, 그 죄는 마땅히 말해야 한다.

이 가운데에서 범한 모양과 그 일은 무엇인가? 만약 필추가 한 달의 초하루에 옷을 얻으면 10일 이내에 마땅히 지니고, 마땅히 버리며, 마땅히 작법을 하고, 혹은 남에게 주어야 한다. 만약 지니지도 않고, 버리지도 않으며, 작법을 하지도 않고, 남에게 주지도 않고서 11일째의 날이 밝으면 니살기바일저가를 얻는다.

만약 필추가 초하루에 옷을 얻고 둘째 날에는 옷을 얻지 않고 나아가 열흘째도 얻어서 지니는 등의 일을 하지 않고 11일째의 날이 밝으면 9일 동안 얻은 옷은 모두 사타(捨墮)[14]를 범하는 것이다. 이와 같으며 나아가 8일 동안에 얻은 옷 등은 날짜의 많고 적음에 따라 지은 구절이 앞에서와 같이 따르는 것을 마땅히 알아야 한다.

만약 필추가 초하루에 옷을 얻고, 둘째 날에 옷을 얻었으면 그 필추는 10일 이내에 전에 얻은 옷을 마땅히 지니고, 뒤에 얻은 옷은 마땅히 버리는 등의 일을 할 것이며, 혹은 이와 반대로 하여 만약 작법(作法)을 하지 않고서 11일째의 날이 밝으면 2일 중에 얻은 옷은 모두 니살기바일저가이다. 이와 같이 3일 동안에 얻은 옷도 이에 따르는 것이니 마땅히 알아야 한다.

만약 필추가 초하루에 옷을 얻고 나아가 둘째 날 등에 얻은 옷은 마땅히 앞에서와 같이 작법을 해야 한다. 만약 작법을 하지 않고서 11일째의 새벽이 밝으면 모두가 니살기바일저가이다.

만약 필추가 초하루에 많은 옷을 얻었는데 앞과 같이 뒤에 마땅히 많은 옷을 얻었다면 나머지는 모두 작법을 해야 한다. 만약 작법을 하지 않고서 11일째의 새벽이 밝으면 모두가 니살기바일저가이다.

만약 필추가 초하루에 많은 옷을 얻었는데 초이틀 이후에 또한 많은 옷을 얻었다면 앞에서와 같이 작법을 해야 한다. 만약 작법을 하지 않고서 11일째의 새벽이 밝으면 죄를 얻는 것은 앞에서와 같다. 이와 같은 것 등은 모두가 앞에서 잘못된 까닭으로 뒤에서 허물이 생겨나기 때문이다.

만약 필추가 니살기의(泥薩祇衣)를 범하였으나, 이 옷을 버리지 않고, 하룻밤을 지내지 아니하며, 그 죄를 참회한다고 말하지 않고서 다른 옷을 얻으면 모두 사타를 범하는 것이다. 만약 필추가 그 니살기의를 비록 버리기는 하였으나 하룻밤을 지내지 않고, 죄를 참회한다고 말하지 않았다면 여분의 옷은 모두 사타를 범하는 것이다. 만약 옷을 버리고 하룻밤을 지냈으나 죄를 참회한다고 말하지 않았으면, 얻은 나머지의

14) 산스크리트어 naiḥsargika-prāyaścittika의 음사로 가사나 발우 등의 물건을 규정 이상으로 소유한 가벼운 죄이다. 이 죄를 범한 필추·필추니는 그 물건을 버리고, 네 명 이상의 필추 앞에서 참회하면 죄가 소멸되지만 참회하지 않으면 죽어서 지옥에 떨어진다고 한다.

526

옷들은 모두 사타를 범하는 것이니 앞에서 잘못된 까닭이기 때문이다.

만약 필추가 여분의 옷을 지니고서 사타를 범하고 세 가지 일을 하지 않았다면 그가 얻은 모든 옷으로, 이를테면 발우 주머니와 물 거르는 주머니와 허리띠 나아가 가지고 있는 필추니의 여러 도구와 자구들은 모두 니살기바일저가이니 앞에서 잘못된 까닭이기 때문이다.

만약 옷을 버리고, 하룻밤을 지내며, 그 죄를 참회하면 얻은 나머지의 옷은 모두가 범하는 것이 없다. 또한 범하지 않는 것은 처음으로 잘못을 저지른 사람과 혹은 어리석고, 미쳤으며, 마음이 어지럽고 고통스러운 것에 얽매인 것이다.

[이것이 초계(初戒)에서 밝히는 범하는 모습인 세 가지 일의 법식과 같다. 나머지의 여러 계에서 비슷한 일에 대하여는 다시 거듭하여 말하지 않겠다. 다른 것은 일에 따라서 별도로 번역하겠노라.]

근본설일체유부비나야 제17권

삼장법사 의정 한역
석보운 번역

2) 이삼의(離三衣) 학처

박가범께서는 실라벌성 서다림의 급고독원에 머무르셨다.

이때 여러 필추는 삼의(三衣)를 많이 비축하여 안거하는 처소를 따라 얻은 옷을 빨고 염색하며 꿰매어 옷자루 안에 넣어 묶어서 소임을 맡은 주인필추(主人苾芻)[1]에게 편안히 맡기고서 상·하의의 옷을 입고 세간을 유행(遊行)하였다. 그들이 떠난 뒤에 주인필추는 그들을 위하여 옷을 꺼내어 말리고 펼쳐놓는 일을 짓는 것이 많아져 마침내 독송하고 마음을 거두어들이고 사유하고 살피는 일을 그만두었다. 필추들은 곧 싫어하고 천박하게 생각하여 함께 이렇게 말하였다.

"어찌 필추가 장의를 많이 비축하여 다른 사람의 정업(正業)을 방해하는가?"

이때 여러 필추들이 이 인연을 갖추어 세존께 아뢰었다. 세존께서는 이 인연으로 필추대중을 모으셨으며, 여러 필추들을 위하여 욕심을 적고 바른 두타행을 찬탄하시고서 말씀하셨다.

"내가 열 가지의 이익을 관하고, [자세한 설명은 앞에서와 같다.] 여러 필추들을 위하여 그 학처를 제정하나니, 마땅히 이와 같이 설하노라. 만약 필추가 다시 옷을 짓는 것을 마쳤고 다시 갈치나의를 꺼냈으나 삼의 가운데에서 하나의 옷이라도 떠나 결계 밖에서 지내면서 하룻밤이

---

1) 사주(寺主)로서 현재의 주지스님을 의미한다.

지나면 니살기바일저가이니라."

세존께서는 왕사성 죽림의 가운데에 머무르셨다.

이때 구수 대가섭파도 역시 이 성안의 서니가굴(西尼迦窟)에 머물고 있었다. 이때 승가는 같은 하나의 포쇄타 결계를 할 때에 여러 필추는 15일의 포쇄타에 왔으며 함께 모두 모였으며 오직 대가섭파를 기다리고 있었다. 이때 대가섭파는 굴에서 나와서 오는 길에 현우하(賢雨河)를 지나다가 거센 물결을 만났고 물을 건널 때에 대의(大衣)[2]가 물에 젖었다. 곧 물을 털고서 햇볕에 쪼여 마르는 것을 기다렸으며 마침내 늦게 포쇄타의 장소에 도착하여 대중의 가운데에 앉았다. 이때 여러 필추가 가섭파에게 물어 말하였다.

"우리들은 포쇄타의 날이 되어 함께 모두 모여 오직 존자만을 기다렸습니다. 무슨 까닭으로 늦게 왔습니까?"

이때 구수 대가섭파는 대중을 마주하고서 이전의 일을 갖추어 말하였다.

"나 가섭파는 나이가 많아서 늙고 쇠약하나 대의는 두껍고 무거워 입고 다니는 것이 매우 어렵습니다. 이와 같아서 늦게 왔습니다. 나는 지금 이 일을 어떻게 해야 하는가를 알지 못하겠습니다."

이때 여러 필추는 이 인연을 갖추어 세존께 아뢰니 세존께서 말씀하셨다.

"그대들 여러 필추는 마땅히 대가섭파와 같이 나이가 많고 늙고 쇠약한 필추를 위하여 불리승가지갈마(不離僧伽胝羯磨)를 지어라. 만일 다시 다른 이와 같은 부류가 있으면 마땅히 이렇게 지어라. 건치를 울려 대중을 모으고서 최소한 네 명이 모이면 작법을 하라. 가섭파필추는 그 많고 적음에 따라 예배를 마치고서 상좌 앞에서 무릎을 꿇고 합장하고서 이와 같이 아뢰어라.

'대덕 승가께서는 들으십시오. 나 가섭파는 나이가 많아 늙고 쇠약하여 지금 승가대중을 쫓아서 불리승가지법(不離僧伽胝法)을 애원합니다. 오직 원하옵나니 승가시여. 자비롭고 애민한 까닭으로 나이가 많고 늙고 쇠약한

---

2) 필추가 입는 삼의(三衣) 가운데에서 승가리(僧伽梨)를 가리킨다.

나 가섭파 필추에게 불리승가지법을 주십시오.'

이와 같이 세 번을 말하라. 이때 여러 필추는 마땅히 백갈마를 짓고서, [자세한 설명은 백일갈마 가운데에서와 같다.] 만약 그 승가가 그 필추에게 불리승가지법을 지어 주면 상·하의 두 옷을 입고서 인간을 유행하여도 의혹하지 말라."

이때에 사리자도 역시 이 모임의 자리에 있었으며, 곧 여러 필추에게 알려 말하였다.

"나는 풍병(風患)이 있어 승가지가 무거워서 감당(擔荷)하는 것이 어렵습니다. 그것을 어떻게 하여야 합니까?"

여러 필추는 듣고서 세존께 아뢰니 세존께서 말씀하셨다.

"그대들은 사리자가 풍병이 있으니 불리승가지법을 지어라. 만약 다시 다른 이와 같은 부류가 있으면 평소와 같이 대중을 모으고서 나아가 네 명이 모이면 마땅히 대중에게 애원하는데 가섭파가 애원한 법과 갈마에 의거하여 지을 것이며, 이미 법을 얻었으면 앞에서와 같이 유행하라."

이때 세존께서는 계를 지키고 욕심이 적어 두타행을 만족하는 공덕이 가장 단엄함을 찬탄하시고, 모든 필추들에게 알려 말씀하셨다.

"나아가 앞의 것은 처음으로 제정한 것이고, 지금은 다시 따라서 여는 것이니 마땅히 이와 같이 설하노라. 만약 다시 필추가 옷을 짓는 것을 이미 마쳤고 갈치나의가 다시 나왔으나, 삼의 가운데에서 하나의 옷이라도 떠나서 경계 밖에서 머물러 하룻밤이 지나면 대중이 작법을 한 것을 제외하고는 니살기바일저가이니라."

'옷 짓는 것을 이미 마치고 갈치나의가 다시 나온 것'은 네 가지 구(句)의 차별이 있으니 앞에서와 같다.

'하나의 옷이라도 떠나서'는 승가지(僧伽胝)·올달라승가(嗢呾羅僧伽)[3]·안달바사(安呾婆娑)[4]의 3의 가운데 하나의 옷이라도 떠나서 경계 밖에서 머무르는 것이며, 나아가 날이 밝으면 승가에서 갈마를 한 것을 제외하고는

---

3) 산스크리트어 uttara-āsaṅga의 음사로서 상의(上衣)·상착의(上著衣)라고 번역된다.
4) 산스크리트어 antarvāsa의 음사로서 내의(內衣)·중숙의(中宿衣)라고 번역된다.

530

니살기바일저가이다. 이것은 물건을 버리는 것을 범하는 것이니 앞에서와
같이 작법을 한다.
　이 가운데에서 범한 모양과 그 일은 무엇인가?
　게송으로 섭수하여 말하겠노라.

　하나와 둘 또는 여러 집이 있는 마을과
　담장과 울타리와 구덩이로 둘러싸인 것과
　노래하는 집과 외도의 집과
　가게와 점포와 누각과 마당과

　집과 수레와 배와 숲과 나무에
　모두 네 가지의 같지 않은 경우가 있으니
　네 가지의 위의 가운데에
　그 옷을 마땅히 잘 알아야 한다.

　한 집이 사는 마을과 두 집이 사는 마을과 여러 집이 사는 마을이
있고, 담장으로 둘러싸인 마을과 울타리로 둘러싸인 마을과 구덩이(塹)5)로
둘러싸인 마을이 있다. 하나의 마을에 하나의 세분(勢分)이 있는 것과
많은 세분이 있는 것이 있고, 여러 마을에 하나의 세분이 있는 것과
세분이 많은 것이 있다. 하나의 집에 하나의 세분이 있는 것과 세분이
많은 것이 있고, 많은 집에 하나의 세분이 있는 것과 세분이 많은 것이
있으니 이와 같이 마땅히 알아야 한다. 춤추고 노래하는 집과 외도의
집과 가게와 여관과 누각과 마당과 집과 수레와 배와 나무와 숲에도
모두 하나의 세분과 많은 세분이 있어 네 가지가 있으나 같지 않다.
　무엇이 한 집이 사는 마을인가? 산과 들의 사람이 한 집에 같이 사는
것을 말한다. 이것을 어디까지의 한계를 세분이라고 하는가? 모든 집

─────────────
　5) 성곽이나 고분의 둘레를 감싼 물길로 주황(周隍)·구지(溝池)·외호(外壕)·호성하
　　(護城河)로 불리기도 한다.

안과 밖으로 다시 1심(尋)6)이 되는 곳이다. 또한 절구질을 하고 불에 삶으며 갈고 음식을 먹으며, 모이는 곳까지의 한계를 역시 세분이라고 이름한다. 만약 필추가 옷은 집 안에 놓고 몸은 세분에 거처하고, 혹은 옷은 세분에 놓고 몸이 집 안에 있으면서 날이 밝는다면 이것은 범하는 것이 없다. 만약 옷은 집 안과 세분에 두고 몸은 다른 곳에 거처한다면 곧 사타를 얻는다. 한 집이 사는 마을인 것은 이미 그와 같으며 두 집이 사는 마을인 것도 역시 그와 같다.

무엇이 여러 집이 사는 마을인가? 마을 안에 있는 인가(人家)가 문에 차례가 없이 흩어져 사는 것을 말한다. 이것은 어디까지의 한계를 세분이라고 하는가? 다르기도 하고 같기도 하다. 대답하면 이 마을에는 세분이 없고 역시 함께 하는 장소도 없다. 옷에서 떠나는 한계는 집에 의거하여 그것에 따른다.

무엇이 담장으로 둘러싸인 마을인가? 마을의 사방이 담장으로 둘러싸인 것을 말한다. 이것은 어디까지의 한계를 세분이라고 이름하는가? 담장 안쪽과 밖으로 1심이 되는 곳이다. 또한 닭이 날아가 떨어지는 곳을 한계로 삼는다. 또한 부끄러워하는 사람이 편리한 곳을 한계로 삼는다. 이것이 세분이며, 나머지는 앞에서 말한 것과 같다.

무엇이 울타리로 둘러싸인 마을인가? 마을의 사방이 울타리로 둘러싸인 것을 말한다. 이것은 어디까지의 한계를 세분이라고 하는가? 울타리 안쪽과 밖으로 1심이 되는 곳이다. 또한 소와 양의 발에 묻어 있는 먼지가 이르는 곳까지이다. 또한 여섯 마리 소가 끄는 대나무 수레가 회전할 수 있는 곳까지를 말하며, 이것이 세분이다.

무엇이 구덩이로 둘러싸인 마을인가? 마을의 사방이 구덩이로 둘러싸여 있는 것을 말한다. 이것은 어디까지의 한계를 세분이라고 하는가? 모든 구덩이 안쪽과 밖으로 다시 8심이 되는 곳까지를 말한다. 또한 12주(肘)의 사다리가 이르는 곳까지를 말하기도 한다. 또한 쓰레기 등을

---

6) 길이의 단위로서 8자(尺)를 가리킨다.

532

버릴 때 거칠고 큰 벽돌과 돌이 이르는 곳까지이다. 이것이 세분이다.

무엇이 하나의 마을에 하나의 세분이 있는 것인가? 이 마을에는 하나의 숲과 하나의 신묘(神廟)와 사람들이 모이는 곳이 있다. 이것을 하나의 마을에 하나의 세분이 있다고 말한다. 이것은 어디까지의 한계를 세분이라고 하는가? 숲을 안쪽과 밖으로 다시 1심이 되는 곳까지를 말한다. 또한 절구질하고 불에 삶으며 갈고 음식을 먹으며 모이는 곳까지를 말한다. 이것이 세분이다.

무엇이 하나의 마을에 많은 세분이 있는 것인가? 이 마을에는 많은 숲과 많은 신묘와 모이는 곳이 있다. 이것을 일러서 하나의 마을에 많은 세분이 있는 것이라고 한다. 이것은 어디까지를 한계지어서 세분이라고 이름하는가? 같기도 하고 다르기도 하니 대답하면 세분이 없고 다만 방 안까지 한계를 짓는다.

무엇이 많은 집이 사는 마을에 하나의 세분이 있는가? 이 많은 집이 사는 마을에는 하나의 숲과 하나의 신묘와 사람들이 모이는 곳이 있는 것을 말한다. 이것을 많은 집이 있는 마을에 하나의 세분이 있다고 한다. 이것은 어디까지의 한계를 세분이라고 하는가? 마을 안쪽 밖으로 각 1심이 되는 곳까지를 말한다. 또한 절구질을 하고 불에 삶으며 갈고 음식을 먹으며 모이는 곳까지를 한계지어서 세분이라고 이름한다.

무엇이 많은 집이 있는 마을에 많은 세분이 있는가? 많은 집이 있는 마을에는 많은 숲과 많은 신묘와 사람들이 모이는 곳이 있다. 이것을 많은 집이 있는 마을에 많은 세분이 있다고 말한다. 이것은 어디까지의 한계를 세분이라고 하는가? 다르기도 하고 같기도 하다. 대답하면 이것은 세분이 없고, 나머지는 모두 앞에서와 같다.

무엇이 하나의 집에 하나의 세분이 있는가? 이를테면 이 집안에는 오직 한 사람의 가장과 형제자매가 있는 것이다. 이것을 하나의 집에 하나의 세분이 있는 것이라고 말한다. 일은 앞에서 설명한 한 집이 사는 마을에서 설명한 것과 같다. 무엇이 하나의 집에 많은 세분이 있는가? 이를테면, 이 집안에는 많은 가장 등으로 나누어지는 것이다. 이것을 일러서 하나의 집에 많은 세분이 있는 것이라고 한다. 이것은 어디까지의 한계를 세분이라고 이름하는가? 문까지 한계를 짓는 것이니 곧 세분이 없는 것이다.

무엇이 많은 집에 하나의 세분이 있는 것인가? 여러 집이 있는데 오직 한 사람의 가장이 있고 형제는 나누어지지 않는 것을 많은 집에 하나의 세분이 있는 것이라고 말한다. 무엇이 많은 집에 많은 세분이 있는가? 이 여러 집에는 많은 가장이 있어서 형제가 나누어지는 것을 말한다. 이것은 어디까지의 한계를 세분이라고 하는가? 이것은 세분이 없다. 나머지는 모두 앞에서와 같다.

무엇이 하나의 노래하고 춤추는 집에 하나의 세분이 있는가? 집의 안쪽과 밖으로 다시 1심이 되는 곳까지이다. 또한 북과 비파와 피리와 요리하는 도구를 놓아 둔 곳과 음식을 모아 두는 곳까지의 한계를 또한 세분이라고 한다. 무엇이 하나의 춤추고 노래하는 집에 많은 세분이 있는가? 이 집안에는 많은 가장이 있고 형제가 나누어진다. 이것을 하나의 집에 많은 세분이 있다고 말한다. 이것은 어디까지의 한계를 세분이라고 하는가? 무엇을 함께 하고 무엇을 별도로 하는가? 별도로 한다는 것은 그 형제가 거처하는 한계에 의거하는 것이고, 함께 한다는 것은 깃대를 놓아두고 오는 곳을 말한다.

무엇이 여럿의 춤추고 노래하는 집에 하나의 세분이 있는 것인가? 이 여러 집에는 오직 한 사람의 가장이 있어서 형제가 나누어지지 않는 것이다. 이것을 여러 집에 하나의 세분이 있다고 말한다. 이것은 어디까지의 한계를 세분이라고 하는가? 집의 안쪽과 밖으로 1심이 되는 곳까지이다. 또한 그 깃대 등을 놓아두는 곳까지를 또한 세분이라고 한다. 무엇이 여럿이 춤추고 노래하는 집에 많은 세분이 있는가? 이 여러 집에는 많은 가장이 있고 형제가 있어서 경계가 구별된다. 이것은 어디까지의 한계를 세분이라고 이름하며 무엇을 함께 하고 무엇을 별도로 하는가? 대답하면 이것은 세분이 없다.

무엇이 하나의 외도의 집에 하나의 세분이 있는가? 이 집안에는 같은 견해가 있고 다른 뜻은 없는 것을 말한다. 이것의 세분은 집의 안쪽 밖으로 1심까지이다. 또한 쇠똥을 햇볕에 말리고, 땔나무를 쌓아두며, 가죽과 옷과 물병과 제사에 쓰는 작은 대바구니와 국자와 화로를 놓아두는 곳과 제사지내고 절구질하며 음식을 모아 두는 곳까지 한계를 짓기도 한다. 무엇이 하나의 외도의 집에 많은 세분이 있는가? 이 집안에는 많은 견해들이 있어서 뜻이 같지 않은 것을 말한다. 이것의 세분은 무엇을 함께 하며 무엇을 따로 하는가? 하늘에 제사지내는 곳까지를 말한다.

무엇이 많은 외도의 집에 하나의 세분이 있는가? 여러 집에 동일한 견해가 있어서 별도의 다른 뜻이 없는 것을 말한다. 이것의 세분은 집 안 모두와 밖으로 1심이 되는 곳까지이다. 또한 쇠똥을 햇볕에 쪼이는 등의 처소까지 한계를 짓기도 한다. 무엇이 많은 외도의 집에 많은 세분이 있는가? 이 많은 집에는 많은 견해가 있어서 뜻이 같지 않은 것을 말한다. 이것의 세분은 무엇을 함께 하고 무엇을 따로 하는가? 이것은 세분이 없다.

무엇이 하나의 가게에 하나의 세분이 있는가? 가게 안에는 한 사람의 가장이 있어서 형제가 나누어지지 않는 것을 말한다. 이것의 세분은 중간의 모든 것과 밖으로 1심이 되는 곳까지이다. 또한 물건과 저울을 놓아두고 거래하는 곳까지 한계를 짓기도 한다. 무엇이 하나의 가게에 많은 세분이 있는 것인가? 이 가게 안에는 많은 가장이 있어서 형제가 나누어지는 것을 말한다.

무엇이 많은 가게에 하나의 세분이 있는가? 이 여러 가게에 오직 한 사람의 가장이 있어서 형제가 나누어지지 않는 것을 말한다. 이것의 세분은 중간의 모든 것과 밖으로 1심이 되는 곳까지이다. 또한 물건 등을 두는 곳까지 한계를 짓기도 한다. 무엇이 많은 가게에 많은 세분이 있는 것인가? 이 여럿의 가게에는 많은 가장이 있고 형제가 있는 것을 말한다. 이것은 어디까지의 한계를 그 세분이 되는가? 무엇을 함께 하며 무엇을 따로 하는가? 이것은 세분이 없다.

무엇이 하나의 가게에 하나의 세분이 있는가? 이 가게에는 한 사람의 가장이 있고 형제가 나누어지지 않는 것을 말한다. 이것의 세분은 중간의 모든 것과 밖으로 1심이 되는 곳까지이다. 또한 소맥(小麥)과 대맥(大麥)과 유마(油麻)[7]와 콩과 좁쌀[粟]와 햅쌀과 겁패(劫貝)[8]와 실과 솜과 옷과 치마 등의 물건과 저울을 놓아두고서 거래하는 곳까지를 한계를 삼아 세분이라고도 한다.

무엇이 하나의 가게에 여럿의 세분이 있는가? 이 가게에는 많은 주인이 있거나 혹은 형제가 나누어지는 것을 말한다. 이것은 어디까지의 한계가 그 세분이 되며, 무엇을 함께 하고 무엇을 따로 하는가? 물건을 쌓아 두는 곳을 말한다. 무엇이 많은 가게에 하나의 세분이 있는 것인가? 이 여러 가게에는 오직 한 사람의 주인이 있어서 형제가 나누어지는 것을 말한다. 이것의 세분은 중간의 모든 것과 밖으로 1심이 되는 곳까지이다. 또한 보리와 콩 등의 물건을 놓아두는 곳까지 한계를 짓기도 한다. 무엇이 많은 가게에 많은 세분이 있는가? 이 여러 가게에 많은 가게의 주인이 있거나 형제가 나누어지는 것을 말한다. 이것은 어디까지의 한계가 그 세분이 되며, 무엇을 함께 하고 무엇을 따로 하는가? 대답하면 이것은 세분이 없다.

무엇이 하나의 누각에 하나의 세분이 있는가? 이 누각에는 한 사람의 누각 주인이 있고 형제가 나누어지지 않는 것을 말한다. 이것의 세분은 중간의 모든 것과 밖으로 1심이 되는 곳까지이다. 또한 음식을 모아두는 곳까지 한계를 짓기도 한다. 무엇이 하나의 누각에 많은 세분이 있는가? 이 누각에는 많은 누각 주인이 있거나 또는 형제가 나누어지는 것을 말한다. 이것은 어디까지의 한계가 그 세분이 되며 무엇을 함께 하고 무엇을 따로 하는가? 사다리를 놓아두는 곳을 말한다.

무엇이 여럿의 누각에 하나의 세분이 있는가? 여럿의 누각에는 한

---

7) 자소(紫蘇)·임자(荏子)·수소마(水蘇麻)라고 번역되며, 원산지는 동남아시아와 인도의 높은 지역이다.
8) 산스크리트어 karpāsa의 음사로서 씨가 솜털로 덮여 있는 나무 또는 그 솜털로 만든 옷이나 깔개를 가리킨다.

536

사람의 누각주인이 있고 형제가 나누어지지 않는 것을 말한다. 이것의 세분은 중간의 모든 것과 밖으로 1심이 되는 곳까지이다 이것은 어디까지의 한계가 그 세분이며 무엇을 함께 하고 무엇을 따로 하는가? 사다리를 놓아두는 곳을 말한다. 무엇이 많은 누각에 많은 세분이 있는가? 이 여러 누각에는 여럿의 주인이 있거나 또는 형제가 나누어지는 것을 말한다. 이것은 어디까지의 한계가 그 세분이 되며 무엇을 함께 하고 무엇을 따로 하는 것인가? 대답하면 이것은 세분이 없다.

무엇이 하나의 마당에 하나의 세분이 있는가? 이 마당에는 한 사람의 마당 주인이 있고 형제가 나누어지지 않는 것을 말한다. 이것의 세분은 중간의 모든 것과 밖으로 1심이 되는 곳까지이며 곡식과 보리와 광주리와 말[斗]을 놓아두는 곳까지이다. 무엇이 하나의 마당에 많은 세분이 있는가? 이 마당에는 많은 마당 주인이 있거나 형제가 나누어지는 것을 말한다. 이것은 어디까지의 한계가 그 세분이 되며, 무엇을 함께 하고 무엇을 따로 하는가? 마당의 경계가 되는 둑[畔]을 이르는 것이다.

무엇이 여럿의 마당에 하나의 세분이 있는 것인가? 이 여럿의 마당에는 한 사람의 마당주인이 있고, 형제가 구분되지 않는 것을 말한다. 이것의 세분은 중간의 모든 것과 밖으로 1심이 되는 곳까지이며, 곡식과 보리를 두는 곳이다. 무엇이 여럿의 마당에 많은 세분이 있는 것인가? 이 여럿의 마당에는 많은 마당 주인이 있거나 또는 형제가 구분되는 것을 말한다. 이것은 어디까지의 한계가 그 세분이 되며 무엇을 함께 하고 무엇을 따로 하는가? 대답하면 이것은 세분이 없다.

무엇이 하나의 집에 하나의 세분이 있는가? 이 집안에는 한 사람의 집주인이 있고 형제가 나누어지지 않는 것이다. 이것의 세분은 중간의 모든 것과 밖으로 1심이 되는 곳까지이며, 소나 말을 매어 두는 곳과 풀을 잘게 썰고 똥을 버리는 것이 미치는 곳을 말한다. 무엇이 하나의 집에 많은 세분이 있는가? 이 집에는 많은 집주인이 있거나 혹은 형제가 구분되는 것을 말한다. 이것은 어디까지의 한계가 그 세분이 되는가? 문 안에 이르는 것을 말한다.

무엇이 많은 집에 하나의 세분이 있는가? 이 여럿의 집에는 한 사람의 집주인이 있어서 형제가 나누어지지 않는 것을 말한다. 이것의 세분은 중간의 모든 것과 밖으로 1심이 되는 곳까지이며, 소와 말을 매어두고 잘게 썬 풀과 버리는 똥이 미치는 곳이다. 무엇이 많은 집에 많은 세분이 있는가? 이 여럿의 집에는 많은 집주인이 있거나 또는 형제가 나누어지는 것을 말한다. 이것은 어디까지의 한계를 그 세분으로 하며 무엇을 함께 하고 무엇을 따로 하는가? 대답하면 이것은 세분이 없다.

무엇이 하나의 수레에 하나의 세분이 있는가? 이 하나의 수레에 한 사람의 주인이 있고 형제가 나누어지지 않는 것을 말한다. 이것의 세분은 수레를 움직이고 머무르는 중간의 모든 것과 바깥으로 1심이 되는 곳까지이며, 음식을 먹고 소를 매어두며 잘게 썬 풀과 버리는 똥이 미치는 곳이다. 무엇이 하나의 수레에 많은 세분이 있는가? 하나의 수레에 많은 수레의 주인이 있거나 또는 형제가 나누어지는 것을 말한다. 이것은 어디까지의 한계가 그 세분이 되는 것인가? 수레와 멍에가 있는 곳까지를 말한다. 무엇을 함께 하고 무엇을 따로 하는가? 함께 하고 따로 하는 것은 수레 앞턱의 가로나무까지를 말한다.

무엇이 많은 수레에 하나의 세분이 있는가? 여럿의 수레에 한 사람의 수레의 주인이 있고 형제가 나누어지지 않는 것을 말한다. 이것의 세분은 수레가 다니는 곳을 말한다. 무엇이 여럿의 수레에 많은 세분이 있는가? 이 여럿의 수레에 많은 주인이 있고, 또는 형제가 구분되는 것을 말한다. 이것은 어디까지의 한계가 그 세분이 되며, 무엇을 함께 하고 무엇을 따로 하는가? 대답하면 이것은 세분이 없다.

무엇이 배 한 척에 하나의 세분이 있는가? 이 한 척의 배에 한 사람의 배 주인이 있고 형제가 나누어지지 않는 것을 말한다. 이것의 세분은 배가 움직이고 머무는 중간의 모든 것과 밖으로 1심이 되는 곳까지이며, 배를 매어 두는 곳과 음식을 먹는 곳을 말한다. 무엇이 한 척의 배에 많은 세분이 있는가? 이 한 척의 배에 많은 주인이 있거나 또는 형제가 나누어지는 것을 말다. 이것은 어디까지의 한계를 그 세분으로 하는가?

538

배의 가장자리까지를 말한다.

무엇이 여러 척의 배에 하나의 세분이 있는가? 여러 척의 배에 한 사람의 주인이 있고 형제가 나누어지지 않는 것을 말한다. 이것의 세분은 배가 움직이고 머무는 것을 말한다. 무엇이 여러 척의 배에 많은 세분이 있는가? 이 여러 척의 배에 많은 주인이 있거나 또는 형제가 나누어지는 것을 말한다. 이것은 어디까지의 한계가 그 세분이 되며 무엇을 함께 하고 무엇을 따로 하는가? 대답하면 이것은 세분이 없다.

무엇이 하나의 숲에 하나의 세분이 있는가? 이 숲에는 한 사람의 주인이 있고 형제가 나누어지지 않는 것을 말한다. 이것의 세분은 이 숲속 중간에 있는 모든 것과 밖으로 1심이 되는 곳까지이다. 또한 그 숲에서 꽃을 채취하는 곳과 음식을 먹는 곳까지 한계를 짓기도 한다. 무엇이 하나의 숲에 많은 세분이 있는가? 이 하나의 숲에 많은 주인이 있고 또는 형제가 나누어지는 것을 말한다. 이것은 어디까지의 한계가 그 세분이 되는 것인가? 우물에 이르는 곳까지를 말한다.

무엇이 많은 숲에 하나의 세분이 있는가? 이 여러 숲에는 한 사람의 주인이 있고 형제가 나누어지지 않는 것을 말한다. 이것의 세분은 중간의 모든 것과 밖으로 1심 되는 곳까지와 꽃을 채취하는 곳까지이다. 무엇이 많은 숲에 많은 세분이 있는가? 이 여럿의 숲에 많은 주인이 있거나 또는 형제가 나누어지는 것을 말한다. 이것은 어디까지의 한계가 그 세분이 되며 무엇을 함께 하고 무엇을 따로 하는가? 대답하면 이것은 세분이 없다.

무엇이 하나의 나무에 하나의 세분이 있는가? 나뭇가지와 나뭇잎이 꿀이 서로 이르는 곳과 중간의 모든 것과 바깥으로 1심이 되는 곳까지이다. 또한 5월의 정오가 되는 때에 나무 그림자가 미치는 곳까지이기도 하다. 만약 바람이 없을 때 꽃과 나뭇잎과 열매가 떨어지는 곳과 비가 올 때에 물방울이 떨어지는 곳까지이다. 무엇이 하나의 나무에 많은 세분이 있는가? 나뭇가지와 나뭇잎이 성기어서 섞이지 않는 것을 말한다. 이것은 어디까지의 한계가 그 세분이 되며 무엇을 함께 하고 무엇을 따로 하는가?

나무뿌리까지를 한계로 한다.

무엇이 많은 나무에 하나의 세분이 있는가? 이 여러 나무가 나뭇가지와 나뭇잎이 서로 섞여서 덮이는 곳과 중간의 모든 것이다. 무엇이 많은 나무에 많은 세분이 있는가? 이 여러 나무가 각각 서로 떨어져 있어 나뭇가지와 나뭇잎이 서로 맞닿지 않는 것을 말한다. 이것은 어디까지의 한계가 그 세분이 되며 무엇을 함께 하고 무엇을 따로 하는가? 이것은 세분이 없다.

필추의 범한 것의 있고 없는 것은 앞에 의거하여 알 수 있다.

그때 구수 오파리(鄔波離)가 세존께 아뢰었다.

"세존 대덕이시여. 만약 필추가 다니고 머무르며 앉고 누울 때 옷과 떨어지는 세분은 어디까지 허락됩니까?"

세존께서 말씀하셨다.

"마치 생문(生聞) 바라문이 암몰라(菴沒羅) 나무를 심었는데 서로의 거리를 7심(尋)으로 하여 꽃과 과일이 무성하게 하는 것과 같이 이 일곱 나무의 간격이 49심이 되는 것과 같다. 이 간격이 필추가 길을 갈 때 옷을 잃어버리면 아니 되는 한계이며, 이것을 넘어서면 잃게 되느니라. 만약 머무르고 앉고 누울 때라면 단지 1심 이내이며, 만약 두 경계의 중간에서 누울 때라면 옷자락 끝이 몸에서 떨어지지 않는 것이 그 세분이 되느니라."

만약 필추가 옷을 떠나서 잠을 잘 때는 마땅히 세 가지의 일을 해야 한다. 범한 것과 범하지 않은 것에 관한 내용은 모두 앞에서 설명한 것과 같다.

3) 일월의(一月衣) 학처

세존께서는 실라벌성 급고독원에 머무르셨다.

이때 여러 필추들은 여분의 옷을 많이 간직하고 있었는데 푸른색의 옷을 얻게 되면 곧바로 옷을 만들지 아니하고, 다만 알고서 간직하기만 하였고 다시 다른 것을 바라면서 '만약 이와 비슷한 물건을 얻게 되면 내가 마땅히 옷을 만들리라.'고 생각하였다. 푸른색의 옷은 물론이고, 황색·적색·백색 및 진한 색·옅은 색의 옷을 얻으면 또한 모두 모아서 저축(貯蓄)하였다. 이때 욕심이 적은 필추들은 싫어하고 천박하게 생각하였다.

"어떻게 필추가 옷가지들을 많이 저축하기만 하고 모아두고서 즐거이 옷을 만들지 않는가?"

이때 여러 필추가 이 인연을 갖추어 세존께 아뢰었다. 세존께서는 이 인연으로 여러 필추들을 모으시고 물으셨다. 여러 필추들이 대답하여 말하였다.

"진실로 그렇습니다."

세존께서는 꾸중하셨으며, [자세한 설명은 앞에서와 같다.]

"내가 열 가지의 이익을 관하고 모든 성문 제자들을 위하여 비나야에서 그 학처를 제정하나니, 마땅히 이와 같이 설하노라. 만약 다시 필추가 옷을 짓는 것을 이미 마쳤고 갈치나의도 이미 내놓았으나, 때가 아닌 옷을 얻으면 필요하면 받고, 받고 나서는 마땅히 빠르게 옷을 만들 것이니라. 만약 바라는 곳[望處]이 있으면 구하여 만족할 것이고, 만약 부족하면 한 달 간은 간직할 수 있으나, 만약 기간을 지난다면 니살기바일저가이니라."

'만약 다시 필추가 옷을 짓는 것을 이미 마쳤고 갈치나의도 이미 내놓았으나'는 네 가지 구(句)가 있으니 자세히 설명한 것은 앞에서와 같다.

'때가 아닌 옷을 얻는다.'는 무엇이 알맞은 때이고 무엇이 때 아닌 때인가? 만약 머무르는 곳에서 갈치나의가 베풀어지지 않았으면 한 달 동안이니, 8월 16일로부터 9월 15일까지를 말한다. 만약 머무는 곳에서 갈치나의가 베풀어졌으면 다섯 달 동안이니, 8월 16일로부터 1월 15일까지를 알맞은 때라고 이름하고 나머지는 때 아닌 때라고 이름한다.

'만약 바라는 곳이 있다'는 옷이 부족하여 다시 구하는 것을 말한다.

'한 달 간은 간직할 수 있다'는 부모·형제·자매·스승 등의 처소에 바라고 있다는 말이며, '마땅히 나에게 옷을 줄 것이다. 5년회·6년회·정계회(頂髻會)·성년회(盛年會) 등에서 나는 마땅히 옷을 얻을 것이다.'라고 생각하는 것이다. 만족하면 좋으나 삼의에서 한 벌이라도 부족하면 한 달 동안에 얻을 수 있다. 만약 기간을 넘겨 간직하면 니살기바일저가이며, 자세한 것은 앞에서 설명한 것과 같다.

이 가운데에서 범한 모양과 그 일은 무엇인가?

게송으로 섭수하여 말하겠노라.

바라는 곳이 있는 것과 바라는 곳이 없는 것과
바라는 곳이 끊어진 것과 같지 않은 옷과
새옷과 헌옷과 분소의 등 다른 것과
조(條)의 수(數)와 주(肘)의 양(量)이 있다.

만약 필추가 한 달의 초하루에 조금의 푸른색 옷을 얻어서 아직은 옷을 짓지 못하고 간직하였으나, 바라는 곳이 있어 '만약 이와 같은 색의 옷을 얻게 되면 나는 마땅히 옷을 지으리라.'고 생각하였고, 바로 그날에 같은 색의 옷을 얻었다면, 그 필추니는 10일 이내에 옷을 만들어서 마땅히 지니고, 마땅히 버리며, 마땅히 작법을 해야 한다. 만약 지니지도 아니하고, 버리지도 아니하며, 작법을 하지도 않고서 11일의 날이 밝으면 니살기바일저가이다.

만약 필추가 초하루에 나머지 옷을 얻지 못하고 2일에 비로소 옷을 얻었고, 3일에 옷을 얻었으며, 나아가 10일에 옷을 얻었다면, 그 필추는 10일 안에 옷을 지어서 마땅히 지니고, 마땅히 버리며, 마땅히 작법을 해야 한다. 만약 지니지도 아니하고, 버리지도 아니하며, 작법을 하지도 않고서 11일의 날이 밝으면 니살기바일저가이다.

만약 다시 필추가 10일에 나머지의 옷을 얻지 못하고, 11일에도 얻지 못하며, 12일에도 얻지 못하고, 나아가 19일에도 옷을 얻지 못하다가 20일에야 비로소 나머지 옷을 얻었다면 곧 마땅히 앞에서와 같이 작법을 해야 한다. 만약 작법을 하지 않으면 사타(捨墮)를 범한다.

만약 필추가 21일에 나머지 옷을 얻지 못하고, 나아가 29일이 지나도록 나머지 옷을 얻지 못하다가 30일에 비로소 나머지 옷을 얻었다면, 30일 하루 안에 옷을 지어서 마땅히 지니고, 버리며, 작법을 해야 한다. 만약 작법을 하지도 아니하였으나 31일의 날이 밝으면 니살기바일저가이다. 푸른색의 옷을 얻은 것은 이미 이와 같으며 나머지 색깔의 옷을 얻은 것도 일은 모두 앞에서와 같다.

만약 필추가 초하루에 푸른색의 옷을 얻고서 옷을 만들지 아니하고 간직하며 따로 바라는 곳이 없어서 '만약 이와 같은 색깔의 옷을 얻게 되면 나는 마땅히 옷을 만들리라.'고 생각하였는데, 곧 그날에 같은 종류의 옷을 얻게 되었다면 그 필추는 10일 안에 옷을 지어서 마땅히 버리고, 작법을 해야 한다. 만약 작법을 하지도 않았으나 11일의 날이 밝으면 니살기바일저가이다.

만약 초하루에 나머지 옷을 얻지 못하고, 2일에 옷을 얻은 것과 나아가 30일에 옷을 얻은 것의 자세한 것은 앞에서 설명한 것과 같다. 푸른색의 옷을 얻은 것은 이미 이와 같으며 다른 색깔로 된 옷을 얻은 일도 모두 이와 같다.

만약 필추가 초하루에 푸른색의 옷을 얻어서 옷을 짓지 아니하고 간직하여 바라는 곳이 있었으나 때가 너무 길고 멀어 구하는 것에 맞지 아니하여 얻을 수가 없고, 또는 그날에 푸른색의 옷을 얻게 되면 10일 안에 마땅히 옷을 지어야 한다. 이와 같이 [자세한 내용은 생략한다.] 나아가 30일에야 비로소 다른 색깔의 옷을 얻었다면 일은 앞에서 설명한 것과 같다.

만약 필추가 초하루에 푸른색의 옷을 얻어서 옷을 짓지 아니하고 간직하고서 바라는 곳이 있으나, 바라는 곳에서 비록 아직 옷을 얻지는 못하였으나 마음이 끊어지지 않았고, 혹은 그날에 청색의 옷을 얻었다면 앞에서 자세히 설명한 것과 같다. 만약 필추가 초하루에 푸른색의 옷을 얻어 옷을 짓지 아니하고 간직하여 마음에 바라는 곳이 있으나, 만약 바라는 곳이 모두 끊어졌으면, 그 필추가 얻은 옷은 10일 안에 마땅히 지니고, 마땅히 버려야 하니 앞에서 자세히 설명한 것과 같다.

이때 구수 오파리가 세존께 아뢰었다.

"대덕이시여. 몇 종류의 옷이 있습니까?"

세존께서 말씀하셨다.

"두 종류가 있나니 첫째는 새로운 것이고, 둘째는 오래된 것이니라. 새로운 것은 새로 짠 것을 말하고, 오래된 것은 일찍이 네 달 이상을 입었던 것을 말하느니라. 오파리여. 다시 다섯 가지 옷이 있나니 첫째는 유시주의(有施主衣)이고, 둘째는 무시주의(無施主衣)이며, 셋째는 왕환의 (往還衣)이고, 넷째는 사인의(死人衣)이며, 다섯째는 분소의(糞掃衣)이니라.

무엇이 유시주의인가? 남자나 여자나 반택가(半擇迦) 등이 그를 위하여 시주한 것을 말한다. 무엇이 무시주의인가? 남자나 여자나 반택가 등이 그를 위하여 시주하지 않은 것을 말한다. 무엇이 왕환의인가? 만약 죽은 사람이 있어 권속들이 슬프게 생각하여 옷을 시신 위에 올려놓고서 화장하는 곳까지 보냈다가 화장(焚葬)을 마치면 다시 그 옷을 가지고 돌아와 승가에 받들어 보시한 것을 말한다.

무엇이 사인의인가? 시다림에 있는 죽은 자의 옷으로서 주인이 없어 거두어들인 것을 말한다. 무엇이 분소의인가? 다섯 종류가 있으니 무엇인가? 첫째는 길에 버려진 옷이고, 둘째는 더러운 곳에 있는 옷이며, 셋째는 냇가의 주변에 버려진 옷이고, 넷째는 개미가 씹어서 구멍난 옷이며, 다섯째는 찢어진 옷이니라. 다시 다섯 종류가 있으니 첫째는 불에 탄 옷이고, 둘째는 물에 젖은 옷이며, 셋째는 쥐가 갉은 옷이고, 넷은 소가 씹은 옷이며, 다섯은 유모(嬭母)가 버린 옷이니라.

만약 필추가 새 옷을 얻어서 옷을 짓고자 한다면 마땅히 세탁하고, 물들이며, 재단하고, 바느질하며, 두 겹으로는 승가지를 만들고, 두 겹으로는 니사단(尼師但)을 만들며, 한 겹으로는 올달라승가를 만들고, 한 겹으로는 안달바사를 만들어야 한다. 만약 필추가 두 겹으로 승가지를 만들 때 만약 덧붙여서 세 번째 겹을 덧붙인다면 덧붙일 때에 악작죄를 얻고, 11일의 날이 밝으면 곧 사타를 범하게 된다.

만약 필추가 새로 만든 승가지에서 오래된 속감을 뜯어내어 다른 곳에 사용하려고 한다면 뜯어낼 때에 악작죄를 얻으며, 11일의 날이 밝으면

544

곧 사타를 범하게 된다.

만약 필추가 새로 만든 승가지에서 그 속감을 뜯어내어 세탁하고 물들이고 바느질하고 다듬어서 다시 본래의 자리에 붙이려고 한다면 범하는 것이 없으나, 11일의 날이 밝을 때까지 덧붙이는 일을 끝내지 못하면 니살기바일저가이다. 승가지는 이미 이와 같으며 니사단의 일도 모두 이와 같다. 만약 필추가 새로 만든 올달라승가가 있는데 두 번째의 겹을 덧붙인다면 덧붙일 때 악작죄를 얻으며, 11일의 날이 밝을 무렵에는 곧 사타를 범하게 된다. 안달바사도 또한 이와 같다.

만약 필추가 헌옷을 얻어서 옷을 지으려고 하면 마땅히 세탁하고 물들이며, 재단을 하고, 바느질하여 네 겹으로는 승가지를 만들고, 네 겹으로 니사단을 만들며, 두 겹으로는 올달라승가와 안달바사를 만든다. 만약 필추가 두 겹의 울달라승가와 안달바사에 만약 다시 덧붙이고자 하여 세 번째의 겹을 덧붙이면 덧붙일 때에 악작죄를 얻으며, 11일의 날이 밝으면 사타죄를 범하게 된다.

만약 필추가 두 겹으로 된 옷에서 속감을 뜯어내어 혹은 덧붙이거나 덧붙이지 않는 것의 범하는 것과 범하지 않는 것의 자세한 것은 앞에서 설명한 것과 같다. 만약 필추가 유시주의와 왕환의와 사인의가 있으면 그것이 새로운 것인가? 오래된 것인가에 의거하여 겹의 수(數)를 마땅히 알아야 한다. 분소의를 가지고 있는 때는 겹의 수를 뜻을 따라서 하여도 옷을 짓는데 제한이 없다.

그때 구수 오파리가 세존께 아뢰었다.

"대덕이시여. 승가지에는 몇 종류가 있고, 조(條)의 수(數)는 어떻게 됩니까?"

세존께서 오파리에게 말씀하셨다.

"아홉 종류의 구분이 있느니라. 무엇이 아홉 가지인가? 9조·11조·13조·15조·17조·19조·21조·23조·25조이니라. 오파리여. 처음의 세 가지 가사는 긴 조각 두 개와 짧은 조각 한 개로 하고, 다음의 세 가지 종류는 긴 조각 세 개와 짧은 조각 한 개로 하며, 끝의 세 가지 종류는 긴 조각

네 개와 짧은 조각 한 개로 짓는 것이니 마땅하게 짓고 마땅하게 지닐지니라. 이것을 넘어서면 곧 잘못된 옷이 되느니라."

오파리가 세존께 아뢰었다.

"대덕이시여. 가사의 크고 작음에는 몇 가지 차별이 있습니까?"

세존께서 말씀하셨다.

"승가지에는 세 가지 차별이 있나니 상·중·하를 말한다. 상(上)은 세로가 3주(三肘)이고, 가로가 5주이며, 하단 세로가 2주 반이고 가로가 4주 반이니라. 이 두 가지의 중간을 중(中)이라 이름한다. 올달라승가와 안달바사의 경우에도 또한 세 종류가 있으니 상·중·하를 말하며 양(量)은 승가지에서 말한 것과 같으니라. 오파리여. 다시 두 가지의 안달바사가 있으니 세로가 2주이고 가로가 5주인 것과 세로가 2주이고 가로가 4주인 것이니라. 가장 아래의 안달바사는 다만 3륜(三輪)9)을 덮을 뿐이니, 이것이 지니는 가사 가운데에서 가장 작은 것이니라. 만약 니살기바일저가의 가장 작은 것은 다만 가로와 세로를 1주로 제한한 것이니라."

만약 필추가 사타를 범하면 마땅히 세 가지의 일을 해야 하는데 마땅히 위에서 설명한 것과 같이 하라.

또한 범하지 않는 것은 처음으로 잘못을 저지른 사람과 혹은 어리석고, 미쳤으며, 마음이 어지럽고 고통스러운 것에 얽매인 것이다.

4) 사비친니완고의(使非親尼浣故衣) 학처 ①

이때 보살께서는 도사천(都史天)10)으로부터 내려오시어 겁비라성의 정반왕(淨飯王)의 가문에 의탁하여 태어나셨다. 이때에 사방에 큰 명성을 떨치고 있던 사람이 말하였다,

"석가족에 태자가 탄생하셨으니, 설산 주변의 분염(分鹽) 강 곁에 있는

---

9) 필추의 어깨와 가슴 등의 몸을 가리킨다.
10) 도솔천(兜率天)의 다른 명칭이다. 천상(天上)의 욕계(欲界) 중에서 제4천으로 그 내원(內院)은 미래에 부처가 되는 보살이 머무르는 곳이다.

겁비라(劫比羅)[11] 선인(仙人)이 머무는 곳이 처소이다."

이곳에서 멀지 않은 곳에 바라문 선인(仙人)이 있어 아사다(阿私多)라고 이름하였으며, 점을 잘 치고 관상을 잘 보았다. 왕이 부르니 살펴보고 수기(授記)하였다.

"두 가지의 상서로움이 있습니다. 만약 재가에 있으면 전륜왕(轉輪王)이 되어 사천하(四天下)를 교화하고, 대성주(大聖主)가 되어 윤보(輪寶)·상보(象寶)·마보(馬寶)·주보(珠寶)·여보(女寶)·주장신보(主藏臣寶)·주병신보(主兵臣寶)의 칠보(七寶)를 구족하며, 천 명의 아들이 원만하고 큰 위력을 갖추어 용맹[勇健]하고 무쌍(無雙)하여 원수를 항복시키고, 이 대지와 사해(四海)의 끝을 다스리며, 모든 도둑들이 없어지고 또한 혹독한 형벌이 없어지며, 법과 이치로써 사람들을 다스리며 안온하게 머무를 것입니다.

만일 출가하면 수염과 머리카락을 깎고, 바른 신심(信心)으로 집 아닌 곳에 이르러 마땅히 큰 깨달음을 이루고 마땅히 정변지(正遍知)가 되어 명성이 시방에 가득하며 널리 많은 중생을 구제하실 것입니다."

이때 여러 나라의 대왕들을 모두 석가족에 태자가 탄생하여 설산에 있으며, 나아가 널리 중생들을 구제하실 것이라는 소식을 듣고는 각자 이와 같이 생각하였다

'나는 지금 마땅히 가서 태자를 받들어 모시고, 뒤에 마땅히 복록(福祿)을 얻어야겠다.'

또한 이렇게 생각하였다.

'나는 지금 태자를 만날 수 있는 인연이 없으니 만약 정반왕을 받들어 모시면 곧 태자를 받들어 모시는 일이 되는 것이다.'

이때 여러 나라의 왕들이 모두 사신과 함께 나라의 신표(信標)를 지니고 정반왕에게 나아갔다. 뒤에 보살께서는 깊은 궁궐 안에서 양육되어 점차 성장하셨으나, 늙고 병들고 죽는 것을 보신 까닭으로 마음에 근심과 번뇌를 품게 되어 마침내 숲 속으로 가시어 아울러 세속의 일을 버리게

---

11) 산스크리트어 Kapila의 음사로서 겁비라(劫比羅)·가비리(迦毘梨)로 한역되며, 황발(黃髮)·금두(金頭)라 번역된다. 수론외도(數論外道)의 시조이다.

되셨다. 여러 나라의 왕들은 이 소식을 듣고 모두 이렇게 생각하였다.

'내가 지금 정반왕을 섬기는 까닭은 태자를 섬기고자 하는 뜻이었으나, 지금 태자는 이미 숲 속으로 가서 마음에서 출리(出離)를 구하고자 한다. 내가 지금 무슨 까닭으로 쓸모없이 비용을 낭비하겠는가?'

이에 사신과 여러 국신(國信)을 모두 단절시켰다. 그때에 교살라국(憍薩羅國)의 승광대왕(勝光大王)은 정반왕의 나라와 이웃하고 있어 신물(信物)은 비록 단절시켰으나, 오히려 사신은 왕래하였고 때때로 사신을 보내고 서로를 문안하였다. 파견된 이 나라의 사신은 대신으로 밀호(密護)라고 이름하였다. 이때 밀호는 정반왕의 처소에 이르러 국사를 논의하고서 곧 대신인 오타이의 집에 머물렀다. 정반왕이 사신을 보내어 승광왕을 문안할 때는 대신인 오타이를 가도록 하였고 오타이는 실라벌성(室羅伐城)에 이르러 승광왕을 보고 국사를 논의하고서 밀호의 집에 가서 머물렀다.

밀호에게 부인이 있어 급다(笈多)라고 이름하였으며, 얼굴과 용모가 단정하여 사람들이 보고는 즐거워하였다. 어느 때 오타이는 곧 급다와 법에 맞지 않은 비법(非法)을 함께 저질렀다. 그러자 그 밀호는 자기 부인이 오타이와 몰래 정을 통한다는 말을 듣고서 곧 '이 나쁜 두 사람을 죽여야겠다.'고 생각하였으나, 뒤에 다시 '내가 만약 그들을 죽인다면 왕성(王城)이 시끄러워져서 크게 놀랄 것이다. 이 죄과(罪過)가 있는 여인 때문에 어떻게 바라문을 죽이겠는가?' 생각하고는 곧 내버려두고 묻지 않았다. 뒤에 밀호가 죽자 승광왕은 아들이 없는 까닭으로 재산을 거두어 들여서 왕의 소유로 하였다. 오타이는 이 일을 듣고는 곧 이렇게 생각했다.

'내가 지금 현재의 저 급다가 아무 것에도 의지할 수 없도록 하겠는가?'

곧 밤새도록 이익과 손해되는 일을 생각하다가 새벽이 되어 곧 정반왕의 처소로 가서 이와 같이 말하였다.

"왕께서는 승광왕과 국경이 인접하여 있사오며, 이렇게 드러난 일을 곧 보셨으니 마땅히 사신을 보내시어 그 곳에서의 일을 헤아리셔야 합니다. 만약 문안하지 않으면 마땅히 재앙을 초래하실 것입니다."

왕이 곧 그에게 말하였다.

"만약 그와 같다면 경(卿)이 마땅히 사신으로 가서 그 일을 헤아리도록 하시오."

이때 오타이는 곧 실라벌성으로 가서 이렇게 생각하였다.

'내가 지금 마땅히 대왕을 먼저 만나야 하는가? 신하를 먼저 만나야 하는가?'

다시 헤아려 생각하였다.

'일을 구하는 법은 이치가 아래로부터 일어난다.'

곧 대신의 처소로 가서 자신의 근본의 뜻[本意]을 자세히 말하였다.

"내가 왕에게 말하여 급다를 얻고자 하니 바라건대, 당신께서 은혜로 나를 도와서 말해주시면 고맙겠습니다."

대신이 듣고서 그렇게 하겠다고 하였으므로 오타이는 곧 승광왕의 처소로 가서 함께 국사를 논의하고 곧 왕에게 말하였다.

"바라건대 대왕께서는 머물 곳을 내려주십시오."

왕이 말하였다.

"경이 이전에 왔을 때는 어느 곳에서 머물렀소?"

알려 말하였다.

"저는 이전에는 밀호의 집에 머물렀습니다."

왕이 말하였다.

"이번에도 마땅히 그곳에 머무르는 것이 좋겠소."

곧 다시 왕에게 말하였다.

"밀호는 죽었습니다."

왕이 말하였다.

"집주인이야 비록 죽었으나 집이 어떻게 죽었겠소?"

오타이가 말하였다.

"집은 비록 죽지 않았으나 수입은 하나도 없습니다."

왕이 신하에게 명하였다.

"묵을 곳을 찾아서 오타이를 편안하게 해드리도록 하시오."

신하가 말하였다.

"다른 머물 곳이 없습니다. 그러나 저 사람은 이전에 급다와 정을 통하여 본래의 뜻은 이것을 인연으로 왕께 말하고자 하는 것이니 왕께서 지금 만약 이 사람을 거두어들이면 곧 정반왕을 거두어들이시는 것입니다."

이때 승광왕은 곧 사자(使者)에게 명하여 오타이를 오도록 하였고 곧 알려 말하였다.

"오타이여. 나는 진실로 경이 급다와 함께 정을 통한 것을 알지 못하였소. 지금 급다를 경에게 주어 아내로 삼고 집과 재물도 또한 주겠소."

이때 오타이는 감사하다고 예배하고 물러났다. 이때 급다는 오타이가 그의 집에 온다는 말을 듣고서 곧 문 밖으로 나와 큰 소리로 통곡을 하였다. 오타이가 문에 이르러 급다에게 물었다.

"어째서 우는 것이오?"

급다가 알려 말하였다.

"내가 사랑하던 남편이 죽었는데 어떻게 당신도 지금 또한 나를 버리는 것입니까?"

오타이가 말하였다.

"내가 본래 우리를 위하여 이곳에 왔소. 이미 왕께 말씀드려 당신과 집의 재산을 모두 하사받았으니 당신은 이곳에 있겠소? 겁비라성으로 가겠소?"

급다는 스스로 생각하였다.

'내가 만약 겁비라성으로 가면 바라문의 부인이 나를 살려두지 않을 것이니, 마땅히 이 집에 머물러야겠다.'

이때 오타이는 두 개의 집이 있었으니 하나는 겁비라성에 있었고, 하나는 실라벌성에 있었다.

이때 보살께서는 6년 동안 하나도 소유하지 아니하고 고행을 닦아 마치시고서 곧 마음에 따라서 상묘한 음식을 받고자 하셨다. 곧 음식물과 여러 소유(蘇油)를 두루 몸에 바르시고 따뜻한 물로 목욕을 하셨다. 드디어 곧 승군(勝軍) 마을의 두 마리의 소를 기르는 여인의 처소에 가셨으니,

550

한 사람은 환희(歡喜)라 이름하였고, 다른 사람은 환희력(歡喜力)이라고 이름하였다. 열여섯 배(倍)의 우유죽을 받아서 배부르게 드셨고, 다시 선행(善行) 남자의 처소로 가시어 길상초(吉祥草)를 취하시니, 때에 흑룡왕(黑龍王)이 찬탄하였다. 보살께서는 보리수 아래로 가시어 손으로 풀을 고르게 펴서 어지럽지 않게 하신 뒤에 결가부좌를 하고 몸을 단정하고 마음을 바르게 하고서 마음속으로 생각하여 말씀하셨다.

'만약 나의 모든 번뇌를 끊고 다하지 못한다면 나는 끝까지 이 가부좌를 풀지 않으리라.'

이때 보살께서는 아직 가부좌를 풀지 않으셨으나 미혹들을 모두 마치셨다. 이때 세존께서는 36억의 마군을 항복시키시고 일체의 지혜를 증득하셨으며, 범왕(梵王)의 청을 받아들여 바라니사(婆羅尼斯)로 가시어 삼전십이행(三轉十二行)12)의 법륜(法輪)을 굴리시어 다섯 필추와 그들을 따르던 다섯 필추니를 제도하셨다.

다음으로 백모림(白毛林) 가운데로 가시어 60의 현부(賢部)를 제도하시여 견제(見諦)13)에 머물게 하셨으며, 또한 승군(勝軍) 마을에 이르시어 두 명의 소를 기르는 두 여인을 제도하시고 또한 견제에 머물게 하셨고, 또한 오로빈라(烏盧頻螺) 숲 근처에 가시어 천 명의 외도를 제도하시고 출가시켜 계를 받게 하셨다.

또한 가야산(伽耶山)14) 정상에 이르시어 삼신변(三神變)을 나투시어 교화하시고 안은(安隱)한 열반에 머물게 하셨고, 또한 장림(杖林)15)에 이르시어 마게타(摩揭陀)의 국왕인 빈비사라왕을 견제에 머물게 하셨으며, 아울러 팔십 백천의 천인(天人) 무리와 무량(無量) 백 천의 마갈타국 바라문 등을 제도하셨다.

---

12) 사제(四諦)를 시전(示轉)·권전(勸轉)·증전(證轉)의 세 방면으로 나누고, 다시 시전(示轉)·권전(勸轉)·증전(證轉)의 사제(四諦) 각각에 안(眼)·지(智)·명(明)·각(覺)의 네 단계를 두어, 사제(四諦) 각각을 열두 가지 양상으로 설한 것이다.
13) 견제(見諦)는 진리를 명확하게 터득하는 것이며 견도(見道)와 같다.
14) 세존께서 정각을 이룬 붓다가야의 서북쪽에 인접한 산이다.
15) 산스크리트어 Yaṣṭi의 음사로서 예슬지림(洩瑟知林)으로도 번역된다.

다음으로 왕사성에 이르시어 죽림정사를 시주 받으셨고, 또한 사리불과 목건련을 출가시키고 계를 주셨다. 다음으로 실라벌성으로 가시어 서다림의 급고독원을 받으셨고, 다음으로 교살라국(憍薩羅國)에 이르시어 『소년경(少年經)』을 설하시어 승광왕으로 하여금 견제를 얻게 하셨으며, 서다림에 머무르셨다. 이때 승광왕은 사신을 정반왕의 처소로 보내 이렇게 알리게 하였다.

"대왕이시여. 지금 왕께서는 기뻐하십시오. 태자께서는 이미 무상정각(無上正覺)을 증득하셨습니다. 또한 유정(有情) 등에게 감로(甘露)를 맛보게 하시며 현재는 서다림 숲 안에서 머무르고 계십니다."

이때 정반왕은 이 소식을 듣자 손으로 뺨을 괴고 걱정하면서 탄식하였다.

"지난 날 일체의성(一切義成)[16] 태자가 고행을 닦을 때에 내가 항상 사자를 보내 안부를 묻게 하면 사자가 곧 돌아와서 나에게 머무는 곳을 알려주었으나, 요즘에는 사자를 보내어 물어도 결국 한 사람도 돌아오는 자가 없었는데 지금 서다림 안에 와서 있다고 하니 그 일은 무슨 까닭인가?"

이때에 대신인 오타이가 왕의 처소로 나아가 곧 왕에게 말하였다.

"대왕께서는 무슨 까닭으로 손으로 뺨을 괴시고 걱정하고 계십니까?"

왕이 말하였다.

"내가 어떻게 근심하지 않을 수 있겠소? 지난 날 일체의성 태자가 고행을 닦을 때에 내가 항상 사자를 보내 안부를 묻게 하면 사자가 곧 돌아와서 나에게 머무는 곳을 알려주었으나, 요즘에는 사자를 보내어 물어도 결국 한 사람도 돌아오는 자가 없었소. 지금 믿을 수 있는 소식이 전하기를 '일체의성 태자가 무상정각을 증득하였으며 또한 유정에게 같은 감로를 맛보게 하였다.'고 말하며 서다림에서 있으니 어떻게 걱정되지 않겠소?"

이때 오타이는 곧 왕에게 말하였다.

"만약 이렇다면 청하건대, 제가 사신이 되어 신표를 가지고 다녀오겠습

---

16) 산스크리트어 siddhārtha의 음사로서 세존이 출가하기 전의 태자 때의 이름이다. '모든 일이 마음대로 이루어진다.'는 뜻이다.

552

니다."

왕이 말하였다.

"경이 간다고 하여도 오히려 그곳에 머물러서 또한 돌아오지 않을 것이오."

오타이가 말하였다.

"대왕의 명을 받들었는데 어떻게 감히 돌아오지 않겠습니까?"

정반왕은 스스로 서신(書信)을 써주면서 말하였다.

처음에 수태(受胎)한 후부터
세상에서 가장 귀하게 길렀노라.
번뇌의 불길이 항상 타올라서
항상 최승수(最勝樹)를 간절히 구하더니

지금 이미 성불을 얻어서
따르는 부류의 수(數)는 끝이 없으며
나머지 사람들도 안락함을 받았으나
오직 나만이 아직 고통을 없애지 못하였다네.

편지 쓰기를 마치고 옥쇄를 찍어 오타이에게 주었다. 이때 오타이는 왕의 칙서(敕書)를 가지고 실라벌성으로 가서 세존께 드렸다. 세존께서는 편지를 받고 곧 스스로 열어 읽으셨다. 이때 오타이가 세존께 아뢰었다.

"세존이시여. 능히 겁비라성으로 향하지 않으시겠습니까?"

세존께서는 오타이에게 말씀하셨다.

"내가 그대와 함께 가겠소."

이때 오타이는 그 예전에 태자가 성을 넘어 출가하여 왕이 자주 불렀으나 결국 나라에 돌아오지 않았던 일을 생각하고 거듭해서 세존께 아뢰었다.

"만약 세존께서 기꺼이 가지 않으시면, 제가 억지로라도 모시고 가겠습니다."

이때 세존께서는 이 말을 들으시고 곧 오타이에게 가타로서 대답하여 말씀하셨다.

삶과 죽음과 애욕의 그물을 완전히 제거한다면
이것은 곧 진실로 장차 데리고 갈 사람이 없는 것이니
세존의 위력은 이르지 않는 곳이 없거늘
그대가 어떤 방편으로 능히 데리고 갈 수 있을 것인가?

삶과 죽음의 애욕의 그물을 완전히 제거했다면
이것은 곧 진실로 장차 데리고 갈 사람이 없는 것이니
세존의 경계는 이르지 않는 곳이 없거늘
그대가 어떤 방편으로 능히 데리고 갈 수 있을 것인가?

근본설일체유부비나야 제18권

삼장법사 의정 한역
석보운 번역

4) 사비친니완고의(使非親尼浣故衣) 학처 ②

이때 오타이는 세존께서 게송을 설하시는 것을 듣고 세존의 발에 정례(頂禮)하고 아뢰었다.

"세존이시여. 제가 궁으로 돌아가서 부왕께 알려드리겠습니다."

세존께서 오타이에게 말씀하셨다.

"세존의 사자의 이치는 그렇게 하여서는 아니되오."

오타이가 세존께 말하였다.

"세존의 사자는 그 일이 어떠합니까?"

세존께서 오타이에게 말씀하셨다.

"일반적으로 출가를 한 사람만이 비로소 세존의 사자가 될 수 있는 것이오."

오타이가 말하였다.

"저는 출가하고자 합니다. 그러나 중요한 약속을 하였기에 돌아가서 정반대왕께 보고를 드리려고 하오니 먼저 떠나겠습니다."

세존께서 말씀하셨다.

"기다려서 출가하고 비로소 소식을 전해드리도록 하시오."

오타이가 말하였다.

"좋습니다. 저는 지금 출가하겠습니다."

그러나 세존께서 보살로 계실 때에 태어나는 곳마다 두 스승과 두 어버이와 여러 존경받는 부류들에게 법에 맞게 교육받았고, 일찍이 거역한 일이 없었으므로 이 인연에 의거하여 말씀에 거역하는 사람이 없었다.
그때에 오타이가 세존께 아뢰었다.

"저는 지금 출가를 하겠습니다."

세존께서 사리자에게 말씀하셨다.

"그대가 오타이를 출가시키고 그에게 긴 밤을 영원히 이익을 얻게
하시게."

사리불이 말하였다.

"알겠습니다. 세존이시여."

곧 출가를 시키고 아울러 원구를 주었으며 행해야 할 법을 대략 일러주었
다. 그때 오타이는 가르침과 계율을 받고 사리불에게 예배드리고 세존의
처소로 나아갔다. 세존의 두 발에 예경하고서 아뢰었다.

"세존이시여, 저는 이미 출가하였나이다."

세존께서 말씀하셨다.

"그대는 지금 떠나가도 좋소. 그러나 잠깐 동안이라도 왕궁에 들어가서
는 아니되오. 마땅히 그 성문에 도달하면 서서 알리기를, '석가의 필추가
지금 문 밖에 와 있소.'라고 말하시오. 만약 들어오라고 외치면 마땅히
따라 들어갈 것이며, 그가 '또 다른 석가의 필추들이 있습니까?'라고
물으면, '다른 필추들이 있습니다.'라고 대답하시오. 만약 '일체의성 태자
께서도 또한 이러한 모습을 하고 계십니까?'라고 물으면 '또한 이와
같은 모습을 하고 계십니다.'고 대답하시오.

그대는 또한 마땅히 왕궁 안에서 잠을 자지 않을 것이고, 만약 '일체의성
태자께서는 왕궁에서 머무르십니까?'라고 물으면, '머무르지 않으십니
다.'라고 대답하시오. 그가 '어느 곳에서 머무르십니까?'라고 물으면,
'아란야나 비하라(毘訶羅)[1]에 머무르십니다.'라고 대답하시오. 만약 '일체
의성 태자께서는 앞으로 오시려고 하십니까?'라고 물으면, '오시려고
하십니다.'라고 대답하시오. 만약 '어느 때 오시려고 하십니까?'라고 물으

---

1) 산스크리트어 'vihāra'의 음사로서 주처(住處)·유행처(遊行處)·정사(精舍) 등으로
한역된다.

면, '7일이 지나면 이곳에 오실 것입니다.'고 대답하시오."

이때 오타이는 세존께 예배드리고 떠나갔다. 이때 세존께서는 신비한 힘으로 가피(加被)를 주시어 오타이에게 팔을 펴는 잠깐 사이에 겁비라성에 도착하게 하셨다. 오타이는 왕궁의 성문 밖에 서서 문지기에게 알렸다.

"나를 위하여 왕께 석가의 필추가 지금 문 밖에 와 있다고 알리시오."

문지기가 물었다.

"다시 다른 석가의 필추들이 있습니까?"

알려 말하였다.

"여러 필추들이 있습니다."

문지기가 곧 들어가서 왕에게 아뢰었다.

"석가의 필추가 문밖에 와 있습니다. 들어오게 하시겠습니까?"

왕이 말하였다.

"불러들여라. 내가 석가의 필추는 그 모양이 어떤가를 보아야겠다."

문지기가 인도하였다. 왕이 있는 곳에 이르니 왕이 얼굴을 알아보고 오타이에게 물었다.

"그대는 지금 출가하셨소?"

알려 말하였다.

"저는 이미 출가를 하였습니다."

왕이 다시 물었다.

"일체의성 태자도 또한 이와 같은 모습을 하고 있소?"

대답하여 말하였다.

"대왕이시여. 또한 이 모습과 같습니다."

그때에 정반왕은 무시(無始)의 겁(劫)으로부터 은애(恩愛)의 정이 두터워 이와 같은 말을 듣고 기절하여 땅에 쓰러져 일어나지 못하였다. 차가운 물을 뿌리고 오랜 뒤에 깨어나 땅에서 일어나 오타이에게 물었다.

"일체의성 태자는 이곳에 오려고 하오?"

대답하여 말하였다.

"오려고 하십니다."

"언제 오려고 하시오?"

"7일이 지나면 이곳에 오실 것입니다."

이때 왕은 곧 여러 신하들에게 명하였다.

"일체의성 태자가 7일이 지나면 옛 집에 돌아오려고 하니, 경들은 마땅히 성(城)과 해자(隍)²⁾를 꾸미고 도로를 장엄하며, 궁중의 내인(內人)들도 또한 물 뿌리고 청소를 하게 하라. 태자가 올 것이다."

오타이가 말하였다.

"세존께서는 왕가(王家)와 내궁(內官) 안에는 머무르지 않으십니다."

왕이 말하였다.

"어느 곳에서 머무르시오?"

"아란야나 비하라에 머무르십니다."

왕은 여러 신하들에게 말하였다.

"경(卿)들은 아란야처인 굴로타림(屈路陀林)으로 가서 서다림과 같이 주처를 조성하여 열여섯의 대원(大院)을 두고 하나의 원(院)에는 육십 개의 방을 두도록 하시오."

이때 여러 신하들은 왕의 명을 받들어 곧 아란야인 굴로타림으로 가서 서다림의 것과 같이 열여섯 채의 큰 집과 집마다 여순 개의 방을 지어 대왕의 가르침을 따라서 왕의 말과 같이 곧 완성되었다. 여러 뛰어난 천인(天人)들이 마음을 일으켜 일에 힘써 정력(定力)에 상응하여 뜻과 생각이 모두 이루어졌다. 이 성 안에서는 큰 거리와 골목의 모든 더러운 것들이 다 지워지고 전단향의 물을 여러 곳에 뿌렸고, 여러 곳에는 모두 특별하고 묘한 향을 공양하였으며, 여러 가지 그림들을 매단 당번(幢幡)을 세웠고, 널리 향과 꽃을 펼쳐 놓아 진실로 즐거워하였으니 오히려 제석천에 있는 환희(歡喜)의 동산과도 같았다. 여러 대중들은 각자 간절하게 우러르는 마음을 가지고 세존을 보는 것을 바라면서 이렇게 생각하고 머무르고 있었다.

---

2) 적의 침입을 막기 위하여 성 밖을 둘러 파서 연못으로 만든 곳을 가리킨다.

이때 세존께서는 서다림에 머무르고 계셨는데 대목련에게 명(命)하셨다.

"그대는 지금 마땅히 가서 모든 필추들에게 알리도록 하라. 여래께서 겁비라성으로 가고자 하시니 만약 여러 구수께서 즐거운 마음으로 부자(父子)가 만나는 것을 보고자 하면 마땅히 가사와 발우를 챙기도록 하시오."

대목련은 세존의 명을 받고 나서 여러 필추들에게 알렸다.

"여러 구수여. 세존께서는 겁비라성으로 가고자 하십니다. 만약 여러 구수께서 즐거운 마음으로 부자가 만나는 것을 보고자 하신다면 마땅히 가사와 발우를 갖추어 세존을 따르도록 하십시오."

여러 필추들은 알리는 말을 받들어 갖추어 와서 세존을 뒤따랐다. 그때 세존께서는 스스로 조복(調伏)하신 까닭으로 조복에 둘러싸이셨고, 적정(寂靜)하신 까닭으로 적정에 둘러싸이셨으며, 해탈(解脫)하신 까닭으로 해탈에 둘러싸이셨고, 안은(安隱)하신 까닭으로 안은에 둘러싸이셨으며, 선순(善順)하신 까닭으로 선순에 둘러싸이셨고, 스스로 이욕(離欲)하신 까닭으로 이욕에 둘러싸이셨으며, 아라한이신 까닭으로 아라한에 둘러싸이셨고, 단엄(端嚴)하신 까닭으로 단엄함에 둘러싸이셨다.

스스로 사자왕과 같으신 까닭으로 사자에게 둘러싸이셨고, 대우왕(大牛王)과 같으신 까닭으로 여러 소들에게 둘러싸이셨으며, 기러기왕과 같으신 까닭으로 여러 기러기들에게 둘러싸이셨고, 스스로 묘시왕(妙翅王)[3]과 같으신 까닭으로 묘시조(妙翅鳥)에게 둘러싸이셨으며, 바라문과 같으신 까닭으로 학도(學徒)들에게 둘러싸이셨고, 훌륭한 의사와 같으신 까닭으로 병자(病者)들에게 둘러싸이셨으며, 대군(大軍)의 장군과 같으신 까닭으로 병사들에게 둘러싸이셨고, 스스로 길을 안내하는 길잡이와 같으신 까닭으로 행인들에게 둘러싸이셨으며, 스스로 상주(商主)와 같으신 까닭으로 상인들에게 둘러싸이셨고, 스스로 대장자(大長者)와 같으신 까닭으로 많은 사람들에게 둘러싸이셨다.

---

3) 산스크리트어 garuda의 음사로서 가유라(迦留羅)·가로차(迦路茶)라고 한역되며, 금시조(金翅鳥)·묘시조(妙翅鳥)라고 의역된다.

스스로 국왕과 같으신 까닭으로 대신들에게 둘러싸이셨고, 밝은 달과 같으신 까닭으로 많은 별들에게 둘러싸이셨으며, 해와 같으신 까닭으로 천(千)의 빛에 둘러싸이셨고, 지국천왕(持國天王)과 같으신 까닭으로 건달바(乾闥婆)에게 둘러싸이셨으며, 증장천왕(增長天王)과 같으신 까닭으로 구반다(鳩槃茶)에게 둘러싸이셨고, 추목천왕(醜目天王)과 같으신 까닭으로 용의 무리에게 둘러싸이셨으며, 다문천왕(多聞天王)과 같으신 까닭으로 약차(藥叉)4) 무리에게 둘러싸이셨고, 정묘왕(淨妙王)과 같으신 까닭으로 아소라(阿蘇羅)5) 무리에게 둘러싸이셨으며, 제석천과 같으신 까닭에 삼십삼천에게 둘러싸이셨고, 범천왕(梵天王)과 같으신 까닭으로 범천의 무리에게 둘러싸이셨다.

스스로 큰 바닷물이 맑은 것과 같으신 까닭으로 편안히 머무르셨고, 드디어 큰 구름이 많이 모여서 널리 드리운 것과 같으셨으며, 드디어 코끼리의 새끼가 취하여 날뛰는 것을 그친 것과 같으셨으니 모든 감관을 조복시키시고 위의가 고요하시어 32상(相)으로 꾸미시고 80종호(種好)6)로 몸을 장엄하셨고, 1심(尋)의 원광(圓光)이 천 개의 해보다 더 밝게 비치며 편안한 모습으로 천천히 나아가시는 모습은 보산(寶山)을 즐기는 모양과 같으셨으며, 시방의 4무외(四無畏)와 대비(大悲)와 3념주(念住)와 무량한 공덕이 모두가 원만하였다.

여러 대성문으로서 존자(尊者) 아신야교진여(阿愼若憍陳如)·존자 고승(高勝)·존자 바슬바(婆瑟波)·존자 대명(大名)·존자 무멸(無滅)·존자 사리자(舍利子)·존자 대목련·존자 가섭파(迦攝波)·존자 명칭(名稱)·존자 원만(圓滿) 등의 여러 대성문과 나머지 많은 사람들이 겁비라성으로 향하여 점차 나아가서 노사다하(盧呬多河)에 이르렀다. 이때 여러 필추들은 혹은 손과

---

4) 산스크리트어 yakṣa의 음사로서 용건(勇健)이라고도 한역된다.
5) 아수라의 다른 이름으로 아수륜(阿須倫)·무단정(無端正) 등으로 번역된다.
6) 32상은 전륜성왕과 같은 대장부(大丈夫)가 가지는 특수한 모습(相)이 세존을 법계(法界)의 왕과 모습으로 비유하여 구체화 한 것이다. 80종호는 세존의 32상(相)을 더 구체적으로 모습을 세분하여 성격, 음성, 행동에 대해서 80가지로 구체화한 것으로 수상(隨相), 소상(小相) 등으로 불리기도 한다.

발을 씻기도 하였고, 혹은 양치하는 나무를 씹기도 하였으며, 혹은 깨끗한 물을 담기도 하였고, 혹은 목욕을 하기도 하였다.

이때 겁비라성의 많은 사람들은 일체의성 태자가 지금 도착한다는 소식을 듣고 모두 크게 기뻐하여 앞다투어 달려서 굴로타(屈路陀) 숲으로 갔다. 이때 정반왕은 넓은 곳에 평상과 좌석을 설치하고 태자를 기다렸다.

이때 무량 백천의 대중들이 구름같이 모여들었고, 혹은 선세(先世)의 선근(善根)으로 서로가 일깨워 주기도 하였으며, 혹은 마음에 기쁘고 즐거운 생각을 일으켜 이와 같이 생각하였다.

'아버지가 아들에게 예를 갖추는가? 아들이 아버지에게 예를 갖추는가?'

세존께서는 곧 이렇게 생각하셨다.

'내가 만약 발로 걸어 성 안으로 들어간다면 여러 석가족의 사람들은 각자 업신여기는 생각을 일으켜 믿지 않는 마음을 일으키고 이와 같이 의논할 것이다.

'일체의성 태자는 큰 잘못을 저질렀다. 이전에 떠나던 날에는 백천(百千)의 천인(天人)의 부류들이 허공으로부터 따라가며 겁비라성을 둘러싸고 갔으나, 지금 무상(無上)의 묘(妙)한 지혜를 획득하였거늘 곧 발로 걸어서 돌아오는가?' 여러 사람들에게 업신여기는 마음을 쉬도록 나는 지금 마땅히 신통한 변화로써 겁비라성에 들어가야겠구나.'

이때 세존께서는 마음을 따라서 염(念)하여 삼마지(三摩地)에 드시었다. 이미 정(定)에 드시어 앉았던 자리에서 보이지 않으셨고 여러 필추와 함께 허공으로 뛰어오르시니, 마치 보름달이 함께 둘러싸고 있는 것과 같으셨고, 또한 큰 기러기왕이 날개를 펼치고 가는 것과 같으셨으며, 행주좌와(行住坐臥)의 네 가지 위의의 가운데에서 널리 신통변화를 나투시었다.

그때 세존께서는 먼저 동쪽에서 화광정(火光定)에 드시어 여러 가지 색깔인 청(靑)·황(黃)·적(赤)·백(白)·홍(紅)·파지(頗胝)[7]의 불꽃을 나투셨으며, 혹은 신통한 변화를 나투시어 몸 위로는 물이 나오게 하고 몸 아래로는

불을 나오게 하시었고, 몸 위로는 불이 나오게 하고 몸 아래로는 물이
나오게 하시었다.

　동쪽에서는 이미 이와 같이 하시었고, 남·서·북쪽에서도 또한 이와
같이 하시었다. 다음으로 신통을 거두시어 허공 가운데에서 7다라수(多羅
樹)[8]의 높이에 오르시니 여러 필추들은 다만 6다라수의 높이에 올랐다.
세존께서 6에 오르시면 필추는 5에 올랐고, 세존께서 5에 오르시면 필추는
4에 올랐으며, 세존께서 4에 오르시면 필추는 3에 올랐고, 세존께서 3에
오르시면 필추는 2에 올랐으며, 세존께서 2에 오르시면 필추는 1에 올랐고,
세존께서 1이 되면 대중은 여섯 사람의 키와 같게 되었다.

　세존께서 6에 오르시면 필추는 5에 올랐고, 세존께서 5에 오르시면
필추는 4에 올랐으며, 세존께서 4에 오르시면 필추는 3에 올랐고, 세존께서
3에 오르시면 필추는 2에 올랐으며, 세존께서 2에 오르시면 필추는 1에
올랐고, 세존께서 1이 되면 대중은 곧 땅에 머물렀다.

　세존께서는 땅을 뛰어올라 한 사람의 키를 넘는 높이로 허공을 다니셨으
며, 아울러 무량 백천 구지(俱胝)의 인간과 천상의 대중에게 둘러싸이셔서
겁비라성에 도착하셨다.

　이때 정반왕은 세존을 보고 머리를 땅에 대고 세존의 발에 예경하고서
가타를 설하였다.

　　세존께서 처음에 태어나시어 대지가 진동했을 때와
　　섬부(贍部) 나무의 그림자가 몸을 떠나지 않았을 때와
　　지금 세 번째로 부처님의 원만한 지혜에 예배하오니
　　마구니와 원수를 항복시키시고 정각(正覺)을 이루셨다네.

---

7) 산스크리트어 sphaṭika의 음사로서 빈려(頗黎), 빈리(頗梨)라고 한역되고 수정(水
　精)을 가리킨다.
8) 산스크리트어 tāla의 음사로서 인도의 해안 주변에서 자라는 종려과의 교목으로,
　높이 약 20m에 이름. 수액(樹液)은 사탕의 원료로 쓰이며 열매는 식용한다.
　길고 넓은 잎으로 부채·모자·우산 등을 만들고, 특히 고대 인도인들은 이 잎에
　경문(經文)을 침으로 새기거나 대나무로 만든 붓으로 쓰기도 하였다.

562

이때 여러 석가족과 나머지 대중들은 정반왕이 세존의 발에 예경하는 것을 보고 마음을 참지 못하고서 함께 큰 소리로 외쳤다.

"어떻게 존귀하신 아버지께서 아들의 발에 예경하십니까?"

이때 정반왕은 모든 석가족들에게 말하였다.

"그대들은 마땅히 이렇게 말하면 아니된다. 당시 보살께서 처음 태어나신 날에 대지가 진동하였고, 큰 광명을 놓아 세계를 두루 비추어 그 빛깔이 밝게 비추어 삼십삼천을 지나갔으며, 세계의 중간에 있는 어두운 곳으로서 해와 달의 광명이 이르지 않는 곳에도 마땅히 그때에는 모두가 그 빛을 받아서 그곳에 오랫동안 살았던 유정들도 그 빛을 받아서 서로 볼 수 있었다. 서로가 '당신들의 유정(有情)이 또한 이곳에 살고 있었구나.'라고 말하였다. 그때 내가 그 드문 일을 보고서 곧 세존의 발에 예경하였느니라.

또한 보살께서 일찍이 밭 가운데에 가시어 여러 가지 농사일을 관찰하시고 섬부나무 그늘에서 결가부좌하시어 욕계(欲界)의 나쁘고 착하지 못한 법을 멀리 여의시었고, 거친 사유와 미세한 사유가 남아있는 희락정(喜樂定)9)을 얻어 초정려(初靜慮)에 들어가셨다. 이미 정오가 지나서 다른 여러 나무들의 그림자는 모두 동쪽으로 옮겨갔으나, 오직 섬부나무의 그늘만은 홀로 옮겨가지 아니하였고 보살의 몸에 그늘을 드리우고 있었느니라. 그때 나는 그 드문 일을 보고서 다시 세존의 발에 예경하였으니 이것이 두 번째로 세존의 발에 예경하였던 것이니라."

이때 세존께서는 필추 대중 가운데에서 여러 대중들과 자리에 나아가시어 앉으셨다. 정반왕은 다시 세존의 발에 예경하고서 얼굴을 마주하고 앉았다. 이것이 네 번째로 세존의 발에 예경한 일이었다.

한편 여러 석가족 사람들은 굴로타 숲의 특별하고 묘한 곳에서 뛰어난 자리와 좋은 공양을 차려놓고 세존과 여러 필추 대중들을 기다리고 있었다. 그때 세존께서 그 숲이 있는 곳으로 나아가시어 대중 가운데에 마련되어

---
9) 사선정(四禪定)은 초선정(初禪定)·제2선정(第二禪定)·제3선정(第三禪定)·제4선정(第四禪定) 등을 뜻한다.

있는 자리로 나아가 앉으셨다. 그때에 정반왕은 곧 갖가지 모든 세상의 미묘(微妙)하고 수승(殊勝)하게 세존과 승가에게 공양하였다.

정반왕은 백반왕·곡반왕·감로반왕과 나머지 그곳에 와있는 백천의 대중들과 함께 세존의 발에 예경하고서 한쪽에 앉았다. 사람들 중에는 합장만 하는 사람도 있었고, 혹은 멀리서 세존께서 묵연(默然)히 앉아계시는 것을 바라보는 사람도 있었다.

정반왕은 곧 게송으로 세존께 여쭈었다.

세존께서 예전에 왕궁에 머무실 때는
외출할 때에 코끼리와 말의 수레를 타시었거늘
어찌 양쪽 두 발로써
가시밭 가운데를 돌아다니십니까?

세존께서 알려 말씀하셨다.

나는 신족통(神足通)으로써
자유자재로 허공을 다니니
온 대지를 두루 다니더라도
번뇌의 가시에 다치지 않습니다.

왕이 다시 여쭈어 말하였다.

예전에는 아주 좋은 옷을 입으시고
얼굴빛도 많은 광채가 있었거늘
지금은 거칠고 헤어진 옷을 입으셨으니
어떻게 견디실 수 있겠습니까?

세존께서 알려 말씀하셨다.

부끄러움은 최상의 옷이 되나니
이것을 입으면 매우 단정하고 엄숙합니다.
보는 자에게 환희심을 일으키고
고요히 숲이나 들판에 머무릅니다.

왕이 다시 여쭈었다.

이전에는 기름진 쌀로 지은 밥을 드시고
묘한 금 쟁반에 풍성하였거늘
걸식을 하여 거친 음식을 드시니
어떻게 충족시킬 수 있으십니까?

세존께서 알려 말씀하셨다.

나는 미묘한 법을 먹으니
맛은 정(定)과 서로 일치하오며
음식을 탐하는 마음을 깨끗이 없애고
불쌍히 생각하는 까닭에 받을 뿐입니다.

왕이 다시 여쭈었다.

이전에는 훌륭한 누각과 집에 오르시어
때를 따라 스스로 편안하셨거늘
지금은 숲 속에 머무르시니
어찌 두렵지 않겠습니까?

세존께서 알려 말씀하셨다.

나는 두려움의 근본을 끊었고
번뇌를 모두 깨끗이 제거했으니
비록 숲이나 들판에 머물지라도
모든 근심과 두려움이 영원히 끊겼습니다.

왕이 다시 여쭈었다.

이전에는 왕궁 안에 머무르시어
향기 있는 끓는 물에 목욕을 하셨거늘
지금 숲과 들판 가운데에 머무르시니
세존께서는 어떻게 목욕을 하십니까?

세존께서 알려 말씀하셨다.

법의 연못은 공덕수(功德水)이고
청정한 사람을 찬탄하나니
지혜로운 자는 이 가운데에서 목욕을 하여
모든 번뇌의 때를 영원히 끊사옵니다.

왕이 다시 여쭈었다

이전에는 왕궁에 머무르시어
금병(金甁)으로 물 뿌리면서 목욕하셨거늘
지금은 강이나 못이 있는 곳에 머무르시니
어떤 그릇으로 물을 뿌리십니까?

세존께서 알려 말씀하셨다.

나는 청정한 계율의 물로 목욕을 하고
묘법(妙法)의 그릇으로 물을 뿌리며
지혜로운 이는 모두 흠모하여 찬탄을 하고
능히 몸과 마음의 때를 깨끗이 합니다.

그때 세존께서는 묘한 게송으로 정반왕에게 대답하시고, 다음으로 대중들의 즐기는 생각과 번뇌와 계성(界性)의 차별을 관(觀)하시어, 그들의 근기에 맞게 법을 설하시었다. 그 법을 들은 사람들로서 이를테면, 백반왕·곡반왕·감로반왕과 나머지 그곳에 왔던 백천의 대중들은 함께 묘법을 듣고 예류과(預流果)를 얻었고, 혹은 일래과(一來果)를 얻었으며, 혹은 불환과(不還果)를 얻었고, 혹은 출가하여 모든 번뇌를 끊고 아라한과를 얻었으며, 혹은 독각(獨覺)의 보리심을 일으키기도 하였고, 혹은 무상(無上)의 보리심을 일으키기도 하였으며, 나머지 모든 대중들은 스스로 삼보에 귀의하여 바른 믿음 가운데에 머무르게 하였다. 이때 정반왕은 너무 크게 기뻐하였던 까닭으로 아직 견제(見諦)를 얻지 못하였다. 정반왕과 여러 대중들은 세존의 발에 예경하고서 공경스럽게 물러갔다. 그 정반왕은 문득 밤에 이렇게 생각하였다.
'오직 내 아들 혼자서 이러한 위덕을 갖추었으며, 여기에 이른 사람은 아무도 없구나.'
이때 세존께서는 정반왕의 생각하는 것을 아시고 종친(宗親)이라는 교만심을 항복시키고자 새벽에 이르자 대목련에게 말씀하였다.
"그대는 마땅히 부왕을 관찰하여 불쌍히 생각하게."
목련이 세존께 아뢰어 말하였다.
"알겠습니다. 세존이시여."
곧 가사와 발우를 가지고 정반왕의 처소로 갔다. 왕은 존자를 보고 곧 큰 소리로 말하였다.
"어서 오십시오."
받들어 맞아들이고 자리로 나아갔다. 이때 목련은 곧 생각하였던 삼매에 들었다. 정(定)에 들어가서 몸을 자리에서 숨기고 허공에 뛰어올라 몸을 나타내었다. 먼저 동쪽에서 큰 신통한 변화로써 화광정(火光定)에 드시어 여러 가지 색깔인 청(靑)·황(黃)·적(赤)·백(白)·홍(紅)·파지(頗胝)의 불꽃을 나투었다. 몸 위로는 물이 나오게 하고 몸 아래로는 불을 나오게 하시었고, 몸 위로는 불이 나오게 하고 몸 아래로는 물이 나오게 하시었다. 남쪽과 서쪽과 북쪽에서도 또한 그렇게 하였고, 다음으로 신통을 거두어 본래의 자리에 몸을 나타내었다.

정반왕은 대목련에게 말씀하셨다.

"세존의 제자들께서는 이와 같은 대위덕을 갖추신 것이 존자와 같으십니까?"

대목련은 곧 부왕을 위하여 게송으로 설하였다.

모니(牟尼)의 여러 제자들은
모두가 대위덕을 갖추었으니
삼명(三明)과 육통(六通)을
구족하지 않은 사람이 없습니다.

그때에 정반왕은 곧 이렇게 생각하였다.

'오직 나의 아들만이 대위덕(大威德)을 갖춘 것이 아니고 다른 필추들도 또한 갖추었구나. 이와 같은 필추도 대신력(大神力)을 갖추고 있구나.'

이전에 일어났던 교만한 마음이 곧 끊어져 없어졌다. 왕은 다시 생각하였다.

'지금 세존에게는 오직 사람들만이 공양을 올렸을 뿐 여러 천(天)들은 볼 수 없었다.'

대목련은 이미 왕의 생각을 알고 말하였다.

"대왕이시여. 저는 이제 세존께서 계신 처소로 돌아가겠습니다."

알려 말하였다.

"뜻대로 하십시오."

이때 정반왕도 또한 세존께서 계신 처소로 나아갔다. 이때 세존께서는 부왕(父王)의 생각을 아시고 곧 굴로타 숲을 모두 소파지가(蘇頗胝迦)로 변화시켰다. 왕이 동쪽 문으로 들어가려 하자 문지기가 말하였다.

"대왕께서는 들어가지 마십시오."

왕이 말하였다.

"무슨 뜻이오?"

문지기가 알려 말하였다.

"세존께서는 지금 오직 여러 천인들을 위하여 법을 설하고 계십니다."

왕이 문지기에게 물었다.

"현수여. 그대는 누구신가?"

문지기가 알려 말하였다.

"대왕이시여. 나는 동방의 지국천왕입니다."

곧 남쪽 문으로 가서 세존을 보려고 하니 문지기가 말하였다.

"대왕께서는 들어가지 마십시오."

왕이 물었다.

"무슨 뜻이오?"

문지기가 알려 말하였다.

"세존께서는 지금 오직 여러 천인들을 위하여 법을 설하고 계십니다."

왕이 문지기에게 물었다.

"현수여. 그대는 누구신가?"

문지기가 알려 말하였다.

"나는 남방의 증장천왕입니다."

곧 서쪽 문으로 가서 세존을 보려고 하니 문지기가 말하였다.

"대왕께서는 들어가지 마십시오."

왕이 물었다.

"무슨 뜻이오?"

문지기가 알려 말하였다.

"세존께서는 지금 오직 여러 천인들을 위하여 법을 설하고 계십니다."

왕이 문지기에게 물었다.

"현수여. 그대는 누구신가?"

문지기가 알려 말하였다.

"나는 서방의 광목천왕입니다."

곧 북쪽 문으로 가서 세존을 보려고 하니 문지기가 말하였다.

"대왕께서는 들어가지 마십시오."

왕이 물었다.

"무슨 뜻이오?"

문지기가 알려 말하였다.

"세존께서는 지금 오직 여러 천인들을 위하여 법을 설하고 계십니다."

왕이 문지기에게 물었다.

"현수여. 그대는 누구신가?"

문지기가 알려 말하였다.

"나는 북방의 다문천왕입니다."

그때 세존께서는 곧 신력(神力)으로써 정반왕에게 가피를 내리시어 문 밖에서 불·세존께서 여러 천인의 부류들에게 미묘한 법을 설하시는 것을 보게 하셨다. 이때 왕이 보고 곧 이와 같이 생각하였다.

'지금 불세존께서는 사람들만의 공양을 받으시는 것이 아니라 또한 여러 천인들도 와서 친히 받들어 공양하는구나.'

정반왕의 교만한 마음을 쉬게 하시고 나서 문득 신통한 변화를 거두어 들이셨다. 이때 대목련은 정반왕을 안으로 인도하여 세존을 뵙게 하였다. 세존께서 계신 곳에 이르러 세존의 발에 예경하고서 한쪽에 앉았다. 이때 세존께서는 정반왕과 정반왕을 따라온 여러 대중들의 생각과 번뇌와 계성(界性)의 차별을 따라서 근기에 맞는 법을 설하여 정반왕이 지혜의 금강저(金剛杵)10)와 같이 스무 가지 신견(身見)11)의 높은 산을 꺾어 무너뜨

10) 산스크리트어 vajra의 음사로서 발사라(跋闍羅)·벌절라(伐折羅)·발왈라(跋日羅) 등으로 한역되고, 금강지저(金剛智杵)·견혜저(堅慧杵) 등으로도 의역되며, 금강으로 약칭하기도 한다.

리고 예류과를 얻게 하셨다. 정반왕은 이미 예류과를 얻고서 세존께
아뢰었다.

"세존이시여. 내가 지금 증득한 것은 고조(高祖)께서 지어줄 수 있는
것이 아니고, 또한 부모님께서 지어주실 수 있는 것도 아닙니다. 왕과
천인과 사문 바라문과 여러 종친들이 능히 지어줄 수 있는 것이 아닙니다.
나는 세존이신 선지식께 의지한 까닭으로 비로소 이와 같은 일을 얻었습니
다. 나락가(奈落迦)와 방생(傍生)과 아귀의 3악도에서 벗어나서 지금 인간과
천인에 편안히 이르게 되었사오며, 능히 미래의 생사의 마지막을 모두
끝내어 젖과 피의 거대한 바다를 마르게 하고, 백골(白骨)의 높은 산을
뛰어넘어 시작이 없는 곳으로부터 일찍이 쌓아온 신견(身見)의 굴택(窟宅)
을 지금 모두 제거하고 이러한 묘과(妙果)를 증득하였습니다.

대덕이시여. 생사의 물결에서 내가 지금 벗어났사오니 나는 이제 불·법·
승보에 귀의하여 오파색가가 되겠습니다. 원하건대 세존께서는 자비를
베푸시어 살피십시오. 나는 오늘부터 목숨이 다하는 날까지 중생의 목숨을
끊지 않을 것이고 나아가 술을 일체 마시지 않겠나이다. 세존의 다섯
학처를 공경히 받겠습니다."

이때 정반왕은 세존께 예경하고서 물러나 곧 백반왕의 처소로 가서
알려 말하였다.

"아우여. 지금 왕위를 받게."

그가 곧 알려 말하였다.

"무슨 뜻이십니까?"

왕이 말하였다.

"나는 이제 견제(見諦)를 얻었으니 왕이 될 수가 없네."

물어 말하였다.

"언제 얻으셨습니까?"

알려 말하였다.

---

11) 오견(五見)의 하나로서 오온이 거짓으로 화합한 이 몸을 상일주재(常一主宰)하는
   뜻이 있는 아(我)를 원인으로 망집(妄執)하는 견해를 말한다.

"오늘이네."

그가 곧 알려 말하였다.

"나는 세존께서 처음 오시던 날에 이미 견제를 얻었습니다."

다음으로 곡반왕에게 갔고, 뒤에는 감로반왕의 처소로 가서 왕위를 물려주려고 하였으나, 모두가 스스로 말하였다.

"나는 이미 견제를 얻었습니다."

정반왕이 말하였다.

"만약 그와 같다면 나는 지금 누구에게 관정(灌頂)하여 왕위를 물려주어야 하는가?"

그가 곧 알려 말하였다.

"석가족의 동자(童子)로서 현선(賢善)이라 이름하는 사람이 있으니 그가 왕위를 이을 수 있습니다."

왕이 자신의 뜻을 알리니 그는 곧 조용히 받아들였다. 이때 정반왕은 곧 그에게 관정하고 왕위를 현선에게 물려주었다. 그때 세존과 여러 필추 대중들은 하루의 정오에 왕궁 안으로 들어가서서 공양을 받으셨다. 이때에 정반왕은 이와 같이 생각하였다.

'지금의 세존의 제자 가운데에는 전에 외도(外道)였던 숫자가 천 명이다. 마음은 비록 단정하나 몸은 엄정하고 좋지 못하니 이전에 몸을 괴롭혀 모습과 얼굴이 수척(瘦悴)해진 까닭이다. 어떻게 하면 세존의 문도(門徒)들이 용모와 위의가 사랑스러워 보는 자가 기쁜 마음을 일으키게 할 수 있을까? 만약 석가족을 두 배로 하여 세존을 따른다면 비로소 단정하고 엄숙하여 사람들이 함께 존중할 것이다.'

이때 정반왕은 석가족의 모든 사람들을 모이게 하고서 알려 말하였다.

"그대들은 마땅히 알라. 일체의성 태자께서 만약 출가하지 않으셨다면 마땅히 무엇을 하시고 있겠는가?"

그들이 알려 말하였다.

"전륜왕이 되셨을 것입니다."

다시 물어 말하였다.

"그대들은 무엇을 하겠는가?"

알려 말하였다.

"저희들은 신하로서 모두 따르는 사람들이 되었을 것입니다."

왕이 다시 그들에게 알려 말하였다.

"지금 일체의성 태자께서는 감로법을 증득하셨고, 또한 유정들에게 똑같이 그 맛을 보게 하고 계신다. 그대들은 어떤 까닭으로 따르지 않는가?"

그들이 모두 알려 말하였다.

"저희들은 출가하여 세존의 뒤를 따르기를 원합니다."

왕이 말하였다.

"각자 그대들의 뜻대로 하라."

여러 석가족의 남자들이 말하였다.

"모든 가족이 모두 출가합니까? 집안에 한 사람만 출가합니까?"

왕이 말하였다.

"집안에 한 사람만이 출가하라."

그때 정반왕은 방울을 흔들어 널리 알리고 석가족에게 알려 말하였다.

"집안에 한 사람씩 출가하여 세존을 받들도록 하라. 만약 기꺼이 따르지 않는다면 반드시 책임과 허물을 초래하게 될 것이니라."

바로 이때 석가족 가운데에서 현선(賢善)과 무멸(無滅) 등 500명의 석가족 남자가 출가하였다. 세존께서 만약 귀족을 버리고 출가한다면 많은 이양(利養)을 얻게 된다고 말씀하신 것과 같이 그때 500명의 석가족 출신의 필추들은 매우 많은 이양을 얻었다. 이때 세존께서는 곧 이렇게 생각하셨다.

'이 여러 석가족의 남자들은 근본적으로 해탈을 위하여 출가를 하였으니 욕심이 적고 재물과 이익의 탐착(耽着)을 버리도록 해야겠다.'

세존께서는 이양을 끊게 하시려는 까닭으로 곧 실라벌성에 있는 서다림으로 되돌아가서 이전같이 편안히 머무르셨다. 이때 구수 오타이는 하루의 초분에 가사와 발우를 지니고 실라벌성으로 들어가서 차례로 걸식하고 다니다가 두 번째에 급다의 집에 이르러 문 밖에 서 있었다. 이때 급다는 멀리서 보고는 곧 알아보고는 손으로 가슴을 치면서 그에게 말하였다.

"오타이여, 당신은 무슨 뜻으로 나를 버리고 출가하셨소?"

대답하여 말하였다.

"현수여. 나의 세존께서는 보살이셨을 때 아내인 야수다라(耶輸陀羅, 지칭(持稱) 또는 구칭(俱稱)이라고 말한다.)와 구비가(瞿比迦, 밀어(密語)이다.)와 밀율가사(蜜栗迦䶒, 녹자(鹿子)이다.) 등의 6만명의 시녀들을 버리고 출가하셨으니, 누가 능히 그대와 같이 때가 묻은 부류와 함께 미혹에 빠져 있겠소?"

급다가 알려 말하였다.

"만약 그와 같다면 저도 출가하겠습니다."

대답하여 말하였다.

"좋소."

급다가 말하였다.

"내가 지금 집안의 가업(家業)을 모두 정리한 뒤에 마땅히 출가하겠습니다."

오타이가 말하였다.

"서두르고 지체하지 마시오."

드디어 그 곳에서 떠나갔다. 그리고 오타이는 때때로 자주 그 집에 가서 살펴본 뒤에 물어 말하였다.

"그대는 아직도 출가하지 않았소?"

그녀가 곧 알려 말하였다.

"나의 가업이 아직도 거두어지지 않았습니다."

오타이가 말하였다.

"교살라국이 모두 불탄 뒤에 그대의 가업이 비로소 정리되겠소."

급다가 말하였다.

"지금 곧 정리를 하고 내일은 반드시 출가를 하겠습니다."

이때 오타이는 곧 이렇게 생각하였다.

'나는 지금 이전의 재가인의 허물 때문에 오히려 흑발(黑鉢)과 같은 범행자들에게 가볍고 천박함을 당하게 되었구나. 하물며 그녀를 출가하게 하였으니 다시 비난과 논의를 부르게 되었구나. 육중필추도 필추니를 제도하여 곧 후회를 일으키지 않았던가?'

새벽이 되자 오타이는 가사와 발우를 가지고 왕사성으로 떠나 그곳에 도착하여 하안거에 들어갔다. 이때 급다는 가업을 맡기고서 며칠 후에 서다림으로 가서 여러 필추들에게 물었다.

"그는 어디로 갔습니까?"

필추가 물어 말하였다.

"그가 누구입니까?"

알려 말하였다.

"성자 오타이입니다."

여러 필추들이 알려 말하였다.

"그는 멀리 왕사대성(王舍大城)으로 갔습니다."

이렇게 알려주는 말을 듣고서 곧 소리내어 울었다.

필추가 물어 말하였다.

"급다여. 무슨 뜻으로 소리 내어 우는 것입니까?"

"성자 오타이는 나에게 집을 버리고 출가하라고 하였습니다. 나는 이미 집안의 재산을 맡기고 왔으나 그분은 나를 버리고 멀리 떠나갔으니 나는 이제 재가인도 아니고 출가인도 아닙니다. 어떻게 걱정하고 번민하지 않겠습니까?"

한 필추가 알려 말하였다.

"머리를 깎는 데 사용하는 칼 때문에 그는 왕사성으로 갔습니다. 새로운 칼을 구하여 그대의 머리를 새로 깎아주려고 한 것입니다."

이때 필추니 대중이 가르침을 청하려고 서다림으로 오다가 급다가 걱정하며 울고 있는 것을 보고 물었다.

"급다여. 무슨 뜻으로 울고 있습니까?"

급다가 앞의 일을 갖추어 필추니 대중에게 말하니, 여러 필추니들이 알려 말하였다.

"당신은 진실로 아는 것이 없군요. 어떻게 필추가 필추니를 제도하겠습니까? 도리어 필추니 대중이 당신을 제도하여 출가시키는 것이므로 우리를 따라서 대세주 교답미의 처소로 가면 당신을 제도하여 출가시킬 것입니다."

이때 여러 필추니 대중들은 곧 급다를 데리고 대세주의 처소로 가서 알려 말하였다.

"성자여. 이 급다 여인이 출가하기를 마음으로 원합니다."

이때 대세주는 곧 출가를 허락하였다. 이때 오타이는 왕사성에 있으면서 이와 같이 생각하였다.

'내가 여러 흑발을 보호하고 아끼는 까닭으로 급다의 출가를 허락하지 않았으니, 나는 마땅히 허리띠 등의 몸을 위하여 구하는 물건들을 잃게 되었구나. 만약 다른 흑발이 급다를 제도하였다면 나아가 잠시 보려고 하여도 나는 역시 이유가 없구나.'

비록 안거를 하였으나 마음은 항상 즐겁지 않았다. 이때 어느 늙은 필추가 실라벌성에서 여름 안거를 마치고 왕사성으로 왔다. 이때 오타이는 죽림정사(竹林精舍)의 밖에 있는 큰 길을 바라보며 머무르고 있었다. 드디어 멀리서 그 늙은 필추가 오는 것을 보았다. 그의 수염은 물억새 꽃과 비슷하였고, 눈썹은 길어서 아래로 덮였으며, 어깨와 팔을 늘어뜨리고 천천히 걸어오고 있었다. 이때 오타이는 '여기 오는 자는 어떤 상좌(上座)일까?'를 생각하였다. 가까이 다가오자 그에게 알려 말하였다.

"잘 오셨습니다. 잘 오셨습니다. 상좌시여."

늙은 필추가 말하였다.

"아차리야께 공경히 예배합니다. 오파타야께 공경히 예배합니다."

오타이는 그가 법도가 없고, 두 스승을 알지도 못하는 것을 보고 곧 그가 필시 마하라인 것을 알고서 그를 데리고 사찰 안으로 들어가서 물었다.

"그대는 어디에서 오시오?"

알려 말하였다.

"실라벌성에서 왔습니다."

이때 오타이는 생각하였다.

'만약 내가 먼저 급다에 관한 소식을 묻는다면 듣는 사람이 비난하고 천박하게 생각할 것이니 나는 마땅히 차례로 물어야겠다.'

"그대 마하라는 어느 곳에서 왔으며, 세존께서는 병환이 적으시고 고뇌도 적으시며 일상이 편안하시고 안락하시며 실라벌성에 머무시면서 하안거를 하셨는지를 아시오?"

그가 곧 말하였다.

"세존께서는 병이 없으시고 안락하시며 그곳에서 안거를 하셨습니다."

또한 물었다.

"필추·필추니·오파색가·오파사가의 대중들도 병이 없이 안락하게 평소와 같이 머물렀으며 때때로 세존을 찾아뵙고 정법을 듣고 있습니까?"

대답하여 말하였다.

"물으신 분들도 모두 안온함을 얻었으며 때때로 와서 정법을 듣고 있습니다."

또한 물었다.

"주위(住位)¹²⁾ 요교교진여(了教憍陳如)·주위 가섭파(迦攝波)·주위 사리자(舍利子)·대목련(大目連) 등과 다른 여러 존숙들과 대세주 교답미·승광왕·장자 선수(仙授)·고구(故舊)¹³⁾ 녹자모(鹿子母)인 비사거(毘舍去)·선생부인(善生夫人)도 모두가 병이 없이 안락하게 머무르고 있습니까?"

대답하여 말하였다.

"모두가 안락하게 있습니다."

또한 물었다.

"그대는 장자의 아내인 급다를 아십니까?"

---

12) 보살의 계위 중 신위(信位)의 다음을 주위(主位)라고 한다. 여기에 열 가지가 있으므로 흔히 10주라고 한다.

13) 오래 사귀어 온 친구(親舊)를 말한다.

대답하여 말하였다.

"알고 있습니다. 그는 대덕 오타이의 옛 아내입니다."

오타이가 말하였다.

"그녀는 지금도 장자의 아내입니까?"

대답하여 말하였다.

"이미 출가했습니다."

오타이가 물어 말하였다.

"누가 출가를 허락했습니까?"

대답하여 말하였다.

"대세주입니다."

오타이는 문득 이와 같이 생각하였다.

'이미 출가를 하였으니 혹시 모습을 볼 수 있겠구나.'

곧 불러서 말하였다.

"마하라여. 우선 발을 좀 씻으시오."

이때에 오타이는 그의 가사와 발우를 가져다가 매우 높은 곳에 있는 상아 말뚝에 걸어 두고 많은 기름을 주어서 손과 발에 바르게 하고서 그에게 말하였다.

"지금 이 방 안에는 음식도 있고 편리하니 마땅히 안은(安隱)하고 즐거운 마음으로 머무르시오."

그가 말하였다.

"나는 머물 생각이 없습니다."

이때 오타이는 곧 자물쇠를 부탁하고 알려 말하였다.

"세존께서 말씀하신 것과 같이 필추는 머무르는 곳을 제멋대로 버리고 떠나가는 것이 아니오. 마하라여. 이것이 자물쇠이니 당신이 스스로 맡아 주어야 되겠습니다."

이렇게 말하고 걸어서 길을 따라 떠나갔다. 점차로 실라벌성의 서다림 안에 이르러 방을 청소하고, 쇠똥을 바르는 것을 마쳤으며, 문을 가리고 평상 위에 누워 부채질을 하고, 노래를 지어 소리 내어 읊으며 정법을 외웠다. 이때 필추니들이 가르침을 청하려고 이곳으로 오고 있었는데, 여러 필추니들은 이 풍송(諷誦)[14]의 소리를 들었고 그 소리의 음운(音韻)을 알고 있었으므로 함께 오타이가 있는 곳에 이르러 물어 말하였다.

"대덕이시여. 지난번에 급히 떠나가더니 지금 어느 곳에서 오셨습니까?"

대답하여 말하였다.

"나는 잠깐 왕사성에 있었습니다."

필추니들이 묻고 알고서 돌아가 급다에게 알려 말하였다.

"그대는 지금 기뻐하십시오. 아차리야께서 지금 이곳에 와 있습니다."

급다가 물어 말하였다.

"어느 아차리야를 말씀하십니까?"

알려 말하였다.

"오타이입니다."

급다가 말하였다.

"어찌 그가 나의 궤범사이겠습니까? 내가 어찌 그를 따라서 학업을 배우겠습니까?"

여러 필추니들이 급다에게 알려 말하였다.

"그대는 아는 것이 없어 이렇게 말하는 것입니다. 많은 여러 필추니들이 대필추와 함께 서로가 연결되어 있으므로 그대는 지금 마땅히 그에게 안부를 묻는 것이 어떻겠습니까?"

급다가 곧 가루향과 기름과 목욕하는 물건들을 갖추어 오타이의 방으로 가서 문을 두드리며 불렀다. 오타이가 물어 말하였다.

"문을 두드리는 사람이 누구요?"

알려 말하였다.

"나는 급다입니다."

오타이가 말하였다.

---

14) 경문에 가락을 붙여 읽거나, 경문을 읊조리면서 암송하는 것을 말한다.

"잘 왔소. 잘 왔소. 장자의 아내여. 뜻을 따라서 들어오시오."

이때 급다는 안으로 들어가서 그에게 말하였다.

"대덕이여. 내가 지금 어찌 장자의 아내이겠습니까? 저는 이미 출가하였습니다."

물어 말하였다.

"누가 그대에게 출가를 허락하였소?"

알려 말하였다.

"성자 대세주이십니다."

오타이가 말하였다.

"나는 다른 일이 있어 잠시 왕사성에 갔었소. 당신은 무슨 까닭으로 급하게 재가를 떠났소?"

그녀가 곧 알려 말하였다.

"대덕께서 이전에 이렇게 말씀하시지 않으셨습니까?

'당신은 마땅히 집안의 재산을 정리하도록 하시오. 내가 당신을 출가시켜 주겠소.'

나는 그 가르침에 의지하여 재산을 맡기고 왔는데 대덕께서는 나를 버리고 멀리 왕사성으로 떠나가셨습니다. 만약 대세주께서 나를 제도하여 주시지 않았으면 나는 진실로 재가인도 아니고 출가인도 아닐 것입니다."

오타이가 말하였다.

"내가 어떻게 당시에 스스로 무거운 부담을 지니고서 당신을 가르치는 것을 허락하였겠소? 우선 앉도록 하시오. 내가 당신을 위하여 설법을 하겠소."

예배하고서 곧 앉아 마음을 단정히 하고 설법하는 것을 들었다. 이때 오타이는 곧 설법을 하다가 이전에 즐겁고 웃음이 일어나는 일을 생각으로 떠올리며 급다에게 물었다.

"그대는 이전에 어느 곳의 원림(園林) 천사(天祠)에서 우리가 이러한 맛있는 음식을 먹던 일을 기억하시오?"

이와 같이 말을 할 때에 욕심의 정(情)이 일어나서 마음이 어긋나고 어지러워졌다. 일반적으로 지혜가 있는 여인은 다섯 가지의 함께 하지 않는 일이 있는 것이니, 남자에게 욕심이 있는 것과 없는 것을 겉으로 보면 아는 것이다. 급다는 오타이가 욕심이 치성한 것을 깨닫고 알려 말하였다.

"성자여. 제가 잠시 나가야 합니다. 일을 마치면 곧 돌아오겠습니다."

오타이는 이렇게 생각하였다.

'소변을 보려고 나가려는 것인가?'

곧 잠시 나가게 하였다. 급다는 밖으로 나가 옷을 걷고서 급히 뛰었다. 이때 오타이는 그녀가 달리는 소리를 듣고서 곧 방 밖으로 나와 뒤를 쫓아가며 소리쳤다.

"대머리 여자여. 어디로 가는가?"

더욱 급히 쫓아가면서 생지(生支)가 넓적다리에 부딪쳐서 마침내 정액이 흘러나와 욕심이 이미 사라져서 주변을 배회하고 있었다. 급다가 그것을 알고 다시 돌아와서 알려 말하였다.

"성자여. 내가 만약 머물러 있었으면 나도 또한 필추니가 아니고, 당신도 필추가 아닐 것입니다."

오타이가 말하였다.

"자매여. 세존께서 말씀하신 것과 같이 만약 스스로를 보호하는 것이 곧 남을 보호하는 것이고, 만약 남을 보호하는 것이 곧 스스로를 보호하는 것이오. 무엇이 스스로를 보호하면 곧 남을 보호하는 것인가? 스스로가 능히 닦아 익히고 많이 닦아 익히는 까닭으로 증오(證悟)하는 것이 있게 되는 것이오. 이것에 의하여 스스로를 보호하는 것이 곧 남을 보호하는 것이오. 무엇이 남을 보호하는 것이 곧 스스로를 보호하는 것인가? 고뇌하지 않고 성내지 않으면서 남을 원망하고 해치려는 마음이 없이 항상 자비로운 마음을 일으켜서 상대방을 불쌍하게 생각하는 것이오. 이것을 남을 보호하는 것이 곧 스스로를 보호하는 것이라고 이름하는 것이오."

급다가 알려 말하였다.

"성자여. 속옷을 벗어 주시면 내가 마땅히 빨아드리겠습니다."

이때 오타이가 곧 옷을 맡겼다. 급다는 옷에 묻어 있는 정액을 보고
후회하는 마음이 생겨나서 곧 스스로가 생각하였다.

'나의 몸 어느 부분도 성자에게 접촉하지도 보여주지도 아니하였고
내가 그의 뜻에 따른 것도 아니어도 이것은 좋은 일이 아니다.'

스스로 생각을 지어 청정하지 못한 마음이 더욱 일어나니 마치 세존의
경전 가운데에 가타로서 설해진 것과 같았다.

탐욕이 있는 모든 사람은
의(義)로운 이익을 보지 못하고
또한 선법(善法)을 관(觀)하지도 못하여
항상 매우 어두운 곳을 다닌다네.

이때 급다는 욕심에 어지러워진 까닭으로 정액을 취하여 한 방울은
입 속에 넣었고 다시 한 방울은 여근(女根) 속에 넣었다. 유정(有情)들의
업력(業力)의 일은 생각으로는 헤아릴 수 없는 것이다. 이때 중온(中蘊)[15]의
유정이 있어 최후의 몸으로서 와서 의탁(依託)하였다. 급다는 사찰에 이르
러 곧 옷을 빨았고, 여러 필추니들이 보고서 물으니 급다는 그 일을
갖추어 대답하였다. 여러 필추니들이 그녀에게 말하였다.

"우리의 뜻과 말은 그대에게 훌륭한 법을 구하러 대덕의 처소에 가라고
하였는데 어떻게 이러한 나쁜 일이 생길 것을 알았겠는가?"

급다가 말하였다.

"그 대덕께서는 계율을 지키는 분이십니다. 출가한 이후로는 나의
몸의 한부분도 일찍이 접촉한 것이 없습니다."

여러 필추니들이 말하였다.

"몸의 일부분도 접촉하지 않았는데 이러한 일이 있거늘 만약 그가
몸에 접촉하였다면 그대는 어떻게 하겠습니까?"

---

15) 산스크리트어 antarābhava의 번역으로 중음(中陰)·중온(中蘊)이라고도 한다. 유정
이 죽은 후에 다음의 세상에 태어날 때까지를 존재를 가리킨다.

582

여러 필추니들이 그 일을 알고서 필추에게 가서 알리고 필추는 세존께 아뢰었다. 세존께서는 여러 필추들에게 말씀하셨다.

"그 필추니는 바라시가를 범한 것이 없느니라. 만약 임신을 하였으면 마땅히 가려진 방에서 음식을 제공하며 빠뜨리는 일이 없도록 하라. 뒤에 아들을 낳거든 마땅히 이름을 '동자가섭파(童子迦攝波)'라고 이름하라. 나의 법 가운데에서 출가시키면 모든 번민을 끊고 아라한이 될 것이고, 나의 제자 가운데서 변재(辯才)가 교묘하여 마땅히 능히 말을 잘하며 가장 뛰어나고 으뜸이 될 것이니라."

그때 세존께서는 마침내 이렇게 생각하셨다.

'만약 어느 필추가 친족이 아닌 필추니에게 고의(故衣)를 빨게 한다면 이러한 과실(過失)이 있을 것이다.'

세존께서는 이 인연으로, [자세한 설명은 앞에서와 같다.]

"나아가 내가 지금 모든 제자들을 위하여 비나야에서 그 학처를 제정하나니, 마땅히 이와 같이 설하노라. 만약 다시 필추가 친족이 아닌 필추니에게 고의(故衣)를 빨고 물들이며 두드리게 한다면 니살기바일저가이니라."

'만약 다시 필추'는 오타이를 말하고, 만약 다시 나머지의 이러한 부류를 말한다.

'친족'은 7대 조부모(祖父母)부터 양가(兩家)가 친족이며, 이것을 넘어서면 친족이 아니다.

'필추니'는 급다를 말한다.

'고의(故衣)'는 일곱 종류의 옷 가운데 하나를 가리키는 것이다. 무엇이 일곱 종류인가? 첫째는 모(毛)이고, 둘째는 필마가(苾摩迦, 이 지방에는 없다.)이며, 셋째는 사닉가(奢搦迦, 이 지방에는 없다.)이고, 넷째는 갈파사(羯播死)16)이며(백가첩(白迦疊)이다.), 다섯째는 독고락가(獨孤洛迦)17)이고(저포(紵布)이다.), 여섯은 고참박가(高詀薄迦, 이것은 좋은 털로 짠 것으로 이 지방에는 없다.)이며, 일곱은 아반란득가(阿般蘭得迦)(이것은 북방의

---
16) 흰색의 '모직물'을 가리킨다.
17) '모시'의 옷감을 가리킨다.

지명인데 그곳에 이 옷이 있으며, 또한 어떤 해석에는 이것은 곧 명주의
종류라고 되어있다.)이다.

'빨고'는 물에 담그는 것을 말하다.

'물들이며'는 한 가지 색깔로 입히는 것을 말한다.

'두드리게 한다면'은 손으로 한 번 때리는 것을 말한다.

'니살기바일저가'는 자세히 설명한 것은 앞에서와 같다.

이 가운데에서 범한 모양과 그 일은 무엇인가? 만약 필추가 친족이
아닌 필추니인 것을 알았고, 친족이 아니라고 생각하면서 고의를 빨게
하였다면 사타(捨墮)를 범한다. 물들이고 손으로 때리는 것도 역시 이와
같다. 세 가지 일의 가운데에서 혹은 세 가지 일을 모두 갖추어 하고,
혹은 두 가지 일을 하며, 혹은 한 가지 일을 하고, 또한 세 가지 중에서
어느 한 가지를 먼저 하여도 친족이 아닌 필추니와 더불어 하면 모두가
근본죄를 얻는다. 만약 친족이 아닌 필추니라고 의심하면 역시 사타를
범한다. 만약 친족인 필추니를 친족이 아닌 필추니라고 생각하면 악작죄를
얻는다. 만약 친족인 필추니를 의심을 일으키면 악작죄를 얻는다.

또한 범하지 않는 것은 처음으로 잘못을 저지른 사람과 혹은 어리석고,
미쳤으며, 마음이 어지럽고 고통스러운 것에 얽매인 것이다.

5) 종비친니취의(從非親尼取衣) 학처 ①

어느 때 세존께서는 실라벌성의 서다림 가운데에 머무르셨다.

세존께서 "만약 귀족을 버리고 출가한 사람은 많은 이양을 얻는다."고
말씀하신 것과 같이, 여러 석씨 종족은 이미 출가하고서 이양이 풍족하고
많아서 그들은 의복(衣服)을 평소의 일로 정리하여 많은 옷·많은 발우·걸
망[絡囊]·허리띠[腰條] 등을 많이 저축하였으므로 세존께서 아시고서 이와
같이 생각하셨다.

'이 여러 석자(釋子)들은 본래 해탈을 위하여 출가하였으나 출리(出離)의
인연을 모두 버리고서 선품을 닦지 않으며 재물과 이익에 탐착하니 내가

지금 마땅히 설법하여 재물과 이양을 버리게 하리라.'

세존께서는 때때로 그들을 위하여 설법하셨으나 그 석자들은 능히 진리를 보지 못하였다. 세존께서는 다시 생각하셨다.

'무슨 인연을 까닭으로 석자로 출가하여 진리를 보지 못하는가? 모두 재물·이양·자구(資具)·잡물(雜物)에 탐착하는 까닭이다. 내가 지금 만약 꾸중하고 벌로서 다스리면 석자와 필추가 열고서 이해할 수 없는 까닭으로 마땅히 모든 부처님들께서 조복(調伏)받으신 정각(正覺)과 매우 뛰어난 교화의 법도와 위의를 보여야겠다.'

이때 세존께서 모든 필추들에게 알려 말씀하셨다.

"그대들은 마땅히 알지니라. 나는 이곳에서 하안거를 하고자 하며 3개월 동안을 연묵(宴默)[18]하고 머무르겠노라. 한 필추가 나를 위하여 공양을 청하는 것과 장정일(長淨日)을 제외하고 필추들이 곧 나를 보려고 오지 않게 하라."

이때 여러 필추들이 삼가하고 세존의 가르침을 받들어 대중들이 함께 제령(制令)을 세웠다.

"이 하안거 동안에는 세존을 뵙지 못하나, 세존을 위하여 공양을 청하는 것과 장정일(長淨日)을 제외한다. 만약 이 규정을 어기는 사람은 우리들이 그에게 바일저가죄의 죄를 설하여 참회하게 하리라."

이때 세존께서는 3개월 동안을 연묵히 머무르셨으며 공양을 청하는 사람과 장정일을 제외하고서 한 필추도 세존을 뵐 수 없었다. 이때 한 필추가 있어 소군(小軍)이라고 이름하였다. 왕사성에서 전삼월(前三月)의 안거를 지었고, 세존께서는 실라벌성에서 후월(後月)의 안거를 지으셨다. 이때 소군은 3개월을 채우고서 수의(隨意)를 마치고 아울러 옷을 짓는 것을 마치고 옷과 발우를 갖추어 두타행을 하면서 문도들과 함께 단엄하고 정숙(整肅)하게 실라벌성으로 갔다. 그곳에 이르러 소군필추는 옷과 발우를 놓고서 손발을 씻고 세존의 처소에 나아갔다. 이때 육중필추가 멀리서

---

18) 침묵하면서 머무르시는 것을 가리킨다.

소군필추가 세존의 처소로 오는 것을 보고서 함께 이렇게 말하였다.

"이 객필추는 승가의 제령(制令)을 깨트리는구나."

다시 말하였다.

"우리가 마땅히 그에게 바일저가죄의 죄를 설하여 참회하게 하리라."

이때 소군필추는 세존의 처소로 나아가서 천천히 문선(門扇)19)을 두드렸고, 세존께서는 문을 열어주셨으므로 소군은 들어가서 세존의 발에 예경하고서 한쪽에 앉았다. 부처님들의 상법(常法)은 객필추가 오면 보시고 환희하는 말씀으로 위로하며 물으시는 것이다.

"그대는 어디에서 왔으며 어디에서 안거하였는가?"

세존께서는 소군을 보시고 환희하는 말씀으로 위로하며 물으셨다.

"그대는 어디에서 왔으며 어디에서 안거하였는가?"

소군이 아뢰어 말하였다.

"대덕이시여. 저는 왕사성에서 왔으며 그곳에서 안거하였습니다."

세존께서 물어 말씀하셨다.

"왕사성의 필추는 이미 수의를 지었는가?"

아뢰어 말하였다.

"이미 지었습니다."

세존께서 물어 말씀하셨다.

"소군이여. 무슨 뜻으로 그대 스스로가 단엄(端嚴)하여 단엄으로 위요(圍繞)[혹은 수요(隨繞)라고 하고, 혹은 수종(隨從)이라 하며, 혹은 권속(眷屬)이라 말하나, 모두 같은 뜻이다.]하고 있는가?

소군이 아뢰어 말하였다.

"대덕이시여. 만약 사람이 와서 보고서 저에게 출가를 구하면 저는 곧 대답하여 말합니다.

'그대 선남자여. 마땅히 아란야에 머무르고 항상 걸식하며 다만 삼의(三衣)와 분소의를 입고서 나무 아래에 앉아있는 것을 스스로가 찬탄해야

---

19) 출입을 위해 여닫을 수 있는 구조로 되어 있는 문짝을 말한다.

합니다.'

　이와 같은 일 등을 할 수 있다고 말하면 저는 제도하여 출가시키고 만약 할 수 없다고 말하면 뜻에 따라 떠나게 합니다. 만약 원구(圓具)를 받고자 하고, 혹은 의지(依止)를 구하며, 혹은 독송을 구하고, 혹은 여리(如理)·작의(作意)·적념(寂念)·사유(思惟) 등을 배우고자 와서 저에게 구하면 모두 앞에서와 같이 말합니다. 만약 할 수 있다고 말하면 그가 구하는 원구 등의 일을 따르고 만약 할 수 없다고 말하면 뜻에 따라 떠나게 합니다. 이러한 인연을 까닭으로 저의 몸이 단엄하고 문도도 역시 이와 같습니다."

　세존께서 알려 말씀하셨다.

　"옳도다. 옳도다. 소군이여. 그대는 능히 무량(無量)한 인천을 제도하였고, 무변(無邊)한 모든 유정들을 이익하게 하였으며, 법을 구하러 오는 사람들에게 안락을 얻게 하고자 서원하였도다! 소군이여. 마땅히 알라. 만약 능히 두타의 공덕을 찬탄하는 자는 곧 나의 몸을 찬탄하는 것과 다르지 않고, 만약 두타의 공덕을 비방하는 자는 곧 내 몸을 비방하는 것과 다르지 않는 것이다. 왜 그러한가? 소군이여. 나는 오랜 세월을 이와 같은 생사를 벗어나는 두타의 공덕을 찬탄하고 칭찬하였느니라. 그러나 그대는 마땅히 승가가 제령을 어기지 않았던가?"

　소군이 아뢰어 말하였다.

　"저는 진실로 이곳의 승가가 어떤 제령을 만들었는가를 알지 못하였습니다."

　세존께서 알려 말씀하셨다.

　"소군이여. 내가 안거할 때 필추들에게 알려 말하였네. '그대들은 마땅히 알지니라. 나는 이곳에서 하안거를 하려고 하며 3개월 동안은 연묵하며 머무르겠으니, 한 필추가 나를 위하여 공양을 청하는 것과 장정일을 제외하고 필추들이 곧 나를 보고자 오지 않도록 하라.' 이때 여러 필추들이 삼가하고 세존의 가르침을 받들어 대중들이 함께 제령을 세웠네. '이 하안거 동안에는 세존을 뵙지 못하나, 세존을 위하여 공양을 청하는

것과 장정일을 제외한다. 만약 이 제령을 어기는 사람은 우리들이 그에게
바일저가죄의 죄를 설하여 참회를 짓게 하리라.’”

소군이 세존께 아뢰어 말하였다.

“대덕이시여. 저는 객필추입니다. 이곳의 그 주인들이 스스로 제령을
세웠으니 어찌 저에게 미치겠습니까?”

세존께서 소군에게 알려 말씀하셨다.

“객과 주인을 묻지 않고서 승가의 제령은 함께 반드시 존중하고 받들어
야 하네. 그러나 내가 지금 객필추를 위하여 그 행법을 제정하겠노라.
일반적으로 객필추가 사찰에 들어올 때에는 곧 마땅히 먼저 오래 머물렀던
필추에게 물어 말을 하라. ‘구수여. 이 사찰 안에는 승가의 어떤 제령이
있습니까?’ 만약 물으면 좋으나 묻지 않으면 악작죄를 얻느니라. 만약
주인으로서 대답하면 좋으나 만약 대답하지 않으면 역시 악작죄가 얻느니
라.”

세존께서 소군에게 알리셨다.

“그러나 아란야의 필추는 그러한 요익(饒益)을 지어 주었으니 승가의
제령에 의거하는 것을 면제하노라. 만약 아란야의 필추가 나를 보고자
하면 때를 묻지 않아도 뜻에 따라 와서 볼 것이고, 아울러 13두타의
공덕과 상응하는 필추도 역시 뜻에 따라 와서 보도록 하라. 만약 분소의를
입은 사람·오직 삼의만을 지닌 사람[이 둘은 옷과 상응한다.]과 항상
걸식하는 사람과 차례로 걸식하는 사람과 일좌식인(一坐食人)·발걸식인
(鉢乞食人)·부중수식인(不重受食人, 이 다섯은 음식과 상응한다.)과 주아란
야인(住阿蘭若人)·수하거인(樹下居人)·노처주인(露處住人)·수처주인(隨處
住人)·시림주인(屍林住人, 이 다섯은 장소와 상응한다.)과 상좌인(常坐人,
이 하나는 책진(策進)과 상응한다.) 등이라면 소군이여 마땅히 알지니라.
이러한 여러 사람도 뜻에 따라 와서 나를 볼 수 있느니라.”

이때 소군필추는 세존의 말씀을 듣고서 환희하여 봉행하고 세존께
예경하고 물러갔다. 이때 육중필추가 곧 소군의 처소에 가서 알려 말하였
다.

"구수여. 내가 힐문하고자 하는데 허락하겠는가?"

소군이 대답하여 말하였다.

"구수여. 오부죄(五部罪) 가운데에서 뜻에 따라 마땅히 힐문하십시오."

안거 말하였다.

"그대는 바일저가죄를 범하였으니 반드시 여법하게 말하여 참회하시게."

소군이 대답하여 말하였다.

"구수여. 나는 죄가 없습니다."

알려 말하였다.

"그대는 어찌 승가의 제령을 깨트리고서 보지 못하였다고 하는가?"

소군이 말하였다.

"승가에 어떤 제령이 있습니까?"

곧 앞에서와 같이 제령을 갖춘 것을 알리니 소군이 말하였다.

"구수여. 세존께서 나에게 알려 말씀하셨습니다.

'소군이여. 나는 난야의 필추가 요익(饒益)을 지어 주었으니 승가의 제령에 의지하는 것을 면제하나니 뜻에 따라 들어와 달타가다(呾他揭多)[20]를 볼 수 있느니라.'고 하셨습니다."

이때 그 석가의 종족인 여러 출가자들이 이 말을 듣고서 각자 이렇게 생각하였다.

'모든 당신들은 알아야 합니다. 구수 소군은 왕사성에서 하안거를 마치고 와서 세존을 뵙고서 곧 승사(承事)[21]를 얻어 친근하게 함께 대화를 하였습니다. 우리들은 이곳에 있었으나 친근하게 받들어 승사하지 못하였습니다. 이 뜻은 곧 우리들의 많은 탐욕을 보신 까닭으로 우리를 배척(擯斥)하신 것입니다. 우리들은 마땅히 많은 옷과 발우와 물건을 병(病)과 같이 보고 종기(癰)와 같이 보며 화살과 같이 보아서 마땅히 버려야 합니다.'

이때에 모든 석자 필추는 모두 이렇게 생각하였다.

---

20) 산스크리트어 tatha-gata의 음사이며 세존을 다르게 부르는 말이다.
21) 받들어 섬긴다는 뜻이다.

'우리들은 마땅히 가지고 있는 많은 옷과 발우 등을 가지고 구수 아난타의 처소에 가서 우리에게 말씀하신 것 등을 좇아 봉행해야 한다.'

이때 모든 석자 필추는 각자 스스로가 많은 옷과 발우·걸망·허리띠와 모든 자구와 물건들을 가지고 아난타의 처소로 가서 이와 같이 말하였다.

"훌륭하십니다. 대덕이시여. 우리들이 가진 이 많은 옷과 발우 등과 자구를 원하건대 애민하게 생각하여 받아주십시오."

이때 구수 아난타가 모든 석자 필추에게 알려 말하였다.

"당신들은 이곳에서 기다리십시오. 내가 마땅히 세존께 아뢰어 알리겠습니다."

이때 구수 아난타는 곧 세존의 처소에 나아가 두 발에 예경하고서 한쪽에 서서 그 일을 갖추어 세존께 아뢰니, 세존께서는 아난타에게 알리셨다.

"받아서 취(取)하여 대방(大房)의 한곳에 두고, 아울러 모든 필추에게 말하여 만약 부족한 자구가 있으면 뜻에 따라 취하여 수용하도록 하게."

이때 구수 아난타는 오직 가르침을 받들었고, 곧 돌아와서 그 모든 석자의 처소에서 그들이 소유하였던 많은 옷과 발우 등을 받아서 대방 가운데의 한 곳에 모아 두고서 모든 필추에게 알려 말하였다.

"만약 부족한 것이 있으면 뜻에 따라 이곳에서 그 옷과 발우를 취하십시오."

그때에 모든 석자는 그 많은 옷을 종기와 화살같이 보았으며 이미 버리고서 많이 구하는 즐거움을 멀리 벗어나 욕심이 적은 것을 닦았으며, 곧 함께 세존의 처소에 가서 세존의 발에 예경하고서 한쪽에 앉았다.

근본설일체유부비나야 제19권

삼장법사 의정 한역
석보운 번역

5) 종비친니취의(從非親尼取衣) 학처 ②

이때 박가범께서는 소군필추를 까닭으로 여러 석씨 종족의 의악(意樂)[1]·수면(隨眠)[2]·근성(根性)의 차별을 관(觀)하시고 그들을 위하여 마땅한 기회에 미묘한 법을 설하시었다. 그 500의 석씨 종족의 필추들은 곧 자리의 위에서 스스로가 원만함을 증득하고 무명의 껍질을 깨뜨려 삼계의 의혹을 끊어 아라한을 성취하게 하셨다.

삼명(三明)·육통(六通)·팔해(八解)를 성취하였고, '나는 태어남을 이미 마쳤고 범행도 이미 세웠으며 짓는 것을 이미 갖추어 다음 생을 받지 아니한다.'는 여실지(如實智)를 얻어서 마음에 장애가 없는 것이 손으로 허공을 휘두르는 것과 같았으며, 칼로 향과 진흙을 베는 것과 같아서 사랑과 미움이 일어나지 아니하였고, 금을 흙과 같이 보아 차이가 없었으며, 모든 명예와 이익을 버리지 않은 것이 없어 제석과 범천의 모든 천인들이 모두 함께 공경하였다. 이때 여러 필추들이 각자 의심이 생겨서 세존께 아뢰어 말하였다.

"희유합니다. 세존이시여. 소군필추에게 무슨 인연이 있는 까닭으로 드디어 500의 석씨 종족의 필추들이 많은 탐욕에서 멀리 벗어나고 욕심이 적은 행을 구하여 수승한 과위를 얻었으며 생사의 바다를 건너 열반의 언덕에 올라 구경(究竟)의 안은한 처소에 머물게 하였습니까?"

---

1) 어떤 목적을 향하여 나아가려는 취지(趣旨)를 말한다.
2) 번뇌가 중생을 늘 따라다니며 마음을 혼미하게 하는 것이다.

세존께서 알려 말씀하셨다.

"그대들 여러 필추들이여. 나는 지금의 때에 탐욕·성냄·어리석음을 벗어나 사랑하는 것도 없고 취하는 것도 없으며 모든 아만(我慢)을 모두 남김없이 제거하였고 모든 유지(有支)³⁾를 벗고서 일체의 종지(種智)를 얻어 무상각을 증득한 것은 소군에 의한 까닭이니라. 욕심이 적은 것을 찬탄하고 500의 석씨 종족들을 생사의 바다를 벗어나 대열반을 증득하게 하였으나 이것은 희유한 일이 아니니라.

그대들 여러 필추들이여. 나는 옛날에 탐욕·성냄·어리석음을 갖추어 사랑한 것도 있었고 취(取)하는 것도 있었으며 모든 아만·생로병사·우비(憂悲)·고뇌를 모두 남김없이 제거하지 못하여 유지(有支)에 윤회하면서 해탈을 얻지 못하였고 일체지도 아니었느니라. 또한 내가 소군의 욕심이 적은 것을 찬탄하고 많은 탐욕을 꾸중한 것을 까닭으로 이 오백 사람들의 오통(五通)이 구족되었으니 이러한 인연을 그대들은 마땅히 들을지니라.

과거의 어느 때에 바라니사국(婆羅泥斯國)에 범마달다(梵摩達多)라고 이름한 대법왕(大法王)이 있었다. 이때의 세상은 풍요롭고 즐거웠으며 사람들이 많았고 여러 전투와 무력의 정벌도 없었으며 사악함과 거짓과 악인도 없었고 함께 서로 침해(侵害)하지도 않았으며 또한 재횡(災橫) 및 모든 병의 고통도 없었고 벼와 감자와 소와 양이 곳곳마다 동등하게 충족되어 조(兆)의 백성이 오히려 한 자식과 같이 보였느니라.

이때의 왕의 부인을 묘범(妙梵)이라고 이름하였고, 이 성의 가운데에는 큰 연못이 하나 있었으며 또한 묘범이라고 이름하였다. 이때 왕은 아들이 없어 자식을 구하는 까닭으로 세간의 모든 신(神)과 동생천(同生天)⁴⁾에게 후사(後嗣)를 희망하면서 기도(祈禱)하였다. 세속에서 모두 말하기를 "애원하여 구하는 까닭으로 자식을 얻는다."라고 하였으나 이것은 진실로

---

3) 십이인연(十二因緣) 또는 십이유지(十二有支)라고도 부르며, 윤회(輪廻)를 구성하는 요소라는 의미에서 유지(有支)라고 말한다.
4) 사람이 태어날 때부터 왼쪽의 어깨에 있으면서 항상 그 사람의 행위의 선행과 악행을 기록하고, 염마왕에게 보고한다는 신을 말한다.

592

허망한 말이다. 만약 애원하여 구하여 자식을 얻을 수 있다면 한 사람한 사람이 모두 천 명의 아들이 있어 전륜왕과 같았을 것이다. 이러한일이 없었던 까닭으로 이것이 허망한 것을 알 수 있느니라.

다만 세 가지의 일이 현전(現前)하여야 곧 자식이 있다. 첫째는 부모에게염심(染心)이 있고, 둘째는 그 어머니의 태가 청정하여 임신에 마땅히합당하여야 하며, 셋째는 마땅히 생을 받을 사람이 중유(中有)로 현전해야한다.

이 세 가지의 인연을 갖추면 곧 아들과 딸이 있었으므로 그 왕은 한마음으로 자식을 구하면서 머물렀다. 그때 한 유정이 있어 무상보리(無上菩提)의서원을 닦아 증득하고서 지옥에서부터 나와 묘범부인에게 의탁하여 임신이 되었다. 모든 지혜가 있는 여인은 다섯 가지의 특별한 지혜를 가지고있으니, [자세한 설명은 앞에서와 같다.]

이때 그 왕비는 임신을 알고서 마음에 희열이 생겨 드디어 왕에게알려 말하였다.

"대왕께서는 내가 임신한 것을 마땅히 아십시오. 반드시 이 아이는대왕의 국위(國位)를 빛낼 것입니다. 지금 내가 임신하였고 현재 오른쪽옆구리에 있으니 이 모양을 살피건대 아들이 분명합니다."

이때 왕이 듣고서 곧 크게 기뻐하였으며, [자세한 설명은 앞에서와같다.] 나아가 태아가 점점 성장하니 항상 기뻐하였다. 이때 대부인은이러한 생각을 일으켰다.

'옳다. 내가 성의 동문(東門)에서 널리 복덕의 보시를 행하여야겠다.이와 같이 남·서·북문과 성안에서 널리 보시하고 감옥에 갇힌 죄인을모두 풀어주리라.'

이때 대부인은 이 일을 왕에게 알렸고 왕이 이것을 듣고서 모두 소원하는것과 같이 네 성문의 안에서 널리 보시하며 차별이 없었고 감옥에 있던죄인들을 모두 풀어주었다. 부인은 이미 구하는 것을 이루니 이런 생각은곧 사라졌고 부인은 다시 이렇게 생각하였다.

'내가 지금 화원(花園)과 숲의 샘물에 가서 잠시 놀면서 살펴보리라.'

왕도 따라가서 살펴보았으나 이러한 생각도 곧 사라졌고 다시 이렇게
생각하였다.

'내가 지금 묘범지(妙梵池)의 가운데에 가서 좋은 꽃을 널리 보시하고
여러 채녀와 배를 타고 함께 놀고 싶구나.'

왕에게 말하여 알게 하였고 가벼운 배를 만들어 연못 안에 두고 곧
명하여 부인과 여러 채녀들이 배를 타고서 놀게 하였다. 얼마 안 있어
배에서 사내아이를 낳았고 숙명지(宿命智)를 얻어 얼굴과 모습이 단엄(端
嚴)하여 보는 사람이 기뻐하였으며 몸의 색깔이 금과 같았고, [자세한
설명은 앞에서와 같다.]

"나아가 지금 이 아이의 자(字)를 무엇이라고 세워야 합니까?"

여러 친족들이 상의하여 말하였다.

"지금 이 어린아이가 물의 가운데에서 태어났으니 수생(水生)이라고
이름지어야 합니다."

이때 왕은 곧 이 태자에게 여덟의 유모를 주었고, [자세한 설명은 앞에서
와 같다.] 나아가 연잎이 연못에서 나오는 것과 같았다.

이때 수생태자는 장성하여 이와 같은 생각을 지었다.

'내가 어디에서 죽었고 중합옥(衆合獄)[5]에 있었으며 일찍이 무슨 업을
지었을까? 나는 옛날의 인간 세계에서 60년을 일찍이 태자이었으나 여러
가지의 악업을 지은 까닭으로 지옥의 가운데에 떨어졌으니, 지금 인간
세계로 와서 왕가(王家)에 있을지라도 이것은 좋은 곳이 아니다. 만약
왕이 된다면 돌이켜 지옥에 떨어질 것이다.'

곧 속이는 방편을 지어 몸을 일으켜도 걷지 못하고 손발이 굽어 펴지지
않는 모습을 나타내었다. 수성태자가 태어났던 날에 500의 대신도 모두
아들을 낳았는데 각자 당시의 상서로움에 맞추어 이름을 지었다. 이미
점차 소년이 되었고 능히 궁을 출입할 수 있었으므로 대신과 함께 여러
차례 왕의 처소에 왔다. 이때 동자들은 왕이 즐겁게 하여 주었으므로

---

5) 팔열지옥(八熱地獄) 중에 세 번째로서 많은 고통과 함께 몸을 핍박하여 상해하므
로 중합(衆合)이라 한다.

함께 뛰면서 놀았다. 왕이 보고서 곧 이렇게 생각하였다.

'수생태자가 만약 절름발이가 아니었다면 또한 이 가운데에서 함께 뛰고 놀았을 것이다. 지금 나는 태자가 비록 절름발이인 것을 알았을지라도 결국 왕으로 세울 것이다.'

이때 수생은 이 말을 듣고 곧 이렇게 생각하였다.

'왕께서는 지금 필요없는 고통을 은혜로서 핍박하십니다. 나는 지금부터 다시 벙어리가 되어 말을 하지 않겠습니다.'

뒤의 다른 때에 500동자가 점차 능히 말을 하면서 함께 왕의 처소에 왔고 왕은 다시 생각을 일으켰다.

'나의 태자가 만약 벙어리가 아니었다면 역시 말할 수 있었을 것이다.'

이전의 때에는 이름을 수생태자라고 지었으나 이미 벙어리와 절름발이가 된 인연으로 곧 아벽태자(啞躄永子)라고 불렀으며, 수생이란 이름은 사람들이 다시는 부르지 않았다. 왕은 다른 때에 손바닥으로 턱을 괴고서 크게 탄식하면서 머물렀다. 여러 신하들이 보고서 함께 왕에게 알려 말하였다.

"대왕께서는 무슨 까닭으로 손바닥으로 턱을 괴고서 근심하고 계십니까?"

왕이 말하였다.

"내가 지금 이때 어찌 걱정하지 않겠소? 나는 이미 왕이 되었고 부유하고 자재하여 존귀함을 바다 속까지 칭찬받을지라도 아들과 딸이 모두 없고 비록 한 아들이 있으나 몸이 벙어리와 절름발이로서 정상이 아니오."

이때 대신들이 각자 의사에게 명하여 모두 한 곳에 모이게 하였고 태자에게 어떤 병에 있는가를 살펴보게 하였다. 이때 여러 의사들이 함께 태자에게 다른 병의 증상이 없음을 살펴보고 와서 왕에게 알려 말하였다.

"대왕이시여. 우리들이 태자를 자세히 살폈으나 모든 근(根)이 명리(明利)하여 다른 병의 증상은 없습니다. 이것은 마음에 많은 두려움과 근심이 있어서 말을 하지 못합니다."

이때 왕은 의사들의 말을 듣고서 마침내 방편을 사용하여 일어나고
걸어다니면서 다시 말할 수 있도록 하였다. 곧 병사처(屛死處)⁶⁾의 괴회(魁
膾)⁷⁾에게 명하면서 알려 말하였다.

"나는 이 아벽태자를 대중 앞에서 그대에게 보내어 죽이고자 하오.
그대는 태자가 달아나면 마땅히 죽이지 마시오."

관리가 말하였다.

"삼가 왕명을 받들겠습니다."

이때 왕은 여러 대중들을 앞에 마주하고 곧 태자를 관리에게 넘겨주고
법에 의거하여 집행하려고 하였다. 이때 관리는 곧 태자를 안아서 보배로운
마차에 앉히고 성안에서 나와 도회소(堵膾所)로 갔다. 그때 아벽태자가
성의 사방을 돌아보았고 그 부유하고 번성함을 보고 말하였다.

"지금 이 성안은 텅비고 황량하여 물건은 없으나 사람이 살고 있구나."

이때 관리가 이 말을 듣고서 얼마 뒤에 태자를 데려다 대왕에게 보내면서
알려 말하였다.

"지금 이 태자는 이와 같이 말하였습니다."

이때 왕은 곧 아벽태자를 품속에 안고서 알려 말하였다.

"누가 너의 원수인가? 내가 너를 위하여 내쫓아 죽이겠다. 누가 너의
지우인가? 내가 마땅히 은혜를 베풀겠다."

이때 태자는 이 말을 듣고서 다시 벙어리가 되어 대답하지 않았다.
이때 왕은 다시 관리에게 명하여 다시 죽이라고 하였고 관리가 명을
받들어 이전과 같이 데리고 갔다. 태자는 이때 한 죽은 시신을 네 사람이
메고 가는 것을 보고 말하였다.

"이 사람은 죽음을 위하여 죽은 것인가? 삶을 위하여 죽은 것인가?"

이때 관리가 이 말을 듣고서 왕에게 데려다 주었고 왕은 다시 이전과
같이 가슴에 안고서 차례로 물었으나 태자는 역시 다시 벙어리가 되어
대답하지 않았다. 왕은 다시 앞에서와 같이 관리에게 명하여 태자를

---

6) 죄인 등을 죽이는 곳을 말한다.
7) 죄인을 다스리고 형을 집행하던 관리를 말한다.

죽이도록 하여 곧 왕성을 나가려고 하였다. 이때 태자는 큰 볏단을 보고 이와 같이 말하였다.

"이것은 큰 볏단이다. 먼저 근본인 것을 먹지 않아야 한다."

관리는 이 말을 듣고서 다시 대왕에게 데려다 주었으며 왕은 이전과 같이 물었으나 태자는 역시 다시 벙어리가 되어 대답하지 않았다. 왕은 다시 앞에서와 같이 관리에게 태자를 명하여 죽이도록 하면서 관리에게 말하였다.

"그대는 빨리 그 시림(屍林)으로 가서 태자를 구덩이에 묻어버리시오."

이때 그 관리는 앞에서와 같이 데리고 갔으며, 심마사나(深摩舍那)[8]에 가서 땅을 파서 구덩이를 만들었다. 이때 태자는 가타를 설하여 말하였다.

무슨 뜻으로 수레 부리는 사람은
이곳에서 빠르게 구덩이를 파는 것인가?
내가 듣고서 마땅히 빠르게 대답하면
파놓은 구덩이로 무엇을 할 것인가?

관리가 알려 말하였다.

대왕께서 한 아들을 낳으셨으나
입은 벙어리고 걷지도 못한다네.
이곳에 보내어 구덩이 파는 것은
이익이 없는 자식을 묻으려고 하는 것이네.

이때 아벽태자는 이렇게 생각하였다.

'이 관리는 마음이 혼탁하고 독하며 손에 날카로운 칼을 가지고 오직 사람을 죽이고 다른 사람의 목숨을 끊는 것을 업으로 삼는다. 마음으로

_____

8) 산스크리트어 śmaśāna의 음사로서 시체를 버리는 곳이나 화장(火葬)하는 곳을 가리킨다.

곧 놀라고 두려워하면서 혹시 나를 이 깊은 구덩이에 묻지 않겠는가?'
이렇게 생각하고서 관리에게 말하였다.

"만약 부왕께서 나의 원을 따르신다면 내가 마땅히 입으로 말을 하고
발로 걸어서 성에 돌아가겠다."

이때 이 관리는 마음으로 기뻐하며 달려가서 왕에게 알리니, 왕이
말하였다.

"만약 태자가 곧 왕위에 오르려고 하면 나는 곧 줄 것인데 하물며
다른 것을 구하면 그 뜻에 따르지 않겠는가?"

이때 대왕은 큰 기쁨이 충만해서 모든 신하들에게 알려 말하였다.

"경들은 마땅히 곧 거리를 쓸고 향과 꽃을 널리 뿌릴 것이며 비단의
번개(幡蓋)9)를 매달아 지극히 단정하게 꾸미시오."

이와 같은 말로써 말하였다.

나라의 주인이 한 말은
혹은 다시 모든 하늘의 부류 및
모든 선정을 얻는 사람들에게
뜻에 따라 모든 것을 이루게 하네.

그때 여러 신하들은 곧 왕의 명을 받들어 성곽을 묘하고 좋게 장엄하였
다. 이때 무량 백천의 백성들이 거리에 구름처럼 모여 태자가 걸어서
성읍으로 돌아오는 것을 간절히 바라고 있었다. 이때 아벽태자는 걸어서
성으로 돌아와 대왕의 처소에 이르러 부왕의 발에 예배하고서 가타를
설하여 말하였다.

대왕께서는 지금 마땅히 아십시오.
저는 벙어리와 절름발이가 아니고

____
9) 불법의 위덕을 나타내는 깃발과 일산으로 번(幡)과 천개(天蓋)를 말한다.

역시 어리석지도 않으나
고통을 두려워하는 까닭으로 그러하였습니다.

나는 발이 있어 능히 걸으며
입이 있어 분명히 말할 수 있으나
악도의 고통에 들어가는 것이 두려워
고의적으로 이러한 일을 지었습니다.

왕이 말하였다.
"사랑하는 아들아. 만약 이와 같다면 어찌 말을 하지 않고 발로 걷지
않았는가? 두렵다는 말은 무슨 뜻인가?"
태자가 알려 말하였다.

원하건대 왕께서는 마땅히 잘 들으십시오.
저를 위하여 인연을 설하겠습니다.
나는 이전 세상에 있을 때에
일찍이 육십년을 살았습니다.

왕의 태자가 되었으며
오락(五樂)10)을 모두 받았고
이것을 까닭으로 육천 세(歲)를
니리(泥黎)의 가운데에 떨어져 있었습니다.

모든 고뇌를 갖추어 받은 것은
말로서 모두 설명할 수 없으며
업이 끝나서 곧 벗어나서

---

10) 재욕(財欲)·색욕(色欲)·식욕(食欲)·명예욕(名譽欲)·수면욕(睡眠欲)을 가리킨다.

다시 사람의 몸을 얻었으나

나는 이러한 일을 기억하고서
지옥 가운데에 떨어지는 것이 두려워
반드시 왕이 되는 것을 바라지 않으니
나를 숲과 들판에 풀어 주십시오.

왕이 말하였다.
"사랑하는 아들아. 근본인 제사(祀祠)를 지내고 수승한 행을 닦으며
여러 보시의 모임을 열어 선인에게 공양하였고 자식을 얻어 왕위를 잇는
것을 바랐는데 그대는 지금 무슨 까닭으로 버리고 출가하고자 하는가?"
태자가 말하였다.

나는 욕락을 받는 것을 구하지 않는 것은
원한과 쟁론이 이것에서 생기는 까닭입니다.
원하건대 진실로 범행을 닦아야만
이것으로 원적(怨敵)을 깨트리는 것입니다.

내가 욕락을 받는 것을 구하지 않는 것은
오히려 독한 과일과 같기 때문입니다.
원하건대 진실로 범행을 닦아야만
항상 감로의 약을 먹을 수 있습니다.

왕이 말하였다.

세간에서 애락(愛樂)하는 것은
오직 왕이 지극히 존귀함인데
무슨 까닭으로 그대는 지금 때에

세간을 버리고 속세를 떠나서 구하는가?

태자가 말하였다.

결국 능히 고통이 생겨나면
이것은 즐거움이라 이름하지 못하니
진실로 즐거운 곳을 필요로서 구하여
능히 고통을 모두 벗어나고자 합니다.
원하건대 왕께서는 지금 나를 풀어주시어
속세를 버리고 숲 속으로 가게 하십시오.

왕이 말하였다.
"사랑하는 아들아. 그대는 지금 몸이 누각에 있으니 향기로운 꽃이
늘어져 있고 평상과 이불은 부드러우며 잠자고 쉬는 것이 편안하고 대나무
로 만든 피리의 소리를 즐겨 들으며 상묘(上妙)한 의복을 때에 맞게 입고
감미(甘味)로운 여러 음식을 뜻에 따라 먹는다. 만약 출가하면 산과 숲속에
머무르고 마른 나뭇잎을 깔고 자며 여우·늑대·호랑이·표범이 울부짖어서
서로가 놀라고 풀 껍질로 옷을 만들며 뿌리와 열매를 음식으로 충당하고
물은 모두 뜨겁고 혼탁하여 마시려고 하여도 마실 수 없는데 너는 지금
어찌 존귀함과 영화로움과 즐거움을 버리고 숲과 들판에 머물고자 하는
가?"
태자가 말하였다.

오히려 숲과 들판에 머무르며 사슴가죽의 옷을 입고
호랑이와 표범과 함께 살며 뿌리와 열매를 먹을지라도
국왕이 되어 항상 죽음과 벌을 짓지 않고
오는 세상의 선과(善果)에 함께 어긋나지 않겠습니다.
원하건대 왕께서는 나를 산과 숲속에 풀어주시어

항상 부지런히 열반의 길을 닦아 마치게 하십시오.

왕이 말하였다.

"사랑하는 아들아. 먼저 나를 위해서 저 세 가지 의혹을 끊게 하고서 뒤에 출가해도 어렵지 않을 것이다. 그대는 성안의 부유하고 번성함을 보고 이렇게 말하였는가? '지금 이 성안은 텅비고 황량하여 물건은 없으나 사람이 살고 있구나.' 그대는 무슨 은밀한 뜻으로 이렇게 말하였는가?"

태자가 말하였다.

"대왕께서는 마땅히 들으십시오. 왕께서는 지금 필요없이 사람을 시켜 나를 죽이려고 하였으나 결국 한 사람도 이치로서 말하지 않았습니다. '왕께서는 지금 어찌하여 이 태자를 죽이려고 하십니까?' 나는 이 인연으로 이러한 말을 고의적으로 하였습니다."

왕이 말하였다.

"옳다. 그대는 또한 두 번째에 죽은 사람을 메고 가는 것을 보고 곧 이렇게 말하였는가? '죽음을 위하여 죽은 것인가? 삶을 위하여 죽은 것인가?' 그대는 무슨 은밀한 뜻으로 이렇게 말하였는가?"

태자가 말하였다.

"대왕께서는 마땅히 들으십시오. 만약 사람이 스스로 악행을 짓고서 몸이 죽으면 이것은 죽음을 위하여 죽은 것이고 만약 사람이 선행을 짓고서 몸이 죽으면 이것은 삶을 위하여 죽은 것입니다. 나는 이 인연으로 이러한 말을 고의적으로 하였습니다."

왕이 말하였다.

"옳다. 너는 또한 세 번째에 큰 볏단을 보고 다시 이렇게 말하였는가?'이 것은 큰 볏단이다. 먼저 근본인 것을 먹지 않아야 한다.' 그대는 무슨 은밀한 뜻으로 이렇게 말하였는가?"

태자가 말하였다.

"대왕께서는 마땅히 들으십시오. 그 모든 농부는 다른 사람에게 곡식을 빌려 먹으면서 작업을 하였으나 뒤의 때에 곡식이 익어 큰 볏단을 쌓게 되었으나 빌려주었던 주인이 와서 찾는 것이 많으면 모두 그에게 돌려주어야 합니다. 만일 먼저 다른 사람의 곡식을 먹지 않았으면 곧 큰 수확을 이루었을 것이며 사람도 역시 이와 같습니다. 십선(十善)을 행하는 까닭으로 곧 사람의 몸을 얻었으나 만약 다시 악을 짓고 선을 닦지 않으면 전생의 선근(善根)이 곧 없어지고 선근이 없으므로 선한 도(善)를 잃게 됩니다. 이것에 어긋나게 하면 곧 잃지 않습니다. 나는 이 인연으로 이러한 말을 고의적으로 하였습니다."

왕이 이 말을 듣고서 말하였다.

"사랑하는 아들아. 이것은 또한 옳도다."

이때 왕은 곧 태자를 안고 오열하면서 눈물을 흘리며 말하였다.

"너는 이미 결심하였으니 뜻을 바꾸지 않겠구나. 지금 너의 뜻에 따라 선업을 수행하여라. 나도 역시 뒤에 산과 숲으로 따라갈 것이다."

이때 범수왕(梵授王)이 여러 신하들에게 명하여 말하였다.

"만약 내가 태자를 출가시키지 않으면 마땅히 어떤 사람이 되겠소."

여러 신하들이 알려 말하였다.

"마땅히 국왕이 될 것입니다."

"경들의 여러 자식들은 또한 어떤 사람이 되겠소."

알려 말하였다.

"따르는 사람이 될 것입니다."

왕이 말하였다.

"태자는 지금 이미 출가하였는데 경들의 여러 자식들은 어찌 따르지 않는 것인가?"

여러 신하들이 알려 말하였다.

"삼가 왕명을 받들어 그들을 출가시키겠습니다."

성에서 멀지 않은 곳에 한 적정한 처소가 있었고 오통선인(五通仙人)이 있었는데 품성이 자비하여 모든 것을 불쌍히 생각하였다. 이때 태자와 500명이 바라니사(婆羅尼斯)에서 나와 장차 여러 시종(侍從)과 선인의 처소에 이르러 출가를 애절히 구하였다. 이때 그 선인은 모두를 소원에 따라 출가시키고 뒤에 법요(法要)를 부지런히 가르쳤으며 태자는 오래지 않아 오통을 얻었다. 뒤의 때에 선인의 목숨을 마쳤고 태자는 곧 상례(喪禮)에 의거하여 그 시신을 화장(火葬)하였다. 이때 아벽태자는 500명을 스스로 가르치고 지도하여 아벽태자라는 이름은 없어지고 아벽대사(啞躄大師)라 는 수승한 이름이 널리 퍼졌다. 이때 아벽대사는 이와 같이 생각하였다.

'무슨 뜻으로 오백제자는 오통을 얻지 못하는가? 어찌 그들이 사슴가죽 과 나무껍질을 많이 쌓아둔 까닭이 아니겠는가? 많은 제기(祭器)와 물그릇 (水器)을 쌓아두고 여러 채소와 뿌리와 열매를 자주 스스로에게 제공하니 사체(四體)[11]가 항상 피로하여 오통을 얻기 어려운 것이다. 내가 지금 만약 꾸중하고 벌로서 다스리지 않으면 그 500명은 열고서 이해할 수 없는 까닭이다. 마땅히 그 보리살타의 무상선교(無上善巧)인 교화의 위의인 법도를 보여주리라.'

이때 대사가 모든 마납박가(摩納薄迦)[12]에게 알려 말하였다.

"그대들은 마땅히 알라. 나는 이 여름의 3개월을 연묵하며 지낼 것이다. 한 사람도 곧 나를 보려고 오지 말라. 오직 뿌리와 과일을 취하는 한 사람과 아울러 매월 14일의 장정(長淨)의 세벽은 제외하겠다."

이때 모든 제자가 그 가르침을 받들어 대중이 함께 규제를 세웠다.

"3개월 안에는 한 사람도 곧 대사를 뵐 수가 없고, 열매와 채소를 제공하는 한 사람과 아울러 장정일은 제외한다. 만약 제령을 어기는 사람이 있으면 우리들이 그에게 바일저가죄를 설하여 참회하게 하겠다."

그 대사는 3개월 동안을 연묵하며 지냈고 한 사람도 곧 들어가서 볼 수가 없었으나, 오로지 채소와 과일을 제공하는 사람과 장정일은 제외하였 다. 이때 대사는 그 지내는 주처에서 한 마리의 나는 새를 보고서 말하였다.

"어서 오너라. 나는 새여. 나는 지금 네가 짓는 것과 비슷하구나. 너는 먹을 것을 찾으며 오직 배를 채울 것을 구하면 마음으로 만족하는구나. 나도 먹을 것을 구하나 역시 배를 채우면 마음에 만족을 짓느니라."

---

11) 사지(四肢)인 팔 다리와 머리와 몸뚱이를 가리킨다.
12) 범행을 닦는 동자를 말한다.

604

다음으로 사슴 한 마리를 보고서 말하였다.

"어서 오너라. 들사슴아. 나는 지금 네가 짓는 것과 비슷하구나. 너는 먹을 것을 찾으며 오직 배를 채울 것을 구하면 마음으로 만족하는구나. 나도 먹을 것을 구하나 역시 배를 채우면 마음에 만족을 짓느니라."

이때 모든 제자들이 스승이 새와 사슴과 함께 말하는 것을 듣고서 각자 이렇게 생각하였다.

'어찌 대사께서 묵연의 금지를 버린 것이 아니겠는가?'

모두 대사의 처소에 나아가서 예를 마치고 함께 앉았으나 그 대사는 묵연하였으며 그들에게 함께 말하지 않았다. 그때 모든 제자들은 다시 이렇게 생각하였다.

'어찌 우리들의 대사는 방생(傍生)과 함께 말하면서도 사람과 함께 말하지 않는가?'

곧 버리고 떠나갔다. 다시 바라문의 아들이 한 사람 있었는데 능시(能施)라고 이름하였다. 우연히 와서 이곳에 이르렀는데 선인이 멀리서 보고서 알려 말하였다.

"능시여. 나는 지금 네가 짓는 것과 비슷하네. 그대는 오직 한 벌의 사슴가죽 옷과 한 개의 제기뿐이고, 나도 역시 그대와 같네. 그대가 음식을 찾는 것은 오직 배를 채우기 위한 것이고 구하면 마음으로 만족하고, 나도 먹을 것을 구하나 역시 배를 채우면 마음에 만족을 지으나 이곳은 다르다네. 다시 나머지의 부류가 가죽옷을 많이 쌓아놓고 잡그릇을 많이 모아놓았으며 여러 열매와 채소를 저장하였으나 구하고 찾아서 피로(疲勞)하다네."

이때 모든 제자들이 이 말을 듣고서 각자 이렇게 생각하였다.

'지금 우리들의 대사께서는 욕심이 적은 것을 찬탄하시고 많이 구하는 것을 꾸중하시는구나. 이 뜻을 헤아려보니 곧 이것은 탐욕이 많은 우리를 내쫓은 까닭이다. 우리들은 마땅히 상응하여 여러 그릇·많은 가죽옷과 잡그릇은 병(病)과 같고 화살과 같으며 종기와 같이 보아서 시냇물에 그것을 버리고 마땅히 한 벌의 사슴가죽의 옷을 입고 잡그릇 하나만

가지자.'

대중이 함께 허가(許可)하고서 각자 잡물을 시냇물에 버리고 오직 몸을 공양하는 것을 갖추어 대사의 처소로 나아갔다. 대사가 근기(根器)[13]를 보고서 설법을 하여 모두 오통을 증득하였다.

이때 세존께서 알리셨다.

"여러 필추들이여. 다른 생각을 일으키지 말라. 지나간 때의 아벽오통선인은 곧 나의 몸이며 보살행으로써 여러 유정을 교화하였느니라. 그때의 500제자는 곧 500의 석씨 종족의 필추들이며, 지나간 때의 능시는 곧 소군이니라. 나는 지나간 때에 능시에 의한 까닭으로 500의 사람에게 많은 탐욕을 버리고 소욕행(少欲行)을 닦아 오통을 얻게 하였으며 오늘도 소군에 의한 까닭으로 오백의 석씨 종족인 필추들에게 많은 탐욕을 버리고 만족하는 행을 따라 갖추어 육통을 구족하여 아라한을 성취하였고 결국에는 적멸(寂滅)의 성에 안주하게 하였느니라.

그대들은 마땅히 알라. 순백의 업은 순백의 이숙을 얻고, 흑업은 순흑의 이숙을 얻으며, 흑백이 섞인 업은 섞인 이숙을 얻느니라. 이러한 까닭으로 그대들은 마땅히 순흑업과 잡업을 버리고 순백업을 부지런히 닦아야 하느니라."

이것은 연기(緣起)이나 불세존께서는 필추들에게 그 학처를 제정하지 않으셨다.

이때 세존께서는 실라벌성 서다림의 급고독원에 머무르셨다.

아직 필추니가 아란야에 머무르는 것을 금지하지 않았으므로 이때 어느 필추니들이 고요한 숲속으로 가서 선정(禪定)을 닦아 익혀 수승한 선정의 즐거움을 누리고 있었다. 연화색 필추니는 그녀를 따르는 대중 500인과 함께 어두운 숲 가운데로 가서 한 나무 아래에 반가부좌를 하고서 앉아 멸진정(滅盡定)에 들었다. 이때 나머지의 필추니들은 해가 저무는

---

13) 타고난 성질(性質)과 기량(器量)을 말한다.

무렵이 되어 각기 실라벌성으로 되돌아가려고 이렇게 말하였다.

"성자 연화색을 우리가 큰소리로 깨어나게 해야겠다."

다시 이렇게 말하였다.

"성자께서는 대위신력(大威神力)을 갖추고 있으니 우리가 먼저 사찰에 돌아가는 것을 허락하실 것이다."

곧 깨우지 않고서 각자 성으로 되돌아갔다. 연화색은 해질 무렵에 선정에서 깨어나 두루 살펴보니 여러 필추니들이 모두 떠나고 없자 '나는 성으로 들어가야 하는가? 마땅히 이곳에 머물러야 될 것인가?' 생각하고는 곧 선정에 들었다. 그때 어떤 500명의 도둑떼가 도둑질을 마치고 이 숲으로 와서 의논하여 말하였다.

"반(半)은 물건을 나누고 반은 지키도록 하자."

드디어 숲속에서 선정에 들어 있는 필추니를 보고 누구는 나무라고 말하였고, 누구는 사람이라고 말하였으며, 누구는 필추라고 말하였다. 이때 그 도둑 가운데에는 필추였다가 환속한 사람이 있어 말하였다.

"필추니이지 필추는 아니다."

다른 사람들이 물었다.

"그대가 어떻게 알 수 있는가?"

알려 말하였다.

"필추는 전가부좌(全跏趺坐)를 하고 필추니는 반가부좌(半跏趺坐)를 하는데, 반가부좌를 하고 있으니 필추니인 것을 분명히 알 수 있다."

이때 여러 도둑들은 희유하다는 생각을 하였다.

"이렇게 무섭고 크고 어두운 숲 가운데에서 필추니 혼자서 능히 이곳에서 밤을 지낼 수 있다는 것을 그대들은 알아야 한다."

곧 도둑의 우두머리가 있는 곳으로 가니 우두머리가 물었다.

"그대들은 숲속에서 드물고 특이한 일을 보았는가?"

대답하여 말하였다.

"보았습니다. 이렇게 무섭고 크고 어두운 숲속에서 능히 필추니가 홀로 머무르고 있습니다."

우두머리는 듣고서 지키고 있던 도둑들에게 말하였다.

"내가 시험삼아 가서 보아야겠다."

곧 필추니를 보니 얼굴과 용모가 단정하여 보는 사람에게 즐거움을 주었고, 적정(寂定)한 위의는 보는 자에게 깊이 공경심을 일으켰으므로 찬탄하여 말하였다.

"지금 이 숲 속에는 사랑할 것이 두 가지가 있으니, 비치는 달빛과 필추니의 드물고 특이한 모습이다."

우두머리가 말하였다.

"마땅히 큰소리를 일으켜 내가 음식을 받들어 베풀어야겠다."

그 환속한 사람이 우두머리에게 대답하여 말하였다.

"지금은 때가 아니어서 먹지 않습니다."

우두머리가 말하였다.

"숲속의 필추니에게 두 가지의 사랑할 것이 있으니, 위의와 용모가 단정한 것과 때가 아니면 음식을 먹지 않는 것이다."

우두머리가 말하였다.

"그녀에게 술을 마시게 하여라."

그 환속한 사람이 말하였다.

"필추니는 술을 마시지 않습니다."

우두머리가 말하였다.

"이 숲에는 다시 두 가지 사랑할 것이 있으니, 필추니의 얼굴과 용모가 단정한 것과 모든 술을 마시지 않는 것이다."

우두머리가 말하였다.

"지금 내가 다행히도 뛰어난 복전을 만났으나, 결국 음식을 하나도 베풀어 드리지 못하는구나."

곧 값비싼 모직물로 된 옷으로 훌륭한 음식을 싸서 나뭇가지 위에 걸어놓고 이와 같이 말하였다.

"이 성자께서는 용모와 위의가 적정하여 깨닫지 못한 것이 없으며 알지 못하는 것이 없는 분이시다. 내가 지금 이 옷과 음식을 두고 가니 바라건대 자비를 베푸시어 마땅히 받아주십시오."

　이렇게 말을 하고 그곳을 떠났다. 이때 연화색 필추니는 날이 밝아 선정에서 깨어나 곧 사람들이 다녀간 흔적을 보고 곧 선정에 들어서 그 500명의 도둑들이 이곳에 왔다 간 것을 관(觀)하여 보았다. 또한 자신에게 추악한 일이 없었는가를 관하여 허물이 없는 것을 알았다. 또한 옷에 싸인 것이 나뭇가지에 걸려 있는 것을 보고 곧 이렇게 생각하였다.

　'이것은 청정한 마음과 경건한 신심에 의해 있게 된 것이다.'

　다시 이렇게 생각하였다.

　'만약 다시 다른 사람들이 오는 것을 기다려 그들에게 주려고 하면 새와 짐승들이 와서 그 청정한 보시를 무너뜨릴지도 모르니 내가 지금 이 훌륭한 음식을 가지고 승가로 돌아가 받들어 보시해야겠다.'

　세존께서 가르치시기를 '만약 필추니가 일찍이 필추를 접촉하면 청정한 것이고, 필추가 일찍이 필추니를 접촉하면 청정한 것이다.'고 하셨으므로, 마침내 연화색 필추니는 자기 손으로 가지고 서다림으로 갔다. 육중필추들은 항상 한두 사람이 처소의 문을 지키는 것을 규칙으로 삼았으며, 이때에 오파난타가 사찰의 문 앞에서 경행(經行)하고 있다가 멀리서 필추니가 오는 것을 보고 물었다.

　"대매(大姝)여. 날이 아직 밝지도 않았는데 성문(城門)이 벌써 열려 있습니까?"

　필추니가 말하였다.

　"대덕이여. 나는 성에서 머무른 것이 아니고 어두운 숲에서 오는 중입니다."

　필추니에게 말하였다.

　"대매여. 나는 일찍이 한낮에 그 숲 속에 들어가 보았는데 두려운 마음이 일어나 몸에 있는 털이 모두 곤두섰거늘, 대매는 어떻게 혼자서 그곳에 머물렀으며 손에 들고 있는 것은 무슨 물건이오?"

　이때 필추니는 인연을 갖추어 그에게 말해주었다.

　"이것은 도둑들이 청정한 마음으로 두고 간 것입니다."

오파난타가 말하였다.

"대매여. 당신의 위의를 보고 도둑들이 공경하고 사랑하는 마음을 내어 이 물건을 얻게 되었구려. 그들이 만약 나를 보았다면 반드시 몽둥이로 나를 때리고 물건들을 들고 가도록 하였을 것이오."

오파난타는 필추니에게 말하였다.

"대매여. 만약 이 새로 짠 좋은 흰 모직물을 얻어서 두 겹으로 된 승가지 가사를 만들고 욕심을 적게 하고 머무르면서 여러 선품(善品)을 닦는다면 진실로 또한 아름다울 것이오."

필추니가 말하였다.

"성자께서는 이 옷이 필요하신가요?"

대답하여 말하였다.

"만약 남는 것이 있다면 뜻을 따라서 나누어 주시오."

대답하여 말하였다.

"잠깐 머물러 계십시오. 제가 아침을 가지고 승가에 받들어 보시하고 돌아오면서 옷을 드리겠습니다."

오파난타는 이와 같이 생각하였다.

'만약 다른 흑발이 본다면 반드시 이 옷을 걸식할 것이니 나는 얻을 수가 없을 것이다.'

필추니에게 알려 말하였다.

"대매여. 이곳에 머물러 있으시오. 내가 마땅히 처음으로 음식을 받을 사람을 부르겠소."

필추니가 허락하니 오파난타는 곧 사찰로 들어가서 공양을 받을 사람이 아무런 일도 없이 머물러 있는 것을 보고서 그에게 알려 말하였다.

"구수여. 시주(施主)가 문에서 음식을 들고 고생을 하고 있습니다. 그대는 지금 일이 없이 한가하게 방 안에 있으니 빨리 가서 그가 베푸는 음식을 받는 것이 좋겠습니다."

그는 곧 그릇을 가지고 사찰의 문으로 나가서 필추니에게서 음식을 받았다. 필추니는 음식을 주고서 흰 모직물 옷을 오파난타에게 베풀어

주었다. 오파난타는 옷을 얻고 기뻐하면서 축원을 하였다.

"그대가 베풀어 준 물건은 마음의 영락(瓔珞)과 같이 마음을 돕는 것입니다. 정(定)과 혜(慧)로써 장엄하고 인간과 하늘의 도(道)를 얻어 뜻을 따라서 뛰어나고 묘한 의복을 뜻을 따라서 얻으며, 마침내는 무상(無上)의 안은(安隱)한 열반을 얻으시오."

곧 버리고 떠나갔다. 이때 연화색 필추니는 곧 이렇게 생각하였다.

'나는 지금 본래의 처소에서 세존께 예경하고자 하였으니 내가 지금 마땅히 가서 세존의 발에 예경해야겠다.'

곧 세존의 처소에 나아가서 발에 예경하고서 한쪽에 앉았다. 이때 필추니의 오의(五衣)가 찢어져 있으므로 세존께서 보시고 아난타에게 알려 말씀하셨다.

"필추니 대중은 안거 때에 이양(利養)이 충족되지 않았는가?"

아난타가 아뢰었다.

"충족되었습니다."

세존께서 말씀하셨다.

"무슨 뜻으로 연화색 필추니의 오의가 찢어져 있는가?"

아난타가 아뢰었다.

"대덕이시여. 이 필추니는 신심이 견고하고 마음을 즐거워하며 순박하고 착하여 자기가 얻은 물건을 삼보에 모두 기꺼이 베풀며 구걸하러 오는 자에게도 그 뜻을 거스르지 않습니다. 지금도 주처에서 좋은 모직물을 얻었으나 존자 오파난타에게 베풀었습니다."

세존께서 아난다에게 말씀하셨다.

"필추가 친족이 아닌 필추니의 처소에서 옷을 받아 취하는가?"

아난타가 말하였다.

"필추는 옷을 받습니다."

세존께서 아난타에게 알리셨다.

"그러나 친족이 아닌 필추는 이 필추니가 5의(五衣)를 갖추었는가? 아니 갖추었는가를 생각하지도 않고서 뜻을 따라서 모두 받아 취할지라도

친족인 필추라면 그와 같지 않나니 필추니가 부족한 것을 보면 기꺼이
옷을 받지 않느니라."

그때 세존께서 아난타에게 말씀하셨다.

"큰 방 안의 가사를 저장하는 곳에서 마땅히 5의를 가져다 연화색
필추니에게 주게."

아난타는 세존의 명을 받들어서 곧 5의를 가져다가 연화색 필추니에게
주었다. 그때 세존께서는 이 인연으로 모든 필추에게 [자세한 설명은
앞서와 같다.]

"나아가 비나야에서 그 일에 학처를 제정하나니, 마땅히 이와 같이
설하노라. 만약 다시 필추가 친족이 아닌 필추니에게서 옷을 취하면
니살기바일저가이니라."

세존께서는 모든 필추를 위하여 그 학처를 제정하여 마치셨다.

실라벌성에 한 장자가 있었으며, 크게 부유하여 재산이 많아 풍족하게
수용하였고, 소유한 집안의 재산이 비사문왕(毗沙門王)과 같았다. 곧 명망
있는 가문의 여인을 아내로 삼아 오랫동안 함께 살았으나 결국 자식이
없었다. 마음에 걱정을 가득 품고서 이렇게 생각하였다.

'지금 내 집안에 많은 보배와 재물이 있으나 뒤를 이을 사람이 하나도
없구나. 내가 죽은 뒤에는 아들이 없으니 모든 재산이 왕가(王家)에 빼앗길
것이다. 다음 생(生)에는 길의 양식[路糧]도 모을 수가 없겠구나.'

손으로 뺨을 괴고 길게 탄식하며 있으니 그의 아내가 물었다.

"무슨 까닭으로 마음에 근심을 품고서 뺨을 괴고 있습니까?"

알려 말하였다.

"현수여. 내가 지금 어떻게 걱정하지 않을 수 있겠소?"

그 일을 갖추어 말하니 아내가 말하였다.

"어찌하여 다음 생의 재물과 양식을 닦고 익히지 않으십니까?"

알려 말하였다.

"현수여. 만약 능히 좋은 음식으로 세존과 승가에게 공양하고 공양을

612

마친 뒤에는 각자에게 한 쌍의 매우 좋은 흰 모직물을 받들어 베푼다면
이것을 내세의 재물과 양식을 닦고 모으는 것이라고 할 수 있겠소."

아내가 말하였다.

"어찌 아니겠습니까?"

이때 장자는 세존의 처소로 나아가 세존의 발에 예경하고 한쪽에 앉았다.
세존께서는 묘법(妙法)을 설하시어 보여주시고 가르치셨으며 이익되고
즐겁게 하시고서 묵연히 머무르셨다. 이때 장자는 앉은 자리에서 일어나
옷을 정리하고 한쪽의 어깨를 드러내고서 합장하며 세존께 아뢰었다.

"세존이시여. 오직 원하옵건대 애민하게 생각하시어 필추승가와 함께
내일은 저의 집에 오시어 작은 공양일지라도 받아주십시오."

세존께서는 묵연히 청을 받아들이셨다. 장자는 세존께서 애민하게
생각하시어 받아들이신 것을 알고서 발에 예경하고 떠나갔다. 그날 밤으로
여러 훌륭한 음식을 준비하고 앉을 자리와 씻는 물그릇을 놓아두고서
사람을 보내어 세존께 아뢰게 하였다. 세존께서는 하루의 초분에 옷과
발우를 지니시고 필추 대중과 함께 장자의 집에 이르시어 자리에 앉으셨다.
장자는 세존과 승가가 이미 법에 맞게 자리에 앉으신 것을 보고 곧 훌륭한
음식을 스스로가 차례를 따라서 충분하게 공양해 드렸다. 손을 씻고
양치를 마치자 세존과 대중승가에게 각각 한 쌍의 상묘한 백첩(白氎)을
가져다 받들어 베풀고는 곧 낮은 의자를 가져다가 세존의 앞에서 묘법(妙
法)을 들었다.

세존께서는 근성에 맞는 묘법을 설하시어 보여주시고 가르치셨으며
이익되고 즐겁게 하시고서 평소와 같이 축원을 하시고서 자리에서 떠나셨
다. 이때 장자는 세존을 따라 밖으로 나가서 세존의 주위를 세 번 돌고
발에 예경하고 물러나 높은 누각 위에서 즐거이 보시하는 생각을 닦았다.
장자가 아내에게 말하였다.

"현수여. 마땅히 매우 기뻐하시오. 나는 지금 이미 다음 생의 재물과
양식을 지었소."

아내가 곧 남편에게 말하였다.

"당신은 지금 다음생의 재물과 양식을 지었지만 저는 오히려 아직 닦지 못하였습니다."

장자가 알려 말하였다.

"지금 닦은 복을 어찌 함께 나누지 않겠소?"

아내가 말하였다.

"비록 함께 나눈다는 것을 알겠지만 나의 마음은 대세주와 필추니 대중들을 청하여 우리 집에 모시어 공양을 올리고 각자에게 훌륭한 한 쌍의 된 모직물을 드리고자 합니다. 이것이 바로 나의 다음 생의 재물과 양식입니다."

장자가 알려 말하였다.

"좋소. 좋소. 당신 뜻대로 하시오."

장자의 아내는 곧 대세주 필추니의 처소로 나아가 두 발에 예배하고 한쪽에 앉았다. 묘법을 듣고서 자리에서 일어나 말하였다.

"성자와 필추니 대중께서는 불쌍히 생각하시어 내일은 나의 집에 오십시오."

자세히 설명한 것은 앞에서와 같고, 나아가 손을 씻고 양치하기를 마쳤다. 이때 장자의 아내는 곧 큰 상자에 상묘한 백첩을 가득 담아서 상좌의 앞에 펼쳐 놓았다. 그때 대세주는 이렇게 생각했다.

'세존께서 계율을 제정하시어 필추니가 훌륭한 의복을 받는 것을 허락하지 않으셨으니, 내가 지금 이것을 받는다면 곧 학처에 어긋나는 것이고, 만약 받지 않는다면 시주의 복을 장애하며 여러 필추니들이 그 마땅한 이양(利養)을 잃게 될 것이다.'

필추니 대중들은 각자 이렇게 생각하였다.

'만약 대세주께서 이 옷을 받는다면 진실로 좋겠구나.'

대세주는 대중의 마음을 알고서 이와 같이 생각하였다.

'세존께서도 또한 마땅히 이 일을 인연으로 좋은 옷을 받는 것을 허락하실 것이다.'

이때 대세주는 한꺼번에 옷을 받았고 장자의 아내를 위하여 게송을

614

설하고 자리에서 떠나가서 세존의 처소로 나아가 평소와 같은 위의로서 앞의 일을 갖추어 세존께 아뢰었다. 세존께서는 대세주에게 말씀하셨다.

"옳도다. 옳도다. 내가 아직 허락하지 않았으나 그대는 이미 때를 알았도다. 지금부터 필추니가 값비싼 옷을 받아서 주변의 필추와 함께 바꾸는 것을 허락하겠노라."

이때 대세주는 세존의 가르침을 받들고 세존의 발에 예경하고 물러갔다. 대세주는 필추니의 주처에 이르러 알려 말하였다.

"세존께서 가르침을 내리시어 필추니가 값비싼 옷을 받아서 주변의 필추와 거친 옷으로 바꾸어 갖는 것을 허락하셨으니 뜻을 따라서 지니도록 하시오."

필추니는 옷을 얻어서 서다림으로 가서 여러 필추와 함께 바꾸려고 하였다. 이때에 열두 명의 필추니는 곧 비싼 옷을 가지고 육중필추의 처소에 이르러 알려 말하였다.

"성자여. 세존께서는 가르침을 내리시어 필추니가 값비싼 옷을 받아서 주변의 필추와 함께 바꾸는 것을 허락하셨습니다. 지금 마땅히 이 좋은 옷을 취하시고 우리에게 거친 옷을 주십시오."

육중필추가 알려 말하였다.

"자매여. 이러한 것을 나에게 직접 시주하여도 오히려 받지 못하거늘 하물며 우매하고 무식하며 자유롭지 못한 자들과 함께 바꾸겠는가?"

다른 여러 필추니 대중들은 각자 자신의 뜻대로 얻은 옷을 가지고서 늙은 필추의 처소로 가서 앞에서와 같이 일을 말하고 옷을 바꾸고자 하였다. 나이 많은 필추가 말하였다.

"자매여. 잠깐 있으시오. 내가 마땅히 세존께 여쭈어 보도록 하겠소."

그때에 그 필추는 세존의 처소로 가서 세존께 아뢰었다.

"대덕이시여. 어떤 필추니가 좋은 옷과 재물을 가지고 저의 처소에 와서 거친 옷과 바꾸려고 하나 어떻게 해야 하는가를 모르겠습니다."

세존께서 말씀하셨다.

"나는 필추가 필추니에게서 옷을 받는 것을 금지한 계율에서 바꾸는 것을 제외하는 것을 허락하노라. 옷을 바꿀 때에 필추니들을 기쁘게 하며 한(恨)이 없도록 하라.”

이때 세존께서는 계율을 지키며 욕심이 적고 만족할 줄 아는 것을 찬탄하시고 모든 필추들에게 알려 말씀하셨다.

“앞의 것은 처음으로 제정한 것이고, 이것은 따라서 여는 것이며 마땅히 이와 같이 설하노라. 만약 다시 필추가 친족이 아닌 필추니에게서 옷을 취하는 자는 바꾸는 것을 제외하고는 니살기바일저가이니라.”

‘만약 다시 필추’는 오파난타를 말하고, 나머지의 뜻은 앞에서와 같다.

‘친족인 것과 친족이 아닌 것’의 뜻과 옷에 일곱 종류가 있다는 것의 자세한 뜻은 앞에서 설명한 것과 같다.

‘바꾸는 것을 제외한다.’는 바꾸어 얻는 것은 죄가 없는 것이다.

‘니살기의 뜻과 버리는 것과 후회하는 것에 관한 법’은 모두 앞에서 설명한 것과 같다.

이 가운데에서 죄의 모양과 그 일은 무엇인가? 만약 필추가 친족이 아닌 필추니에게 친족이 아니라는 생각을 짓고, 혹은 다시 의심하고서 그에게서 옷을 취하면 사타죄(捨墮罪)를 얻는다. 만약 필추가 친족인 필추니에게 친족이 아니라는 생각을 짓고, 혹은 다시 의심한다면 악작죄를 얻는다. 또한 범하지 않는 것은 만약 필추가 옷을 장차 승가에 보시를 하거나, 혹은 설법하는 까닭으로 보시를 하고, 혹은 원구를 받을 때 보시를 하며, 혹은 도둑을 당한 까닭으로 보시를 하고, 혹은 때로 사서 얻었으며, 혹은 바꾸어서 얻는다면 모두가 범한 것이 없다.

만약 필추니 대중이 함께 많은 이양을 얻은 것을 알았는데, 곧 옷 등을 가지고 필추의 앞에 이르러 옷을 땅에 놓고서 “성자여. 우리는 지금 이와 같이 재물이 많이 있습니다. 마땅히 자비를 베풀어서 우리를 위하여 받아주시기 바랍니다.”라고 이렇게 말하고서 버리고 떠났다면 취하여도 역시 범한 것이 없다.

또한 범하지 않는 것은 처음으로 잘못을 저지른 사람과 혹은 어리석고, 미쳤으며, 마음이 어지럽고 고통스러운 것에 얽매인 것이다.

6) 종비친거사걸의(從非親居士乞衣) 학처

어느 때 세존께서는 실라벌성 서다림의 급고독원에 머무르셨다.

이 성안에 한 장자가 있었으며 아내를 얻고서 오래지 않아 알려 말하였다.

"현수여. 내가 여러 화물을 가지고 다른 지방에 가서 교역하고 경영을 구하여 가업을 잇는 것을 바라고 있소."

아내가 말하였다.

"나이가 젊을 때에는 마땅히 욕락을 받고서 늙고 노쇠하면 곧 재물을 구하는 것이 옳습니다."

남편이 말하였다.

"현수여. 젊었을 때에는 능히 모진 고생도 참고 험악한 추위와 더위를 무릅쓰고 재물을 구하는 것이 합당하고, 노년에 이르러 노쇠하면 앉아서 수용해야 하오."

아내는 이렇게 생각하였다.

'내가 권유하지 않았으나 스스로가 구하고자 하니 마땅히 그의 뜻을 따라야겠다.'

알려 말하였다.

"스스로가 맡아서 구하고 경영하세요."

곧 필요한 여행의 식량과 많은 물자를 준비하고 주어서 그가 화물을 가지고 다른 지방으로 떠나도록 하였고, 그의 아내는 뒤에 이와 같이 생각하였다.

'나의 남편은 모진 고생으로 경영하고 구하므로 여러 추위·더위·기갈(飢渴) 등의 고통을 받는데 이것은 모두 나를 위하여 재물을 구하는 것이다. 나는 지금 단정하게 앉아있는 것이 옳지 않다.'

곧 시장으로 나가서 좋은 겁패(劫貝)[14]를 구하여 꼬아서 상품(上品)의

---

14) 산스크리트어 karpāsa의 음사로서 목화솜이나 그 솜털로 만든 옷이나 깔개를 말하며, 한(漢)나라 문헌에는 길패(吉貝)·백첩(白疊)·첩화(疊花) 등으로 기록되어

실을 뽑고 짜서 묘한 무명옷을 만들고 여러 가지의 향수를 뿌려 상자 속에 넣어두었다. 그때 그 장자는 경영하고 구하여 이익을 얻어 본래의 집으로 돌아왔다. 그 아내는 좋은 향탕(香湯)을 만들어 그 남편에게 목욕하게 하고 상자를 열고 무명옷을 꺼내 그에게 주었다. 장자는 보고서 이렇게 생각하였다.

'내가 이전에 음식 값을 남겨두었으나 비록 모두를 팔아도 이러한 옷을 사지 못한다.'

물어 말하였다.

"현수여. 그대는 어느 곳에서 이렇게 좋은 옷을 얻었소."

대답하여 말하였다.

"마땅히 입어보세요."

그는 곧 입었고 다시 물어 말하였다.

"어디에서 이 옷을 얻었소."

아내가 말하였다.

"마땅히 음식부터 드세요."

음식을 먹고서 다시 물었다.

"어디에서 이 옷을 얻었소."

아내는 마침내 인연을 갖추어 알리니, 남편이 말하였다.

"좋소. 현수여. 나는 구하고 찾는 사람이 되었고 그대는 지키는 사람이 되어 가업을 잘 경영하였구려. 이와 같으니 오래지 않아서 집안의 재물이 반드시 풍요롭고 넉넉할 것이오."

아내가 말하였다.

"이 옷은 내가 매우 고생하면서 만든 것이니 다만 당신만 입고 다른 사람에게 주지 마십시오."

대답하여 말하였다.

"그렇게 하겠소."

있다.

　이때 그 장자는 신심이 순선(淳善)하여 서다림에 가서 세존의 발에 예경하였다. 성안에서 나올 때에 문지기가 보고서 곧 이렇게 생각하였다.

　'이 장자가 좋은 옷을 입은 것을 보니 요즘에 분명히 많은 재물과 이익을 얻었구나.'

　이때 육중필추는 자주 사찰의 문 앞에 있었다. 오파난타는 장자가 오는 것을 보았고 그 의복을 보고서 이와 같이 생각하였다.

　'이 장자가 좋은 의복을 입은 것을 보니 구하는 재물과 이익을 반드시 뜻에 따라 얻은 것이다. 내가 지금 만약 이 옷을 즉시 얻지 못한다면 다시는 오파난타라고 부르지 않겠다.'

　곧 불러 말하였다.

　"잘 오셨소. 장자여. 당신은 어디에서 오셨는가? 마치 초승달이 오랫만에 비로소 나타나는 것과 같소이다."

　알려 말하였다.

　"성자여. 나는 이러한 무역으로 먼 다른 지방에 갔다가 요즘에 처음으로 돌아온 까닭으로 세존께 예경하고자 왔습니다."

　물어 말하였다.

　"장자여. 많은 이익을 얻었습니까?"

　대답하여 말하였다.

　"때에 따라 조금 얻었으므로 빈손으로 돌아오는 것을 면했습니다."

　알려 말하였다.

　"장자여. 나는 이미 알고 있소. 연못에서 흘러나오는 것을 보면 물의 맑고 깊음도 드러나오. 눈으로 좋은 옷을 보니 많은 이익을 얻은 것을 알 수 있구려. 그러나 그대는 요즘에 항상 탐심(貪心)을 가지고 쉬지 않고 경영하고 있으니 일찍이 내세의 자량(資糧)을 짓고 닦지는 못하는구려. 그대는 이곳으로 오시오. 마땅히 그대를 위하여 설법하겠소."

　이때 장자는 법을 들으려는 까닭으로 한쪽에 앉았다. 오파난타가 일반적으로 설법할 때에 만약 지계(持戒)의 인연을 설하면 그 법을 듣는 사람에게는 모두 몸이 곧 천상에 태어난다고 말하였고, 만약 보시의 인연을 설하면 그 법을 듣는 사람에게는 자기의 몸을 베어 가지고 받들어 보시하라고 말했으며, 만약 죄업의 인연을 설하면 그 법을 듣는 자신이 현재에 악도에 떨어진다고 말하였다. 오파난타가 그 장자를 위하여 보시에 상응하는 법을 설하니 그는 맑은 신심이 생겨나서 물어 말하였다.

"성자여. 내가 다행히 이와 같은 묘한 법을 듣게 되었으니 가진 한 벌의 백첩(白疊)을 받들어 보시할 수 있습니까?"

오파난타가 곧 축원하였다.

"그대가 보시한 물건은 마음의 자량(資糧)이오."

[자세한 설명은 앞에서와 같다.] 축원을 마치고서 곧 옷을 찾으니 장자가 말하였다.

"옷이 집에 있으니 내일 가져오겠습니다."

대답하여 말하였다.

"현수여. 세존의 말씀과 같이

복을 닦으려면 마땅히 빨라야 하니
어찌 내일이 있음을 알겠는가?
결국은 죽은 왕의 군대와 함께
반드시 만나도록 정해져 있다네."

오파난타가 말하였다.

"장자여. 그대가 입고 있는 것은 지극히 좋은 백첩이니 마땅히 가지고 나에게 보시하시오. 내가 마땅히 꿰매어 두 겹의 새로운 승가지를 지어 적은 욕심으로 머무르면서 여러 선품을 닦아서 복을 항상 그대에게 주겠소."

장자가 대답하여 말하였다.

"아까워 주지 못하는 것이 아닙니다. 그러나 나의 아내와 먼저 굳게 약속하였습니다.

'다만 당신만 입고 다른 사람에게 주지 마십시오.'"

오파난타가 말하였다.

"장자여. 나는 일찍이 그대가 어질고 착하며 맑은 신심이 있는 대장부라고 들었으나, 오히려 그대가 지금 다시 아내의 말만 따르는 것을 알았구려."

마침내 곧 앞으로 가서 강제적으로 윗도리를 벗겨 자세히 보고서 손을 돌려서 얼굴을 문질렀다.

물어 말하였다.

"성자여. 무슨 뜻으로 이러십니까?"

대답하여 말하였다.

"그대는 보시하는 복은 있으나 수용할 복은 없구려. 헛되게 시렁 위에서 썩을 뿐이고, 옷의 수용이 없구려. 내가 만약 다시 그 한 겹을 얻으면 이것과 서로가 같으니 승가지를 지어서 사용하면 그의 복은 원만할 것이오."

장자가 말하였다.

"어찌 내가 알몸으로 돌아갈 수 있겠습니까?"

알려 말하였다.

"장자여. 어찌 바깥의 위의를 빌어서 몸을 꾸미고자 하시오? 다만 성품으로서 매우 인색함을 버리고 참괴(慚愧)[15]로 옷을 삼아야 하니, 참괴가 없는 사람은 비록 옷을 입었더라도 알몸과 다르지 않소. 그대에게는 속옷이 없소?"

장자가 말하였다.

"있습니다."

"만약 이와 같다면 지금 이 성안의 여러 장자들이 몸에 속옷을 입고 손에 거친 막대기를 잡고 소를 놓아기르다가 날이 저물면 돌아갈 것이오. 그대도 지금 역시 몸에 속옷을 입고 손에 막대를 잡고서 다른 사람의 소의 뒤를 따라서 성으로 들어가면 여러 사람들이 볼 때에도 전혀 이상하게

---

15) 산스크리트어 hri-apatrāpya의 음사로서 자신의 죄나 허물을 스스로 부끄러워하는 마음 작용을 참(慚)이라 하고 자신의 죄나 허물에 대하여 남을 의식하여 부끄러워하는 마음 작용을 괴(愧)라고 한다.

않을 것이오.”

　곧 강제로 바지를 취하였고, 다만 속옷을 입히고 하나의 막대를 주어 마침내 소를 따라서 들어가게 하였다. 문지기가 물어 말하였다.

　“장자여. 먼저 성을 나갈 때에 보니 좋은 백첩을 입었으나 지금 알몸으로 돌아오니 어찌 도둑을 만나지 않은 것이겠소?”

　장자가 말하였다.

　“다른 도둑을 만나지 않았으나 다만 성자 오파난타가 나를 위하여 설법하고 강제로 옷을 빼앗아 갔소.”

　문지기는 듣고서 매우 비난하고 꾸중하였다. 이때 급고독장자는 날마다 오후에 항상 500명의 하인을 데리고 세존의 두발에 예경하였고 아울러 모든 대덕인 기숙(耆宿)필추에게도 예배하였다. 성문에 이르니 문지기가 알려 말하였다.

　“장자께서는 비록 많은 여러 하인들이 따를지라도 반드시 조심하시고 도둑에게 빼앗기지 마십시오.”

　장자가 알려 말하였다.

　“어찌 급고독원의 중간에 도둑이 있겠는가?”

　알려 말하였다.

　“장자여. 길에는 비록 도둑이 없겠으나 급고독원에 있습니다.”

　장자가 말하였다.

　“애석하구나. 남자여. 그대의 품성의 악하고 검은 양의 털과 같아서 되돌려 고칠 수가 없구려. 지금 이 길 가운데에는 세존과 승가의 대중이 항상 다니고 있네. 비록 여러 해가 지나도 그대는 착하게 변하지 못하겠구려.”

　문지기가 알려 말하였다.

　“장자여. 세존이신 선서(善逝) 및 필추의 승가 대중이 발로 밟은 먼지까지도 내가 보았다면 어찌 머리숙여 감히 공경하지 않겠습니까? 그러나 새벽에 한 장자가 좋은 의복을 입고서 급고독원에 갔습니다. 그때 오파난타가 그를 위하여 설법하고서 강제로 빼앗아서 가져갔고 속옷을 입게 하고서

622

소를 따라 들어오게 하였습니다. 입으로 비난하며 말하였으므로 모든 사람들이 함께 알고 있습니다."

장자가 이 말을 듣고서 곧 이렇게 생각하였다.

'내가 오늘 이 인연으로 곧 급고독원에 가야겠구나.'

이때 오파난타가 보고서 알려 말하였다.

"잘 오셨습니다. 장자여."

알려 말하였다.

"나는 잘 오지 못했습니다."

오파난타가 말하였다.

"그대의 앞에 연기가 있으니 지금 이때에 불이 났습니까?"

장자가 알려 말하였다.

"어찌하여 내가 불이 일어나지 않았겠습니까? 다른 출가자들은 탐욕을 버리고자 하는데 대덕은 탐하는 것이 다시 증장되십니다."

오파난타가 말하였다.

"내가 무슨 일을 지었습니까?"

장자가 알려 말하였다.

"어찌 어제 사람이 와서 세존을 뵙고자 하였으나 당신이 설법하고서 강제로 그의 옷을 빼앗았고 속옷을 입혀서 소의 뒤를 따라 들어가게 하지 않았습니까?"

오파난타가 말하였다.

"세상에서 말하였소. '여러 천인이 희사(喜捨)16)하는 것을 아귀가 곧 막는 것이오.'"

장자가 알려 말하였다.

"어찌 그 사람이 금병(金瓶)에 물을 담아 가지고 이것으로 함께 보시하겠습니까?"

오파난타가 말하였다.

---

16) 사찰에 금전이나 토지 따위를 기부하는 것을 말한다.

"장자는 많은 말을 하지 마시오. 만약 세존께서 마음을 따라 받는 것을 인정하지 않으신다면 계율을 제정하실 것이오."

장자가 말하였다.

"내가 어찌 가겠습니까? 마땅히 이곳에 있겠습니다."

오파난타는 묵연히 머물렀다. 이때 급고독장자는 세존의 처소에 가서 머리숙여 발에 예경하고 한쪽에 앉아서 세존께 아뢰어 말하였다.

"세존이시여. 지금 이 성자의 대중에서 친척이 아닌 거사와 거사부인에게 옷을 구걸하고 있습니다. 오직 원하옵건대 세존이시여. 모든 성스러운 대중을 위하여 생각하는 일을 지으시어 친족인 거사와 거사부인이 아니면 옷을 구걸하지 못하게 하십시오."

이때 세존께서는 장자의 말을 들으시고 묵연히 그것을 허락하셨다. 장자는 알고서 세존께 예경하고서 떠나갔다. 세존께서는 이 인연으로 필추 승가를 모으셨으며, [자세한 설명은 앞에서와 같다.] 오파난타에게 물어 말씀하셨다.

"그대는 진실로 친족이 아닌 거사와 거사부인에게 옷을 구걸하였는가?"

대답하여 말하였다.

"진실로 그렇습니다."

이때 세존께서는 오파난타를 여러 가지로 꾸중하시고서 모든 필추들에게 알리셨으며, [자세한 설명은 앞에서와 같다.]

"나아가 비나야에 모든 필추들을 위하여 그 학처를 제정하나니 마땅히 이와 같이 설하노라. 만약 다시 필추가 친족이 아닌 거사나 거사의 부인으로부터 옷을 구걸하면 니살기바일저가이니라."

이때 세존께서는 필추들을 위하여 처음으로 학처를 제정하셨다.

세존께서는 서다림에 머무르셨다.

이때 40필추가 있어 인간세상을 유행하면서 도둑들에게 겁탈을 당하여 의복이 없었다. 이때 필추들은 함께 이렇게 의논하였다.

624

"세존께서 '친족인 거사나 거사부인이 아닌 사람에게 옷을 구걸하는 것을 허락하지 않는다.'고 제정하셨네. 우리들은 이곳에 친족이 없으나 마땅히 실라벌성을 향하여 돌아가야 하니, 같은 범행자의 주변을 따라 의복을 구해야 하네. 우리들이 어찌 알몸으로 가겠는가?"

의논하여 말하였다.

"밤에는 길을 가고 낮에는 마땅히 숨어 지내세."

이와 같이 점차 나아가서 밤에 사찰의 문에 이르렀다. 이때 그 필추는 초야(初夜)와 후야(後夜)를 깨어서 사유하였으며 문을 두드리는 소리를 듣고서 나와 알몸을 보고서 알려 말하였다.

"옷이 없는 외도여. 그대들이 머물 곳이 아니오."

그들이 말하였다.

"구수여. 우리는 외도가 아닙니다."

"그대들은 어떤 사람이오."

"우리는 필추입니다."

"어느 곳에 이와 같은 필추가 있겠소?"

"우리들은 도둑에게 겁탈을 당하였는데 어찌 보내고자 하십니까?"

물어 말하였다.

"그대들의 이름은 무엇이오."

"우리들은 40명의 걸식필추입니다."

알려 말하였다.

"잘 오셨소. 구수여."

곧 문을 열어주었다. 이때 여러 필추들은 다투어 서로가 제공하였으니, 혹은 승가지를 주었으며, 혹은 온달라승가, 혹은 안달바사(安呾婆娑), 혹은 승각기(僧脚崎)[17]·니바산나(泥婆珊那)[18]·파달라(波呾羅)[19]·여수라(慮水

---

17) 산스크리트어 saṃkakṣikā의 음사로서 엄액의(掩腋衣)·부박의(覆膊衣)라고 번역된다. 승단에서 필추니에게 삼의(三衣) 안에 입도록 규정한 작은 옷으로 직사각형으로 왼쪽 어깨에 걸쳐 비스듬히 내려뜨려 가슴을 가리고 오른쪽 겨드랑이를 감는다.

羅)20) 등으로 구제하였다. 날이 밝았고 이때 여러 필추들은 이 인연으로 세존께 아뢰니, 세존께서 말씀하셨다.

"이 인연을 까닭으로 다른 때(餘時)를 제외하느니라. 다른 때는 만약 필추가 옷을 빼앗겨서 옷을 잃었고, 옷을 태웠으며, 옷이 바람에 날려갔고, 옷이 물에 떠내려 간 것이 다른 때이니라."

이때 세존께서는 지계를 찬탄하셨으며, [나아가 자세한 설명은 생략한다.]

"이전에 제정한 것을 지금 다시 따라서 열고서 모든 필추들을 위하여 그 학처를 제정하겠노라. 만약 필추가 친족이 아닌 거사와 거사부인에게 옷을 구걸하면 다른 때를 제외하고는 니살기바일저가이니라. 다른 때는 만약 필추가 옷을 빼앗겨서 옷을 잃었고, 옷을 태웠으며, 옷이 바람에 날려갔고, 옷이 물에 떠내려 간 것이 다른 때이니라."

'만약 다시 필추'는 오파난타이고, 나아가 옷의 뜻은 아울러 앞에서 설명한 것과 같다.

'구걸하다.'는 그들에게 말로서 구걸하는 것을 말한다.

'옷을 빼앗겼다'는 도둑에게 빼앗긴 것을 말한다.

'옷을 잃었다.'는 스스로가 옷을 잃어버린 것을 말한다.

'옷을 태웠다.'는 불에 타버린 것을 말한다.

'옷이 날려갔다.'는 바람에 날려간 것을 말한다.

'옷이 떠내려갔다.'는 물에 떠내려간 것을 말한다.

이러한 어려운 인연이 있으면 구걸하여도 범하지 않으나 만약 이것과 다른 때이면 사타를 범하는 것을 얻는다.

이 가운데에서 범한 모양과 그 일은 무엇인가? 일에는 세 가지가 있으니 가격과 색깔과 양을 말한다. 만약 필추가 어려운 인연이 없으면 친족이

---

18) 산스크리트어 nivāsana의 음사로서 군(裙)·하의(下衣)라고 번역된다. 수행승이 허리에 둘러 입는 치마 같은 옷을 가리킨다.

19) 산스크리트어 pātra의 음사로서 응기(應器)·응량기(應量器)라고 번역된다. 수행승들이 사용하는 그릇이다.

20) 녹수낭(漉水囊)의 다른 이름이다.

626

아닌 사람에게서 그 가격이 1가리사파나(迦利沙波拏, 가리사파나의 뜻은 이미 앞의 불여취계(不與取戒) 가운데에서 갖추어 설명한 것과 같다.)에 해당하는 옷을 구걸하고, 만약 돌이켜 1가리사파나에 해당하는 가격의 옷을 얻으면 구걸한 때는 악작죄를 얻고, 얻은 때는 사타죄를 얻는다. 이렇게 값의 단위를 높여서 나아가, 50가리사파나에 이르면 구걸하는 때의 얻는 죄의 무겁고 가벼움은 마땅히 앞에서와 같음을 알라.

만약 필추가 친족이 아닌 사람에게서 1가리사파나에 해당하는 가격의 옷을 구걸하여 가리사파나에 해당하는 가격의 옷을 얻으면 구걸할 때는 악작죄를 얻고, 얻은 때는 범한 것이 없다. 이렇게 하여 나아가 50가리사파나에 이르기까지 구걸한 것은 적고, 얻은 것은 많은 것의 범한 것과 범하지 않는 것은 역시 마땅히 앞에서와 같음을 알라.

만약 필추가 다른 사람에게 청색의 옷을 구걸하여 청색의 옷을 얻으면 구걸할 때는 악작죄를 얻고, 얻은 때는 사타를 범한다. 청색은 이미 그와 같으며, 황색·적색·백색도 색깔의 진한 것과 연한 것도 마땅히 역시 앞에서와 같음을 알라. 만약 필추가 청색의 옷을 구걸하였으나, 황색의 옷을 얻으면 구걸할 때는 악작죄를 얻고, 옷을 얻었을 때는 범하는 것이 없다. 이와 같이 나머지 색깔과 한 것과 연한 것도 다시 서로 원하는 것에 따라 마땅히 앞에서와 같음을 알라.

양이란 만약 필추가 다른 이에게 5주(肘)가 되는 옷을 구걸하였으나, 5주인 옷을 얻으면 구걸할 때는 악작죄를 얻고, 얻은 때는 사타죄를 얻는다. 혹은 5주를 구걸하였으나, 10주를 얻었고, 나아가 50주에 이르기까지 앞에 의거하여 마땅히 알라. 이것을 세 가지의 일이라고 이름한다.

만약 실을 구하였으나 작은 조각을 얻었고, 작은 조각을 구걸하였으나, 다른 사람이 큰 옷을 주었다면 모두가 범한 것이 없다.

또한 범하지 않는 것은 처음으로 잘못을 저지른 사람과 혹은 어리석고, 미쳤으며, 마음이 어지럽고 고통스러운 것에 얽매인 것이다.

근본설일체유부비나야 제20권

삼장법사 의정 한역
석보운 번역

7) 과량걸의(過量乞衣) 학처

어느 때 박가범께서는 실라벌성 서다림의 급고독원에 머무르셨다. 이때 오파난타는 이렇게 생각하였다.

"우리들이 소유하고자 경영하여 구하는 곳은 모두를 급고독장자가 세존께 그 학처로 제정하도록 열어서 청한 까닭으로 우리들은 작은 수건도 구걸하여도 오히려 얻을 수가 없으니 하물며 큰 것을 얻겠는가? 그러나 불·세존께서 혹은 욕심이 적은 필추에게 옷이 부족한 까닭으로 열어 허락한 것이 있으니, 내가 지금 마땅히 욕심이 적은 사람을 찾아 함께 서로에게 부탁하면 혹시 그를 인연하여 조금은 얻을 수 있을 것이다."

곧 여러 곳에서 그러한 사람을 구하여 찾았고 비록 다시 널리 돌아다녔으나 능히 볼 수 없었다. 어느 사람이 알려 말하였다.

"아란야의 가운데에 40필추는 적은 욕심으로 머무르고 있습니다."

곧 그 적정한 숲 속에 나아가 40필추를 보니 찢어진 옷을 꿰매어 입고서 지극히 고생하고 있었다. 이때 오파난타는 여러 필추들에게 알려 말하였다.

"구수여. 내가 들은 일과 보는 것은 같지 않습니다. 요즈음 당신들 40필추는 아란야의 가운데에 있으면서 여러 정려와 해탈의 승락(勝樂)을 받는다고 말하고 있는데, 오히려 이렇게 오직 찢어진 옷이나 꿰매고 고생하며 마음을 산란하게 있는 것이오?"

여러 필추들이 말하였다.

"대덕이여. 우리들은 도둑들에게 겁탈을 당했습니다."

오파난타가 말하였다.

"이러한 좋지 않은 일에 매우 고생을 하시오."

여러 필추들이 말하였다.

"대덕이여. 무슨 까닭으로 걱정하십니까?"

오파난타가 말하였다.

"나는 당신들을 걱정하는 것이 아니고, 그 도둑들이 욕심내는 까닭으로 겁탈을 행하여 죽은 뒤에 마땅히 지옥으로 떨어질 것을 가엾게 생각하는 것이오. 설령 사람이 되어도 가난의 과보를 받을 것입니다. 여러 구수들이여. 세존께서 '그대들 필추들이여. 만약 사람이 도둑질을 행하는 것을 자주 익힌 힘을 까닭으로 목숨을 마친 뒤에는 마땅히 지옥에 태어나 여러 고뇌를 받으리라. 설령 사람으로 태어나더라도 옷과 음식이 부족할 것이다.'라 말씀하셨으니 이러한 일을 인연하여 나는 걱정스럽게 말을 하는 것입니다. 그렇지만 여러 구수들이여. 그대들은 어려운 고통을 받으면서 이러한 찢어진 옷을 꿰매고 있으면서 새롭고 좋은 옷을 어찌 구걸하지 않습니까?"

여러 필추들이 말하였다.

"비록 삼보의 승묘한 복전을 버릴지라도 우리들은 가난한 사람들에게 즐겁게 베풉니다."

알려 말하였다.

"구수여. 세존께서는 항상 여러 곳에서 그대들이 욕심이 적고 만족함을 안다고 찬탄하셨으니 신심이 있는 사람들이 모두 즐거이 공양할 것인데 어찌 구걸하지 않습니까?"

대답하여 말하였다.

"우리들이 어느 곳에서 옷을 구하여 구걸해야 합니까?"

오파난타가 말하였다.

"만약 구걸할 곳이 없으면 어찌 권화(勸化)[1]하는 사람을 청하여 찾지 않습니까? 그는 능히 그대들을 위하여 쉽게 의복을 얻을 것입니다."

알려 말하였다.

"어느 처소에 서로를 아는 대중이 있을 것인데, 대덕인 필추께서 스스로 선품을 버리고 우리들을 위해 구하며 찾겠습니까?"

오파난타가 말하였다.

"우리들 육중필추는 각자 9명의 제자가 있어 60명에 이르니 함께 그대들을 위하여 옷과 물건을 구하고 찾겠소. 그대들이 나의 뜻을 거스르지 않고 따라주겠다면 우리들의 문인(門人)들도 이 인연으로 역시 적은 옷을 얻을 수 있을 것이오."

대답하여 말하였다.

"함께 옷을 얻는데 우리들이 어찌 거스르겠습니까?"

오파난타가 말하였다.

"우리들이 어찌 능히 스스로 걸식하면서 다시 옷을 구하겠소? 만약 고생하지 않고 충분히 걸식할 수 있으면 옷을 구할 수 있을 것이오."

여러 필추들이 알려 말하였다.

"이것도 역시 옳습니다."

이때 오파난타는 사찰로 돌아와 발을 씻고서 방에 들어가 생각하였다.

'무슨 방편을 지어야 이 성안의 사람들에게 모두 권유하여 화주할 수 있을까? 오직 급고장자는 제외하고 그 집에는 들어가지 않아야 한다. 그가 만약 나를 보면 아직도 분노를 품고 있을 것이다. 나는 지금 마땅히 먼저 가난한 집에 가고 다음으로 부유한 집에 갈 것이며 뒤에 승광왕(勝光王)의 왕궁과 행우부인(行雨夫人)[2]과 아울러 승만부인(勝鬘夫人)·선수장자(仙授長者)·고구거사(故舊居士)·비사거모(毘舍佉母)·선생부부(善生夫婦) 등에게 이와 같이 차례에 따라 구걸해야겠다.'

이때 어느 장자가 있어 세존과 승가를 청해서 집에서 음식을 베풀었다. 오파난타가 보고서 생각을 일으켜 모든 제자에게 알려 말하였다.

"구수여. 내일 그대들은 설령 사찰의 대중에게 뽑혀 소임이 맡겨지더라

---

1) 삼보(三寶)에 재물을 시주하도록 권유하는 것을 말한다.
2) 파사닉왕(波斯匿王)의 두 명의 부인 가운데에서 한 명을 가리킨다.

도 반드시 받아들이지 말게. 알려 말하건대 우리들의 두 스승들이 작은 심부름을 보낼 일이 있네."

다음 날이 되어 한 제자에게 가서 40필추를 부르게 하였다

"당신들은 와서 나를 위하여 옷을 구걸하시오."

사자(使者)가 그곳에 도착하여 보니 모든 필추들은 모두 함께 선정에 들어 있었고, 사자는 곧 생각하였다.

'누가 능히 이곳에서 추악한 마음을 지어 다음의 세상을 관하지 못하고 선정에 있는 사람을 잘못 흔들어 그것으로 놀라 깨어나게 하겠는가?'

곧 돌아와서 오파난타의 처소에 이르러 알려 말하였다.

"아차리야여. 그들은 모두 선정에 들어갔으니 누가 능히 깨우겠습니까?"

이때 오파난타는 성을 내며 알려 말하였다.

"어리석은 사람아. 무지하구나. 그대는 지금 이렇게 지극히 노력하여도 어찌 곧 모든 번뇌를 벗어나겠는가?"

마침내 곧 스스로 가서 정려당(靜慮堂)에 이르러 발로 문과 집을 차서 모두 흔들었으므로 그들이 선정에서부터 깨어나서 물어 말하였다.

"대덕은 무슨 뜻으로 이렇게 합니까?"

알려 말하였다.

"그대들은 40명의 옷을 구하고자 하는데 무슨 까닭으로 일을 살피지 않고 이곳에서 좌선하고 있소. 와서 함께 갑시다."

그들이 곧 알려 말하였다.

"잠시만 기다리시오. 치목(齒木)을 씹겠습니다."

오파난타가 말하였다.

"나오시오. 길을 가면서 마땅히 씹으시오."

40필추는 곧 따라서 떠나갔다. 오파난타가 곧 문인과 함께 상의하여 말하였다.

"여러 구수들이여. 우리들 육중은 오히려 하얀 코끼리와 같아 가는 곳마다 사람들이 다투어 모두를 모이게 하므로 우리들은 마땅히 늙고

젊음을 의지하지 않아야 군중에게서 떠날 수가 있네. 마땅히 중간에
섞이어 앞과 뒤에서 별도로 가세."
  곧 의논한 것을 따라 앞에서 반(半)을 가서 치목을 씹고 실라벌성의
시장으로 들어가 가난한 사람들의 행렬 속에 모두 모여 머무르고 있었다.
가게의 주인이 물어 말하였다.
  "성자여. 오늘 걱정스러운 일이 있습니까?"
  알려 말하였다.
  "나는 걱정스런 일이 있소. 그대들은 모두가 40명의 필추가 있고 세존께
서 가시는 곳마다 그들이 욕심이 적고 만족하는 것을 찬탄하는 것을
듣지 못하였소?"
  알려 말하였다.
  "우리들은 들었습니다."
  오파난타가 말하였다.
  "이 사람들이 곧 그들이오. 모두 함께 도둑에게 의복을 겁탈을 당했소."
  가게 사람들이 듣고서 각자 서로 말하였다.
  "여러분. 모두 활·칼·방패[牌]·긴 창[槊] 등으로 함께 도둑의 무리를
잡아야 합니다."
  육중이 알려 말하였다.
  "겁탈을 당한 지 오래 지나서 도둑은 다른 지방으로 흩어졌소."
  여러 사람들이 알려 말하였다.
  "우리에게 무엇을 해야 합니까?"
  육중이 알려 말하였다.
  "함께 옷을 보시하시오."
  이때 그 여러 사람들이 곧 거두어서 새 옷과 낡은 옷을 서로가 보시하였
다. 이때 육중이 묶어 큰 짐을 만들어 여러 소년들에게 짊어지고서 장차
사찰로 돌아가게 하였다. 다음은 부자들의 행렬 가운데에 함께 모여
섰다. 그들은 앞에서와 같이 물었고 육중은 앞에서와 같이 대답하였다.
사람들은 각자 값비싼 옷을 가져다가 주었고, 육중은 다시 되돌려 사찰로

보내면서 돌아가도록 하였다. 다음은 승광왕의 처소에 가서 모여 있었다. 이때 왕이 보고 물으니 앞에서와 같이 대답하였다. 왕이 곧 비로택가에게 명하여 말하였다.

"그대는 지금 마땅히 모든 장수들을 곧 급히 보내서 도둑들을 잡아들이시오."

육중이 알려 말하였다.

"겁탈을 당한 지 오래 지나서 도둑들은 다른 지방으로 흩어졌습니다."

왕이 말하였다.

"만약 그렇다면 성자들은 무엇을 짓고자 하시오."

육중이 알려 말하였다.

"옷을 베풀어 주십시오."

승광왕이 곧 사람들 각자에게 열세 개의 자구(資具)와 승묘(勝妙)한 옷을 주었다. 이때 육중은 곧 제자들에게 이전과 같이 짊어지고 가도록 하였다. 이때 40명의 필추가 오파난타에게 말하였다.

"대덕이여. 얻은 옷을 계산하여 보니 우리들은 이미 만족합니다. 다시 구걸하지 마십시오."

오파난타가 알려 말하였다.

"구수여. 그대들은 모두 게으른 사람들이오. 먼저 진심으로 말하기를 '만약 당신들이 거스르지 않는다면 나도 역시 이 인연으로 여러 제자를 위하여 적은 의복이라도 구하겠소.'라고 하였는데 어찌 나와 함께 하지 않소. 무슨 까닭으로 스스로 만족하고서 다시 즐겁게 구하지 않는 것이오."

이때 필추들은 듣고서 모두가 묵연하였다. 이때 육중필추는 마침내 행우부인·승만부인·선수장자·고구거사·비사거모·선생부부에게도 가서 각자와 문답하였으며, 앞에서와 같이 갖추어 말하였다. 이때 그들은 모두 함께 열세 개의 자구와 승묘한 옷을 주었고 얻은 옷은 처소에서 모두 제자들에게 짊어지고 사찰을 향하게 하였다. 이때 육중이 여러 사람들에게 알려 말하였다.

"세존께서 어제 여러 필추들과 함께 다른 사람이 음식을 청하는 것을 받으셨으니, 만약 음식을 받는 곳에서 100명이 부족하면 곧 자리가 비어있는 것을 시주가 이상하게 생각할 것이네. 그대들은 마땅히 가서 그의 음식을 먹도록 하고, 또한 마땅히 나를 위해 그 음식을 발우에 보내게."

이때 육중은 모든 사람들을 보내고서 스스로 사찰로 돌아가 좋은 옷을 골라서 취하여 한곳에 모아두고서 그 낡은 옷과 찢어진 옷을 40으로 나누었다. 이때 40명은 나아가 청한 곳에서 음식을 먹고서 사찰에 돌아왔다. 육중이 음식을 먹고서 제자에게 알려 말하였다.

"그대가 가서 40명의 욕심이 적은 사람들을 불러오게."

그들이 모두 왔으므로 오파난타가 말하였다.

"구수여. 내가 그대들의 옷을 지키는 사람이오. 마땅히 각자의 옷을 취하시오."

그들이 찢어진 옷을 보고 함께 서로를 쳐다보니 육중이 알려 말하였다.

"그대들은 무슨 까닭으로 양쪽이 서로를 바라보는 것이오?"

그들이 곧 알려 말하였다.

"무슨 인연으로 모두 찢어진 옷과 물건이오?"

오파난타가 말하였다.

"이것을 사용하고 겹쳐 승가지를 지으시오. 이것을 꿰매면 온다라승가와 안달바사·승각기 등도 만족하게 얻을 것이고 충족할 것인데 어찌 싫어하시오. 만약 마음에 만족하지 못하면 서로를 따라서 다시 구걸합시다."

대답하여 말하였다.

"충분하게 얻었으니 다시 다른 것을 구하지 않겠소."

곧 각자 찢어진 옷을 가지고 난야의 가운데에 돌아가서 일을 따라 꿰매고 수선하였다. 그 성읍의 대중들은 모두 40명의 필추가 왕과 일곱 사람의 처소에서 모두 13개의 자구를 얻었다는 말을 들었다. 이때 필추들이 난야의 가운데에서 필추들을 보았는데 각자 고생하면서 찢어진 옷을 수선하고 있는 것을 보고서 알려 말하였다.

"여러 구수들이여. 우리가 들은 일과 보는 일이 같지 않습니다."

숲속의 필추가 물어 말하였다.

"말하는 것이 무슨 뜻입니까?"

알려 말하였다.

"우리들은 당신들이 일곱의 처소의 모든 곳에서 13개의 자구를 얻었다고 들었는데 무슨 뜻으로 지금도 도리어 찢어진 옷을 꿰매고 있습니까?"

여러 필추들이 말하였다.

"당신들은 다만 귀로 우리들이 스스로 짊어지고 왔다고 들었을 뿐입니다."

"만약 이와 같다면 어느 곳에서 이러한 찢어진 옷을 얻었습니까?"

이때 필추들은 이러한 인연을 갖추어서 대답하였다. 필추가 듣고서 지극히 싫어하고 천박하게 생각하였다. 마침내 주처에 이르러 여러 필추들에게 알렸고 여러 필추들은 이 인연으로 세존께 아뢰었다. 세존께서는 여러 필추들에게 알리셨고 나아가 40명의 필추에게 물어 말씀하셨다.

"그대들은 진실로 다른 사람이 보시하는 물건을 수용하고서도 만족함을 알지 못하였는가?"

"진실로 그렇습니다. 세존이시여."

이때 세존께서는 여러 가지로 꾸중하셨으며, 바른 이치에 수순하지 않으면 마음이 조적(調寂)하지 않고, 이치에 수순하면 조적한 것을 널리 찬탄하셨으며, [자세한 설명은 앞에서와 같다.]

"나아가 모든 필추들을 위하여 비나야에 그 학처를 제정하나니, 마땅히 이와 같이 설하노라. 만약 다시 필추가 옷을 빼앗겼고 옷을 잃어버렸으며 옷을 태웠고 옷이 날아갔으며 옷이 떠내려가서 친족이 아닌 거사와 거사부인에게 구걸하여 그 사람이 옷을 많이 주더라도 필추는 반드시 마땅하게 상하의 두 벌만 받아야 한다. 만약 지나치게 받는 자는 니살기바일저가이니라."

'옷을 빼앗기다'등의 문장은 모두 앞에서와 같다.

'마땅히 상하의 두벌만 받아야 한다.'는 두 종류의 상·하의 옷이 있으니, 첫째는 필추의 상·하의 옷이고, 둘째는 재가인의 상·하의 옷이다.

'필추의 상하'는 만약 이것이 새 옷이면 두 겹의 승가지로 지으면 가로로 3이고 세로로 5이다. 만약 니바산(泥婆珊)³⁾이면 세로 길이가 2고 가로 길이가 5이다.

'재가인의 상하'는 상의(上衣)는 길이가 12주(肘)이고 너비가 3주이며 하의(下衣)는 길이가 7주이고 너비가 2주이다.

'마땅히 받는다.'는 마음으로 받는 것을 말한다.

'만약 지나치게 받는다.'는 앞에서 말한 수에 지나치다는 말이니, 구걸해서 많은 옷을 얻었으면 곧 사타를 범하게 된다.

석명(釋名)과 사회(捨悔)의 자세한 설명은 앞에서와 같다.

이 가운데에서 범한 모양과 그 일은 무엇인가? 만약 필추가 다른 사람에게서 재가인의 상하의 옷을 구걸하였을 때에 의지한 양을 얻었으나 다시 구걸하는 때에는 악작죄를 얻고 곧 사타를 얻는다. 만약 필추의 상하의 옷을 구걸하였을 때에도 이 일과 같다.

만약 다른 사람에게 재가인의 상하의 옷을 구걸했을 때에 비록 재가인이 양을 줄이더라도 마땅히 다시 구걸하지 말라. 만약 많으면 곧 주인에게 돌려주어라. 만약 다른 사람에게 필추의 상·하의를 구걸했을 때에 적어서 필추의 옷의 양을 충족하지 못하면 다시 구걸해야 하나 많으면 주인에게 곧 돌려주어라. 만약 재가인의 옷이 적어서 구걸하였고, 만약 필추가 옷이 많이 남았으나 돌려주지 않으면 죄를 얻는 가볍고 무거움은 앞에 의거하여 마땅히 알라. 만약 원래 마음에서 지나치게 구걸한 것을 의심하면 구걸할 때에 악작죄를 얻고 물건을 얻으면 사타를 범하며 사타를 범하고서 다시 다른 물건을 얻으면 모든 범하는 자세한 설명은 앞에서와 같다.

또한 범하지 않는 것은 처음으로 잘못을 저지른 사람과 혹은 어리석고, 미쳤으며, 마음이 어지럽고 고통스러운 것에 얽매인 것이다.

---

3) 산스크리트어 nivāsana의 음사로서 이원승(泥洹僧)과 같으며, 내의(內衣)로서 속옷을 말한다.

8) 지속인공허여의취걸(知俗人共許與衣就乞) 학처

세존께서는 실라벌성 서다림의 급고독원에 머무르셨다.

이 성안에는 한 장자가 있어 자신의 아내를 버리고 밖에서 삿된 행위를 하였다. 그의 아내가 말하였다.

"당신은 이런 삿된 행위를 해서는 안됩니다."

아내가 그만두도록 충고를 하여도 남편이 그의 말을 따르지 아니하였다. 아내는 화내고 미워하는 마음이 일어나서 자신도 다른 남자와 몰래 정을 통하였다. 그의 남편은 매번 집의 재물을 가져다가 내연녀에게 주었고 그의 아내도 역시 집의 재물을 내연남에게 가져다가 주었다. 남편과 아내 두 사람이 재물을 탕진하니 오래지 않아 모두 없어졌다. 장자는 성품이 사납고 악하여 노비를 때렸고, 항상 낡은 옷과 나쁜 음식을 주면서 말하였다.

"너 때문에 나의 재산이 모두 없어졌다."

노비가 말하였다.

"나는 진실로 오래 전에 재산이 파산된 까닭을 알고 있었습니다. 그러나 두 가주(家主)에게 감히 말하지 못하였습니다."

그 부부는 노비가 자신들을 야단치는 것을 알고 모두 부끄러워하였으며, 묵묵히 말없이 있었다. 이때 오파난타는 이 일을 알고서 곧 그 장자의 집에 가서 그 부부를 위해 파계를 야단치고 지계를 찬탄하면서 알려 말하였다.

"선남자 선여인이여. 세존께서 설하신 것과 같이 '사음을 행한 사람은 목숨을 마치고서 마땅히 지옥에 떨어지나니, 만약 사람이 되어도 아내는 정숙하지 못하고 남편은 삿된 생각이 있고, 만약 삿된 행을 떠나면 죽은 뒤에 천상에 태어나며, 만약 인간으로 태어나면 아내는 정숙하고 남편은 삿된 생각이 없는 것이오.'"

가타로서 설하여 말하였다.

듣고 능히 법을 아는 까닭으로
법을 듣고 여러 허물을 벗어나며
법을 들어 악한 지식도 버리고
법을 들어 열반을 얻네.

이때 부부가 법을 듣고서 함께 사음을 버렸다. 이때 오파난타가 다시 부부를 위하여 널리 자세하고 귀경(歸敬)하며 수승한 공덕을 알려 말하였다.
"그대들 두 사람은 다시 마땅히 잘 들어라. 세존께서 설하신 것과 같이,

만약 불타께 귀의하면
악취(惡趣)에 떨어지지 않으리니
사람의 몸을 버리고서
마땅히 천상에 태어나리.

만약 달마에 귀의하면
악취에 떨어지지 않으리니
사람의 몸을 버리고서
마땅히 천상에 태어나리.

만약 승가에 귀의하면
악취에 떨어지지 않으리니
사람의 몸을 버리고서
마땅히 천상에 태어나리.

이때 그 두 사람은 법을 듣고서 환희하면서 깊은 믿음이 생겼다. 곧 삼보에 귀의하였고, 다시 오계의 공덕을 찬탄하였다.

"그대들은 잘 들으시오. 세존께서 말씀하신 것과 같이 다섯 종류의 대시(大施)가 있소. 무엇이 다섯 종류인가? 살생과 도둑질과 사음행과 거짓말과 음주를 안 하는 것이오. 이것을 다섯 종류의 대시라고 하오.

무슨 까닭으로 이 다섯 일을 대시라고 이름하는가? 이 다섯을 안 하는 까닭으로 무소외(無所畏)를 얻어 모든 원결(怨結)도 없어지는 것이오. 아내가 정숙하고 어질게 말하면 곧 믿고 받아들이며 항상 교만하지 않고 방일하지 않아야 하오. 이러한 다섯을 까닭으로 무량하게 즐겁고 항상 인간과 천상세계에 있게 되는 까닭으로 대시라고 이름하는 것이오."

이때 그 두 사람은 이 법을 듣고서 두 배의 깊은 신심이 생겨나서 오학처를 받았다. 오파난타가 그 두 사람에게 오계에 귀의하여 머무르게 하고서 떠나갔다. 그 장자는 다른 날에 다시 그 노비를 괴롭히면서 때리니, 아내가 말하였다.

"인자(仁者)여. 나는 이전에 업과를 알지 못한 때에는 항상 심하게 괴롭혔으나 지금 성자인 오파난타 선지식을 까닭으로 하여 나는 업의 이숙을 알게 되어 마땅히 다시 괴롭히지 않습니다. 그리고 모든 세상 사람들은 스스로가 업을 받으므로 귀한 것도 천한 것도 항상 하지 않는 것이니 누가 노비이겠습니까? 지금부터는 회초리를 사용하지 마세요."

남편이 말하였다.

"현수여. 알겠소."

이렇게 말하고서 그 노비에게 명하여 말하였다.

"소녀여. 그대는 가서 목욕하여라. 새 옷을 주겠다."

알려 말하였다.

"마땅히 가업을 부지런히 하라. 너는 두려움이 없을 것이다."

노비는 이렇게 생각하였다.

'이 두 가장이 이전에는 모두 어질지 않아 매질로 벌을 주어서 나를 고통스럽게 학대하였고 떨어진 옷과 나쁜 음식도 오히려 몸을 채우지 못하게 하였으나, 지금의 은혜와 자비로운 일은 부모와 같구나.'

다시 거듭하여 생각하였다.

'성자 오파난타가 이 집에 들어온 뒤부터 어진 마음이 자라나서 다시 나를 때리지 아니하니, 내가 지금 어떤 물건을 가지고 성자의 은혜를 갚아야 하는가? 만약 집안의 적은 물건을 훔쳐서 은혜를 갚다가 만약 주인이 알게 되면 이전과 같이 괴롭힐 것이다.'

이미 얻을 곳이 없어 다만 부끄러운 마음을 품고 있었다. 뒤의 다른 때에 오파난타가 와서 부부를 위하여 설법하고 떠나갔다. 이때 장자의 아내가 그 남편에게 알려 말하였다.

"당신은 어찌 성자 오파난타가 우리들의 좋은 지식인 것을 알지 못하십니까? 악업을 버리고 선품 가운데에 머무르게 하였고 삼존(三尊)에게 귀의하고 공경하여 오학처를 받게 하였으며 다시 능히 때때로 법을 전해 주었으니 우리들이 마땅히 받들어 조금이라도 보시하여야 합니다."

장자가 물어 말하였다.

"무슨 일을 짓고자 하오?"

아내가 말하였다.

"한 벌의 백첩을 드리고자 합니다."

노비가 듣고서 곧 이렇게 생각하였다.

'나는 이 말을 가지고 성자께 알려야겠다.'

이때 오파난타는 초분에 성안에 들어와서 차례로 걸식하여 장자의 집에 이르렀다. 노비가 그를 보고 발에 예배하고 알려 말하였다.

"나에게 좋은 말이 있어 알려 드리고자 합니다."

물어 말하였다.

"무슨 일인가?"

그녀가 말하였다.

"우리 장자와 부인께서 장차 좋은 옷을 가지고 대덕을 받들고자 합니다."

오파난타가 듣고서 생각하였다.

'세간에 많은 음식을 탐하는 사람이 있고 나도 마땅히 한 명이고, 지금 이익을 얻는 것을 들었으니 진실로 본심에 즐겁구나. 그러나 이 노비가 비록 이렇게 말을 했으나 내가 다시 추궁해 보리라.'

곧 성난 빛으로 알려 말하였다.

"소녀여. 그대는 무슨 인연으로 곧 나를 희롱하는가?"

알려 말하였다.

"성자여. 어찌 감히 희롱하겠습니까?"

오파난타가 대답하여 말하였다.

"소녀여. 만약 진실이라면 가장이 설령 나에게 성을 내어도 용서할 것을 권유하겠으나 만약 그 말이 거짓이라면 그대에게 이전과 같이 회초리를 많이 때리게 하겠다."

알려 말하였다.

"성자는 무슨 일로 반드시 의심하십니까? 다만 집안에 들어가면 마땅히 아실 것입니다."

이때 오파난타는 곧 그 집에 들어갔다. 그 부부는 보고서 "어서 오십시오."라고 큰 소리로 말하였고 자리를 펴서 앉게 하고 발에 예배하고서 곧 낮은 자리에 꿇어앉아 법을 들었다. 그들을 위해서 설법을 마치고 알려 말하였다.

"장자여. 크고 백첩을 주는 것을 허락하였으니 내가 지금 보고자 합니다."

이때 그 남편과 아내가 서로 쳐다보았고, 오파난타가 보고서 물어 말하였다.

"무슨 까닭으로 당신들은 다시 서로를 바라보시오?"

그 두 사람이 대답하여 말하였다.

"성자여. 이것은 우리들이 개인적으로 말한 것인데 누가 알려 주었습니까? 어찌 다시 성자께서 다른 사람의 마음을 아십니까?"

오파난타가 말하였다.

"내가 젊을 때부터 발우를 가지고 걸식하며 이가 빠지고 백발이 되었는데 이러한 작은 일도 그대들은 믿지 못하시오?"

이때 장자는 곧 옷을 주었다. 오파난타는 그 옷을 받고 나서 주변을 살피면서 곧 손을 뒤집어 감아보고서 근심스러워 하니 장자가 물어 말하였다.

"성자여. 무슨 뜻으로 이와 같이 하십니까?"

대답하여 말하였다.

"장자여. 그대는 복을 버릴 수는 있어도 복을 받을 수는 없구려. 이것은 오직 신이나 털고 혹은 창문을 가리는 주렴에나 사용하며 횟대에 걸어두면 자연히 파괴될 것이오."

장자가 물어 말하였다.

"어떻게 하여야 합니까?"

알려 말하였다.

"다시 좋은 것을 구하여 나에게 옷을 지어 보시하시오."

대답하여 말하였다.

"성자여. 다시 얻을 수 없습니다."

알려 말하였다.

"사서 나에게 주시오."

대답하여 말하였다.

"나에게는 금전이 없습니다."

알려 말하였다.

"또한 외상으로 거래하고 뒤에 마땅히 값을 갚으시오."

이때 장자는 다시 아내의 얼굴을 바라보니 아내가 말하였다.

"성자 오파난타는 우리들에게 매우 큰 은혜가 있으니 옷을 사다가 원하는 것을 이루어 주세요."

이때 장자는 곧 오파난타와 시장의 한 가게에 갔다. 오파난타는 곧 이렇게 생각하였다.

'내가 가게 주인의 자존심을 발동시켜 좋은 의복을 내놓게 하리라.'

장자에게 알려 말하였다.

"대충 이 가게를 살펴보니 가난한 사람들이 많구려. 어찌 상품의 좋은 백첩이 있겠소. 다른 곳으로 가서 그것을 구합시다."

이때 가게 주인은 이 말을 듣고서 곧 자존심이 생겨나 좋은 백첩을

642

내놓고서 말하였다.

"성자여. 무슨 까닭으로 이 백첩을 함께 경시하십니까?"

오파난타가 말하였다.

"진실로 좋은 물건이오. 값이 얼마이오?"

상인이 대답하여 말하였다.

"값은 50가리사파나(迦利沙波挐)입니다."

오파난타가 말하였다.

"30이면 마땅히 사겠소."

상인이 말하였다.

"누가 마땅히 값을 치르십니까?"

알려 말하였다.

"장자가 갚을 것이오."

장자에게 물어 말하였다.

"어느 때에 마땅히 주겠습니까?"

장자가 말하였다.

"어느 시간에 마땅히 주겠소."

상인이 말하였다.

"좋습니다. 뜻에 따라 가져 가십시오."

장자는 곧 오파난타에게 주었고 오파난타가 알려 말하였다.

"장자여. 병이 없고 장수하시오. 지금 보시하는 물건은 마음의 영락이고 마음의 자조(資助)이며, 정혜의 장엄이고 사람이 얻은 천도(天道)이오." 나아가 [자세한 설명은 생략한다.]

오파난타는 곧 이 백첩을 가지고 서다림으로 갔다. 장자의 집이 가난하여 때에 의지하여 그 백첩의 값을 갚지 못하여 상인은 장자를 뜨거운 햇빛 가운데에 세워두고서 돌아가지 못하게 하였다. 아는 사람이 보고서 물어 말하였다.

"무슨 뜻으로 햇빛 가운데에 서 있는가? 학질병이 있어 소(酥)를 마셨는가?"

알려 말하였다.

"나는 학질에 걸리지도 않았고 소를 마시지 않았소. 빚을 오랫동안 갚지 못하여 이곳에 서있는 것이오."

물어 말하였다.

"어느 때의 빚인가? 그대 할아버지인가? 어버지인가? 다른 빚인가?"

알려 말하였다.

"나는 석자(釋子)를 공경하고 믿는 마음이 생겨나 옷을 보시하였으나 싫어하고 받지 않아 좋은 것을 사주고서 이렇게 고통을 받고 있소."

이때 그 지우가 이 일을 듣고서 곧 비난하였다.

"사문 석가는 탐심으로 구하는 것이 부끄러움이 없구나."

여러 필추들이 듣고서 그 일을 갖추어 세존께 가서 아뢰었다. 세존께서는 이 인연으로 필추들을 모으셨으며, [자세한 설명은 생략한다.] 나아가 세존께서 오파난타에게 말씀하셨다.

"그대는 진실로 이와 같이 단엄하지 못한 일을 하였는가? 다른 사람이 보시하는 것을 따라야 하였으나 만족함을 알지 못하고 다시 좋은 물건을 구하여 그에게 모진 고통을 주었는가?"

아뢰어 말하였다.

"진실로 그렇습니다."

세존께서는 앞에서와 같이 여러 가지로 꾸중하셨으며, 필추들에게 말씀하셨다.

"내가 지금 모든 제자들을 위하여 비나야에 그 학처를 제정하나니, 마땅히 이와 같이 설하노라. 만약 다시 필추가 친족이 아닌 거사나 거사부인으로부터 함께 옷값을 준비하여 '마땅히 이 청정한 옷을 사서 어느 필추에게 주겠다.'고 하면 그때 마땅히 수용해야 한다. 이 필추가 먼저 그 청을 받지 않고서 인연을 다른 사람에게 알리고서 곧 그에 집에 가서 이와 같이 말하면서 '좋습니다. 인자여. 나를 위하여 마련한 옷값으로 이러한 청정한 옷을 살 수 있고 때에 맞게 나에게 주는 것은 좋은 까닭입니다.'라고 하여 만약 옷을 받는 자는 니살기바일저가이니라."

'만약 다시 필추'는 오파난타를 말한다.

'친족과 친족이 아닌'은 앞에서 설명한 것과 같다.

'옷값'은 금·은·패치(貝齒) 등을 말한다.

'준비하다.'는 저축이다.

'이와 같은 옷'은 일곱 종류로서 앞에서와 같다.

'산다[買]'는 다른 사람에게 돈을 주고 산다는 말이다.

'청정'은 이와 같이 수용을 감당할 수 있는 옷을 말한다.

'주다.'는 옷을 주는 때를 말한다.

'누구'는 오파난타를 말한다.

'청을 받아들이지 않는다.'는 먼저 허락한다는 말을 하지 않는 것이다.

'다른 사람에게 알려야 한다.'는 다른 사람의 말을 듣고 가서 그에게 옷을 구하는 것이다. 비싼 가격의 옷을 억지로 구하여 만약 옷을 얻으면 문득 사타를 범한다.

이 가운데에서 범한 모양과 그 일은 무엇인가? 일에는 세 종류가 있으니 값과 색과 양을 말한다. 무엇을 값이라 하는가? 만약 필추가 친족이 아닌 사람으로부터 5가리사파나의 옷을 얻으면 받을 때는 범하지 않으나 이 옷을 받지 않고서 다시 이것보다 비싼 것을 찾으면 찾을 때 악작죄를 범하고 얻을 때에는 사타죄를 범한다. 이와 같이 나아가 50가리사파나 등을 따라서 구하고 따라서 얻으면 가볍고 무거움은 앞에 의거하여 마땅히 알라. 이것을 값이라고 말한다.

무엇을 색이라 말하는가? 만약 필추가 푸른색 옷을 받을 때는 범하는 것이 없으나 이것을 받지 않고서 이것과 다른 것을 찾으면 찾을 때 악작죄를 범하고 얻을 때에는 사타죄를 범한다. 푸른색은 이와 같으며 다른 색도 이것에 의거하여 마땅히 알라. 이것을 색이라고 말한다.

무엇을 양이라고 말하는가? 만약 필추가 5주의(五肘衣)를 받을 때는 범하는 것이 없으나 이것을 받지 않고서 이것보다 큰 것을 찾게 되면 앞에서와 같은 죄를 얻고 이와 같이 많은 주(肘)에 이르면 죄의 가볍고 무거움은 앞에서와 같다. 이것을 양이라고 말한다. 이것이 니살기의(泥薩祇

衣)다. 옷을 버리는 방법과 일도 역시 앞에서와 같다.

범하지 않은 것은 만약 실과 끈을 구걸하였으나 곧 적은 조각을 얻었고 만약 적은 조각을 구걸하였으나 다른 큰 옷을 주었다면 이것은 모두 범한 것이 없다.

또한 범하지 않는 것은 처음으로 잘못을 저지른 사람과 혹은 어리석고, 미쳤으며, 마음이 어지럽고 고통스러운 것에 얽매인 것이다.

9) 지속인별허여의취걸(知俗人別許興衣就乞) 학처

세존께서는 서다림에 머무르셨다.

장자와 그의 아내가 각자 외부인과 함께 몰래 정을 통하였고, 이러한 까닭으로 나쁜 짓을 그만두고 선(善)을 닦도록 설법한 일은 모두가 앞에서 와 같으며, 다만 두 사람이 각자 옷값을 준비한 것이 다르다. 그 두 사람이 준비한 옷값으로 함께 하나의 옷을 만들게 하니 장자에게 매우 큰 고통을 받게 하였다. 필추가 이 인연으로 세존께 아뢰니, [자세한 설명은 생략한 다.]

"나아가 위하여 학처를 제정하나니, 마땅히 이와 같이 설하노라. 만약 다시 필추가 친족이 아닌 거사와 거사의 아내가 각자 옷값을 마련하여 '마땅히 이와 같은 청정한 옷을 사서 어느 필추에게 주겠다.'고 말하였는데, 이 필추가 먼저 청을 받지도 않고 다른 사람이 알려주는 것에 의하여 곧 그의 집으로 가서 '좋습니다. 그대들이 나를 위하여 준비한 옷값을 함께 하여 이러한 청정한 옷을 사서 때에 이르면 나에게 주십시오. 좋은 것을 위한 까닭입니다.'고 말하여 만약 옷을 얻는다면 니살기바일저가이 니라."

이 가운데에서 범한 모양은 세 가지로 같지 아니하며, 모두가 앞에서 설한 것과 같다.

10) 과한색의(過限索衣) 학처

세존께서는 왕사성의 죽림원 가운데에 머무르셨다.

이때 오파난타는 이렇게 생각하였다.

'우리들이 다니면서 구하여 처소에서 소유한 것을 모두 급고독장자의 청을 까닭으로 세존께서 그 학처를 제정하셨으니, 우리들이 가령 작은 천 조각과 수건을 구걸하여도 오히려 얻을 곳이 없으니 하물며 큰 것을 얻겠는가? 그러나 나는 지난날에 행우(行雨) 바라문과 함께 같은 학당(學堂)에서 스승을 쫓아 수업하였으니 내가 마땅히 가서 보겠다. 혹은 나에게 조금이라도 옷과 물건을 줄 것이다.'

곧 그 집에 가니 문지기가 그곳을 막았다.

"성자여. 들어가지 마십시오."

대답하여 말하였다.

"현수여. 세존께서 나에게 오처(五處)에 가지 못하게 제정하셨네. 곧 창령가(唱令家)·음녀가(婬女家)·주가(酒家)·왕가(王家)·도회가(屠膾家)[4]이네. 이 집이 어찌 오처가이겠는가?"

문지기가 알려 말하였다.

"성자여. 어찌하여 반드시 비난받을 일을 많이 지으십니까? 이 집이 창령가와 음녀가는 아니나 바라문인 행우의 댁입니다."

문지기에게 알려 말하였다.

"남자여. 그대는 마땅히 집에 들어가서 바라문에게 말하게. '대덕 오파난타가 지금 문 앞에 있으며 반드시 함께 보자고 전하게.'"

문지기가 말하였다.

"이 뜻과 기운을 살펴보니 승광왕의 사무를 처리하는 곳에서 온 것 같습니다."

알려 말하였다.

"어리석은 사람아. 그를 위하여 알리는 것이 좋다. 만약 다시 늦추면

---

4) 말이나 소 등을 도살하는 사람과 사형을 집행하는 사람을 가리킨다.

마땅히 그를 불러서 큰 몽둥이로 벌을 내리게 할 것이다.”

문지기는 스스로 생각하였다.

‘이 형세를 보니 전혀 두려움이 없어 다른 사람과 같지 않으므로 반드시 까닭이 있을 것이다. 마땅히 알려서 욕을 당하지 않아야겠구나.’

곧 들어가서 알렸다.

“대덕 오파난타가 지금 문 밖에 있으며 반드시 함께 보려고 합니다.”

바라문이 말하였다.

“대덕을 불러들여라. 누가 다시 막았는가?”

문지기는 듣고서 곧 이렇게 생각하였다.

‘이러한 인연을 까닭으로 호망(豪望)한 사문이 전혀 두려움이 없었구나.’

곧 불러들였고, 바라문이 멀리서 보고서 말하였다.

“잘 오셨소.”

맞이하여 자리를 펴서 앉혔다. 자리에 앉아서 미묘한 소리를 내어 보시하는 가문의 수승한 공덕을 찬탄하였다. 만약 오파난타가 기쁜 마음으로 보시하는 사람을 칭찬하면 모든 신심이 있는 바라문들은 법을 들을 때에 이렇게 생각하였다.

‘옳도다. 묘법이여. 우리들은 마땅히 나의 살이라도 베어서 보시하여야 한다.’

이때 바라문은 법을 듣고 환희하여 이와 같이 말하였다.

“대덕이여. 하안거를 마치는 날에 내가 마땅히 60금전을 받들어 보시하겠습니다.”

오파난타가 말하였다.

“현수여. 병이 없으시고 장수하십시오.”

곧 축원하였다.

“지금 보시하는 물건은 마음의 영락이니 나아가 안은하고 열반에 이르십시오.”

곧 인사하고 떠나갔다. 이때 두 필추가 실라벌성에서 왕사성에 이르렀다. 세존께 예경하기 위한 까닭으로 죽림 가운데에 나아갔는데 이때 세존께서는 구수 아난타에게 말씀하셨다.

"그대는 지금 마땅히 가서 여러 필추들에게 알리게. '여래께서 교살라국에 가시어 인간세상을 유행하고자 하니 만약 유정 중에서 따라가기를 원하는 사람이 있으면 의복을 챙기도록 하십시오.'라고 전하게."

이때 아난타는 가르침을 받들고 가서 마땅히 여러 필추들에게 세존의 가르침을 알렸다. 이때 새로 온 두 필추가 이 말을 듣고서 근심하며 머무르고 있었으므로 오파난타가 물어 말하였다.

"그대들 두 젊은이는 무슨 뜻으로 근심하고 있는가?"

그 두 사람이 대답하였다.

"구수 아난타가 필추들에게 알렸습니다. '여래께서 교살라국에 가시어 인간세상을 유행하고자 하니 만약 유정 중에서 따라가기를 원하는 사람이 있으면 의복을 챙기도록 하라.'고 하였습니다. 대덕이여. 우리는 마침 이곳에 왔고 오히려 아직 쉬지도 못하였는데 어찌 다시 실라벌성에 가겠습니까?"

이때 오파난타는 이 말을 듣고 근심하면서 이렇게 생각하였다.

'나는 지나간 많은 시간에서 비로소 적은 시주를 받았으나 오히려 다시 장애의 일이 생겨났구나!'

날이 밝자 곧 바라문의 집으로 갔고 도착하여 자리에 앉아서 근심스러운 목소리로 보시의 공덕을 설하였다. 그때 바라문이 물어 말하였다.

"대덕께서는 이전에 와서 설법할 때는 음성이 미묘하더니 오늘은 근심하는 얼굴빛이고 그 목소리도 낮으니 그 까닭을 듣고자 합니다."

오파난타가 말하였다.

"현수여. 나는 많은 시간이 지나서 비로소 서로를 보게 되었으나 지금 오래지 않아 곧 이별해야 합니다."

이렇게 말하고서 근심스럽게 머물렀다. 세상에서 말하기를

"마갈타국 사람은 소리를 듣고서 알고
교살라국 사람은 얼굴을 보고서 알며

반(半) 글자로써 곧 다섯 왕성(王城)을 알지만
말을 기다려야 곧 나머지 주변국을 안다네.”

라고 말하였다.

이때 행우바라문은 오파난타의 말을 듣고서 곧 이렇게 생각하였다.

‘이것은 나와 이별하는 것을 근심하는 것이 아니고 다만 60금전을 근심하는 것이다.’

알려 말하였다.

“대덕이여. 당신은 어느 처소에서 안거를 지어 마칠 것이오? 내가 마땅히 60금전을 보내드리겠소.”

오파난타가 말하였다.

“현수여. 병이 없으시고 장수하십시오. 좋습니다. 보시하는 마음이 처음부터 끝까지 견고하여 위하는 복리(福利)가 마땅히 수승한 과보를 부를 것입니다.”

곧 인사하고 떠나갔다. 이때 세존께서 대중에게 둘러싸이셨으며, [자세한 설명은 앞에서와 같다.] 교살라국에 이르러 실라벌성 서다림에 머무르셨다. 이때 상인이 있어 이 성에서 나와서 장차 여러 화물을 왕사성으로 가져가고자 하였다. 그러나 왕사성은 옛부터 상법(常法)이 있어 만약 다른 곳에서 큰 상인들이 그 나라에 오면 왕이 스스로 세금을 거두었고, 혹은 행우대신에게 거두게 하였다. 이때 행우대신이 그 세금과 물건을 살피고 있었으므로 상인에게 알려 말하였다.

“그대들이 만약 실라벌성으로 돌아가려면 마땅히 나에게 알리시오.”

대답하여 말하였다.

“알겠습니다.”

상인들이 교역을 마치고서 대신의 처소에 가서 알려 말하였다.

“우리들은 나라로 돌아가고자 합니다.”

곧 60금전을 부탁하고 주면서 알려 말하였다.

“이 물건을 그대들이 가지고 가서 대덕 오파난타에게 주시오.”

그들은 물건을 받고서 이렇게 생각하였다.

'만약 행우대신과 이전부터 알고 있다면 그는 반드시 대중들에게 알려진 대덕필추가 확실하니 내가 마땅히 그에게 적을지라도 이윤을 남겨서 그를 기쁘게 하리라. 세첩(細疊)⁵⁾을 사가지고 그 성으로 가야겠구나.'

죽림의 가운데에 나아가서 필추에게 물어 말하였다.

"누가 옷을 받을 필추입니까?"

필추가 알려 말하였다.

"현수여. 그대는 지금 어찌 옷을 보시하고자 합니까?"

알려 말하였다.

"나는 보시할 수 없습니다. 그러나 행우대신이 나에게 부탁하여 60금전을 대덕 오파난타에게 주라고 하였기에 내가 지금 금전으로 옷을 사가지고 장차 가서 그의 마음에서 칭찬받기를 바라는 것입니다."

여러 필추들이 말하였다.

"그대는 지금 마땅히 그 백첩도 주어야 하고 아울러 금전마저도 뺏길 것이오."

상인은 생각하고서 말하였다.

'지금 이 필추는 혹시 그와 원수가 아닌가?'

곧 다른 필추들의 처소에 가서 앞의 일을 갖추어 말하니 필추들이 알려 말하였다.

"그대가 만약 금전에 도장을 받지 않고서 간다면 그는 반드시 이자를 받을 것이오."

상인이 곧 생각하였다.

'그 사람과 이 사람의 말이 서로 같구나.'

드디어 근심을 없애고자 대신의 처소에 가서 도장을 받고자 하였으므로 대신이 말하였다.

"내가 지금 그대들을 믿는데 어찌 수고스럽게 도장이 필요한가?"

---

5) 세밀한 비단을 가리킨다.

상인이 말하였다.

"비록 서로 믿고 맡길지라도 상인의 규칙에는 자세하게 규정되어 있습니다."

이때 대신은 곧 도장을 찍어주었다. 상인들이 가지고 실라벌성에 가서 서다림에 이르러 필추에게 물어 말하였다.

"성자 오파난타의 방이 어디입니까?"

이때 필추들이 그의 주처를 알려주었다. 그에게 갔으나 보지 못하여 필추에게 물어 말하였다.

"대덕 오파난타는 지금 어디에 있습니까?"

알려 말하였다.

"잠시 사찰 밖의 한적한 곳에 갔습니다."

상인이 알려 말하였다.

"이 금전은 왕사성의 행우대신이 맡기신 것이니, 받아두었다가 그가 오면 마땅히 전해주십시오."

필추가 알려 말하였다.

"현수여. 그대는 일찍이 횃불이 불꽃을 피어날 때에 머리로 부딪치는 것을 보았을 것입니다."

상인이 곧 생각하였다.

'이 필추도 그와 이전부터 원수인가 보구나!'

곧 다른 필추들이 있는 곳에 가서 알려 말하였다.

"대덕이여. 이 금전은 왕사성의 행우대신이 맡기신 것으로 오파난타에게 주는 것입니다. 받아두었다가 그가 오면 마땅히 전해주십시오."

여러 필추들이 말하였다.

"만약 그것이 도장이 없이 가져온 것이면 그는 반드시 마땅히 그대에게 이자를 받을 것이니, 누가 능히 그를 위하여 곧 받아 두겠습니까? 이 물건을 그대 스스로가 얼굴을 보고 주십시오."

상인이 생각하고서 말하였다.

'서로가 하는 말들이 같으니 이것이 직접적으로 나를 어렵게 하는구나.

집에서 그 필추를 기다려 스스로가 이해하면 마땅히 대답해야겠다.'

필추에게 알려 말하였다.

"만약 오파난타가 이곳에 돌아오면 알려주십시오. 우리들은 어느 곳에 반드시 물건을 가지고 있겠으니 와서 그것을 가져가라고 하십시오."

말을 마치고 떠나갔다. 오파난타가 뒤에 사찰 안으로 돌아오니 필추가 알려 말하였다.

"대덕 오파난타여. 좋으시겠습니다. 세존께서는 '만약 계행(戒行)을 갖추고 마음이 청정한 자는 마음에 원하는 것을 모두 성취하니라.'고 이와 같이 말씀하셨는데 당신께서는 오늘 숲속에서 마음을 쉬셨는데도 곧 60금전이 멀리서 공양이 왔습니다."

오파난타가 알려 말하였다.

"구수여. 어느 곳에서 얻은 시주인가? 세존과 대중 1250명 각자에게 60금전인가?"

필추가 알려 말하였다.

"오직 당신 혼자만이 얻었고 대중승가는 없습니다."

오파난타가 말하였다.

"누가 능히 나에게 60금전을 베풀었는가?"

알려 말하였다.

"왕사성의 행우대신이 부탁하여 받들어 보시하였습니다."

알려 말하였다.

"그는 나의 오랜 지식이라네. 이전에 마음이 있어 물건을 나에게 준 것이네. 누가 그것을 받았는가? 긁히어 손상되거나 깨트려져 떨어지지 않았는지를 잘 관찰하여 보았는가? 이것은 개인적인 시주물이므로 수용할 수 없네."

알려 말하였다.

"받은 사람이 없습니다."

오파난타가 말하였다.

"내가 이러한 악우(惡友) 가운데에 머무르고 있으니 누가 즐겁게 받아주겠는가?"

이렇게 말할 때에 다른 사람이 말하였다.

"대덕이여. 무슨 일로 근심하십니까? 상인들이 말을 남겼습니다. '나는 어느 곳에 있으니 만약 필요하면 와서 가져가십시오.'"

오파난타가 이 말을 듣고서 곧 승가지를 입고 빠른 걸음으로 그들의 집으로 갔다. 이때 그 상인들은 멀리서 급한 걸음으로 오는 것을 보고서 곧 스스로 생각하여 말하였다.

"이 형세를 보니 호족(豪族)의 사문이 틀림없구나."

물어 말하였다.

"당신이 오파난타입니까?"

대답하여 말하였다.

"그렇네."

곧 금전을 주면서 알려 말하였다.

"이것은 행우대신이 부탁한 것이니 받으십시오."

곧 그를 위하여 널리 축원하니 상인이 말하였다.

"이것은 나의 재물이 아니니 나를 위하여 축원하지 마십시오. 원하건대 마땅히 그 행우대신을 위하여 축원하십시오."

오파난타가 말하였다.

"그대들에게 무슨 손해가 있는가? 그대들도 역시 나에게 큰 공이 있는 것이네. 먼 다른 지방으로부터 물건을 가져왔으니 한 어린아이에게 시켜서 돈을 가져가게 하고 시장의 가게에 이르면 곧 돌려보내겠네."

"성자여. 우리에게는 어린아이가 없습니다."

알려 말하였다.

"어리석은 사람이여. 멀리 왕사성으로부터 가지고 왔으면서 오히려 반걸음의 거리를 즐겁게 보내주지 않는가? 곧 어린 아이를 시켜 보내주게."

곧 어린아이에게 명하여 돈을 가지고 가게 하면서 어린아이에게 말하였다.

"마땅히 뒤를 따라서 가고 다른 곳으로 가지 말라. 만약 그가 너에게 떡과 과자값을 주어도 반드시 받아서는 아니된다.”

이때 어린아이는 돈을 가지고 따라갔고 한 가게에 이르러 알려 말하였다.

“성자여. 돈을 이곳에 놓을까요?”

오파난타는 곧 이렇게 생각하였다.

‘그가 생각이 있는 사람이라면 이 동자를 시켜 나의 뒤를 따르게 하지 않았을 것이다.’

곧 가게의 주인에게 알려 말하였다.

“현수여. 이 금전을 받아 두시오.”

알려 말하였다.

“성자여. 나에게는 가장(家長)이 있습니다.”

오파난타가 말하였다.

“바라건대. 그대는 항상 자유(自由)가 없으시오.”

다시 향을 파는 한 동자에게 가서 알려 말하였다.

“현수여. 잠시 이 금전을 맡아주게.”

알려 말하였다.

“나의 높은 분이 외출하시고 안계십니다.”

오파난타가 말하였다.

“바라건대. 그대의 가장이 다시 돌아오지 않도록 하시오.”

다시 다른 향을 파는 한 동자에게 가서 신심을 일으키게 하고 알려 말하였다.

“현수여. 잠시 이 금전을 맡아주게.”

알려 말하였다.

“우리 대인께서 감히 받지 말라고 하십니다.”

오파난타가 말하였다.

“나의 말은 그대에게 작은 신심이 있다고 말하였으나 어찌 다시 신심이 있는 나찰(羅刹)인 것을 알았겠는가? 만약 그대가 본래부터 신심이 없는 사람이었다면 필추의 발을 잡고서 문 밖으로 끌어냈으리라.”

그는 드디어 말이 없었고 알려 말하였다.

"성자여. 이곳에 맡겨 두십시오."

오파난타는 곧 사찰로 돌아갔다. 이때에 모든 상인에게는 이전부터 제령(制令)이 있었다.

"만약 해가 뜰 때까지 널리 모이지 않으면 벌로서 금전 60문(六十文)을 물리겠다."

어머니가 동자에게 알려 말하였다.

"그대는 마땅히 빨리 가서 그들에게 벌금을 주지 말게."

이때 오파난타는 밤에 곧 후회하는 마음을 일으켜 생각하였다.

'향을 파는 동자가 처음으로 신심을 일으켰으나 혹시 내가 맡긴 물건을 숨기지 않았을까?'

하늘이 밝자 한 어린아이를 데리고 그 가게로 갔다. 이때 가게의 주인이 문을 닫고 나가려고 하였으므로 오파난타가 알려 말하였다.

"현수여. 나의 금전을 돌려주시오."

대답하여 말하였다.

"이곳의 상인들은 이전부터 제령이 있어서 만약 해가 뜰 때까지 와서 모이지 않는 사람은 벌로서 금전 60문을 물어야 합니다. 잠시 기다리십시오. 모임에 갔다가 곧 오겠습니다."

오파난타는 말하였다.

"어리석은 사람이여. 나는 그대의 노비와 점원이 아니네. 자기의 돈을 가져가는데 누가 다리가 아프도록 오래 서 있어야 하는가? 만약 나에게 돌려주지 않고 곧 가버리면 승광왕의 교령을 어기는 것이므로 다시 그대에게 마땅히 60금전의 벌금을 내게 할 것이네."

그는 이 말을 듣고서 곧 성내면서 꾸짖고서 그 돈보자기를 잡고서 땅에 던지니 봉인한 것이 곧 찢어졌다. 오파난타가 말하였다.

"그대는 마땅히 또한 머무르며 '지운 것이 아닌가? 찢은 것이 아닌가? 사사롭게 만든 것이 아닌가?' 등의 내가 돈을 세는 것을 보게."

가게 주인이 알려 말하였다.

"당신이 어찌 눈으로 검사하여 나에게 맡겼습니까?"

오파난타가 말하였다.

"비록 내가 보지는 않았으나 무슨 까닭으로 봉인을 찢었는가?"

이때 가게 주인은 한을 품고서 말이 없었다. 이미 날은 밝았고 모이는 시간은 곧 지나갔다. 그때 모든 상인들이 집안에 모여 장차 그의 60금전의 물건을 가지고 갔으므로 그 어머니가 알려 말하였다.

"그대는 무슨 일을 지었고 다른 사람들의 제령을 어겨서 60금전의 벌금을 내었는가?"

아들이 어머니에게 알려 말하였다.

"석자와 함께 친우가 된 까닭입니다. 처음으로 신심이 나오려는 싹이 곧 꺾어지고 곧 싫어함과 비난이 일어났습니다."

필추가 듣고서 세존께 갖추어 아뢰었다. 세존께서는 이 인연으로 필추 대중을 모으셨으며, [자세한 설명은 생략한다.]

오파난타에게 물으셨다.

"그대는 진실로 이와 같은 단엄하지 못한 일을 지었는가?"

"진실로 그렇습니다. 대덕이시여."

세존께서는 여러 가지로 꾸중하셨으며, [자세한 설명은 생략한다.]

"나아가 내가 지금 모든 제자들을 위하여 비나야에 그 학처를 제정하나니, 마땅히 이와 같이 설하노라. 만약 다시 필추가 왕·대신·바라문·거사 등이 사자를 보내어 필추에게 옷값을 보내어 그가 옷값을 가지고 필추의 처소에 가서 알려 말하였다.

'대덕이여. 이 물건은 어느 왕·대신·바라문·거사 등이 나를 시켜 보낸 것입니다. 대덕께서는 애민하게 생각하시어 이것을 받으십시오.'

필추는 그 사자에게 말하였다.

'인자여. 이 옷값은 내가 받을 수가 없습니다. 만약 때에 수순하여 청정한 옷을 받겠습니다.'

그 사자가 말하였다.

'대덕이여. 집사인(執事人)이 있습니까?'

필추가 말하였다.

'있습니다.'

만약 승가의 정인(淨人)이고 만약 오파색가이며 이 필추의 집사인이므로 그 사자는 집사인의 처소에 가서 옷값을 주고서 말하였다.

'그대는 이 옷값으로 때에 수순하여 청정한 옷을 사가지고 어느 필추에게 주어 입게 하십시오.'

그 사자는 집사인을 잘 가르치고서 필추의 처소로 돌아와서 말하였다.

'대덕이여. 가르쳐 주신 집사인에게 나는 이미 옷값을 주었습니다. 청정의를 가져오거든 받으십시오.'

필추가 옷이 필요하면 마땅히 집사인이 있는 곳에 가서 두 번·세 번을 그에게 기억하게 하고서 알려 말하라.

'내가 옷이 필요하니 얻었으면 합니다.'

만약 얻으면 좋으나, 만약 얻지 못하면 나아가 네 번·다섯 번·여섯 번을 반복하고 그가 묵연히 가면 따라가서 서 있을 것이며, 네 번·다섯 번·여섯 번을 반복하여 옷을 얻으면 좋으나, 만약 옷을 얻지 못하고서 이것을 지나쳐 옷을 얻는 사람은 니살기바일저가이니라. 만약 결국 옷을 얻지 못하면 이 필추는 그 옷값을 보낸 곳에 가야 한다. 스스로 가거나 믿을 수 있는 사람을 보내서 알려 말하라.

'당신이 어느 필추를 위하여 옷값을 보냈으나 그 필추는 결국 옷을 얻지 못하였습니다. 당신이 아셨으니 이러한 때를 잃지 마십시오.' "

'필추'는 오파난타를 말한다.

'왕'은 남자나 여자 혹은 다른 사람을 말하고, 왕법으로 관정(灌頂)한 사람은 모두 왕이라고 이름한다.

'대신'은 왕의 정사를 집행하면서 서로 의지하여 사는 사람을 말한다.

'바라문'은 귀족의 종족으로 다문(多聞)이다.

'거사'는 집에 있는 부유한 사람이다.

'등(等)'은 모든 다른 섞인 부류이다.

'사자를 보낸다.'는 남자와 여자와 황문이다.

'옷값을 보낸다.'는 금전(金錢)과 은전(銀錢) 등을 말한다.

658

　'그 사자가 옷값 등을 가지고'는 옷값을 가지고 필추의 처소에 가서 알려 말하는 것을 말한다.

　'대덕'은 사람들 앞에서 명하는 것을 말한다.

　'이 물건이 누구 등에게'는 온 곳을 말하고서 받는 것을 원하는 것이다.

　'이 필추 등'은 받지 않는 것을 알리는 것이다.

　'때에 수순하는 청정'은 이치에 따라 얻는다는 뜻이다.

　'그 사자가 필추에게 말한다.'는 집사인을 묻는 말이다.

　'필추가 있다는 말은' 그 사람을 가리키는 것이다.

　'승가의 정인'은 대중의 정인을 말한다.

　'오파색가'는 삼보에 귀의하여 오학처를 받은 사람이다.

　'그 사자 등'은 심부름의 뜻을 밝히는 것이다.

　'산다.'는 혹은 사거나, 혹은 짜는[織] 것이다.

　'어느 필추에게 주다.'는 그 주는 사람을 가리키는 것이다.

　'청정'은 수용할 수 있는 사람을 말한다.

　'잘 가르치고서'는 잘 가르쳐 보이는 것을 말한다.

　'갖추어 필추에게 두 번·세 번 등'은 말을 하여 반복하는 숫자를 말하여 그에게 기억하도록 하는 것이다.

　'얻으면 좋다.'는 구하는 마음을 말한다.

　'만약 얻지 못하면 네 번·다섯 번·여섯 번을 반복하고 그가 묵연히 가면 따라가서 서 있다.'는 말없이 나가서 서 있는 숫자를 말한다.

　'처소에 따른다.'는 네 처소가 있다. 첫째는 폐처(敝處)이고, 둘째는 사처(舍處)이며, 셋째는 전처(田處)이고, 넷째는 점처(店處)이다. 폐처는 그릇을 만드는 곳 등과 혹은 머리를 깎는 곳을 말하고, 사처는 거처하는 집을 말하며, 전처는 농사짓는 밭이고 점처는 물건을 파는 곳이다.

　여섯의 힐문이 있으니, 그를 보고서 여섯 가지의 말로서 일에 따라 마땅히 힐문하는 것이다. 무엇이 여섯인가? 그에게 물어 말하였다.

　"당신은 지금 무슨 인연으로 필추에게 왔습니까?"라고 하면, 대답하여 말하기를 "그 일을 위하여 왔습니다."

말하기를 "당신은 매우 잘 왔습니다. 이곳에 마땅히 앉으십시오."라고 하면, 대답하기를 "그 일을 위하여 왔습니다."

말하기를 "밥은 드셨습니까?"라고 하면, 대답하기를 "그 일을 위하여 왔습니다."

말하기를 "떡은 드셨습니까?"라고 하면, 대답하기를 "그 일을 위하여 왔습니다."

말하기를 "물은 드셨습니까?"라고 하면, 대답하기를 "그 일을 위하여 왔습니다."라고 말하더라도 만약 이 여섯 가지 중에서 한 가지라도 다른 말을 할 때는 소리를 찾아 곧 말하여 천천히 대답하지 못하게 하여 앞에 있는 사람이 다른 말을 할 수 있는 시간을 주지 않는 것이다. 이것은 원만하고 좋다고 말하지 않는다.

여섯 가지의 힐문 가운데에 만약 한 가지 일이라도 다른 말을 할 때는 소리를 찾아 말을 못하게 하고 조용히 대답해서 그 앞에 있는 사람이 시간을 얻어서 다른 말하게 하는 것을 원만하고 좋다고 부른다. 여섯 가지의 힐문을 만약 이와 같이 구할 때 옷을 얻으면 좋으나 옷을 얻지 못하고서 이것을 지나쳐 옷을 얻으면 니살기바일저가를 얻는다.

'지나치다.'는 삼어(三語)와 육묵(六默)을 지나쳐 다시 가서 구하여 얻는 것이고, 만약 끝내 옷을 얻지 못하면 옷이 온 곳에 가고, 혹은 스스로 가며, 혹은 믿을 수 있는 사람에게 가도록 한다.

'믿을 만한 사람'은 제자와 도반과 이 일을 맡길 수 있는 사람을 말하고 그에게 가서 이 사실을 알려 보낸 것을 받게 하여 허실(虛失)이 없게 하는 것을 환보법식(還報法式)이라고 한다.

만약 필추가 심부름꾼을 보내어 알리고서 그 집사인이 필추의 처소에 와서 이와 같이 말하였다.

"성자여. 이 옷값을 받으십시오."

필추가 그에게 대답하여 말하였다.

"이 옷값은 내가 이미 버렸으니 그대는 마땅히 그의 처소에 옷을 보내주어야 합니다."

이와 같이 말하면 좋으나 만약 옷을 취하면 사타를 범한다.

만약 집사인이 이와 같이 말하였다.

"성자여. 당신은 이 옷값을 받으십시오. 그 시주와 나를 함께 공평하게 그 마음을 기쁘게 하십시오."

만약 이와 같이 옷을 취하면 범하는 것이 없다. 필추가 만약 이와 같은 차례를 짓지 않고서 옷을 받으면 모두 사타를 범한다. 이미 죄를 범하면 사회(捨悔)의 법이 되며, [자세한 설명은 앞에서와 같다.]

이 가운데에서 범한 모양과 그 일은 무엇인가? 만약 사람이 시주인이 되고 사람이 사자가 되고 급사가 되어도 여법하게 옷을 얻으면 범하지 않으나 이것과 다르면 사타를 얻는다. 만약 사람이 시주인이 되고 사람이 사자가 되고 비인이 급사가 되어도 여법하게 옷을 얻으면 범하지 않으나 이것과 다르면 악작을 얻는다. 만약 사람이 시주가 되어도 비인이 사자가 되고 비인이 급사가 되면 앞에서와 같이 악작을 얻고, 만약 사람이 시주가 되고 비인이 사자가 되며 사람이 급사가 되어도 앞에서와 같이 악작을 얻는다.

만약 비인이 시주가 되고 비인이 사자가 되며 사람이 급사가 되면 앞에서와 같이 사타를 얻는다. 만약 비인이 시주가 되고 사람이 사자가 되면 사람이 급사가 되어도 앞에서와 같이 사타를 얻는다. 만약 비인이 시주가 되고 사람이 사자가 되며 비인이 급사가 되면 앞에서와 같이 악작을 얻는다.

만약 필추가 비인에게 옷값을 구걸할 때는 악작죄를 얻고, 얻으면 사타를 얻으며, 용(龍)에게 옷값을 구걸할 때에도 악작죄를 얻고, 얻으면 곧 사타를 얻는다. 만약 필추가 심부름꾼을 보내어 혹은 서인(書印)을 구걸해도 악작을 얻고, 얻으면 사타를 얻는다. 또 범하지 않는 것은 앞에서 자세히 설명한 것과 같다.

11) 용야잠사작부구(用野蠶絲作敷具) 학처

게송으로 섭수하여 말하겠노라.

고세야(高世耶)[6]와 순흑(純黑)과
분육(分六)과 니사단(尼師壇)과
담모(擔毛)와 완(浣)과 금은과
납질(納質)을 아울러 매매(賣買)가 있다.

세존께서는 서다림 급고독원에 머무르셨다.

이때 여러 필추들이 새로운 들판의 누에고치로 침상을 만들었는데 혹은 스스로 지었고 혹은 사람을 시켜서 짓기도 하였다. 이 물건은 다시 얻기 어려운 값비싼 것이었으나 그때 여러 필추들이 이것을 만들고 경영하는 까닭으로 여러 일이 많아져서 바르게 닦고 독송하고 뜻으로 짓는 일에 방해가 되었다. 자주자주 바라문 거사들을 따라서 들판의 누에고치를 구걸하였다. 다른 외도의 무리들이 보고서 싫어하고 천박하게 생각하면서 이와 같이 말하였다.

"여러 사람들이여. 마땅히 아십시오. 이 사문 석자들은 살생하는 자들이오. 살생하는 업을 버리지 못하여 스스로 짓기도 하고 남을 시켜 새로운 들판의 누에고치의 실을 사용하여 와구를 짓고 있소. 만약 이것을 사용하면 많은 유정을 죽여야 하나, 이렇게 어찌 좋은 옷과 음식을 보시받고자 그 대머리들은 생명을 끊을 수 있는 것이오?"

이때 여러 필추들이 이 말을 듣고서 나아가 세존께 아뢰었다. 세존께서는 이 인연으로 필추 대중을 모으셨으며 여러 필추들에게 물어 말씀하셨다.

"그대들이 진실로 새로운 누에고치의 실을 사용하여 와구를 지었는가?"

"진실로 그렇습니다. 세존이시여."

---

6) 들에서 나는 누에 실을 말한다.

세존께서 말씀하셨다.

"그대들은 만족하는 것도 어렵고 수용하는 것도 어려우니라. 욕심이 적고 만족함을 아는 행을 수순하지 못하느니라."

여러 가지로 꾸중하시고 두타의 공덕과 욕심이 적고 만족을 아는 것을 찬탄하셨다.

"내가 지금 모든 제자들을 위하여 비나야에 그 학처를 제정하나니, 마땅히 이와 같이 설하노라. 만약 다시 필추가 새로운 고세야 실과 솜을 사용하여 부구(敷具)를 짓는 자는 니살기바일저가이니라."

'만약 다시 필추'는 이 법 가운데의 사람을 말한다.

'새로운 것'은 두 종류가 있다. 첫째는 새로 짓는 것[新作]이고, 둘째는 새로 얻는 것[新得]이다. 이 가운데에 새로운 것은 새로 짓는 것을 말한다.

'고세야로 부구를 짓는다.'는 두 종류가 있다. 첫째는 요에 넣는 것이고, 둘째는 짜서 만드는 것이다. 여기서 부구라는 말은 두 가지 모두를 포함한다.

'짓는다.'는 자기가 짓거나 사람을 시켜서 짓는 것을 말하며 사타죄를 얻는다.

'사회(捨悔)' 등의 법은 앞에서 자세히 설명한 것과 같다.

이 가운데에서 범한 모양과 그 일은 무엇인가? 필추가 고세야를 요리할 때 만약 한 견(繭), 만약 작은 묶음, 만약 큰 덩어리, 혹은 홀치고, 혹은 쪼개고 혹은 활줄로 부구를 지으면 지을 때에 악작을 얻고 마치면 사타를 얻는다. 혹은 필추가 고세야를 구걸하였을 때와 요리할 때는 모두 악작을 얻고 완성하면 사타를 얻는다. 혹은 이전에 이루어진 것을 얻었고, 혹은 옛 것을 쓰며, 혹은 옛 물건을 다시 새롭게 하였고, 요리한 것을 수용하는 사람은 모두 범한 것이 없다.

또한 범하지 않는 것은 처음으로 잘못을 저지른 사람과 혹은 어리석고, 미쳤으며, 마음이 어지럽고 고통스러운 것에 얽매인 것이다.

근본설일체유부비나야 제21권

삼장법사 의정 한역
석보운 번역

12) 용순흑양모작부구(用純黑羊毛作敷具) 학처

어느 때 박가범께서는 실라벌성 서다림의 급고독원에 머무르셨다.

이때 여러 필추는 순흑(純黑)의 양털을 사용하여 스스로 부구를 지었고, 혹은 남을 시켜서 짓게 하였다. 그것은 구하기가 어려웠고 또 값도 비쌌다. 이때 여러 필추들은 많은 사업(事業)을 경영하는 까닭으로 바르게 닦고 독송하고 뜻으로 짓는 일에 방해가 되었으며, 때때로 다른 바라문과 거사 등에게 순흑 양털을 구걸하였다.

이때 여러 욕심이 적은 필추들이 함께 싫어하고 천박하게 생각하여 이 인연을 갖추어 세존께 아뢰었으며, [자세한 설명은 앞에서와 같다.]

"나아가 모든 제자들을 위하여 비나야에 그 학처를 제정하나니, 마땅히 이와 같이 설하노라. 만약 다시 필추가 순흑의 양털로 새로운 부구(敷具)를 짓는 자는 니살기바일저가이니라."

'만약 다시 필추'는 이 법 가운데의 사람을 말한다.

'순흑'은 네 종류의 검은 색이 있다. 첫째는 성흑색(性黑色)이고, 둘째는 성청색(性靑色)이며, 셋째는 이색(泥色)이고, 넷째는 방색(牻色)이다.

'양털'은 다른 털이 아니다.

'새로운 것'은 두 종류가 있다. 첫째는 새로 짓는 것[新作]이고, 둘째는 새로 얻는 것[新得]이다. 이 가운데에 새로운 것은 새로 짓는 것을 말한다.

'만든다.'는 스스로 짓거나 남을 시켜 짓는 것이다.

'부구'는 두 종류가 있으니 저욕(貯褥)과 우성(紆成)을 말한다. 이 가운데에서는 우성의 뜻이다.

'사회' 등의 법은 앞에서 자세히 설명한 것과 같다.

이 가운데에서 범한 모양과 그 일은 무엇인가? 필추가 양털을 요리할 때 만약 한 견(繭), 만약 작은 묶음, 만약 큰 덩어리, 혹은 홑치고, 혹은 쪼개고 혹은 활줄로 부구를 지으면 지을 때에 악작을 얻고 마치면 사타를 얻는다. 혹은 필추가 양털을 구걸하였을 때와 요리할 때는 모두 악작을 얻고 완성하면 사타를 얻는다. 혹은 이전에 이루어진 것을 얻었고, 혹은 옛 것을 쓰며, 혹은 옛 물건을 다시 새롭게 하였고, 요리한 것을 수용하는 사람은 모두 범한 것이 없다.

또한 범하지 않는 것은 처음으로 잘못을 저지른 사람과 혹은 어리석고, 미쳤으며, 마음이 어지럽고 고통스러운 것에 얽매인 것이다.

13) 과분수작부구(過分數作敷具) 학처

세존께서는 실라벌성 서다림의 급고독원에 머무르셨다.

세존께서 학처를 제정하시어 모든 필추들이 새로운 부구를 지으면서 순흑색의 양털을 사용하지 못하도록 하셨다. 이때 여러 필추들은 사분흑모(四分黑毛)를 사용하고 따라서 다른 색깔이 섞인 털을 붙여 새로운 부구를 지었다. 욕심이 적은 필추들이 비난하고 싫어하여 나아가 세존께 아뢰었다.

"내가 지금 모든 제자들을 위하여 비나야에 그 학처를 제정하나니, 마땅히 이와 같이 설하노라. 만약 다시 필추가 양털로 새로운 부구를 짓고자 하면 마땅히 이분순흑(二分純黑)·제삼분백(第三分白)·제사분추(第四分麤)를 사용해야 하며, 만약 필추가 이분순흑·제삼분백·제사분추를 사용하지 않고서 새로운 부구를 지으면 니살기바일저가를 얻느니라."

'필추'의 뜻은 앞에서와 같다.

'새로운 것'은 두 종류이고, '부구'도 두 종류가 있으며, 나아가 이 가운데에서는 우성의 뜻이다.

'순흑'은 네 종류의 흑이 있으며 앞에서 말한 것과 같다.

'백(白)'은 옆구리·등골뼈·위·정수리 주변의 털을 말한다.

'추(麤)'는 머리·다리·배의 털을 말한다.

'이분(二分) 등'은 그 수량을 나타낸 것이니 열 근(斤)의 털요를 짓고자 하면 다섯 근은 순흑으로, 두 근 반은 백(白)으로, 두 근 반은 추(麤)로 짓는 것이다. 스스로가 나머지의 늘이고 덜어내는 것은 이것에 의거하여 마땅히 알라. 검은 털의 양이 둘인 까닭으로 사분(四分)이 된다.

만약 이것과 다르게 뒤의 두 가지의 가운데에서 반량(半兩)을 줄이고, 혹은 순흑(純黑)을 사용하면 지을 때에 악작을 얻고, 지으면 사타죄를 얻는다. 만약 자기 위하여 만들지 않았고, 혹은 먼저 이루어졌으며, 혹은 검은 털은 얻기가 쉽고 나머지는 구하는 것이 어려워 양쪽의 숫자를 늘리고 줄이는 것은 모두 범하는 것이 없다.

또한 범하지 않는 것은 처음으로 잘못을 저지른 사람과 혹은 어리석고, 미쳤으며, 마음이 어지럽고 고통스러운 것에 얽매인 것이다.

14) 작감육년부구(作減六年敷具) 학처

세존께서는 실라벌성 서다림의 급고독원에 머무르셨다.

이때 여러 필추들이 부구를 많이 저축하고서 함께 서로에게 말하였다.

"대덕이여. 이 요는 너무 큽니다."

곧 버리고서 곧 다시 다른 것을 지었다.

"이것은 너무 짧습니다. 이것은 너무 작습니다. 이것은 너무 넓습니다. 이것들이 모두 부서지면 요리를 감당할 수 없습니다."

모두를 버린 까닭으로 새로운 것을 지었다. 그들은 요를 짓는 사무(事務)가 번잡하고 많아진 까닭으로 허물이 생긴 것은 앞에서와 같다. 욕심이 적은 필추들은 모두 싫어하고 천박하게 생각하여 앞의 일을 갖추어 세존께 아뢰었다. 세존께서는 이 인연으로 필추들을 모으셨고, 묻고, 대답하였으며, 꾸중하셨고, [자세한 설명은 앞에서와 같다.]

"나아가 내가 지금 모든 제자들을 위하여 비나야에 그 학처를 제정하나니, 마땅히 이와 같이 설하노라. 만약 다시 필추가 새로운 부구를 지었으면 마음에 즐겁지 않아도 마땅히 6년을 지녀야 하느니라. 만약 6년이 지나지 않은 것을 버린 까닭으로 다시 새로운 것을 지으면 니살기바일저가이니라."

이것이 세존께서 처음으로 그 학처를 제정하신 것이다.

세존께서는 광야림(曠野林) 주처에 머무르셨다.

이때 심한 바람이 세차게 불었고 필추들이 추위를 걱정하였다. 지사(知事)인 여러 필추들이 가지고 있는 와구들은 모두가 6년이 되었으나 제정된 계율을 까닭으로 감히 새로이 짓지를 못하였고 추위를 참는 까닭으로 경영하여 짓던 일도 모두 멈추고서 쉬고 있었다. 이때 세존께서는 아시면서도 일부러 구수 아난타에게 물어 말씀하셨다.

"무슨 까닭으로 소임을 맡은 필추들이 경영하여 짓는 일을 쉬고 있는가?"

아난타가 세존께 아뢰어 말하였다.

"세존께서 모든 필추들에게 그 학처를 제정하시어 '6년이 지나지 않으면 다시 새로운 부구를 지을 수 없느니라.'고 하셨으므로, 그때에 경영하여 지었던 필추의 부구가 오래되어 추위의 고통을 감당하지 못하여 이것으로서 경영하고 노력하는 것을 모두가 쉬고 있습니다."

세존께서 아난타에게 말씀하셨다.

"일반적으로 지사인 여러 필추는 그 부구를 저축할 것이고, 비록 6년이 지나지 않았어도 추위를 벗어날 수 없으면 그 필추는 마땅히 승가에게 애원할 것이니라. 6년 안에 다시 지을 부구를 마땅히 이와 같이 애원할 것이니라. 평상시와 같이 승가를 모으고서 그 지사 필추가 대중 가운데에 이르러 승가의 발에 예배하고서 상좌(上座)의 앞에 무릎을 꿇고 합장하고서 이와 같이 아뢰어라.

'대덕 승가께서는 들으십시오. 나 누구는 경영하고 짓는 필추입니다.

6년 안에는 마땅히 다시 부구를 마땅히 않아야 하나, 나 필추 누구는 6년 안에 승가에게 새로운 부구를 짓고자 애원합니다. 원하건대 대덕 승가께서는 나 필추 누구가 6년 안에 다시 새로운 부구를 짓는 것을 허락하십시오. 이것은 능히 애민한 것이고, 자비롭고 애민하게 발원한 까닭입니다.'

두 번·세 번을 역시 이와 같이 말하라.

만약 그 승가가 그 사람을 믿을 수 있다고 확실히 알면 곧 그 법을 주고 혹은 오래된 부구를 승가에 가지고 오게 하여 만약 너무 길면 마땅히 잘라내고, 만약 너무 짧으면 털을 더하며, 너무 넓거나 너무 좁으면 일애 의거하여 요리하라.

만약 찢어진 곳이 있으면 마땅히 털로써 수선하고, 만약 모두 파손되고 떨어져서 수선할 수 없으면 승가가 마땅히 그 법을 주어서 한 필추에게 백갈마를 짓게 할 것이며, 마땅히 이와 같이 짓게 하라. [자세한 것은 백일갈마 가운데에서 설명한 것과 같다.] 만약 지사 필추에게 승가의 법을 주어 6년 안에 뜻에 따라 마땅히 지을 것이고, 의혹이 없게 할지니라."

이때 세존께서는 계율을 지니고 공경하는 자를 찬탄하셨으며 수순하여 설법하시고 여러 필추들에게 말씀하셨다.

"앞의 것은 처음으로 제정한 것이고, 이것은 따라서 여는 것이니라. 나아가 마땅히 이와 같이 설하노라. 만약 필추가 새로운 부구를 만들면 마음에 즐겁지 않아도 6년을 지녀야 한다. 만약 6년이 지나지 않은 것을 버린 까닭으로 다시 새로운 것을 지으면 중법(衆法)을 얻는 것을 제외하고는 니살기바일저가이니라."

'필추'의 뜻은 앞에서와 같다.

'새로운 것'은 두 종류이고, 자세한 설명은 앞에서와 같으며, 나아가 이 가운데에서는 우성의 뜻이다.

'비록 마음에서 즐겁지 않아도 6년을 지녀야 한다.'는 이를테면, 반드시 6년을 지녀야 한다. 만약 6년을 채우지 않고서 혹은 버렸거나 버리지 않고서 다시 새로운 것을 지으면 사타죄를 얻는다. 사회 등의 법의 일도

668

앞에서와 같다.

이 가운데에서 범한 모양과 그 일은 무엇인가? 만약 필추가 첫해에 새로운 부구를 짓고 첫해에 다시 다른 것을 지었다면 두 번째의 것을 지을 때는 악작죄(惡作罪)를 얻고 완성되면 사타(捨墮)를 범한다. 처음으로 지은 것은 범한 것이 없다. 비록 같은 해가 아니나 2년째에 다시 다른 요를 만들고 이와 같이 3년째·4년째 나아가 5년째에 다시 새로운 것을 지으면 죄를 얻는 것은 앞에서와 같다. 그 처음의 요는 범하는 것이 없다.

만약 필추가 이미 부구가 있으나 첫해에 다시 다른 것을 지으면, 첫해에 모두 마쳤으면 사타죄를 얻는다. 만약 필추가 첫해에 새로운 부구를 만들고서 아직 다시 다른 것을 짓지 못하였고, 만약 마쳤을 때에 '나는 이전의 것을 지녔고 뒤의 것은 버렸다.'고 하거나, 혹은 '뒤의 것을 지녔고 이전의 것은 버렸다.'고 하면, 뒤의 것은 사타죄를 얻고 이전의 것은 범한 것이 없다. 만약 처음에 지은 것이 아직 마치지 않았고 2년째 나아가 3년째·4년째 나아가 5년째에 모두 마쳤을 때에 만약 '나는 이전의 것은 지녔고 나는 마땅히 뒤의 것을 버리겠다.'고 말한다면, 자세한 것은 앞에서와 같다.

만약 필추가 한 개의 요를 짓고서 곧 그 해에 다시 한 개의 요를 지었으나 아직 모두 짓지 못하여 짓는 것을 그만두고 2년째에 다시 하나를 짓다가 짓지 못하고 그만두었으며 3년째·4년째 나아가 5년째에도 다시 이와 같이 한다면 그 완성하지 못한 것은 오악작죄(五惡作罪)를 얻고 처음 지은 것은 범한 것이 없다. 만약 필추가 이미 1개의 요를 짓고서 곧 그 해에 다시 요를 짓지 않고 나아가 5년째에 이르기까지 요를 만들지 않고 6년째에 이르러 다시 짓는 것은 범한 것이 없다.

또한 범하지 않는 것은 처음으로 잘못을 저지른 사람과 혹은 어리석고, 미쳤으며, 마음이 어지럽고 고통스러운 것에 얽매인 것이다.

15) 작신부구불위괴색(作新敷具不爲壞色) 학처

세존께서는 실라벌성 서다림의 급고독원에 머무르셨다.

이때 세존께서 무상지(無上智)를 얻으셨으며 그 사방에 크게 이름이 퍼져서 모두가 '중국(中國)에 불(佛)께서 세간에 출현하셨다.'는 말을 들었다. 이때 북방의 상인이 "세존께서 세간에 출현하셨으니 만약 사람이 능히 공양을 올린다면 큰 과보를 얻고 큰 이익을 얻으며 명성이 멀리까지 퍼지고 크게 부자가 된다."는 이러한 말을 듣고서 이와 같이 생각하였다.

'나는 지금 마땅히 여러 재물을 가지고 실라벌성으로 가야겠다. 첫째는 이윤을 구하여 얻는 것이고, 둘째는 세존께 예배하고 친견하는 것이다.'

이렇게 생각하고서 곧 5백 명의 상인과 함께 곧 북방의 화물을 가지고 중국으로 갔다. 이때 상인들은 실라벌성에 이르러 재화를 놓고서 곧 급고독장자에게 나아가 이와 같이 말하였다.

"장자여. 마땅히 아십시오. 우리들은 지금 세존을 예경하고 친견하고자 합니다."

장자가 대답했다.

"옳습니다. 옳습니다. 능히 묘한 뜻을 일으켰습니다. 여래(如來)·응·정변지(應正邊知)께 예경하여야 합니다. 진실로 만나기 어려우나 지금 한번 출현하셨으니 마치 오담발라화(烏曇跋羅華)가 핀 것과 같습니다."

이와 같이 말하고서 장자는 곧 그 500명의 상인과 함께 세존의 처소에 나아가 세존의 발에 머리 숙여 예경하고서 한쪽에 앉았다. 이때 세존께서는 장자와 500명의 상인들을 위하여 법요를 설하시고 보여주셨으며 가르쳐서 알게 하셨고 이익되고 기쁘게 하셨으며 믿음으로 즐겁게 하시고 묵연히 머무르셨다.

이때 모든 상인들은 법을 듣고 환희하여 세존께 예경하고 다시 물러나서 기숙 필추에게 나아가 널리 예경을 하였고 다시 두루 방사(房舍) 및 많은 대중 필추들을 보고자 하였다. 그때 급고독장자가 곧 여러 상인들과 두루 살펴보았다. 이때 그 상인들은 여러 필추들의 평상의 요 위의 니사단나(尼師但那)[1]의 가운데가 뚫어지고 부서진 것을 보고서 장자에게 물었다.

"어찌하여 여러 대기숙 필추의 니사단나의 가운데가 뚫어지고 부서진 것입니까?"

장자가 대답하였다.

"여러 기숙 필추께서는 밤에도 많이 단정히 위의를 갖추고 하늘이 밝아 올 때까지 많이 앉아 계시어 이러한 인연을 까닭으로 많이 뚫어지고 부서진 것입니다."

이때 여러 상인들은 지극히 공경하고 소중히 생각하는 마음이 일어나서 곧 500의 묘한 모직물을 받들어 대중 승가에게 보시하였다. 그때 여러 필추들은 모직물을 얻고서 새로운 니사단나를 짓고서 오래된 것은 근처의 한 오래된 방의 노지(露地)에 모두 모아 쌓아두었다.

이때 한 장자가 있어 세존과 승가에게 집에 와서 공양하기를 청하였다. 그때 여러 필추들은 때가 되어 모두가 떠나갔다. 오직 세존께서는 다른 사람에게 공양하게 하시고 홀로 사찰에 남아 공양을 하셨으니, 불세존께서는 다섯 가지의 인연이 있으시면 청한 곳에 가지 않으셨다.

무엇이 다섯 가지인가? 첫째는 묵연히 머무르기 위한 것이고, 둘째는 제천(諸天)에 설법하기 위한 것이며, 셋째는 병든 사람을 관찰하기 위한 것이고, 넷째는 모든 와구를 살피기 위한 것이며, 다섯째는 필추들에게 그 학처를 제정하기 위한 것이다. 이 가운데에서 세존께서는 그 와구를 살펴보시고, 아울러 모든 필추들을 위하여 마땅한 학처를 제정하시고자 하셨던 까닭으로 공양을 청한 집에 가지 않으셨다.

그때 세존께서는 필추들이 떠난 뒤에 오래지 않아 곧 열쇠를 가지고 여러 곳을 다니시면서 두루 관찰하셨는데 한 오래된 방에 이르러 여러 필추들이 오래된 니사단나를 한곳에 모아두어 오물과 잡스럽게 섞이고 땅에 흩어져 있는 것을 보셨다. 보시고서 세존께서는 이와 같이 생각하셨다.

---

1) 산스크리트어 niidana의 음사로 와구(臥具)로 번역된다. 앉거나 누울 적에 땅을 펴서 몸을 보호하는 네모진 깔개를 가리킨다.

‘여러 시주들은 깊은 신심과 공경으로 자기의 피와 살을 베어낸 것과 같이 함께 공양하여 복업(福業)을 닦았으나, 여러 필추들은 오래된 부구를 버리고서 헤아리지 않고 수용하면서 사랑하고 보호하는 마음이 없고 마음을 따라서 버리는구나.’

이때 세존께서는 오래된 부구를 들어 뒤집고 털어서 시렁 위에 올려놓으시고서 곧 방 밖에서 손과 발을 씻으셨으며 방 가운데에 단정히 앉으셨다. 이때 음식을 먹은 필추구들이 음식을 가지고 세존의 처소로 왔다. 세존께서는 법으로써 그 음식을 함께 취하셨으며 환희롭게 말씀하시며 물으셨다.

"여러 필추들이여. 음식이 좋았던가? 음식을 배부르게 먹었는가?"

필추들이 아뢰어 말하였다.

"세존이시여. 대중들은 모두가 음식을 배부르게 먹었습니다."

세존께서는 음식을 드시고서 손과 발을 씻으시고 다시 방 안에 들어가시어 적묵(寂默)히 머무르셨다. 세존께서는 포시(晡時)[2]에 정(定)으로부터 일어나시어 대중의 가운데 가시어 자리에 앉으시고 여러 필추들에게 말씀하셨다.

"그대들이 떠난 뒤에 오래지 않아 내가 열쇠를 가지고 여러 곳을 다니면서 두루 관찰하였는데 한 오래된 방에 이르러 여러 필추들이 오래된 니사단나를 한 곳에 모아두어 오물과 잡스럽게 섞이고 땅에 흩어져 있는 것을 보았느니라. 나는 그때 보고서 이렇게 생각하였느니라.

‘여러 시주들은 깊은 신심과 공경으로 자기의 피와 살을 베어낸 것과 같이 함께 공양하여 복업(福業)을 닦았으나, 여러 필추들은 오래된 부구를 버려두고 헤아리지 않고 수용하면서 사랑하고 보호하는 마음이 없고 마음을 따라서 버려두었으니 이것은 선한 일이 아니다.’

그대들 모든 필추들은 만약 다른 사람들이 신심으로 물건을 보시하면 알맞게 헤아리고 애호(愛護)하며 때를 따라서 만족하고 수용하면 이것을 선(善)하다고 말할 수 있느니라."

---

2) 오후 세 시에서 네 시까지의 시간을 가리킨다.

이때 세존께서 신심있는 시물(施物)을 애호하며 때를 따라서 만족하고 수용하는 것을 찬탄하시고서 여러 필추들에게 알리셨으며, [자세한 설명은 생략한다.]

"나아가 그 학처를 제정하나니, 마땅히 이와 같이 설하노라. 만약 다시 필추가 새로운 니사단나를 짓고자 하면 마땅히 오래된 것의 견고한 모서리에서 세로의 넓이로 세존의 펼친 손 한 뼘만큼을 취하여 새것의 위에 붙여야 하나니 괴색(壞色)을 만들기 위한 까닭이니라. 만약 필추가 새로운 니사단나를 지을 때 오래된 것을 가지고 새것의 위에 붙여 괴색을 짓지 않으면 니살기바일저가이니라."

'필추'의 뜻은 앞에서와 같다.

'새 것'은 두 종류가 있으니 첫째는 새로 지은 것을 말하고, 둘째는 새로 얻은 것을 말한다. 여기서는 새로 지은 것을 뜻한다.

'니사단나'는 부구를 말한다.

'짓는다.'는 스스로 짓는 것을 말하고, 혹은 남에게 시켜서 짓는 것을 말한다.

'오래된 니사단나의 한 모서리'는 오래된 니사단나에서 한 쪽의 찢어지지 않은 견고한 곳을 오려내어 취한다는 말이다.

'세존의 펼친 손 한 뼘'은 대사(大師)를 말하고, 그 한 펼친 손이 보통 사람의 팔꿈치의 한 배 반에 해당한다.

'새것의 위에 붙인다.'는 새것의 위에 바느질하는 것을 말한다.

'괴색을 만들기 위한 까닭이다.'는 그것의 견고함을 얻고자 하는 까닭이며, 만약 붙이지 않으면 니살기바일저가를 얻는다.

그 사회(捨悔)의 법식은 앞에서 말한 것과 같다.

이 가운데에서 범한 모양과 그 일은 무엇인가? 만약 필추가 오래된 니사단나를 가지고 세존의 한 펼친 뼘만큼 붙일 때에 만약 한 손가락이나 반 손가락을 줄여서 붙이면 역시 니살기바일저가를 범한다. 범하지 않는 것은 만약 오래된 것을 가지고 새 것을 모두 덮고 혹은 모두 부서졌고 보수할 수 없으며 새로운 니사단나를 붙일 수 없으면 범하는 것이 없다.

또한 범하지 않는 것은 처음으로 잘못을 저지른 사람과 혹은 어리석고, 미쳤으며, 마음이 어지럽고 고통스러운 것에 얽매인 것이다.

16) 자담부양모(自擔負羊毛) 학처

세존께서는 실라벌성 서다림의 급고독원에 머무르셨다.

이때 육중필추들이 함께 의논하여 말하였다.

"난타와 오파난타여. 그 여러 흑발자는 원숭이의 기름을 사용하여 그 다리에 바르고 일반적으로 떠나려고 할 때에 장행(將行)의 이양(利養)을 얻고 멀리 가서 처음 이르러 다시 공급을 얻으며 많은 사람들이 사랑하고 공경하며 많은 사람들에게 알려졌다. 그러나 우리들은 비유하면 우물 안의 개구리와 같아서 일찍이 돌아다니지 않은 곳이 없으나 무엇을 얻겠는가? 우리들도 역시 사방으로 나아가서 유행하여야겠네."

나머지의 도반들이 물어 말하였다.

"마땅히 어디로 가야 할 것인가?"

오파난타가 말하였다.

"나는 지금 잠시 나가서 상인들을 찾아보아야 하겠네."

다시 이렇게 생각하였다.

'우리들의 대중들이 만약 함께 떠나면 우리들이 소유한 문도와 권속들로서 음식을 보시하는 집을 모두 다른 여러 흑발(黑鉢)에게 빼앗길 것이다. 마땅히 한 사람은 머물게 하고 나머지는 뜻에 따라 떠나게 해야겠다.'

다시 함께 누가 마땅히 이곳에 머무를 것인가를 의논하였다.

"대덕 오타이(隖陀夷)가 살피고 지키게나. 얻은 이익은 돌아와 함께 나누기로 하겠네."

오타이가 대답하여 말하였다.

"내가 이곳에 머무르겠네. 다섯 사람은 나가서 상인들을 찾아보게."

여러 사람들이 니파라국(泥波羅國)으로 향하는 것을 보고서 필추가 물었다.

"당신들은 어디로 가십니까?"

대답하여 말하였다.

"우리들은 니파라국으로 가고자 합니다."

필추가 말하였다.

"우리들도 역시 따라 가고자 합니다."

상인이 말하였다.

"성자여. 니파라국의 땅은 모래와 돌이 많아서 마치 낙타의 등뼈와 같습니다. 당신들께서는 반드시 그곳에 즐겁게 머무르실 수가 없을 것입니다."

필추가 말하였다.

"우리도 또한 함께 그 땅을 시험삼아 보러 가겠습니다."

"성자여. 만약 이와 같으시다면 함께 따라가셔도 좋습니다."

곧 상인과 함께 길을 따라 떠나갔다. 이때 그 필추는 이미 그 나라에 도착하였으나 모두 애락(愛樂)하지 않아서 곧 다음 날에 상인의 가게로 가서 여러 상인들에게 물었다.

"그대들은 어느 때에 본국으로 돌아가려 하십니까?"

상인이 말하였다.

"어찌 성자께서는 마음에서 즐겁지 아니하십니까?"

필추가 말하였다.

"내가 처음에 도착하여 곧 그날부터 마음에서 기쁘고 사랑함이 없었습니다."

알려 말하였다.

"성자여. 우리들은 화물을 아직 거래하지 못하여 돌아간다고 말할 수 없습니다. 우리가 잘 아는 사람 중에서 중국(中國)에 돌아가려는 사람이 있으니 마땅히 그들에게 부탁하면 함께 갈 수 있습니다."

필추가 대답하였다.

"그 일이 좋겠습니다."

그러나 니파라국에는 두 종류의 값이 싼 물건이 있었으니 이를테면,

양모(羊毛)와 웅황(雄黃)이었다. 이때 상인들은 털을 많이 사서 수레에 싣고 떠나갔고 여러 필추들도 또한 함께 길을 떠났다. 그러나 육중필추는 성품이 먼지를 싫어하였으므로 혹은 수레의 앞에서 갔고 혹은 수레의 뒤에서 갔다. 이때 육중필추는 수레의 뒤에서 천천히 걸어갔다. 상인의 행렬 안에서 양모를 실은 한 수레에서 홀연히 수레바퀴의 굴대가 부러졌다. 이때 여러 상인들이 함께 의논하여 말하였다.

"우리들이 지금 만약 수레바퀴의 굴대를 수리하고자 하면 그 소리가 멀리까지 들리고 반드시 도둑들에게 알려져 먼저 마땅히 우리를 죽이고서 재물을 가져갈 것이네. 우리들은 마땅히 값비싼 재화를 지니고 수레는 버리고 가도록 하세."

이렇게 의논하였는데, 이때 육중필추들이 이르러 물어 말하였다.

"당신들은 어찌 근심하며 나아가지 않고서 머물러 있습니까?"

알려 말하였다.

"성자여. 우리의 수레가 굴대가 부러졌습니다."

앞의 일을 갖추어 알려서 알게 하였다.

육중이 물어 말하였다.

"어찌 양털을 버리겠습니까?"

알려 말하였다.

"버리고 떠나가야 합니다."

육중이 알려 말하였다.

"만약 그대들이 허락한다면 우리들이 두건을 만들고 혹은 신발이나 담요를 만들기도 하겠으며, 혹은 깃발(旗)을 짓고자 합니다. 우리는 마땅히 힘에 따라서 많고 적음을 가져가겠습니다."

상인들이 알려 말하였다.

"뜻을 따라서 모두 가져가십시오. 우리에게는 소용이 없습니다."

그때 난타와 오파난타가 함께 의논하여 말하였다.

"지금 버리는 물건으로 풍요롭구나."

이때 그 다섯 필추가 소유한 옷과 발우를 한 사람에게 메도록 하였고 그 나머지 네 사람은 풀로 새끼줄을 만들어 묶었고, 네 명이 메고서 길을 따라서 가지고 갔다. 이때 여러 상인들이 보고서 알려 말하였다.

"성자여. 우리가 사람을 시켜 그 양털을 취하러 오도록 하겠습니다. 지금 이때에 성자께서 함께 모두 곧 도착하시면 우리들이 값을 치르고 그 양털을 돌려받겠습니다."

필추가 알려 말하였다.

"그대들은 어리석은 사람이구려. 우리가 어찌 장사꾼이겠는가? 그대들이 만약 이와 같이한다면 우리는 마땅히 버리겠소."

상인들이 알려 말하였다.

"우리들이 농담하였습니다. 책망하지 마시고 가지고 떠나십시오."

이때 상인들 가운데에 외도가 동행하고 있었는데 육중을 조롱하여 말하였다.

"이렇게 무거운 짐을 마땅히 어디에 풀어야 이윤을 얻겠습니까?"

육중이 듣고서 성을 내면서 알려 말하였다.

"그대의 뱃속을 찢고 그대의 머리 꼭대기를 밟고 나의 짐을 곧 풀어서 모두 그 이윤을 거두리라."

그가 곧 입을 다물고서 묵묵히 대답하지 않았다. 육중이 의논하여 말하였다.

"우리들이 만약 상인들의 행렬의 가운데에서 가면 많은 비난과 비웃음을 부를 것이니, 우리들은 마땅히 앞서서 가는 것이 좋겠네."

한 마을에 이르렀는데 여러 곳에 도둑들이 많았다. 그들은 마을의 모퉁이에서 사람을 시켜 멀리서 보게 하였는데 육중이 짐을 메고 오는 것을 멀리서 보고서 서로에게 알려 말하였다.

"당신들은 마땅히 아시오. 코끼리 군대가 오고 있소."

여러 사람이 보고서 모두 놀라서 그 집을 버리고 숲 속으로 도망쳐 들어갔으며, 여러 강하고 힘센 장사들이 남아 마을을 지키면서 서로에게 알려 말하였다.

"저것은 코끼리 군대가 아니고 낙타이오."

다시 말하였다.

"저것은 낙타가 아니고 마땅히 소[牛]에 실은 짐이오."

다시 말하였다.

"저것은 소에 실은 짐이 아니고 사람이 짐을 멘 것이오."

이미 마을에 가까워지고서 그들이 필추인 것을 알고서 알려 말하였다.

"성자여. 기특(奇特)하게 큰 짐이었고 보통 사람과는 다른 점이 달라서 능히 마을 사람들을 모두 달아나고 흩어지게 하였습니다."

육중이 알려 말하였다.

"그대들 무식한 자들이여. 짐을 지고 오는 것을 보고서 두려워 도둑들이 라고 하였으니 도둑들이 만약 알았다면 마땅히 와서 빼앗았을 것이오. 그대들은 놀라 달아난 사람들을 진정시켜 소유한 가업을 아울러 함께 지키게 하시오."

그들은 듣고서 묵묵히 있었다. 이때 육중은 이 일을 보고서 곧 서로에게 말하였다.

"난타여. 오파난타여. 우리들이 길을 따라서 간다면 많은 비난과 비웃음 을 부르게 될 것이니 황야를 바라보고 곧바로 가는 것이 좋겠네."

곧 길을 버리고 떠나갔다. 이때 세관인이 장소를 따라서 지켜보고 있었으며 짐을 지고 오는 것을 보고서 알려 말하였다.

"그대들 상인들은 여러 번 세금을 훔쳤고 세금을 내지 않고서 몰래 숨어서 길을 다니는구려."

육중이 알려 말하였다.

"어리석은 자여. 그대는 우리에게 세금을 훔치는 상인이라 하였는가?"

물어 말하였다.

"당신들은 누구입니까?"

대답하여 말하였다.

"우리는 육중필추이네."

그가 알려 말하였다.

"성자여. 어서 가십시오."

다시 서로가 의논하여 말하였다.

"우리들이 만약 서다문(逝多門)에 이르면 여러 흑발(黑鉢)의 무리들이 함께 우리를 비웃을 것이니 마땅히 작은 문으로 가지고 들어가도록 하세."

이미 작은 문으로 들어갔으나 마하라가 있어 보고서 물어 말하였다.

"그대들 짐을 진 사람들이 무슨 인연으로 울타리를 부수고 사찰 안에 들어오는가."

알려 말하였다.

"늙은이여. 당신은 우리가 짐을 짊어진 장사꾼으로 보이는가?"

물어 말하였다.

"당신들은 누구인가?"

대답하여 말하였다.

"우리는 필추이오."

물어 말하였다.

"성자들이 육중이오?"

알려 말하였다.

"우리들이오."

곧 말하였다.

"잘 오셨습니다. 잘 오셨습니다. 대덕이여."

그때 그들이 들어오고서 모든 양털 꾸러미를 모두 사찰 안에 모아 두었는데 모두 쌓으니 산과 같았다. 사람들이 보고서 이상하다고 말하면서 물어 말하였다.

"구수여. 당신들께서 능히 이렇게 무거운 짐을 가져올 수 있었습니까? 어찌 그 세속의 비웃음을 두려워하지 않으셨습니까?"

곧 알려 말하였다.

"우리의 입이 어찌 음식만 먹겠습니까? 조롱하는 자가 있으면 세 배로 그를 조롱했습니다."

이때 욕심이 적은 필추들이 함께 싫어하면서 이와 같이 말하였다.

"어찌하여 필추가 이러한 무거운 짐을 진 것도 마땅히 부끄러워할 일인데 다시 이렇게 능히 높은 오만함을 일으키는가?"

이때 여러 필추들이 이 인연을 갖추어 세존께 아뢰었다. 세존께서는 이때 필추들을 모으셨으며, [자세한 설명은 앞에서와 같다.]

"그 학처를 제정하나니, 마땅히 이와 같이 설하노라. 만약 다시 필추가 길을 가는 도중에 양털을 얻어 마땅히 취하고자 할 때에, 만약 가지고 갈 사람이 없으면 3유선나(踰繕那)까지 스스로가 가지고 갈 수 있으나, 만약 3유선나를 지나면 니살기바일저가이니라."

'필추'는 이 육중을 말하고, 다시 나머지의 이와 같은 부류를 말한다.

'길을 간다.'는 길의 중간에 있는 것을 말한다.

'양털을 얻는다.'는 다른 사람의 물건을 말한다.

'필요로 한다.'는 소유하여 짓는 것을 말한다.

'마땅히 취한다.'는 마음을 따라서 취하여 가지는 것을 말한다.

'3유선나(三踰繕那)에 이른다.'는 그 거리의 숫자를 가리키고 다른 사람이 없는 것을 말한다. 이것을 넘어 가지고 가면 사타죄(捨墮罪)를 범하는 것이다. 사타의 법은 앞에 자세히 설명한 것과 같다.

이 가운데에서 범한 모양과 그 일은 무엇인가? 이를테면, 일곱의 극미(極微)가 하나의 미진(微塵)을 이루고, 일곱의 미진이 동진(銅塵)을 이루며, 일곱의 동진은 수진(水塵)을 이루고, 일곱의 수진은 토모진(兔毛塵)을 이루며, 일곱의 토모진은 양모진(羊毛塵)을 이루고, 일곱의 양모진은 우모진(牛毛塵)을 이루며, 일곱의 우모진은 극유진(隙遊塵)을 이루고, 일곱의 극유진은 서캐(蟣)[3]가 되고, 일곱의 서캐는 이(虱)만한 길이가 되고, 일곱 마리의 이는 보리만한 길이가 되고, 일곱 톨의 보리는 손가락 한마디만한 길이가 되고, 스물네 마디의 손가락은 한 주(肘)가 되고, 세 주반(肘半)은 한 사람의 키에 해당하는 길이가 되고, 네 주반은 한 활(弓)이 되고, 오백의 활은 1구로사(一拘盧舍)가 되고, 팔구로사는 1유선나(一踰繕那)가 된다.

만약 일곱 개의 마을이 있고 하나하나의 마을 사이는 1구로사(拘盧舍)가

---

3) 사람에게 기생하는 이를 말하며 몸이와 머릿니의 두 아종이 있다. 일반적으로 몸이는 3.2~3.8㎜이고, 머릿니는 2.8~3.2㎜ 정도이다.

떨어져 있는데 양털을 가지고 길의 반까지 갔을 때는 모두 악작죄(惡作罪)를 얻는다. 만약 마을까지 갔을 때는 모두가 사타죄를 얻는다. 만약 마을이 있는 곳으로부터 광야로 갈 때는 1/2의 구로사를 갈 때마다 악작죄를 얻게 되고 1구로사를 갈 때마다 사타죄를 얻는다.

만약 광야의 중심에 있으면 3유선나까지는 범하는 것이 없으나 이것을 넘으면 사타죄를 범한다. 만약 두건을 지었고 포라(布羅)⁴⁾를 지었으며 혹은 번(幡) 등을 세워서 은밀하게 가지고 가면 범한 것이 없다.

또한 범하지 않는 것은 처음으로 잘못을 저지른 사람과 혹은 어리석고, 미쳤으며, 마음이 어지럽고 고통스러운 것에 얽매인 것이다.

17) 사비친니치양모(使非親尼治羊毛) 학처

세존께서는 실라벌성 서다림의 급고독원에 머무르셨다.

이때 육중필추는 함께 서로에게 알려 말하였다.

"우리는 지금 마땅히 가지고 온 양털을 나누어야겠네."

난타가 물어 말하였다.

"어떻게 나누어야 하겠는가? 이곳에 머물러 있던 그 대덕 오타이와도 함께 나누어야 하는가?"

이때 오타이는 이 말을 듣고서 곧 이렇게 생각하였다.

'나의 도반들이 많은 이양을 얻었는데 무슨 방편을 지어 그것을 나눌 것인가?'

물어 말하였다.

"그대들은 어떻게 헤아려 그 얻은 것을 각자에게 되돌려 자네들의 몫을 얻고 나에게 몫을 얻게 하겠는가?"

오파난타는 이 말을 듣고서 이와 같이 생각하였다.

'세존이신 법주(法主)께서 지금 이곳에 머무르셨으니 반드시 여러 많은

---

4) 산스크리트어 pūlā의 음사로서 부라(富羅)라고 번역된다. 목이 짧은 가죽신을 가리킨다.

이양이 있을 것이다. 이것을 위하여 오타이가 이렇게 말을 하는구나. 우리들이 옛날에는 항상 여섯 명이었는데 어찌하여 오늘에는 다섯 명이 되었단 말인가? 마땅히 여섯으로 나누어 평등하게 주어야 할 것이다.'

난타가 말하였다.

"누구를 나누는 사람으로 할 것인가?"

천다(闡陀)가 알려 말하였다.

"대덕 오타이는 이곳에서 오랫동안 살아왔으니 그에게 우리를 위해 나누어 주도록 하는 것이 옳겠다."

모두가 좋다고 말하였다. 이때 오타이는 모든 것을 여섯으로 나누어 자기의 물건을 가지고 가서 자신의 방 안에다 두었는데 아설가(阿說迦)가 말하였다.

"대덕 오타이여. 이 얻은 물건은 장차 함께 나누세."

오타이가 말하였다.

"구수여. 그대들이 떠나고서 20패치(二十貝齒)도 역시 일찍이 얻지 못하였네. 만약 믿지 못하겠으면 현재 있는 대중들이나 범행(梵行)을 함께 하는 사람들에게 어찌 물어보지 않는가?"

보나벌소(補捺伐素)가 말하였다.

"어찌 오타이가 우리를 속이고 희롱하는 것을 알았겠는가?"

오타이가 말하였다.

"만약 많은 물건을 얻었으나 함께 나누지 않는다면 이것은 속이고 희롱하는 것이다. 나는 적은 패치(貝齒)도 오히려 일찍이 얻지 못하였는데 어찌 속일 수 있겠는가?"

이때 그 다섯 사람은 듣고서 모두 말이 없었다. 이때 오타이는 이렇게 생각하였다.

'내가 지금 많은 양의 양털을 얻었으니 누구에게 보내어 요리를 해야 하는가? 만약 짓는 집에 준다면 그는 믿는 것이 어렵고 계행(戒行)이 없는 까닭으로 혹은 많은 것을 잃을 수 있다. 만약 열두 필추니들에게 보낸다면 그녀들도 역시 믿기가 어렵다. 그녀들이 계산에 세밀하여 장차 이것을 가지고 이전의 떡과 과일값으로 충당할 것이다. 달마타나(達摩陀那) 필추니는 경장을 잘 지니고 함께 있는 권속들도 역시 다시 장을 지니고 읽으며 외우고 부지런히 마음의 여러 선품(善品)을 닦으니, 내가 양털을 준다면 많은 시간이 지나도 일을 능히 끝내지 못할 것이다.

교답미(憍答彌)는 율장을 잘 지니고 함께 있는 문도들도 역시 모두 율을 잘 지녔으므로 지니고 범하는 것을 사랑하여 무겁고 가벼움[重輕]을 헤아려서 정할 것이다. 내가 만약 양털을 부탁하여도 역시 능히 맡아주지 않을 것이다. 그 대세주(大世主)는 정려(精慮)로서 마음을 삼고 함께 있는 문도들도 모두가 적정(寂定)을 닦고 있으니 잠시라도 여가가 있으면 양털 처리를 청할 수 있을 것이다.'

이렇게 생각하였는데 그때 대세주가 와서 세존께 예경하였다. 오타이가 보고서 물어 말하였다.

"교답미(憍答彌)여. 세존께서 설하신 것과 같이 '금계(禁戒)를 갖춘 자는 마음에 생각하는 일을 따라서 모두 성취할 수 있으니 청정한 계의 힘으로 얻는 과보는 이와 같으니라.'고 하셨습니다. 이것은 선설(善說)한 까닭인 것을 어떻게 알 수 있는가? 내가 마침 '옳습니다. 대세주 교답미가 만약 오신다면 아주 좋으리라.'고 생각하였는데 지금 오셨으니 매우 깊이 내가 원하였던 것입니다."

물어 말하였다.

"대덕이여. 무엇을 하고자 하십니까?"

대답하여 말하였다.

"나에게 적은 양털이 있는데 허락하시면 이를 곧 요리하고자 하는데 능히 지을 수 있겠습니까?"

그녀가 곧 대답하여 말하였다.

"성자여. 나는 본래 세존의 발에 예경하려는 까닭으로 왔습니다. 만약 세존을 뵙고서 마땅히 두 사람의 필추니에게 방으로 나아가서 서로가 보고 요리할 물건을 받아 가지고 오도록 하겠습니다."

이때 오타이는 소유한 양털을 두 개로 묶어서 방문의 뒤쪽에 두었다.

이때 교답미는 세존께 예경하고서 필추니의 사찰에 돌아가고자 곧 두 필추니를 보내어 방으로 가서 물건을 가져오게 하였다. 알려 말하였다.

"대덕이여. 성자 교답미께서 양털을 가져오라고 하셨습니다."

알려 말하였다.

"문의 뒤쪽에 두 묶음의 양털이 있으니 가지고 가시오."

그들은 곧 문의 뒤에 들어가서 양털을 가지고 가려고 손으로 끌어당겼으나 오히려 움직일 수도 없었다. 두 사람이 알려 말하였다.

"성자여. 양털 속에 어찌 맷돌이 들어 있습니까?"

오타이가 말하였다.

"그대들은 나이도 어린데 허리가 부러졌소."

이때 오타이는 새끼손가락으로 한 묶음을 들어서 머리 위에 얹어주었고 다시 한 묶음을 들어서 허리에 얹어 주었다. 이때 두 필추니는 머리가 아프고 허리가 욱신거리면서 고생하여 사찰에 이르렀다. 사찰에 도착하고서 땅에 양털을 버리고 허리를 굽혀 평상 위에 드러누웠다. 다른 필추니들이 보고서 물어 말하였다.

"그대들 두 사람은 어찌 허리를 구부리고 있습니까? 적은 양털을 가지고 지금 크게 피곤하고 고통스러워합니까?"

여러 필추니들에게 알려 말하였다.

"만약 나보다 힘이 세다면 시험삼아 들어 올려서 살펴보세요."

그녀들이 곧 들어보려고 하였으나 결국 능히 움직이지 못하였다. 여러 필추니들이 알려 말하였다.

"이 양털 묶음 속에 맷돌이라도 들어 있습니까?"

두 필추니가 쉬고서 양털 묶음을 풀어 놓으니 마침내 큰 무더기가 되었다. 여러 필추니들이 보고서 소리높여 큰 소리로 웃었다. 이때 대세주가 그 웃는 소리를 듣고서 물었다.

"그대들 여러 구수들이여. 어찌 전도(顚倒)되었는가? 머리를 깎았으나 겨드랑이 아래에 상투가 생겨났는가? 지금에 이르기까지도 능히 적정(寂靜)하지 못하였거늘 무슨 일로 시끄럽게 웃는단 말인가?"

여러 필추니가 알려 말하였다.

"성자여. 대덕 오타이는 적은 양털이라고 하였으나 오히려 이렇게 많습니다. 만약 많다고 말하였다면 그 욕심에 어떠하였겠습니까?"

대세주가 말하였다.

"여러 자매들이여. 그는 악행을 행하여 세존의 가르침의 가운데에서 항상 훼방하고 무너뜨리려고 짓는 것이 마치 강둑을 붕괴시키면서 타락하는 것을 좋아하는 것과 같네. 그러나 세존께서 말씀하신 두 착한 사람이 있으니 한 사람은 그 일을 허락하지 않는 사람을 말하고, 다른 한 사람은 허락하고서 함께 하는 사람을 말하네. 이것은 이미 허락하여 말하였으니 일은 반드시 끝마쳐야 하네. 그대들이 만약 능히 함께 요리할 수 있다면 많고 적음을 따라서 일을 마쳐 돌려보내게."

그 양털은 아주 많았으므로 갑자기 일을 끝마치는 것이 어려웠다. 이때 오타이는 이렇게 생각하였다.

'그 대세주는 항상 적정을 즐기므로 여러 필추니들을 시켜서 떡값에 충당하지 않겠구나.'

이렇게 생각하고 감탄하면서 머무르고 있었다. 이때 두 필추니가 양털을 요리를 마치고 오타이에게 보내주면서 알려 말하였다.

"성자여. 우리가 양털을 가져왔는데 어디에다 놓아둘까요?"

오타이가 말하였다.

"그대들은 오히려 다른 마음으로 내 물건을 돌려보냈는가를 헤아려보겠소."

곧 필추니에게 말하였다.

"대매(大妹)여. 방 안에 두시오."

그들은 방 안에 그것을 두고서 떠나갔다. 나머지 양털도 손질하면 또한 다시 보내왔다. 그 대세주는 양털을 요리하면서 손이 모두 붉은색이 되어 염색사(染色師)와 같았다. 곧 세존의 처소에 나아가 세존의 발에 예경하고서 한쪽에 앉았다. 이때 세존께서는 그 손이 붉은 것을 보시고 물어 말씀하셨다.

"교답미여. 무슨 인연으로 손이 염색사와 같이 붉게 되었습니까?"
세존께 아뢰었다.

"대덕이시여. 세존께서 말씀하신 것과 같습니다. 마땅히 지을 것을 짓지 아니하고 반대로 다른 일을 짓는다고 하셨는데 지금 제가 그렇게 하였습니다."

세존께서 말씀하셨다.

"대세주여. 어떤 일을 지었습니까?"

이때 교답미는 그 일을 갖추어 세존께 아뢰었다. 세존께서는 아난타에게 말씀하셨다.

"여러 필추들이 친척이 아닌 필추니에게 양털을 손질하게 하였는가?"
아난타가 아뢰었다.

"대덕이시여. 여러 필추들이 그녀들에게 요리하게 하였습니다."

이때 세존께서는 이 인연으로 필추들을 모으셨으며, 오타이에게 물으셨다.

"그대가 진실로 친척이 아닌 필추니에게 양털을 요리하게 하였는가?"
아뢰어 말하였다.

"진실로 그렇습니다."

이때 세존께서는 여러 가지로 오타이를 꾸중하셨으며, [자세한 설명은 앞에서와 같다.]

"나아가 내가 지금 그 학처를 제정하나니, 마땅히 이와 같이 설하노라. 만약 다시 필추가 친척이 아닌 필추니를 시켜서 양털을 빨고 물들이며 쪼개면 니살기바일저가를 얻느니라."

'만약 필추'는 오타이를 말한다.

'친척 아닌 필추니를 시킨다.'는 친척과 친척이 아닌 것을 뜻하며 앞에서의 설명과 같다.

'양털'은 다른 털이 아니다.

'씻는다.'는 한 번 물에 넣는 것이다.

'물들인다.'는 한 번 물들이는 물에 담그는 것이다.

'쪼개다.'는 한 조각에 이르는 것이다.

'니살기바일저가'는 앞에서 자세히 설명한 것과 같다.

이 가운데에서 범한 모양과 그 일은 무엇인가? 필추가 친척이 아닌 필추니에게 친척이 아니라는 생각을 일으키거나, 혹은 다시 의심을 일으키면서 양털을 빨게 하거나, 혹은 물들이거나 혹은 쪼개게 하면 아울러 사타죄를 범한다. 혹은 빨고 물들였으나 쪼개지는 아니하였고, 혹은 빨고 쪼갰으나 물들이지 아니하였으며, 혹은 물들이고 빨았으나 쪼개지는 아니한 것도 역시 사타죄를 범한다.

만약 친척인 필추니에게 친척이 아니라는 생각을 일으키고, 혹은 다시 의심을 일으키면서 세 가지의 일을 지어 양털을 요리하게 하면 아울러 악작죄를 얻는다. 나머지는 앞에서 말한 것 같다. 만약 친척인 필추니에게 친척이라고 생각하는 것은 범한 것이 아니다.

또한 범하지 않는 것은 처음으로 잘못을 저지른 사람과 혹은 어리석고, 미쳤으며, 마음이 어지럽고 고통스러운 것에 얽매인 것이다.

18) 착금은등(捉金銀等) 학처

세존께서는 왕사성 죽림(竹林) 가운데에 머무르셨다.

이때 마을의 주인인 한 거사가 있었으며 보계(寶髻)라고 이름하였다. 세존의 처소에 나아가서 발에 머리숙여 예경하고서 한쪽에 앉아서 세존께 아뢰어 말하였다.

"세존이시여. 일찍이 근래의 대중들 가운데에서 왕과 여러 신하가 모두 함께 모여서 이렇게 물었습니다.

'당신들은 사문 석자(釋子)가 금과 은을 받아 지닐 수 있는가를 모두 알고 있습니까?'

어떤 사람은 말하였습니다.

'필추는 가질 수 있습니다.'

다시 어떤 사람은 말하였습니다.

'필추는 가질 수 없습니다.'

이 두 가지의 말에서 누가 이치에 맞고 누가 이치에 맞지 않습니까? 어느 것이 법의 말이고 어느 것이 비법의 말입니까? 누가 세존을 비방한 것이고 누가 세존을 비방하지 않은 것입니까? 어느 것이 수승한 사람이 부끄러워하는 것이고 어느 것이 수승한 사람이 부끄러워하지 않는 것입니까?"

세존께서 대답하여 말씀하셨다.

"거사여. 만약 그가 '사문 석자가 금과 은을 받아 가질 수 있다.'고 말한다면 이것은 이치에 맞지 않고 이것은 비법의 말이며 이것은 나를 비방하는 것이고 이것은 수승한 사람이 부끄러워하는 것이며 이것은 선한 것과 다르다고 이름하느니라.

왜 그러한가? 거사여. 그러나 진실로 필추가 금·은과 같은 물건을 받아 지닐 수 없기 때문이니라. 만약 필추가 금과 은을 받아서 몸에 지니지 않는다면 이것이 사문의 법이고, 이것이 석자이며, 이것이 순수한 선법이니 두 번·세 번을 나는 이와 같이 설하느니라. 만약 받아 몸에 지닌다면 이것은 사문이 아니고 석자가 아니며 진실로 선법이 아니니 두 번·세 번을 나는 이와 같이 설하느니라."

거사가 말하였다.

"대덕이시여. 저의 뜻은 이렇습니다. 만약 필추가 금·은과 같은 물건을 받아서 몸에 지니지 아니하면 이것은 진실한 사문이고 선한 석가의 제자입니다. 만약 받아 몸에 지닌다면 진실한 사문이 아니고 석가의 제자가 아닙니다."

세존께서는 말씀하셨다.

"옳도다. 옳도다. 거사여. 그대의 뜻과 같이 이해하면 옳은 분별이니라."

이때 보계거사는 세존의 설법을 듣고서 환희하며 믿음으로 받아들이고 세존께 예경하고 물러갔다. 이때 아난타는 세존의 등 뒤에서 부채질하여 시원하게 하고 있었다. 거사가 비로소 물러가자 세존께서는 곧 아난타에게 명하여 말씀하셨다.

"그대는 지금 마땅히 가서 이 근처에 있는 모든 필추 대중을 모두 항상 음식을 먹는 식당 안에 모이게 하게."

이때 아난타는 세존의 가르침을 받들어 모든 대중들을 부르고 돌아와서 세존의 처소로 나아가 세존의 발에 예경하고서 한쪽에 서서 세존께 아뢰어 말하였다.

"세존이시여. 제가 세존의 가르침을 받들어 이 근처에 있는 필추들을 모두 불러 모아서 식당 안에 모이게 하였습니다. 오직 세존이시여. 때에 이르렀음을 아십시오."

이때 세존께서는 식당 안으로 가셨고 대중의 앞의 자리에 나아가 앉으시고서 여러 필추들에게 알려 말씀하셨다.

"어떤 마을에 주인이 있었고 보계라고 이름하였는데 나의 처소에 와서 나의 발에 예경하고서 한쪽에 앉아서 이렇게 말하였노라. [자세한 설명은 앞에서와 같다.] 나아가 나에게 하직하고 물러갔느니라. 그대들 여러 필추들이여. 그 마을의 주인은 왕의 대중 가운데에서 사자후(師子吼)를 지어 확실하게 말하였노라.

'사문 석자가 금·은·전(錢) 등을 받아 몸에 지니는 것은 합당하지 않습니다.'

나도 역시 설하여 말하였노라.

'사문 석자는 금·은·전(錢) 등을 받아 몸에 지녀서는 아니되느니라.'

이러한 까닭으로 여러 필추들이여. 방사(房舍) 등을 수리하고 경영하기 위하여 마땅히 초목과 수레와 사람의 공력을 구해야 하겠으나 마땅히 금·은·전 등을 구하여서는 아니되느니라. 나는 방편을 두어 여러 필추에게 금·은·전 등을 쌓아두거나 몸에 지닐 수 있다고는 말하지 아니하겠노라."

이것의 연기(緣起)로서 아직 계율을 제정하지는 않으셨다.

세존께서는 서다림 급고독원에 머무르셨다.

이때 육중필추가 자신의 손으로 금·은·전 등을 잡기도 하였고, 혹은 남을 시켜 손으로 잡게 하여 방을 짓게 하였으며, 혹은 평상과 좌복

위에 놓아두었다. 이때 외도가 보고서 싫어하고 천박하게 생각하여 말하였다.

"이 사문 석자는 자신의 손으로 자신의 손으로 금·은·전 등을 잡기도 하고 혹은 남을 시켜 손으로 잡게 한다. [자세한 설명은 앞에서와 같다.] 여러 다른 재가인들 역시 모두 이와 같으니 이 사람은 우리와 무엇이 다른가? 어찌 다른 바라문·거사 등이 깊은 존경과 신심을 일으키겠으며 여러 음식들을 가지고 이 대머리[禿人]에게 베풀 수 있겠는가?"

이때 여러 필추들이 이 말을 듣고서 이 인연을 갖추어 세존께 아뢰었다. 세존께서는 이 인연으로 필추들을 모으셨으며, [자세한 설명은 앞에서와 같다.] 육중에게 물어 말씀하셨다.

"그대들이 진실로 스스로 잡기도 하고 남을 시켜 금·은·전 등을 잡게 하였는가?"

대답하여 말하였다.

"진실로 그렇습니다."

세존께서는 앞에서와 같이 여러 가지로 꾸중하셨으며, [자세한 설명은 앞에서와 같다.]

"나아가 내가 지금 그 학처를 제정하나니, 마땅히 이와 같이 설하노라. 만약 다시 필추가 스스로 금·은·전 등을 잡거나 혹은 남에게 잡게 하면 니살기바일저가이니라."

'만약 다시 필추'는 육중(六衆)의 부류를 말한다.

'자신의 손으로'는 손으로 잡는 것을 말한다.

'금·은'은 금과 은 및 패치(貝齒)를 말한다.

'전'은 금 등의 돈을 말한다.

'남을 시키는 것'도 역시 이와 같아 모두 사타죄를 범한다.

사회(捨悔)의 법을 자세히 설명한 것은 앞에서와 같다.

이 가운데에서 범한 모양과 그 일은 무엇인가? 만약 다른 사람에게 시켜 취하게 할 때에 그 일은 열여덟 종류가 같지 않으니 모두가 그를 범하는 것이다. 이를테면, 그에게 알려서 말하는 것이다.

그대가 이 물건을 취하라.

그대가 이곳에서 취하라.

그대가 이것을 이만큼 취하라.

그대가 이 물건을 가져가라.

그대가 이곳에서 가져가라.

그대가 이것을 이만큼 가져가라.

그대가 이 물건을 넣어라.

그대가 이곳에 넣어라.

그대가 이것을 이만큼 넣어라.

그대가 그 물건을 취하라.

그대가 그곳에서 취하라.

그대가 그것을 이만큼 취하라.

그대가 그곳에서 취하라.

그대가 그것을 이만큼 취하라

그대가 그 물건을 가져가라.

그대가 그곳에서 가져가라.

그대가 그것을 이만큼 가져가라.

그대가 그 물건을 넣어라.

그대가 그곳에 넣어라.

그대가 그것을 이만큼 넣어라.

‘그대가 이 물건을 취하라.’는 금·은 등을 보이는 곳에서 남을 시켜 취하게 하는 것이니 악작죄를 얻고, 잡고서 집어들 때에는 사타죄를 범한다.

‘그대가 이곳에서 취하라.’는 여러 자루와 철과 나무로 만든 상자나 그릇 속에 남을 시켜 물건을 취하게 하는 것을 말하며 얻는 죄는 앞에서와 같다.

‘그대가 이것을 이만큼 취하라.’는 백 천억 등을 남에게 시켜서 물건을 취하게 하는 것을 말하며 얻는 죄는 앞에서와 같다.

'그대가 이 물건을 가져가라.'는 금·은 등의 물건을 남에게 시켜 가져오게 하는 것을 말하며 얻는 죄는 앞에서와 같다.

'그대가 이곳에서 가져가라.'는 자루 등의 물건을 넣는 그릇 속에 남에게 물건을 시켜 취하게 하는 것을 말하며 얻는 죄는 앞에서와 같다.

'그대가 이것을 이만큼 가져가라.'는 백 천억 등을 남을 시켜 취하게 하는 것을 말하며 얻는 죄는 앞에서와 같다.

'그대가 이 물건을 넣어라.'는 금·은 등을 남에게 시켜 넣는 것을 말하며 얻는 죄는 앞에서와 같다.

'그대가 이 물건을 넣어라.'는 물건을 담는 그릇 속에 그것을 넣는 것을 말하며 얻는 죄는 앞에서와 같다.

'그대가 이곳에 넣어라.'는 백 천억 등을 남을 시켜 넣게 하는 것을 말하며 얻는 죄는 앞에서와 같다.

이 아홉은 모두 보이는 곳에서 남에게 시켜서 한 것을 예시한 것이다.

'그대가 그 물건을 취하라.'는 금·은 등을 보이지 않는 곳에서 남에게 물건을 취하게 하는 것을 말하며 악작죄를 얻고, 손에 쥐고 집어들 때에 사타죄를 범한다.

'그대가 그곳에서 취하라.'는 여러 자루와 철과 나무의 그릇 속에 남에게 물건을 취하게 하는 것을 말하며 얻는 죄는 앞에서와 같다.

'그대가 그것을 이만큼 취하라.'는 백 천억 등을 남에게 물건을 취하게 하는 것을 말하며 얻는 죄는 앞에서와 같다.

'그대가 그 물건을 가져가라.'는 금·은 등의 물건을 남에게 가져가게 하는 것을 말하며 얻는 죄는 앞에서와 같다.

'그대가 그곳에서 가져가라.'는 자루와 같은 물건을 담는 그릇 속에 남에게 물건을 취하게 하는 것을 말하며 얻는 죄는 앞에서와 같다.

'그대가 그것을 이만큼 가져가라.'는 백 천억 등을 남에게 시켜서 취하게 하는 것을 말하며 얻는 죄는 앞에서와 같다.

'그대가 그 물건을 넣어라.'는 금·은 등을 남에게 시켜서 넣게 하는 것을 말하며 얻는 죄는 앞에서와 같다.

'그대가 그곳에 넣어라.'는 물건을 담는 그릇 속에 넣는 것을 말하며 얻는 죄는 앞에서와 같다.

'그대가 그것을 이만큼 넣어라.'는 백 천억 등을 남을 시켜 넣게 하는 것을 말하며 얻는 죄는 앞에서와 같다.

이 아홉은 모두 보이지 않는 곳에서 남에게 시켜서 한 것을 예시한 것이다.

만약 필추가 스스로 금·은·전·패치를 손으로 잡으면 사타죄를 범한다. 만약 필추가 이루어졌거나 이루어지지 않았어도 금·은을 손으로 잡으면 사타죄를 범한다. 필추가 무늬와 모양이 이루어진 금·은·전·패치를 손으로 잡으면 사타죄를 범한다. 필추가 말니보(末尼寶)·벽유리보(璧琉璃寶)를 손으로 잡으면 사타죄를 범한다. 필추가 나라에서 공용으로 사용하는 돈을 손으로 잡으면 사타죄를 범한다. 만약 나라에서 사용하지 않는 돈을 손으로 잡더라도 악작죄를 얻는다. 만약 적동(赤銅)·두석(鋀石)·구리·철·납·주석을 손에 잡으면 범한 것이 없다.

이와 같이 세존께서는 여러 성문들을 위하여 학처를 제정하여 마치셨다.

세존께서는 서다림에 머무르셨다.

이때 점파국(占波國)에는 한 장자가 있었고 이 성에 머무르면서 신심이 깊었고 순수하고 선한 마음으로 상묘한 물건을 은혜로서 보시하였다. 이때 그 장자는 세존과 승가를 위하여 주처를 세우고 지었는데 문·창문·난간 등을 함께 장식하고 수승하고 묘하게 장엄하여 보는 사람들이 즐거워하여 하늘에 태어나는 길이 되도록 하여 많은 승가의 대중들이 이곳에서 안거하였다. 안거를 마치고 수의사(隨意事)를 마치고서 장자에게 알려 말하였다.

"우리들은 지금 실라벌성으로 가서 세존의 발에 예경하고 여러 기숙(耆宿)·노(老) 필추들께 예배하고자 하니, 지금 의복이 없으니 때에 알맞게 베풀어 주십시오."

장자가 알려 말하였다.

"성자여. 이곳 사람들에게는 상묘한 옷이 없습니다. 지금 들으니 상인들이 곧 온다고 합니다. 오는 때를 기다리시면 사가지고 드리도록 하겠습니다."

필추가 말하였다.

"장자여. 만약 좋은 물건이 없으시다면 거칠고 나쁜 것이라도 주십시오."

장자가 알려 말하였다.

"성자여. 나의 성격은 항상 좋은 물건을 드렸었는데 어찌 지금 나쁜 것을 드리겠습니까? 만약 기다리지 못하신다면 옷값에 해당하는 돈을 가지고 가셔도 좋습니다."

대답하여 말하였다.

"장자여. 세존께서 계율을 제정하시어 우리들이 돈을 잡는 것을 금지하셨습니다."

장자가 알려 말하였다.

"만약 이와 같다면 내가 오히려 보시를 않을지라도 나쁜 것을 드릴 수는 없습니다."

이때 여러 필추들은 결국 얻지 못하고 그곳을 떠나갔다. 길을 따라 나아가서 실라벌성에 이르니 여러 필추들이 보고서 알려 말하였다.

"잘 오셨습니다. 잘 오셨습니다. 구수여. 어찌 그대들은 안거처에서 많은 의복을 얻지 못하였습니까? 어찌하여 이렇게 거칠고 찢어진 옷을 입고 이곳에 오셨습니까?"

그들이 곧 대답하여 말하였다.

"옷을 얻을 수 없었습니다."

필추가 말하였다.

"당신들은 어느 곳에서 안거를 하셨습니까."

대답하여 말하였다.

"점파국(占波國)에 있었습니다."

다시 물었다.

"누구에게 의지하여 머물렀습니까?"

대답하여 말하였다.

"어느 장자였습니다."

여러 필추들이 말하였다.

"듣건대 그 장자는 좋은 옷을 보시하는 것을 좋아한다고 하였는데 어찌하여 보시하지 않았습니까?"

대답하여 말하였다.

"다만 인연이 이러한 까닭으로 우리는 옷을 얻지 못하였습니다."

필추가 물어 말하였다.

"무슨 까닭이 있었습니까?"

이때 그 필추는 그 일을 갖추어 말하였다. 여러 필추들이 듣고서 세존께 아뢰었다. 세존께서는 이렇게 생각하셨다.

'여러 공경하고 신심있는 바라문·장자·거사 등이 환희하여 필추에게 옷값을 보시하고자 하였고 나의 여러 제자들은 옷을 얻고자 하였으니 내가 마땅히 법을 지어 모든 필추들이 그만두거나 빠트리지 않도록 해야겠구나.'

여러 필추들에게 알려 말씀하셨다.

"만약 다른 사람이 옷값을 보시하고자 하면 반드시 곧 받을 것이고 받고서 곧 그 사람의 물건이라는 마음을 지어 그것을 저축하도록 하라. 그러나 모든 필추들은 마땅히 일을 맡을 사람을 구하도록 하라."

필추들은 어떤 사람을 찾아야 하는가를 알지 못하였다. 세존께서 말씀하셨다.

"마땅히 사가인(寺家人)이나 오파색가를 구하도록 하라. 사가인은 정인(淨人)을 말하고 오파색가는 삼귀오계(三歸五戒)를 받은 사람을 말한다. 마땅히 그에게 물어 말해야 한다. '그대는 능히 나를 위하여 시주(施主)가 지을 수 있겠습니까?' 만약 할 수 있다고 말하면 곧 그 사람에게 맡길 마음을 지어 그 물건을 저축하고 그 물건을 마땅히 다른 사람에게 지니도록 할 것이며 마땅히 스스로 손에 잡지 말라.”

이때 어떤 필추가 다른 지방에 갔다가 이렇게 생각하였다.

‘내가 지금 이곳에 이르니 시주가 없구나.’

후회하는 마음을 일으켜 이 일을 세존께 아뢰었다. 세존께서는 말씀하셨다.

“가령 멀리 떠나가 있더라도 다만 그 사람에게 있다는 명이 있는 뒤에는 항상 그 사람이 시주이니라.”

이때 어떤 필추가 아직 시주를 구하지 못하여 다른 시주가 물건을 주었으나 필추가 의심스러워 감히 받지를 못하고 이 일을 가지고 세존께 아뢰었다. 세존께서 말씀하셨다.

“마땅히 받아라. 받고서 물건을 가지고 한 필추를 마주하고서 이렇게 말하여라. ‘구수여. 항상 기억하십시오. 나 필추 누구는 이 부정물(不淨物)을 얻었으니, 나는 마땅히 이 부정한 물건을 취하여 정재(淨財)로 바꾸겠습니다.’ 이와 같이 세 번을 말하고 뜻을 따라서 수용하며 의심하지 말라.”

이때 어떤 시주가 외진 곳에 사찰을 지어 승가에 보시하셨는데 때때로 도둑들이 와서 서로가 놀랐다. 그곳의 여러 필추들이 사찰을 비우고 떠나가자 곧 도둑들이 와서 사찰의 물건을 취하였다. 세존께서 말씀하셨다.

“승가의 물건이나 솔도파(率覩波)의 물건으로 소유한 금·은·전(錢)·보물 등은 마땅히 굳게 간직하고 들어서 옮겨라.”

세존께서는 간직하라고 말씀하셨으나 필추는 누구를 시켜 간직하는가를 알지 못하였다. 세존께서 말씀하셨다.

“정인이나 오파색가에게 간직하게 하라.”

그 간직하는 사람이 곧 그 물건을 훔치니 세존께서 말씀하셨다.

“깊은 믿음이 있는 오파색가에게 있으면 그를 보내어 간직하게 하라. 만약 깊은 믿음이 없으면 마땅히 구적(求寂)을 시킬 것이고 구적이 없으면 필추가 스스로의 손으로 간직하라.”

필추들이 누구에게 간직하게 하는가를 알지 못하였다. 세존께서 말씀하셨다.

"마땅히 구덩이를 파라."

누구를 시켜야 하는가를 알지 못하였다. 세존께서 말씀하셨다.

"마땅히 정인을 시키도록 하라. 만약 오파색가를 시켰으나 그가 곧 물건을 훔친다면 마땅히 신심이 있는 사람을 시켜야 한다. 만약 이러한 사람이 없으면 구적을 시켜야 한다. 만약 구적이 없으면 마땅히 스스로 땅을 파도록 해야 한다. 도둑이 떠난 뒤에는 마땅히 이전과 같이 물건을 취하여 승가에게 돌려주어야 한다."

세존께서 말씀하셨다.

"내가 어려움을 위하여 열어놓은 일은 어려움이 지나간 뒤에는 곧 마땅히 행하지 않아야 하나니, 만약 마땅히 행하는 자는 악작죄(惡作罪)를 얻느니라."

또한 범하지 않는 것은 처음으로 잘못을 저지른 사람과 혹은 어리석고, 미쳤으며, 마음이 어지럽고 고통스러운 것에 얽매인 것이다.

근본설일체유부비나야 제22권

삼장법사 의정 한역
석보운 번역

19) 출납구리(出納求利) 학처

어느 때 박가범께서는 실라벌성의 서다림 급고독원에 머무르셨다.

멀고 가까이서 모두가 세존께서 중국(中國)의 세상에 출현하셨고, 그의 여러 성문 제자(聲聞弟子)들은 대신통(大神通)이 있어 여러 변화를 짓는다고 들었으니, [자세한 설명은 앞에서와 같다.]

만약 어떤 사람이 능히 그 제자에게 공양하면 큰 과보를 얻고 넉넉함과 이익이 더욱 늘어난다는 말을 들었다. 이때에 북방에는 여러 상인들이 있었는데 이러한 명성을 듣고서 스스로가 서로에게 말하였다.

"여러분들은 마땅히 아십시오. 우리들은 마땅히 중인도로 가서 무역하면 첫째는 많은 이윤을 얻을 것이고, 둘째는 삼보(三寶)께 공양을 할 수 있을 것입니다."

이때 여러 상인들은 마침내 많은 북방의 화물을 갖추어 중인도로 점차 나아가서 실라벌성에 이르게 되었다.

이 성안에는 한 사람의 노형외도(露形外道)가 있었으며, 천문(天文)을 잘 알고 미래의 일에 점(占)을 잘 보았다. 상주(商主)가 있는 곳으로 가서 말하였다.

"잘 오셨습니다. 상주여. 당신의 아버지는 이름이 누구이고, 어머니의 이름은 누구이며, 장차 이러한 재화를 가지고 이 지방에 와서 어느 날까지는 얼마의 이윤을 얻고자 하는구려."

상주는 듣고서 이렇게 생각하였다.

698

'내가 일찍이 듣기를 세존의 제자는 큰 신통력이 있어 연기가 솟고, 비가 내리는 것을 어떤 조짐이 없어도 먼저 안다고 하였는데, 바로 이 사람인가 보구나.'

곧 북방의 붉은색 모직물과 여러 기이한 과일들을 외도에게 바쳤다. 그는 그 모직물을 몸에 걸치고 같은 외도들이 있는 곳으로 갔다. 도반인 외도들이 보고서 곧 물었다.

"그대는 어느 곳에서 이렇게 귀하고 비싸고 좋은 물건을 가지고 왔는가?"

대답하여 말하였다.

"북방의 상인들이 나에게 왔고 부모의 이름을 설명하여 주었더니 그들이 마음으로 믿고 존경하여 보면서 나에게 베풀어 주었네."

같은 무리들이 알려 말하였다.

"어진이여. 우리들은 항상 사문인 석자(釋子)들에게 업신여김을 당해왔네. 항상 우리에게 '그대들은 일찍이 귀하고 뛰어나며 좋은 사람을 가까이 하지 못하고, 다만 고용된 천한 계급인 전다라의 무리들을 가까이 할 뿐이다.'라고 말하였네. 그대는 지금 마땅히 이 귀한 옷을 입고 석자들의 처소로 가서 그들의 마음을 아프게 하는 것이 좋겠네."

곧 그 모직물을 걸치고 서다림으로 갔다. 이때 오파난타가 서다림의 문밖에서 경행하며 거닐고 있다가 멀리서 그가 오는 것을 보고서 곧 생각하였다.

'외도가 걸치고 있는 것이 좋고 귀한 물건이로구나. 만약 내가 저 물건을 얻지 못하면 내 이름을 바꾸겠다.'

외도가 점차 다가오자 물었다.

"외도여. 당신은 지금 어떻게 다시 재가인으로 돌아가고자 하시오?"

대답하여 말하였다.

"나는 재가인으로 돌아가려는 것이 아닙니다."

"만약 그렇다면 어째서 재가인의 옷을 얻어 입었소?"

대답하여 말하였다.

"북방의 상인에게 내가 그 권속의 이름을 설명하여 주었더니 깊이 존경하여 이렇게 서로가 베풀어 주었습니다."

오파난타가 말하였다.

"이것은 좋은 일이 아니오. 이것은 좋은 일이 아니오. 어째서 나이가 들어 쇠약해진 것을 핑계로 계율을 깨뜨리겠소. 마땅히 잠깐 앉아서 잠시 나의 법요(法要)를 들어 보시오."

그 외도는 오파난타의 말을 따라 곧 앉았다. 오파난타는 환희심을 내어 그에게 설법을 하였다. 오파난타가 남에게 마땅히 보시하는 법을 널리 설할 때는 듣는 사람이 모두가 스스로의 살을 떼어내서라도 서로 보시하려고 하였다. 오파난타는 다시 외도에게 말하였다.

"그대의 스승은 성질이 거칠고 황폐한 것을 사랑하므로, 그대들의 문도들에게 몸을 드러내고, 머리카락을 흩뜨리며, 많이 돌아다니고, 적게 머무르며, 항상 땅에 눕게 하는 것이오. 만약 당신의 스승이 마음에 좋은 옷과 음식을 사랑하고 즐거워하면, 마땅히 그대들에게 값이 천만(千萬)인 좋은 옷을 입고, 온갖 맛있는 음식을 뜻을 따라서 먹는 것을 허락해야 될 것이오. 머무르는 방사(房舍)도 그 값이 백 천이 되어야 하는데, 그가 마음이 좁은 까닭에 허용되지 않는 것이오. 우리 세존께서는 마음이 넓고 커서 우리 제자들이 일 만금이 되는 값비싼 옷을 입고, 온갖 맛있는 음식을 먹는 것을 허락하시며, 머무르는 방사도 천금이나 되는 것들이오.

만약 그대가 이러한 값이 비싸고 좋은 옷을 입고 걸식하러 다니면 신심이 있고 공경하는 사람들이 '지금 이 외도는 몸으로 계율을 깨뜨렸구나.'라고 생각할 것이니, 먹고 마시는 것에 있어 몸을 공양하기가 어려워질 것이오. 당신은 이 좋은 옷을 나에게 주는 것이 마땅하오. 나에게 모직물이 있으니 그것과 서로 바꾸도록 합시다. 내가 마땅히 이 좋은 옷을 입고 여러 집을 걸식하다가 만약 청정한 믿음이 있는 사람이 내게 와서 묻는다면 나는 마땅히 '어떤 노형외도의 이름과 성이 누구인데 자신을 돌보지 않고 베풀어 주었습니다.'라고 대답할 것이오. 그는 곧 그대가 깊은 신심이 있는 사람인 것을 알게 되어 그대가 걸식할 때에 그대를 보면 마땅히 술과 술지개미를 구리 그릇에 가득 담아서 당신에게 공양해 줄 것이오."

노형외도는 이 말을 듣고, 곧 믿고 기뻐하는 마음을 지어 이렇게 말하였다.

"대덕이시여. 그렇다면 이 옷을 가지십시오."

오파난타는 곧 축원하며 말하였다

"병이 없고 장수하시오. 그러나 당신들의 무리는 항상 가난하며 고생하고 있으니 당신이 보시하였다면 다시 **빼앗으라**고 할 것이오."

외도가 말하였다.

"대덕이시여. 이 모직물이 어떻게 그들의 물건이겠습니까? 이것은 제가 뜻을 따라서 할 수 있으니 걱정하지 마십시오."

"만약 그와 같다면 내가 마땅히 받도록 하겠소."

이것을 얻고 외도에게 거친 모직물을 한 벌 주었다. 이때 외도는 이것을 입고서 떠나갔다. 외도가 그와 같은 무리들에게 도착하자 그들이 물었다.

"그대는 어느 곳에서 다시 이 옷을 얻었는가?"

그가 옷을 바꾼 까닭을 자세히 말하자 듣고서 모두 분노하며 알려 말하였다.

"인자(仁者)여. 이 석자(釋子)들은 항상 우리를 죽일 생각만 하오. 다른 사람들은 비록 속임수를 당하지만 육중필추는 그렇지 않소. 여섯 사람 중에서 그 오파난타를 뛰어넘는 사람은 없소. 그대가 만약 그것을 다른 대덕에게 베풀어 주었으면 우리도 따라서 기뻐하겠으나 오파난타는 우리의 피를 마시려는 사람이오. 그 옷을 그에게 베풀었으니 누가 참을 수 있겠는가? 곧 마땅히 가서 찾으시오. 만약 찾을 수 있으면 좋으나, 찾지 못하면 우리는 모두가 그대를 쫓아내겠소. 당신이 앉을 곳을 옮기고, 당신의 밥그릇을 엎으며, 당신과는 말도 함께 하지 않겠소."

그는 곧 두려워서 오파난타의 처소로 갔다. 오파난타는 멀리서 그가 오는 것을 보고 곧 생각하였다.

'이 외도의 거동(擧動)과 형세(形勢)를 보니 반드시 나로부터 좋은 모직물을 **빼앗고자** 하는구나.'

곧 급히 방으로 들어가서 방문을 닫고 있었다. 외도는 곧 방 앞으로 와서 문을 두드리며 큰소리로 불렀다. 오파난타는 대답을 하지 않고 조용히 있었다. 여러 필추들이 보고 물어 말하였다.

"외도여. 당신은 무엇이 필요합니까?"

알려 말하였다.

"나의 모직물 때문에 와서 찾고 있습니다."

필추가 알려 말하였다.

"그대가 얻고자 하면 세존의 처소로 가서 애달프게 구하시오."

이때 그 외도는 세존의 처소로 나아갔다. 이때 세존께서는 그 외도가 오는 것을 멀리서 보시고 여러 필추들에게 말씀하셨다

"그대들은 저 외도가 오는 것이 보이는가?"

세존께 아뢰었다.

"보입니다."

세존께서 말씀하셨다.

"그는 모직물을 위하여 일부러 오는 것이네. 만약 찾아서 얻으면 좋으나, 얻지 못하면 곧 더운 피를 토하고 죽을 것이네."

외도는 세존의 처소에 이르러 이렇게 알려 말하였다.

"대덕 오파난타가 저의 모직물을 가져갔습니다. 세존이시여. 원하건대 자비로우신 마음으로 불쌍히 여기시어 저에게 되돌려 주게 하십시오. 만약 돌려주지 않으면 저와 같은 무리들이 저를 내쫓을 것입니다."

앞에서와 같이 갖추어 말씀드렸다. 그때 세존께서는 구수 아난다에게 말씀하셨다.

"그대가 직접 가서 오파난타에게 말하게. '당신에게 병이 없으십시오.' 다시 말하게. '당신은 마땅히 외도에게 모직물을 돌려주도록 하시오. 만약 되돌려주지 않으면, 곧 더운 피를 토하고 죽을 것입니다.'라고 전하게."

이때 구수 아난타는 오파난타에게 알려 말하였다.

"구수여. 세존께서는 그대가 병이 없기를 바라십니다."

702

오파난타는 이 말을 듣고서 곧 앉은 자리에서 일어나서 알려 말하였다.
아난타가 말하였다.

"세존께서 '마땅히 외도를 보면 마땅히 모직물을 돌려주도록 하라. 만약 돌려준다면 이것을 좋다고 말할 수 있으나 만약 되돌려주지 않으면, 곧 더운 피를 토하고 죽을 것이다.'라는 가르침이 있었습니다."
오파난타가 말하였다.

"공경스럽게 가르침을 받들겠습니다. 어찌 감히 거스르겠습니까? 만약 세존께서 돌려주라고 가르치지 않으셨다면, 비록 그 외도들이 섬부주에 대나무와 갈대처럼 많은 수(數)로 가득 차서 모두 더운 피를 토하고 한꺼번에 죽을지라도, 나 오파난타는 털끝 하나도 움직이지 않을 것입니다. 구수 아난타여. 가서도 좋습니다. 내가 마땅히 그에게 되돌려 주겠습니다."
곧 외도에게 말하였다.

"그대의 스승이 이전에 망령된 말로써 세상을 속였으니, 그가 죽고 나면 무간대지옥(無間大地獄)에 떨어질 것이고, 그의 혀 위에 5백 개의 쟁기를 두고 밤낮으로 쟁기질을 할 것이오. 그대는 지금 망령되게 말하는 것이 다시 그보다 배나 더하니, 마땅히 천 개의 쟁기가 언제나 당신의 혀를 갈게 될 것이오. 당신은 이미 나의 모직물을 입었으나 나는 당신의 물건을 일찍이 사용하지 않았소."
외도가 대답하여 말하였다.

"저도 역시 입지 않았습니다."
오파난타는 그의 모직물을 가져다가 그 가장자리의 이음새를 풀고 주름을 잡아서 네 번을 포개어 왼손 위에 올려놓고 오른손으로 두드리고 그 모직물을 펴서 그의 머리 위에 걸쳐 놓았다. 그 외도가 마침내 땅에 넘어지자 발로 그의 겨드랑이를 걷어차면서 말하였다.

"외도여. 빨리 가라. 빨리 가라. 똥먼지로 우리 사찰을 더럽히지 말라."
외도가 알려 말하였다.

"대덕이여. 제가 지금 살아서 나간다면 다시는 감히 서다림 안으로 들어오지 않겠습니다."

이것의 연기(緣起)로서 불세존께서는 아직은 계율을 제정하지 않으셨다.

이때 육중필추는 여러 가지로 이자놀이를 하였다. 혹은 취하고, 혹은 주며, 혹은 일으키고, 혹은 저당을 잡아 완성된것을 가지고 완성된 것을 취하며, 아직 완성되지 않은 것을 가지고 완성하여 취하고, 완성된 것을 가지고서 아직 완성되지 않은 것을 취하며, 아직 완성되지 않은 것을 가지고서 아직 완성되지 않은 것을 취하였다.

'취한다.'는 곧 거두어 취하는 것을 말하니 다른 지방에서 좋아하고 즐기는 재화와 물건을 운반하여 지키는 사람을 찾아 여러 가지 계약을 맺는 것을 취한다고 이름한다.

'준다.'는 다른 사람에게 물건을 주되 8일이나 10일 등으로 계약을 하여 증서를 맺는 것을 준다고 이름한다.

'일으키다.'는 이자를 만드는 것을 말하니 다른 사람에게 적은 물건을 주고 많이 취하는 것이다. 즉 곡식이나 보리는 혹은 다섯을 더하고, 혹은 한 배, 두 배 등으로 되(升)나 말(斗)로 저축하는 계약하는 것을 일으킨다고 이름한다.

'저당을 잡는다.'는 저당물을 받아 구슬이나 보배 같은 것을 취하는 것이고, 앞에서와 같이 계약을 맺고 좋은 보증을 세워 그 재물을 주는 것을 당을 잡는다고 이름한다.

'완성된 것을 가지고 완성된 것을 취한다.'는 금·은 등의 그릇으로 다른 사람의 완성된 그릇을 취하는 것을 말한다.

'아직 완성되지 않은 것을 가지고서 완성된 것을 취한다.'는 금덩이를 가지고서 다른 사람의 금그릇을 취하는 것을 말한다.

'완성된 것을 가지고서 아직 완성되지 않은 것을 취한다.'는 금그릇으로 다른 사람의 금덩이를 취하는 것을 말한다.

'아직 완성되지 않은 것을 가지고서 아직 완성되지 않은 것을 취한다.'는 금덩이를 가지고서 다른 사람의 금가루를 취하는 것을 말한다.

필추가 이렇게 교역(交易)하고, 이것으로 이익을 구하여, 여러 외도·바라문·거사·장자 등이 이 일을 보고 모두가 싫어하고 천박하게 생각하였다.

"어떻게 사문 석자가 물건을 내어 이익을 구하는가? 재가인과 무엇이 다르니, 누가 능히 그들에게 음식과 옷을 서로 공급하겠는가?"

여러 필추들이 세존께 아뢰니, 세존께서 말씀하셨다. [자세한 설명은 앞에서와 같다.]

"나아가 그 학처를 제정하나니, 마땅히 이와 같이 설하노라. 만약 다시 필추가 여러 종류로 물건을 내주고 받아들여 이익을 구하면 니살기바일저가이니라."

'필추'는 육중필추를 말한다.

'여러 종류'는 한 가지 일이 아니라는 말이다.

'물건을 내주고 받아들여서 이익을 구한다.'는 취하고, 주며, 일으키고, 받아들여서 이윤을 구하는 것을 말한다.

'사타죄를 범한다.'는 앞에서 자세히 말한 것과 같다.

이 가운데에서 범한 모양은 만약 필추가 이윤을 구하려고 물건을 거두어 모으고 여러 가지 방편을 지어 수레에 싣고 다른 지방에 가서 보증인과 계약을 맺고 물건을 들여오면 아직 이윤을 얻지 못하였어도 악작죄를 얻는다. 만약 이익을 얻었으면 곧 사타죄를 얻는다.

만약 필추가 이윤을 구하려고 여러 가지 재화와 금·은 등의 물건을 가지고 나가서 다른 사람과 함께 계약하면 역시 죄를 얻는 것은 앞에서 자세히 말한 것과 같다. 만약 필추가 이자를 만들기 위하여 장차 여러 가지 재물과 곡식을 가지고 다른 사람에게 주고 되[升]와 말[斗]로써 양을 헤아려서 함께 계약하면 역시 죄를 얻는 것은 앞에서와 같다.

필추가 이윤을 구하려고 보배(珍寶)·진주(眞珠)·패옥(貝玉)을 받아 취하여 때를 계산하여 이윤을 얻고자 하면 이윤을 얻었고, 얻지 못하였어도, 역시 앞에서 말한 것과 같다. 만약 필추가 이익을 위하여 자기의 옷을 다른 사람과 바꾸면 악작죄를 얻고, 이익을 얻으면 사타죄를 범한다.

　이때 세존께서는 광엄성(廣嚴城) 미후지(獼猴池) 곁에 있는 높은 누각 안에 머무르셨다.

　이 성 안에는 율고비(栗姑毘) 등이 스스로가 머무는 집을 6·7층 높이로 지었으나, 여러 필추들이 거처하는 처소가 낮은 것을 보고서 곧 필추들을 위하여 6·7층으로 높이 짓고 방사(房舍)를 좋게 장엄하였다. 그 집이 오래 지나서 많이 허물어졌다. 시주들은 이것을 보고서 모두가 이렇게 생각하였다.

　'우리가 살아 있는 지금도 사찰이 모두 부서지고 무너졌으니, 우리가 죽은 뒤에는 어떻게 될 것인가? 우리들이 마땅히 무진(無盡)의 물건을 보시하여 이것으로 보수를 해야겠다.'

　곧 시물(施物)을 가지고 필추의 처소에 이르러 알려 말하였다.

　"성자여. 이것은 무진의 시물입니다. 보수를 위한 비용으로 마땅히 받아주십시오."

　여러 필추들이 알려 말하였다.

　"세존께서 계율을 제정하셨으니 받는 것이 합당하지 않습니다."

　이때 여러 필추들이 이 인연으로 세존께 아뢰었다. 세존께서는 여러 필추들에게 알려 말씀하셨다.

　"만약 승가에서 경영하고 지을 것을 소유하였다면 무진의 시물을 받을 것이나 필추의 비하라(毘訶羅)[1]는 마땅히 3층으로 짓도록 하고, 필추니의 승방은 2층으로 짓도록 하라."

　이때 여러 필추들은 무진의 시물을 얻어 승가의 창고 안에 두었다. 이때 시주들이 와서 물어 말하였다.

　"성자여. 무슨 뜻으로 비하라를 아직도 보수하지 않으십니까?"

　필추가 알려 말하였다.

　"현수여. 금전과 물건이 없기 때문입니다."

　시주가 말하였다.

_____
1) 산스크리트어 Viharaya의 음사로서 정사(精舍)라고 번역된다.

706

"우리들이 어찌 무진의 시물을 보시하지 않았습니까?"

알려 말하였다.

"현수여. 그 무진의 시물을 우리가 어떻게 감히 먹겠습니까? 승가의 창고 안에 보관하여 지금 모두 그대로 있습니다."

시주가 알려 말하였다.

"그 무진의 시물은 이렇게 하면 합당하지 않습니다. 어떻게 우리들의 집 안에 보관할 곳이 없겠습니까? 어찌 그것을 대출하여 이윤을 구하지 않으십니까?"

필추가 알려 말하였다.

"세존께서 우리들에게 이윤을 구하는 것을 허락하지 않으셨습니다."

이때 여러 필추들이 이 인연을 갖추어 세존께 아뢰었다. 세존께서 알려 말씀하셨다.

"만약 승가를 위한다면 마땅히 이윤을 구하도록 하라."

세존의 말씀을 듣고 나서 여러 신심이 있는 바라문·거사 등이 불·법·승 삼보를 위하여 무진의 시물을 시주하였다. 이 삼보의 시물은 또한 마땅히 대출하여 이윤을 구하였고 얻은 이윤을 다시 삼보에게 되돌려 공양을 하였다. 이때 여러 필추들이 시주한 물건을 가지고 그 시주에게 되돌려 이윤을 구할 때에 많은 다툼이 있었으므로 곧 이와 같이 말하였다.

"성자여. 어떻게 우리가 우리들의 물건으로 서로 다투겠습니까?"

이때 여러 필추들이 이 인연을 갖추어 세존께 아뢰었다. 세존께서 알려 말씀하셨다.

"마땅히 그들과 함께 대출을 하지 말라."

다시 부귀한 사람들과 함께 대출을 하였으나 물건을 찾을 때 그들이 관권(官權)의 세력을 믿고 기꺼이 돌려주지 아니하였다. 세존께서 말씀하셨다

"그들과 함께 대출을 하여서는 아니된다."

다시 가난한 사람들과 함께 대출을 하니 물건을 찾을 때 찾을 물건이 없었다. 세존께서 말씀하셨다.

"물건을 줄 때에는 마땅히 분명히 하여 두 배로 저당을 잡고 그 계약서를 쓰고 아울러 보증을 세우고, 그 연월(年月)을 기록하며, 상좌(上座)의 이름과 소임을 맡은 집사인의 자(字)를 쓰라. 가령 신심이 있는 오파색가가 5계를 받았어도 또한 마땅히 두 배로 그 저당을 하도록 하라."

또한 범하지 않는 것은 처음으로 잘못을 저지른 사람과 혹은 어리석고, 미쳤으며, 마음이 어지럽고 고통스러운 것에 얽매인 것이다.

20) 판매(販賣) 학처

세존께서는 실라벌성 서다림의 급고독원에 머무르셨다.

이때 육중필추는 여러 가지를 교역하여 취하고 주며 사고 팔았다. 이때 여러 외도들이 각자 싫어하고 천박하게 생각하면서 말하였다.

"이 여러 사문 석자들이 싫어하고 벗어날 생각은 하지 않고 지금 교역하는 일을 취하여 사고 파니 이 대머리 사문들이 여러 재가인들과 더불어 무엇이 다른가? 누가 다시 능히 이 대머리 사문 석자에게 여러 가지 음식으로 공양하겠는가?"

이때 여러 필추들이 이 인연을 갖추어 세존께 아뢰었다. 세존께서는 이 인연으로 필추 승가를 모으셨고, 육중을 꾸중하셨으며, [자세한 설명은 앞에서와 같다.]

"나아가 내가 지금 그 학처를 제정하나니, 마땅히 이와 같이 설하노라. 만약 다시 필추가 여러 가지로 사고 팔면 니살기바일저가이니라."

'만약 필추'는 육중필추를 말한다.

'여러 가지'는 한 가지의 일이 아니라는 말이다.

'취하고 주며 사고 판다.'는 것에서 '취한다.'는 다른 곳에서는 물건이 싸고 이곳에서 물건이 비싸면 저곳에서 물건을 취하는 것이다. '주다'는 이곳이 싸고 다른 곳이 비쌀 때 이곳에서 물건을 가지고 가는 것이니, 풍요로운 때에는 사들이고 부족한 때는 파는 것을 말한다.

'니살기'는 앞에서 자세히 설명한 것과 같다.

이 가운데에서 범한 모양과 그 일은 무엇인가? 필추가 이익을 위하여 사고 팔면 살 때는 악작죄를 얻고 팔 때는 사타죄를 범한다. 만약 이익을 위하여 사고 이익없이 팔면 살 때에는 악작죄를 얻고, 팔 때에는 범한 것이 없다. 만약 이익없이 사고, 이익 때문에 팔면 살 때에는 범한 것이 없고, 팔 때는 사타죄를 범한다. 이익없이 사고, 이익이 없이 팔면 모두 범한 것이 없다. 만약 다른 지방에서 물건을 사고 이익을 구하지 않고서 이르는 곳에서 팔면 비록 이익을 얻었어도 범한 것이 없다.

또한 범하지 않는 것은 처음으로 잘못을 저지른 사람과 혹은 어리석고, 미쳤으며, 마음이 어지럽고 고통스러운 것에 얽매인 것이다.

세 번째의 송(頌)으로 섭수하여 말하겠노라.

이발(二鉢)과 이직사(二織師)과
옷을 빼앗은 것과 급히 베푸는 것과
아란야(阿蘭若)와 우의(雨衣)와
형승(迴僧)과 칠일약(七日藥)이 있다.

21) 득장발과십일불분별(得長鉢過十日不分別) 학처

세존께서는 실라벌성 서다림의 급고독원에 머무르셨다.
이때 오파난타는 이렇게 생각하였다.
'우리들이 소유하여 이익을 구하던 것을 세존께서 모두 계율을 제정하시어 마침내 우리들에게 이익을 구하는 까닭을 없도록 하셨으니 소유하였던 이익이 이러한 인연으로 끊어겠구나.'
근심하며 머무르고 있었다. 이때 60명이 동산에 놀러 와서 잔치를 벌이고자 하였다. 이때 오파난타가 보고서 생각하였다.
'만약 이 사람들에게서 재물을 얻지 못한다면 내가 다시는 오파난타라고 이름하지 않겠다.'

곧 원만하고 빛나며 깨끗한 좋은 발우 하나를 취하여 수용하고 바랑에 넣고 겨드랑이에 걸치고서 잔치하는 곳으로 나아가서 그 가운데의 한 사람을 마주하고서 그를 위하여 설법을 하여 깊은 신심을 일으켰다. 그는 믿고서 물어 말하였다.

"성자여. 무슨 뜻으로 이곳에 오셨습니까?"

오파난타가 말하였다.

"현수(賢首)여. 나는 발우를 위하여 왔습니다."

알려 말하였다.

"나는 지금 발우가 없습니다. 만약 파는 곳이 있으면 사가지고 드리겠습니다."

이때 오파난타는 곧 겨드랑이 아래에서 자기의 발우를 꺼내어 보여주었다. 물어 말하였다.

"이러한 발우는 값이 얼마입니까?"

대답하여 말하였다.

"60가리사파나(迦利沙波拏)입니다."

그가 말하였다.

"내가 60가리사파나를 드리겠으니 당신께서 마땅히 스스로가 사십시오."

오파난타가 말하였다.

"현수여. 원하건대 그대는 장수하고 병이 없으시오. 지금 이 시물(施物)로 마음을 장엄하였으니 이 마음이 근본이 되고 이것이 자량(資量)이 되어 수승한 과보를 얻어 인간과 천상의 가운데에서 항상 법기(法器)가 되십시오."

이와 같이 각자 60명에게서 별도로 60가리사파나를 구걸하여 곧 떠나갔다. 이때 그 여러 사람들이 각자 잔치를 마치고 모두 한 곳에 모였다. 그때 어느 한 사람이 여러 사람들에게 말하였다.

"여러분. 기뻐하시오. 내가 조금 전에 성자 오파난타라는 석종(釋種)의 출가자를 만났는데 대법장(大法將)이었고 삼장(三藏)에 통달하고 말에 막

710

힘이 없었습니다. 내가 60가리사파나를 발우값으로 드렸습니다."

그때 그 모든 사람들은 이 말을 듣고서 말하였다.

"나도 또한 그에게 60가리사파나를 보시하였습니다."

곧 함께 의논하여 말하였다.

"여러분은 한 필추에게 몇 개의 발우가 필요한가를 아십니까?"

모두가 말하였다.

"모르겠습니다."

이때 어느 필추가 이곳을 지나갔고 여러 사람이 물어 말하였다.

"성자여. 한 필추가 몇 개의 발우를 사용합니까?"

대답하여 말하였다.

"오직 하나의 발우를 사용합니다."

이때 그들은 듣고서 함께 사문 석자가 많은 이양을 탐한 것을 싫어하고 천박하게 생각하였다. 이러한 연기(緣起)로서 아직은 계율을 제정하지 않으셨다.

이때 육중필추는 많은 여분의 발우를 얻었으나 스스로 수용하지도 않았고 또한 다시 다른 여러 필추들에게 주지도 않았다. 욕심이 적은 필추들이 보고서 싫어하고 천박하게 생각하였다.

"어찌 필추가 여분 발우를 많이 쌓아 놓고서 스스로 수용하지도 않고 다른 사람에게 주지도 않는가?"

이 인연을 갖추어 세존께 아뢰었다. 세존께서는 이 인연으로 필추들을 모으셨으며, 육중필추를 꾸중하셨다.

"어찌하여 그대들은 여분의 발우를 많이 쌓아 두었는가? [자세한 설명은 앞에서와 같다.] 만약 다시 필추가 여분의 발우를 쌓아두고서 10일이 지났으나 분별(分別)하지 않는다면 니살기바일저가를 얻느니라."

'필추'는 육중필추를 말한다.

'10일이 지났다.'는 10일 밤이 지났다는 말이다.

'여분의 발우'는 지니고 있는 발우를 제외한 나머지를 여분이라고 이름한다.

'쌓아둔다.'는 자기 것으로 귀속할 마음을 짓는 것이다.

만약 다시 쌓아둔다면 사타죄를 얻는다. 버리는 법식(法式)은 앞에서 자세히 설명한 것과 같다.

이 가운데에서 범한 모양과 그 일은 무엇인가? 만약 필추가 한 달의 첫째 날에 발우를 얻으면 10일 안에 마땅히 지니고 분별하며 마땅히 버리고 남에게 주어야 한다. 이와 같은 차례와 기간을 넘기면 처음의 옷에 관한 계율의 가운데에서 그 일을 자세히 설명한 것과 같고, 나아가 그것을 버리는 법식도 모두 앞에서와 같다. 만약 작고, 만약 흰색이며, 혹은 계를 받으려는 사람에게 주려고 생각하였다면 범한 것이 없다.

또한 범하지 않는 것은 처음으로 잘못을 저지른 사람과 혹은 어리석고, 미쳤으며, 마음이 어지럽고 고통스러운 것에 얽매인 것이다.

22) 걸발(乞鉢) 학처

세존께서는 실라벌성 서다림의 급고독원에 머무르셨다.

이 성 안에는 향을 파는 동자가 있어 좋은 발우를 가지고 있었는데 원만하고 빛나며 깨끗하여 수용할 수 있었다. 어느 걸식필추가 초분에 성에 들어가 걸식하여 돌아다니다가 시장의 가운데 이르니, 향을 파는 동자가 보고서 알려 말하였다.

"성자여. 나에게 좋은 발우가 있어 수용할 수 있습니다. 만약 필요하시다면 뜻에 따라서 가져가십시오."

필추가 알려 말하였다.

"나는 현재 발우를 가지고 있네."

동자가 말하였다.

"만약 다른 필추께서 필요하신 분이 있으면 보내주십시오."

대답하여 말하였다.

"알겠네."

이때 그 필추는 걸식을 마치고 서다림에 돌아와 음식을 먹고서 그릇을 씻고 여러 필추에게 알려 말하였다.

"구수여. 어느 곳에 가면 가게에 향을 파는 사람이 있고 좋은 발우를 가지고 있습니다. 만약 발우가 필요하면 가서 그것을 취하십시오."

이때 오파난타는 이곳에서 멀지 않은 곳에 가서 있었는데 그 소리를 듣고는 곧 이렇게 생각하였다.

'내가 마땅히 그 걸식하는 필추를 야단쳐서 다시는 말을 전하지 못하게 하여 흑발의 무리들이 이 말을 듣고서 달려서 떠나지 못하게 하여야겠다.'

곧 걸식하는 필추에게 알려 말하였다.

"구수여. 신심있는 음식을 먹으면서 다시 다른 말을 하지 않아야 하는데 다만 욕심으로서 오직 옷과 발우를 논하는구려."

걸식하는 필추는 이렇게 생각하였다.

'세간에서 항상 욕심내고 구하는 것이 많은 자가 있다고 하더니 오파난타가 곧 그 한 사람이로구나. 나의 말을 듣고서 오히려 비난하고 야단치니 만약 다시 다른 나이가 많고 덕이 있는 사람이 나의 이 말을 듣는다면 더욱 꾸중할 것이다.'

곧 묵연하였고 다시는 감히 말하지 않았다. 그때 오파난타가 그 걸식하는 필추에게 알려 말하였다.

"그대의 친교사는 나의 지식이었습니다. 이러한 인연을 까닭으로 내가 마침내 보고 야단치게 된 것입니다. 마음에 담아두지 마시오."

그가 곧 대답하여 말하였다.

"대덕이여. 내가 만약 다시 말하면 원하건대 거듭 야단쳐 주십시오."

오파난타가 말하였다.

"구수여. 나는 지금 자세히 듣지를 못하였습니다. 발우와 발우 아닌 것을 무엇이라고 말씀하셨습니까?"

"대덕이여. 만약 자세히 알지 못하였다면 무슨 인연으로 꾸중하셨습니까?"

"비록 그럴지라도 그대는 그 동자가 어느 곳에 머무르고 있는가를 다시 말해주시오."

알려 말하였다.

"그 사람은 어느 가계에 있으며 좋은 발우 하나를 가지고 있으며 수용할 수 있습니다. 그가 나에게 부탁하여 말하였습니다. '만약 발우가 필요한 필추가 있다면 마땅히 그것을 사서 보내달라고 하였습니다.'"

오파난타가 말하였다.

"나는 이 말을 들었으나 오히려 자세히 알지 못하겠구려."

이렇게 말하고서 곧 승가지를 입고 급히 걸어가서 그 시장의 가운데에 이르렀다. 이때에 그 동자는 멀리서 급히 오는 것을 보고서 이렇게 생각하였다.

'내가 지금 저 호협(豪俠)한 필추를 보니 위세가 거칠고 사나워서 반드시 이곳에 이르러 나에게서 발우를 빼앗아 가겠구나.'

곧 발우를 취하여 침상 아래에 깊이 넣어두었다. 이때 오파난타는 멀리서 감추는 것을 보고서 알려 말하였다.

"현수여. 무슨 까닭으로 발우를 감추는가?"

곧 손을 뻗어 스스로 그 발우를 취하고서 축원하면서 말하였다.

"원하건대 그대는 병이 없고 장수하기 바라오." [자세한 설명은 앞에서와 같다.]

동자가 알려 말하였다.

"성자여. 나는 장사하여 이익을 남겨 생활합니다. 헛소리는 하지 마시고 곧 서로에게 값을 치르시고 가져가십시오."

알려 말하였다.

"그대가 지금 어찌 선인(仙人)의 그릇을 팔려고 하는가?"

가타로서 설하여 말하였다.

만약 사람이 질그릇을 보시하면
마땅히 금발우를 얻는다네.
이러한 과보는 확실히 헛되지 않으리니
무슨 까닭으로 근심을 일으키겠는가?

동자가 말하였다.

"성자여. 아무리 많은 말을 하더라도 값을 치르셔야 합니다."

오파난타가 말하였다.

"그대는 지금 이 발우를 욕심내고 아끼니 이 발우가 마땅히 반드시 대영귀(大癭鬼) 가운데에 떨어지게 할 것이다."

나쁜 말을 하는데 한 장자가 그곳에 와서 입으로 말하였다.

"대덕 오파난타께 공경하며 예배합니다."

그때 오파난타가 곧 알려 말하였다.

"현수(賢首)여. 누가 마땅히 그대의 공허한 예배를 필요로 하겠소?"

장자가 대답하여 말하였다.

"어찌 일찍이 성자께서 가르치신 말씀을 제가 의지하고 따르지 않겠습니까?"

알려 말하였다.

"만약 이와 같다면 이 발우를 사가지고 나에게 보시하시오."

장자가 곧 동자에게 물어 말하였다.

"이 발우는 값이 얼마나 되는가?"

대답하여 말하였다.

"얼마입니다."

장자가 말하였다.

"말한 값을 내가 뒤에 마땅히 돌려주겠네."

이때 동자는 곧 발우를 장자에게 주었고. 장자가 그 발우를 취하여 오파난타에게 받들어 보시하니 오파난타는 곧 그 발우를 받고서 축원하여 말하였다.

"원하건대 병이 없으시고 오래 사실 것이며 나아가 인간과 천상 가운데에서 항상 법기(法器)가 되십시오."

[자세한 설명은 앞에서와 같다.] 장자가 곧 떠나가니 오파난타는 동자에게 말하였다.

"어리석은 사람이여. 그대는 나 오파난타가 적은 발우의 값을 능히 얻지 못할 것이라고 말하였다. 그대는 지금 이 발우를 욕심내고 아까워한 까닭으로 반드시 대영귀의 가운데에 떨어지리라."

동자가 말하였다.

"어찌 과장하여 거짓말을 하십니까? 당신은 발우를 얻었고 나는 지금 값을 얻었으니 마땅히 빨리 가실 것이지 어찌 여러 거짓말을 하십니까!"

이때에 오파난타는 곧 그 발우를 가지고 서다림으로 들어가서 곧 여러 필추에게 보이면서 알려 말하였다.

"구수여. 이 발우가 어떠한가?"

이때 어느 젊은 필추가 오파난타에게 물어 말하였다.

"대덕께서는 다시 다른 발우가 있습니까?"

알려 말하였다.

"있네."

"만약 이와 같다면 현재 발우가 하나 있으신데 다시 발우를 구하셨습니까?"

오파난타가 말하였다.

"나는 다리로 원수의 목을 밟고서 다시 다른 발우를 저축하였네."

젊은 필추가 물었다.

"대덕께서 어찌 원수가 있습니까?"

오파난타가 말하였다.

"그대가 곧 나의 첫 번째의 원수이다. 그대 때문에 내가 두 개의 발우를 가지지 못하게 되었다."

욕심이 적은 필추들은 이 말을 듣고서 함께 싫어하고 천박하게 생각하였다.

"어찌 필추가 현재에 하나의 발우가 있는데도 다시 다른 것을 구하는가?"

곧 이 일을 갖추어 세존께 아뢰었다. 세존께서는 이 인연으로 여러 필추들을 모으셨고 오파난타에게 물으셨으며, [자세한 설명은 앞에서와 같다.] 여러 가지로 꾸중하시고서 여러 필추에게 알려 말씀하셨다.

"지금부터는 필추가 만약 현재에 발우가 있으면 다시 다른 것을 구하지 말라."

이때 어떤 걸식하는 필추의 발우에 구멍이 있었으나 곧 이 발우를 지니고 성에 들어가 걸식하였다. 어떤 사람이 보릿가루를 보시하여 바랑에 가득 채우고 다음으로 젖은 보리떡을 얻어 발우에 담았는데 구멍의 가운데로 떡이 흘러서 곧 그 보릿가루를 적시고 다시 바랑을 더럽히니 쉬파리 떼가 주변에 모두 몰려들었다. 여러 남자와 여자 아이들이 따라다니면서 알려 말하였다.

"성자여. 일찍이 권속이 많은 업을 닦으셨네요. 마치 대상주(大商主)·장자(長者)·귀인(貴人)들을 여러 사람들이 주위에서 둘러싸는 것과 같이 쉬파리 떼의 권속이 역시 이와 같네요."

이때 급고독장자가 여러 동자들을 보고서 말하였다.

"너희들은 무슨 까닭으로 성자를 조롱하는가?"

동자가 대답하여 말하였다.

"우리들이 어찌 감히 조롱을 하겠습니까? 그러나 이 성자께서는 지난날에 일찍이 권속을 많이 거느리는 업을 수행하였습니다. 비유하면 상주(商主)·장자·귀인들을 여러 사람들이 주위에서 둘러싸는 것과 같이 쉬파리 떼가 따라 다니는 것이 이와 같습니다."

장자가 듣고서 필추에게 말하였다.

"성자께서는 불세존의 단엄한 가르침 가운데에서 출가를 하였는데 어떤 인연으로 이러한 수치스러운 일을 지으십니까?"

필추가 알려 말하였다.

"어찌 부끄러운 일을 짓겠습니까? 그러나 세존께서 모든 필추들에게 현재 발우가 하나 있으면 다시 마땅히 구하지 않게 제정하셨습니다."

장자가 말하였다.

"성자여. 어찌 이렇게 구멍이 나고 깨진 발우만을 쌓아두셨습니까?"

여러 필추들이 듣고서 이 일을 세존께 아뢰니, 세존께서 말씀하셨다.

"여러 필추들이여. 만약 발우에 구멍이 있으면 마땅히 수리할지니라."

이때 여러 필추들이 다섯 종류의 불에 녹고 물에 젖는 물건을 사용하였으니 이를테면, 흑당(黑糖)·황납(黃臘)·자광(紫礦)·아연(鉛)·주석(錫)이었으나 뜨거운 물건이 닿는 때에는 곧 떨어져 나갔다. 이때 여러 필추들이 이 일을 세존께 아뢰니, 세존께서 말씀하셨다.

"마땅히 이것을 사용하여 발우를 꿰매지 말라. 이 다섯 종류의 불에 녹고 물에 젖는 물건을 제외하고 마땅히 다섯 종류의 마른 것으로 꿰매야 하느니라."

필추들이 무엇이 다섯 종류인가를 알지 못하였으므로 세존께서 말씀하셨다.

"구멍의 크고 작음을 보아서 못을 박을 것이고 혹은 구멍 안에 쇠붙이 조각을 대고 때리며, 혹은 쇳조각을 붙이고 네 가장자리에 못을 박고, 혹은 마갈(摩竭) 물고기의 이빨과 같은 모양을 만들며, 혹은 작은 가루를 붙일지니라."

필추가 어떤 작은 가루를 사용하는가를 알지 못하니 세존께서 말씀하셨다.

"두 종류의 작은 가루가 있으니 쇳가루와 돌가루를 말하니 쇠발우와 돌발우에 차례로 붙일지니라."

필추가 물로 가루를 섞어서 발우의 구멍에 붙이니 곧 떨어져 나갔다. 세존께서 말씀하셨다.

"기름에 섞어 그 구멍 안에 붙이도록 하라."

여러 필추들이 가르침에 의지하여 지었으나 뜨거운 불에 타서 다시 떨어져 나갔고, 혹은 불이 너무 약해도 다시 떨어져 나갔다. 세존께서 말씀하셨다.

"마땅히 가운데를 불로 구워라."

불로 구우니 껄끄러웠다. 세존께서 말씀하셨다.

"마땅히 물건으로서 갈아내도록 하라."

필추가 물로서 닦으니 수리한 것이 떨어져 나갔다. 세존께서 말씀하셨다.

"기름으로서 닦으라. 만약 발우에 가는 구멍이 있으면 굵은 설탕과 진흙을 섞어 구멍에 고르게 바르고 법칙에 의거하여 그것을 구워라. 만약 발우가 갈라졌으면 마땅히 구멍을 뚫어서 철로 만든 노끈으로 꿰매어라."

이것을 발우를 꿰매는 법이라고 이름한다. 세존께서 필추에게 다섯 종류로 발우를 꿰매게 하셨다. 이때 어느 걸식하는 필추가 실수로 발우를 떨어뜨렸고 곧 다섯 조각이 되었다. 이때 그 필추는 여러 구멍을 뚫어 가는 끈으로 엮어서 지니고 걸식하였다. 세존께서 말씀하셨다.

"일반적으로 이러한 발우는 마땅히 깨끗이 씻어야 하느니라."

그는 곧 끈을 풀어 끈을 씻고서 다시 조각들을 엮는데 마침내 하루 종일이 걸렸으므로 선품(善品)을 닦는 것을 그만두었다. 다른 필추들이 보고서 알려 말하였다.

"구수여. 당신은 다만 이것을 풀고 다시 매기만 하고 선품의 그릇을 씻는 것에는 소홀합니까?"

알려 말하였다.

"구수여. 세존께서 제정하신 것과 같이 만약 발우가 깨지면 마땅히 다섯 가지의 마른 것으로 꿰매야 합니다."

이때 여러 필추들이 이 일을 세존께 아뢰니, 세존께서 말씀하셨다.

"만약 발우를 얻기 어려우면 뜻에 따라서 수리하고 쉽게 얻을 수 있는 곳에서는 마땅히 그것을 버리고 다시 좋은 것을 찾도록 하라."

이때 세존께서는 계율을 지키는 것을 찬탄하셨으며, [자세한 것은 앞에서 설명한 것과 같다.]

"나아가 여러 필추들을 위하여 그 학처를 제정하나니 마땅히 이와 같이 설하노라. 만약 다시 필추가 발우가 있는데 다섯 번을 꿰매지 않아도 수용할 수 있으나 좋은 것을 위하는 까닭으로 다시 다른 발우를 구하면 니살기바일저가이니라. 그 필추는 마땅히 대중 가운데에서 이 발우를 버리고 대중 가운데에서 가장 나쁜 발우를 취하여 그 필추에게 주면서 알려 말하라.

'이 발우를 그대에게 돌려주겠으니 마땅히 지니지 말고 마땅히 분별하지 말 것이며 역시 남에게 주지도 말 것이고 마땅히 스스로 잘 살펴서 천천히 수용하십시오. 나아가 깨지면 마땅히 잘 호지하십시오. 이것이 그 옳은 법입니다.' "

'만약 다시 필추'는 육중필추를 말하고, 나머지의 뜻은 앞에서와 같다.

'다섯 번을 꿰매지 않는다.'는 다섯 번을 꿰매는 것을 채우지 않는 것을 말한다.

'수용할 수 있다.'는 얻어 지키고 지닐 수 있다는 말이다.

'좋은 것을 위하는 까닭으로 다시 다른 발우를 구한다.'는 좋은 것을 욕심내고 좋아하여 다시 두 번째의 발우를 구하는 것을 말한다.

'좋은 것'은 승묘(勝妙)한 것을 말한다.

'얻는다.'는 구하여 손에 얻는 것을 말한다.

'니살기'는 앞에서 자세히 설명한 것과 같다.

'그 필추'는 범한 사람을 말한다.

'그 필추는 마땅히 대중 가운데에서 이 발우를 버려야 한다.'는 마땅히 대중 가운데서 한 필추를 뽑아서 범한 발우를 행하는 것이다. 만약 다섯 가지 덕(德)이 없으면 마땅히 그를 뽑지 않을 것이고 뽑았어도 짓게 하면 아니된다. 무엇이 다섯 가지인가? 이를테면, 사랑하는 것·성내는 것·두려워하는 것·어리석은 것·간직하고 간직하지 못한 것을 능히 알 수 없는 것을 말하느니라. 다섯 가지 덕을 갖추고 있으면 아직 뽑지 않았으면 마땅히 뽑을 것이고 뽑았으면 짓게 하라. 무엇이 다섯 가지인가? 앞의 것과 반대되는 것이니 마땅히 알라.

마땅히 이와 같이 지정하고 건치를 울려서 대중들을 모으고 먼저 할 수 있는가? 없는가를 묻는다.

"그대 누구는 승가와 더불어 범한 발우를 행하게 행할 수 있습니까?"

그가 할 수 있다고 대답하면 다음에 한 사람의 필추가 백갈마를 하여 이와 같이 마땅히 지어라. [자세한 것은 백일갈마와 같다.]

"세존께서 말씀하셨습니다. 범한 필추가 발우를 행하는 행법(行法)에 대하여 내가 지금 설하겠습니다. 그 필추는 마땅히 화합승가의 가운데서 이렇게 아뢰어라.

'대덕이시여. 나 필추 누구는 범한 발우를 행하는 것을 행하게 되었습니다. 여러 대덕께서는 내일 각각 자기의 발우를 가지고 승중(僧中)으로 오십시오.'

그 다음 날이 되면 발우를 행하는 필추는 자리를 설치하고 건치를 울린다. 여러 필추들이 각자 자신의 발우를 가지고 대중 가운데로 오면 이때에 발우를 행하는 필추는 마땅히 그 발우를 가지고 상좌의 앞으로 나아가 서서 그 발우를 찬탄하기를, '상좌시여. 이 발우는 청정하고 원만하여 수용할 수 있습니다. 만약에 얻고자 하신다면 뜻을 따라서 마땅히 취하십시오.'라고 말한다.

만약 그 상좌가 그 발우를 취하면, 발우를 행하는 필추는 마땅히 상좌의 오래된 발우를 취하여 그것을 들어 두 번째 상좌에게 준다. 만약 받지 않으면 들어 세 번째 상좌에게 준다. 세 번째 상좌가 취할 때 첫 번째 상좌가 다시 처음의 것을 요구하면 주지 않아야 하고, 두 번째 요구해도 역시 주지 않아야 하며, 세 번째 요구하면 줄 것이며, 상좌는 월법죄를 얻고, 법에 맞게 참회해야 한다. 이와 같이 하여 대중 가운데서 가장 아래 필추가 이 발우를 취할 때에 아직 행을 마치지 않았으나, 세 번째 사람이 발우를 요구하면 그 법은 첫째 상좌와 서로 비슷하다. 나아가 행을 마치고 얻어진 하나의 발우는 발우를 행하는 필추가 마땅히 이 발우를 가지고서 그 필추에게 맡기면서 이와 같이 말하라.

'필추여. 이 발우를 마땅히 분별하지 않을 것이고, 또한 남에게 주지 않을 것이며, 자세히 살펴서 천천히 법에 맞게 부서질 때까지 사용하십시오. 이것은 그 법이 이와 같습니다.'

만약 발우를 행하는 필추가 법에 의하지 아니하고 행한다면 월법죄를 얻느니라."

세존께서 말씀하셨다.

"발우를 얻은 필추가 해야 할 행법을 내가 지금 마땅히 제정하겠노라.

두 개의 바랑을 간직하여 좋은 것에는 마땅히 여분의 발우를 넣어두도록 하고 좋지 못한 것에는 마땅히 쓰던 발우를 넣어두도록 한다. 만약 걸식할 때는 마땅히 두 개의 발우를 가지고 다니며, 마른 밥을 얻으면 여분의 발우 안에 넣고, 습기 있는 밥을 얻으면 사용하는 발우에 넣는다. 처소에 이르러 만다라(曼荼羅)를 지어 두 개의 발우를 놓고 마땅히 쓰던 발우 안에 음식을 넣고 먹을 것이며, 공양을 마치면 마땅히 여분의 발우를 먼저 씻고 다음에 사용하는 발우를 씻도록 한다.

이렇게 하여 나아가 햇볕에 말리는 때도 여분의 발우를 먼저 할 것이고, 감실에서 불로서 찌는 때에도 여분의 발우를 먼저 할 것이며, 길을 갈 때에도 사용하던 발우는 맡겨두고 여분의 발우를 가지고 갈 것이고, 혼자서 지니고 갈 때에는 여분의 발우는 왼쪽 어깨에 메고 사용하던 발우는 오른쪽에 메고서 가지고 간다. 만약 발우를 얻은 필추니가 이 행법에 의지하지 않고서 행한다면 월법죄를 얻느니라. 이 죄를 다스리는 것과 나아가 모양이 없어지거나 혹은 발우가 깨질 때까지 마땅히 잘 지키고 보호해야 한다.”

‘니살기’를 얻는다는 것은 앞에서 자세히 말한 것과 같다.

이 가운데에서 범한 모양과 그 일은 무엇인가? 만약 필추의 발우가 깨져서 한 번 꿰맬 수 있거나 비록 잘 꿰맬 수 없어도 오히려 수용할 수 있으나, 다시 여분의 발우를 구하면 구할 때는 악작죄를 범하고, 얻으면 곧 사타죄를 얻는다. 만약 필추의 발우가 깨져서 두 번 꿰맬 수 있거나 비록 잘 꿰맬 수 없어도 오히려 수용할 수 있으나, 다시 여분의 발우를 구한다면 죄를 얻는 것은 앞에서와 같다. 이와 같이 세 번을 꿰맬 수 있거나 네 번을 꿰맬 수 있으면 역시 앞에서와 같다.

필추의 발우가 깨져서 한 번 꿰맬 수 있어 한 번 잘 꿰매어 그 발우를 갖고 있으면서 다시 여분의 발우를 구하면, 구할 때는 악작죄를 범하고, 얻으면 곧 사타죄를 얻는다. 이와 같이 하여 나아가 네 번을 꿰맬 수 있으면 죄를 얻는 것은 역시 이것과 같다. 만약 발우가 다섯 번을 꿰매야 하고, 혹은 사용할 수 있고, 사용할 수 없어 다시 여분의 것을 구하면

720

범하는 것은 없다. 만약 발우를 사가지고 얻었고, 혹은 보시를 받아서 얻었다면 이것은 역시 범한 것이 없다.

또한 범하지 않는 것은 처음으로 잘못을 저지른 사람과 혹은 어리석고, 미쳤으며, 마음이 어지럽고 고통스러운 것에 얽매인 것이다.

23) 자걸루사비친족직사직작의(自乞縷使非親族織師織作衣) 학처

세존께서는 실라벌성 서다림의 급고독원에 머무르셨다.

이때 오파난타는 이렇게 생각하였다.

'모든 것이 급고독장자를 까닭으로 여러 학처가 제정되어 다시 떡과 과일값을 보시하라고 권유하여도 얻을 수 없구나. 나는 지금 마땅히 큰 성안에 들어가 혹시 교화(教化)가 허락된다면 조금이라도 얻는 것이 있을 것이다.'

곧 초분에 옷을 입고 발우를 지니고 성에 들어가 걸식하였다. 방림처(芳林處)에서 500명의 여인들이 백첩의 실을 뽑고 있었으므로 오파난타는 보고서 곧 생각하였다.

'이 여인들은 모두가 스스로의 일을 까닭으로 밤낮을 쉬지 않고 항상 백려(白絮)를 잡고서 힘들게 노동하여 관청에 세금을 내는구나.'

오파난타는 곧 그들에게 다가가서 모두에게 알려 말하였다.

"여러 자매들이여. 원하건대 당신들은 모두 병이 없으시고 장수하시오."

이때 여인들은 조용히 있었고 결국 아무 대답도 없었다. 오파난타가 알려 말하였다.

"여러 자매들이여. 마땅히 한 법이 있으면 오래지 않아 이르게 되리니 이것은 여러 사람들에게 사랑받지 못하고 모두가 마음으로 칭찬하지 않나니 죽음이라고 이름합니다. 마땅히 이때가 되면 그대들이 비록 말하려고 구하여도 말할 수 없는 까닭입니다."

이때 흰 옷을 입은 여인이 곧 자리에서 일어나 자리를 오파난타에게 내주었다. 이때 오파난타는 자리에 나아가 앉으니 여인이 곧 예배하고서 앞에 와서 앉았다. 오파난타가 알려 말하였다.

"여러 자매들이여. 그대들은 모두 일찍이 적으나 착한 일을 닦았습니까?"

알려 말하였다.

"우리는 일찍이 닦지 않았습니다."

알려 말하였다.

"그대들은 마땅히 착한 일을 하지 않으면 아니됩니다. 이러한 한 여인은 두 가지의 선근(善根)을 갖추고 증장시켜야 합니다. 첫째는 능히 나의 처소에서 청정한 신심을 일으켜 단정한 업을 심어 증장시키는 것이고, 둘째는 내가 오는 것을 보면 곧 자리를 펴고서 예배하고 공경하여 내세(來世)의 세상에 귀족으로 태어나는 업을 증장시키는 것입니다. 만약 다시 능히 적은 물건을 보시할 수 있다면 마땅히 진귀한 재물을 수용하여 풍족하게 될 것입니다. 그대들 여러 자매여. 어느 것을 짓겠습니까?"

그들이 모두 알려 말하였다.

"우리들은 다만 실을 꼬는 것을 알 뿐입니다. 어느 여가에 다른 일을 하겠습니까?"

오파난타가 말하였다.

"그대들은 모두 일찍이 내세의 길에 마땅히 적은 자량(資糧)이라도 지었습니까?"

대답하여 말하였다.

"모두 아직 짓지 못하였습니다."

오파난타가 말했다.

"이것 또한 좋은 일이 아니로다."

그녀들이 곧 물었다.

"성자여. 무엇을 탄식하시는 것입니까?"

알려 말하였다.

"여러 자매들이여. 그대들은 전생에 복업을 닦지 않아서 도둑들에게 겁탈을 당해왔고 지금 극심한 고통을 받고 있습니다. 비록 사람으로 태어났으나 다시 복업을 닦지 않으면 도둑들에게 겁탈을 당할 것입니다."

여러 여인들이 물어 말하였다.

"만약 이와 같다면 성자여! 우리들이 지금 이때에 어느 업을 지어야 능히 내세의 길에 자량을 마땅히 멀리서 지을 수 있겠습니까?"

오파난타가 말하였다.

"여러 자매들이여. 그대들이 만약 능히 의논하여 한 마음으로 큰 모직물을 하나 만들고서 석종(釋種) 안에서 세속을 버리고 출가하여 삼장을 널리 갖추고 대법장(大法將)으로서 변재(辯才)에 막힘이 없고 대중이 함께 아는 이러한 사람을 받드는 일, 이것이 곧 그대들이 내세의 길에 자량을 미리 짓는 것입니다."

여인들이 대답하여 말하였다.

"성자여. 우리들이 어느 곳에서 능히 큰 모직물을 만들 수 있을 것이고, 다시 어느 곳에서 그러한 수승한 복전을 만날 수 있겠습니까?"

오파난타가 말하였다.

"그대들은 어찌 내가 곧 석종에서 세속을 버리고 출가하여 삼장에 널리 삼장을 갖춘 대법장으로서 변재에 막힘이 없고 대중들에게 알려진 사람인 것을 모릅니까? 그대들은 나에게 어느 곳에서 능히 큰 모직물을 만들 것인가를 묻는데, 그대들은 어찌 모릅니까?

　작은 보시를 가벼이 않을 것이니
　이것으로 복이 없어진다네.
　떨어지는 물방울이 비록 작으나
　마침내 큰 그릇을 채운다네.

　여러 지혜 있는 사람이
　작은 복을 항상 닦으면
　수승한 복전에서
　능히 큰 과보를 불러 온다네.

"여러 자매여. 그대들은 어찌 한 냥(兩)의 실을 보시하지 않습니까?"
알려 말하였다.

"나는 할 수 있습니다."
어느 여인은 말하였다.

"나는 반 냥(半兩)을 보시하겠습니다."
어느 여인은 말하였다.

"나는 일분(一分)을 보시하겠습니다."
이와 같이 나아가 500명이 함께 기쁘게 보시하였다. 오파난타가 말하였다.

"여러 자매여. 이미 보시하려는 마음을 가졌으니 실을 아주 가늘게 만들어 주십시오."
그녀들이 말하였다.

"성자여. 우리들은 모두가 거친 실을 꼬는 사람들이라 아주 가늘게 만들지는 못합니다. 그러나 한 여인이 능히 가는 실을 만들 수 있습니다."
오파난타가 말하였다.

"시험삼아 불러 오게 하시오. 보아야겠소."
곧 불러서 이르자 오파난타는 알려 말하였다.

"소녀여. 그대가 시험삼아 꼬아 보시오."
그녀가 곧 꼬아 보였고 오파난타가 말하였다.

"이것은 아주 잘한 것이 아니오. 다시 잘 꼬아 보시오."
이와 같이 세 번을 하자 여인이 대답하여 말하였다.

"성자여. 이것보다 나는 잘 할 수 없습니다."
오파난타가 말하였다.

"자매여. 그대들은 모두 마땅히 이렇게 가늘게 꼬아야 합니다."
알려 말하였다.

"이 소녀를 제외하고는 우리들은 할 수 없습니다."
오파난타가 말하였다.

"당신은 어찌하여 그 작업을 바꾸지 못합니까? 이 소녀는 가는 실을 꼬는데 당신들은 거친 실을 꼬는 것이오."

알려 말하였다.

"이 소녀가 허락하면 우리가 따라서 만들겠습니다."

오파난타가 소녀에게 말하였다.

"그대가 복을 즐긴다면 이것을 꼬는 것이 좋겠소."

그녀가 곧 알려 말하였다.

"성자여. 만약 가는 실을 꼬려면 시간이 많이 걸려 만들어집니다. 너무 재촉하지 마십시오."

오파난타는 그녀가 허락하는 것을 보고서 축원하고 떠나갔다. 며칠이 지난 뒤에 다시 와서 실에 대하여 물으니 모든 여인들이 실을 가지고 와서 보시하였다. 오파난타는 실을 받고서 모두에게 축원하였다.

"이 시물은 마음을 장엄한 것이고 마음의 자조(資助)이며 수승하고 확실한 자량(資糧)이니 마땅히 인간과 천상에서 상묘한 옷을 얻게 될 것입니다."

이때 오파난타는 곧 그 실을 가지고 사찰에 돌아와 여러 필추들에게 알려 말하였다.

"구수여. 시험삼아 이 실을 좀 보십시오. 거칠고 가는 것이 어떠합니까?"

그 모두가 알려 말하였다.

"지극히 묘하고 가는 실입니다. 그런데 대덕께서 모든 좋은 직사(織師)를 분별할 수 있을지 모르겠습니다."

오파난타가 말하였다.

"어찌하여 당신들은 나를 속이고 업신여깁니까? 내가 만약 지난날 출가하지 않았다면 일체의 기교(伎巧)에 뛰어나지 않은 것이 없었을 것인데, 하물며 직사를 분별하지 못하겠습니까?"

여러 필추가 알려 말하였다.

"어찌 감히 업신여기겠습니까? 장소를 알지 못할까 걱정하는 것입니다. 만약 직사가 필요하다면 어느 곳에 달액직사(撻額織師)와 재주 있는 부인이 있어 능히 실을 잘 짭니다. 만약 이 실을 얻으면 반드시 좋은 옷을 만들 것입니다.”

알려 말하였다.

“좋습니다. 구수여. 좋은 곳과 좋은 장인을 가르쳐 주시면 이것이 곧 당신이 나를 위하여 옷감을 짜주는 것입니다.”

오파난타가 마침내 그 실을 가지고 직사가 있는 곳에 갔는데 평소에 친우가 아니었으므로 게송(偈頌)으로 말하였다.

착한 사람이여. 뛰어난 명성이 퍼져서
비록 먼 곳에서도 모두가 들었으며
대설산왕(大雪山王)과 같으니
사람들이 함께 우러러 본다네.

어리석은 사람은 어리석음과 미혹함을 지키며
비록 가까이에 있고 들어도 알지 못하니
어둠 속에서 화살을 쏠 때와 같아서
사람들이 모두 볼 수 없다네.

“당신은 지금 큰 이익을 얻었고 큰 명성이 실라벌성에 널리 퍼졌습니다. 시험삼아 이 실의 상태가 어떠한가를 보아주십시오.”

그가 보고서 알려 말하였다.

“매우 아름다운 좋은 실입니다. 내가 만약 짠다면 좋은 모직물이 될 것입니다.”

오파난타가 말하였다.

“현수여. 짜주십시오.”

직사(職師)가 알려 말하였다.

“누가 나에게 값을 주십니까?”

오파난타가 말했다.

“그대들 여러 직사들은 항상 값이 부족하니 내세의 자량을 지어야 합니다.”

이때 그 직사가 머리를 돌려서 아내의 얼굴을 보았다. 아내가 곧 알려 말하였다.

“당신은 어찌 이 대덕께서 깊이 찬탄하신 것을 듣지 못하셨습니까? 마땅히 손을 보시하여 모직물의 옷을 짜드리세요.”

직사가 알려 말하였다.

“성자여. 이 실은 아주 가늘어서 시간이 많이 걸리므로 재촉하지 마십시오.”

오파난타는 곧 축원하고 떠나갔다. 여러 날이 지나고서 다시 왔고 이때 직사는 그에게 모직물을 주었다. 이때 오파난타는 모직물을 받고서 축원을 하고 떠나갔다. 사찰에 돌아와서 여러 필추들에게 보여주며 말하였다.

“여러 구수여. 시험삼아 이 모직물을 보십시오. 그 상태가 어떻습니까?”

여러 필추들이 알려 말하였다.

“매우 좋은 백첩입니다. 만약 다시 한 장을 더 얻고서 잘라 두 겹으로 승가지를 짓고서 일을 살피고 머무르며 여러 선품을 닦는다면 진실로 좋을 것입니다.”

오파난타가 말하였다.

“구수여. 당신들은 내가 능력이 없어서 한 장을 더 얻을 수 없다고 말하는 것입니까? 당신들은 시험삼아 내가 지금 어떻게 그 모직물을 교화하였는가를 보시오.”

초분에 옷을 입고 발우를 지니고 곧 다른 문으로 실라벌성에 들어가 다른 사람에게서 실을 구하여 달액직사가 있는 곳에 이르렀으며, [자세히 말한 설명은 앞에서와 같다.] 실을 보여주니 그가 말하였다.

“좋은 실입니다. 제가 만약 짜게 되면 아주 좋은 모직물이 될 것입니다.”

“만약 그렇다면 짜십시오.”

대답하여 말하였다.

“값은 누가 주십니까?”

알려 말하였다.

"그대들 직사들은 복을 닦는 것을 이해하지 못하는구려. 마땅히 내세에 가난하여 쉬지 못할 것이니 마땅히 자량의 업을 짓는 것이 좋겠소."

알려 말하였다.

"성자여. 이전에는 옷을 짜서 다른 사람의 음식을 먹었는데 요즈음에는 빚을 갚고 있으나 오히려 아직도 갚지를 못하였습니다. 지금 다시 헛되게 일을 하면 어떻게 되겠습니까?"

오파난타가 그 아내의 얼굴을 보니 남편이 말하였다.

"성자여. 가령 아내가 하고자 하여도 나는 진실로 할 수 없습니다."

오파난타가 성내면서 말하였다.

"그대 달액직사여. 내가 지금 그대의 대머리를 가리켜서 맹세하건대 만약 내가 그대에게 옷을 짜게 하지 못한다면 내가 다시는 오파난타라고 이름하지 않겠소."

이때 그 직사도 성내면서 말하였다.

"대머리 사문이여. 나도 당신을 가리켜 맹세하건대 나는 결코 그대에게 모직물을 짜서 줄 수 없소."

오파난타는 곧 성내고서 생각하면서 떠나갔다. 이때 교살라(憍薩羅) 승광대왕(勝光大王)에게 마음을 얻은 신하가 있었고 현선(賢善)이라고 이름 하였는데 오파난타와 더불어 오랜 지식(知識)이었다. 마침내 오파난타가 드디어 그에게 가서 문에 이르러 물어 말하였다.

"현선(賢善)이여 안에 있는가?"

알려 말하였다.

"시장에 갔습니다."

이때 오파난타는 곧 시장으로 가서 그를 찾았다. 이때 현선은 술집에 있었으므로, 오파난타는 그 집의 문에 이르러 사람을 들여보내어 현선에게 '오파난타가 보고자 하니 잠시 나오면 좋겠다.'고 알렸다. 사람이 알리니 현선은 찾아 나왔고 곧 합장하고 말하였다.

"내가 대덕 오파난타께 공경하고 예배드립니다."

730

이때 오파난타가 알려 말하였다.

"현선이여. 병이 없으시고 장수하십시오. 내가 그대에게 항상 공적인 일에 부지런하라고 하였는데 오히려 그대는 한가로이 술집에 있습니까?"

알려 말하였다.

"성자여. 나는 공적인 일로서 이곳에 온 것입니다. 대덕께서는 무슨 인연으로 이곳에 오시어 나를 찾으셨습니까?"

알려 말하였다.

"나에게 적은 실이 있는데 옷을 짤 수 있습니다. 당신은 마땅히 복을 얻으십시오."

알려 말하였다.

"내가 마땅히 모직물을 받들어야 하는데 어찌 수고롭게 옷을 짜시고자 합니까?"

오파난타가 말하였다.

"이것은 진실로 좋은 일입니다. 그러나 나의 이 실은 신심있는 사람의 물건이니 어찌 헛되게 버리겠습니까."

이때 그는 곧 한 사자(使者)에게 명하여 알려 말하였다.

"그대는 가서 마땅히 직사에게 '그대들은 대덕 오파난타를 위하여 좋은 흰 모직물을 짜는 것이 좋겠다.'라고 말하게."

오파난타가 말하였다.

"현선이여. 이것으로 또한 마땅히 직사에게 수고롭게 마십시오. 그러나 어느 곳에 가면 한 사람의 달액직사와 솜씨 좋은 아내가 있으니 그에게 짜게 하는 것이 좋겠습니다."

이때 현선은 곧 사자에게 명하였다.

"그대가 지금 마땅히 달액직사가 있는 곳에 가서 '현선께서 이 옷을 짜라고 명하셨다.'고 알리게."

그때 사자가 실을 가지고 그곳에 이르러 말하였다.

"대신(大臣)이신 현선께서 이 실을 가지고 옷을 만들라고 하셨소."

직사가 실을 보고서 곧 알아차리고 사자에게 대답하여 말하였다.

"나는 차례대로 먼저 것을 마치고 짜겠습니다."

그때 사자가 실을 가지고 돌아와서 현선이 있는 곳에 이르러 까닭을 갖추어 말하니 현선이 그에게 말하였다.

"그대가 가서 말하게. '먼저 이 옷을 짜고서 뒤에 차례대로 하라고 하게.'"

사자가 곧 가서 이 말로서 알리니 직사가 대답하여 말하였다.

"대신이신 현선께서는 성 안에서 권력을 가졌고 세력이 있습니다. 내가 차라리 다른 곳으로 옮기고 이곳에 머물지 않을지라도 누가 능히 차례를 뛰어넘어 옷을 만들겠습니까?"

사자가 돌아가서 그 말을 갖추어 현선에게 알리니 현선이 다시 사자에게 알려 말하였다.

"그대가 다시 마땅히 직사에게 말하여 순서에 따라 다음에 이 모직물을 짜게 하는 것이 좋겠네."

오파난타가 이 말을 듣고서 말하였다.

"다른 사람은 할 수 없고 오직 달액만이 할 수 있소."

현선이 다시 사자에게 명하였다.

"그대가 마땅히 다시 달액이 있는 곳에 가서 '옷을 짜도록 하라. 내가 그대에게 값을 치러주겠다.'고 알려 말하게."

사자가 곧 나가자 오파난타도 곧 따라 나와서 사자에게 알려 말하였다.

"어리석은 사람이여. 누가 다시 그대에게 왕과 대신을 모시는 일을 맡기겠는가? 그대는 많은 몽둥이를 가지고 땔나무를 메고 서 있구려. 어찌 작은 것으로 일을 만들어 번거롭게 현선에게 마음을 수고롭게 하는가? 그대는 직사에게 어서 가서 이렇게 말하지 못하는가? '현선께서 그대에게 이 흰 모직물을 짜게 시켰다.'

만약 '나는 할 수 없소.'라고 말하면 손으로 머리채를 잡고서 주먹으로 등과 허리를 때리고, 만약 소리를 지르면 그 옷짜는 기구를 말아서 틀어막을 것이며, 만약 그 아내가 와서 소리를 지를 때에는 급히 머리채를 끌고 문 밖에 나가서 알려 말하시게.

'그대가 지금 현선의 명령을 어기면 승광대왕께서 반드시 그대에게 500금(五百金)의 금전으로 벌금을 물릴 것이오.'

어리석은 사람이여. 그대가 만약 이 옷을 만들 수 있으면 그가 그대에게 고생한 대가를 줄 것인데 어찌하여 오가면서 헛되게 고생하는 것인가?"

이때 그 사자가 또 다시 직사가 있는 곳에 이르러 말하였다.

"현선께서는 이렇게 말씀하셨다. '그대가 옷을 만들면 내가 그에게 옷값을 지불하겠다.'"

직사가 대답하여 말하였다.

"나는 지금 차례를 뛰어 넘어 이 옷을 만들지 못하겠습니다."

사자가 손으로 머리채를 잡아당기고 주먹으로 등을 때렸다. 그가 크게 소리를 지르자 실짜는 기계를 걷어차고, 그 부인이 소리를 지르자 그 머리채를 잡고 끌고 나가서 알려 말하였다.

"그대들이 대신의 명령을 어기면 승광대왕께서 반드시 그대들에게 500금전의 벌금을 물릴 것이다."

아내가 듣고서 크게 놀라서 그 남편에게 알려 말하였다.

"우리들이 감옥에 갇히면 누가 마땅히 구제해 주겠습니까. 반드시 칼과 족쇄에 묶여서 끝내 죽게 될 것입니다. 우리가 지금 이 큰 모직물을 짜는 것이 좋겠습니다."

직사가 곧 사자에게 말하였다.

"나를 그 법관에게 넘기지 말아 주십시오. 내가 당신에게 수고한 대가를 드리겠습니다. 당신의 마음을 따라서 그 실을 두고 가십시오."

사자가 그 실을 두고 떠나자 그때 직사가 아내에게 말하였다.

"현수여. 내가 지금 옷을 짜겠지만 그 실을 빠지게 하여 옷이 만들어 지지 않게 하겠소."

아내가 곧 알려 말하였다.

"이 형세를 보니 그는 권세가 있고 사나운 사문이니 만약 나쁜 옷을 만들면 어찌 기꺼이 놓아 주겠습니까?"

곧 고생하여 모직으로 옷을 만들어서 옷 만드는 것을 마쳤고, 오파난타는 곧 그 집에 가서 그 모직물을 찾아갔다. 직사가 오파난타에게 말하였다.

"대덕이여. 나에게 먹고 마실 것을 주지 않습니까?"

알려 말하였다.

"가난한 사람이여. 나에게서 술을 찾다니 어찌하여 독을 마시고 술지개미를 먹지 않는가?"

이때 직사는 곧 싫어하고 천박하게 생각하여 헐뜯고 욕하면서 말하였다.

"사문 석자로서 악행을 만들고 잣는 것은 사문의 법이 아니다. 어떻게 스스로 실을 구걸하고자 혹은 설법하고 혹은 왕의 힘을 빌려서 친하지도 않은 사람에게 옷을 짜게 하면서 함께 서로를 괴롭히는가?"

이때 여러 필추들이 이 말을 듣고서 이 일을 갖추어 세존께 아뢰었다. 이때 세존께서는 필추들을 모으셨으며, 오파난타에게 물으시니 그가 말하였다.

"진실로 그렇습니다."

여러 가지로 꾸중하셨으며, [자세한 설명은 앞에서와 같다.]

"나아가 내가 지금 그 학처를 제정하나니, 마땅히 이와 같이 설하노라. 만약 다시 필추가 스스로 실을 구걸하여 친하지 않은 직사에게 옷을 짜게 하여 옷을 얻는다면 니살기바일저가이니라."

'만약 필추'는 오파난타를 말하고, 나머지의 뜻은 앞에서와 같다.

'스스로 실을 구걸한다.'는 한 냥·반 냥 등의 실을 얻는 것을 말한다.

'친하지 않은 사람에게 시킨다.'는 자세한 설명은 앞에서와 같다.

'실 짜는 사람'은 객으로서 실 짜는 사람을 말한다.

옷에는 일곱 가지의 종류가 있으며 또한 위에서 말한 것과 같다. 만약 옷을 얻게 되면 사타죄를 범한다. 사법(捨法)은 앞에서와 같다.

이 가운데에서 범한 모양과 그 일은 무엇인가? 필추가 친척 아닌 사람에게서 실을 구걸하고 친척 아닌 사람에게 옷을 짜게 하면 모두가 악작죄를 얻고, 옷을 얻을 때는 곧 사타죄를 범한다. 필추가 친척 아닌 사람에게서 실을 구걸하여 친척이 아닌 사람에게 옷을 짜게 하면 구걸할 때에 악작죄를 얻고 옷을 얻을 때에는 죄가 없다. 필추가 친척에게서 실을 얻어서 친척 아닌 사람에게 실을 짜게 하면 실을 얻을 때에는 범하는 것이 없으나 옷을 얻을 때에는 사타죄를 범한다. 필추가 친척에게서 실을 얻어서 친척을 시켜 옷을 짜게 하면 모두 범한 것이 없다. 필추가 친척 아닌 사람에게서 실을 구걸하여 스스로 그 모직물을 짜면 얻을 때에는 악작죄를 얻고 옷을 만드는 것도 악작죄를 얻는다. 필추가 친척에게서 실을 얻어서 스스로 그 모직물을 면 얻을 때에는 범한 것이 없고 옷을 만들면 악작죄를 얻는다. 만약 금전을 주고서 짜는 것은 범한 것이 없다.

또한 범하지 않는 것은 처음으로 잘못을 저지른 사람과 혹은 어리석고, 미쳤으며, 마음이 어지럽고 고통스러운 것에 얽매인 것이다.

근본설일체유부비나야 제23권

삼장법사 의정 한역

석보운 번역

24) 권직사(勸織師) 학처

세존께서는 실라벌성 서다림의 급고독원에 머무르셨다.

이때 이 성 안에는 한 장자(長者)가 있었는데 아내를 얻고서 오래지 않아 부부가 모두 삿된 행을 지어 바깥사람과 사통(私通)하였다. [일의 자세한 것은 앞에서와 같으며, 친척이 아닌 거사로부터 옷을 구걸하는 연기(緣起)에서 갖추어 말하였다. 나아가 그 아내가 남편에게 알려 말하였 다.

"성자이신 대덕 오파난타께서 자주 우리에게 법요(法要)를 설하시는데 우리가 그 분에게 아직 공경하는 마음을 표시하지 아니하였으니 옷이나 음식 가운데에서 마땅히 공양을 해야겠습니다."

장자가 대답하여 말하였다.

"현수여. 옳소. 마땅히 그렇게 합시다."

아내가 말하였다.

"나에게 가는 실이 있으니 어느 직사(織師)에게 시켜서 발타(缽吒)를 짓게 하겠습니다. ['발타(缽吒)'라고 말하는 것은 큰 모직물로서 가사(袈裟) 와 더불어 양이 같다. 모두 한 폭으로 만드는데 이 지방에는 없으므로 다만 의첩(衣疊)이라고 한다. 앞에서 옷이라고 말한 것은 범본(梵本)에는 모두 발타라고 말하며, 중국말로는 만조(縵條)라고 말한다.] 대덕 오파난타 께 드려 그 분께서 입게 하겠습니다."

곧 실을 가지고 가서 그 직사에게 주면서 알려 말하였다.

"현수여. 그대는 이 실을 가지고 발타를 지어 대덕 오파난타께 드리세요."

직사가 말하였다.

"이와 같이 짓겠습니다."

이때에 장자의 노비가 말을 듣고서 이렇게 생각하였다.

'내가 이 말을 마땅히 대덕 오파난타께 알려서 그 분을 기쁘게 해드려야 겠다.'

이때 오파난타는 초분에 옷을 입고 발우를 가지고서 성에 들어가 차례로 걸식하다가 그 집에 이르러 그 노비가 집 안에 물을 뿌리고서 쓰는 것을 보았다. 멀리서 오파난타를 보고서 빗자루를 놓고 예배하면서 알려 말하였다.

"성자여. 나에게 좋은 말이 있어서 감히 알려 드리고자 합니다."

오파난타가 그녀에게 말하였다.

"무슨 일을 말하려고 하는가?"

노비가 말하였다.

"우리 댁의 주인 부부께서 발타를 만들어서 대덕께 드리고자 합니다."

오파난타가 말하였다.

"세간에서 욕심나고 구하는 것이 나에게 마땅히 하나 있었는데 이 노비도 역시 다시 잘 아는구나."

곧 여인에게 알려 말하였다.

"그대가 지금 나를 희롱하는 것인가?"

알려 말하였다.

"어찌 감히 희롱하겠습니까?"

오파난타가 말하였다.

"만약 그것이 사실이라면 집의 주인이 화를 낼 때 그대를 위해 마땅히 참회를 구할 것이나 만약 그 말이 거짓이라면 그대에게 많은 매를 때리게 할 것이며 도리어 옛날처럼 의식(衣食)이 충분하지 못하게 할 것이다."

그녀가 다시 알려 말하였다.

"만약 대덕께서 믿지 못하신다면 마땅히 어느 곳의 어느 직사의 집에
가시면 눈으로 스스로 보실 수 있을 것입니다."

곧 그 직사의 집에 이르러 알려 말하였다.

"현수여. 이 발타는 누구를 위하여 짜고 있는 것이오?"

직사가 알려 말하였다.

"이것은 대덕 오파난타를 위한 것입니다."

오파난타가 곧 알려 말하였다.

"그대는 일찍이 오파난타를 알고 있습니까?"

알려 말하였다.

"나는 일찍이 알지 못합니다."

알려 말하였다.

"내가 바로 오파난타입니다. 현수여. 이 발타는 본래 나를 위하여 만드는
것이니 마땅히 크게 늘여서 다시 넓고 크게 하십시오."

직사가 곧 대답하여 말하였다.

"성자여. 그와 같다면 실이 적은데 어디에서 구하여야 합니까?"

알려 말하였다.

"장자가 스스로 마땅히 그대에게 줄 것이고 나도 역시 다시 마땅히
그대에게 노동의 값을 주겠습니다."

곧 떠나갔다. 다시 뒷날에 옷을 입고 발우를 지니고 성에 들어가 차례로
걸식하다가 승만부인(勝鬘夫人)이 머무르는 집에 이르렀다. 곧 자리를
펴고서 그를 편히 앉게 하였다. 부인은 발에 예배하고 한 쪽에 앉아서
법을 듣고자 하였다. 이때 오파난타는 곧 설법을 하였고 법문을 듣고서
부인이 말하였다.

"성자여. 오늘 음식을 드린다는 청을 받으신 곳이 있으십니까? 여러
집에서 걸식하시겠습니까?"

오파난타가 알려 말하였다.

"여러 집에서 걸식하겠습니다."

승만부인은 곧 이렇게 생각하였다.

738

'누가 음식을 보시하더라도 능히 나보다 좋겠는가?'

곧 발우를 가져다가 아주 좋은 음식을 가득 담아서 주었다. 오파난타는 그것을 받고서 병이 없으라고 축원하고서 문밖으로 떠나갔다. 곧 직사의 집에 이르러 알려 말하였다.

"현수여. 마땅히 그대의 손을 펴시오."

손을 편 것을 보고서 한 개의 맛있는 음식을 주고 먹게 하였다. 그가 그것을 먹자 물어 말하였다.

"그 맛이 무엇과 같소?"

대답하여 말하였다.

"성자여. 이 즐거운 음식은 지극히 미묘합니다."

물어 말하였다.

"그대는 일찍이 이러한 맛있고 좋은 음식을 먹었습니까?"

대답하여 말하였다.

"진실로 먹지 못하였습니다."

알려 말하였다.

"옷자락을 펴시오."

그가 곧 옷자락을 펴자 발우의 맛있는 음식을 모두 부어주고서 알려 말하였다.

"현수여! 나를 위해 잘 짜주시오. 내가 다시 때때로 그대의 큰 고통을 알지만 넓고 큰 가운데에서 다시 더욱 늘려주시오."

알려 말하였다.

"실은 누가 마땅히 더하여 주는 것입니까?"

오파난타가 말하였다.

"시주를 주변에서 찾고 있소."

뒤에 실이 모두 떨어졌을 때에 시주의 집에 갔다. 그때 남편은 집에 있었고 아내는 집에 없었다. 알려 말하였다.

"장자여. 나는 지금 실이 떨어졌으니 마땅히 더하여 주십시오."

장자는 곧 그에게 실을 주었다. 뒤에 다시 실이 떨어져서 다시 집에 가서 찾았는데 그때에는 부인이 집에 있었고 남편은 집에 없었다. 알려 말하였다.

"대가(大家)여! 나는 지금 실이 떨어졌으니 마땅히 더하여 주십시오."

그 부인은 곧 그에게 실을 주었다. 다시 실이 떨어져서 다시 집에 가서 찾았는데 그때는 마침 부부가 모두 집에 있었다. 알려 말하였다.

"장자여. 발타를 짜는데 그 실이 다시 모두 떨어졌으니 다시 더하여 주십시오."

부인이 말하였다.

"발타를 짜는 것이 어찌 다시 커지게 되었습니까?"

남편이 아내에게 물어 말하였다.

"내가 일찍이 실을 더하여 주었는데 당신도 더하여 주었소?"

알려 말하였다.

"나도 더하여 주었습니다."

장자가 말하였다.

"어찌하여 발타가 배로 다시 늘어날 수가 있소?"

직사가 알려 말하였다.

"어찌 이것이 새로 늘어났겠습니까? 처음으로 베틀을 펼쳐놓은 날에 대덕께서 스스로 오시어 넓고 큰 가운데에서 나에게 더욱 늘리라고 말씀하시어 내가 곧 말을 하였으나 다시 크게 시키셨습니다."

부인이 곧 생각하여 말하였다.

'내가 지금 시험삼아 가서 그 발타의 상태가 어떤가를 보아야겠다.'

곧 실을 가지고 직사의 집에 이르러 그 발타를 보니 지극히 넓고 크며 견고하고 세밀하며 매우 좋았다. 곧 눈을 부릅뜨고 성내면서 알려 말하였다.

"나는 이 좋은 모직물을 필추에게 주지 않겠다. 나는 마땅히 그에게 다른 모직물을 다시 짜서 주겠다."

말을 마치고서 곧 가버렸다. 그때 오파난타는 때때로 와서 물었다.

"한심하구려! 남자여. 옷은 아직 되지 않았소?"

직사가 알려 말하였다.

"나는 비록 끝내고자 하였으나 당신 것은 아직 끝내지 못하였습니다."

오파난타가 말하였다.

"그대의 말은 무슨 뜻이오?"

알려 말하였다.

"그 장자의 부인이 발타를 보았는데 눈을 부릅뜨고 성내면서 이와 같이 말했습니다. '나는 이 좋은 모직물을 필추에게 주지 않겠다. 나는 그를 위하여 다른 모직물을 다시 짜야겠구나.'"

오파난타가 알려 말하였다.

"남자여. 내가 그대에게 은혜로운 마음이 있는 것을 아시오?"

알려 말하였다.

"매우 잘 압니다. 보내주신 아주 맛있는 음식이 아직도 남아 있습니다."

알려 말하였다.

"남자여. 나를 보아서 그 장자의 집안에 있는 것을 그대는 마땅히 가지고 그 모직물을 서로 바꾸어 주시오."

직사가 말하였다.

"성자여. 마땅히 가시고 내가 잠시 남은 일을 요리하여 그 집에 가지고 갈 때까지 기다려 주십시오."

오파난타는 곧 그 집으로 가서 문을 등지고 앉았다. 이때 장자의 아내가 곧 와서 그의 발에 예배하고 문을 향하여 앉았다. 이때 그 직사가 발타를 가지고 이르렀다. 그 아내는 그가 오는 것을 멀리서 보고 손을 들고 막아서 가까이 오지 못하게 하였다. 그때 직사는 거짓으로 그것을 보지 못한 것처럼 얼굴을 숙이고 들어와서 곧 발타를 아내의 품안에 주면서 알려 말하였다.

"이것이 발타입니다."

이때 오파난타는 곧 잡아당겨서 취하고 그녀를 위하여 축원하였다. [자세한 것은 앞에서와 같다.] 아내가 곧 알려 말하였다.

"성자여. 장자께서 오시면 직접 손으로 보시하겠습니다."

오파난타가 말하였다.

"나는 역시 물들여야 합니다. 장자께서 만약 오시면 선인(仙人)의 옷으로 여법하게 서로에게 보시하십시오."

아내가 곧 알려 말하였다.

"성자여. 세존께서는 '흰 색이 수승하다.'고 설하셨습니다."

알려 말하였다.

"선인의 옷이 수승한 것은 내가 그것을 물들였기 때문입니다."

곧 자리를 일어나서 문을 열고서 가버렸다. 이때 그 직사가 아내에게 값을 요구하자 대답하여 말하였다.

"남자여. 그대는 지금 나에게서 발타를 잃게 하고서 다시 나에게 값을 요구하는 것인가요? 빨리 가세요. 그 옷을 가져간 사람에게 그 금전을 구하세요."

이때 직사는 곧 오파난타의 처소로 빠르게 가서 알려 말하였다.

"성자여. 나에게 옷을 짠 값을 주십시오."

알려 말하였다.

"그대는 마땅히 장자가 있는 곳에 가서 옷을 짠 값을 요구하시오."

곧 그는 다시 장자가 있는 곳에 이르러 옷을 짠 값을 요구하니 장자는 성내면서 앞에서와 같이 그를 오파난타에게 보냈다. 다시 오파난타가 있는 곳에 가서 옷값을 요구하였다. 알려 말하였다.

"다시 그에게 가면 마땅히 그대에게 값을 줄 것이오."

곧 그는 다시 가서 장자에게 알려 말하였다.

"나에게 옷값을 주십시오."

장자는 곧 크게 성내면서 알려 말하였다.

"그대가 만약 그만두고 떠나가면 나도 역시 말하지 않겠으나, 만약 다시 온다면 마땅히 기와그릇을 깨뜨려서 그대의 목 아래에 매달고서 실라벌성을 돌아다니면서 사람들에게 알리겠다."

이 말을 듣고서 다시 오파난타가 있는 곳에 이르러 알려 말하였다.

"성자여. 그 장자와 부인이 나에게 굳게 기약하기를 '그대가 만약 그만둔다면 나도 말하지 않겠으나, 만약 다시 온다면 마땅히 기와그릇을 깨뜨려서 그대의 목 아래에 매달고서 실라벌성을 돌아다니면서 사람들에게 알리겠다.'고 하였습니다. 오직 원하건대 성자께서는 가난한 나를 애민하게 생각하시어 옷을 짠 값을 주십시오."

오파난타가 알려 말하였다.

"남자여. 만약 장자가 나를 위하여 옷을 짜게 하였을 때에 나에게 값을 치르게 하였다면 내가 지금 어찌 세 벌의 옷만이 있겠소? 그대가 고통스럽게 금전을 받고자 하니 함께 그대의 소득을 계산해 봅시다. 나는 맛있는 음식들로써 여러 번 값을 치렀고 또한 밀가루 값, 나아가 소유(酥油)·당밀(糖蜜)·향물(香物) 등의 값을 논하여 계산한다면 옷을 짠 값보다 많을 것이오."

알려 말하였다.

"남자여. 그대의 처지에서는 곧 나에게 금전으로 빚이 있는데 무슨 인연으로 옷을 짠 값을 구하는 것이오?"

해가 중천에 이르도록 오랫동안 서 있다가 피곤하여 돌아갔다. 이때 그 직사는 벗어나면서 매우 미워하고 천박하게 생각하여 욕을 하면서 말하였다.

"사문 석자는 만족하고 싫어하는 것을 모르며 나에게 은혜로운 뜻을 베풀고 나서 다시 그 값을 따지는구나. 진실한 사문이 아니니 어찌 정법이 있겠는가?"

여러 필추들이 이 일을 듣고서 세존께 아뢰었다. 세존께서는 이 인연으로 필추들을 모으셨으며, 오파난타에게 물으셨다.

"그대가 진실로 이와 같이 단엄하지 못한 일을 하였는가?"

대답하여 말하였다.

"진실로 그렇습니다."

여러 가지로 꾸중하셨으며, [자세한 설명은 앞에서와 같다.]

"나아가 그 학처를 제정하나니, 마땅히 이와 같이 설하노라. 만약 다시 필추가 어느 친척이 아닌 거사·거사의 부인이 필추를 위하여 친척이

아닌 직사를 시켜 옷을 짓게 하였는데 이 필추가 청을 받기도 전에 앞서
곧 다른 생각을 하여 그 직사가 있는 곳에 가서 이와 같이 말하여 '그대는
지금 아십니까? 이 옷은 나를 위하여 만드는 것입니다. 옳습니다. 직사여!
마땅히 잘 짜고, 옷이 청정하고 평평히 다스리고, 아주 가늘게 펼치며
매우 단단하게 다듬이질을 하십시오. 내가 마땅히 작은 발우의 음식이나
혹은 발우의 음식 같은 것과 혹은 다시 값으로 그대에게 드리겠소.'라고
하고서 만약 필추가 이러한 물건을 직사에게 주면서 옷을 구하고자 한다면
니살기바일저가이니라."

'만약 다시 필추'는 오파난타와 나머지의 여러 부류들을 말한다.

'친척과 친척이 아닌'의 뜻과 '일곱 종류의 옷'은 자세한 설명은 앞에서
와 같다.

'청을 받기도 전에 앞선다.'는 일찍이 알리도 않은 것을 말한다.

'곧 다른 생각을 한다.'는 마음으로 옷을 구하고자 하는 것을 말한다.

'그 직사 등에게 간다.'는 스스로 그 뜻을 말하는 것이다.

'나를 위하여 짠다.'는 자기 몸을 위하는 것을 밝히는 것이다.

'마땅히 잘 짜야한다.'는 옷을 길게 하고 잘 마땅히 헤아리게 하려는
까닭이다.

'청정하고 평평히 다스리는 것'은 옷이 넓고 하얗게 되는 것을 바라는
까닭이다.

'가늘게 펼치다.'는 그 얽힌 것을 제거하여 곱고 가늘게 하고자 하는
까닭이다.

'매우 단단하게 다듬이질을 하는 것'은 부드럽고 치밀하게 하고자
하는 까닭이다.

'내가 마땅히 적은 발우의 음식을 가지고'는 다섯 종류의 가단니식(珂但
尼食)[1]과 다섯 가지의 포선니식(蒲膳尼食)[2]을 준다는 말이다.

---

1) 산스크리트어 khādanīya의 음사로서 작식(嚼食)·부정식(不正食)이라 번역된다.
   필추들이 간식으로 씹어먹는 음식. 뿌리·가지·잎·꽃·열매 등을 말한다.
2) 산스크리트어 bhojanīya의 음사로서 정식(正食)이라 번역된다. 필추들이 끼니로

'혹은 발우의 음식 같은 것'은 날곡식 같은 것을 가지고 그에게 준다는 말이다.

'혹은 다시 값을 치른다.'는 그 값을 주는 것을 말한다.

'필추'라는 말은 오파난타를 말한다.

'이러한 물건을 가지고'는 앞에서의 일을 말한다.

'옷을 얻는다.'는 옷을 손에 넣는다는 말이다.

'니살기'는 앞에 설명한 것 같다.

이 가운데에서 범한 모양과 그 일은 무엇인가? 만약 필추가 옷을 구하기 위하여 자리에서 일어나 의복을 정리하고, 스물다섯 가지 등의 음식을 실 짜는 사람에게 주며, 권유하여 잘 짜게 하면 모두 악작죄를 얻고, 옷을 얻으면 사타죄를 범한다. 친족과 친족이 아닌 것 등은 모두 앞에서 설명한 것과 같다.

25) 탈의(奪衣) 학처

어느 때 세존께서는 실라벌성 서다림의 급고독원에 머무르셨다.

이때 육중필추의 상법(常法)은 이와 같아 만약 다른 사람을 출가시켰고, 원구(圓具)를 주었으며, 만약 그 문도(門徒)들이 함께 머무를 때에 사주(師主)[3]가 악행을 알지 못하면 곧 함께 머물렀으나 만약 그 뒤에 그 행적이 알려졌으므로 곧 떠나갔다. 선한 필추와 함께 머무르면 오직 세존의 가르침을 제외하고는 매일 세 번을 스승의 처소에 나아가서 공경히 예배해야 하였다.

이때 난타필추에게는 달마(達摩)라고 이름하는 한 제자가 머무르고 있었는데 항상 부끄러워하고 참회하는 마음으로 모든 학처를 즐거워하고 존중하였다. 그는 난타의 악행을 알지 못하였을 때는 함께 머물렀으나 행적을 알고서 곧 그를 떠나서 선한 필추와 함께 머무르며 스승에게

먹는 부드러운 음식. 밥·죽·보릿가루·생선·고기 등을 말한다.

3) 사찰의 주요 소임자 스님을 가리킨다.

세 번의 예배를 하지 않았다. 이때 세존께서 구수 아난타에게 명하여 말씀하셨다.

"그대는 가서 모든 필추에게 알리게. '세존께서 교살라(憍薩羅)의 인간세상을 유행하시고자 하시니 만약 여러 구수들이 즐겁게 따르고자 한다면 마땅히 의복을 요리하십시오.'"

이때 구수 아난타는 세존의 가르침을 받들어 필추들의 처소에 이르러 가르침을 널리 알렸다. 그때에 난타필추는 이 가르침을 듣고서 곧 오파난타에게 알려 말하였다.

"세존께서 가르침이 있으셨는데 유행을 떠나시고자 합니다. 우리들은 이곳에 머무르면서 하루에 여러 집을 차례로 돌아다니며 배부르게 먹을 수 있으나, 만약 우리들이 세존을 따라서 유행한다면 비록 열여덟 종류의 드물고 기이한 이익이 있고 무량백천(無量百千)의 대중에게 둘러싸일지라도 많은 흐린 물을 마시며 나무 아래에 베풀어진 자리도 역시 얻을 수 없는 까닭으로 나는 지금 오히려 곧 오래전부터 알았던 필추와 삼보를 찬탄하면서 앞에 있으면서 갈 것입니다. 만약 이렇게 한다면 우리들은 안락할 수 있고 많은 이양을 얻을 수 있습니다."

그때 오파난타는 이 말을 듣고서 이렇게 말하였다.

"아차리야여. 당신은 지금 금발우를 버리고 와발우를 구하는가? 당신의 달마라고 이름하는 제자가 항상 부끄러워하고 참회하는 생각을 하여 모든 학처를 사랑하고 즐거워하며 받들어 지녔으나 그가 오히려 오지 않는데 다른 사람이 어찌 기꺼이 함께 따르겠는가? 그러나 세존께서 사섭사(四攝事)를 설하셨으니 이를테면, 보시(布施)·애어(愛語)·이행(利行)·동사(同事)이네. 만약 이것을 행한다면 그들이 혹시 올 수도 있을 것이네. 우리들이 모두 행하지 않으니 누가 기꺼이 함께 머물겠는가?"

이때 달마는 승가지가 있었으나 낡은 까닭으로 찢어져서 어느 사람이 무명을 주었고 다시 새것으로 만들고자 이렇게 생각하였다.

'내가 지금 마땅히 오파타야께 가서 승가지를 만드는 것을 여쭈어야겠다.'

곧 얻은 무명을 가지고 난타의 처소로 갔다. 이때 걸식하는 필추가 달마가 가는 것을 보고서 물어 말하였다.

"구수 달마여. 어디로 가고자 하는가?"

그가 곧 알려 말하였다.

"나는 낡은 승가지가 있는 까닭으로 지금 이 무명을 얻었으므로 오파타야에게 가서 여쭈고 새로운 승가지를 만들고자 합니다."

걸식하는 필추가 듣고서 알려 말하였다.

"그대가 만약 다시 새로운 대의(大衣)를 만든다면 이 낡은 승가지는 나에게 주시오."

알려 말하였다.

"좋습니다."

이때 달마는 난타의 처소에 이르러 알려 말하였다.

"오파타야시여. 나의 승가지가 낡은 까닭으로 지금 이 무명을 얻었으므로 새로운 옷을 만들고자 일부러 와서 청하여 알립니다."

이때 오파타야가 난타에게 말하였다.

"아차리야여. 지금이 바로 좋은 때입니다."

난타가 대답하여 말하였다.

"구수 달마여. 나에게 승가지가 있어서 지금 그대에게 주겠으니 어찌 새롭게 만들겠는가?"

달마가 알려 말하였다.

"괜찮습니다. 오파타야시여. 나는 다만 이것을 꿰매어 대의를 짓겠습니다."

오파난타가 알려 말하였다.

"달마여. 내가 이전에 유별난 것을 들었는데 지금 유별난 일을 보는구나. 내가 요즈음에 들으니 그대는 항상 부끄러워하고 참회하는 생각을 하여 모든 학처를 사랑하고 즐거워하며 받들어 지닌다고 하는데, 나는 정말로 그대가 스승의 가르침을 어길 것을 몰랐구나. 어찌 그대는 스승이 함께 권유하는데도 나쁜 일을 하는가?"

이때 달마는 존자가 꾸중하는 것을 듣고서 대답없이 묵연히 있었다. 난타가 다시 그에게 승가지를 주니 그는 곧 받고서 이와 같이 말하였다.

"오파타야시여. 마땅히 이 무명을 받으십시오."

난타가 알려 말하였다.

"구수 달마여. 내가 어찌 그대와 함께 옷을 바꾸겠는가? 이 무명은 그대가 스스로 수용하게."

달마는 곧 생각하였다.

'내가 지금 어찌 이 어리석은 물건을 수용하겠는가?'

곧 스승에게 알렸다.

"나는 지금 이 무명을 가지고 가서 다른 승가에게 베풀어 주겠습니다. 일찍이 어떤 걸식하는 필추가 낡은 승가지를 구하였으니 지금 그에게 주고자 합니다."

스승이 말하였다.

"뜻을 따라서 하게."

곧 무명은 승가에 주었고 승가는 걸식하는 필추에게 주었다. 달마가 곧 다른 날에 승가지를 입고서 친교사(親敎師)의 발에 예배드리니 그때 난타가 달마에게 알려 말하였다.

"구수 아난타가 세존의 가르침을 전하였는데 지금 인간세상을 유행하시고자 하시니 능히 따라가고자 하는 사람은 의복을 챙기라고 하네. 우리들이 만약 이곳에 머무른다면 날마다 여러 집을 돌아다니며 배부르게 먹을 수 있으나, 만약 우리들이 세존을 따라서 유행한다면 비록 열여덟 종류의 드물고 기이한 이익이 있고 무량백천의 대중에게 둘러싸일지라도 많은 흐린 물을 마시며 나무 아래에 베풀어진 자리도 역시 얻을 수 없는 까닭으로 나는 지금 오히려 곧 오래전부터 알았던 필추와 삼보를 찬탄하면서 앞에 있으면서 가고자 하네. 만약 이와 같다면 우리들은 안락하고 다니면서 많은 이양을 얻을 수 있네."

달마가 알려 말하였다.

"오파타야시여. 만약 세존을 따라서 행하면 열여덟 종류의 이익이 있으니 오파타야는 장차 잘못을 저지르는 것입니다. 나는 지금 불세존을 따르겠습니다."

난타가 알려 말하였다.

"구수여. 그대는 나를 따르게."

달마가 알려 말하였다.

"오파타야시여. 나는 먼저 가지 않겠습니다. 원하건대 세존의 뒤를 따르겠습니다."

난타가 성내면서 곧 알려 말하였다.

"어리석은 물건아. 내가 어찌 복된 일을 하고자 그대에게 대의(大衣)를 주었겠는가? 본래의 뜻은 그대가 나의 뒤를 따르는 것을 바랬다. 만약 따르지 않겠다면 내 옷을 가져오너라. 나는 그대에게 주지 않겠다."

이때 달마는 곧 스스로 생각하였다.

'내가 오히려 옷이 없어도 이 여섯 명의 악행을 하는 사람들을 따라다니면서 함께 악행을 지을 수는 없다.'

곧 그 옷을 돌려주었다. 이때 세존께서는 대중에게 둘러싸이셨으며, [자세한 설명은 앞에서와 같다.] 길을 따라 떠나셨다. 모든 부처님들의 상법(常法)은 장차 행하시고자 할 때에는 오히려 코끼리왕[象王]이 온몸으로 오른쪽을 돌아보아 따르는 무리들에게 옷을 풀어헤치어 위의를 어그러뜨리지 않게 하는 것과 같았다. 곧 달마가 위와 아래의 두 가지의 옷을 입고 인간세상을 유행하려는 것을 보시고서 곧 구수 아난타에게 알려 말씀하셨다.

"아난타여. 어찌 안거(安居) 뒤에 필추가 옷의 이양을 얻지 못하였는가?"

아난타가 세존께 아뢰어 말하였다.

"대덕이시여. 필추는 옷을 얻었습니다."

세존께서 말씀하셨다.

"만약 옷을 얻었다면 무슨 뜻으로 달마필추는 다만 상·하의 두 옷을 입고서 인간세상을 유행하고자 하는가?"

이때 구수 아난타가 이 인연을 갖추어 세존께 아뢰었다. 세존께서 알려 말씀하셨다.

"어찌 필추가 남에게 옷을 주고서 다시 빼앗을 수가 있는가?"

이때 세존께서 이 인연으로 난타에게 물어 말씀하셨다.

"그대가 진실로 옷을 빼앗았는가?"

대답하여 말하였다.

"진실로 그렇습니다."

세존께서는 여러 가지로 꾸중하셨으며, [자세한 설명은 앞에서와 같다.]

"나아가 그 학처를 제정하나니, 마땅히 이와 같이 설하노라. 만약 다시 필추가 필추에게 옷을 주었으나, 뒤에 화내고 욕하며 미워하고 천박하게 생각하는 마음을 일으켜 스스로 그 옷을 빼앗고, 다른 사람을 시켜 옷을 빼앗으며, '나에게 옷을 되돌려 주시오. 당신에게 주지 않겠소.'라고 말하며, 만약 그의 몸에서 옷을 빼앗아 자신이 수용한다면 니살기바일저가이니라."

'만약 다시 필추'는 석자(釋子)인 난타를 말한다.

'필추에게 준다.'는 달마를 말하고, 옷에는 일곱 종류가 있으며, 앞에서 자세히 설명한 것과 같다.

'옷을 주다.'는 함께 거주하는 문인(門人)에게 주거나 혹은 다른 부류에게 주는 것을 말한다.

'뒤에'는 다른 날을 말한다.

'화내고 욕하며 미워하고 천박하게 생각하는 마음을 일으키다.'는 몸과 말과 마음에서 성을 내는 모양을 나타내는 말이다.

'스스로 빼앗거나 남을 시켜 빼앗아 취하여 그의 몸에서 떨어뜨리다.'는 모두 몸에서 떨어뜨리는 것을 말한다.

'자신이 수용한다.'는 자기 것으로 만든다는 말이다.

'니살기바일저가'는 앞에서 자세히 설명한 것과 같다.

이 가운데에서 범한 모양과 그 일은 무엇인가? 세 종류의 모양이 있으니 몸과 말과 그 두 가지를 갖춘 것을 말한다. 몸은 만약 먼저 옷을 주었으나 나중에 화내고 후회하는 마음을 품고서 손으로 직접 빼앗고, 혹은 끌어당기며, 혹은 당기면서 입으로는 아무 말도 하지 않고, 나아가 옷 끝이 아직은 그의 몸에서 떨어지지 않았으면 악작죄를 얻고, 몸에서 떨어지면 곧 사타죄를 초래한다. 이것을 몸으로 짓는 업이라고 이름한다. 말은 성내는 말을 하여 그에게서 옷을 빼앗고, 몸이나 손을 움직이지는 않는 것을 말하며, 죄를 맺는 것은 앞에서와 같다.

몸과 말을 함께 한다는 것은 몸과 말로서 그의 옷을 빼앗는 것을 말하고, 죄를 맺는 것은 앞에서와 같다. 다른 사람을 시킨다는 것은 만약 필추에게 시켜서 그 옷을 빼앗게 하여, 아직 몸에서 떨어지지 않았으면 모두는 악작죄를 얻는다. 만약 몸에서 떨어졌으면 모두는 사타죄를 얻는다. 중요한 것은 허물을 버리는 데 있다. 만약 필추를 시켜서 빼앗으면 죄는 또한 이와 같으며, 아래의 세 가지 경우는 모두 악작죄를 얻는다. 만약 여러 재가인 남녀가 빼앗으면 한량없는 죄를 얻는다.

범하지 않는 것은 두 가지가 있다. 첫째는 어려운 일이 있는 것이고, 둘째는 가르침에 따르는 것이다. 어려운 일이 있는 것은 만약 그 두 스승과 자신의 문도가 무서운 곳 등에 있고, 혹은 때가 아닐 때에 강 언덕의 위험한 곳에 있는 것을 보고 그가 떨어지는 것을 걱정하여 강제로 그의 옷을 빼앗는 것이니 모두가 범하는 것이 없다. 가르침에 따르는 것은 스승이 보니 문도와 나쁜 도반들과 가까이 하고, 혹은 함께 길가는 것을 보고 옷을 빼앗아서 악한 일을 저지르지 못하게 하는 것이다. 이것을 가르침에 따르는 것이라고 이름한다.

또한 범하지 않는 것은 처음으로 잘못을 저지른 사람과 혹은 어리석고, 미쳤으며, 마음이 어지럽고 고통스러운 것에 얽매인 것이다.

26) 급난시의(急難施衣) 학처

세존께서는 실라벌성 서다림의 급고독원에 머무르셨다.

마을의 가운데에 한 장자가 있었는데 신심이 있었으며 어질고 착하여 아란야 가운데 승가를 위하여 주처를 세워 받들었고 여러 가지로 장엄하였으며 모든 것을 구족하였다. 60명의 필추가 이곳에 머물러 사사공양(四事供養)을 받았으며 풍족하지 않는 것이 없었다. 어느 때 장자가 병을 얻어 죽었고 그 뒤에 공양이 끊어졌다. 여러 필추들은 그의 아들이 있는 곳에 가서 알려 말하였다.

"현수여. 그대의 아버지께서는 사찰을 세우고 60명의 필추를 공양하여 의식이 풍족하게 하였습니다. 그대는 지금 이러한 일들을 능히 할 수 있습니까?"

아들이 대답하여 말하였다.

"능히 100명을 시주할 수도 있고 혹은 1000명 나아가 1억(億)을 시주할 수는 있으며, 혹은 자기에게 할 수 있습니다. 그러나 구제하는 것을 나는 지금 아버지와 같이 공양할 수 없습니다."

이때 여러 필추들은 이 말을 듣고서 모두 버리고 떠나갔다. 이때 두 명의 늙은 필추가 있었는데 이들은 이 동네 사람으로서 출가하여 집을 떠나서 스스로 걸식하면서 이 사찰 가운데에 머물렀다.

뒤의 다른 때에 북방의 상인들이 그 사찰을 보고서 곧 함께 들어가서 큰 소리로 찬탄하였고 제저(制底)를 돌아보았으며 방과 당우를 모두 보았으나 모두 빈 것을 보고 곧 이렇게 생각하였다.

'마땅히 이곳은 필추들이 묵연히 머무르거나 혹은 대낮에는 한적한 숲으로 나아가는구나.'

다시 세심하게 살펴보니 두 명의 늙은 필추를 보고서 곧 알려 말하였다.

"아차리야여! 이 사찰의 필추들은 지금 어디에 있습니까?"

곧 앞의 일을 갖추어 알려주었으며 상주(商主)가 듣고서 여러 상인들에게 알려 말하였다.

"나는 긴 밤에 항상 이렇게 생각하였습니다. '옳도다! 나는 어느 때에는 승가(僧伽)를 위하여 한 주처를 지어 필추들을 모셔 옷과 음식을 공양할 수 있을까? 이 사찰이 지어졌으나 현재에 시주가 없으니 나는 마땅히 처소를 보수하고 승가 대중을 공양해야겠구나.'"

곧 하나의 큰 모직물을 펼쳐 그 위에 물건을 놓고서 여러 사람에게 알려 말하였다.

"여러분들이 만약 능히 따라서 기뻐하는 것을 볼 수 있다면 힘을 합쳐서 각자 조금씩이라도 함께 복을 짓는 일을 구합시다."

이때에 여러 상인들이 각자 가졌던 것을 즐거이 베풀어 곧 많은 물건을 얻었다. 그때 상주가 늙은 필추에게 알려 말하였다.

"아차리야여! 이 물건으로 60명의 필추들을 공양할 수 있습니다. 이곳에서 안거하면서 옷과 음식을 충당하십시오. 이것은 한 달의 8일의 값이고, 이것은 14일·15일의 값이며, 이것은 아픈 환자의 의사와 약값이고, 이것은 옷값입니다. 좋은 필추가 있으면 초청하여 함께 이곳에 머무르십시오. 나는 여름이 끝날 무렵에 마땅히 다시 와서 100명의 필추에게 힘을 따라서 공양하겠습니다."

이렇게 말하고서 예배하고서 떠나갔다. 한 늙은 필추가 도반에게 알려 말하였다.

"지금 많은 이양을 얻었으니 누가 마땅히 소임을 맡아야 합니까?"

대답하여 말하였다.

"젊은 필추가 마땅히 맡아야 합니다."

그때에 젊은 필추가 곧 소임을 맡았다.

"누가 다시 실라벌성으로 가서 여러 필추들을 불러 이곳에 머무르게 하여야 합니까?"

알려 말하였다.

"젊은 필추입니다."

젊은 필추가 대답하여 말하였다.

"나는 이미 옷을 맡았으니 당신께서 마땅히 스스로 가셔야겠습니다."

그때 늙은 필추가 곧 실라벌성의 서다림으로 향하였다. 육중의 상법은 항상 한 사람이 사찰의 문앞에서 머무는 것이었다. 이때는 오파난타가 문앞에 있으면서 늙은 필추가 머리카락을 갈대와 같이 하고 오는 것을 멀리서 보고서 곧 이렇게 생각하였다.

'이 늙은 기숙(耆宿)은 어디에서 오는 것인가?'

알려 말하였다.

"잘 오셨습니다. 잘 오셨습니다. 대덕이여."

그가 알려 말했다.

"아차리야께 공경하여 예배합니다. 오파타야께 공경하여 예배합니다."

오파난타는 곧 이렇게 생각하였다.

'이 마하라는 존귀하고 비천한 행을 분별하지 못하는구나.'

곧 물어 말하였다.

"노수(老叟)[4]여. 어느 곳에서 오는 것이오?"

대답하여 말하였다.

"나는 어느 곳의 비하라(毘詞羅)에서 옵니다."

그가 곧 물어 말하였다.

"노수여. 그곳은 비하라이오? 비가다(毘伽多)이오?"

그가 곧 물어 말하였다.

"무엇을 비하라라고 말하고, 무엇을 비가다라고 말합니까?"

대답하여 말하였다.

"여러 일들이 풍족한 곳은 비하라이고, 필요한 것들이 부족한 곳은 비가다이오."

알려 말하였다.

"이전에는 비가다였으나 지금은 비하라입니다."

오파난타가 말했다.

"무슨 뜻으로 이와 같은 것이오."

알려 말하였다.

"북방의 상인들이 사찰에 들어와서 재산을 보시하여 60명에게 공양할 수 있습니다. 내가 지금 일부러 필추 대중을 부르고자 왔습니다."

오파난타는 이 말을 듣고서 곧 이렇게 생각하였다.

'지금 이 늙은이를 사찰 안에 들어가지 못하게 하여야겠다.'

---

4) 할아버지를 다르게 부르는 말이다.

754

알려 말하였다.

"그대는 이곳에서 필추를 놀리려고 하는가? 늙은이는 아시오? 승광대왕께서 여러 음식과 옷으로 필추에게 공양하고 있고, 승만부인·행우부인·찰제리(刹帝利)·급고독장자·선수(仙授)·고구·비사거모(毘舍佉母)·선생부인(善生夫人)과 다시 많은 바른 믿음의 바라문·장자·거사 등이 있어서 상좌는 매일같이 그들을 위하여 축원합니다. 여러 필추들이 있으면 아직 이곳에 이르지 않은 자는 마음으로 즐거이 오려고 하고 현재 있는 승가대중은 기쁜 마음으로 즐거이 머무르고 있습니다. 사사공양도 일찍이 부족한 것이 없고, 세존이신 대사께서 스스로 설법하시며, 법(法)과 음식의 두 가지도 모두 부족한 것이 없습니다. 만약 그 대중들이 당신이 필추를 놀리려고 온 것을 알게 된다면 반드시 그대에게 구빈갈마(驅擯羯磨)를 지어줄 것이오. 그러나 나의 형제들이 현재 여섯 명이고 각각 10명의 제자가 있으니 그대를 애민하게 생각하는 까닭으로 우리들이 가도록 하겠소."

이때에 늙은 필추는 오파난타에게 말하였다.

"성자여. 내가 잠시 들어가서 세존의 발에 예경하고 곧 있던 곳으로 돌아가겠습니다."

오파난타는 이렇게 생각하였다.

'만약 다른 여러 흑발의 부류가 있다가 이 알리는 것을 듣는 때에는 나보다 먼저 갈 것이다.'

곧 그에게 알려 말하였다.

"노수여. 그대는 어찌 듣지 못하였소? 세존께서는 게송으로 말씀하셨소.

모든 법은 마음을 으뜸으로 삼으니
마음은 수승하고 마음이 빠르다네.
마음이 청정한 까닭으로
찬탄하고 아울러 몸으로 예경한다면

마땅히 수승하고 묘한 즐거움을 받는 것이
그림자가 형체를 따르는 것과 같다네.

이때 오파난타는 이 말을 하고서 곧 그의 정수리를 잡고 목을 숙이게
하였다.

"그대는 마땅히 입으로 말하시오. '세존께 귀의합니다. 법(法)에 귀의합
니다. 승가께 귀의합니다.'"

그가 곧 오파난타에게 알려 말하였다.

"아차리야여. 나는 지금 목이 말라서 물을 마셔야겠습니다."

오파난타가 알려 말하였다.

"노수여. 잠시 이곳에서 쉬도록 하시오. 내가 그대의 물병에 물을 가득
채워서 이곳에서 마시게 하겠소."

곧 물을 취하여 그에게 마시게 하였고 알려 말하였다.

"노수여. 곧 마땅히 이곳을 떠나시오. 다시 오래 머무르지 않는 것이
좋겠소."

멀리 보내고 오르게 하여 그가 되돌아오지 못하도록 하였다. 육중의
상법에는 해질 무렵이면 한 곳에 함께 모여 선하고 악한 일을 모두에게
말하여 알렸다. 그때 오파난타는 곧 사찰 안에 들어가서 육중에게 알려
말하였다.

"여러 구수여. 우리들은 어느 때에 이 고통을 벗어나겠는가?"

그들이 곧 물어 말하였다.

"대덕이여. 조금은 기이한 소식이 있네."

알려 말하였다.

"어느 곳의 마을에 비하라가 있는데 북방의 상인들이 그곳에 와서
마음으로 즐거이 60명의 필추를 공양하려고 하였으므로 의식이 풍족하고
부족한 것이 없다고 하네."

여러 사람들이 듣고서 함께 말하였다.

"나는 가겠네. 우리들이 그곳에서 안거를 할 수 있는가?"

오파난타가 말하였다.

"그곳에서 안거를 할 수 없겠는가? 우리들은 그곳에 가서 전안거(前安居) 가운데에서 모든 것을 먹고 이곳에 돌아와서 후안거(後安居)를 짓도록 하세."

곧 문도들을 데리고 길을 따라 떠나갔다. 그곳에 이르니 이전에 머물렀던 두 사람이 멀리서 오는 것을 보고서 알려 말하였다.

"잘 오셨습니다. 잘 오셨습니다. 여러 구수여."

곧 방사와 와구와 여러 작은 물그릇과 물건을 주었다. 이때 육중은 이와 같이 의논하였다.

"우리들이 먼 곳에서 온 것은 소유한 것을 구하고 찾는 것이니 그 일을 마땅히 함께 살펴보세."

곧 늙은 필추에게 말하였다.

"현재에 있는 이양을 내놓아 보시오."

이때 두 필추는 품성이 순박하고 정직하여서 소유한 이양을 모두 보여주었다.

"이것은 60명의 필추가 안거에 공양할 물건입니다. 이것은 항상 음식을 공양할 것이고, 이것은 팔일(八日)·십사일(十四日)·십오일(十五日)의 비용이고, 이것은 의약품에 필요한 것과 옷의 공양에 필요한 것입니다."

이때에 육중은 시물(施物)들을 보고서 스스로 서로에게 말하였다.

"이 두 늙은이는 욕심이 있어서 즐거이 정묘(精妙)한 음식을 베풀어 승가 대중에게 공양할 수 없을 것이네. 그러나 이 노수들은 승가의 자량을 수호하면서 많은 노고를 하였으니 마땅히 고생스러운 일에서 벗어나게 하는 것이 좋겠네."

이때 두 늙은 필추는 소임에서 벗어나자 매우 기뻐하였다. 육중은 서로에게 말하였다.

"우리들은 마땅히 능히 검교(撿挍)할 수 있는 사람을 뽑아서 매일같이 능히 승가를 위하여 열여덟 종류의 기묘(奇妙)한 떡과 과일로써 승가께 공양할 수 있는 사람을 곧 지사인(知事人)으로 뽑아야겠네."

그는 승가의 가르침을 받아서 매일같이 상묘한 음식을 만들었기 때문에 오래지 않아서 재물이 없어졌다. 이때 지사인은 상좌의 앞에 가서 말하였다.

"대덕이여. 승가의 음식이 지금 곧 없어져서 오직 하루 것이 남았습니다."

상좌가 알려 말하였다.

"구수여. 만약 계를 갖추지 않았다면 절일(節日)을 기다려야 할 것이나, 우리들은 계행(戒行)을 구족하였는데 어찌 절일을 기다리겠는가? 지금 소유한 팔일·십사일·십오일의 공양물을 미리 모두 먹도록 하세."

그 지사인은 가르침에 의지하여 경영하여 모두 먹어치우고서 다시 대중에게 알려 말하였다.

"하루 분의 음식이 남아 있습니다."

상좌가 알려 말하였다.

"오취온(五取蘊)의 몸은 언제나 병고에 있으니 소유한 약값으로 또한 먹을 수 있네. 지금 소유한 옷의 자량(資糧)도 또한 나누어서 각자 나누어 가지고 길을 따라서 돌아가세."

곧 서로에게 그 옷값을 나누어 주고 다시 대중들에게 알려 말하였다.

"하루 분의 죽이 있네."

오파난타는 지사인에게 알려 말하였다.

"늙은 필추를 불러 오게."

알려 말하였다.

"그대는 본래 승가를 청하면서 3개월은 공양이 풍족하다고 말하였소. 아직 한 달도 지나지 않았으나 모두 없어졌소."

그 두 필추가 대답하여 말하였다.

"어찌 시주가 매일같이 열여덟 종류의 기묘한 떡과 과일로 항상 좋은 음식으로 먹게 할 수 있겠습니까?"

상좌가 알려 말하였다.

"노수여. 음식을 얻었을 때에는 머리를 숙이고 먹었으면서 지금 모두 없어졌다는 말을 듣고서 싫어하고 천박하게 말을 하시오.”

오파난타가 지사인에게 알려 말하였다.

“이 두 늙은 필추에게 대중들은 마땅히 구빈갈마를 지어야겠소.”

잠시 있다가 다시 말하였다.

“그대들 두 늙은 필추는 빨리 마땅히 참회를 구하시오. 만약 다시 일을 지체한다면 오래도록 머리를 숙이게 하여서 목의 근육이 늘어나게 하겠소.”

그 두 사람이 곧 대중을 마주하고서 참회를 구하였다. 보나벌소가 대중에게 알려 말하였다.

“여러 구수여. 이 두 늙은 필추는 품성이 우직(愚直)하니 대중께서는 자비로서 용서하여 주시오.”

대중들에게 곧 보시하여 즐겁게 하였다. 오파난타는 두 필추에게 알려 말하였다.

“이 마을 사람들은 믿고 공경하는 사람이 누구도 없으니 우리는 이곳에서 걸식하여 구하기가 어렵소. 만약 다시 남은 것이 있으면 곧 내어오시오. 진실로 남은 것이 없다면 우리는 떠나가겠소.”

두 필추가 대답하여 말하였다.

“대덕이여. 다시 남은 것이 조금도 없습니다.”

이때 60명은 모두 길을 따라서 실라벌성으로 갔고 곧 그곳에 이르러 모두가 후안거를 마쳤다. 옛날의 그 상인들이 이곳에 돌아와서 이전처럼 사찰에 들어가 찬탄하고 예배하였으며 방을 돌아보면서 두 늙은 필추를 보고서 물었다.

“사찰 안의 필추들은 지금 어디에 있습니까?”

알려 말하였다.

“현수여. 이곳에는 필추가 없습니다.”

상인이 말하였다.

“어찌 내가 60명의 필추를 청하여 이곳에서 하안거를 하라고 말하지 않았습니까?”

그때 그 두 늙은 필추는 일을 갖추어 알렸다. 상주가 알려 말하였다.
"당신은 어느 곳에서 필추를 청하였습니까?"
알려 말하였다.
"육중필추와 아울러 그 문도와 도반입니다."
알려 말하였다.
"당신은 큰 바다에 가서 거짓의 유리(琉璃)를 취하였습니다. 어찌 서다림에 다른 사람이 없겠습니까? 당신들은 무슨 인연으로 육중을 청하였습니까?"
이때 상주와 여러 상인들은 각자가 싫어하고 천박하게 생각하였다.
"사문 석자가 부끄러움도 없고 청정한 법을 깨뜨렸으니, 우리들이 지금 처음으로 믿음의 싹을 일으켰으나 곧 꺾어버리는구나."
여러 필추들이 듣고서 이 일을 세존께 아뢰니, 세존께서 말씀하셨다.
"하안거 동안에 물건을 나누었으므로 이러한 허물이 생겼느니라. 이러한 까닭으로 모든 필추들은 마땅히 하안거 동안에는 이로운 물건을 나누지 말라. 만약 안거 동안에 나누면 월법죄(越法罪)를 얻느니라."
이 연기(緣起)로서 계율을 아직 제정하지는 않으셨다.

곧 이때 그 성 안에는 필추니인 대세주(大世主)가 항상 적정(寂定)을 닦고 있었고 그녀의 문도들도 역시 모두 적정을 즐기고 있었다. 법여(法與)라는 필추니는 항상 즐겨 경전을 지니고 있었고 그녀의 문도들도 역시 경장(經藏)을 지니고 있었다. 이 두 사람은 한 사찰에 함께 머물렀는데 만약 대세주의 문도가 선정[定]으로부터 일어나면 이때 법여 필추니는 문도에게 알려서 말하였다.
"여러 자매여. 세존께서 여러 필추니에게 출가하여 원구(圓具)를 받도록 허락하신 것은 모두가 이 대세주가 세존께 권유하여 청한 힘이다. 세존께서 설하시기를 '만약 사람이 능히 다른 사람의 뜻을 보호할 수 있으면 마땅히 많은 복이 생겨난다.'라고 하셨으니 여러 자매들이여. 그대들은 역시 마땅히 무상관(無常觀)을 닦도록 하라."

이때 문도들은 가르침대로 따랐다. 만약 법여 필추니의 문도가 독송을 할 때에는 대세주가 문도에게 알려서 말하였다.

"여러 자매여. 여래이신 세존께서는 삼대겁(三大劫)에 여러 고행을 수행하시어 무량 백천의 육바라밀다(六波羅蜜多)를 모두 원만히 증득하여 무상지(無上智)인 이것으로 모든 유정들을 요익하게 하시느니라. 세존께서 설하신 것과 같이 '만약 사람이 능히 다른 사람의 뜻을 보호할 수 있으면 마땅히 많은 복이 생겨난다.'라고 하셨으니 여러 자매들이여. 그대들은 역시 마땅히 무상경(無常經)을 독송하도록 하라."

이때 문도들은 가르침대로 따랐다. 이때 두 필추니와 여러 문도들이 서로 보호하였던 까닭으로 닦는 선품이 증진될 수 없는 것이 꽃에 물이 부족한 것과 같았다. 어느 오파색가가 있었는데 비사거(毘舍佉)라고 이름하였고, 법여 필추니에게 깊이 공경하고 믿는 마음을 일으켰으므로 그는 필추니에게 필요한 자구(資具) 모두를 뜻에 따라서 주었다. 이때 비사거는 일찍 법여 필추니의 처소에 이르러 공경하여 예배를 드리고 처소에 이르렀다. 필추니가 곧 알려 말하였다.

"오파색가여. 여러 필추니들이 한 처소에 함께 있으면서 안거를 짓고 다시 서로를 보호하므로 닦는 선품이 증장되지 못하는 것이 꽃에 물이 부족한 것과 같습니다. 그대는 능히 필추니 대중에게 별도의 사찰을 지어줄 수 있겠습니까?"

그가 곧 대답하여 말하였다.

"성자여. 나에게는 물건은 많이 있으나 토지는 없습니다. 토지는 모두 왕에게 귀속되어 있어서 나는 얻을 수가 없습니다."

법여가 대답하여 말하였다.

"반드시 그것을 할 수 있다면 내가 왕에게 말하여 그 토지를 얻겠습니다."

비사거가 말하였다.

"만약 땅을 얻을 수 있다면 마땅히 사찰을 짓겠습니다."

이때 법여 필추니는 곧 승만부인의 처소에 나아갔다. 그때 부인은 법여가 오는 것을 보고 알려 말하였다.

"잘 오셨습니다. 잘 오셨습니다. 성자여. 이곳에 앉으십시오."

필추니가 자리에 앉자 곧 두 발에 예배하고 알려 말하였다.

"성자여. 무슨 뜻으로 오셨습니까?"

알려 말하였다.

"부인이여. 내가 지금 여러 필추니를 위하여 주처를 짓고자 합니다. 그러나 토지는 모두 왕에게 귀속되어 있어 지을 곳이 없습니다. 나는 토지를 까닭으로 왕께 말하고자 합니다."

부인이 알려 말하였다.

"성자여, 마땅히 돌아가십시오. 내가 왕께 말씀드리겠습니다."

이때 법여 필추니는 부인이 병이 없기를 축원하고서 자리에서 일어나 떠나갔다. 그때 부인은 왕의 처소로 나아가 알려 말하였다.

"대왕이시여. 왕께서는 오늘 큰 이익을 얻으셨습니다. 성자인 법여 필추니가 왕궁에 왔었습니다."

왕이 말하였다.

"성자가 어찌 왔었소?"

부인이 알려 말하였다.

"성자께서는 여러 필추니를 위하여 하나의 주처를 짓고자 합니다. 그녀가 말하였습니다. '토지는 모두 왕께 귀속되어 있습니다. 토지를 구하는 까닭으로 왕께 말하고자 왔습니다.'"

왕이 곧 대답하여 말하였다.

"그 성자가 반드시 나의 궁전 안에 사찰을 짓고자 한다면 내가 마땅히 별도로 머무를 집을 지어 주겠소. 만약 그렇게 하고자 않는다면 좋아하는 곳을 찾아서 뜻을 따라서 짓도록 하시오."

이때 부인은 왕의 가르침을 얻고서 사자에게 가서 알리게 하였다.

"성자여. 왕께서 지금 소원대로 하시라고 하셨습니다. 왕께서 말씀하시기를, '그 성자가 반드시 나의 궁전 안에 사찰을 짓고자 한다면 내가 마땅히 별도로 머무를 집을 지어 주겠다. 만약 그렇게 하고자 않는다면 좋아하는 곳을 찾아서 뜻을 따라서 짓도록 하라.'고 명하셨습니다."
　이때 법여 필추니는 이 가르침을 듣고서 비사거에게 갖추어 알려 주었다. 이때 승군왕(勝軍王)에게 두 명의 장수가 있었는데 한 사람은 선검(善劍)이라고 이름하였고, 다른 사람은 선궁(善弓)이라고 이름하였다. 마땅히 때가 되어 선검은 군대를 통솔하여 다른 곳에 출병하고 있었다. 이때 그들의 아내들이 밖의 남자들과 사통하였는데 그녀들의 집 근처에는 텅비고 한적한 곳이 있었다. 법여 필추니는 토지를 구하다가 마침내 이곳에 이르렀으며 법여 필추니가 알려 말하였다.
　"이곳에 사찰을 지으면 형세가 수승하니 좋겠구나."
　이때 비사거는 곧 이 땅에 사찰을 지었고 공사를 시작한 지 오래지 않아서 곧 사찰이 세워졌다. 이때 필추니는 드디어 문도들과 함께 이곳에 머물렀다. 그때 선검은 군대를 돌려서 돌아왔으나 그들의 아내들은 뜻을 따라서 놀아나고 있었다. 이때 그 여러 사람들이 찾고 곧 뒤쫓아 집으로 돌아와서 몽둥이로 때리니 모두가 큰 소리로 울부짖었다. 여러 필추니들이 함께 와서 법여에게 말하였다.
　"성자여. 우리는 내리는 비를 피하다가 반대로 강물에 빠졌습니다."
　이때 법여 필추니는 이 말을 듣고서 이와 같이 생각하였다.
　'저 여러 사람들에게 선근이 있는가?'
　곧 관찰하여 선근(善繼)이 있음을 알았다.
　'모두 나의 처소에 있으니 누구에게 묶어 주어야 하는가?'
　곧 문도들에게 알려 말하였다.
　"여러 자매여. 교화하고 제도하고자 한다면 마땅히 인내하고 받아들여야 하네."
　이때 법여 필추니는 기와그릇을 한 곳에 두고서 문도들에게 알려 말하였다.
　"여러 자매들이여. 가지고 있는 남은 음식들을 모두 이곳에 두도록 하게."
　이때 그 여러 필추니들에게는 남은 떡과 음식이 있어서 모두 이곳에 놓아두었다. 그때 어린 남녀가 사찰 안으로 들어왔는데, 만약 사내아이면 법여 필추니가 기름을 손에 주어 스스로 머리를 문지르게 하였고 그 남은 떡을 아이에게 주었다. 만약 계집애이면 법여 필추니가 스스로 향유로써 그 정수리에 바르고 모두 남은 떡을 주고서 먹게 하였다. 이때 여러 사내와 계집애들이 떡과 과일을 얻어서 모두 곧 집으로 돌아가니 그 어머니들이 보고서 모두 물어 말하였다.

"너는 어디에서 이 떡을 얻어 왔느냐?"

대답하여 말하였다.

"성자 법여께서 우리에게 베풀어서 먹게 하였습니다."

여러 어머니들은 듣고서 모두가 이렇게 생각하였다.

'이렇게 불쌍히 여겨 사랑하는 것을 보니 곧 이것은 성자 법여 필추니가 우리들이 아이를 키우는 것을 돕는구나.'

이 일을 까닭으로 곧 필추니의 처소에 공경과 심심이 두 배로 깊어져 각자가 이렇게 생각하였다.

'만약 우리들의 남편이 다시 전쟁을 나가면 우리들은 모두 마땅히 성자의 처소에 가서 공양하는 일을 해야겠다.'

곧 뒤의 다른 때에 그녀들의 남편들이 군대에 소속되어 떠나갔다. 이때 법여 필추니는 그 여러 여인들을 교화하고 제도할 수 있음을 알고서 곧 문도들을 보내어 집안에 물을 뿌려 먼지를 쓸고 새로운 쇠똥으로 바르고 아울러 씻은 콩 및 깨끗한 물을 안치하고 향과 꽃과 공양구(供養具)를 엄숙하게 설치하고 아름다운 목소리를 가진 사람이 세존을 찬탄하게 하였다. 그때 그 아내들은 남편을 떠나보내고 모두가 서로를 불러 사찰 안으로 들어와 법여 필추니가 있는 곳에 이르렀다. 그때 필추니가 보고서 알려 말하였다.

"잘 오셨습니다. 자매여."

그들은 모두 공경하고 예배하였고 함께 문신(問訊)하였으며 씻은 콩을 받고 깨끗한 물을 담고서 손을 씻은 뒤에 모두 함께 꽃과 향을 가지고 오른쪽으로 돌고 제저(制底)를 공양하였고 가영(歌詠)5)으로 찬탄하였다.

764

공양을 마치자 이때 법여 필추니는 대중의 앞에 나아가 자리에 앉았다. 이때 여러 여인들은 모두가 공경하면서 마땅히 앞에 앉아 법을 듣고자 하였다.

이때 법여 필추니는 대중의 근기와 계성(界性)에 차별이 있음을 관(觀)하여 의락(意樂)에 따라 설법하여 그 여러 여인들의 마음에 깨우침을 얻게 하였다. 곧 그 자리에서 금강지저(金剛智杵)로서 20종류의 살가야견(薩迦耶見)을 깨뜨려 모두가 예류과를 얻게 하였으며, [자세한 설명은 앞에서와 같다.] 삼악취를 벗어나고 열반도(涅槃道)를 얻게 하였으며, 삼보께 귀의하여 다섯 가지의 학처인 불살생 나아가 불음주를 받아 오파사가(鄔波斯迦)가 되게 하였다.

이때 여러 여인들은 필추니에게 예배하고서 각자 집으로 돌아갔다. 집에 이르러 집안에 물을 뿌려 먼지를 쓸고 새로운 쇠똥으로 깨끗이 바르고서 위의를 단정히 하여 고요하게 살았다. 뒤의 다른 때에 남편들이 군대를 돌려서 돌아오게 되자 각자가 도중에서 이렇게 생각하였다.

'우리 집에서 아내가 어떤 남자와 함께 비법을 행하고 있을까?'

그때 그 여러 아내들은 남편들이 돌아온다는 소식을 듣고서 함께 마중을 나갔는데 서로 보고서 알려 말하였다.

"잘 오셨습니다. 잘 오셨습니다. 성자여. 고생하셨습니다."

각자 남편을 데리고 자기의 집에 이르렀다. 이때 그 여러 아내들은 각자 자기의 남편과 함께 향유를 몸에 바르고 끓인 물로 목욕하고 맛있는 음식과 관대(冠帶)6)와 화영(花纓)7)으로 공양하였다. 이때 여러 사람들은 각자 이렇게 생각하였다.

'오늘의 예절과 위의는 희유한 일이다.'

모두가 아내에게 물어 말하였다.

5) 부처님을 칭송하는 노래를 부르는 것을 말한다.
6) 관리들의 의복의 한 종류로 머리에 쓰는 관면(冠冕)과 허리에 두르는 신대(紳帶)를 뜻한다.
7) 본래 구슬이 달린 갓끈을 가리킨다.

"무슨 뜻으로 지금은 평소와 다르게 대접을 하는가?"

아내가 남편에게 대답하여 말하였다.

"성자여. 아십니까? 나는 성자이신 법여 필추니께서 묘법(妙法)을 설하시어 능히 우리들이 태어나고 죽는 가운데에서 비록 다시 유전(流轉)할지라도 지극히 무거운 번뇌가 다시는 나타나지 않게 되어 오히려 옛날과 같이 되었습니다."

이때 그 남편들은 각자 이렇게 생각하였다.

'성자 법여는 능히 조복받기 어려운 것을 조복시키는구나, 나의 아내가 지난날에는 많은 삿된 행을 하여 내가 여러 번을 매를 때리고 나쁜 말로서 벌을 주었으나 능히 고칠 수가 없었는데, 성자께서 설법하신 은혜를 입은 까닭으로 곧 조복되었으니 이것은 곧 성자께서 나에게 큰 은혜를 베풀어 주신 것이다. 우리들이 마땅히 왕께 말하여 알게 해야겠다.'

사찰에 가서 성자께 예배하였다. 이때 법여 필추니는 그들의 근기가 교화하고 제도할 수 있음을 관하여 곧 방에 물을 뿌려 쓸었으며, [자세한 설명은 앞에서와 같다.] 그 여러 사람들에게 모두가 견제(見諦)를 얻게 하였고 회유함을 찬탄하게 하였으며, [앞에서와 같이 갖추어 설하였다.] 나아가 삼보께 귀의하여 다섯 가지의 학처를 받았으며 이와 같이 말하였다.

"성자여. 우리들은 오늘부터 나아가 고의적인 마음으로 개미의 목숨도 해치지 않겠습니다. 그러나 우리들은 칼을 가지고 생계를 꾸려가니 지금 때부터 살생을 끊고자 하면 어떻게 하여야 합니까?"

필추니가 곧 알려 말하였다.

"현수여. 화살촉이 없는 화살을 잡고 줄이 없는 활을 쥐며 손으로 목검(木劍)을 잡아서 해칠 마음을 일으키지 마십시오."

여러 사람이 대답하여 말하였다.

"우리들이 받들어 행하겠습니다."

그 여러 군사들이 이치를 깨닫고서 술을 마시지 않았고 바둑과 장기도 아니하였으며 삿된 행위도 아니하였다. 이러한 이유로 가업을 풍요롭게 수용하였고 소유한 코끼리와 말을 법에 맞게 먹이니 역시 모두 살찌고 강성하였다. 뒤의 다른 때에 교살라국 승광왕의 변방에서 명령을 어겼으므로 군대를 일으켜 정벌하게 되었는데 떠난 군대가 모두 그들에게 패배하여 다시 장수를 보내었으나 오히려 몰락(沒落)하였다. 이때 나라의 대신이 왕에게 나아가 말하였다.

"변방의 군대는 강성하나 왕의 군대는 쇠약합니다. 왕께서 스스로 가시지 않으시면 그들을 정벌하기가 어렵습니다."

왕이 이 말을 듣고서 곧 널리 명하여 모든 사람에게 알렸다.

"나의 나라 안에서 칼을 가지고 생계를 꾸리는 사람은 모두 나를 따라서 그 신하답지 못한 놈들을 정벌하라."

왕에게는 두 명의 장수가 있었으니 한 사람은 선검이라고 이름하였고 다른 한 사람은 선궁이라고 이름하였다. 왕은 출정하면서 선검을 선봉(先鋒)으로 삼고 선궁을 후전(後殿)으로 삼았다. 왕은 앞에 있는 군대의 군사와 말이 살찌고 강성한 것을 보고, 대신에게 물었다.

"이것은 누구의 군대이오?"

대신이 알려 말하였다.

"이것은 왕의 장수인 선검의 군대로서 선봉으로 가고 있습니다."

이때 왕이 뒤를 돌아보니 뒤에 있는 군대의 군사와 말이 마르고 약한 것을 보고, 대신에게 물었다.

"이것은 누구의 군대이오?"

대신이 알려 말하였다.

"이것은 왕의 장수인 선궁의 군대인데 후전입니다."

왕이 말하였다.

"경 등은 어찌하여 군량(軍糧)을 평등하게 지급하지 않았소?"

대신이 알려 말하였다.

"골고루 평등하게 지급하고 있습니다."

왕이 말하였다.

"불러 오시오."

선궁 장수가 곧 불려오자 왕이 직접 물어 말하였다.

"그대 군사들이 군량을 받는 것이 어찌 공평하지 아니한가?"

알려 말하였다.

"대왕이시여. 군량을 받는 것은 서로 비슷합니다."

왕이 물었다.

"무슨 까닭으로 전군(前軍)의 군사와 말은 살찌고 강성한데 그대의 군사와 말은 이와 같이 여위고 약한가?"

그가 왕에게 알려 말하였다.

"우리들이 만약 화살촉이 없는 화살을 잡고 줄이 없는 활을 쥐며 손에 나무칼을 가지고 상해하려고 않고 소유한 병기를 팔아서 음식을 충당한다면 우리들의 군대도 역시 모두 살찌고 강성할 것입니다."

왕은 이 말을 듣고서 전군에게 물어 말하였다.

"그대들은 화살촉이 없는 화살을 잡고 줄이 없는 활을 쥐며 손에 나무칼을 잡고서 상해하려고 하지 않는가?"

알려 말하였다.

"진실로 그렇습니다."

왕이 말하였다.

"그대들은 어떻게 나를 따라서 그곳에 이르러 그들을 죽이겠는가?"

곧 알려 말하였다.

"어찌 무기로서만 능히 싸우겠습니까? 결국은 반드시 사람의 힘으로서 그 군대를 깨뜨릴 것입니다."

왕이 듣고는 성내면서 알려 말하였다.

"만약 전투할 수 없는 무기를 가지고 사람이 전투를 할 수 있다면 그대들은 마땅히 가서 그들의 성을 항복시켜라."

이렇게 말하고서 왕은 곧 수레를 돌렸다. 이때 전군의 군사들이 법여필추니의 처소에 가서 알려 말하였다.

"성자여. 왕께서 우리들을 보내어 그 성을 정벌하게 하였습니다. 우리들은 지금 어떤 계책을 지어야 합니까?"

법여가 대답하여 말하였다.

768

"현수여. 당신들은 다만 가서 그 변방의 성에 이르면 반드시 승리할 것입니다. 그러니 매일 잠을 자는 곳에서 삼계경(三啓經)을 외울 것이고 변방에 이르러 그들의 성곽을 에워싸고서 곧 그날 밤이 새도록 경을 외우고 모든 천인들의 이름을 부르며 '원하옵건대 이 복의 자량이 범천과 이 세계의 주인이신 제석천왕 아울러 사호세(四護世)[8]·18종류의 대약차왕(大藥叉王)·반지가약차대장(般支迦藥叉大將)·집장신왕(執杖神王)에 소유된 권속들·난타(難陀)와 오파난타(鄔波難陀)의 대용왕(大龍王) 등께 이르십시오.'라고 축원하십시오."

이때 그 군사들은 법여 필추니가 설한 일을 듣고서 곧 발에 예배하고 기뻐하여 떠나갔다. 매일 머무르는 곳에서 삼계경을 외우고 그곳에 이르러 성곽을 에워싸고 곧 이날 밤이 새도록 경을 외웠다. 이때 그 장군이 법여 필추니가 가르친 법에 의지하여 마침내 자세히 앞에서와 같이 갖추어 말하여 축원하고 아울러 제사 음식을 베풀어 천신에게 공양하였다.

마땅히 이때 북방의 다문천왕(多聞天王)이 여러 약차(藥叉)들이 모여 있는 곳에 가다가 여러 군사들이 축원하는 소리를 듣고서 곧 이렇게 생각하였다.

'누가 나의 이름을 부르면서 축원하는가?'

마침내 몸을 구부려서 관찰하여 보니 여러 군사들이었다. 다시 이렇게 생각하였다.

'나의 이 법제자가 마땅한 곳이 아닌 곳에서 분주하구나.'

반지가야차 장군에게 말하였다.

"이 군사들은 나의 법제자인데 마땅하지 않은 곳에서 사역을 당하고 있으니 그대들은 마땅히 이 성을 항복시키고 그 군사들에게 부촉하라."

약차가 공경하게 대답하고 곧 멀지 않은 곳에서 많은 군사를 변화시켜 지으니 코끼리는 큰 산과 같고 말의 모습은 코끼리와 같으며 수레는 누각과 같고 사람은 야차와 같았다. 이때 성 안의 사람들은 멀리서 군대가

---

8) 사천왕을 다르게 부르는 말이다.

오는 것을 보고서 크게 두려워하며 함께 서로에게 말하였다.

"나라와 목숨 가운데에서 무엇이 먼저인가? 나라는 망하면 다시 구할 수 있으나 목숨은 끊어지면 다시 이을 수 없다. 마땅히 목숨을 보존할 것이요 어찌 성을 돌보겠는가?"

마침내 모두 병기(兵器)를 버리고 대성문(大城門)을 열고서 스스로 목을 매어 목숨을 구걸하였다. 이때 선검의 군대는 이 일을 보고서 각자 자비롭고 애민한 마음을 일으켜 더 이상 죽이지 않고 그 장수와 여러 봉직(封直)을 취하였다. 모두가 크게 기뻐하였고 되돌려 깃발을 세워서 왕의 처소에 돌아와서 왕에게 알려 말하였다.

"대왕이시여. 이것은 여러 병사와 봉직의 물건입니다."

왕이 매우 기뻐하면서 군사들에게 알려 말하였다.

"가지고 온 봉직으로 수고한 것을 포상하고 붙잡힌 여러 사람들은 돌려보내도록 하라."

이때 선검의 군인들은 이렇게 생각하였다.

'우리들이 출정하여 안은하게 돌아온 까닭은 이것들은 모두가 성자이신 법여의 위신력 때문이다.'

마침내 서로가 말하였다.

"성자의 힘으로서 우리가 승리하였으니 지금 이 봉직을 가지고 성자께 공양합시다."

곧 물건을 가지고 그곳에 이르러 알려 말하였다.

"성자여. 우리들이 목숨을 보존하고 전쟁에 이겼습니다. 돌아와 국왕께 말씀드리니 기뻐하면서 상으로 많은 것을 주셨습니다. 지금 그것을 가지고 이곳에서 정성으로 간략히 표합니다. 오직 원하건대 자비로서 이 물건을 받아 주십시오."

법여가 알려 말하였다.

"현수여. 만약 삼보께 공양하지 않으면 비록 천상에 태어나더라도 가난한 고통을 받게 되나니 그대들은 마땅히 불·법·승께 많이 공양하십시오. 마땅히 그대들에게 긴 밤에 항상 안락함을 받게 할 것입니다."

이때 그 여러 사람들은 이 교화를 받고서 모두 서다림으로 가서 세존과 승가께 3개월 하안거의 필요한 것을 모두 제공하였고 매일 음식을 먹기 전에 삼보께 공양하였으며 음식을 먹은 뒤에 묘법(妙法)을 들었고 초야(初夜)와 후야(後夜)에 생각을 붙잡아 사유하였다. 뒤의 다른 때에 다시 어느 변방에 왕의 명령을 거역하는 신하가 있었다. 이에 왕은 마침내 선궁의 군대에게 칙명하였다.

"그대들이 가서 저 변방을 정벌하라."

그때 선궁의 군대는 대왕께 말하였다.

"나의 병사는 나약하고 선검의 군대는 강성합니다. 그들에게 정벌하게 하시고 우리는 다음에 가겠습니다."

왕이 선검의 군대에게 말하였다.

"그대들이 가서 그 변방을 정벌하라."

그 군대가 왕께 말하였다.

"우리는 이미 갔으니 합당하지 않습니다."

왕이 말하였다.

"이번에도 마땅히 그대들이 가라. 다음에는 그대들을 면제하겠다."

그때 선검의 군사들은 왕의 명령을 받고서 서로 함께 의논하여 말하였다.

"이전에 그 변방의 성을 항복시킨 것은 약차중(藥叉衆)의 위신력이었다. 우리가 지금 다시 간다면 의심할 필요가 없이 죽을 것이오. 그러나 우리들은 3개월에 세존과 승가를 청하여 필요한 것들을 모두 제공하기로 하였으니 우리들은 마땅히 그 하안거 옷을 보시하고서 군대를 따라 떠납시다."

곧 옷과 물건을 가지고 서다림으로 갔다. 이때 세존께서는 고요함을 즐기시며 앉아 계셨는데 여러 사람이 물건을 가지고 필추들의 처소로 나아가서 알려 말하였다.

"성자여. 우리들은 변방을 정벌하러 가게 되었습니다. 그 전쟁에서 죽으면 다시 오는 것을 기약하기 어렵습니다. 이것은 하안거의 물건이니 받아주십시오."

이때 여러 필추들은 알려 말하였다.

"현수여, 대사이신 세존께서 이미 학처를 제정하시어 우리들이 하안거 중간에 옷을 나누는 것을 허락하지 않으셨습니다. 우리는 감히 받을 수 없습니다."

알려 말하였다.

"성자여. 마땅히 이것을 받아 한 곳에 놓아두었다가 하안거를 마치는 날을 기다려서 함께 나누십시오."

여러 사람들은 옷을 한 방안에다 두고서 곧 떠나갔다. 이때 그 여러 사람들은 먼저 무기를 가지고 군대의 행렬을 갖추어 떠나갔다. 이때 급고독장자가 보고서 물어 말하였다.

"여러분은 어디로 가십니까?"

대답하여 말하였다.

"장자여. 정벌을 하고자 가려고 합니다."

장자가 알려 말하였다.

"여러분은 먼저 정벌을 마치고 돌아오지 않았습니까?"

대답하여 말하였다.

"정벌을 하였습니다."

"만약 그렇다면 무슨 까닭으로 다시 정벌을 떠납니까?"

대답하여 말하였다.

"왕께서 우리들을 보내시면서 마땅히 이번에는 우리들이 다시 가고 다음에는 마땅히 면제하시겠다고 하십니다."

장자가 알려 말하였다.

"이곳에 머물러 있으시오. 내가 왕께 말하겠습니다."

이때 장자는 곧 왕의 처소에 나아가서 왕에게 알려 말하였다.

"왕이시여. 지금 무슨 뜻으로 선검의 군대를 보내시는 것입니까?"

왕이 말하였다.

"어디 성(城)에서 반역을 하였으므로 지금 가서 토벌하게 한 것이오."

장자가 말하였다.

"그들의 차례가 되었습니까?"

772

왕이 말하였다.

"이미 떠나갔습니다."

장자가 말하였다.

"만약 이와 같으시다면 무슨 까닭으로 자주 움직이게 하십니까?"

왕이 말하였다.

"다음에는 방면해 주겠소."

장자가 말하였다.

"왕께서는 지금 아십니까? 화살촉이 없는 화살을 잡고 줄이 없는 활을 쥐 손에 나무칼을 잡고서 능히 그들을 항복시킬 수 있겠습니까? 그러나 그 군사들은 모두 불자(佛子)이므로 나아가 개미에게 이르기까지 일부러 목숨을 끊지 않습니다. 이전에 가서 토벌할 수 있었던 것은 곧 야차천중(藥叉天衆)이 그 성을 항복시킨 것이니 지금 다시 간다면 곧 몰살될까 두렵습니다. 어찌 대왕께서 불자들을 상해(傷害)하려 하십니까?"

이때 대왕은 그들이 불자인 것을 알고서 대신에게 알려 말하였다.

"마땅히 나의 명령을 널리 알리고 비로택가(毘盧宅家)에게 알게 하라. 지금부터는 정벌하는 곳에 선검의 군대를 보내지 말라."

이때 여러 필추들은 하안거를 마치고 그들의 처소로 가서 말하였다.

"현수여. 우리는 수의사(隨意事)를 마쳤으니 우리에게 옷을 주십시오."

그들이 곧 알려 말하였다.

"성자여, 우리들이 먼저 주었던 그곳에서 취하십시오."

이때 여러 필추들이 물건을 취하려고 방을 여니 다만 땅강아지와 개미의 흙더미가 쌓여 큰 덩어리를 이루고 있는 것만 보였다. 이때에 여러 필추들이 이 인연을 세존께 아뢰었다. 세존께서 말씀하셨다.

"옷을 간직하는 필추를 뽑도록 하라. 만약 필추가 다섯 가지의 법을 갖추지 아니하였으면 이 사람을 마땅히 뽑지 않을 것이고 뽑았더라도 지어서는 아니된다. 무엇을 다섯 가지라고 하는가? 이를테면, 사랑하는 것·성내는 것·두려워하는 것·어리석은 것·간직하고 간직하지 못한 것을 능히 알 수 없는 것을 말하느니라. 다섯 가지의 법을 갖춘 사람을 마땅히

뽑아야 하고 뽑으면 마땅히 지어야 하느니라. 무엇을 다섯 가지라고
하는가? 이를테면, 사랑하는 것·성내는 것·두려워하는 것·어리석은 것·간
직하고 간직하지 못한 것을 능히 알 수 있는 것을 말하느니라.

이와 같이 마땅히 뽑고 먼저 마땅히 권유하라. 한 필추가 말하라.

'그대 누구는 승가와 함께 하안거 3개월 동안에 옷을 간직하고 보호할
수 있습니까?'

만약 할 수 있다고 말하면 마땅히 자리를 펴고서 다음으로 건치를
울려 말로서 아뢰고서 승가가 모두 모이면 한 필추에게 백갈마를 짓게
하라.

이때 세존께서는 계를 지니고 존경하는 자와 욕심이 적고 만족할 줄을
알며 두타행을 행하고 위의가 엄숙하여 헤아려서 받아들이며 수순하는
필추의 행법을 찬탄하셨으며 마땅히 설하시고서 여러 필추에게 알려
말씀하셨다.

"이전에는 이것이 새로이 제정한 것이나, 지금은 따라서 여는 것이니라.
여러 필추들을 위하여 그 학처를 제정하나니 이와 같이 설하노라. 만약
다시 필추가 3개월 하안거의 전반부에 10일을 채우지 않았고, 8월 15일이
되지 않았는데 급하게 어떤 사람이 옷을 보시하게 되면 필추가 필요한
것은 마땅히 받을 것이고 나아가 옷을 보시할 때에 쌓아둘 것이나 만약
지나치게 쌓아 둔다면 니살기바일저가이니라."

'필추'는 불법(佛法) 가운데의 사람을 말한다.

'10일을 채우지 않았고 8월 15일이 되지 않았다.'는 수의를 할 때의
10일이 지났다는 말이다.

'3개월 하안거의 전반부에 있다.'는 후안거(後安居)가 아닌 것이다.

'어떤 사람이 급하게 옷을 보시한다.'는 다섯 종류가 있다. 무엇이
다섯인가? 혹은 스스로 병이 있는 까닭으로 베풀기도 하고, 혹은 다른
사람이 병이 있는 까닭으로 베풀기도 하며, 혹은 곧 죽으려고 할 때에
베풀기도 하고, 혹은 죽었기 때문에 베풀기도 하며, 혹은 곧 길을 떠나려고
할 때에 베풀기도 하는 것이다.

'필추가 필요한 것'은 마음으로 즐거워하는 것을 말한다.

'옷'은 일곱 중에서 하나를 따르는 것을 말한다.

'마땅히 받는다.'는 받아서 쌓아두고 뜻에 따라 나누는 것이다.

'나아가 옷을 보시할 때에 마땅히 쌓아 둔다.'는 간직한 것을 들어올리는 것을 말한다. 무엇을 옷을 베푸는 때라고 말하는가? 일월(一月)에는 갈치나의(羯恥那衣)의 옷을 수선하지 않는 것을 말하나니 만약 오월에 갈치나의를 수선하게 되면 이것을 때에 알맞다고 말하며 이때를 넘기면 마땅한 때가 아니다. 만약 이때를 지나서 분별하지 않고서 옷을 쌓아 두는 자는 사타죄를 범한다. 버리는 법식은 앞에서 자세히 설명한 것과 같다.

이 가운데에서 범한 모양과 그 일은 무엇인가? 필추가 만약 하안거 안에 하안거의 이양을 나누고 혹은 때를 넘겨서 쌓아두면 모두가 사타죄를 얻는다. 만약 10일 이내에 다섯 종류의 급하게 보시한 옷을 얻어서 이것을 나누면 범한 것이 없다. 만약 하안거 안에 혹시 그때에 시주가 스스로 보시한 것을 취하면 범한 것이 없다. 만약 그 옷을 저장하는 필추를 보냈고 혹은 시주가 '내가 스스로의 손으로 마땅히 보시하겠습니다.' 이렇게 말한다면 비록 때를 넘겨 나누고 쌓아두어도 범한 것이 없다.

또한 범하지 않는 것은 처음으로 잘못을 저지른 사람과 혹은 어리석고, 미쳤으며, 마음이 어지럽고 고통스러운 것에 얽매인 것이다.

근본설일체유부비나야 제24권

삼장법사 의정 한역
· **석보운** 번역

27) 아란야육야(阿蘭夜六夜) 학처

어느 때 박가범께서는 실라벌성 서다림의 급고독원에 머무르셨다.

멀지 않은 곳에 한 마을이 있었고 그곳에 한 장자가 있었는데 큰 부자로서 재산이 매우 많았고 많은 노비들이 있었다. 그는 청정한 신심이 있었으며 마음이 어질고 착하였다. 그는 승가를 위하여 하나의 주처를 지었는데 그 형상은 높고 크며 묘한 석문(石門)이 있었고 주위의 난간을 모두 장엄하게 꾸몄으므로 생천(生天)의 사다리를 보는 사람들이 모두 환희하였다.

이 주처에 60명의 필추를 청하여 하안거를 하였으나 수의를 마치고서 떠나갔다. 그때 그 시주는 사찰이 텅비는 것을 보고서 사람을 시켜 지키게 하였고 도둑들이 평상과 이부자리를 훔쳐가지 못하게 하였다. 이때 다시 60명의 필추가 인간세상을 유행하다가 이 마을에 이르러 머물 곳을 찾았다. 그때 어느 한 사람이 필추에게 알려 말하였다.

"성자여. 어찌 사찰에 머무르지 않습니까?"

대답하여 말하였다.

"현수여. 어디에 사찰이 있습니까?"

대답하여 말하였다.

"마을 밖의 숲속에 좋은 주처가 있습니다."

필추가 곧 가서 살피니 지키던 사람이 그를 멀리서 보고서 알려 말하였다.

"잘 오셨습니다. 잘 오셨습니다."

곧 차례로 방사와 아울러 평상·이부자리·의자·베개·좌복·삼목거(三木拒)[1]를 내주고서 알려 말하였다.

"성자여. 먼저 물을 거르십시오. 나는 지금 잠시 장자께 알리겠습니다."

장자에게 이르러 알렸다.

"장자여. 지금 당신께서는 복덕이 두 배로 증장되었습니다. 60명의 객승(客僧)들이 사찰이 있는 곳으로 왔습니다."

장자는 듣고 곧 놀라고 기뻐하면서 집안사람들에게 알려 말하였다.

"그대들은 지금 소(酥)·꿀·사탕(沙糖)·석류(石榴)·석밀(石蜜)·포도(葡萄)·호초(胡椒)·건강(乾薑)·필발(蓽茇)[2]을 가지고 가고, 비시장(非時漿)[3]을 만들어 사찰에 가지고 가도록 하게. 지금 객승가가 주처에 왔으니 비시장을 만들어 그들이 배부르게 마시도록 해야겠네."

집안사람들이 듣고서 함께 사찰에 이르렀다. 이때 필추들은 물을 거르고 각자 위의를 갖추고서 처소에 머무르고 있었다. 이때 장자는 곧 사찰 안으로 들어가 멀리서 필추들을 살피니 마치 연꽃이 사찰 안에 가득 피어 있는 것과 같았으므로 두 배로 신심이 더욱 늘어나서 집으로 돌아와 가타로서 설하여 말하였다.

마을에서도 숲 속에서도
높은 곳에서도 낮은 곳에서도
승가에 거주하는 사람은
마음에 즐거움을 일으켜 준다네.

비시장을 만들어 조화(調和)시켜 스스로의 손으로 여러 필추에게 주어 배부르게 마시게 하였다. 승가의 발에 예배하고 스스로 향로를 들고서

---

1) 뾰족하게 세우고 끝을 깎아서 만든 방어용 방책을 가리킨다.
2) 마가타국(摩伽陀國)에서는 필발리(蓽撥梨)라고 하였고, 불림국(拂林國)에서는 아리아타(阿梨阿陀)라고 불렀다. 이 식물은 특이한 향기가 있고 맛은 맵고 뜨겁다.
3) 필추가 때 아닌 때에 얻어먹는 마실 것 같은 것을 가리킨다.

승가 대중을 인도하여 나갔고 제저를 돌았으며 사찰로 돌아와서 상좌의 앞에 무릎을 꿇고 앉았다. 상좌는 장자를 위하여 축원하였다. 축원이 끝나자 장자가 알려 말하였다.

"내일 정오에 성중(聖衆)께서는 나의 집으로 오시어 초라한 공양이라도 받아주십시오."

필추가 그것을 허락하자 발에 예배하고 떠나갔다. 그는 다음 날에 여러 맛있는 음식을 갖추어 승가를 공양하였다. 승가는 음식을 먹고서 뒤에 각자 주처로 돌아갔으나 다시 오후에 비시장을 베풀었으며, 씻고 양치를 마치고서 묘법을 설하고 상좌는 다시 축원하였다. 이때 장자는 손에 향로를 들고서 상좌의 앞에서 대중에게 알려 말하였다.

"성자여. 이 주처는 내가 나 자신을 위하여 세운 것도 아니고 친척들을 위하여 세운 것도 아닙니다. 본래의 뜻은 오직 승가를 위하여 이 주처를 세웠습니다. 원하건대 애민하게 생각하시어 이곳에서 하안거를 하여주십시오."

여러 필추들이 장자에게 알려 말하였다.

"법주(法主)이신 세존께서는 지금 현재 실라벌성에 머무르시면서 때때로 중간에 수기(授記)하여 설하시고 있습니다.

'어느 필추는 아라한을 증득할 것이고, 어느 필추는 부정관(不淨觀)을 이룰 것이다.'

승광대왕·말리부인·선수(仙授)·세주(世主)·비사거모(毘舍佉母) 및 다른 장자·바라문 등이 모두 공경하고 믿고 있습니다. 우리들은 그곳에 가면 법과 같고 뜻에 같아서 모두 함께 수용할 수 있으므로 우리들은 그곳에 가려고 합니다."

장자가 알려 말하였다.

"법과 의리(義利)는 오직 당신들께서 아시는 것이나 입고 먹는 것과 몸의 필요한 물품은 내가 제공하겠으니 원하건대 조금이라도 마음으로 이곳에 머물러 주십시오. 사사공양은 마땅히 부족하지 않게 하겠습니다."

상좌가 알려 말하였다.

"여러 구수여. 세존께서 '만약 그 시주가 공경하고 신심이 있으면 마땅히 자비로서 애민하게 신심을 증장시켜야 한다.'고 설하셨으니 우리들은 지금 이곳에서 머무르도록 합시다."

머무르려는 마음을 짓고서 곧 안과 밖을 관찰하여 마침내 향기로운 꽃이 가득 피어있고 아름다운 과일이 나뭇가지에 풍요하게 열려있으며 맑은 연못과 무성한 숲을 보니 모두가 사랑스럽고 즐거웠다. 상좌가 알려 말하였다.

"여러 구수여. 지금 이 주처는 꽃과 과일이 풍성하니 만약 전안거에 과실(果實)이 익지 않으면 우리들은 마땅히 후안거를 짓도록 합시다."

이와 같이 의논하고서 곧 후안거를 지었다. 이때 그 장자는 오직 하나의 사찰을 지어서 소유한 복업을 모두 그 사찰에 쏟았으며 이 마을과 다른 촌락에는 다시 다른 사찰이 없었으므로 여러 사람의 복업도 역시 모두 이 한 사찰에 모였다.

이때 여러 필추들은 이곳에서 안거하여 많은 이양을 얻었고, 수의사를 마쳤으나 오히려 아직 흩어지지 않고 있었다. 이때 가율저가라는 도둑이 있어서 함께 의논하여 말하였다.

"우리들이 마땅히 일 년을 무슨 업을 지어야 힘들이지 않고서 의식이 풍족하겠는가?"

이렇게 말하는 자가 있었다.

"우리들은 마땅히 필추의 물건을 훔치도록 하세."

다른 도둑이 대답하여 말하였다.

"그들은 하루에도 백 번을 문지방을 넘어다니면서 고생스럽게 구걸하여 겨우 몸뚱이를 충족할 뿐이네. 그들에게 무엇이 있겠는가?"

그 중에서 한 도둑이 필추를 잘 아는 자가 있어서 여러 도둑에게 말하였다.

"그대들은 필추에게 큰 재물이 있는 것을 알지 못하고 있네. 무슨 까닭으로 아는가? 이 사찰을 지은 장자는 신심이 순수하고 착하여 오직 하나의 사찰을 짓고 소유한 복업을 모두 그 안에 두었으며 이 취락과 다른 촌방에는 다른 사찰이 없으니 여러 사람의 복업도 역시 모두 이곳에 모여 있네. 여러 필추들이 이곳에서 안거하여 얻은 이양이 많으니 만약 믿지 못하겠다면 함께 직접 보세."

여러 도둑들이 대답하여 말하였다.

"만약 그대가 먼저 볼 수 있다면 우리들이 마땅히 뒤에 따라가겠네."

대답하여 말하였다.

"내가 먼저 가겠네."

곧 의복을 정리하고서 느린 걸음으로 걸어가면서 조용히 입으로 가타를 외우며 제저를 돌고서 사찰 안으로 들어갔다. 이때 문옆에 한 마하라(莫訶羅) 필추가 있었다. 그 도둑이 보고서 발에 예배하고 물어 말하였다.

"성자여. 이곳은 누구의 사찰이기에 방사를 장엄하여 사람들을 사랑스럽고 즐겁게 합니까? 천상에 태어나기를 원하는 사람에게는 이곳이 그 사다리가 되겠습니다."

필추가 알려 말하였다.

"현수여. 이곳은 어느 장자가 일으켜 세운 곳입니다."

물어 말하였다.

"성자여. 이곳은 비하라(毘訶羅)입니까? 비가다(毘伽多)입니까?"

필추가 물어 말하였다.

"무엇을 비하라라고 말하는 것이고, 무엇을 비가다라고 말하는 것입니까?"

알려 말하였다.

"만약 자구(資具)가 풍족하면 비하라이고, 만약 필요한 것이 부족하면 비가다입니다."

필추가 알려 말하였다.

"현수여. 만약 이와 같다면 이곳은 비하라이고 비가다가 아닙니다. 이 주처는 자산(資産)이 풍족합니다."

도둑이 곧 알려 말하였다.

"성자여. 만약 음식이 풍족하다면 마땅히 흙을 먹지 않아야 하고, 만약 옷이 풍족하다면 나무껍질을 입지 않아야 할 것이나, 당신의 옷은 마땅히 좋지 못합니다."

그때 마하라 필추는 품성이 우직하여 곧 도둑의 손을 이끌고 함께 방 안으로 나아가서 알려 말하였다.

"그대는 시렁 위의 옷들을 보십시오."

거듭 다시 물어 말하였다.

"성자여. 이것은 당신의 물건입니까? 승기(僧祇)⁴⁾입니까?"

알려 말하였다.

"현수여. 이것은 내 개인의 물건입니다."

물어 말하였다.

"성자여. 당신은 상좌입니까? 법사입니까?"

알려 말하였다.

"나는 상좌도 아니고 역시 법사도 아닙니다. 나는 사미로서 승가의 말석(末席)입니다."

알려 말하였다.

"당신이 소유한 물건은 내가 이미 알았습니다. 그런데 승가에는 와구가 있습니까?"

알려 말하였다.

"현수여. 나는 가장 아래에 있으나 오히려 칠사(七事)를 구족하고 있으니 하물며 승가이겠습니까?"

물어 말하였다.

"성자여. 승가의 부엌에서는 음식을 끓일 때에 와기(瓦器)을 사용합니까? 구리솥(銅釜)을 사용합니까?"

필추는 곧 그에게 창고를 보여주며 알려 말하였다.

"이 창고 안에는 구리그릇이 가득합니다."

이런 것들을 이미 알고서 도둑은 곧 가려고 알려 말하였다.

---

4) 승단에 귀속된 시물을 가리킨다.

"성자여. 지금까지 당신의 착한 성품에 폐를 끼치고 나의 가업에도 방해가 되었습니다. 지금 인사드리고 뒤에 다시 뵙겠습니다."
알려 말하였다.
"잘 가십시오."
도둑이 곧 발에 예배하고 여러 도둑들이 있는 곳에 가서 알려 말하였다.
"내가 그 사찰에서 재물을 관찰하니 마치 땅 위에 있는 배(舟)와 같아서 마땅히 훔칠 수 있네."
그 가운데에서 한 사람이 여러 도둑들에게 알려 말하였다.
"내가 일찍이 말하는 것을 들었는데 60명의 활을 잘 쏘는 사람이 이곳에서 출가하여 잠시도 도둑질을 못하게 한다고 들었네. 만약 대중들이 모여서 경을 듣는 때에 곧 사찰에 들어갈 수 있네."
다른 도둑이 물어 말하였다.
"어느 날에 대중들이 모여서 경을 듣는가를 알지 못하지 않는가?"
그 승가를 잘 아는 도둑이 여러 도둑들에게 말하였다.
"팔 일이 지나고서 보름날에 경을 외우네."
곧 손가락을 꼽아 날짜를 헤아려 기다려 십사일이 되었으므로 상좌가 스스로 바라제목차를 설하고 장정사(長淨事)를 하고서 경을 외우는 필추에게 사자좌(師子座)에 오르게 하여 비로소 발단(發端)을 시작하여 가타를 외우게 하면서 말하였다.

세존께서는 급고독원 안에 머무르시며
능히 여러 얽힌 미혹을 끊을 것이고
여러 근(根)에 모두 적정(寂定)하라고
여러 대중에게 이와 같이 말씀하시네.

이때 도둑들이 문을 두드리면서 불렀다. 필추가 물어 말하였다.
"그대들은 누구시오?"
알려 말하였다.

"성자여. 우리들은 선남자입니다."

이때 여러 필추들은 곧 이렇게 생각하였다.

'혹시 마을 사람들이 와서 법을 듣고자 하니 우리들은 문을 열어야겠구나.'

그 문이 열리자 도둑들이 다투어 들어와서 재물을 빼앗았다. 필추가 알려 말하였다.

"그대들은 선남자라고 대답하더니 지금 이 사찰에 들어와 우리들의 재물을 훔치는가?"

도둑이 말하였다.

"성자여. 우리에게는 두 가지의 이름이 있으니 밖에서는 선남자라고 이름하고, 사찰에 들어와서는 도둑이라고 이름하오."

필추가 알려 말하였다.

"그대들에게 이름을 붙인다면 비호인(非好人)이다."

물건을 훔치고서 도둑들은 곧 사찰 밖으로 나갔다. 필추들은 의논하여 말하였다.

"구수들이여. 세존께서 '일반적으로 우유를 짜는 사람은 마땅히 모두 짜내면 아니된다.'고 설하신 것과 같이 이 장자가 만약 도둑을 만난 것을 알고서 물건을 사찰에 제공하여 다시 우리들에게 준다면 확실히 마땅히 재정이 모두 고갈될 것이니 마땅히 실라벌성의 함께 범행하는 처소에 가서 의복을 구하여 찾아보도록 합시다."

함께 서로에게 말하였다.

"우리들은 알몸이 되었으니 어떻게 길을 가야 합니까?"

한 사람이 알려 말하였다.

"낮에는 숲 속에 들어가 있고 밤에 마땅히 길을 갑시다."

필추들은 장자에게 알리지 않고 곧 떠나서 점차 실라벌성에 이르렀다. 그 성 안의 여러 필추들은 초야(初夜)나 후야(後夜)에 깨어서 사유하고 부지런히 선품을 닦고 있었는데 노형자(露形者)들이 문 앞에 와서 장황(慞惶)히 두리번거렸다. 여러 필추들은 멀리서 보고서 물어 말하였다.

"그대들 알몸을 드러내고 머리를 흩뜨린 무리들이 무슨 인연으로 이곳에 왔는가? 이곳은 승가가 머무르는 곳이요, 그대들이 머무르는 곳이 아니니라."

대답하여 말하였다.

"구수여. 우리들은 필추이고 노형외도가 아닙니다."

다시 물어 말하였다.

"어떻게 이와 같은 모습의 필추가 있는가?"

대답하여 말하였다.

"도둑을 당하여 잃어버리고 빼앗겼으니 어떻게 하여야 합니까?"

물어 말하였다.

"그대들의 이름은 무엇인가?"

대답하여 말하였다.

"우리의 이름은 불호(佛護)·법호(法護)·승호(僧護) 등 입니다."

그들이 곧 대답하여 말하였다.

"잘 오셨습니다. 잘 오셨습니다. 여러 구수여."

곧 문을 열어 주었고 그들이 곧 사찰에 들어가니 혹은 삼의(三衣)를 주었고, 혹은 군의를 주었으며, 혹은 승각기를 주었고, 혹은 녹수라를 주었으며, 혹은 요조를 주었고, 혹은 파달라(波怛羅)를 주었으며, 소유한 것을 따라서 모두가 함께 두루 나누어 주었다. 이때 여러 필추가 이 인연으로 세존께 아뢰었다. 세존께서 말씀하셨다.

"만약 여러 필추가 아란야에서 머문다면 삼의의 가운데에서 마땅히 하나는 재가인의 집안에 두도록 하라."

이때 여러 필추들은 세존의 가르침과 같이 옷을 마을에 두었는데 앞에서 계율을 제정한 까닭으로 마을 안으로 돌아와서 옷과 함께 지냈다. 이때 바라문과 거사가 알려 말하였다.

"성자여. 당신들은 무슨 뜻으로 이곳에서 지내십니까?"

알려 말하였다.

"이곳에 나의 옷이 있습니다."

784

그들이 곧 알려 말하였다.

"우리들이 어찌 이 옷을 훔치겠습니까? 만약 서로를 믿지 못하신다면 마땅히 옷을 가져가십시오."

이때 여러 필추들이 이 인연으로 세존께 아뢰니, 세존께서 말씀하셨다.

"마땅히 그곳에서 지내지 말라."

이때 여러 필추들이 아직 날이 밝기 전에 마을 안에 이르렀는데 여러 여인들이 몸을 드러내고서 누워있는 것을 보았다. 그녀들이 곧 물어 말하였다.

"무슨 까닭으로 성자들께서 날이 밝기 전에 오셨습니까?"

필추들이 알려 말하였다.

"이곳에 우리들의 옷이 있습니다."

그녀들이 곧 알려 말하였다.

"우리들이 어찌 이 옷을 훔치겠습니까? 만약 서로를 믿지 못하신다면 마땅히 옷을 가져가십시오."

이때 여러 필추들이 이 인연으로 세존께 아뢰니, 세존께서 말씀하셨다.

"마땅히 밤에는 가지 말라."

이때 여러 필추들이 곧 마을 밖에 이르러 날이 밝기를 기다리면서 마침내 도둑을 만났고 호랑이·늑대·사자들에게 놀라서 두려워하였다. 이때 여러 필추들이 이 인연으로 세존께 아뢰니, 세존께서 말씀하셨다.

"마땅히 사찰 안에서 날이 밝기를 기다리도록 하라."

이때 여러 필추들이 삼보(三寶)의 일이 있어 반드시 경계 밖으로 나가게 되었으나 모두가 감히 나가지 않고서 말하였다.

"나에게 옷이 있으니 재가인의 집 안에서 머물러야 한다."

필추가 세존께 아뢰니, 세존께서 말씀하셨다.

"아란야의 필추는 마땅히 육야(六夜)까지는 다른 곳으로 가서 옷을 떠나 지낼 수 있느니라."

이때 육중필추는 경계 밖으로 나갔으나 마침내 칠일을 넘겨 지냈다. 여러 필추들이 알려 말하였다.

"구수여. 세존께 듣건대 경계 밖으로 나가 옷을 떠나는 것은 6일 밤이라고 하셨는데 당신들은 무슨 인연으로 7일 밤을 지냈습니까?"

대답하여 말하였다.

"구수여. 6일 밤을 지내고 7일 밤에 이르렀으나 어찌 술을 마시고 마늘을 먹었겠습니까?"

욕심이 적은 필추들은 이 말을 듣고서 함께 싫어하고 천박하게 생각하여 이렇게 말하였다.

"세존께 듣건대 6일 밤을 옷을 떠나 지낼 수 있다고 하셨으나, 어찌 필추가 마침내 7일 밤을 지냈는가?"

이때 여러 필추들이 이 인연으로 세존께 아뢰었다. 이때 세존께서 이 인연으로 나아가 여러 필추들에게 알려 말씀하셨다. [자세한 설명은 앞에서와 같다.]

"그 학처를 제정하나니, 마땅히 이와 같이 설하노라. 만약 다시 여러 필추가 아란야의 주처에서 후안거를 짓는데 놀라고 무서우며 두렵고 어려운 처소에서 필추는 삼의 가운데에서 한 벌을 마을의 집안에 남겨두었으나, 만약 필추가 인연이 있어 아란야의 경계 밖으로 나가게 된다면 6일 밤을 옷을 떠나서 지낼 수 있다. 만약 6일을 지나면 니살기바일저이니라."

'만약 다시 여러 필추'에서 여러 명은 세 사람 이상을 말하는 것이고, 필추는 이 육중을 말한다.

'아란야의 주처에 있다.'는 마을로부터 오백궁(五百弓)의 거리를 벗어나서 한 구로사(拘盧舍)에 있는 것을 아란야처(阿蘭若處)라고 이름한다. 4구로사를 1유선나(一踰繕那)라 이름하고, 7극미(七極微)로부터 유선나에 이르기까지 열여덟 종류의 차별이 있으며 자세히 설명은 앞에서와 같다.

'주처(住處)'는 사찰을 말한다.

'후안거'는 6월 16일로부터 시작되는 것을 말하는 것이다.

'놀라고 무서우며 두렵고 어려운 처소'에서 '놀란다.'는 도둑이 오는 것을 걱정하는 것을 말하고, '무서우며'는 호랑이·표범·늑대 등을 말하며,

'두렵고 어렵다.'는 모기·등에·뱀·전갈·바람·더위 등의 일을 말한다.

'필추가 삼의 가운데에서 한 벌을 마을의 집안에 남겨둔다.'는 것에서 '삼의'는 승가지·온달라승가·안달바사를 말한다.

'마을'은 큰 거리와 골목을 알 수 있는 것을 말한다.

'남겨둔다.'는 잘 놓아둔다는 말이다.

'만약 인연이 있어서 밖으로 나갈 필요가 있다.'는 삼보의 일이나 혹은 다른 일이 있다는 것을 말한다.

'경계 밖으로 나간다.'는 항상 머물고 있는 곳에서 가지고 있는 분제(分齋)를 벗어난다는 말이다.

'6일 밤을 얻는다.'는 6일 밤까지를 말한다.

'옷을 떠나서 지낸다.'는 마을 안에 있는 옷을 바라보는 것을 말한다.

'지나갔다.'는 7일이 되어 날이 밝았을 때를 말한다.

사타죄(捨墮罪)를 범하는 것과 버리고 뉘우치는 방법은 앞에서 자세히 설명한 것과 같다.

이 가운데에서 범한 모양과 그 일은 무엇인가? 필추가 삼의 가운데에서 한 벌의 옷을 마을의 집안에 남겨두고서 아란야의 경계로부터 벗어나 6일 밤을 지나면 사타죄를 얻는다. 만약 팔난(八難) 가운데에 한 가지의 일을 만나서 버리고 떠나면 범한 것이 없다.

또한 범하지 않는 것은 처음으로 잘못을 저지른 사람과 혹은 어리석고, 미쳤으며, 마음이 어지럽고 고통스러운 것에 얽매인 것이다.

28) 예전구과후용우욕의(預前求過後用雨浴衣) 학처

어느 때 세존께서는 실라벌성 서다림의 급고독원에 머무르셨다.

세존께서 말씀하신 것과 같이 필추는 마땅히 우욕의(雨浴衣)를 구하여야 했다. 이때 육중필추는 미리 이전에 구하여 찾았으며 지나간 뒤에도 사용하여 일이 번잡하였고 바른 수행에 잡스럽게 방해가 되어 그만두었으므로 욕심이 적은 필추들이 마침내 싫어하고 천박하게 생각하였다.

"어찌하여 그대들은 고의적으로 세존의 말씀을 어기는가?"

이 인연으로 세존께 아뢰었다. 이때 세존께서는 이 인연으로 나아가 여러 필추들에게 알려 말씀하셨다.

"그 학처를 제정하나니, 마땅히 이와 같이 설하노라. 만약 다시 필추가 봄의 마지막 한 달에 우욕의를 구하였으면 마땅히 뒤의 15일 이후까지 나누어 지니고 사용해야 한다. 만약 필추가 아직 봄의 마지막 한 달에 이르지 않았는데 우욕의를 구하였으나 뒤의 15일에 이르러 그것을 가지고 사용한다면 니살기바일저가이니라."

'만약 다시 필추'는 육중을 말하고, 다시 이와 같은 부류를 말한다.

'봄의 마지막 한 달'은 안거를 시작하기까지 한 달의 기간이 있다는 말이니, 즉 4월 16일로부터 5월 15일까지이다.

'마땅히 우욕의를 구하여야 한다.'는 목욕하는 물건을 말한다.

'마땅히 뒤의 15일 이후에 나누어 지니고 사용한다.'는 나누어 사용하는 기간을 가리키는 것으로 15일을 남겨두고 마땅히 수의(隨意)를 짓는다는 말이니, 8월 1일로부터 그 이후를 말한다. 만약 필추가 아직 봄의 마지막의 한 달이 되지 않았는데 미리 우욕의를 구하였고 뒤의 15일이 되었는데 오히려 가지고 사용하면 죄를 얻는 것은 앞에서와 같다. 사회(捨悔)의 법식(法式)은 앞에서 자세히 설명한 것과 같다.

이 가운데에서 범한 모양과 그 일은 무엇인가? 만약 필추가 전안거를 짓고자 하면 봄의 마지막 한 달에 우욕의를 구한다. 만약 필추가 후안거를 짓고자 하면서 곧 '그도 오히려 옷을 구하려고 하는데 내가 어찌 구하지 않겠는가?'라고 이렇게 생각하여 만약 구하여 얻게 되면 사타죄를 범한다.

만약 필추가 후안거를 지으면서 '그도 우욕의를 지니고서 8월이 끝났으나 오히려 우욕의를 지니고 있으면서,' 만약 전안거의 필추가 '그도 8월이 끝나도록 오히려 옷을 지니고 있는데 내가 어찌 옷을 지니지 않겠는가?' 이렇게 생각하여 옷을 지니면 사타죄를 얻는다. 만약 필추 각자가 여름부터 스스로를 의지하여 옷을 구하여 지니게 되면 범한 것이 없다.

또한 범하지 않는 것은 처음으로 잘못을 저지른 사람과 혹은 어리석고,

미쳤으며, 마음이 어지럽고 고통스러운 것에 얽매인 것이다.

29) 회중물입기(迴衆物入己) 학처

어느 때 세존께서는 석가처(釋迦處)의 판위인취락(販葦人聚落)에 머무르셨다.

이때 한 장자가 스스로 신심을 일으키고 깊이 사랑하고 공경하여 한 주처를 지어 별도의 사람인 성자 나호라(羅怙羅)에게 보시하였다. 이때 나호라는 이 사찰 안에서 때때로 머물렀는데 소임의 인연이 있어 반드시 실라벌성으로 가게 되었다. 장자는 구수 나호라가 그 주처를 버리고 옷과 발우를 지니고서 실라벌성에 갔다고 들었다.

이때 장자는 사찰이 텅빈 것을 보고서 곧 그 사찰을 승가에게 보시하였다. 이때 구수 나호라는 일의 인연을 마치고서 곧 돌아와 이전의 주처에 나아갔으나 장자가 그 주처를 승가에 보시하였다는 말을 들었다. 나호라는 이 일을 듣고서 세존의 처소에 나아가서 두 발에 예경하고 한쪽에 머무르며 곧 앞의 인연을 갖추어 세존께 아뢰었다.

"저는 지금 어떻게 해야 합니까?"

이때 세존께서는 나호라에게 말씀하셨다.

"그대는 지금 장자의 처소로 가서 이와 같이 말하게. '장자여. 어찌 나의 처소에서 신·어·업(身語業)의 선하지 않음을 보아서 싫어하고 천박하게 생각하였습니까?'"

이때 나호라는 세존의 가르침을 받들어 곧 장자가 있는 곳으로 가서 이와 같이 말하였다.

"장자여. 어찌 나의 처소에서 신·어·업의 선하지 않음을 보고서 싫어하고 천박하게 생각하였습니까?"

이때 장자는 곧 나호라의 발에 예배하고 이렇게 말하였다.

"나는 진실로 성자의 처소에서 신·어·업의 선하지 않음을 보아서 싫어하고 천박하게 생각한 것이 아닙니다."

이때 나호라는 장자에게 병이 없고 장수할 것을 축원하고서 곧 떠나갔고 세존의 처소로 돌아와서 세존의 발에 머리숙여 예경하고 한쪽에 머물러 세존께 아뢰어 말하였다.

"세존이시여. 제가 세존의 가르침을 받들어 장자가 있는 곳에 이르러 장자에게 알려 말하였습니다.

'장자여. 어찌 나의 처소에서 신·어·업의 선하지 않음을 보아서 싫어하고 천박하게 생각하였습니까?'

장자는 저에게 대답하였습니다.

'성자여. 나는 진실로 성자의 처소에서 신·어·업의 선하지 않음을 보아서 싫어하고 천박하게 생각한 것이 아닙니다.'

이때 구수 아난타는 세존의 뒤쪽에서 부채를 잡고서 세존께 부채를 부쳐드리고 있었다. 세존께서는 곧 구수 아난타에게 알려 말씀하셨다.

"그대는 지금 마땅히 판위인취락에 가서 여러 필추들에게 알려 모두 음식을 먹는 식당 안에 모이도록 하게."

이때 구수 아난타는 세존의 명을 받들어 세존의 가르침을 널리 알려서 그 모든 필추들을 식당 안에 모이게 하였다. 다시 세존의 처소로 돌아와 발에 예경하고 한쪽에 서서 아뢰어 말하였다.

"세존이시여. 그 마을 안의 모든 필추들을 제가 세존의 명을 받들어 모두 식당 안에 모이게 하였습니다. 원하건대 세존이시여. 때에 이르렀음을 아십시오."

이때 세존께서는 그 식당 안으로 가시어 준비된 자리에 앉으셨으며 여러 필추들에게 알려 말씀하셨다.

"만약 시주가 있어 시물로서 어떤 다른 사람에게 시주하고 뒤의 다른 때에 다시 그 물건을 되돌려서 다른 사람에게 시주하면 이것은 베푸는 사람도 비법(非法)이고 받는 사람도 역시 비법이니 부정(不淨)한 수용이라고 이름하느니라. 이와 같이 만약 되돌려서 두 사람에게 주고 혹은 세 사람, 혹은 승가에게 준다면 이러한 것 등은 모두 시주하는 것도 비법이고 받는 것도 비법이며 부정한 수용이라고 이름하느니라.

그대들 필추들이여. 만약 시주가 있어 보시한 시물로서 두 번째의 다른 사람에게 보시하고 뒤의 다른 때에 다시 이 물건을 되돌려서 다시 다른 사람에게 보시한다면 이것을 시주하는 사람과 받는 사람을 함께 비법이라고 이름하나니, 소유하고 수용한 모든 것이 부정한 것이다. 이와 같이 만약 시주한 것을 다시 되돌려서 두 번째·세 번째의 사람에게 주고 혹은 승가에게 주었다면 시주하는 사람과 받는 사람을 모두 비법이라고 이름하나니, 소유하고 수용한 모든 것이 부정한 것이다.

그대들 필추들이여. 만약 시주가 있어 보시한 시물로서 세 번째의 다른 사람에게 주고 뒤의 다른 때에 다시 이 물건을 되돌려서 첫 번째·두 번째·세 번째 사람에게 주고 혹은 승가에게 주었다면 시주하는 사람과 받는 사람을 모두 비법이라고 이름하나니, 소유하고 수용한 모든 것이 부정한 것이다.

그대들 필추들이여. 만약 시주가 있어 보시한 시물로서 승가에 시주하고서 뒤의 다른 때에 다시 이 물건을 되돌려서 첫 번째·두 번째·세 번째 사람에게 주고 혹은 승가에게 주었다면 시주하는 사람과 받는 사람을 모두 비법이라고 이름하나니, 소유하고 수용한 모든 것이 부정한 것이다.

그대들 필추들이여. 만약 그 승가가 깨트려져서 이부(二部)가 되었는데 먼저 이 승가에게 시주하였으나 다시 그 물건을 되돌려서 저 승가에게 주었다면 나아가 모든 것이 부정한 수용이니라.

그대들 필추들이여. 만약 한 사람에게 시주한 것을 되돌려서 한 사람에게 주지 않는다면 시주하는 사람과 받는 사람을 모두 여법(如法)하다고 이름하나니, 소유하고 수용한 모든 것이 청정하다고 이름하느니라. 이와 같이 만약 두 번째 사람·세 번째 사람·승가에게 시주하였고 다시 다른 쪽에게 시주하지 않는다면 나아가 수용하는 모든 것을 청정하다고 이름하나니, 앞에서 자세히 설명한 것과 같으니라.

그대들 필추들이여. 앞의 것은 시주한 것이고, 뒤의 것은 시주한 것이 아니니라. 그대들 필추들이여. 토지는 왕에게 귀속되어 있고 물건은 시주에게 귀속되어 있으며 소유한 옷과 발우 등의 물건은 마땅히 필추에게 귀속해 있느니라. 시주가 소유하여 보시한 사찰 등과 물건이 만약 부서지고 낡으면 마땅히 스스로가 수리하고 보수하여야 하며 마땅히 이것을 가지고 되돌려서 다른 사람에게 주어서는 아니된다. 그대들 필추들은 마땅히 나호라에게 먼저 주처를 주도록 하라.”

이때 여러 필추들은 이미 세존의 가르침을 받들어 곧 나호라에게 먼저의 주처를 주었다. 이 연기(緣起)가 일어났으나 세존께서 아직 계율로서 제정하지는 않으셨다.

세존께서는 실라벌성 서다림의 급고독원에 머무르셨다.

한 걸식하는 필추가 한 장자와 함께 삼귀의와 오학처를 받고서 뒤의 다른 때에 다시 장자를 위하여 일곱 종류의 복업의 일을 찬탄하여 말하였는데 장자가 알려 말하였다.

“성자여. 내가 지금 힘을 따라서 적은 복업의 일을 짓고자 합니다.”

필추가 물어 말하였다.

“무슨 일을 짓고자 합니까?”

알려 말하였다.

“나는 세존과 승가께 공양하고자 합니다.”

알려 말하였다.

“적은 옷이라도 시주한 것이 있습니까?”

알려 말하였다.

“성자여. 나는 가난한 사람이라 다만 한 벌의 백첩이 있습니다. 성자께서 나를 위하여 가시어 나의 이름을 말하고 세존과 승가께서 내일 자비를 베푸시어 공양 때에 나의 집에 오시어 걸식하도록 청하여 주십시오.”

필추는 곧 급고독원의 안에 가서 여러 필추들이 함께 모여 있는 것을 보았다. 이때 걸식하는 필추는 장자의 이름을 말하고 세존과 승가께 내일은 마땅히 그 집에 가서 그의 공양을 받을 것을 청하였다. 이때 여러 필추들이 함께 서로에게 말하였다.

“이 걸식하는 사람은 지금 재가에서 교화하는 것을 이루었구나.”

이때 누가 물어 말하였다.

"그 장자의 집에는 시주할 것이 있습니까? 시주할 것이 없습니까?"

알려 말하였다.

"그는 가난한 사람이고 한 벌의 면직물이 있으나 그것을 받들어 시주하고자 합니다."

이때 오파난타는 듣고서 이렇게 생각하였다.

'그 사람이 세존과 승가를 청하여 한 벌의 면직물로서 받들어 보시한다고 하니 그것은 반드시 귀하고 값비싼 옷일 것이다. 내가 만약 그 옷을 빼앗지 못한다면 내가 다시는 오파난타라고 이름하지 않겠다.'

이렇게 생각하고서 곧 밤이 밝을 때까지 고생하였다. 새벽이 되자 곧 옷을 입고서 발우를 가지고 그 장자가 있는 곳에 이르러 그 장자가 힘들여 음식을 준비하는 것을 보고 물어 말하였다.

"장자여. 무슨 일을 짓고자 합니까?"

알려 말하였다.

"나는 지금 음식을 갖추어 세존과 승가께 공양하고자 합니다."

오파난타가 알려 말하였다.

"장자여. 세존께서 선설(善說)하신 것과 같이 '만약 중생이 있어 하루의 초분에 몸·말·마음으로써 여러 선업을 닦는다면 마땅히 이 사람을 초분선(初分善)이라고 이름하는 것을 알지니라. 만약 중생이 있어 하루의 중분에 몸·말·마음으로써 여러 선업을 닦는다면 마땅히 이 사람을 중분선(中分善)이라고 이름하는 것을 알지니라. 만약 중생이 있어 하루의 후분에 몸·말·마음으로써 여러 선업을 닦는다면 마땅히 이 사람을 후분선(後分善)이라고 이름하는 것을 알지니라.'고 하셨는데 당신은 지금 삼업의 초선(初善)을 얻었으니 세존과 승가께 스스로의 손으로 경영하고 힘써 공양한 까닭입니다. 장자께서는 적은 보시라도 하였습니까?"

알려 말하였다.

"나의 집은 가난하여 다만 한 벌의 흰 면직물이 있습니다."

알려 말하였다.

"장자여. 잠깐 가져와 보시오. 내가 그 상태를 살펴보겠습니다."

이때 그 장자가 곧 옷을 가져오니 알려 말하였다.

"장자여. 새로운 물건이라 좋습니다. 그러나 장자는 보시할 복은 있으나 수용할 복은 없습니다. 왜 그러한가? 세존 문도의 대중은 1250명이니 그대의 한 벌 옷을 얻으면 다시 1249명의 옷을 얻는 것을 기다려야 곧 함께 나눌 수 있습니다. 당신은 지금 이 옷을 시렁 위에 두고서 닳아 없어지게 하십시오. 또한 세존께서 말씀하신 것과 같이 '만약 승가가 적은 음식과 이익을 얻은 때에는 작은 나뭇잎과 같은 것이라도 평등하게 행하라. 만약 적은 옷을 얻는다면 마땅히 등불의 심지처럼 평등하게 함께 나누어라.'고 하셨습니다. 장자여. 그대가 보시하는 옷을 만약 함께 나누면 그 형상이 이와 같으니 어찌 수용할 복이 있겠습니까?"

장자가 그에게 말했다.

"성자여. 내가 지금 어떻게 방편을 지어야 보시하는 복도 얻고 수용하는 복도 얻습니까?"

오파난타가 장자에게 알려 말하였다.

"그대가 만약 석종(釋種) 가운데에서 출가하였다면 분명히 삼장에 밝은 대법사가 되어 능히 훌륭히 연설하고 변재가 무애하였을 것입니다. 그대가 이 옷으로 그러한 사람에게 보시한다면 곧 능히 보시하는 복과 수용하는 복을 함께 구족할 것입니다."

장자가 알려 말하였다.

"성자여. 어느 곳에서 이와 같은 복전을 얻을 수 있습니까? 내가 마땅히 받들어 보시겠습니다."

오파난타가 말하였다.

"내가 곧 그 사람입니다."

이때 장자는 곧 그의 발에 예배하고 옷을 주면서 알려 말하였다.

"성자여. 원하건대 자비로서 애민하게 생각하시어 이 옷을 받아주십시오."

오파난타가 알려 말하였다.

794

"장자여. 그대는 비록 보시를 이해하였으나 아직 그 의식을 체득하지는 못하였습니다. 마땅히 잠시 때를 기다려 세존과 승가의 공양이 끝나면 이 흰 면직물을 상좌의 앞에 놓고서 대중들에게 기쁘게 알리고서 뒤에 마땅히 나에게 시주하십시오."

장자가 알려 말하였다.

"나는 그와 같이 하겠습니다."

이때 그 장자는 곧 집안에 물을 뿌려 쓸고 앉을 자리를 펴고서 향기로운 꽃을 펼쳐놓고 문에 물그릇을 놓고서 곧 사자(使者)를 보내어 세존과 승가께 '때가 되었다.'고 알려 말하였다. 이때 세존과 필추 승가는 그날 초분에 옷과 발우를 지니고 장자의 집에 나아가서 차례에 따라서 앉았다. 이때 그 장자는 대중이 앉은 것을 보고서 곧 여러 향기롭고 맛있는 음식을 스스로 손으로 받들어 세존과 대중에게 공양하였다. 이미 음식을 배불리 먹고 나자 장자는 곧 흰 면직물을 가지고 대중의 앞에서 "즐거이 오파난타께 드리겠습니다."라고 큰소리로 말하였다. 이때 세존께서는 스스로 축원하시고서 자리에서 일어나서 곧 사찰에 돌아오셨다. 이때 옷을 간직하는 필추가 수사인(授事人)에게 말하였다.

"오파난타의 처소에서 흰 면직물을 찾아 취하십시오."

수사(授事)가 가서 찾으며 알려 말하였다.

"대덕이여. 오늘의 시물은 나에게 주십시오."

오파난타가 알려 말하였다.

"구수여. 그대가 면직물을 가지고 사찰에 왔다면 나에게 돌려주겠는가?"

알려 말하였다.

"돌려주지 않을 것입니다."

오파난타가 말하였다.

"무슨 뜻으로 돌려주지 않는 것이오?"

그가 곧 대답하여 말하였다.

"이것은 대중의 물건입니다."

오파난타가 알려 말하였다.

"구수여. 그대의 옷과 발우를 무슨 까닭으로 주지 않는 것이오? 나의 옷과 발우를 가지고 승가에게 나누어 준다면 나는 당신과 함께 하지 않겠소."

그 걸식하는 필추가 장자의 집에 있으면서 장자에게 알려 말하였다.

"당신은 지금 무슨 뜻으로 이곳에서 천둥을 치고 저곳에서 비를 내리게 합니까?"

장자가 알려 말하였다.

"성자여. 나에게 무슨 허물이 있습니까?"

필추가 알려 말하였다.

"그대는 먼저 면직물을 대중 승가에게 시주하고 어떤 인연으로 공양이 끝난 뒤에 오파난타에게 되돌려 주었습니까?"

장자가 대답하여 말하였다.

"내가 어떻게 하겠습니까? 대덕 오파난타께서 나의 집에 오시어 이렇게 말하였습니다.

'당신은 보시할 복은 있으나 수용할 복은 없습니다. 왜 그러한가? 세존 문도의 대중은 1250명이니 그대의 한 벌 옷을 얻으면 다시 1249명의 옷을 얻는 것을 기다려야 곧 함께 나눌 수 있습니다. 당신은 지금 이 옷을 시렁 위에 두고서 닳아 없어지게 하십시오. 또한 세존께서 말씀하신 것과 같이 <만약 승가가 적은 음식과 이익을 얻은 때에는 작은 나뭇잎과 같은 것이라도 평등하게 행하라. 만약 적은 옷을 얻는다면 마땅히 등불의 심지처럼 평등하게 함께 나누어라.> [나아가 자세한 설명은 앞에서와 같다.] 좋은 대덕을 구하여 마땅히 이 옷을 보시해야 하나니 내가 곧 그 사람이다. 마땅히 즐거이 이 옷을 보시한다고 큰 소리로 말하라.'고 하였습니다. 내가 이 말을 듣고서 말하였고 곧 그에게 주었는데 어찌 허물이 있습니까?"

이때 걸식하는 필추는 이 말을 듣고서 곧 사찰 안으로 갔다. 다른 필추들이 보고서 알려 말하였다.

"그대 걸식하는 사람은 오랜 시간을 교화하여 한 시주를 얻었습니다. 그는 곧 이곳에서 천둥을 치고 다른 곳에서 비를 내리는 사람입니다."

걸식하는 필추가 알려 말하였다.

"내가 그 장자와 함께 무슨 허물이 있습니까? 그러나 어느 한 사람이 그 집에 가서 장자에게 말하기를 '그대는 시주하는 복은 있으나 수용할 복은 없습니다.' [자세한 설명은 앞에서와 같다.] 나아가 '즐거이 마땅히 나에게 보시한다.'고 큰소리로 말하게 하였고 이때 그 장자는 말을 따라서 지었던 것입니다. 나와 그에게 어찌 허물이 있겠습니까?"

그때 욕심이 적은 필추가 이 말을 듣고서 지극히 싫어하고 천박하게 생각하였다.

'어찌 필추가 다른 승가의 시물인 것을 알면서도 스스로 되돌려서 자기 것으로 하는가?'

이때 여러 필추들이 이 인연으로 세존께 아뢰었다. 이때 세존께서는 곧 이 인연으로 필추들을 모으셨으며 오파난타에게 물으셨다.

"그대가 진실로 승가의 시물을 되돌려서 그대의 것으로 하였는가?"

아뢰어 말하였다.

"진실로 그렇습니다."

[나아가 자세한 설명은 앞에서와 같다.]

"내가 지금 여러 필추들을 위하여 그 학처를 제정하나니, 마땅히 이와 같이 설하노라. 만약 다시 필추가 다른 사람이 주었던 대중의 물건인 것을 알면서도 스스로가 되돌려놓으면 니살기바일저가이니라."

'만약 다시 필추'는 오파난타를 말하고, 다시 이와 같은 부류이다.

'안다.'는 스스로 알거나 혹은 다른 사람을 인연하여 아는 것이다.

'승가'는 세존의 성문을 말한다.

'대중의 물건'은 두 가지가 있으니, 음식으로 이익되는 것과 옷으로 이익이 되는 것을 말한다. 여기에서는 옷으로 이익이 되는 것을 말한다.

'되돌리다.'는 분명히 남에게 귀속된 물건을 자기 것으로 만드는 것을 말한다.

　니살기바일저가와 사회의 법식은 앞에서 자세히 설명한 것과 같다.

　이 가운데에서 범한 모양과 그 일은 무엇인가? 만약 필추가 한 사람의 필추에게 귀속된 물건인 것을 알고서도 스스로 되돌려 자기 것으로 만들면 되돌리는 때는 악작죄를 얻고, 얻은 때는 곧 사타죄를 범한다. 나아가 두 사람 혹은 세 사람에게 귀속된 것이고, 혹은 승가에 귀속된 것을 알고서도 스스로 되돌려 자기 것으로 만들면 죄를 얻는 것은 앞에서와 같다. 만약 필추가 한 사람의 필추에게 귀속된 물건인 것을 알고서도 그것을 되돌려서 다른 한 사람에게 주었다면 되돌리는 때는 악작죄를 얻고, 물건을 얻은 때도 역시 악작죄가 된다. 이와 같이 나아가 한 사람에게 귀속된 것을 알고서도 되돌려서 두 사람 혹은 세 사람에게 주고, 혹은 그것을 되돌려서 승가에게 주었다면 죄를 얻는 것은 앞에서와 같다.

　만약 필추가 승가에 귀속된 물건이라는 사실을 알면서도 그것을 되돌려서 한 사람에게 주었다면 되돌리는 때에 악작죄를 얻고, 물건을 얻을 때도 역시 악작죄를 얻는다. 이와 같이 승가에 귀속된 물건이라는 사실을 알고서도 그것을 되돌려서 두 사람 혹은 세 사람에게 주었다면 되돌리는 때에 악작죄를 얻고, 물건을 얻은 때에도 역시 악작죄를 얻는다.

　만약 필추가 한 승가에 귀속된 물건이라는 사실을 알고서도 그것을 되돌려서 여러 승가에게 주었다면 되돌리는 때는 악작죄를 얻고, 물건을 얻은 때도 역시 악작죄를 얻는다. 만약 필추가 한 승가에게 귀속된 물건인 것을 알면서도 되돌려서 다른 승가에게 주었다면 되돌리는 때에 악작죄를 얻고, 얻을 때 역시 악작죄를 얻는다.

　만약 필추승가에게 주었던 것을 알면서도 되돌려서 필추니승가에게 주었고, 필추니승가에게 주었던 것을 알면서도 되돌려서 필추승가에게 주었으며, 이부승가(二部僧伽)에게 주었던 물건인 것을 알면서도 필추승가에게 주었고, 이부승가에게 주었던 것을 알면서도 되돌려서 필추니승가에게 주었으며, 필추니승가에게 주었던 물건인 것을 알면서도 되돌려서 이부승가에게 주었고, 만약 그 승가가 깨져서 이부(二部)가 되었는데 이부에게 주었던 것을 알면서도 되돌려서 그 부(部)에게 주었으며, 혹은 이 사찰에 주는 물건이라는 사실을 알고서도 그것을 되돌려서 저 사찰에 주었고, 이 방에 주는 물건이라는 사실을 알고서도 그것을 되돌려서 저 방에 주었으며, 이 곁채(廊)에 주는 물건이라는 사실을 알면서도 그것을 되돌려서 저 곁채에 주었고, 혹은 방과 곁채를 바꾸어 그것을 되돌려서 주었으며, 혹은 이 기둥 사이에 주는 물건인 것을 알고서도 그것을 되돌려서 저 기둥 사이에 주었고, 혹은 기둥 사이의 물건을 되돌려서 문이 있는 곳에 주었으며, 혹은 문에 속한 물건을 되돌려서 누각 위에 주며, [이하 자세한 내용은 생략한다.] 나아가 서로 뒤바꾸어 되돌리는 것은 모두가 악작죄를 얻는다.

만약 필추가 이 불상(佛像)에 올린 물건이라는 사실을 알고서도 그것을 되돌려서 다른 불상에 공양하였고, 이 탑에 올린 물건이라는 사실을 알고서도 그것을 되돌려서 다른 탑에 공양하였으며, 답도(踏道)⁵⁾의 첫 층계에 올린 물건인 것을 알고서도 그것을 되돌려서 두 번째의 층계 등에게 놓았고, 혹은 그것을 되돌려서 탑신(壇身)에 놓았으며, 혹은 처마와 계단에 놓았고, 혹은 이쪽 두둑[畔]의 물건인 것을 알고서도 그것을 되돌려서 다른 두둑에 놓았으며, 혹은 그것을 되돌려서 복발(覆鉢)에 놓았고, 혹은 그것을 되돌려서 방대륜상(方臺輪相)의 첫째 기단과 나아가 보병(寶瓶)·법륜(法輪)·입주(立柱)에게 놓았으며, 혹은 다시 이것을 되돌려서 아래 기단에 이르기까지 이와 같이 서로 바꾸는 것은 모두 악작죄를 얻는다. 만약 왕의 힘으로 되돌리게 하였으면 범한 것이 없다.

만약 이 가난한 사람에게 물건을 주려고 하다가 그것을 되돌려서 저 가난한 사람에게 주었다면 악작죄를 얻는다. 만약 찾지 못하여 다른 사람에게 되돌려서 주었다면 범한 것이 없다. 만약 필추가 이 방생에게 먹을 것을 주다가 그것을 돌려놓아 저 방생에게 주었다면 악작죄를 얻는다. 만약 찾다가 찾지 못하여 되돌려서 주었다면 범한 것이 없다. 만약 방생에게 물건을 주려고 하다가 그것을 되돌려서 사람에게 주었고, 사람에게

5) 임금이 가마를 타고 오르는 계단으로 밟는 길이라는 뜻이다.

주려고 하던 것을 되돌려서 방생에게 주었다면 악작죄를 얻는다.

만약 출가한 사문에게 물건을 주려 하다가 그것을 되돌려서 재가인에게 주었고, 혹은 이와 반대로 하였다면 악작죄를 얻는다. 만약 찾았으나 찾지 못하였으면 범한 것이 없다. 이와 같이 여자나 남자나 반택가나 필추니 및 하삼중(下三衆)6)의 많고 적음과 이 사람에게 주는 것과 저 사람에게 주는 것을 서로 바꾸면 마땅히 앞에서 설명한 것에 의거한다. 만약 찾았으나 찾지 못하여 비록 근본의 마음에는 어긋나지만 다른 것에 주었다면 범한 것이 없다.

또한 범하지 않는 것은 처음으로 잘못을 저지른 사람과 혹은 어리석고, 미쳤으며, 마음이 어지럽고 고통스러운 것에 얽매인 것이다.

30) 복과칠일약(服週七日藥) 학처

어느 때 세존께서는 왕사성 죽림 가운데에 머무르셨다.

이때 구수 필린타자(畢隣陀子)의 제자의 문인(門人)이 소유한 여러 약을 스스로 손을 대었고, 다른 사람을 시켜 손을 대었으며, 혹은 음식과 함께 잘게 가루내어 섞었고, 혹은 그것을 다시 섞었으며, 혹은 한 가지 종류와 여러 가지가 섞인 것을 같이 한 곳에 두고서, 마땅히 버려야 할 것과 버리지 말아야 할 것을 알지 못하였고, 때나 때가 아닌 때에 뜻을 따라서 먹었다. 욕심이 적은 여러 필추들이 이 일을 보고 싫어하고 천박하게 생각하여 이와 같이 말하였다.

"어찌 필추가 소유한 여러 약을 스스로 손을 대었고, 다른 사람을 시켜 손을 대었으며, 혹은 음식과 함께 잘게 가루내어 섞었고, 혹은 그것을 다시 섞었으며, 혹은 한 가지 종류와 여러 가지가 섞인 것을 같이 한 곳에 두고서, 마땅히 버려야 할 것과 버리지 말아야 할 것을 알지 못하였고, 때나 때가 아닌 때 아닌 것을 알지 못하고서 뜻을 따라서 취하여 먹는가?"

---

6) 식차마나·사미·사미니를 가리킨다.

800

이때 여러 필추들이 이 인연으로 세존께 아뢰었다. 세존께서는 이 인연으로 여러 필추들을 모으셨고 아시면서도 일부러 물으셨으며, [자세한 설명은 생략한다.] 나아가 필린타자의 제자 문인들에게 물으셨다.

"그대가 진실로 소유한 여러 약을 스스로 손을 대었고, 다른 사람을 시켜 손을 대었으며, 혹은 음식과 함께 잘게 가루내어 섞었고, 혹은 그것을 다시 섞었으며, 혹은 한 가지 종류와 여러 가지가 섞인 것을 같이 한 곳에 두고서, 마땅히 버려야 할 것과 버리지 말아야 할 것을 알지 못하였고, 때나 때가 아닌 때 아닌 것을 알지 못하고서 뜻을 따라서 취하여 먹었는가?"

세존께 아뢰어 말하였다.

"진실로 그렇습니다. 대덕이시여."

이때 세존께서는 욕심이 많아 만족하는 것을 모르면 공양하기도 어렵고 만족하기도 어려운 것을 여러 가지로 꾸중하셨고, 욕심이 적고 만족하는 것을 알면 공양하기도 쉽고 만족하기도 쉬우며 헤아리는 것을 알아 두타(頭陀)를 행하는 것을 찬탄하시고서 여러 필추에게 알려 말씀하셨다.

"[자세한 설명은 생략한다.] 나아가 내가 열 가지의 이익을 관(觀)하고 모든 제자들을 위하여 그 학처를 제정하나니 마땅히 이와 같이 설하노라. 세존께서 설하기를, 여러 병이 있는 필추들이 가지고 있는 여러 가지의 약으로써 이를테면, 연유(酥)와 기름과 사탕(糖蜜) 등은 7일 동안은 마땅히 스스로 수지(守持)하고 가지고서 뜻을 따라서 먹는 것을 허락하나니, 만약 필추가 7일이 넘도록 먹는다면 니살기바일저가이니라."

'세존'은 여래(如來)·응(應)·정등각(正等覺)을 말한다.

'설하다.'는 소유하고서 밝게 보이시는 것이다.

'병든 필추'는 이 법 가운데의 필추의 몸에 병에 있는 것을 말한다.

'소유한 약들을 뜻을 따라서 먹는다.'는 병의 상태에서 마땅히 청정하게 먹는다는 말이다.

'연유'는 여러 가지 연유를 말한다.

'기름'은 여러 가지 기름을 말한다.

'사탕'은 여러 가지 당분을 말한다.

'꿀'은 벌꿀을 말한다.

'7일이라는 것'은 7일 동안의 낮과 밤을 말한다.

'마땅히 스스로 수지(守持)하고 가지고서 먹는다.'는 얻어서 스스로 취하여 먹는다는 말이다.

'7일을 지난다.'는 한계를 넘는다는 말이다.

'니살기바일저가'는 이 물건은 마땅히 버리고 죄를 참회하는 것을 말한다.

이 가운데에서 범한 모양과 그 일은 무엇인가? 만약 필추가 달의 초하루에 약을 얻었으면 이 약은 마땅히 7일까지 스스로 수지(守持)하거나, 혹은 버리며, 혹은 다른 사람에게 주어야 한다. 만약 스스로 수지하지 않고, 버리지도 않으며, 다른 사람에게 주지도 않고서 8일의 날이 밝으면 사타죄를 얻는다. 만약 필추가 초하루에 약을 얻었고, 2일에는 얻지 못하였으며, 3일에 약을 얻고, 나아가 7일에 약을 얻었다면 이 약은 마땅히 7일 이내에 스스로 수지하고 있고, 혹은 버리며, 혹은 다른 사람에게 주어야 한다. 만약 스스로 수지하지 않고, 버리지도 않으며, 다른 사람에게 주지도 않고서 8일의 날이 밝으면 사타죄를 얻는다.

만약 필추가 초하루에 약을 얻었고, 2일에도 약을 얻었으면 7일 이내에 첫 날에 얻은 약은 마땅히 갖고 있어야 하며, 2일에 얻은 약은 버리거나 남에게 주어야 한다. 혹은 2일에 얻은 약을 가지고 첫 날에 얻은 약은 버리고, 혹은 남에게 주어야 한다. 만약 스스로 수지하지 않고, 버리지도 않으며, 다른 사람에게 주지도 않고서 8일의 날이 밝는다면 사타죄를 얻는다.

만약 필추가 이를테면, 1일과 2일에 상대작법(相對作法)을 하고, 이와 같이 2일과 3일 나아가 6일과 7일에 상대작법을 하였으면, 나머지는 앞의 법과 같다. 만약 필추니가 달의 초하루에 많은 약을 얻었으면 이 약은 마땅히 7일 이내에 스스로 수지하고 있고, 혹은 버리며, 혹은 다른 사람에게 주어야 한다. 만약 스스로 수지하지 않고, 버리지도 않으며, 다른 사람에게 주지도 않고서 8일의 날이 밝는다면 사타죄를 얻는다.

만약 필추가 초하루와 같이 얻었고, 나아가 7일에도 많은 약을 얻었으면 이 약은 마땅히 7일 이내에 스스로 수지하고, 혹은 버리며, 혹은 다른 사람에게 주어야 한다. 만약 스스로 수지하지 않고, 버리지도 않으며, 다른 사람에게 주지도 않고서 8일의 날이 밝으면 사타죄를 얻는다.

만약 필추가 초하루에 많은 약을 얻고, 2일에도 역시 많은 약을 얻었으면, 이 초하루의 약은 7일 이내에 마땅히 수지하고 있어야 하고, 2일에 얻은 약은 버리거나 남에게 주어야 한다. 혹은 2일에 얻은 약을 스스로 수지하고 있다면 초하루에 얻은 약은 버리거나 남에게 주어야 한다. 버리지도 않고 다른 사람에게 주지도 않고서 8일의 날이 밝는다면 사타죄를 얻는다.

만약 필추가 초하루에 많은 약을 얻지 못하고, 2일에도 많은 약을 얻지 못하였으며, 나아가 6일과 7일에 비로소 많은 약을 얻었으면 6일에 얻은 약은 7일 이내에 마땅히 수지하고 있어야 하고, 7일에 얻은 약은 버리거나 남에게 주어야 한다. 만약 버리지도 않고 남에게 주지도 않고서며 8일의 날이 밝으면 사타죄를 얻는다. 만약 필추가 가지고 있는 여러 약들에 스스로 손을 대고, 남을 시켜서 손대게 하며, 혹은 다른 음식과 함께 가루내어 서로 닿게 하고, 혹은 서로를 섞으며, 혹은 여러 종류끼리 서로 섞은 것을 한 곳에 두어 분별할 수가 없으면 이 약은 곧 마땅히 사찰의 정인(淨人)에게 주고, 구적에게 주어야 한다.

만약 필추가 이 여러 가지 약들에 스스로 손대지 않고, 남을 시켜서 손대게 하지 않으며, 다른 음식과 가루를 내어 닿게 하지 않고, 역시 서로를 섞지도 않으며, 역시 다른 종류를 섞지도 않고, 역시 같이 한 곳에 놓지도 않아서 버리는 것과 버리지 않는 것 그리고 때와 때가 아닌 것을 잘 분별할 수 있으면 7일 이내에 스스로 갖고 있고, 스스로 취하여 복용하면, 마땅히 이와 같이 수지하면서 오전 중에 마땅히 손을 깨끗이 씻고 그 약을 취하고서 한 사람의 같은 범행자를 마주하고서 이렇게 말한다.

"구수여. 기억하소서. 나 필추 누구는 이 병을 인연하여 청정한 약을 제가 지금 지키고 지니면서 7일 이내에 스스로 복용하겠습니다."

같은 범행자와 두 번째와 세 번째의 범행자에게도 역시 이와 같이 말한다. 만약 이미 하루를 복용하였다면 곧 같은 범행자에게 "나는 이 병에 먹는 약을 이미 하루를 복용하였습니다. 남은 날은 6일이 남아 있으니 나는 복용하겠습니다."라고 말하라. 이와 같이 나아가 7일까지 모두 알려야 한다. 만약 7일이 되었으나, 아직도 남은 약이 있으면 마땅히 버리고, 정인(淨人)에게 주며, 혹은 구적에게 주어야 한다. 만약 버리지 않고서 8일의 날이 밝는다면 사타죄를 얻는다.

만약 필추가 사타죄를 범한 약이 있으나 버리고, 남에게 주지도 않으며, 간격을 두지도 않고, 참회하지도 않으며, 다시 다른 약을 얻으면 모두 사타죄를 범하는 것이니 앞의 것이 청정하지 못한 까닭이다. 만약 필추가 사타죄를 범한 약을 비록 버리기는 하였으나, 아직은 간격을 두지도 아니하고, 참회하지도 아니하며, 다시 다른 약을 얻으면 모두 사타죄를 범하는 것이니 앞의 것이 청정하지 않은 까닭이다.

만약 필추가 사타죄를 범한 약을 비록 이미 버렸고, 간격을 두었으나, 참회한다고 아직 말하지 않고서, 다른 약을 얻으면 모두 사타죄를 범한다. 만약 필추가 사타죄를 범한 약을 갖고 있으면서 아직 세 가지의 일을 하지 않고서, 다시 발우 끈과 허리띠를 얻어 다만 사문이 저축하는 것으로서 일상생활에 필요한 물건들을 받으면 모두 사타죄를 범하는 것이니, 앞의 것이 청정하지 않은 까닭이다.

만약 필추가 사타죄를 범한 약을 이미 버렸고, 이미 간격을 두었으며, 참회하고, 뒤에 다시 다른 약을 얻으면 범하는 것이 없다.

또한 범하지 않는 것은 처음으로 잘못을 저지른 사람과 혹은 어리석고, 미쳤으며, 마음이 어지럽고 고통스러운 것에 얽매인 것이다.

"여러 대덕이여. 나는 이미 30니살기바일저가법을 설하였습니다. 지금 묻겠습니다. 여러 대덕은 이 가운데에서 청정합니까? (이와 같이 세 번을 설한다.) 여러 대덕께서는 이 가운데에서 청정하나니, 묵연히 계시는 까닭입니다. 나는 지금 이와 같이 지니겠습니다."

근본설일체유부비나야 제25권

삼장법사 의정 한역
석보운 번역

5. 구십바일저가법(九十波逸底迦法)

총괄하여 게송으로 섭수하여 말한다.

망어(妄語)와 종자(種子)와
수식(數食)도 아울러 어긋나지 않는 까닭으로
충수명(蟲水命)과 반행(伴行)과
방생(傍生)과 도둑과 도식(徒食)이라네.

처음으로 별도로 게송으로 섭수하여 말한다.

거짓말과 헐뜯는 말과 이간시키는 말과
발거(發擧)를 설하는 것과 동성(同聲)과
죄를 말하는 것과 상인(上人)을 얻는 것과
친한 사람을 따르는 것과 곧 멸시하고 헐뜯는 것이네.

1) 고망어(故妄語) 학처

어느 때 세존께서 왕사성 갈란탁가지의 죽림원 가운데에 머무르셨다. 이때 구수 나호라(羅怙羅)[1]는 이 성의 옆에 있는 온천(溫泉)의 숲에 머무르고 있었다. 이때 공경하고 신심있는 많은 바라문·거사들이 그의 처소가 있는 곳으로 와서 물었다.

"대덕이여. 세존께서는 지금 어느 처소에 머무르고 계십니까?"

만약 불세존께서 죽림원 안에 머무르시면 나호라는 세존을 번거롭게 해드릴까 걱정이 되어 곧 취봉산(鷲峰山)에 머무르신다고 대답하였고, 만약 필발라굴(畢鉢羅窟)에 머무르시면 서니가굴(西尼伽窟)에 머무르신다고 대답하였으며, 만약 서니가굴에 머무르시면 그들에게는 필발라굴에 머무르신다고 대답하였다. 이때 여러 사람들은 세존께 예경하고자 하였으나 만날 수 없었다. 그리하여 몸이 피곤해지고 지쳐서 지극히 고생스러워진 그들은 나호라의 처소로 갔다. 이때 나호라는 그들에게 물었다.

"당신들께서는 세존을 뵈었습니까?"

대답하여 말하였다.

"만나지 못하였습니다."

여러 사람들이 알려 말하였다.

"성자께서는 무슨 까닭으로 우리들을 괴롭게 하십니까?"

대답하여 말하였다.

"진실로 그렇습니다. 내가 일부러 여러분들을 괴롭게 하였습니다."

이때 사람들은 각자가 싫어하고 천박하게 생각하였다. 이때 여러 필추들이 이 인연을 갖추어 세존께 아뢰었다. 이때 세존께서는 이 말을 들으시고서 하루의 초분(初分)에 가사와 발우를 지니고 왕사성으로 들어가시어 차례로 걸식하셨으며 본래의 처소로 돌아오셨다. 공양을 마치시고 식후시(食後時)에 곧 온천의 숲이 있는 나호라의 처소로 가셨다. 이때 나호라는 멀리서 세존께서 오시는 것을 보고 세존을 위하여 자리를 준비하고, 곧 물병과 발 씻는 그릇을 펼쳐놓고 손을 깨끗이 씻고서 나아가 세존을 맞이하였다. 나호라는 상의(上衣)를 거두고서 아뢰었다.

"잘 오셨습니다. 세존이시여. 원하옵건대 이 자리에 앉으십시오."

---

1) 산스크리트어 Rāhula의 음사로써 세존의 아들이다. 석가의 10대 제자 중 한 사람이 된다. 계율의 규칙을 엄격히 지켜 밀행(密行) 제일로 불렸다.

세존께서는 나아가 자리에 앉으시고서 곧 병의 물을 취하여 스스로 두 발을 씻으셨으며, 발 씻는 그릇에서 많은 물을 버리시고 조금만을 남겨두시고, 나호라에게 말씀하셨다.

"그릇 안에 물이 조금 남아 있는 것이 보이는가?"

세존께 아뢰어 말하였다.

"대덕이시여. 그것을 보았습니다."

세존께서 말씀하셨다.

"나호라여. 만약 필추가 일부러 거짓말을 하고, 부끄러워하는 마음도 없으며, 또한 뉘우치지도 않으면, 나는 이렇게 어리석은 사람을 보고 사문의 법이 부족하고 적다고 설하느니라."

세존께서는 다시 그릇 안의 있는 물을 모두 땅에 부으시고 나호라에게 알려 말씀하셨다.

"그대는 약간의 물이 모두 땅에 버려진 것을 보았는가?"

세존께 아뢰어 말하였다.

"대덕이시여 그것을 보았습니다."

세존께서 말씀하셨다.

"나호라여. 만약 일부러 거짓말을 하고, 부끄러워하는 마음이 없으며, 또한 뉘우치는 마음이 없으면 나는 그와 같이 어리석은 사람을 보고 사문의 법을 버려 없어진다고 설하느니라."

세존께서는 다시 그 그릇을 땅에 기울이시고 나호라에게 알려 말씀하셨다.

"그대는 이 그릇이 땅에 기울어진 것이 보이는가?"

세존께 아뢰어 말하였다.

"대덕이시여. 그것을 보았습니다."

세존께서 말씀하셨다.

"만약 필추가 일부러 마음을 먹고 거짓말을 하고도, [이하 자세한 내용은 생략한다.] 사문의 법이 기울어진다고 설하느니라."

세존께서는 다시 그 그릇을 땅에 엎어 놓으셨고 나호라에게 물으셨으며,

나아가 말씀하셨다.

"앞에서와 같이, [이하 자세한 내용은 생략한다.] 사문의 법이 기울어진 것이라고 설하느니라."

"다시 나호라여. 마치 술에 취한 코끼리 왕이 큰 힘이 있고, 어금니는 수레의 굴대[軸]와 같으며, 살찌고 용맹하여 전투를 잘하여 전쟁터에서 가운데로 나아가 다른 코끼리들과 함께 싸울 때에 네 다리와 두 어금니와 꼬리와 척추와 겨드랑이를 모두 사용하였으나 유독 그 코를 말고서 뻗지 않는 것과 같으니라. 나호라여. 이 코끼리는 목숨을 보호하려는 까닭에 그 코를 사용하지 않고 적군을 물리치는 것이니 코끼리를 부리는 사람은 곧 '이 코끼리왕은 몸과 목숨을 아끼며 보호하는구나.'라고 생각하는 것이니라.

나호라여. 만약 그 코끼리왕이 맞서 싸울 때에 코를 내놓고 전투하면, 이때에 코끼리를 부리는 사람은 곧 이 코끼리가 몸과 목숨을 아끼지 않으며, 아군과 적군 모두 죽고 다치게 하여 악을 저지르지 않는 것이 없는 것을 알게 된다. 이와 같이 나호라여. 만약 다시 필추가 고의적인 마음으로 거짓말하고, 부끄러워하는 마음도 없으며, 또한 뉘우치는 마음도 없으면, 나는 이 사람이 악을 짓지 않는 것이 없다고 말하느니라."

이때 세존께서는 가타로 설하여 말씀하셨다

만약 사람이 진실한 법을 어기고
일부러 헛되고 거짓된 말을 하면
나아가 목숨이 마칠 때까지
허물을 짓지 않는 것이 없으리라.

차라리 불에 달군 쇠구슬을 삼키고
맹렬한 불길에 나갈지라도
계율을 깨뜨린 입으로
신심 있는 다른 사람의 음식을 먹지 않으리라.

이때 세존께서는 다시 나호라에게 알려 말씀하셨다.

"그대의 생각이 어떠한가? 무슨 뜻으로 세상 사람들이 손에 거울을 잡겠는가?"

나호라께 세존께 아뢰어 말하였다.

"세존이시여. 그들이 거울을 잡는 것은 자기의 선악의 모습을 보려는 것입니다."

세존께서 나호라에게 알리셨다.

"이와 같다. 이와 같다. 그대가 신업(身業)으로 지어 소유한 것을 마땅히 때때로 스스로가 잘 관찰해야 한다. '내가 지금 이와 같은 신업을 일으키려고 한다면 이러한 신업은 나 자신을 해치고 아울러 다른 사람의 몸까지도 해치므로 이것은 선하지 않은 일이고 고통스러운 악업이니 능히 미래에 고통스러운 이숙(異熟)에 감응할 것이다. 자신을 해치지 않고 아울러 다른 사람도 해치지 않으면 이것은 매우 선한 일이고 안락한 업이니 능히 미래에 즐거운 이숙에 감응할 것이다.'

나호라여. 만약 그대가 이렇게 관찰할 때에 곧 바로 능히 이러한 신업을 명료하게 알았다면 '내가 지금 짓고자 하는 것은 능히 나와 다른 사람을 해치는 것이니 이것은 선하지 않은 일이고 고통스러운 악업이다. 능히 미래에 고통스러운 이숙에 감응할 것이다.'고 하고서 이러한 신업을 마땅히 검사하고 거두어 들여서 곧 마땅히 짓지 않으리라. 나호라여. 만약 그대가 이렇게 관찰할 때에 곧 바로 능히 이 신업을 명료하게 알았다면 '내가 지금 짓고자 하는 것은 능히 나와 다른 사람에게 이익되는 것이니 이것은 매우 선하고 안은한 업이다. 능히 미래에 즐운 이숙에 감응할 것이다.'라고 하고서 이러한 신업을 마땅히 일으켜서 그 선한 일을 닦으리라."

다시 세존께서 다음으로 나호라에게 알리셨다.

"그대가 지닌 신업으로 짓고 소유한 것을 마땅히 때때로 스스로 잘 관찰한다면 '내가 일찍이 이와 같은 신업을 지었으니 이러한 신업은 능히 나와 다른 사람을 해쳤으니 마땅히 고통스러운 과보를 받으리라.'고

하고서 곧 마땅히 짓지 않으리라. '만약 나와 다른 사람을 이롭게 한다면 마땅히 즐거운 과보를 받으리라.'고 하고서 곧 마땅히 닦고 배워야 하느니라."

다시 세존께서 다음으로 나호라에게 알리셨다.

"그대가 지닌 신업으로 짓고 소유한 것을 마땅히 때때로 스스로 잘 관찰한다면 '내가 일찍이 이와 같은 신업을 지었으니 이러한 신업은 능히 나와 다른 사람을 해쳤으니 마땅히 고통스러운 과보를 받으리라.'고 하고서 소유한 죄업을 마땅히 부처님 앞에 마주하고서 지극하게 정성스럽고 간절한 마음으로 지은 죄를 말하거나, 혹은 청정한 같은 범행자의 앞에서 그 허물을 드러내어 참회하여 말하고 '장래에는 금계(禁戒)를 거듭해서 범하지 않겠습니다.'라고 할 것이고, 선업을 지어 능히 자신과 다른 사람을 이익되게 할 수 있다면 마땅히 즐거운 과보를 받을 것이니 마땅히 환희심을 일으킬 것이며, '밤과 낮의 가운데에서 그 지은 것을 기뻐하며 방일하지 않겠다.'라고 해야 하느니라.

나호라여. 신업으로 짓고자 하는 것과 지금 짓는 것, 이미 지은 것을 세 때에 관찰하는 것과 같이 마땅히 구업(口業)과 의업(意業)에 있어서도 역시 이와 같음을 마땅히 알라. 나호라여. 마땅히 알라. 과거와 미래와 현재에 소유한 행업(行業)은 모두가 마음을 까닭으로 생겨나는 것이니라. 마땅히 자주 관찰하여 망령된 생각을 버리고 항상 선한 마음을 일으켜야 하느니라.

나호라여. 만약 어느 사문과 바라문 등이 신(身)·어(語)·의(意)업에서 현재의 업을 일으킬 때에는 마땅히 잘 관찰하여 지극히 청정하고 항상 많이 닦고 익히면서 마땅하게 머물러야 하느니라. 나호라여. 현재에 삼업을 관찰하면서 지극히 청정하고 마땅하게 머무르게 하는 것과 같이 과거와 미래에 있어서도 역시 이와 같으니라. 이러한 까닭으로 그대는 지금 삼업의 가운데에서 항상 잘 관찰하여 지극히 청정하고 마땅하게 머무르며 방일하지 말라."

이때 세존께서 가타로 설하여 말씀하셨다.

나호라여. 그대는 마땅히 알라.
항상 삼업을 관찰하여
여러 악을 짓지 않는
이것이 여러 부처님의 가르침에 수순하는 것이라네.

이것은 성문의 업이므로
그대가 지금 마땅히 닦을 것이고
이 행(行)을 닦고 익히는 때에는
선함이 늘어나서 모든 악을 쉬리라.

　이때 세존께서 나호라를 위하여 보여주시고 가르치셨으며 이익되고
즐겁게 설법하여 마치시니, 이때 나호라는 세존의 두 발에 예경하고
환희하며 받들어 행하였다. 이때 세존께서 자리에서 일어나 떠나가셨으나
이 연기로서 아직 계율을 제정하지는 않으셨다.

　세존께서는 서다림에 머무르셨다.
　이때 법수(法手) 필추는 석가자(釋迦子)로서 이곳에 머무르면서 언설(言
說)을 능히 잘하여 다른 논리들에게 항복받았다. 그때 중국(中國)에 한
마납박가(摩納縛迦)가 배움을 구하기 위하는 까닭으로 남방으로 갔다.
[일의 자세한 내용은 앞의 제4 바라시가(波羅市迦)의 겁비라인연(劫比羅因
緣)의 가운데에 갖추어 설명된 것과 같다.]
　이때 마납박가가 섬기는 스승은 남방의 바라문으로 여러 논리에 널리
통하였다. 마납박가와 여러 제자들과 함께 점차로 유행하면서 여러 성읍을
지나서 마침내 실라벌성에 이르렀다. 이때 그 실라벌성 안에는 한 바라문이
대중의 상수였는데 남방의 대논사(大論師)가 이르렀다는 소식을 듣고서
여러 학도들에게 말하였다.
　"그대들은 아는가? 바라문인 남방의 대논사가 있어 지금 이곳에 이르러
같이 논쟁할 상대를 구하고 있네. 만약 그 논사가 여러 논리 가운데에

뜻을 세우고 있다면 그대들은 각자 익힌 것을 따라서 함께 서로를 상대하여
보게. 만약 능히 그를 논파할 수 있다면 곧 '옳다.'고 말할 것이나, 만약
논파하지 못한다면 마땅히 그를 인도하여 세존의 제자 가운데에 가서
함께 논의하도록 하게. 만약 그 논사가 능히 석자(釋子)를 논파할 수 있다면
이것은 곧 우리 바라문이 이기는 것이고, 만약 그 세존의 제자가 그를
항복시킬 수 있다면 이것 역시 우리 바라문이 이기는 것이네. 왜 그러한가?
능히 팔방(八方)에 큰 명성이 퍼졌으니, '남방의 한 대바라문(大婆羅門)이
있어 사명(四明)을 잘 이해하였고 팔술(八術)에 묘하게 통하였으므로 와서
격론(激論)하는 것을 구하여 실라벌성에 이르렀으니 성 안에 어느 사람이
능히 그의 논리를 꺾을 것인가? 우리들은 모든 사람들은 역시 패배한
것이 아니다.'고 말할 것이네."

그때 그 논사는 초분에 옷으로 배를 덮고 손에 횃불을 잡고서 실라벌성으
로 들어갔다. 이때 성 안의 바라문의 아들이 물어 말하였다.

"대사께서는 무슨 까닭으로 배를 덮었습니까?"

논사가 대답하여 말하였다.

"받은 학업이 나의 뱃속에 가득 차있어서 배가 찢어지는 것이 두려운
까닭으로 옷으로 덮은 것입니다."

다시 물었다.

"무슨 인연으로 대낮에 횃불을 잡고 있습니까?"

논사가 대답하여 말하였다.

"나는 여러 사람들이 우치(愚癡)하고 암매(暗昧)한 것을 보고서 지금
지혜의 횃불로서 밝게 열어주고자 합니다."

논사는 곧 그의 학도들과 함께 다시 서로에게 어려운 것을 물었고
격렬한 논쟁이 벌어진 곳에서 사람들은 모두 입을 다물었고 성 안의
학사(學士)들은 모두 굴복하였다. 여러 사람들이 알려 말하였다.

"대사께서는 무슨 까닭으로 자붕(自朋)2)을 욕보이십니까?"

---

2) 같은 종족인 바라문을 가리키는 말이다.

논사가 알려 말하였다.

"어찌 여기 다시 타붕(他朋)³⁾이 있겠습니까?"

여러 사람이 말하였다.

"있습니다."

논사가 말하였다.

"그는 어느 사람입니까?"

알려 말하였다.

"사문 석자입니다. 요즈음에 곧 사성(四姓) 가운데에서 번성하여 홀로 존승(尊勝)이라 칭찬되는데, 들은 것이 많고 말이 뛰어나서 사람들에게 많이 알려져 있습니다. 지금 논사께서 가시어 그들과 함께 논하여 보십시오."

물어 말하였다.

"그들은 어디에 거처하고 있습니까?"

알려 말하였다.

"이 성안의 서다림 안에 있습니다."

물어 말하였다.

"그들 대중 가운데에서 누가 제일 격론에 뛰어납니까?"

알려 말하였다.

"그들은 모두가 널리 알고 총명하며 사리에 밝고 말로 분별하는 것이 분명합니다."

이렇게 말하고 있을 때에 법수필추가 우연히 다른 인연이 있어서 그곳에 이르렀다. 여러 사람들이 그가 오는 것을 보고서 논사에게 알려 말하였다.

"대사께서도 지금 역시 여러 다른 사문 석자들을 만나겠지만 마땅히 이 법수필추와 함께 논란(論難)을 펼치십시오."

논사가 곧 필추를 똑바로 바라보고서 여러 사람에게 알려 말하였다.

"대략 모습을 살펴보니 확실히 이 사람은 논주(論主)입니다."

---

3) 다른 종족인 바라문을 제외한 종족을 가리키는 말이다.

곧 그에게 나아가서 알려 말하였다.

"필추여. 나는 먼저 스승에게서 일찍이 조금 배웠습니다. 당신과 함께 곧 논단(論端)을 펼치고자 합니다."

법수필추가 알려 말하였다.

"이것은 진실로 매우 좋습니다. 내가 이 마음으로 논란(論難)을 구하려고 하면서 '어떻게 마땅한 적수를 만나서 텅빈 마음이 끝낼까?' 하였는데 당신이 아주 멀리서 오셨으니 매우 내가 원했던 것입니다. 뜻을 따라서 마땅히 지으십시오."

논사가 물어 말하였다.

"어느 날에 대담(對談)하겠습니까?"

필추가 알려 말하였다.

"내일 지읍시다."

"어디에서 하겠습니까?"

"어느 화원(花園)입니다."

함께 약속하고서 떠나갔다. 이때 그 논사는 함께 약속하고서 곧 그날 밤에 양종(兩宗)을 연구하고 조사하여 밝히고 미리 과조(科條)를 살피고 검토하며 찾고 잠을 자지 않고서 사유하여 날이 밝기를 기다렸다. 이때 법수필추는 이렇게 생각하였다.

'내가 만약 이 논사를 논파하더라도 역시 여러 집의 음식으로 배를 채우는 것을 벗어나지 못할 것이나, 만약 바라문의 무리가 나를 꺾는다면 내가 가지고 있는 명성과 화관(花冠)은 모두 없어질 것이다.'

이때 바라문은 새벽이 되자 그 화원에 나아가 서서 필추가 그곳에 오기를 기다렸으나 법수는 약속한 곳으로 가지 않았다. 바라문은 오래 기다렸으나 오지 않아서 마침내 성안으로 돌아갔다. 이때 법수는 약속한 때가 지났다고 짐작하고 곧 성 안에 들어가서 차례로 다니면서 걸식하였다. 마침 바라문이 그를 보고는 물었다.

"당신은 무슨 까닭으로 화원에 오지 않았습니까?"

알려 말하였다.

"어느 곳의 화원입니까?"

바라문이 말하였다.

"당신은 어찌 어제 함께 그곳에서 장차 '주고 받자.'고 한 약속을 기억하지 못합니까?"

법수가 알려 말하였다.

"내가 그 일을 잊었습니다."

바라문은 이렇게 생각하였다.

'내가 밤을 새면서 논단을 생각하였으나 필추는 <이내 자신이 기억하지 못하였다.>고 말하는구나.'

다시 이렇게 생각하였다.

'그러나 이 필추는 두 종류의 허물이 없다. 첫째는 정식(情識)이 우매하고, 둘째는 말재주가 다른 사람들보다 뛰어난 것이다.'

다시 필추에게 알려 말하였다.

"내일 다시 만나기로 약속합시다."

알려 말하였다.

"알겠습니다."

그 바라문은 다음 날에 약속한 시간이 되어 화원으로 나아가서 오랫동안 머무르면서 서로를 기다렸으나 다시 오지 않았고, 기대하고 바라보다가 머뭇거리면서 다시 성읍(城邑)으로 돌아갔다. 이때 법수는 약속한 시간이 지났음을 알고서 성으로 들어가 걸식을 하였다. 그 바라문이 보고서 다시 물었다.

"필추여. 무슨 까닭으로 다시 나오지 않았습니까?"

법수가 알려 말하였다.

"내가 어찌 풍병(風病)이겠습니까? 어찌 오직 논의의 한 가지 일에 다시 다른 업이 없겠습니까? 그러나 나는 매일 새벽에 대사의 일을 받들고 아직 듣지 못한 법을 공경하는 마음으로 들으며 문도들께 다시 스스로 알게 하고서 다시 귀인(貴人)에게 가서 맞이하여 법을 설합니다."

바라문이 말하였다.

"필추는 마땅히 고의적으로 남을 속이려고 거짓말을 하지 마십시오."
대답하여 말하였다.

"나는 진실로 그렇게 하겠습니다."

이러한 까닭으로 법수필추는 다른 논사들과 함께 나아가는 것을 허락하였으나 고의적으로 거짓말을 하여 그 논사에게 자주 수고롭게 왕래하도록 하였다. 여러 외도의 부류들이 이 일을 듣고서 각자 싫어하고 천박하게 생각하였다.

"그대들은 마땅히 알라. 사문 석자는 고의적인 마음으로 망어(妄語)를 하였다. 다른 논자(論者)와 함께 화원에서 만나기로 약속을 하고서 고의적으로 거짓말을 하여 그 논자에게 헛되이 수고롭게 왕래하도록 하였다."

여러 필추들이 듣고서 갖추어 세존께 아뢰었다. 세존께서는 이 인연으로 필추 대중을 모으셨으며, 법수에게 물어 말씀하셨다.

"그대가 진실로 이와 같이 고의적인 망어의 일로서 다른 사람과 함께 약속하고서 일부러 가지 않았는가?"

대답하여 말하였다.

"진실로 그렇습니다."

세존께서는 이때 여러 가지로 꾸중하셨으며, [자세한 설명은 앞에서와 같다.]

"나아가 내가 지금 여러 필추들을 위하여 학처를 제정하나니, 마땅히 이와 같이 설하노라. 만약 다시 필추가 일부러 거짓말하면 바일저가(波逸迦)이니라."

'만약 다시 필추'는 법수를 말하고, 뜻은 앞에서와 같다.

'일부러'는 고의적인 마음으로 그것이 사실이 아닌 것을 아는 것을 말한다. 거짓말에는 아홉 가지의 거짓말이 있으니, 여덟 가지와 일곱 가지와 여섯 가지와 다섯 가지와 네 가지와 세 가지와 두 가지 종류의 차별이 같지 아니하다. 무엇이 아홉 가지의 거짓말인가? 근거없는 타승(他勝)·승가벌시사(僧伽伐尸沙)·바일저가(波逸底迦)·제사니(提舍尼)⁴⁾·돌색흘리다(突色訖里多)⁵⁾와 근거 없는 파계(破戒)·파견(破見)·파위의(破威儀)·파

816

정명(破正命)으로써 거짓말을 하는 것을 말한다.

무엇이 여덟 가지의 거짓말인가? 근거 없는 타승죄·승가벌시사·바일저가·제사니·돌색흘리다와 근거 없는 견(見)·문(聞)·의(疑)를 말한다. 무엇이 일곱 가지의 거짓말인가? 근거 없는 파계·파견·파위의·파정명 그리고 근거 없는 견·문·의를 말한다. 무엇이 여섯 가지의 거짓말인가? 만약 필추가 거짓말을 하려고 할 때에 '나는 마땅히 거짓말을 해야겠다.'고 생각하는 것과 혹은 거짓말을 할 때에 '나는 거짓말을 하고 있다.'고 생각하는 것과 거짓말하고 나서 '나는 이미 거짓말을 했다.'고 생각하는 것과 그리고 근거 없는 견·문·의를 말한다.

무엇이 다섯 가지의 거짓말인가? 근거 없는 오부죄(五部罪)[6]로써 거짓말을 하는 것을 말한다. 무엇이 네 가지의 거짓말인가? 근거 없는 파계·파견·파위의·파정명을 말한다. 무엇이 세 가지의 거짓말인가? 근거 없는 견·문·의를 말한다. 또 세 가지의 거짓말이 있으니, 거짓말을 할 때 이와 같이 '나는 마땅히 거짓말을 해야겠다.'고 생각하는 것과 곧 거짓말을 하면서 '나는 거짓말을 하고 있다.'고 생각하는 것과 거짓말을 하고서 '나는 거짓말을 하였다.'고 생각하는 것이다. 무엇이 두 가지의 거짓말인가? '나는 거짓말을 하고 있다.'고 생각하는 것과 '나는 이미 거짓말을 하였다.'고 생각하는 것이다. 한 가지의 거짓말이 성립되는 것은 없다.

다시 다섯 가지의 거짓말이 있으니 무엇인가? 스스로 거짓말을 하여 바라시가를 얻는 것과 승가벌시사를 얻는 것과 솔토라저야를 얻는 것과 바일저가를 얻는 것과 돌색흘리다를 얻는 것이다. 무엇이 바라시가를 얻게 되는 거짓말인가? 만약 필추가 실제로는 상인법(上人法)을 얻지

---

4) 바라제제사니(波羅提提舍尼)의 줄임말이다. 산스크리트어 pratideśanīya의 음사로 향피회(向彼悔)라고 번역된다. 계율을 가볍게 어긴 조목으로, 청정한 필추에게 참회하면 죄가 소멸된다.

5) 산스크리트어 duṣkṛta의 음사로서 돌길라(突吉羅)·돌색흘리다(突色訖里多)로 한역되며, 경구(輕垢)·월비니(越毘尼)라고 의역한다.

6) 바라시가(波羅市迦)·승가벌시사(僧伽伐尸沙)·바일저가(波逸底迦)·바라제제사니(波羅提提舍尼)·돌색흘리다(突色訖里多) 등이다.

못하였으나, 스스로는 얻었다고 말하면 이 거짓말은 바라시가를 얻는다. 무엇이 승가벌시사를 얻게 되는 거짓말인가? 만약 필추가 청정하여 범한 것이 없는 것을 알고서도 근거 없는 타승법(他勝法)으로 비방한다면 이 거짓말은 승가벌시사를 얻는다. 무엇이 솔토라저야를 얻게 되는 거짓말인가? 만약 필추가 승가 대중 가운데에 있으면서 고의적인 마음으로 거짓말을 하여, 법 아닌 것을 법이라고 말하고, 법을 법이 아니라고 말하며, 율이 아닌 것을 율이라고 말하고, 율을 율이 아니라고 말하면 이 거짓말은 솔토라저야를 얻는다. 무엇이 돌색흘리다를 얻게 되는 거짓말인가? 만약 필추가 보름마다 행하는 포쇄타에서 계경을 외울 때 '그대는 청정한가?'라고 묻는데 실제로는 청정하지 못하고 스스로 범한 것이 있는 것을 알면서도 덮어 감추려는 마음으로 조용히 있다면 이 거짓말은 돌색흘리다를 얻는다.

이전에 설한 네 가지의 거짓말을 제외하고 나머지 여러 거짓말은 모두 바일저가죄를 얻는다. 이 바일저가는 불에 태워지고 떨어진다는 뜻이니, 죄를 범한 자는 지옥·축생·아귀의 악도 가운데에 떨어져서 불에 타는 고통을 받는다는 말이다. 또한 이 죄는 만일 은근(慇懃)하게 말하여 없애지 않으면 곧 능히 가지고 있는 선법을 장애하게 된다. 이러한 여러 가지 뜻이 있는 까닭으로 바일저가라고 이름한다.

이 가운데에서 범한 모양과 그 일은 무엇인가? 안에서 게송으로 섭수하여 말하겠노라.

만약 실제로 보고 듣지 않았고
깨닫지도 알지도 못한 생각과
나아가 의심하고서 다르게 말하는
이것이 망어임을 마땅히 알라.

만약 필추가 보지도 못하였고, 듣지도 못하였으며, 깨닫지도 못하였고, 알지도 못하였으면서 이와 같이 생각하고 이렇게 인정하여 곧 "나는 보았고, 나는 들었으며, 나는 깨달았고, 나는 알았다."라고 말한다면,

818

말을 할 때마다 모두 바일저가죄를 얻는다. 만약 필추가 일찍이 보았고 들었으며 깨달았고 알았으나, 그 일을 잊어버리고 이렇게 생각하여 이렇게 인정하여 "나는 잊어버리지 않았다."고 말한다면, 말을 할 때마다 모두 바일저가를 얻는다. 만약 실제로 보았고 들었으며 깨달았고 알았으나, 뒤에 드디어 의심하는 생각을 일으켜 저것이 이것을 지었다고 생각하고 이와 같이 인정하여 "보는 것 등에 의심이 없다."고 말한다면, 말을 할 때마다 모두 사타죄를 얻는다. 만약 보았고 들었으며 깨달았고 알지 못하였으나 보았다는 등의 생각을 가지고서 그것이 이것을 지었다고 이해하여 '보았다.'는 등을 말한다면, 말을 할 때마다 모두 본죄를 얻는다.

만약 실제로 보지 못하였으나 들었고 깨달았고 아는 것이 있어 그것이 이것을 지었다고 생각하고 이와 같이 인정하여 뒤에 "나는 보기는 하였으나 들은 것 등은 없었다."고 말한다면, 말을 할 때마다 모두 본죄를 얻는다. 만약 실제로 듣지는 못하였으나 보았고 깨달았으며 알아서 저것이 이것을 지었다고 생각하고 이와 같이 인정하여 뒤에 "나는 듣기는 하였으나 보았고 깨달았으며 알지는 못했다."고 말한다면, 말을 할 때마다 모두 본죄를 얻는다. 만약 실제로 깨닫지는 못하였으나 보았고 들었으며 알아서 그것이 이것을 지었다고 생각하고 이와 같이 인정하여 뒤에 "나는 깨닫기는 하였으나 보았고 들었으며 알지는 못하였다."고 말한다면, 말을 할 때마다 모두 본죄를 얻는다. 만약 실제로 알지는 못하였으나 보았고 들었으며 깨달아 이와 같이 생각을 하고 이와 같이 인정하여 뒤에 "나는 알기는 하였으나 보았고 들었으며 깨닫지는 못했다."고 말한다면, 말을 할 때마다 모두 본죄를 얻는다.

만약 실제로는 보았으나 잊고서 듣고 깨닫고 안 것은 잊지 않고서 그것이 이것을 지었다고 생각하여 뒤에 "나는 본 것을 잊지 않았으며 들었고 깨달았으며 안 것도 또한 잊지 않았다."고 말한다면, 말을 할 때마다 모두 본죄를 얻는다. 만약 실제로는 들었으나 잊고서 보았고 깨달았으며 아는 것은 잊지 않고서 저것이 이것을 지었다고 생각하여 뒤에 "나는 들은 것은 잊지 않았으며 보았고 깨달았으며 아는 것도 또한 잊지 않았다.”고 말한다면, 말을 할 때마다 모두 본죄를 얻는다. 만약 실제로는 깨달았다가 잊고서 보았고 들었으며 안 것은 잊지 않아서 그것이 이것을 지었다고 생각하여 뒤에 “나는 깨달은 것을 잊지 않았으며 보았고 들었으며 안 것도 또한 잊지 않았다.”고 말한다면, 말을 할 때마다 모두 본죄를 얻는다. 만약 실제로는 알았다가 잊고서 보았고 들었으며 깨달은 것은 잊지 않아서 저것이 이것을 지었다고 생각하여 뒤에 “나는 안 것은 잊지 않았으며 보았고 들었으며 깨달은 것도 또한 잊지 않았다.”고 말한다면, 말을 할 때마다 모두 본죄를 얻는다.

만약 실제로는 보았으나 의심하여 듣고 깨닫고 안 것은 의심하지 않아서 저것이 이것을 지었다고 생각하여 뒤에 “나는 본 것은 의심하지 않았으나 들었고 깨달았으며 안 것을 의심한다.”고 말한다면, 말을 할 때마다 모두 본죄를 얻는다. 만약 실제로는 들었으나 의심하여 보았고 깨달았으며 아는 것은 의심하지 않아서 저것이 이것을 지었다고 생각하여 뒤에 “나는 들은 것은 의심하지 않았으나 보았고 깨달았으며 아는 것은 의심한다.”고 말한다면, 말을 할 때마다 모두 본죄를 얻는다.

만약 실제로는 깨달았으나 의심하여 보고 듣고 아는 것은 의심하지 않아서 그것이 이것을 지었다고 생각하여 뒤에 “나는 깨달은 것을 의심하지 않았으나 보았고 깨달았으며 아는 것은 의심한다.”고 말한다면, 말을 할 때마다 모두 본죄를 얻는다. 만약 실제로는 알았으나 의심하여 보았고 깨달았으며 깨달은 것은 의심하지 않아, [이하 자세한 내용은 생략한다.] 설하는 것은 역시 앞에서와 같다.

만약 실제로는 보지 못하였으나 보지 못하였다는 생각을 하고서 듣고 깨달은 것은 듣고 깨닫고 안다는 생각을 하면서도 뒤에 “나는 보기는 하였으나 듣고 깨닫고 알지는 못했다.”고 말한다면, 말을 할 때마다 본죄를 얻는다. 만약 실제로는 듣지 못한 것을 듣지 못했다는 생각을 하고 보고 깨닫고 아는 것을 보고 깨닫고 안다고 생각하여 뒤에 “나는 듣기는 하였으나 보고 깨닫고 알지는 못하였다.”고 말한다면, 말할 때마다 본죄를 얻는다.

만약 실제로 깨닫지 못한 것을 깨닫지 못하였다는 생각을 하고서 보고 듣고 아는 것을 보고 듣고 안다고 생각하여 뒤에 "나는 깨닫기는 하였으나 보고 듣고 알지는 못하였다."고 말한다면, 말할 때마다 본죄를 얻는다. 만약 실제로는 들었으나 의심하여 보고 깨닫고 알아서 의심하지 않고서 그와 같이 생각하여 뒤에 "나는 들었으나 의심하지 않고 보고 깨닫고 알았으나 의심하지 않았다."고 말한다면, 말할 때마다 본죄를 얻는다.

만약 실제로는 깨달았으나 의심하여 보고 듣고 알아서 의심하지 않고서 그와 같이 생각하여 뒤에 "나는 깨달았음을 의심하지 않으며 보고 듣고 알았으나 의심한다."고 말한다면, 말할 때마다 본죄를 얻는다. 만약 실제로는 알았으나 의심하여 보고 듣고 깨달아 의심하지 않으면 위에서 설명한 것과 같다.

만약 실제로는 보지 못한 것을 보지 못한다는 생각을 하고서 듣고 깨닫고 안 것을 듣고 깨닫고 생각하여 뒤에 "나는 보았으나 듣고 깨닫고 알지는 못하였다."고 말한다면, 말할 때마다 본죄를 얻는다. 만약 실제로는 듣지 못한 것을 듣지 못한다는 생각을 하고서 보고 깨닫고 안 것을 보고 깨닫고 알았다고 생각하여 뒤에 "나는 들었으나 보고 깨닫고 알지는 못하였다."고 말한다면, 말할 때마다 본죄를 얻는다. 만약 실제로는 깨닫지 못하는 것을 깨닫지 못하였다는 생각을 하고서 보고 듣고 안 것에 대하여 보고 듣고 알았다는 생각을 하면서 뒤에 "나는 깨닫기는 하였으나 보고 듣고 알지는 못하였다."고 말한다면, 말할 때마다 본죄를 얻는다.

만약 실제로 알지 못하는 것을 알지 못하였다는 생각을 하고서 보고 듣고 깨달은 것에 대하여 보고 듣고 깨달았다는 생각을 하면서 뒤에 "나는 알기는 하였으나 보고 듣고 깨닫지는 못하였다."고 말한다면, 말할 때마다 본죄를 얻는다. 만약 실제로는 보고 듣고 깨닫고 알면서도 저것이 이것을 지었다고 생각하여 뒤에 "나는 보지도 듣지도 깨닫지도 알지도 못했다."고 말한다면, 말할 때마다 본죄를 얻는다.

만약 실제로는 보고 듣고 깨닫고 알았으며, 그 일을 잊지 않고서 저것이 이것을 지었다고 생각하여 뒤에 "나는 보고 듣고 깨닫고 알았으나 그 일을 잊어버렸다."고 말한다면, 말할 때마다 본죄를 얻는다. 만약 실제로는

보고 듣고 깨닫고 알아서 의심하지 않으면서 저것이 이것을 지었다고
생각하여 뒤에 "나는 보고 듣고 깨닫고 알지만 의심하는 마음이 있다."고
말하면, 말할 때마다 본죄를 얻는다.

　만약 실제로는 보기는 하였고 듣고 깨닫고 알지는 못하였으면서 저것이
이것을 지었다고 생각하여 뒤에 "나는 보지는 못하였으나 듣고 깨닫고
안다."고 말한다면, 말할 때마다 본죄를 얻는다. 만약 실제로는 듣기는
하였으나 보고 깨닫고 알지는 못하였으면서 저것이 이것을 지었다고
생각하여 뒤에 "나는 듣지 못하였으나 보고 깨닫고 안다."고 말하면,
말을 할 때마다 본죄를 얻는다.

　만약 실제로 깨닫기는 하였으나 보고 듣고 알지는 못하였으면서 저것이
이것을 지었다고 생각하여 뒤에 "나는 깨닫지는 못하였으나 보고 듣고
안다."고 말한다면, 말할 때마다 본죄를 얻는다. 만약 실제로는 알지만
보고 듣고 깨닫지는 못하였으면서 저것이 이것을 지었다고 생각하여
뒤에 "나는 알지는 못하지만 보고 듣고 깨달았다."고 말한다면, 말할
때마다 본죄를 얻는다.

　만약 실제로는 본 것을 잊지 않았고 듣고 깨닫고 안 것을 잊었으면서도
저것이 이것을 지었다고 생각하여 뒤에 "나는 본 것을 잊었고 듣고 깨닫고
안 것은 잊어버리지 않았다."고 말한다면, 말할 때마다 본죄를 얻는다.

　만약 실제로는 들은 것을 잊지 않았고 보고 깨닫고 안 것을 잊었으면서도
저것이 이것을 지었다는 생각을 하여 뒤에 "나는 들은 것을 잊었고 보고
듣고 깨닫고 아는 것은 잊지 않았다."고 말한다면, 말할 때마다 본죄를
얻는다. 만약 실제로는 깨달은 것을 잊지 않았고 보고 듣고 아는 것을
잊었으면서도 저것이 이것을 지었다고 생각하여 뒤에 "나는 깨달은 것을
잊고 보고 듣고 깨달은 것을 잊지 않았다."고 말한다면, 말할 때마다
본죄를 얻는다.

　만약 실제로는 안 것을 잊어버리지 않았고 보고 듣고 깨달은 것을
잊었으면서도 저것이 이것을 지었다고 생각하여 뒤에 "나는 아는 것을
잊었고 보고 듣고 깨달은 것을 잊지 않았다."고 말한다면, 말할 때마다

822

본죄를 얻는다. 만약 실제로는 본 것을 의심하지 아니하고 듣고 깨닫고 아는 것을 의심하면서도 저것이 이것을 지었다고 생각하여 뒤에 "나는 본 것은 의심하나 듣고 깨닫고 아는 것은 의심하지 않는다."고 말한다면, 말할 때마다 본죄를 얻는다.

　만약 실제로는 들은 것을 의심하지 않고 보고 깨닫고 아는 것을 의심하면서도 저것이 이것을 지었다고 생각하여 뒤에 "나는 들은 것을 의심하나 보고 깨닫고 아는 것을 의심하지 않는다."고 말한다면, 말할 때마다 본죄를 얻는다. 만약 실제로는 깨달은 것을 의심하지 아니하나 보고 듣고 아는 것을 의심하면서도 저것이 이것을 지었다고 생각하여 뒤에 "나는 깨달은 것을 의심을 하나 보고 듣고 아는 것은 의심하지 않는다."고 말한다면, 말할 때마다 본죄를 얻는다.

　만약 실제로는 아는 것을 의심하지 아니하고 보고 듣고 깨달은 것에 대하여 의심하면서 저것이 이것을 지었다고 생각하여 뒤에 "나는 아는 것을 의심하고 보고 듣고 깨달은 것은 의심하지 않는다."고 말한다면, 말할 때 본죄를 얻는다. 만약 실제로는 본 것을 보았다는 생각을 하고 듣지 못하고 깨닫지 못하고 알지 못하는 것을 듣지 못하고 깨닫지 못하고 알지 못한다는 생각을 하면서도 저것이 이것을 지었다고 생각하여 뒤에 "나는 보지는 못하였으나 듣고 깨닫고 안다."고 말한다면, 말할 때마다 본죄를 얻는다.

　만약 실제로는 들은 것을 들었다는 생각을 하고 보고 깨닫고 알지 못하는 것을 보고 깨닫고 알지 못한다고 생각하면서도 저것이 이것을 지었다고 생각하여 뒤에 "나는 듣지는 못하였으나 보고 깨닫고 안다."고 말한다면, 말할 때마다 본죄를 얻는다. 만약 실제로는 깨달은 것을 깨달았다는 생각을 하고 보고 듣고 알지 못하는 것을 보고 듣고 알지 못한다고 생각하면서도 저것이 이것을 지었다고 생각하여 뒤에 "나는 깨닫지는 못하였으나 보고 듣고 안다."고 말한다면, 말할 때마다 본죄를 얻는다.

　만약 실제로는 아는 것을 안다는 생각을 하고 보고 듣고 깨닫지 못한 것을 보고 듣고 깨닫지 못하였다고 생각하면서도 저것이 이것을 지었다고 생각하여 뒤에 "나는 알지는 못하지만 보고 듣고 깨달았다."고 말한다면, 말할 때마다 본죄를 얻는다.

만약 필추가 가지고 있는 모든 말을 마음에 어긋나게 말한다면 모두 본죄를 얻는다. 만약 마음에 어긋나지 않게 말한다면 모두가 범하는 것이 없다.

또한 범하지 않는 것은 처음으로 잘못을 저지른 사람과 혹은 어리석고, 미쳤으며, 마음이 어지럽고 고통스러운 것에 얽매인 것이다.

2) 훼자어(毀訾語) 학처

어느 때 박가범께서는 실라벌성 서다림의 급고독원에 머무르셨다.

이때 육중필추는 항상 여러 필추들의 처소에서 헐뜯는 말을 하였다. 애꾸눈이고 앉은뱅이며 곱사등이고 난쟁이이며 너무 길고 너무 짧으며 너무 거칠고 너무 가늘며 귀머거리이고 장님이며 벙어리이고 지팡이로 다니는 절름발이이며 대머리 어깨에 큰 머리이고 처진 입술에 뻐드렁니라 며 헐뜯었다.

이때 육중필추가 이러한 말 등으로 헐뜯으니 여러 필추들은 그것을 듣고 부끄러워 얼굴을 붉히고 걱정하며 기쁘지 않아서 독송하거나 사유하는 것을 모두 그만두고 근심하면서 머물렀다. 이때 어느 욕심이 적은 필추가 그 일을 보고 모두 싫어하고 천박하게 생각하여 업신여기고 훼방하며 말하였다.

"어찌 필추가 필추의 처소에서 헐뜯는 말을 하여 애꾸눈이고," [자세한 설명은 앞에서와 같다.]

이때 여러 필추들이 이 인연으로 세존께 아뢰었다. 이때 세존께서는 이 인연으로 필추대중을 모으셨으며, 나아가 육중필추에게 물으셨다.

"그대들이 진실로 헐뜯는 말로써 여러 필추들을 괴롭히고 애꾸눈이라 는 등의 말을 하였는가?"

육중필추가 대답하여 말하였다.

824

"진실로 그렇습니다. 대덕이시여."

세존께서는 곧 여러 가지로 꾸중하셨으며, [자세한 설명은 앞에서와 같다.]

"나아가 사문이 마땅히 지을 일이 아니니라. 왜 그러한가? 그대들은 마땅히 들으라. 지나간 과거 세상에 마을 가운데 한 장자가 있었다. 그는 아내를 얻은 지 오래되지 않아서 기뻐하고 사랑하고 함께 살면서 곧 딸을 하나 낳았다. 아이는 점점 자랐고 장자는 스스로 혼자서 땅을 갈고 경작하였다. 그때 어느 거사의 아들이 부모님을 모두 잃고 항상 숲에서 땔나무를 구하여 팔아 생활하고 있었다. 그가 땔나무를 지고 그 장자가 밭가는 곳에 이르렀다. 거사의 아들은 밭머리에 있는 나무 아래에 짐을 내려놓고 어깨를 펴다가 그 장자가 스스로 밭을 가는 것을 보고 나아가서 물어 말하였다.

"아구(阿舅)⁷⁾께서는 무슨 까닭으로 연세가 많으신데 스스로 고생스럽게 일을 하고 있으십니까? 마땅히 마을에 머무르셔야 하는데 도리어 마을의 밭두렁에 계십니다."

알려 말하였다.

"잘 왔네. 외생(外甥)⁸⁾이여. 나에게는 형제도 없고 더욱이 아들도 없으니 스스로 밭을 갈지 않는다면 어떻게 옷과 음식을 해결할 수 있겠는가?"

그가 곧 알려 말하였다.

"아구여. 내가 잠깐 밭을 대신하여 갈아드리겠으니 당신께서는 마땅히 잠시 쉬십시오."

곧 쟁기를 잡고 대신하여 밭을 갈았다. 마침내 정오가 되자 집에서 음식을 가지고 왔다. 불러 말하였다.

"외생이여. 와서 같이 먹도록 하세."

함께 먹고서 알려 말하였다.

"아구께서는 집으로 돌아가 계십시오. 그러나 내가 어르신의 맥을

---
7) 중국말로 외삼촌을 뜻한다.
8) 중국말로 외조카를 뜻한다.

알지 못하니 해가 질 무렵에 마땅히 마을 밖으로 나오시면 길가에서
서로 만나도록 하시지요.”

장자는 그 말을 듣고 곧 집으로 돌아갔다. 이때 거사의 아들은 해가
질 때까지 밭을 갈고 소에게 푸른 풀을 먹였으며 풀더미를 메고 아울러
나뭇짐을 취하여 소를 몰고서 돌아왔다. 그 마을의 모퉁이에 이르러
장자가 나와 있는 것을 보았다. 장자는 곧 그를 데리고 자신의 집으로
돌아갔다. 이때 거사의 아들은 헛간을 치우고 마른 흙을 깔았으며 다시
연기를 쪼이고서 소에게 먹일 풀을 많이 주었다. 장자는 이것을 보고서
이렇게 생각하였다.

‘내가 이 젊은이 덕분에 지금 편안하고 즐거우니 나의 어린 딸을 아내로
삼게 해야겠다.’

그에게 음식을 먹고서 알려 말하였다.

“외생이여. 이곳에 살면서 가업을 부지런히 닦아주게. 나의 어린 딸을
자네에게 주겠으니 아내로 삼지 않겠는가?”

알려 말하였다.

“매우 좋습니다.”

곧 처분(處分)에 의지하여 생업을 꾸려나갔다. 이때 장자의 집에는 일할
때 부리는 소가 두 마리 있었다. 큰 것은 성질이 온순하였으나 작은
것은 먹는 것을 욕심내는 성격이었으므로 비록 거듭하여 제지하였으나
폭력을 범하는 것이 항상 있었다. 동자가 화가 나서 멀리서 돌을 던져
그 뿔 하나를 부러뜨렸으며 이 인연으로 독각(獨角)이라고 불리게 되었다.
뒤의 다른 날에도 오히려 채소밭에 들어가 범하는 것을 이전과 같이
멈추지 않아서 곧 낫으로 그 꼬리를 잘렸으므로 이러한 인연으로 독미독각
(禿尾禿角)이라고 이름하였다. 뒤의 어느 날 거사의 아들이 장자에게 알려
말하였다.

“아구께서는 이전에 스스로가 허락하신 것을 지금 지으십시오.”

이때 장자는 좋다고 말을 하고 곧 아내에게 알려 말하였다.

“현수여. 의복과 영락(瓔珞)을 마땅히 준비하시오. 오래지 않아 작은

딸아이를 시집보내려고 하오."

아내가 곧 물어 말하였다.

"아직 준 사람이 없는데 무엇을 준비하라는 말씀이세요?"

장자가 알려 말하였다.

"내가 이미 남에게 주었소."

아내가 말하였다.

"누구입니까?"

알려 말하였다.

"이 거사의 아들이오."

아내가 말하였다.

"이 사람은 종족(宗族)의 근본을 자세히 알지 못하여 마치 백호초(白胡椒[9])가 어디에서 자라는지 모르는 것과 같은데 어찌 딸을 쉽게 혼인시키겠어요? 혼인이라는 것은 친족들이 다들 와서 음식을 먹으며 이름을 불러주고 씨족(氏族)들이 서로 대응하여 '우리가 딸을 준다.'고 말해야 되는 것입니다."

그는 아내에게 알려 말하였다.

"현수여. 이 거사의 아들은 스스로 우리 집에 와서 나를 대신하여 노동하였기 때문에 안락을 얻을 수 있었소. 만약 이 사람이 없다면 도리어 딸이 고생스럽고 내가 스스로 밭을 갈아야 할 것이오."

아내가 남편에게 알려 말하였다.

"나는 진실로 사랑하는 딸을 능히 떠돌이 작인(作人)에게 줄 수는 없어요."

세상 사람들이 모두 그 아내처럼 말을 하였다. 그때 장자는 곧 이와 같이 생각하였다.

'내가 만약 이 사람에게 딸을 주지 않겠다고 말한다면 이 사람은 오늘 당장 나를 버리고 떠날 것이고, 나는 다시 직접 쟁기를 잡아야 할 것이다.

---

9) 흰색을 띠는 백후추를 가리킨다.

지금은 다시 거짓으로 방편을 사용하여 당장 떠나가지 않도록 해야겠다.'

이때 그 작인(作人)은 다른 때에 다시 장자에게 알려 말하였다.

"가장(家長)께서는 마땅히 혼인을 시켜주십시오."

장자가 알려 말하였다.

"외생이여. 우리 집안의 친족들은 그 숫자가 매우 많아 모이는 때에 많은 음식이 필요하다네. 마땅히 가을이 되어 곡식이 익고 수확할 때를 기다리는 것이 좋겠네."

수확을 마치고 작인은 다시 장자에게 혼인을 시켜달라고 하였다. 대답하여 말하였다.

"외생이여. 혼인에 많은 사탕가루가 필요하니 사탕수수를 수확할 때까지 기다리게."

그것을 수확하고 나자 다시 혼인시켜달라고 말하니, 알려 말하였다.

"외생이여. 떡과 국수를 만들어야 하니 보리가 익을 때까지 기다리게."

보리를 수확하고 다시 혼인을 시켜달라고 말하니, 알려 말하였다.

"외생이여. 수확하였던 벼가 모두 떨어져가니 햇벼를 수확할 때까지 기다리게."

이때 거사의 아들은 혼인이 자꾸 늦어지는 것을 보고 추정하여 마침내 이렇게 생각하였다.

'밭곡식을 모두 한꺼번에 수확할 수 없는 것이다. 이 일을 보니 나를 속이려는 까닭이구나. 나는 지금 여러 사람들에게 가서 알리고 만약 주지 않는다면 관청을 통하여 딸을 데려와야겠다.'

곧 많은 사람들에게 알려 말하였다.

"아구께서 혼인하라고 하였습니다."

여러 사람들이 그 말을 듣고서 장자에게 알려 말하였다.

"허락한다고 말한 것이 오래되었는데 어찌 혼인을 시키지 않습니까?"

이때 장자는 분노하며 사람들에게 알려 말하였다.

"여러분께서는 마땅히 아십시오. 이 사람은 우리 집에 온 떠돌이 작인입니다. 내가 무슨 인연으로 내 딸을 혼인시키겠습니까?"

828

이때 거사의 아들은 곧 이렇게 생각하였다.

'나는 금전을 얻지도 못하였고 아내를 얻지도 못하였으며 헛되게 세월만 낭비하였고 성공하지도 못하였다. 나는 지금 이 사람에게 손해를 입히고서 내 뜻을 따라서 떠나야겠다.'

곧 두 마리 소를 데려다가 반나절을 부리면서 많은 매질을 하였고 마른 나무에 매어 놓아 뜨거운 햇볕을 쪼이고서 돌아가려고 하였다. 겁초(劫初)에 가까웠던 때에는 가축이 사람의 말을 알아들을 수 있었으므로 큰 소가 곧 거사의 아들에게 말하였다.

"돌(咄)10)! 남자여. 그대는 이전에는 우리를 모두 사랑하는 마음으로 대하고 부모처럼 은혜를 베풀며 우리의 수고로움을 알아주셨습니다. 무슨 까닭으로 지금은 많은 매질을 하고 메마른 나무에 매어 놓아 뜨거운 햇볕에 쪼이고 우리를 버리고 집으로 돌아가려는 것입니까? 우리가 당신에게 무슨 잘못을 했습니까?"

남자가 알려 말하였다.

"그대들은 아무 잘못도 없다. 그러나 그대의 주인은 나에게 잘못이 있다."

소가 말하였다.

"그에게 무슨 잘못이 있습니까?"

남자가 알려 말하였다.

"이전에 나에게 딸을 주기로 약속하였는데 지금에 약속을 어겼다."

소가 말하였다.

"어찌 관청을 통하지 않습니까?"

남자가 알려 말하였다.

"증인이 없기 때문이다."

소가 알려 말하였다.

"우리들이 그대를 위하여 증인이 되겠습니다."

---

10) 이상히 생각하는 소리 또는 모양이나 기예 등이 뛰어난 것을 보고 경탄함을 나타내는 감탄사이다.

남자가 말하였다.

"사람의 말을 하겠는가? 소의 울음소리를 내겠는가?"

소가 말하였다.

"사람의 말소리를 내지 않고 우리는 마땅히 모습을 보이겠습니다. 당신은 사람들에게 맹세를 하고 우리를 데려다가 증거로 삼으십시오. 사람들이 알도록 우리를 끌어다가 헛간 안에 매어 두고 물과 풀을 주지 마십시오. 칠일이 되어 물과 풀이 많은 땅에 우리를 풀어 놓고 나가도록 하여 이웃 사람들이 모두 와서 믿을 증거를 보게 하십시오. 우리는 입을 다물고 물과 풀을 먹지 않겠습니다. 우리가 모습을 보여 왕과 대신이 당신의 말이 사실이라는 것을 믿으면, 우리가 마땅히 먹고 마시겠습니다."

이때 남자는 이 계획을 듣고 곧 두 마리의 소를 무성한 풀밭에 풀어놓고 스스로가 왕이 있는 곳으로 나아가서 공경하게 왕에게 알려 말하였다.

"대왕이시여. 어느 마을의 장자는 딸을 저와 혼인하도록 허락하고 여러 해를 노동시켰으나, 나아가 후회하여 번복하였습니다."

왕이 장자를 불러서 그것이 사실인지 거짓인지를 물었다. 장자가 알려 말하였다.

"저는 진실로 허락하지 않았습니다."

왕이 남자에게 물었다.

"그대는 증거가 있는가?"

왕에게 알려 말하였다.

"있습니다."

왕이 말하였다.

"사람인가? 사람이 아닌가?"

알려 말하였다.

"사람이 아닙니다."

왕이 말하였다.

"무엇인가?"

알려 말하였다.

"소입니다."

왕이 말하였다.

"사람의 말을 하는가? 다른 말을 하는가?"

알려 말하였다.

"사람의 말을 하지 못합니다."

왕이 말하였다.

"어떻게 증거가 되는가?"

알려 말하였다.

"저것은 진실한 표시가 있어 사람에게 알게 할 수 있습니다. 그 소를 7일 동안 창고 안에 매어두고 물과 풀을 주지 않고서, 칠일이 지나서 물과 풀이 많은 곳에 그 소를 풀어 놓고 나가도록 하면 제가 증거로 삼을 만한 특이한 모습이 반드시 있을 것입니다. 대왕께서 믿지 않으시면 소는 끝내 먹지 않을 것입니다. 이것이 만약 거짓이라면 저는 죽을 죄를 짓는 것입니다."

왕은 신하에게 명령하였다

"마땅히 이 사람의 말에 따라 그 증거를 시험하도록 하라."

대신은 명을 받들어 곧 두 마리의 소를 데려다가 헛간 안에다 매어두고 풀과 물을 주지 않았다. 이때 독미독각(禿尾禿角)이 큰 소에게 말하였다.

"오직 우리들은 해가 서쪽에 있는데도 어둡고 막혀진 창고에 갇혀 물도 풀도 먹지 못하니 이 일은 어떻게 거꾸로 된 것이 아니겠는가?"

큰 소가 알려 말하였다.

"어찌 아니겠는가? 내가 거사의 아들에게 증거가 되기를 허락하였으니, 7일 동안은 스스로 굶주리고 있다가 왕이 믿지 않으면 물과 풀을 먹지 않아야 한다."

독미독각이 큰 소에게 알려 말하였다.

"만약 나를 풀어준다면 돌이라도 씹어 먹을 것인데 하물며 물과 풀이겠는가?"

큰 소가 알려 말하였다.

"이 거사의 아들은 우리를 사랑하고 부모와 같이 대하였는데 어떻게 약속을 어기고 그 사람을 잘못되게 하겠는가?"

독미독각이 말하였다.

"비록 진실로 사랑하고 은혜를 두 어버이와 같이 대하였으나, 항상 나를 부를 때 뿔도 꼬리도 없는 놈이라고 하였으니, 나는 그렇게 부르는 소리를 들을 때마다 곧 뿔로 들이받아서 그의 배를 찢어 놓고 싶었소."

큰 소는 이 말을 듣고 조용히 있었다. 다른 때에 거사의 아들은 다시 와서 보고 큰 소에게 물었다.

"편안한가?"

큰 소가 알려 말하였다.

"나는 편안하여도 당신은 안은(安隱)하지 못하게 되었습니다."

거사의 아들이 말하였다.

"무슨 까닭으로 그러한가?"

큰 소가 말하였다. 독미독각이 이와 같이 말하였습니다.

"만약 나를 풀어준다면 돌이라도 씹어 먹을 것인데 하물며 물과 풀이겠는가?"

거사의 아들이 말하였다.

"만약 이와 같다면 나는 오늘 밤에 서둘러 도망가야겠다. 왕에게 거짓말을 하였으니 목숨이 잠깐사이(須臾)에 달려있구나."

큰 소가 알려 말하였다.

"당신은 도망가지 않아도 됩니다. 마땅히 독미독각의 코를 뚫어서 끈을 묶고 그 고리를 내 뿔에 묶어 두십시오. 밖으로 끌어내는 날에 그 소가 만약 약속을 어기고 물과 풀을 먹으려고 하면 내가 두 뿔로 그 코를 위로 들어 올리겠으니 당신은 곧 사람들에게 말하기를 '지금 이 두 마리의 소가 재오호세(第五護世)에게 알리고 있습니다.'라고 하십시오."

세상 사람들은 다섯 종류의 옹호해 주는 것을 모두 인정하고 있었으니 땅·물·불·바람·태양이었다. 이때 거사의 아들이 마침내 독미독각의 코를

832

뚫으니 독미독각이 큰 소에게 알려 말하였다.

"당신은 이렇게 나를 고통스럽게 학대하는 것을 보십시오."

큰 소가 말하였다.

"영락을 달아주는데 무슨 고통이 있겠는가?"

곧 고리를 꿰어서 큰 소의 뿔에 묶었고 7일이 지나자 왕과 여러 신하들이 함께 와서 보았다. 물과 풀이 많은 밭에 소를 풀어 놓으니 독미독각은 물과 풀을 보고 곧 먹으려고 하였다. 이때 큰 소가 두 뿔로 작은 소의 코를 들어 올려서 해를 바라보게 하였다. 왕이 신하에게 물었다.

"무슨 까닭으로 두 소가 해를 바라보고 있는가?"

이때 어질고 지혜로운 신하가 왕에게 대답하였다.

"대왕이시여. 지금 이 두 마리의 소는 왕께 이와 같은 일을 알리고자 하는 것과 '우리 둘이 증거가 될 뿐 아니라 또한 그 제오호세(第五護世)까지도 명백하게 우리를 도와서 증거를 알리려고 합니다.'라고 하고 있습니다."

왕은 이 일을 보자 지극히 희유한 일이라는 생각을 하였고 여러 신하들에게 알려 말하였다.

"축생이 지혜가 없어도 오히려 사람을 위하여 보증을 하니, 이 일은 이미 거짓이 아니다. 마땅히 그 여인과 혼인을 시키고 두 소를 풀어주어 물과 풀을 먹게 하라."

이때 거사의 아들은 이겨서 딸을 얻고서 아내로 삼았느니라."

세존께서는 여러 필추들에게 말씀하셨다.

"그대들은 마땅히 알지니라. 축생도 헐뜯는 말을 들으면 오히려 해치려는 마음을 품거늘 하물며 사람이겠는가! 이러한 까닭으로 필추는 나쁜 말로 다른 사람을 헐뜯어서는 아니되느니라."

이 인연으로 아직은 계율을 제정하지는 않으셨다.

이때 세존께서는 다시 여러 필추들에게 알려 말씀하셨다.

"지나간 과거에 한 마을에 어떤 장자가 살았는데 수레를 끄는 것을 업으로 삼았다. 그에게는 두 마리의 암소가 있었는데 한 마리는 환희(歡喜)라고 이름하였고, 다른 하나는 미미(美味)라고 이름하였다. 따뜻한 봄날 각각 한 마리의 새끼를 낳았으며, 털의 색깔이 알록달록하였다. 점점 자라 환희의 새끼는 그 뿔이 넓고 길었으며 미미의 새끼는 털이 적었고 뿔이 없었다. 장자는 그들에게 이름을 하나는 환희장각(歡喜長角)이라고 하였고, 다른 하나는 미미독두(美味禿頭)라고 이름지었다. 그들이 크게 자라서 모두 기력(氣力)이 넘쳐났다. 뒤의 다른 때에 수레를 끄는 사람들이 각자 소에게 물을 먹이려고 함께 연못에 모여서 이와 같이 말하였다.

"누구의 소가 가장 뛰어날까?"

각자 자기의 소가 수승하다고 말하였으므로 장자가 알려 말하였다.

"내 소가 가장 뛰어납니다. 무엇으로 알 수 있는가? 산비탈에서 무거운 수레를 끌 수 있습니다. 여러분과 함께 그것을 보증하여 5백 금전(金錢)을 걸겠습니다."

이렇게 약속을 하고 곧 자기의 소를 데리고 비탈진 곳으로 가서 무거운 수레를 끌게 하였다. 그때 그 장자는 곧 소를 부르며 말하였다.

"환희장각아. 어서 끌어라. 미미독두야. 어서 당겨라."

이때 뿔이 없는 소는 헐뜯는 말을 듣고서 곧 그 자리에 멈추어 서있었고 수레를 당기려고 하지 않았다. 그러자 장자는 크게 화를 내면서 곧 거친 막대기로 심하게 때렸다. 다른 사람들이 장자에게 알려 말하였다.

"그대는 지금 이 소를 죽이려고 합니까? 이미 당신 뜻대로는 되지 않았으니 이 소를 풀어주도록 하시오."

이때 장자는 곧 5백 금전을 지불하고 크게 화를 내며 막대기로 많이 때리고 메마른 나무에 매어 놓았다. 소가 사람의 말을 알아듣는 것은 이미 앞에서 말한 것과 같다. 이때 두 소가 장자에게 알려 말하였다.

"당신은 이전에는 우리들을 부모처럼 길렀는데, 우리들이 무슨 허물이 있기에 마침내 고초와 독해를 행합니까?"

장자가 알려 말하였다.

"너희들을 까닭으로 하여서 내가 500금전을 벌금을 내었다."

환희장각이 장자에게 알려 말하였다.

"그대의 입의 허물을 까닭으로 스스로가 벌금을 내었습니다."

834

장자가 말하였다.

"내가 입으로 무슨 허물을 지었는가?"

소가 곧 알려 말하였다.

"무슨 까닭으로 이전에 여러 사람들을 마주하고서 나를 욕하고 헐뜯으면서 대머리라고 좋지 않게 불렀습니까? 만약 좋게 이름을 부르고 헐뜯지 않겠다면 다시 비탈길에서 두 배로 무거운 짐을 실고 끌겠으니 사람들에게 두 배인 1000금전을 걸겠다고 약속하십시오."

장자가 알려 말하였다.

"네가 지금 나에게 다시 두 배로 벌금을 내도록 하는 것인가?"

소가 말하였다.

"우리들을 욕하고 헐뜯지 않는다면, 우리들이 확실히 마땅히 모든 힘을 다하겠습니다."

뒤에 다른 때에 각자의 인연으로 소에게 물을 마시게 한 일은 앞에서 말한 것과 같으며, 장자가 대답하여 말하였다.

"내 소가 가장 수승합니다."

여러 사람들이 알려 말하였다.

"어찌 그대는 지금의 때에 다시 무거운 벌금을 내려 하는가?"

장자가 알려 말하였다.

"설령 내가 벌금을 내더라도 그대들이 어찌 잃겠소. 마땅히 비탈길에서 두 배로 무겁게 수레를 끄는데 1000금전을 걸겠소."

명확히 계약하고서 곧 말로서 계약한 것과 같이 소에게 수레를 끌고 비탈길에 올라가게 하였다. 곧 소를 부르며 말하였다.

"환희야. 마땅히 급히 끌어라. 미미야. 마땅히 빨리 당겨라."

두 마리의 소는 이 말을 듣자 곧 기쁜 마음을 내고 힘을 다하여 수레를 끌어 평지에 이르게 하였고, 이미 이겼으므로 다시 1000금전을 얻었다.

이때 어느 천신이 허공 가운데에서 가타로 설하여 말하였다.

비록 지극히 무거운 짐을 싣고

비탈길 아래에 있더라도
두 마리 소가 마음이 기쁘다면
능히 이 수레를 끌 수 있다네.

만약 오래 수순하는 말을 한다면
두 마리 소는 듣고 기뻐하여
어렵지 않게 수레를 끄나니
주인은 천금의 상을 얻게 되었네.

이러한 까닭으로 언제나 사랑스런 말과
귀에 거슬리는 말을 하지 않을 것이며
만약 듣기 좋은 말을 한다면
죄가 없어서 언제나 안락하리라.

세존께서 여러 필추들에게 말씀하셨다.

그 방생(傍生)의 부류도 헐뜯는 말을 들을 때는 오히려 주인에게 이익이 되지 않는 일을 하거늘 하물며 사람에게는 어떠하겠는가? 이러한 까닭으로 그대들 필추들은 마땅히 다른 사람에게 헐뜯는 말을 하여서는 아니 되느니라.”

여러 가지로 꾸중하셨으며, [이하 자세한 내용은 생략한다.]

“내가 지금 여러 제자를 위하여 그 학처를 제정하나니, 마땅히 이와 같이 설하노라. 만약 다시 필추가 헐뜯는 말을 하면 바일저가이니라.”

‘필추’의 뜻은 앞에서와 같다.

‘헐뜯는 말을 한다.’는 다른 사람에게 욕이 되는 일을 드러내는 것을 말한다. 다른 사람에게 알게 할 때는 바일저가죄를 얻으며, 자세히 설명한 것은 앞에서와 같다.

옮긴이 ㅣ 釋 普雲

대한불교조계종 제2교구 본사 용주사에서 출가
중앙승가대학교 문학박사
현재 대한불교조계종 제2교구 본사 용주사 성보박물관장, 대한불교조계종 교수아사리(계율),
　　중앙승가대학교 불교학부 겸임교수

논저 ㅣ 논문으로 「『安樂集』에 나타난 계율에 관한 고찰」 등 다수. 번역서로 『근본설일체유부필추니비
나야』 20권, 『근본설일체유부백일갈마』 외 19권, 『안락집』(상·하) 등이 있다.

근본설일체유부비나야(상) 根本說一切有部毘奈耶(上)

三藏法師 義淨 漢譯 ㅣ 釋 普雲 國譯

2016년 12월 30일　초판 1쇄 발행

펴낸이 · 오일주
펴낸곳 · 도서출판 혜안
등록번호 · 제22-471호
등록일자 · 1993년 7월 30일

주　소 · ⏺ 04052 서울시 마포구 와우산로 35길3(서교동) 102호
전　화 · 3141-3711~2 / 팩시밀리 · 3141-3710
E-Mail · hyeanpub@hanmail.net

ISBN 978-89-8494-570-8 93220

값 48,000 원